개정2판

형사소송법 강의

Criminal Procedure Law Lecture

조성제 · 승재현 공저

백산출판사

개정2판 머리말

2012년 형사소송법 강의를 출간한 지 벌써 10년이 지났다. 세월의 흐름과 함께 형사절차와 관련한 법 · 제도에도 많은 변화가 있었다. 2020년 형사소송법 개정 등으로 수사권 조정과 관련한 논의는 일단락되었다. 검사의 수사지휘권을 폐지하고 검찰과 경찰을 대등 · 협력관계로 설정하였으며, 경찰에게 수사의 개시, 진행, 종결을 포함하는 수사권을 부여하여 1차적 수사권자로 설정하고 검사는 송치 후 수사권 및 특정분야에 대한 직접 수사권만을 예외적으로 인정하여 2차적, 보충적 수사권자로 규정하였다. 수사권 조정은 수사절차상의 인권보장과 국민들의 불신을 해소하는 데 초점을 맞추어야 하기에, 수사기관 상호 간 견제와 균형이 가능하도록 하여 그 권한의 남용을 막아야 한다. 그러한 면에서 1차적 수사권한을 경찰에게 부여한 것은 견제와 균형 면에서 그 방향성은 맞다고 보여지나, 수사종결권을 부여한 것에 대하여 일부 우려의 목소리가 있다. 경찰수사권의 적정한 행사가 이루어질 수 있도록 개정법상 검사의 시정조치요구권 등 검찰의 견제 이외에 외부의 시민감시 · 통제기구를 설립하여 수사권 남용으로 인한 인권침해 소지를 줄이는 방안도 모색할 필요가 있다. 또한 검찰의 불공정한 수사나 공소제기권의 남용 등에 의한 인권침해를 최소화할 수 있는 방안도 마련해야 한다.

1988년 헌법재판소의 설립, 2001년 국가인권위원회의 설립과 지역사무소의 설치, 17개 광역지방자치단체의 인권기본조례의 제정과 인권위원회의 설치 등은 우리 사회의 인권의식의 개선과 확산에 많은 긍정적인 역할을 하여 왔다. 이러한 흐름을 바탕으로 수사절차상에서도 피의자의 인권보장과 피해자의 인권보호와 관련한 법령과 제도가 강화되었다. 그럼에도 현실에는 피의자의 인권침해 사례와 미흡한 피해자의 인권보호와 관련하여 여러 가지 문제가 제기되고 있는 실정이다. 수사절차상 범죄피해자의 인권에 대한 체계적인 법적보호를 위하여 향후 수사절차법 제정을 통한 범죄피해자보호규정의 보완이 필요하다.

향후 법령의 정비와 제도의 개선을 통하여 형사소송절차에 있어서 피의자와 피해자 등의 인권보호가 더욱 강조되며 구체적으로 실현될 수 있었으면 하는 바람과 기대가 크다.

2021년 2월 공저자 씀

머리말

2007년 개정형사소송법은 임의적 구속영장실질심사를 필요적 영장실질심사로 개정하였고(형사소송법 제201조의 2), 피의자신문 시 변호인의 참여를 허용하였으며(형사소송법 제243조의 2), 적법한 절차에 따르지 아니하고 수집한 증거는 증거로 할 수 없다고 규정하여, 위법수집증거배제법칙을 명문화하는(형사소송법 제308조의 2) 등 형사절차에 관하여 적법절차를 강화한 내용을 담고 있다.

그럼에도 수사실무에서는 가혹행위가 근절되지 않고, 꾸준히 발생하고 있는 것이 현실이다. 아마도 권위주의 정부를 거치면서 국민들이 가지는 인권탄압에 대한 불감증, 손쉽게 증거를 확보할 수 있다는 유혹에 의한 가혹수사 방법의 무의식적인 답습, 가혹수사의 전통에 대하여 무비판적인 태도를 취해 온 사회 분위기 등이 그 이유가 될 것이다. 또한 실체적 진실발견을 위해서는 피의자의 인권이 다소 침해되더라도 허용될 수 있다는 법의식이 아직까지 대다수 국민들의 의식 속에 자리 잡고 있기 때문이기도 하다. 멀지 않은 장래에 수사기관이 국민의 기본권을 보장하는 국가기관이 되는 날을 꿈꾸어 본다.

본 교재는 Part_1 서론, Part_2 소송의 주체와 소송의 절차이론, Part_3 수사와 공소, Part_4 공판, Part_5 상소 · 비상구제절차 · 특별절차로 구성되었다.

처음 형사소송법을 접하는 학생들의 입장에서는 형사절차를 제대로 이해하는 것이 쉽지 않다. 본 교재는 초학자들이 알기 쉽고 차근차근 이해할 수 있도록, 그 편제나 기술에 초점을 맞추었다. 그리고 최대한 형사소송과 관련되는 판례를 상세히 소개함으로써 관련 이론의 충분한 이해를 돕고자 하였다.

미력하지만 선배 학자들의 학문적 결실을 토대로, 대학에서 처음 형사소송법을 접하는 학생들이나 수험을 위해 형사소송법을 접하는 수험생들이 기본적인 이해를 쉽게 할 수 있도록 돕고자 본 교재를 세상에 내놓게 되었다. 어려운 가운데서도 출판을 허락하신 진욱상 사장님께 다시 한번 감사드린다.

2009년 8월

공저자 씀

차 례

PART 1 서론

PART 2 소송의 주체와 소송의 절차이론

PART3 수사와 공소

PART4 공판

PART 5 상소 · 비상구제철자 · 특별절차

PART

1

서론

제1장 형사소송법의 기초

제1절 형사소송의 의의

Ⅰ 형사소송법의 개념

1. 의의

형사소송법은 형법과 함께 넓은 의미에서 형사법을 구성한다. 형법은 범죄와 범죄에 대한 법률효과인 형벌과 보안처분을 규정한 법체계를 의미함에 반하여, 형사소송법은 형법을 적용하고 실현하기 위한 절차를 규정하는 국가적 법률체계를 의미한다.

형법이 형벌권의 발생요건을 규정하는 법률이라면, 형사소송법은 형벌권을 실현하기 위한 법률이라고 볼 수 있다. 그러므로 형법은 국가의 형벌권을 규율하는 법체계로 형사사법에 의한 정의를 실현하는 법이라면, 형사소송법은 형사사법에 있어서의 정의를 실현하는 법이다.

2. 형사절차 법정주의

1) 의의

형사소송에 의하여 국가의 형벌권을 실현하기 위하여 필연적으로 개인의 자유와 권리를 침해하는 행위가 발생하므로 수사기관이 함부로 개인의 자유와 권리를 침해하는 것을 방지하기 위하여 형사절차를 법으로 정할 것을 요구하고 이를 형사절차 법정주의라고 한다.

우리 헌법 제12조 제1항에서도 "모든 국민은 신체의 자유를 가진다. 누구든지 법률에 의하지 아니하고는 체포 · 구속 · 압수 · 수색 또는 심문을 받지 아니하며, 법률과 적법한 절차에 의하지 아니하고는 처벌 · 보안처분 또는 강제노역을 받지 아니한다"고 규정하여 형사절차 법정주의를 천명하고 있다.

Ⅱ 형사소송법의 성격

1. 성격

형사소송법은 공법이고 절차법이며 형사법이다.

2. 형법과의 비교

형법이 정적이고 윤리적이면 형사소송법은 발전적 · 동적이며 기술적 성격이 강한 법이다.

3. 민법과의 비교

민법은 개인 대 개인의 법률관계를 규율하는 법이므로 모두에게 공평한 평균적 정의를 강조하는 반면, 형사소송법은 국가와 사회에 대한 공헌도를 고려하는 등 배분적 정의를 강조한다.

4. 민사소송법과의 비교

민사소송법은 당사자의 사적 분쟁을 해결하는 절차로 변론주의와 당사자의 처분권이 허용되는 형식적 실체진실이 강조되는 반면, 형사소송법은 국가 형벌권을 실현하는 절차법이므로 당사자의 처분권주의가 허용되지 아니하며, 당사자의 주장과 입증에 관계없이 객관적인 실질적 실체진실이 강조된다. 이러한 이유로 인하여 영미의 기소사실인부제도(Arraignment)[1]를 받아들일 수 없는 것이다.

---

1) 기소사실인부절차(起訴事實認否節次, Arraignment)
공판정에서 피고인에 대하여 공소사실에 관한 유죄 또는 무죄의 답변을 요구하는 절차로서, 공판절차를 간이하게 하기 위하여 영미법에서 채용하고 있는 것이다. 만일 피고인이 유죄의 답변을 하였을 경우에는 이 답변만으로 배심의 유죄판결이 있었던 것과 동일한 효력을 인정하여, 증거조사를 하지 않고 판결로써 형을 선고할 수 있다.

5. 형사소송법의 특성

형사소송법은 동적·발전적 성격을 가지고 있으므로 행정법적 성격을 가지고 있는 수사와 형의 집행의 측면에서는 합목적성이 강조되며, 사법법의 성격을 가지고 있는 공판의 단계에서는 법적 안정성이 강조된다.

제2절 형사소송법의 법원과 적용범위

I 형사소송법의 법원

1. 헌법

1) 의의

헌법은 최고법으로 이에 규정되어 있는 형사절차에 관한 규정은 형사소송법의 법원이 된다.

(1) 헌법에 규정되어 있는 내용

우리나라 헌법에는 형사절차법정주의 내지 적정절차의 원칙(제12조 제1항), 고문금지와 불이익진술거부권(제12조 제2항), 영장주의(제12조 제3항, 제16조), 변호인의 조력을 받을 권리(제12조 제4항), 구속적부심사청구권(제12조 제6항), 자백배제법칙과 자백의 보강법칙(제12조 제7항), 일사부재리의 원칙(제13조 제1항), 신속한 재판을 받은 권리(제27조 제3항), 피고인의 무죄추정권(제27조 제4항), 형사보상청구권(제28조) 및 법원의 조직과 권한(제101조~제108조), 재판공개의 원칙(제109조), 군사법원(제110조) 등이 규정되어 있다.

(2) 헌법에 규정되어 있지 않는 내용

간이공판절차, 위법수집증거배제법칙, 보석받을 권리, 증거신청권, 증거보전청구권은 규정이 없다.

2) 헌법적 형사소송(The Constitutional Criminal Procedure)

형사절차에 있어서 적법절차라는 헌법상의 원칙은 피의자, 피고인의 인권의 보장을 위하여 형사소송의 기본구조 및 개별적인 소송현상을 제1차적으로 헌법이념에 맞게 해석하여야 한다는 것을 말한다.

판례 헌법재판소 1999.9.16. 98헌마75

헌법 제27조 제3항 제1문에 의거한 신속한 재판을 받을 권리의 실현을 위해서 구체적인 입법형성이 필요하고, 신속한 재판을 위한 어떤 직접적이고 구체적인 청구권이 이 헌법규정으로부터 직접 발생하지 아니하므로, 보안관찰처분들의 취소청구에 대해서 법원이 그 처분들의 효력이 만료되기 전까지 신속하게 판결을 선고해야 할 헌법이나 법률상의 작위의무가 존재하지 아니한다.

판례 헌법재판소 1998.9.30. 97헌바51

피고인에게 불리한 증거는 법관의 면전에서 직접 진술되어야 하고 피고인에게 반대신문의 기회를 부여하여야 하는 이러한 권리보장은 적법절차에 의한 공정한 재판을 받을 권리나 공개재판을 받을 기본권 실현을 위한 여러 방법 중의 한 방법일 뿐이고, 헌법상 명문으로 규정된 권리는 아니다. 따라서 원칙적으로 이 권리를 부여하고 이 권리를 인정하는 근거를 배제할 만한 부득이한 사유가 있는 경우에 그 예외와 예외의 범위를 정하는 것은 입법권자가 규범체계 전체와의 조화를 고려하여 정할 문제로서 적법절차에 의한 공정한 공개재판을 받을 기본권을 본질적으로 침해하는 것이라거나 이를 형해화한 것이라고 할 수 없다.

3) 법률

(1) 실질적 의미의 형사소송법

① 실질적 의미의 형사소송법이란 그 법의 내용이 형사절차에 관하여 규정하고 있는 법규범으로 형사소송법의 법원이 된다. 이에 해당하는 법률로는 법원조직법, 조세범처벌절차법, 변호사법, 즉결심판에 관한 절차법, 형사소송비용 등에 관한 법률, 형의 집행 및 수용자 처우에 관한 법률, 소년법, 사면법, 형사보상법 등이 있다.

② 정부조직법, 조세범처벌법, 실질적 의미의 형법(폭력행위 등 처벌에 관한 법률, 특정강력범죄의 처벌에 관한 특례법, 경범죄처벌법) 등은 실질적 의미의 형사소송법이 아니므로 형사소송법의 법원이 될 수 없다.

(2) 대법원규칙

헌법 제108조에 의하면 “대법원은 법률에서 저촉되지 아니하는 범위 안에서 소송에 관한 절차, 법원 내부의 내부규율과 사무처리에 관한 규칙을 제정할 수 있다”고 하여 형사소송법의 법원이 될 수 있다. 여기에는 형사소송규칙, 공판정에서의 좌석에 관한 규칙, 소년심판규칙, 형사소송비용 등에 관한 규칙 등이 있다. 그러나 주의할 점은 대법원 예규는 소송관계인의 권리 · 의무에 영향을 미치지 아니하므로 형사소송법의 법원이 되지 아니한다.

(3) 법무부령

법무부령은 일반적으로 법규명령으로 보아 법원성이 인정되나, 판례는 검찰사건사무규칙과 사법경찰관리집무규칙[2]에 대하여 행정기관 내부의 사무처리지침으로 보아 법규성을 부정하여 법원성을 인정하고 있지 않다.

판례 헌법재판소 1991.7.8. 91헌마42

재기수사의 명령이 있는 사건에 관하여 지방검찰청 검사가 다시 불기소처분을 하고자 하는 경우에는 미리 그 명령청의 장의 승인을 얻도록 한 검찰사건사무규칙의 규정은 검찰청 내부의 사무처리 지침에 불과한 것일 뿐 법규적 효력을 가진 것은 아니다.

판례 대법원 1985.7.15 84모22 결정

사법경찰관리 집무규칙은 법무부령으로서 사법경찰관리에게 범죄수사에 관한 집무상의 준칙을 명시한 것뿐이므로 합법적으로 발부된 구속영장이 사법경찰관리에 의하여 집행된 경우, 위 집무규칙 제23조 제3항 소정의 검사의 날인 또는 집행지휘서가 없다 하여 곧 불법집행이 되는 것은 아니다.

(4) 관습법

관습법은 형사절차 법정주의 원칙상 법원이 될 수 없다.

Ⅱ 형사소송법의 적용범위

1. 시간적 적용범위

1) 소급효금지원칙의 적용 여부

형법상의 죄형법정주의는 실질적 의미의 형법에 적용되는 것으로 절차법인 형사소송법에는 적용되지 아니한다는 것이 일반적인 견해이다.

2) 사법경찰관리집무규칙은 폐지되고, 현재는 대통령령인 '검사와 사법경찰관의 상호협력과 일반적 수사준칙에 관한 규정'(2020.10.7. 제정)이 시행되고 있다.

2) 현행 형사소송법의 태도

(1) 형사소송법 적용의 시간적 적용 기준

형사소송법 부칙은 공소제기시를 기준으로 하여 형사소송법 시행 전에 공소가 제기된 사건에 대하여는 구법을 적용하고, 시행 이후에 공소가 제기된 사건에 대하여는 본법에 의하되, 구법에 의하여 행한 소송행위의 효력에는 영향이 없는 것으로 규정하고 있다.

(2) 형사소송법이 개정된 경우

형사절차가 개시된 후 종결되기 전에 형사소송법이 개정된 경우에 있어서는 신법과 구법 중 어느 법을 적용할 것인지에 관한 입법례 중 우리나라 형사소송법은 혼합주의를 채택하여 구법 당시 진행된 소송행위의 효력은 그대로 인정하되, 신법 시행 후의 소송절차에 대하여는 신법을 적용한다고 규정하고 있다.

(3) 판례의 태도

"형사소송법은 법 시행당시 법원 또는 검찰에 계속된 사건에 대하여 적용한다. 다만, 이 법 시행 전 종전의 규정에 의하여 행한 소송행위의 효력에는 영향을 미치지 아니한다(부칙 제2조)"는 부칙의 경과 조문의 해석에 관하여 "신법 시행 당시 법원 또는 검찰에 계속된 사건이 아닌 경우에 신법이 적용되지 않는다는 것을 의미하지 아니하므로 신법 시행 당시 공소가 제기되지 아니한 사건에 대하여도 개정 법률이 적용되는 것"으로 판시하였다.

판례 대법원 2003.11.27. 선고 2003도4327 판결

형사소송법은 1995.12.29. 법률 제5054호로 개정되면서 시효의 정지와 효력에 관한 제253조에 제3항으로 '범인이 형사처분을 면할 목적으로 국외에 있는 경우 그 기간 동안 공소시효는 정지된다'는 규정을 신설하고, 그 부칙 제1항은 시행일에 관하여 '이 법은 1997.1.1.부터 시행한다'고 규정하고, 제2항은 경과조치로서 '이 법은 이 법 시행 당시 법원 또는 검찰에 계속된 사건에 대하여 적용한다. 다만, 이 법 시행 전 종전의 규정에 의하여 행한 소송행위의 효력에는 영향을 미치지 아니한다'고 규정하고 있는데, 이와 같은 부칙 제2항은 형사절차가 개시된 후 종결되기 전에 형사소송법이 개정된 경우 신법과 구법 중 어느 법을 적용할 것인지에 관한 입법례 중 이른바 혼합주의를 채택하여 구법 당시 진행된 소송행위의 효력은 그대로 인정하되, 신법 시행 후의 소송절차에 대하여는 신법을 적용한다는 취지에서 규정된 것으로서, 위 개정 법률 시행 당시 법원 또는 검찰에 계속된 사건이 아닌 경우에 위 개정 법률이 적용되지 않는다는 것은 아니며, 위 개정 법률은 그 시행일인 1997.1.1.부터 적용되는 것인 바, 기록에 의하면, 피고인은 형사처분을 면할 목적으로 1997.12.28. 출국하였다가 2002.10.9. 입국한 사실을 엿볼 수 있으므로, 위 개정 법률 시행 당시 공소시효가 완성되지 아니한 위 각 외국환관리법위반죄에 대한 공소시효는 위 개정 법률에 의하여 피고인이 외국에 있는 기간 동안 정지되었고,

따라서 이와 같이 공소시효가 정지된 기간을 제외할 경우 위 각 외국환관리법위반죄의 범죄행위가 종료한 때로부터 이 사건 공소가 제기된 2002.10.28.까지 5년의 공소시효의 기간이 경과되지 아니하였음은 역사상 명백하므로, 결국 위 각 외국환관리법위반죄에 대한 이 사건 공소는 형사소송법 제326조 제3호에 규정된 '공소의 시효가 완성되었을 때'에 해당한다고 할 수 없다.

2. 장소적 적용범위

대한민국의 법원에서 심판되는 사건에 대하여 적용되므로 대한민국의 영역외일지라도 영사재판권이 미치는 지역에서는 형사소송법이 적용되나, 대한민국 영역내일지라도 치외법권지역에서는 적용되지 아니한다.

3. 인적 적용범위

1) 원칙

형사소송법은 대한민국 영역 내에 있는 모든 사람에게 효력이 있다.

2) 예외

(1) 국내법상의 예외

① 대통령 : 대통령은 내란 또는 외환의 죄를 범한 경우를 제외하고는 재직 중 형사상의 소추를 받지 아니한다(헌법 제84조).

② 국회의원 : 국회의원은 국회에서 직무상 행한 발언과 표결에 관하여 국회 외에서 책임을 지지 아니하고(헌법 제45조 : 면책특권), 현행범인인 경우를 제외하고는 회기 중 국회의 동의 없이 체포 또는 구금되지 아니한다(헌법 제44조 : 불체포특권).

판례 대법원 1992.9.22. 선고 91도3317 판결

1. 원고의 내용이 공개회의에서 행할 발언내용이고(회의의 공개성), 원고의 배포시기가 당초 발언하기로 예정된 회의 시작 30분 전으로 근접되어 있으며(시간적 근접성), 원고 배포의 장소 및 대상이 국회의사당 내에 위치한 기자실에서 국회출입기자들만을 상대로 한정적으로 이루어지고(장소 및 대상의 한정성), 원고 배포의 목적이 보도의 편의를 위한 것(목적의 정당성)이라면, 국회의원이 국회본회의에서 질문할 원고를 사전에 배포한 행위는 면책특권의 대상이 되는 직무부수행위에 해당한다.
2. 국회의원이 국회 내에서 하는 질문 · 질의 및 자료제출요구는 면책특권의 대상이 되는 행위이다.
3. 국회의원의 면책특권에 속하는 행위에 대하여는 공소를 제기할 수 없으며 이에 반하여 공소가 제기된 것은 결국 공소권이 없음에도 공소가 제기된 것이 되어 형사소송법 제327조 제2호의 "공소제기의 절차가 법률의 규정에 위반하여 무효인 때"에 해당되므로 공소를 기각하여야 한다.

(2) 국제법상의 예외

① 외국의 원수, 그 가족 및 대한민국 국민 아닌 수행자와 신임 받은 외국의 사절과 그 직원 및 가족에 대하여는 우리나라 형사소송법이 적용되지 아니한다.

② 승인받고 대한민국 영역 내에 주둔하는 공무수행 중인 외국의 군인에 대하여는 우리나라 형사소송법이 적용되지 아니한다.

[판례] 2006.5.11. 선고 2005도798 판결

한반도의 평시상태에서 미합중국 군 당국은 미합중국 군대의 군속에 대하여 형사재판권을 가지지 않으므로, 미합중국 군대의 군속이 범한 범죄에 대하여 대한민국의 형사재판권과 미합중국 군 당국의 형사재판권이 경합하는 문제는 발생할 여지가 없고, 대한민국은 대한민국과 아메리카합중국 간의 상호방위조약 제4조에 의한 시설과 구역 및 대한민국에서의 합중국 군대의 지위에 관한 협정 제22조 제1항 (나)에 따라 미합중국 군대의 군속이 대한민국 영역 안에서 저지른 범죄로서 대한민국 법령에 의하여 처벌할 수 있는 범죄에 대한 형사재판권을 바로 행사할 수 있다.

제2장 형사소송법의 이념과 구조

제1절 형사소송법의 지도이념

I 실체진실발견주의

1. 의의

실체진실주의(The Truthfinding Function of the Process)란 소송의 실체에 관하여 객관적인 진실을 발견하여 사안의 진상을 명백히 하자는 것으로, 법원은 당사자의 주장, 사실의 인부, 제출한 증거에 구속되지 않고 판단하여 객관적인 진실을 발견하여야 한다는 것을 의미한다. 형사소송법은 피고인과 피해자 사이의 사적 분쟁을 해결하기 위한 제도가 아니라 국가공형벌권을 실현하는 절차이기 때문이다.

2. 내용

1) 적극적 실체진실주의와 소극적 실체진실주의

(1) 개념

적극적 실체진실주의란 범죄 되는 사실을 명백히 하여 죄 있는 사람을 빠짐없이 처벌하자는 주의를 말하며, 소극적 실체진실주의[3]란 죄 없는 자를 유죄로 하여서는 아니 된다는 주의를 말한다.

---

3) "열 사람의 범인을 놓치는 한이 있더라도 한 사람의 죄 없는 사람을 벌하여서는 안 된다(Better ten guilty escape than One innocent Suffers)" 또는 "의심스러운 때에는 피고인의 이익으로"라는 법훈으로 표현되고 있다.

(2) 양자의 구별

대륙법계 및 직권주의 소송구조에서는 적극적 실체진실주의가 강조되고, 영미법계 및 당사자주의 소송구조에서는 소극적 실체진실주의가 강조된다고 본다. 소극적 진실주의와 적극적 진실주의를 구별하는 입장에 대하여 적극적 실체진실 발견과 소극적 신체 진실의 발견 모두 형사소송법에서 실체진실의 한 내용에 불과하므로 이를 구별하는 것은 역사적 의미만 있다는 견해도 있으나, 현행 헌법상의 무죄추정의 원리(헌법 제27조 제4항)가 선언되어 있고 유죄의 인정시 당사자의 주장에 의하지 않고 증거능력이 있으며 적법한 증거조사를 거친 증거에 의한 엄격한 증명을 요하는 점(제307조)에서 양자의 구별은 실익이 있으며, 현대 민주주의에서는 소극적 실체진실주의를 더욱더 강조하고 있다고 보아야 할 것이다.

[판례] 헌법재판소 전원재판부 1996.12.26. 94헌바1

형사재판의 증거법칙과 관련하여서는 소극적 진실주의가 헌법적으로 보장되어 있다 할 것이다. 형사소송절차의 본질적 과제는 형사실체법이 요구하는 국가형벌권을 구체적으로 실현하는 일이다. 이를 위한 기본적 전제로서 형사재판의 기초가 되는 사실에 관하여 객관적 진실을 발견하여 사안의 진상을 명백하고 정확하게 밝힐 것이 요구된다. 이와 같은 요청을 형사소송에 있어서의 실체적 진실주의라고 일컫는데, 실체적 진실주의는 적극적으로는 범인필벌, 즉 죄 있는 사람을 빠짐없이 처벌할 것을 요구하는(적극적 실체진실주의) 반면, 소극적으로는 무죄자불벌, 즉 죄 없는 사람이 처벌받는 일이 없을 것을 요구한다(소극적 실체진실주의). "법"은 헌법 제27조 제4항에 선언된 무죄추정의 원칙을 명문으로 다시 규정하여(제275조의2) 공소사실 등에 대한 거증책임을 검사에게 부담시키는 한편, 사실의 인정은 반드시 증거에 의하여야 하도록 하고(제307조), 진실성이나 신빙성이 희박한 증거를 배제하려는 취지에서 임의성이 없는 자백과 전문증거의 증거능력을 부인하거나 제한하며(제309조, 제310조의2), 피고인에게 불이익한 자백에 보강증거를 요구하는 자백의 보강법칙을 채택하는(제310조) 등 실체적 진실주의의 소극적인 면에 중점을 두어 무고한 사람이 처벌받는 일이 없도록 여러 가지 제도적 장치를 마련하고 있다. 결국 "법"은 적극적 실체진실주의의 요구와 소극적 실체진실주의의 요구가 충돌하는 경우에는 후자를 우선시킴으로써 소극적 실체진실주의를 형사소송의 지도원리로 삼고 있는 것이다.

3. 제도적 구현책[4)]

1) 직권에 의한 증거조사

형사소송법은 실체진실의 발견을 위하여 법원은 피고인과 증인을 신문할 수 있고(제287조, 제161조) 직권에 의한 증거조사(제295조)를 할 수 있는 것으로 임의적 규정으로 되어 있으나, 실체진실의 발견을 위하여 조문의 규정에도 불구하고 법원의 직권에 의한 증거조사

4) 진술거부권의 고지는 적정절차와 관련이 있는 규정이지 실체진실구현과는 거리가 있다.

는 법원의 권한에 그치는 아니라 법원의 의무가 되어야 하는 것이며, 이를 소홀히 한 경우에는 심리미진으로 상소이유가 된다.

2) 증거재판주의

증거재판주의(제307조), 자유심증주의(제308조), 임의성 없는 자백의 증거능력 제한(제309조), 전문증거의 원칙적 증거능력 불인정(제310조의2), 자백의 보강법칙(제310조) 등은 실체진실을 발견하기 위한 증거법칙들이다.

3) 상소와 재심제도

실체진실주의는 오판의 방지뿐만 아니라 오판의 시정도 포함되므로 상소제도와 재심제도는 실체진실주의를 실현하는 제도이다.[5)]

4) 검사의 객관의무 및 변호인의 진실의무

형사소송법이 검사와 피고인에게 당사자의 지위를 인정함에도 불구하고 검사에게 객관의무를 부여하고 변호인에게 진실의무를 부여하는 것도 실체진실의 발견을 위한 제도가 된다.

4. 실체진실주의의 한계

실체진실의 발견도 인간의 능력의 한계에 따른 사실상의 한계가 있으므로 합리적 의심의 여지가 없는(beyond reasonable doubt) 또는 고도의 개연성(hohe Wahrscheinlichkeit)으로 족하며(제307조 제2항), 국가의 이익을 위한 초소송법적 이익의 한계, 신속한 재판의 원칙, 적정절차원칙에 따르는 제한이 있다.

Ⅱ 적정절차의 원칙

1. 의의

적정절차(Due process of law)란 헌법정신을 구현한 공정한 법정절차에 의하여 형벌권이 실현되어야 한다는 원칙을 말한다. 즉 법치국가적 형사소송의 최고의 원리는 인간의 존엄

5) 비상상고제도는 법령위반사유를 이유로 하는 것이므로 실체진실의 발견과는 거리가 있음에 주의해야 한다.

과 가치를 인정하고 기본적 인권을 보장함을 최고의 원리로 하여야 하므로 인간을 단순한 소송의 객체로 머무르게 하여서는 아니 되며, 이로 인하여 피고인은 소송의 주체로서 독립된 권리를 가지며 방어권을 행사할 수 있게 된다. 개정 형사소송법 제308조의2 및 제312조에서 "적법한 절차"라고 규정한 것은 적법절차를 구체화한 규정으로 볼 수 있다.

판례 대법원 2002.10.8. 선고 2001도3931 판결

법원에 의하여 채택된 증인은 검사와 피고인 쌍방이 공평한 기회를 가지고 법관의 면전에서 조사·진술되어야 하는 중요한 증거자료의 하나로서, 비록 검사의 신청에 의하여 채택된 증인이라 하더라도, 그는 검사만을 위하여 증언하는 것이 아니며, 오로지 그가 경험한 사실대로 증언하여야 할 의무가 있는 것이고, 따라서 검사이든 피고인이든 공평하게 증인에 접근할 수 있도록 기회가 보장되지 않으면 안 되며, 검사와 피고인 쌍방 중 어느 한편이 증인과의 접촉을 독점하거나 상대방의 접근을 차단하도록 허용한다면 이는 상대방의 공정한 재판을 받을 권리를 침해하는 것이 되고, 구속된 증인에 대한 편의제공 역시 그것이 일방당사자인 검사에게만 허용된다면 그 증인과 검사와의 부당한 인간관계의 형성이나 회유의 수단 등으로 오용될 우려가 있고, 또 거꾸로 그러한 편의의 박탈 가능성이 증인에게 심리적 압박수단으로 작용할 수도 있으므로 접근차단의 경우와 마찬가지로 공정한 재판을 해하는 역할을 할 수 있다. 그러므로 알선수재 사건의 공여자의 증언이 검찰측의 헌법위반적인 증인 접근차단과 증인에 대한 편의제공 중에 이루어진 것으로서 신빙성이 없다.

2. 제도적 구현책

1) 전체 절차에서 요구되는 원칙 : 비례성의 원칙

비례성의 원칙은 강제처분이 법적으로 허용되는 경우에 있어서도 명령과 집행 계속을 한계지우는 중요한 기능을 수행하고 있다(제308조의2).

2) 공소제기 단계

공소장에는 사건에 관하여 법원에 예단이 생기게 할 수 있는 서류 기타 물건을 첨부하거나 그 내용을 인용하여서는 아니 된다(규칙 제118조 제2항).

3) 공판단계

(1) 공정한 재판의 원칙

① 공평한 법원의 구성

공평한 법원을 구성하기 위하여 사법권의 독립과 법관의 신분보장이 필요하며, 편파적인 재판을 방지하기 위하여 형사소송법은 법관의 제척, 기피, 회피제도(제17조~제24조) 및 관할의 이전제도를 두고 있다.

② 피고인 방어권을 보장

피고인에게 충분한 방어준비기회를 부여하지 아니한다면 공정한 재판이 될 수 없으므로 형사소송법은 제1회 공판기일 유예제도(제269조), 피고인의 공판정 출석권(제276조), 피고인의 진술권(제286조)과 진술거부권(제283조의2), 증거신청권(제294조), 증거보전청구권(제184조) 등이 보장되어 있다.

③ 당사자 무기의 평등원칙

검사보다 상대적으로 법률적 지식이 약한 피고인에게 실질적인 무기평등을 위하여 변호인의 조력을 받을 권리, 국선변호인제도가 마련되어 있으며, 검사에게도 객관의무를 부여하고 있다.

(2) 피고인보호의 원칙

헌법의 사회적 법치주의가 형사소송에 구현된 것이 법원의 보호의무의 원칙이며, 이 원칙으로 인하여 법원은 피고인에게 정당한 방어의 가능성을 고지하고, 일정한 소송행위의 법적 결과를 설명하고 권리의 행사를 가르쳐 주어야 한다. 그러므로 형사소송법에서는 피고인의 방어권을 보장하기 위하여 각종의 고지제도를 두고 있으며, 종래에 규칙에 있어 문제가 되었던 피고인에 대한 진술거부권 고지를 제283조의2 제2항에 명문의 규정으로 인정하게 되었다. 이러한 법원의 보호의무 위반으로 인하여 방어권이 침해된 경우에는 상고이유가 된다.

3. 적정절차원리 위반의 효과(증거능력 배제)

위법하게 수집된 증거는 헌법상의 적정절차를 위반한 것이므로 증거능력이 부정되어야 한다. 종래 판례는 "진술거부권을 고지하지 않은 채 작성된 피의자신문조서는 증거능력이 부정되어야 한다"고 판시하면서도, "압수물은 압수절차가 위법이라 하더라도 물건 자체의 성질 · 형상에 변경을 가져오는 것이 아니므로 그 형상 등에 관한 증거가치에는 변함이 없다고 할 것이므로 증거능력이 있다"고 판시하여 위법수집증거의 증거능력을 인정한 바 있으나, 최근 전원합의체로 비진술증거에 대하여도 제한적 위법수집배제법칙을 적용하여 증거능력을 부정하였고, 개정 형사소송법 제308조의2에서는 "적법한 절차에 따르지 아니하고 수집한 증거는 증거로 할 수 없다"고 하여 "위법수집증거배제법칙"을 입법화하였다.

판례 대법원 1992.6.23. 선고 92도682 판결(진술증거)

형사소송법 제200조 제2항은 검사 또는 사법경찰관이 출석한 피의자의 진술을 들을 때에는 미리 피의자에 대하여 진술을 거부할 수 있음을 알려야 한다고 규정하고 있는바, 이러한 피의자의 진술거부권은 헌법이 보장하는 형사상 자기에 불리한 진술을 강요당하지 않는 자기부죄거부의 권리에 터 잡은 것이므로 수사기관이 피의자를 신문함에 있어서 피의자에게 미리 진술거부권을 고지하지 않은 때에는 그 피의자의 진술은 위법하게 수집된 증거로서 진술의 임의성이 인정되는 경우라도 증거능력이 부인되어야 한다.

판례 대법원 2007.11.16. 선고 2007도3061 전원합의체(비진술증거)

우리 헌법은 "누구든지 법률에 의하지 아니하고는 … 압수 · 수색 … 을 받지 아니하며(헌법 제12조 제1항 후문)", "체포 · 구속 · 압수 또는 수색을 할 때에는 적법한 절차에 따라 검사의 신청에 의하여 법관이 발부한 영장을 제시하여야 한다. 다만, 현행범인인 경우와 장기 3년 이상의 형에 해당하는 죄를 범하고 도피 또는 증거인멸의 염려가 있을 때에는 사후에 영장을 청구할 수 있다(같은 조 제3항)" 라고 정하여 압수수색에 관한 적법절차와 영장주의의 근간을 선언하고 있다.

이를 이어받아 압수수색에 관한 적법절차와 영장주의를 구체화한 형사소송법과 형사소송규칙은 수사기관의 압수수색에 관한 상세한 절차조항을 마련하고 있다. 이에 의하면, 수사기관의 압수수색은 법관이 발부한 압수수색영장에 의하여야 하는 것이 원칙이고, 그 영장에는 피의자의 성명, 압수할 물건, 수색할 장소 · 신체 · 물건과 압수수색의 사유 등이 특정되어야 하며(형사소송법 제215조, 제219조, 제114조, 제1항, 형사소속규칙 제58조), 영장은 처분을 받는 자에게 반드시 제시되어야 하고, 피의자 아닌 자의 신체 또는 물건은 압수할 물건이 있음을 인정할 수 있는 경우에 한하여 수색할 수 있다(형사소송법 제219조, 제111조 제1항, 제121조, 제122조, 제123조 제1항), 압수물을 압수한 경우에는 목록을 작성하여 소유자, 소지자 등에게 교부하여야 한다(같은 법 제219조, 제129조, 제133조). 위와 같이 기본적 인권보장을 위하여 압수수색에 관한 적법절차와 영장주의의 근간을 선언한 헌법과 이를 이어받아 실체적 진실 규명과 개인의 권리보호 이념을 조화롭게 실현할 수 있도록 압수 · 수색절차에 관한 구체적 기준을 마련하고 있는 형사소송법의 규범력은 확고히 유지되어야 한다. 그러므로 헌법과 형사소송법이 정한 절차에 따르지 아니하고 수집된 증거는 기본적 인권보장을 위해 마련된 적법한 절차에 따르지 않은 것으로서 원칙적으로 유죄 인정의 증거로 삼을 수 없다 할 것이다. 무릇 수사기관의 강제처분인 압수 · 수색은 그 과장에서 관련자들의 권리나 법익을 침해할 가능성이 적지 않으므로 엄격히 헌법과 형사소송법이 정한 절차를 준수하여 이루어져야 한다. 절차조항에 따르지 않는 수사기관의 압수 · 수색을 억제하고 재발을 방지하는 가장 효과적이고 확실한 대응책은 이를 통하여 수집한 증거는 물론 이를 기초로 하여 획득한 2차적 증거를 유죄 인정의 증거로 삼을 수 없도록 하는 것이다. 이와 달리, 압수물은 그 압수절차가 위법이라 하더라도 물건 자체의 설질, 형상에 변경을 가져오는 것은 아니므로 그 형상 등에 관한 증거가치에는 변함이 없다 할 것이므로 증거능력이 있다는 취지로 판시한 대법원 1968.9.17. 선고 68도932 판결, 대법원 1987.6.23. 선고 87도705판결, 대법원 1994.2.8. 선고 93도3318 판결, 대법원 1996.5.14.자 96초88 결정, 대법원 2002.11.26 선고 2000도1513 판결, 대법원 2006.7.27. 선고 2006도3194 판결 등은 이 판결의 견해에 배치되는 범위 안에서 이를 변경하기로 한다. 다만, 법이 정한 절차에 따르지 아니하고 수집된 압수물의 증거능력 인정 여부를 최종적으로 판단함에 있어서는, 실체적 진실 규명을 통한 정당한 형벌권의 실현도 헌법과 형사소송법이 형사소송절차를 통하여 달성하려는 중요한 목표이자 이념이므로, 형식적으로 보아 정해진 절차에 따르지 아니하고 수집된 증거라는 이유만을 내세워 획일적으로 그 증거의 증거능력을 부정하는 것 역시 헌법과 형사소송법이 형사소송에 관한 절차조항을 마련한 취지에 맞는다고 볼 수 없다는 것을 고려해야 한다. 따라서 수사기관의 증거수집과정에서 이루어진 절차 위반행위와 관련된 모든 사정, 즉 절차조항의 취지와 그 위반의 내용 및 정도, 구체적인 위반경위와 회피가능성, 절차조항이 보호하고자 하는 권리 또는 법익의 성질과 침해 정도 및 피고인과의 관련성, 절차위반 행위와 증거수집 사이의 인과관계 등 관련성의 정도 수사기관의 인식과 의도 등을 전체적 · 종합적으로 살펴 볼 때, 수사기관의 절차 위반행위가 적법절차의 실질적인 내용을 침해하는 경우에 해당하지 아니하고, 오히려 그 증거의 증거능력을 배제하는 것이 헌법과 형사소송법이 형사소송에 관한 절차조항을 마련하여 적법절차의 원칙과 실체적 진실 규명의 조화를 도모하고 이를 통하여 형사사법 정의를 실현하려 한 취지에 반하는 결과를 초래하는 것으로 평가되는 예외적인 경우라면, 법원은 그 증거를 유죄인정의 증거로 사용할 수 있다고 보아야 할 것이다. 이는 적법한 절차에 따르지 아니하고 수집된 증거를 기초로 하여 획득된 2차적 증거의 경우에도 마찬가지여서, 절차에 따르지 아니한 증거수집과 2차적 증거수집 사이의 인과관계 희석 또는 단절 여부를 중심으로 2차적 증거수집과 관련된 모든 사정을 전체적 · 종합적으로 고려하여 예외적인 경우에는 유죄인정의 증거로 사용할 수 있는 것이다.

판례 대법원 2003.10.10. 선고 2003도3282 판결

형사소송법 제55조 제1항이 피고인에게 공판조서의 열람 또는 등사청구권을 부여한 이유는 공판조서의 열람 또는 등사를 통하여 피고인으로 하여금 진술자의 진술내용과 그 기재된 조서의 기재내용의 일치 여부를 확인할 수 있도록 기회를 줌으로써 그 조서의 정확성을 담보함과 아울러 피고인의 방어권을 충실하게 보장하려는 데 있으므로 피고인의 공판조서에 대한 열람 또는 등사청구에 법원이 불응하여 피고인의 열람 또는 등사청구권이 침해된 경우에는 그 공판조서를 유죄의 증거로 할 수 없을 뿐만 아니라, 공판조서에 기재된 당해 피고인이나 증인의 진술도 증거로 할 수 없다.[6]

Ⅲ 신속한 재판의 원칙[7]

1. 의의

"재판의 지연은 재판의 거부와 같다(Justice delayed, justice denied)"라는 법언에서 알 수 있듯이 재판의 신속 또한 형사소송의 이념이 될 수 있다. 헌법 제27조 제3항에서 헌법상의 기본권으로 신속한 재판을 보장하고 있으며, 「국민의 형사재판참여에 관한 법률」의 시행에 의하여 배심제도가 도입됨으로써 더욱더 신속한 재판은 필요하게 되었다.

2. 필요성

신속한 재판은 주로 피고인의 이익을 보호하기 위하여 인정된 원칙이지만 동시에 실체진실의 발견, 소송경제, 재판에 대한 국민의 신뢰와 형벌목적의 달성과 같은 공공의 이익에도 근거를 두고 있다.

6) 타 법원에서도 증거능력이 없을 뿐만 아니라 당해 수소법원에도 그 증언이 증거능력이 없다고 본 판례이다.
7) 베이컨(Bacon)은 "사법(司法)은 신선할수록 향기가 높다"라고 하였다.

판례 헌법재판소 전원재판부 1995.11.30. 92헌마44

신속한 재판을 받을 권리는 주로 피고인의 이익을 보호하기 위하여 인정된 기본권이지만 동시에 실체적 진실발견, 소송경제, 재판에 대한 국민의 신뢰와 형벌목적의 달성과 같은 공공의 이익에도 근거가 있기 때문에 어느 면에서는 이중적인 성격을 갖고 있다.

3. 제도적 구현책

우리나라 형사소송법은 신속한 재판을 위하여 먼저 수사와 공소제기 단계에서부터 검사의 수사권 집중(제195조), 수사기관의 구속기간 제한(제202조, 제203조), 기소편의주의(제247조 제1항, 제255조), 공소시효(제249조) 등의 제도를 마련하고 있으며, 공판단계에서는 공판준비절차(제266조:공소장부본의 송달, 제267조, 제270조: 공판기일의 지정과 변경, 제273조, 제274: 공판기일 의거조사와 증거제출, 제266조의5 내지 14: 공판전 준비절차, 제266조의16: 기일간 공판준비절차), 심판범위의 한정, 궐석재판제도(제277조의2), 집중심리제도(제267조의2), 대표변호인제도(제32조의2), 재판장의 소송지휘권(제279조), 구속기간의 제한(제92조), 판결선고기간제한(제318조의4) 등을 규정하고 있으며, 상소심에서도 상소심의 구조, 상소기간의 제한(제358조, 제374조) 등을 마련하고 간이공판절차(제286조의2), 약식명령(제453조), 즉결심판절차 등 특수한 공판제도를 마련하여 이 원칙에 기여하고 있다.

4. 신속한 재판에 대한 침해와 구제책

신속한 재판에 대한 침해는 일도양단으로 판단할 수 없는 것이며 이에 대한 침해가 발생한 경우 이에 대한 구제책에 대하여 우리 형사소송법에는 명문의 규정이 없으므로 양형사유에 지나지 않는다고 보는 것이 일반적인 입장이므로, 유죄판결을 하는 경우에는 철저한 미결구금일수 산입이 필요하며, 무죄판결을 하는 경우에는 헌법상의 형사보상청구권에 의하여 보상을 하여야 한다.

판례 대법원 1990.6.12. 선고 90도672 판결

구속사건에 대해서는 법원이 구속기간 내에 재판을 하면 되는 것이고 구속만기 25일을 앞두고 제1회 공판이 있었다 하여 헌법에 정한 신속한 재판을 받을 권리를 침해하였다 할 수 없다.

판례 대법원 1972.5.23. 선고 72도840 판결

검사와 피고인 쌍방이 항소한 경우에 1심 선고형기 경과 후 2심 공판이 개정되었다고 하여 이를 위법이라 할 수 없고 신속한 재판을 받을 권리를 박탈한 것이라고 할 수 없다.

제2절 형사소송의 기본구조

Ⅰ 규문주의

법원이 범죄사실을 발견하였을 때 그 소추를 기다리지 않고 직권으로 범죄를 수사하여 범인을 체포, 심리, 재판하는 구조이다. 재판기관과 소추기관의 주체가 동일한 경우를 말하며, 규문주의에 따르면 불고불리의 원칙은 적용이 없고, 피고인은 심리의 객체가 될 따름이다.

Ⅱ 탄핵주의

1. 의의

재판기관과 소추기관이 분리된 경우를 말하며 불고불리의 원칙은 적용이 있다. 이에는 소송의 주도권을 누가 가지고 있는가에 따라서 당사자주의와 직권주의로 나누어진다.

2. 당사자주의

1) 연혁

당사자주의는 당사자인 검사와 피고인에게 소송의 주도적 지위를 인정하여 당사자에 의해 소송이 진행되는 구조로, 영미법계의 전통적 입장인 배심제도에서부터 발전한 제도이다.

2) 제도적 표현

당사자주의의 표현으로는 공소장일본주의, 검사의 모두진술, 교호신문제도, 피고인신문의 방법, 당사자 신청에 의한 증거조사, 공소장변경제도, 피고인의 공판기일 변경신청권, 제1회 공판기일 유예기간, 전문법칙, 탄핵증거, 당사자의 최종변론인정 등이 그 예이다.[8)]

---

8) 여기서 주의해야 할 것은 재판장의 소송지휘권은 직권주의, 당사자주의 모두 결합이 가능하고 공소장 변경의 요구는 직권주의, 공소장변경제도 자체는 당사자주의, 이에 따라 요구가 있었음에도 불구하고 검사가 공소장

3) 장단점

당사자주의는 검사와 대등한 지위를 인정함으로써 피고인의 자유와 권리의 보장 및 실체진실 발견에 유리하나, 심리의 능률과 신속한 재판을 달성하기 어려우며, 형사소송의 스포츠화 혹은 사법의 거래화를 초래할 위험이 존재한다.

3. 직권주의

1) 연혁

직권주의는 소송에서의 주도적 지위를 법원에게 인정하는 소송구조로 대륙법계의 전통적 입장이다.

2) 제도적 표현

직권주의의 표현으로는 공소장변경요구제도, 직권에 의한 증거조사제도, 피고인에 대한 법원의 신문 등이 그 예이다.

3) 장단점

심리의 능률과 피고인에게 실질적인 도움을 법원이 후견적인 입장에서 제공하여 실체진실발견에 도움이 되나, 피고인의 소송당사자의 지위의 형해화(形骸化)를 가져올 위험이 있으며, 법원의 독단과 자의를 방지할 수 없다는 단점이 있다.

4. 현행 형사소송법의 태도

형사소송의 구조를 당사자주의와 직권주의 중 어느 것으로 할 것인가의 문제는 입법정책의 문제로서 우리나라 형사소송법은 그 해석상 소송절차의 전반에 걸쳐 기본적으로 당사자주의 소송구조를 취하고 있는 것으로 이해된다.

[판례] 대법원 1984.6.12. 선고 84도796

형사소송에 있어서는 입증책임의 분배를 엄격하게 따질 수는 없다고 할 것이나 당사자주의를 그 소송구조로 하고 있는 현행형사소송법 체계에서는 소송범죄사실 또는 피고인의 변소사실이 증거가 없거나 불충분한 경우에 불이익을 받을 당사자는 바로 검사이거나 피고인이므로 공소범죄사실에 대한 입증책임은 검사에게 있고 증거가 없거나 불충분하여 의심스러운 경우에는 피고인의 이익으로 판단하여야 한다.

을 변경하지 아니한 경우에는 공소장이 변경된 것으로 보지 않는 것은 다시 당사자주의적 요소이다. 또한 당사자 신청에 의한 증거조사는 당사자주의적 요소이지만, 이에 따른 진정성의 인정은 직권주의적 요소임에 주의하여야 한다.

[판례] 헌법재판소 전원재판부 1995.11.30. 92헌마44

형사소송의 구조를 당사자주의와 직권주의 중 어느 것으로 할 것인가의 문제는 입법정책의 문제로서 우리나라 형사소송법은 그 해석상 소송절차의 전반에 걸쳐 기본적으로 당사자주의 소송구조를 취하고 있는 것으로 이해된다.

PART

2

소송의 주체와 소송의 절차이론

제1장 소송의 주체[1)]

제1절 형사소송의 의의

I 의의와 종류

1. 국법상 의미의 법원

국법상의 의미의 법원은 사법행정상의 의미의 법원(법원조직법상의 법원)으로 관청 및 관서로서의 법원을 말한다.

2. 소송법상 의미의 법원

형사소송법상의 법원의 의미로 재판권을 행사하는 단독판사와 합의부가 이에 해당된다. 국법상 의미의 법원은 대법원장 및 법원장의 지휘 · 감독을 받는데 반하여 소송법상 의미의 법원은 이에 제한을 받지 않는다.

1) • 소송의 주체 : 법원, 검사, 피고인
• 소송의 당사자 : 검사, 피고인
• 소송관계인 : 소송당사자와 그 보조인을 말한다. 검사와 그 보조자(사법경찰관리), 피고인과 그 보조자(변호인, 보조인, 대리인)
• 소송관여자 : 증인, 감정인, 고소인, 고발인 등을 말한다.

Ⅱ 법원의 구성

1. 재판장

법원이 합의부인 경우, 그 구성원 중 1인이 재판장이 된다. 재판장은 합의부에서 당해 사건의 소송절차의 진행을 담당하는 권한이 있다. 합의체 기관으로서 재판장은 공판기일지정권(제267조), 소송지휘권(제279조), 법정경찰권(제281조 제2항) 등의 권한이 있으며, 독립하여서는 급속을 요하는 경우, 피고인을 소환 구속할 수 있는 권한이 있다(제80조). 그러나 심판에 있어서는 다른 합의부 법관과 동일한 권한을 가질 뿐이다.

2. 수명법관

합의체 법관 중 재판장의 명을 받고 특정한 소송행위를 하는 법관이다(제136조, 제266조의2). 수명법관은 공판준비기일을 진행할 수 있으며, 수명법관은 공판준비기일에 관하여 법원 또는 재판장과 동일한 권한이 있다. 이러한 수명법관의 행위에 대하여는 준항고를 할 수 있다(제416조).

3. 수탁판사

수소법원이 다른 법원의 판사에게 일정한 소송행위에 대하여 촉탁을 하고, 이에 촉탁을 받은 판사를 말한다. 촉탁을 받은 법관은 일정한 경우에 다른 법원 판사에게 전촉을 할 수 있다(제77조 제2항, 제136조 제2항). 전촉을 받은 판사 역시 수탁판사이다.

4. 수임판사

수소법원과는 독립하여 특정한 소송법상의 권한을 행사하는 법관을 말한다. 예를 들면 각종의 영장을 발부하는 판사(제201조), 증거보전절차를 행하는 판사(제184조 : 단 기각결정에 대하여는 개정 형사소송법에 3일 이내에 항고할 수 있다). 수사상의 증인신문을 행하는 판사(제221조의2)가 이에 해당한다. 이러한 법관의 재판에 대하여는 증거보전 청구 이외에는 형사소송법상 다툴 수 없음에 주의하여야 한다.[2)]

2) 사개추위원과 개정안에는 준항고 규정을 개정하자는 논의가 있었으나 개별적인 법조문의 개정으로 수정을하여 증거보전청구의 기각결정에 대하여 기간의 제한이 있는 항고규정을 두었다.

5. 수소법원

형사피고사건이 계속된 법원을 말한다. 다만, 증거보전청구를 받은 판사나 구속영장을 발부하는 판사는 수소법원이 아니다.

Ⅲ 법원의 관할

1. 의의

1) 관할의 의미

관할(jurisdiction)이란 각 법원에 대한 재판권(Gerrictsbarkeit)[3]을 나누는 것을 말하며, 한 법원 내부에 있어서 특정사건을 담당할 법관을 정하는 사무의 분배와 구별된다.

2) 재판권과의 구별

관할권과 재판권은 구별하여야 한다. 즉 재판권은 사법권을 의미하는 일반적 · 추상적 권한을 뜻하는 국법상의 개념임에 반하여, 관할권이란 재판권을 전제로 특정사건에 대하여 특정한 법원이 재판권을 행사할 수 있는 소송법상의 개념이다. 재판권이 없는 경우에는 공소기각판결을 하여야 하나(제327조 제1항), 관할이 없는 경우에는 관할위반의 판결을 하여야 한다(제319조).

2. 관할의 종류

1) 사건관할과 직무관할

직무관할이란 재심사건(제423조)[4], 비상상고사건(제441조)[5], 재정신청사건(제260조)[6]과 같이 특정한 법원에만 하여야 하는 것을 말한다. 일반적으로 관할을 말하는 경우에는 피고사건의 심판에 관한 사건관할을 의미한다.

---

3) 사법권(司法權)을 의미하며 이는 심판권을 행사할 수 있는 추상적 · 일반적 권한을 의미한다.
4) 원심법원
5) 대법원
6) 고등법원

2) 법정관할과 재정관할

사건관할에는 다시 법률의 규정에 의하여 관할이 결정되는 법정관할이 있는데, 이에는 고유관할과 관련사건의 관할이 있다. 그리고 법원의 재판에 의하여 관할이 결정되는 재정관할에는 관할의 지정과 이전이 있다.

3. 법정관할

1) 고유관할

(1) 사물관할 : 법원조직법

① 사물관할이란 피고사건의 판단에 있어서 1심의 시작을 단독판사의 관할로 할 것인가, 아니면 합의부 사건으로 할 것인가에 대한 문제로 사건의 경중에 따라서 관할의 분배를 하는 것으로 원칙적으로 단독판사에 속한다.

② 다만, 사형 · 무기 또는 단기 1년 이상의 징역 또는 금고에 해당하는 사건[7] 및 제척 · 기피사건, 법률이 지방법원 합의부의 권한으로 한 경우, 합의부에서 스스로 결정한 사건은 합의부 관할로 한다.

(2) 토지관할 : 각급 법원 설치와 관할구역에 관한 법률

동등한 법원 간에 사건의 지역적 관련에 의하여 정해지는 법원의 관할 분배를 말한다.

① 사건의 능률적 처리와 피고인의 출석 및 방어의 편의를 고려하여 피고인이 행한 범죄지, 피고인의 주소 · 거소 또는 현재지로 한다. 또 국외에 있는 대한민국 선박 또는 항공기 내에서 범한 죄인 경우에 선적지 또는 범죄 후의 선착지를 토지관할로 한다(제4조).

② 범죄지란 실행행위지, 결과발생지 뿐만 아니라 중간지도 포함된다. 예비 · 음모지는 예비와 음모를 처벌하는 규정이 있는 경우에는 예비 · 음모를 한 것만으로도 범죄지가 된다. 공모공동정범의 경우에는 공모지도 범죄지가 된다. 간접정범의 경우에는 이용행위지 뿐만 아니라 피이용자의 실행행위지도 범죄지가 된다. 교사범, 방조범의 경우에도 교사의 방조의 행위지뿐만 아니라 정범의 실행행위지 및 결과발생지 모두 범죄지가 된다.

---

7) 주의할 것은 단기 1년 이상이더라도 단독관할 사건인 경우에 해당하는 것으로는 특수절도, 상습절도, 특가법 중 일부죄, 폭처법 중 일부죄, 보건범죄단속에관한특별조치법, 병역법, 부정수표단속법에 해당하는 사건은 단독사건이다.

③ 주소와 거소도 토지관할이 발생하며, 현재지도 적법한 경우 공소제기시에 법원의 관할 구역 내에 있으면 토지관할이 발생한다.

(3) 심급관할 : 법원조직법

① 심급관할이란 상소관계에 있어서의 관할을 의미한다.
② 판결인 경우는 지방법원 단독사건의 항소부는 지방법원 합의부이나, 지방법원 합의부 사건의 항소부는 고등법원이다. 다만, 상고는 모두 대법원관할이다. 또한 비약상고의 관할도 대법원이다.
③ 결정과 명령에 관하여는 그 명칭이 항고, 재항고로 변경될 뿐 심급관할 법원은 판결과 동일하다.

2) 관련사건의 관할

(1) 의의

관련사건이란 수개의 사건이 상호 관련이 있는 경우로 이에는 인적관련(주관적 관련: 1인이 범한 수죄)과 물적 관련(객관적 관련: 수인이 공동하여 범한 죄)을 말한다.

(2) 관련사건의 형태(제11조)

① 1인이 범한 수죄: 수죄의 의미는 소송법상의 의미로 이해되어야 하므로 실체적 경합사건만이 수죄에 해당되지, 그 외 포괄적 일죄, 법조경합, 단순일죄 및 상상적 경합은 일죄로 판단된다.
② 수인이 공동으로 범한 죄: 공동정범, 교사범, 방조범, 합동범, 필요적 공범을 말한다.
③ 수인이 동시에 동일한 장소에서 범한 죄: 이는 동시범의 경우를 말한다.
④ 범인은닉죄, 증거인멸죄, 위증죄, 허위통역감정죄, 장물에관한죄와 그 본범의 죄

(3) 관련사건의 병합관할 및 심리

① 사물관할의 병합[8]

사물관할을 달리하는 수개의 사건이 관련된 때에는 법원합의부가 병합관할 한다. 단, 결정으로 관할권 있는 법원단독판사에게 이송할 수 있다(제9조).

8) 검사가 어떠한 곳에 공소를 제기할 것인가의 문제로 이해하면 쉽다.

② 사물관할의 병합심리[9]

사물관할을 달리하는 수개의 관련사건이 각각 법원합의부와 단독판사에 계속된 때에는 합의부는 결정으로 단독판사에 속한 사건을 병합하여 심리할 수 있다(제10조). 단독판사는 그가 심리중인 사건과 관련된 사건이 합의부에 계속된 사실을 알게 된 때에는 즉시 합의부의 재판장에게 그 사실을 통지하여야 한다. 합의부가 병합심리결정을 한 때에는 즉시 그 결정등본을 단독판사에게 송부하여야 하고, 단독판사는 그 결정등본을 송부받은 날로부터 5일 이내에 소송기록과 증거물을 합의부에 송부하여야 한다.

③ 토지관할의 병합

토지관할을 달리하는 수개의 사건이 관련된 때에는 1개의 사건에 관하여 관할권 있는 법원은 다른 사건까지 관할할 수 있다(제5조).

④ 토지관할의 병합심리

토지관할을 달리하는 수개의 관련사건이 각각 다른 법원에 계속된 때에는 공통되는 직근 상급법원은 검사 또는 피고인의 신청에 의하여 결정으로 1개 법원으로 하여금 병합심리하게 할 수 있다(제6조). 이 경우 신청을 받은 법원이 신청을 이유 있다고 인정한 때에는 관련사건을 병합심리할 법원을 지정하여 그 법원으로 하여금 병합심리하게 하는 취지의 결정을, 이유 없다고 인정한 때에는 신청을 기각하는 취지의 결정을 각하고, 그 결정등본을 신청인과 그 상대방에게 송달하고 사건계속 법원에 송부하여야 한다. 위의 결정에 의하여 병합심리하게 된 법원 이외의 법원은 그 결정등본을 송부받은 날로부터 7일 이내에 소송기록과 증거물을 병합심리하게 된 법원에 송부하여야 한다.

【판례】 대법원 2006.12.5. 선고 2006초기335 전원합의체

형사소송법 제6조는 "토지관할을 달리하는 수개의 관련사건이 각각 다른 법원에 계속된 때에는 공통되는 직근 상급법원은 검사 또는 피고인의 신청에 의하여 결정으로 1개 법원으로 하여금 병합심리하게 할 수 있다"고 규정하고 있다. 사물관할은 같지만 토지관할을 달리하는 수개의 제1심 법원(지원을 포함한다. 이하 같다)들에 관련사건이 계속된 경우에 있어서, 위 조항에서 말하는 상급법원은 그 성질상 형사사건의 토지관할 구역을 정해 놓은 「각급 법원의 설치와 관할구역에 관한 법률」 제4조에 기한 별표 3의 관할구역 구분을 기준으로 정하여야 할 것인 바, 형사사건의 제1심 법원은 각각 일정한 토지관할 구역을 나누어 가지는 대등한 관계에 있으므로 그 상급법원은 위 표에서 정한 제1심 법원들의 토지관할 구역을 포괄하여 관할하는 고등법원이 된다고 할 것이다. 따라서 토지관할을 달리하는 수개의 제1심 법원들에 관련사건이 계속된 경우에 그 소속 고등법원이 같은 경우에는 그 고등법원이, 그 소속 고등법원이 다른 경우에는 대법원이 위 제1심 법원들의 공통되는 직근 상급법원으로서 위 조항에 의한 토지관할 병합심리 신청사건의 관할법원이 된다. 이와 달리 위 조항의 상급법원을 이른

---

9) 법원이 사건을 어떻게 처리할 것인지를 결정하는 단계로 이해하면 쉽다.

바 심급관할에 따른 상급법원으로 본 대법원 1991.2.12. 자90초112 결정 등은 이와 배치되는 범위 내에서 모두 변경하기로 한다. 이 사건 토지관할 병합심리 신청의 대상사건들은 서울중앙지방법원 2006고단3591 무고 피고사건과 수원지방법원 성남지원 2006고단1276 무고 피고사건인 바, 위 사건들의 제1심 법원들은 모두 서울고등법원 소속이므로 이 사건 신청의 관할법원은 서울고등법원이고, 대법원은 관할권이 없다 할 것이다. 따라서 대법원을 관할법원으로 하여 제기한 이 사건 신청은 관할을 위반한 잘못이 있으나, 이는 대법원의 종전 견해에 따른 것임을 고려하여 관할법원인 서울고등법원으로 이송하여 처리하도록 하기로 한다(대법원 2003.9.23. 자2002모344 결정 참조). 그러므로 이 사건을 관할법원에 이송하기로 하여 관여 법관의 일치된 의견으로 주문과 같이 결정한다.[10)]

⑤ 법원합의부와 단독판사에 계속된 각 사건이 토지관할을 달리하는 경우 심리(규칙 제4조)

합의부는 결정으로 단독판사에 속한 사건을 병합하여 심리할 수 있다. 단독판사는 그가 심리중인 사건과 관련된 사건이 합의부에 계속된 사실을 알게 된 때에는 즉시 합의부의 재판장에게 그 사실을 통지하여야 한다. 합의부가 병합심리결정을 한 때에는 즉시 그 결정등본을 단독판사에게 송부하여야 하고, 단독판사는 그 결정등본을 송부받은 날로부터 5일 이내에 소송기록과 증거물을 합의부에 송부하여야 한다.

⑥ 항소사건의 병합심리(규칙 제4조의2)

사물관할을 달리하는 수개의 관련 항소사건이 각각 고등법원과 지방법원본원합의부에 계속된 때에는 고등법원은 결정으로 지방법원본원합의부에 계속한 사건을 병합하여 심리할 수 있다. 수개의 관련 항소사건이 토지관할을 달리하는 경우에도 같다. 지방법원본원합의부의 재판장은 그 부에서 심리중인 항소사건과 관련된 사건이 고등법원에 계속된 사실을 알게 된 때에는 즉시 고등법원의 재판장에게 그 사실을 통지하여야 한다. 고등법원이 제1항의 규정에 의한 병합심리결정을 한 때에는 즉시 그 결정등본을 지방법원본원합의부에 송부하여야 하고, 지방법원본원합의부는 그 결정등본을 송부 받은 날로부터 5일 이내에 소송기록과 증거물을 고등법원에 송부하여야 한다.

10) 여기서의 공통된 직근 상급법원이란 서울지방법원 합의부 1심과 대구지방법원 합의부 1심 관련사건을 병합심리하기 위해서는 서울지방법원의 직근 상급법원은 서울고등법원이고 대구지방법원 직근 상급법원은 대구고등법원이므로 공통되는 직근 상급법원은 대법원이 된다. 다만, 김천지원 합의부 1심과 대구지방법원 합의부 1심사건을 병합심리하기 위해서는 김천지원의 직근 상급법원은 대구고등법원이고 대구지방법원의 직근 상급법원도 대구고등법원이므로 공통되는 직근 상급법원도 대구고등법원이 된다. 본 사건을 심급관할로 판단하면 서울중앙지법 단독사건은 서울중앙지법 합의부-대법원이 되고 수원지법 성남지원 단독사건은 수원지법 합의부-대법원이 되므로 공통되는 직근 상급법원은 대법원이 되나, 본 판례에서와 같이 "각급 법원의 설치와 관할구역에 관한 법률"에 따르면 수원, 서울 모두 서울고등법원 관할에 해당되므로 공통되는 직근 상급법원은 서울고등법원이 된다.

(4) 심리의 분리

토지관할을 달리하는 수개의 관련사건이 동일법원에 계속된 경우에 병합심리의 필요가 없는 때에는 법원은 결정으로 이를 분리하여 관할권 있는 다른 법원에 이송할 수 있다(제7조).

4. 재정관할

1) **관할의 지정**(검사 : 의무)

검사는 법원의 관할이 명확하지 아니한 때, 관할위반을 선고한 재판이 확정된 사건에 관하여 다른 관할법원이 없는 때에는 관계있는 제1심법원에 공통되는 직근 상급법원에 관할지정을 신청하여야 한다(제14조).

2) **관할의 이전**(검사 : 의무, 피고인 : 권한)

검사는 관할법원이 법률상의 이유 또는 특별한 사정으로 재판권을 행할 수 없는 때, 범죄의 성질, 지방의 민심, 소송의 상황 기타 사정으로 재판의 공평을 유지하기 어려운 염려가 있는 때에는 직근 상급법원에 관할이전을 신청하여야 하고, 피고인도 신청할 수 있다(제15조). 그러나 피고인이 담당법관에 대하여 기피신청을 하였고 위증을 한 증인이 다른 법원관할 내의 검찰청에서 조사를 받고 있다거나, 법원에서 공소장변경을 허용하였다는 것만으로는 재판의 공정을 유지하기 어려운 염려가 있다고 할 수 없다.

판례 대법원 1982.12.17. 선고 82초50

피고인이 관할이전 신청을 할 수 있는 것은 형사소송법 제15조 소정의 사유가 있을 때 한하는 것인바, 신청인이 신청인에 대한 국가보안법위반 피고사건의 담당법관에 대하여 기피신청을 하였고, 또 위 피고사건에서 위증을 한 공소외(갑) 등에 대하여 대검찰청에 고소를 제기하여 대검찰청에서 이들을 조사하고 있는 중이라는 사실만으로는 위 피고사건의 관할법원인 수원지방법원이 그 재판권을 행사할 수 없다거나, 위 법원에서 위 피고사건에 대한 재판을 하면 재판의 공평을 유지하기 어려운 염려가 있다고 할 수 없다.

판례 대법원 1984.7.24. 선고 84초45, 84노417 판결

법원이 검사의 공소장변경을 허용하였다 하여 재판의 공평을 유지하기 어려울 염려가 있다고 인정되지 아니하므로 이를 이유로 한 관할이전신청은 이유 없다.

5. 관할의 경합

1) 의의

관할의 경합이란 동일 사건에 대하여 2개 이상의 법원이 관할권을 가지는 경우를 말한다. 즉 갑이라는 사람이 대구에 주소를 두고 서울에서 절도를 한 경우에는 대구는 주소지라서 토지관할이 발생하며, 서울은 범죄지라서 토지관할이 발생할 수 있어서 대구지방법원 단독판사와 서울지방법원 단독판사에게 관할의 경합의 문제가 발생하게 되는 것이다. 이러한 경우 법원의 관할권에는 우열이 없으므로 검사는 어느 법원에나 공소를 제기할 수 있고, 어느 법원에 공소가 제기되었다고 할지라도 다른 법원의 관할권이 소멸되는 것도 아니다. 다만, 동일사건에 대하여 2중으로 심판하는 경우 소송경제에 반하고, 모순된 판결을 초래할 위험이 있어 형사소송법은 이러한 위험을 방지하기 위한 조항을 두고 있다.

2) 사물관할의 경합

동일사건이 사물관할을 달리하는 수개의 법원에 계속된 때에는 법원합의부가 심판한다(제12조).[11]

3) 토지관할의 경합

(1) 의의

동일사건이 사물관할을 같이하는 수개의 법원에 계속된 때에는 먼저 공소를 받은 법원이 심판한다. 단, 각 법원에 공통되는 직근 상급법원은 검사 또는 피고인의 신청에 의하여 결정으로 뒤에 공소를 받은 법원으로 하여금 심판하게 할 수 있다(제13조).

(2) 사건의 처리

이 경우 심판을 하지 않게 된 법원은 공소기각결정을 하여야 한다(328조 제1항 제3호). 다만, 하나의 법원에서 판결이 확정된 경우에는 나머지 법원에서는 선후에 관계없이 면소판결을 하여야 한다(제326조 제1호). 만일 동일한 사건에 관하여 수개의 법원의 판결이 모두 확정된 경우에는 뒤에 확정된 판결은 당연 무효이다.

11) 검사의 일부기소가 가능하므로 하나의 사건이 단독으로 갈 수 있다.

6. 관할권의 부존재의 효과

1) 관할위반의 판결

관할권의 존재는 소송조건이므로 법원은 직권으로 관할을 조사하여야 하고(제1조), 관할권이 없음이 명백한 경우에는 관할 위반의 판결을 선고하여야 한다(제319조). 다만, 소송행위는 관할위반인 경우에도 그 효력에 영향이 없다(제2조). 토지관할은 공소제기시를 기준으로 판단하면 되나, 사물관할은 공소제기시부터 재판종결에 이르기까지 전체 심리과정에 존재하여야 한다.

2) 예외

토지관할의 경우, 법원은 피고인의 신청이 없으면 토지관할에 관하여 관할위반의 선고를 하지 못한다(제320조 제1항). 관할위반의 신청은 피고사건에 대한 진술 전에 하여야 한다(동조 제2항).

7. 사건의 이송

1) 현재지 관할법원에 대한 이송

법원은 피고인이 그 관할 구역 내에 현재하지 아니하는 경우에 특별한 사정이 있으면 결정으로 사건을 피고인의 현재지를 관할하는 동급 법원에 이송할 수 있다(제8조). 이송할 것인가의 여부에 대하여 검사와 피고인에게는 신청권이 없고, 심리의 편의와 피고인의 이익을 고려하여 법원의 재량에 의하여 결정된다.

2) 단독사건의 공소장 변경에 의한 합의부에 대한 이송

단독판사의 관할사건이 공소장변경에 의하여 합의부 관할사건으로 변경된 경우에 법원은 결정으로 관할권이 있는 법원에 이송하여야 한다(제8조 제2항).

3) 항소심에서 단독사건이 공소장 변경에 의해 합의부 사건으로 변경된 경우

(1) 문제의 제기

단독판사의 관할사건이 공판심리중 공소장변경으로 인하여 합의부 관할사건으로 변경된 경우에 법원은 결정으로 관할권이 있는 법원에 이송한다(제8조 제2항)고 규정하고 있으나, 단독사건이 항소된 이후 지방법원 합의 항소부에서 공소장 변경되어 항소심의 사물관할이 고등법원이 된 경우 피고인의 신속한 재판을 받을 권리와 절차적 권리로서의 정당한 재판을 받을 권리의 침해 여부와 관련되어 어느 법원이 관할권을 가지는지 문제된다.

(2) 견해의 대립

① 지방법원 항소부 제1심 관할설

지방법원 항소부는 합의부로써 구성을 갖추고 있으므로 위 변경된 합의부관할사건에 대하여 직접 제1심으로 다시 심판하고, 그 판결에 대하여 불복이 있으면 고등법원에 항소할 수 있다는 견해이다(제367조 단서 참조). 고등법원에 이송한다면 피고인의 심급의 이익, 즉 지방법원 합의부에 의한 제1심의 재판을 받을 권리를 침해하게 된다는 점을 논거로 한다.

② 지방법원 항소부 항소심 관할설

지방법원 항소부가 항소심으로서 변경된 합의부관할 사건에 대하여도 관할권을 가지고 직접 항소심으로서 심판하고 위 법원의 판결에 불복이 있으면 대법원에 상고할 수 있다는 견해이다. 법원조직법에서 정하는 심급관할은 불복의 대상이 된 판결·결정 등을 기준으로 획일적으로 규정되어 있고(관할획일의 원칙: 법원조직법 제32조 2항 참조), 지방법원 항소부에서의 기왕의 심리결과를 살릴 수 있고, 구속기간의 장기화를 피할 수 있어, 소송경제를 기할 수 있으므로, 개정 형사소송법 제8조 제2항은 1심에만 적용되는 것으로 한정적으로 해석해야 한다고 한다.

③ 고등법원 항소심 관할설(이송설)

단독판사 관할사건이 항소심 계류 중 공소장 변경에 의하여 합의부 관할사건으로 변경된 경우에도, 형사소송법 제8조 제2항을 유추적용하여 지방법원 항소부는 결정으로 관할권이 있는 법원인 고등법원에 이송하여야 한다는 견해이다. 개정 형사소송법 제8조 제2항 후단이 '지방법원합의부로 이송한다'고 규정하지 않고, '관할권 있는 법원에 이송한다'고 규정한 것은 항소심에서 사물관할이 변경될 경우도 예상하여 입법한 것이라고 보아야 한다는 점을 논거로 한다. 다만, 고등법원은 합의부가 그때까지 피고인을 구속한 기간을 그대로 인계하여 당해 심급에서 허용되는 총 구속기간에서 이를 제외한 잔여기간 동안에만 구속재판을 할 수 있을 뿐이다.

④ 관할위반설

개정된 제8조 제2항은 제1심에서만 적용되는 것으로 축소해석하고, 동법 제정되기 전과 같이 지방법원 항소부는 관할위반의 판결을 선고하여야 하고, 검사는 다시 지방법원 합의부에 재기소를 하여야 한다고 한다(제319조)는 견해이다.

(3) 판례의 태도

판례는 항소심에서 공소장변경에 의하여 단독판사의 관할사건이 합의부 관할사건으로 된 경우에 관할권이 있는 법원은 고등법원이라고 보고 있다.

[판례] 대법원 1997.12.12. 선고 97도2463 판결

항소심에서 공소장변경에 의하여 단독판사의 관할사건이 합의부 관할사건으로 된 경우에도 법원은 사건을 관할권이 있는 법원에 이송하여야 하고, 항소심에서 변경된 위 합의부 관할사건에 대한 관할권이 있는 법원은 고등법원이라고 봄이 상당하다.

(4) 결론

지방법원 항소부 제1심 관할설의 경우, 정당한 재판을 받을 권리는 보장되지만, 사실심 재판을 1회 더 받게 되어 피고인의 신속한 재판을 받을 권리가 침해될 우려가 있고, 지방법원 항소부 항소심 관할설의 경우 합의부에 의한 제1 · 2심을 모두 받지 못하게 되어 절차적 기본권으로서의 정당한 재판을 받을 권리가 침해되는 문제가 발생하며 형사소송법 제8조 제2항이 법원조직법의 관할에 대한 일반조항에 대하여 특별규정이라는 점을 간과한 문제점이 있다는 비판이 있다. 관할위반설의 경우에는 소송경제에 반하고, 개정조항의 취지를 몰각하는 문제가 있다. 고등법원 항소심 관할설의 경우, 합의부 사물관할 사건을 합의부에 의한 제1심을 받지 못하는 문제점이 있으나, 신속한 재판을 받을 권리와 헌법과 법률이 정한 재판을 받을 권리 간의 조화로운 해석이 가능하므로 타당하다고 본다.

4) 사건의 군사법원 이송

(1) 의의

법원은 공소가 제기된 사건에 대하여 군사법원이 재판권을 가지게 되었거나 재판권을 가졌음이 판명된 때에는 결정으로 사건을 재판권이 있는 같은 심급의 군사법원에 이송해야 한다(제16조의2 제1문). 군사법원과 일반법원 간의 이송은 관할의 문제가 아니라 일반법원과 군사법원 간의 재판권 분배의 문제이므로 재판권이 없으면 공소기각의 판결(제327조 제1호)을 함이 원칙이나, 소송의 신속을 보장하기 위하여 사건을 이송할 수 있다는 원칙을 정한 것이다. 이는 필요적 이송규정이다.

(2) 군사법원이 재판권을 가졌음이 판명된 때의 의미

공소제기 당시에 이미 군사법원이 재판권을 가지고 있었던 경우를 포함한다.

(3) 이송의 효력

이송 전에 행한 소송행위는 이송 후에도 그 효력에 영향이 없다(제16조의2 후문). 따라서 피고인이 군인이라는 사실이 인정되면 군사법원에 이송해야 하며 공소기각의 판결을 선고해서는 안 된다. 군사법원으로부터 일반법원에 사건의 이송이 행하여지는 경우에도 마찬가지이다(군사법원법 제2조 제3항).

5) 사건의 소년부 이송[12)]

법원은 소년에 대한 피고사건을 심리한 결과 보호처분에 해당할 사유가 있다고 인정하면 결정으로써 사건을 관할 소년부에 송치하여야 한다(소년법 제50조). 소년부는 법원으로부터 송치받은 사건을 심리한 결과 사건의 본인이 19세 이상임이 판명된 때에는 결정으로써 송치한 법원에 사건을 다시 이송해야 한다(동법 제51조).

6) 이송에 대한 항고 여부

사건의 이송결정은 법원의 관할에 관한 결정이므로 즉시항고는 물론 보통항고도 허용되지 아니한다(제403조 제1항). 이 점은 군사법원이송결정에 대해서도 마찬가지이다. 다만, 피고사건을 가정법원 또는 지방법원 소년부로 송치하는 결정에 대하여는 보통항고(제402조)가 허용된다.

---

12) 2007년 12월 21일 소년법이 개정되었다. 그 주요내용은 다음과 같다.

1. 이 법의 적용 연령을 현행 20세 미만에서 19세 미만으로 낮추고, 촉법소년 및 우범소년의 연령을 현행 12세 이상에서 10세 이상으로 낮춤(제2조 및 제4조 제1항 제2호 · 제3호).
2. 신체의 자유가 제한되어 있는 위탁소년에 대하여는 필수적으로 국선보조인을 선정하도록 하고, 위탁소년이 아니더라도 국선보조인이 필요하다고 인정되는 경우에는 국선보조인을 선정할 수 있도록 함(제17조의2 신설).
3. 현재는 보호관찰에만 병합하도록 되어 있는 사회봉사명령과 수강명령을 독립된 보호처분으로 하여 활용을 확대하고, 1개월 이내 소년원 송치처분을 신설하며, 인성교육 위주의 대안교육, 청소년단체 상담 · 교육, 외출제한명령, 보호자 교육명령제도 등을 도입하고, 사회봉사명령 · 수강명령시간 및 단기보호관찰기간을 각각 연장하며, 장기 소년원송치처분의 수용 상한기간을 명문화함(제32조, 제32조의2 신설, 제33조).
4. 검사가 소년사건을 처리할 때에 분류심사관, 보호관찰관 등 전문가가 조사한 소년의 품행 · 환경 등 분석자료를 토대로 사건을 처리하는 '처분결정 전 사전 조사제'를 도입함(제49조의2 신설).
5. 선도조건부 기소유예의 근거를 소년법에 명문화함과 동시에 선도의 내용을 범죄예방자원봉사위원 선도, 소년 선도 · 교육과 관련된 단체 · 시설에서의 상담 · 교육 등으로 다양화함(제49조의3).
6. 비행소년이 건전하게 성장하도록 돕기 위한 조사 · 연구 및 관련 정책을 수립 · 시행하도록 하고, 관련 기관과의 협조체제를 구축 및 운영하도록 함(제67조의2 신설).

판례 대법원 1986.7.25. 자 86모9 결정

형사피고사건에 대한 법원의 소년부송치 결정은 형사소송법 제403조가 규정하는 판결전의 소송절차에 관한 결정에 해당하는 것이 아니므로, 이 결정에 대하여 불복이 있을 때에는 같은 법 제402조에 의한 항고를 할 수 있다고 보아야 할 것이다.

Ⅳ 제척, 기피, 회피

1. 제도의 의의

공평한 재판을 하기 위해서는 공평한 법원의 구성이 필수적인 것이므로, 이를 위하여 우리 형사소송법은 일정한 제한적 열거를 통해서 이에 해당되는 법관은 당해 재판에서 당연히 배제되는 제척제도와 불공평한 재판을 할 객관적인 사정이 있는 경우, 당사자의 신청에 의해서 법관이 당해 재판에 관여할 수 없는 기피제도 및 법관 스스로 당해 재판에서 물러나는 회피제도가 있다.

2. 제척

1) 제척사유

(1) 법관이 피해자인 경우

법관이 당해 사건의 피해자인 경우에는 재판에서 당연히 배제된다(제17조 제1호). 여기서의 피해자란 직접적인 피해자만을 의미하고 간접적인 피해자는 포함되지 아니한다. 다만, 여기의 법익에는 개인적 법익뿐만 아니라 국가적 · 사회적 법익도 포함된다.

(2) 법관이 사건과 일정한 인적 관계가 있는 경우

피고인 또는 피해자와 일정한 신분관계가 있는 경우로 ① 법관이 피고인 또는 피해자의 친족 또는 친족관계가 있었던 자인 때(동조 2호), ② 법관이 피고인 또는 피해자의 법정대리인, 후견감독인인 때(동조 3호), ③ 법관이 사건에 관하여 피해자, 피고인의 대리인으로 된 경우(동조 4호 후단), ④ 법관이 사건에 관하여 피고인의 변호인, 보조인으로 된 때(동조 5호)에는 당연히 배제된다.

(3) 법관이 사건과 관련을 맺고 있는 경우

① 법관이 당해 형사사건의 증인·감정인이 된 경우(동조 4호 전단)

민사사건의 증인이 된 경우에는 제척사유가 되지 아니하며, 단순히 증인으로 신청된 경우나 감정인으로 채택되어 소환장을 받은 경우는 제외된다. 수사기관에서 참고인으로 조사를 받거나 감정수탁인으로 된 경우에는 기피사유가 될 수 있음은 논외로 하고 제한적 열거 사유인 제척사유는 아니라는 것이 다수설이다.

② 법관이 사건에 관하여 검사 또는 사법경찰관의 직무를 행한 경우(동조 6호)

판례 대법원 1999.4.13. 선고 99도155 판결

선거관리위원장은 형사소송법 제197조나 사법경찰관리의 직무를 행할 자와 그 직무범위에 관한 법률에 사법경찰관의 직무를 행할 자로 규정되어 있지 아니하고 그 밖에 달리 사법경찰관에 해당한다고 볼 근거가 없으므로 선거관리위원장으로서 공직선거 및 선거부정방지법위반 혐의사실에 대하여 수사기관에 수사의뢰를 한 법관이 당해 형사피고사건의 재판을 하는 경우 그것이 적절하다고는 볼 수 없으나 형사소송법 제17조 제6호의 제척원인인 '법관이 사건에 관하여 사법경찰관의 직무를 행한 때'에 해당한다고 할 수 없는 것이다.

(4) 법관이 전심재판에 관여한 경우(동조 7호 전단)

본호의 제척이유를 예단배제로 판단하여서는 아니 된다. 즉 단순히 사건을 알고 있는 경우 모두를 제척으로 볼 수 없고 전심에 관여한 재판관이 불복절차에서 다시 재판을 하는 경우를 말한다고 보아야 한다. 여기서 전심이라고 하면 2심인 경우에는 1심이, 3심인 경우에는 2심과 1심이 된다. 재판은 종국재판을 의미하며, 관여한 경우란 재판의 내부적 성립에 관여한 경우를[13] 말하는 것이므로, 재판의 선고에만 관여한 경우, 사실심리는 하지 않고 기일 연기에만 관여한 경우[14], 공판에 관여한 바 있어도 판결선고 전에 경질된 경우[15]는 해당하지 않는다.

판례 대법원 1979.2.27. 선고 78도3204 판결

환송판결전의 원심에 관여한 재판관이 환송 후의 원심재판관으로 관여하였다 하여 군법회의법 제48조나 형사소송법 제17조에 위배된다고 볼 수 없다.

---

13) 내부적 성립과 구별되는 것은 외부적 성립이 있으며, 이에는 판결은 선고라는 방법으로, 결정·명령은 고지라는 제도로 하고, 공판정 외에서는 재판서등본의 송달이라는 방법으로 하고 있다.

14) 대법원 1954.8.12. 4286형상 141

15) 대법원 1985.4.23. 85도281

판례 대법원 1967.1.18. 선고 66초67

형사소송법 제400조에 의한 판결경정신청사건에 있어서는 상고법원은 동법 제17조에서 말하는 전심에 해당하지 않는다.

판례 대법원 1982.11.15. 82모11 결정

형사소송법 제18조 제1항 제1호 및 동법 제17조 제7호의 규정에 의하여 법관이 기피 또는 제척의 원인이 되는 '법관이 사건에 관하여 전심재판 또는 그 기초되는 조사심리에 관여한 때'의 사건에 관한 전심이라 함은 불복신청을 한 당해 사건의 전심을 말하는 것으로서 재심청구사건에 있어서 재심대상이 되는 사건은 이에 해당하지 않으므로 원심재판장 판사 (갑)이 재심대상판결의 제1심에 관여했다 하더라도 이 사건 재심청구사건에서 제척 또는 기피의 원인이 되는 것이 아니다.

판례 대법원 2002.4.12. 선고 2002도944 판결

약식절차와 피고인 또는 검사의 정식재판청구에 의하여 개시된 제1심 공판절차는 동일한 심급 내에서 서로 절차만 달리할 뿐이므로, 약식명령이 제1심 공판절차의 전심재판에 해당하는 것은 아니고, 따라서 약식명령을 발부한 법관이 정식재판절차의 제1심판결에 관여하였다고 하여 형사소송법 제17조 제7호에 정한 법관이 사건에 관하여 전심재판 또는 그 기초되는 조사, 심리에 관여한 때에 해당하여 제척의 원인이 된다고 볼 수는 없다.

판례 대법원 1985.4.23. 선고 85도281 판결

약식명령을 발부한 법관이 그 정식재판 절차의 항소심판결에 관여함은 형사소송법 제17조 제7호, 제18조 제1항 제1호소정의 법관이 사건에 관하여 전심재판 또는 그 기초되는 조사심리에 관여한 때에 해당하여 제척, 기피의 원인이 되나, 제척 또는 기피되는 재판은 불복이 신청된 당해 사건의 판결절차를 말하는 것이므로 약식명령을 발부한 법관이 그 정식재판 절차의 항소심 공판에 관여한 바 있어도 후에 경질되어 그 판결에는 관여하지 아니한 경우는 전심재판에 관여한 법관이 불복이 신청된 당해 사건의 재판에 관여하였다고 할 수 없다.

(5) 법관이 전심재판의 기초되는 조사 · 심리에 관여한 때(동조 7호 후단)

전심재판의 기초되는 조사 심리란 전심재판에 사용될 증거를 조사한 경우를 의미한다. 그러므로 구속영장을 발부한 판사, 체포 · 구속적부심사에 관여한 판사, 보석에 관여한 판사는 해당되지 아니한다. 다만, 기소강제절차에 관여한 법관이 제척사유가 되는지에 대하여는 학설의 대립이 있다.

판례 대법원 1999.4.13. 선고 99도155 판결

형사소송법 제17조 제7호의 제척원인인 법관이 사건에 관하여 그 기초되는 조사에 관여한 때라 함은 전심재판의 내용 형성에 사용될 자료의 수집 · 조사에 관여하여 그 결과가 전심재판의 사실인정 자료로 쓰여진 경우를 말하므로, 법관이 선거관리위원장으로서 공직선거및선거부정방지법위반혐의사실에 대하여 수사기관에 수사의뢰를 하고, 그 후 당해 형사피고사건의 항소심 재판을 하는 경우, 형사소

송법 제17조 제7호 소정의 법관이 사건에 관하여 그 기초되는 조사에 관여한 때에 해당한다고 볼 수는 없다.

판례 대법원 1989.9.12. 선고 89도612 판결

법관이 수사단계에서 피고인에 대하여 구속영장을 발부한 경우는 형사소송법 제17조 제7호 소정의 "법관이 사건에 관하여 전심재판 또는 그 기초되는 조사, 심리에 관여한 때"에 해당한다고 볼 수 없다.

판례 대법원 1971.7.6. 선고 71도974 판결

공소제기에 검사의 증거보전청구에 의하여 증인신문을 한 법관은 본조 제7항 소정의 전심재판 또는 기초되는 조사·심리에 관여한 법관이라고 할 수 없다.[16)]

판례 대법원 1999.10.22. 선고 99도3534 판결

제1심판결에서 피고인에 대한 유죄의 증거로 사용된 증거를 조사한 수탁판사는 형사소송법 제17조 제7호 소정의 전심재판의 기초가 되는 조사·심리에 관여하였다 할 것이고, 그와 같이 전심재판의 기초가 되는 조사·심리에 관여한 판사는 직무집행에서 제척되어 항소심 재판에 관여할 수 없다.

2) 제척사유가 적용되는 법관

제척사유의 적용범위와 관련하여 형벌권의 실현절차인 수소법원을 구성하는 법관뿐 아니라 약식명령을 하는 판사에게도 제척은 적용된다. 증거보전절차(제184조)나 참고인에 대한 증인신문절차(제221조의2)에서도 제척사유 있는 법관은 배제된다. 또한 기소강제결정을 하는 판사에게도 적용된다고 보아야 한다.

3) 제척의 효과

법관은 제척사유가 생긴 때로부터 당연히 모든 소송행위에서 배제된다. 소송 도중에 제척사유가 발견되어 법관이 경질된 경우에는 공판절차를 갱신하여야 하나, 이를 간과하고 재판에 관여한 경우에는 당연무효의 사유는 아니고 상소의 이유가 된다. 하나의 사건에 대하여 제척사유가 있는 경우에는 관련사건 모두에 대하여 제척된다.

3. 기피

1) 의의

기피란 제척사유가 있음에도 불구하고 재판에 관여하거나 기타 불공평한 재판을 할 염려가 있는 경우에 당사자의 신청에 의하여 그 법관을 집무집행에서 배제시키는 제도이다.

---

16) 다만, 학설은 전심재판의 기초되는 조사·심리에 관여한 것으로 보는 것이 통설의 입장이다.

판례 대법원 1986.9.24. 자 86모48 결정

형사소송절차에서 피고인에게 법관의 기피를 신청할 수 있도록 규정하고 있는 이유는 구체적 사건을 담당한 법관에게 제척의 원인이 될 사유가 있거나 불공평한 재판을 할 염려가 있는 경우에 그러한 사유가 있는 법관을 당해사건의 직무집행으로부터 배제시켜 피고인이 공정한 재판을 받을 수 있도록 보장하려는데 있는 것이므로, 어떠한 사유에 의했건 기피의 대상으로 하고 있는 법관이 이미 당해 구체적 사건의 직무집행으로부터 배제되어 있다면 그 법관에 대한 피고인의 기피신청은 부적법하다.

2) 기피사유

(1) 법관이 제척의 사유에 해당하는 때(제18조 제1호)

제척의 사유가 있는 경우에 기피사유가 된다. 제척사유는 직권으로 존부를 조사하여야 하나 이를 기피사유로 하는 이유는 제척사유가 있다는 당사자의 신청이 있는 경우에 법원이 이를 심리 판단할 것을 강제한다는 점에 의의가 있다.

(2) 법관이 불공정한 재판을 할 염려가 있을 때(제18조 제2호)

불공평한 재판을 할 염려가 있는 경우에 가능하므로 이에 대한 사유는 예시적이라는 점이 제척과 다르다. 여기서 "불공평한 재판을 할 염려가 있는 경우"란 당사자가 불공평한 재판이 될지도 모른다고 추측할 만한 주관적인 사정이 있는 때를 말하는 것이 아니라, 통상인의 판단으로써 법관과 사건과의 관계상 불공평한 재판을 할 것이라는 의혹을 갖는 것이 합리적이라고 인정할 만한 객관적인 사정이 있는 경우를 말한다.

판례 대법원 1995.4.3. 자 95모10 결정

가. 기피원인에 관한 형사소송법 제18조 제1항 제2호 소정의 "불공평한 재판을 할 염려가 있는 때"라 함은, 당사자가 불공평한 재판이 될지도 모른다고 추측할 만한 주관적인 사정이 있는 때를 말하는 것이 아니라, 통상인의 판단으로써 법관과 사건과의 관계상 불공평한 재판을 할 것이라는 의혹을 갖는 것이 합리적이라고 인정할 만한 객관적인 사정이 있는 때를 말한다.

나. 재판부가 당사자의 증거신청을 채택하지 아니하거나 이미 한 증거결정을 취소하였다 하더라도 그러한 사유만으로는 재판의 공평을 기대하기 어려운 객관적인 사정이 있다고 할 수 없고, 또 형사소송법 제299조 규정상 재판장이 피고인의 증인신문권의 본질적인 부분을 침해하였다고 볼 만한 아무런 소명자료가 없다면, 재판장이 피고인의 증인에 대한 신문을 제지한 사실이 있다는 것만으로는 법관과 사건과의 관계상 불공평한 재판을 할 것이라는 의혹을 갖는 것이 합리적이라고 인정할 만한 객관적인 사정이 있는 경우에 해당한다고 볼 수 없다.[17]

---

17) 증거신청의 채택 여부에 대하여 판례는 자유재량설의 입장이므로 이에 대하여 "재판부가 증거신청을 기각하였다는 사정만으로 재판의 공평을 기대하기 어려운 객관적인 사유가 있다 할 수 없다"고 하여 기피신청을 할 수 없다는 입장이 논리적의 모순이 없게 된다. 다만, 학설에서는 증거신청을 기속재량으로 판단하고

판례 대법원 1995.6.13. 선고 95도826 판결

증거신청의 채택 여부는 법원의 재량으로서 법원이 필요하지 아니하다고 인정할 때에는 이를 조사하지 아니할 수 있다.

판례 대법원 1994.11.3. 선고 94모73 판결

형사피고사건의 담당재판부의 재판장이 변호인에 대하여 그 신청의 증인에 대한 증인신문사항의 제출을 명한 것은 형사소송법 제279조, 형사소송규칙 제66조에 따른 적법한 소송지휘권의 행사이고, 재판부가 그 신문사항의 미제출을 이유로 증인채택결정을 취소한 것도 같은 규칙 제67조에 의한 적법한 조치이므로 이를 위법 또는 부당하다고 할 수 없고, 달리 재판부가 증거취소결정을 한 것이 실체적 진실발견을 추구할 의사가 없음에 기인하는 것이라고 볼 자료가 없는 이상 법관기피신청을 기각한 결정은 정당하다.

판례 대법원 1974.10.16. 자 74모68 결정

법관이 심리 중 피고인으로 하여금 유죄를 예단하는 취지로 미리 법률판단을 한 때에는 경우에 따라서 불공평한 재판을 할 염려가 있는 경우에도 해당될 수 있다.

관련 대법원 판례 정리

*기피사유에 해당하는 경우
- 법관이 유죄를 예단할 수 있는 취지로 미리 법률판단을 한 경우

*기피사유에 해당하지 아니하는 경우
- 소송이전신청에 대하여 가부판단 없이 소송을 진행한 경우
- 검사의 공소장변경허가신청에 대하여 불허가결정을 한 경우
- 재판부가 당사자의 증거신청을 채택하지 아니한 경우
- 제262조의 기간 내에 재정신청사건의 결정을 하지 아니한 경우
- 형사피고사건의 담당 재판장이 변호인 신청의 증인에 대한 증인신문사항의 미제출을 이유로 그 증인채택결정을 취소한 경우

3) 기피신청

(1) 기피신청권자

① 기피신청권자는 소송의 당사자이다(제18조 제1항). 다만, 변호인도 피고인의 명시한 의사에 반하지 아니하는 한 기피신청을 할 수 있다(동조 제2항). 이때의 변호인의 기

있으므로 기피사유가 된다고 본다.

피신청권은 대리권이다.

② 피의자인 경우에도 기소강제절차에 있어서 재정결정 및 공소제기전의 증거보전절차나 판사에 의한 증인신문절차에서 당해 법관이 제척사유가 있으면 기피신청을 할 수 있다.

(2) 기피신청의 방법

① 기피신청의 방법은 서면 또는 공판정에서는 구술로 할 수 있으나, 기피사유의 소명은 신청한 날로부터 3일 이내에 서면으로 하여야 한다(제19조 제2항). 여기서의 소명이라고 함은 기피 신청인의 주장이 진실이라고 추정할 수 있는 자료를 말하며 기피신청서에 기재된 기피이유만으로는 소명자료가 될 수 없다.

판례 대법원 1987.5.28. 자 87모10 결정

형사소송법 제19조 제2항 소정의 소명이라고 함은 기피신청인의 주장이 진실이라고 추정할 수 있는 자료를 말하며 기피신청서에 기재된 기피이유만으로는 소명자료가 될 수 없다.

② 합의법원의 법관에 대한 기피신청은 그 법관이 소속한 법원에 하고 수명법관, 수탁판사 및 단독판사에 대한 기피신청은 당해 법관에게 신청하여야 한다(제19조).

(3) 신청시기

민사소송법(제43조 제2항)과 달리 제한하는 규정이 없고, 적정절차의 원칙상 변론종결시에 한정할 것이 아니라 기피신청은 판결시까지 가능하다고 보아야 할 것이다. 그러므로 종국재판 선고 후의 기피신청은 부적법하다.

판례 대법원 1995.1.9. 자 94모77 결정

법관에 대한 기피신청이 있는 경우에 형사소송법 제22조에 의하여 정지될 소송진행에는 판결 선고는 포함되지 아니하는 것이고, 그와 같이 이미 종국판결이 선고되어 버리면 그 담당재판부를 사건 심리에서 배제하고자 하는 기피신청은 그 목적의 소멸로 재판을 할 이익이 상실되어 부적법하게 된다.

판례 대법원 1985.7.23. 자 85모19 결정[18)]

피고사건의 판결선고 절차가 시작되어 재판장이 이유의 요지 중 상당부분을 설명하는 도중 피고인이 동 공판에 참여한 법원사무관에 대한 기피신청과 동시에 선고절차의 정지를 요구하는 것은 선고절차의 중단 등 소송지연만을 목적으로 한 것으로 부적법한 것이다.

18) 판결선고절차에서 기피신청을 받아 주었으나 간이 기각 결정한 것이므로 판결선고시설을 따른 판례라고 보는 것이 일반적이다.

판례 대법원 2002.11.13. 선고 2002도4893 판결

법관에 대한 기피신청이 있는 경우 형사소송법 제22조에 따라 정지되는 소송진행에 판결의 선고는 포함되지 아니하므로, 피고인이 변론종결 뒤 재판부에 대한 기피신청을 하였지만, 원심이 소송진행을 정지하지 아니하고 판결을 선고한 것은 정당하고, 거기에 상고이유의 주장과 같이 판결에 영향을 미친 절차위반 등의 위법이 없다. 따라서 이 부분 상고이유는 받아들일 수 없다.

(4) 기피대상

기피신청의 대상은 법관이다. 그러므로 합의부에 대한 기피는 부적법한 것이 된다. 다만, 합의부를 구성하는 모든 법관에 대한 기피의 신청은 가능하다.

4) 기피신청에 대한 재판

(1) 간이기각결정

기피신청이 ㉠ 소송의 지연을 목적으로 함이 명백하거나, ㉡ 기피신청의 관할을 위배한 경우, ㉢ 3일 이내에 소명자료를 제출하지 아니한 경우 및 ㉣ 기피신청을 함에 있어서 기피의 원인되는 사실을 구체적으로 명시하지 아니한 경우(규칙 제9조)에는 신청을 받은 법원 또는 법관은 결정으로 기피신청을 기각한다(제20조 제1항). 기피당한 법관은 간이기각결정을 하지 않는 경우에는 지체없이 기피신청에 대한 의견서를 제출하여야 하며(동조 제2항) 기피당한 법관이 이유 있다고 인정하는 때에는 그 결정이 있은 것으로 간주한다(동조 제3항). 간이기각결정에 대하여는 즉시항고를 할 수 있으나, 여기서의 즉시항고에는 재판의 집행을 정지하는 효력이 없다(제23조 제2항).

판례 헌법재판소 2006.07.27. 2005헌바58

'공정한 재판을 받을 권리'는 헌법 제27조의 재판청구권에 의하여 함께 보장되는 바, 심판대상 조항은 일정한 기피신청에 대하여 기피신청의 대상이 된 법관을 포함한 소속 법원 합의부 또는 당해 법관이 기피신청을 기각할 수 있도록 규정하고 있어, 기피신청한 당사자는 본인이 불공정한 재판을 할 우려가 있다고 주장하는 법관에 의하여 기피신청에 대한 재판을 받게 됨으로써 공정한 재판을 받을 권리를 제한받는 결과가 되나, 심판대상 조항은 절차에 위반되거나 소송절차 지연을 목적으로 하는 기피신청의 남용을 방지하여 형사소송절차의 신속성의 실현이라는 공익을 달성하고자 하는 것으로 그 입법목적이 정당하고, 기피신청이 절차에 위반되거나 소송절차 지연을 목적으로 하는 것이 명백한 경우에는 별도의 재판부에 의하여 기피신청에 대한 재판을 하게 하거나 그 결정이 확정될 때까지 소송절차를 정지시키지 아니한 채, 소송절차를 그대로 진행시키고 당해 법관이 포함된 합의부 또는 당해 법관으로 하여금 기피신청을 기각할 수 있도록 하는 것이 기피신청권의 남용을 방지할 수 있는 적절한 방법이라고 할 것이어서 심판대상 조항이 채택한 방법은 그 입법목적을 달성하는 데 적합한 것이라 할 것이며, 심판대상 조항은 관할 위반, 기피사유서 미제출의 경우나 소송절차 지연을 목적으로 하는 것이 '명백'한 경우에 한하여 이를 허용하고 있고, 그에 대하여 즉시항고권을 허용하여 그에

대한 상급심에 의한 시정의 기회를 부여함으로써 기피신청을 기각당한 당사자가 사실상 입을 수 있는 불이익을 최대한 줄여주는 효과가 있으므로 심판대상 조항은 침해의 최소성도 갖추고 있다고 할 것이며, 나아가 심판대상 조항이 도모하는 형사소송 절차의 신속성이라는 공익적 법익은 기피신청을 기각당한 당사자가 입는 불이익보다 훨씬 크다고 할 것이어서 심판대상 조항은 법익의 균형성도 갖추고 있다고 할 것이므로, 위 법률조항은 헌법 제37조 제2항의 비례의 원칙에 위반된다고 할 수 없어 공정한 재판을 받을 권리를 침해하였다고 할 수 없다.

(2) 간이기각결정을 하지 않는 경우의 법원의 처리

기피신청이 있는 경우에는 간이기각결정으로 인한 기피신청의 기각결정을 하는 경우를 제외하고는 소송 진행을 정지하여야 한다. 다만, 급속을 요하는 경우는 예외로 한다(제22조).[19] 여기서 정지하여야 하는 소송진행은 실체재판에 도달을 직접 목적으로 하는 본안소송 진행을 의미하므로 구속기간의 갱신이나 판결의 선고와 같은 것은 포함되지 아니한다.

판례 대법원 1987.2.3. 자 86모57 결정

형사소송법 제22조에 규정된 정지하여야 할 소송절차란 실체재판에의 도달을 직접의 목적으로 하는 본안의 소송절차를 말하며 구속기간의 갱신절차는 이에 포함되지 아니하는 것이다.

판례 대법원 1987.5.28. 자 87모10 결정

법관에게 불공평한 재판을 할 염려가 있다고 하여 기피신청이 있는 경우에 형사소송법 제22조에 의하여 정지될 소송진행은 그 피고사건의 실체적 재판에의 도달을 목적으로 하는 본안의 소송절차를 말하고 판결의 선고는 이에 해당되지 않는다.

(3) 기피신청사건의 관할

기피신청사건에 대한 재판은 기피당한 법관의 소속법원 합의부에서 한다(제21조 제1항). 기피당한 법관은 여기에 관여하지 못한다(동조 제2항). 기피당한 판사의 소속법원이 합의부를 구성하지 못할 때에는 직근 상급법원이 결정한다(동조 제3항). 그러므로 대법원에서는 기피재판을 해야 하므로 대법원 전원합의체를 구성하는 숫자 이상의 법관을 기피하는 것은 허용하지 않는다.

---

19) 대법원 1994.3.8. 94도142
법관에 대한 기피신청 때문에 소송의 진행이 정지되더라도 구속기간의 만료가 임박하였다는 사정도 소송진행 정지의 예외사유인 급속을 요하는 경우에 해당한다.
구속기간은 2개월로 하고, 구속을 계속할 필요가 있는 경우에는 심급마다 2차에 한하여 결정으로 2개월씩 갱신하여야 하는데, 법관에 대한 기피신청으로 인하여 공판절차가 정지된 기간은 위 기간에 산입하지 아니한다.

판례 대법원 1966.4.1. 선고 65주1

법원조직법 제7조 제1항 규정의 합의체를 구성할 수 있는 대법원판사의 수를 제외하지 않고서는 대법원판사에 대한 기피신청은 할 수 없다.

(4) 기피신청에 대한 재판

기피신청에 대한 재판은 결정으로 한다. 기피신청이 이유가 없다고 인정하는 때에는 기피신청을 기각하고 이 기각결정에 대하여는 즉시 항고를 할 수 있다(제23조). 기피신청이 이유가 있다고 인정하는 결정에 대하여는 항고하지 못한다(제403조).

(5) 효과

기피신청에 이유가 있다는 결정의 효력의 발생은 제척사유를 이유로 한 경우에는 원인이 발생한 때로부터 발생하고, 불공정한 재판을 할 염려가 있어서 기피신청을 한 경우에는 결정시부터 그 법관은 당해 사건에 관한 직무집행에서 배제된다. 그럼에도 불구하고 기피대상이 되는 법관이 사건에 관여한 경우에는 절대적 상소이유가 된다.

4. 회피

법관이 기피사유에 해당하는 사유가 있다고 사료한 때에는 회피하여야 한다(제24조 제1항). 회피의 신청은 소속법원에 서면으로 하여야 하며(동조 제2항) 기피에 관한 결정이 준용되나(동조 제3항), 회피신청에 대한 법원 결정에 대하여는 항고할 수 없고, 법관이 회피신청을 하지 아니하였다고 하여도 상소이유가 되지 않는다.

5. 법원사무관 등에 대한 제척, 기피, 회피

법관의 제척, 기피, 회피에 관한 규정 중 전심재판에 관여한 경우 이외에는 원칙적으로 법원서기관 · 법원사무관 · 법원주사 또는 법원주사보(이하 "법원사무관 등"이라 한다)와 통역인에 준용한다(제25조).[20] 법원사무관 등과 통역인에 대한 기피재판은 그 소속법원이 결정으로 하여야 한다. 단, 간이기각결정은 기피당한 자의 소속법관이 한다(동조 제2항).

20) 감정인은 제외된다.

제2절 검사

I 의의와 성격

1. 의의

검사는 수사절차에서는 2차적, 보충적 수사권자로서 수사의 결과 공소제기 여부를 독점적으로 결정하며, 공판절차에서는 피고인과 대립되는 당사자로서 법원에 대하여 법령의 정당한 적용을 청구하고, 재판이 확정된 경우에는 형의 집행을 지휘·감독하는 형사사법의 정의를 실현하는데 있어 필수적인 역할을 하는 능동적이고 적극적인 국가기관이다.

2. 조직법상 지위

1) 준사법기관

검사는 법무부에 소속된 행정기관으로서 국가의 행정목적을 위해 활동하는 준사법기관이다.

2) 단독제 관청

검사는 검찰사무를 처리하는 단독제의 관청이다. 검찰권의 행사에는 항상 1인제가 채택되어 있고, 합의제는 존재하지 아니한다.

3) 검사의 신분보장

검사는 탄핵 또는 금고 이상의 형을 받거나 징계처분 또는 적격심사에 의하지 아니하면 파면·퇴직·정직 또는 감봉의 처분을 받지 아니한다(검찰청법 제37조). 검사(검찰총장을 제외한다)에 대하여는 임명된 해부터 7년이 되는 해마다 적격심사를 한다(검찰청법 제39조).

Ⅱ 검찰사무의 지후 · 감독권

1. 지휘 · 감독권

검사는 검찰사무에 관하여 소속 상급자의 지휘 · 감독에 따른다. 다만, 검사는 구체적인 사건과 관련된 사건에 관하여 상급자의 지휘 감독이 있는 경우 이 지휘 · 감독의 적법성 또는 정당성 여부에 대하여 이견이 있는 때에는 이의를 제기할 수 있다(검찰청법 제7조).

2. 직무승계와 이전의 권한

검찰총장, 각급 검찰청의 검사장 및 지청장은 소속 검사로 하여금 그 권한에 속하는 직무의 일부를 처리하게 할 수 있고, 소속검사의 직무를 자신이 처리하거나 다른 검사로 하여금 처리하게 할 수 있다(검찰청법 제7조의2). 검사의 교체, 이전으로 소송법상의 효과에는 영향이 없으므로 조사절차나 공판절차를 갱신할 필요가 없다.

3. 법무부장관의 지휘 · 감독권

법무부장관은 검찰사무의 최고 감독자로서 일반적으로 검사를 지휘 · 감독하고, 구체적인 사건에 대하여는 검찰총장만을 지휘 · 감독한다(검찰청법 제8조).

4. 직무대리권

각급 검찰청의 차장검사는 소속장을 보좌하며 소속장이 사고가 있을 때에는 특별한 대리권의 수권이 없더라도 그 직무대리권한을 가진다(검찰청법 제13조).

Ⅲ 검사의 소송법상의 지위

1. 수사의 주재자

검사는 수사의 2차적, 보충적 수사권자로서 수사종결권을 가지고 있다.

2. 공소권의 주체

공소제기는 검사만이 할 수 있으며, 공소수행의 담당자가 된다.

3. 검사의 객관의무

검사는 피고인에 대립되는 당사자이면서도 공익의 대표자로서 피고인의 정당한 이익을 옹호해야 하는 의무도 존재한다. 그러므로 피고인에게 이익 되는 사실도 조사·제출할 수 있으며, 피고인의 이익을 위하여 상소와 재심을 청구할 수 있고 비상상고도 할 수 있다(제420조, 제424조, 제425조). 그러므로 검사가 피고인에게 유리한 수사결과만을 기록에서 빼내어 증거로 제출하지 않는다면 이는 객관의무에 위배한 위법한 행위가 되어 국가배상책임을 지게 된다.[21)]

판례 대법원 2002.2.22. 선고 2001다23447 판결

[1] 검사는 수사기관으로서 피의사건을 조사하여 진상을 명백히 하고, 죄를 범하였다고 의심할 만한 상당한 이유가 있는 피의자에게 증거 인멸 및 도주의 염려 등이 있을 때에는 법관으로부터 영장을 발부받아 피의자를 구속할 수 있으며, 나아가 수집·조사된 증거를 종합하여 객관적으로 볼 때, 피의자가 유죄판결을 받을 가능성이 있는 정도의 혐의를 가지게 된 데에 합리적인 이유가 있다고 판단될 때에는 피의자에 대하여 공소를 제기할 수 있으므로 그 후 형사재판 과정에서 범죄사실의 존재를 증명함에 충분한 증거가 없다는 이유로 무죄판결이 확정되었다고 하더라도 그러한 사정만으로 바로 검사의 구속 및 공소제기가 위법하다고 할 수 없고, 그 구속 및 공소제기에 관한 검사의 판단이 그 당시의 자료에 비추어 경험칙이나 논리칙상 도저히 합리성을 긍정할 수 없는 정도에 이른 경우에만 그 위법성을 인정할 수 있다.

[2] 검찰청법 제4조 제1항은 검사는 공익의 대표자로서 범죄수사·공소제기와 그 유지에 관한 사항 및 법원에 대한 법령의 정당한 적용의 청구 등의 직무와 권한을 가진다고 규정하고, 같은 조 제2항은 검사는 그 직무를 수행함에 있어 그 부여된 권한을 남용하여서는 아니 된다고 규정하고 있을 뿐 아니라, 형사소송법 제424조는 검사는 피고인을 위하여 재심을 청구할 수 있다고 규정하고 있고, 검사는 피고인의 이익을 위하여 항소할 수 있다고 해석되므로 검사는 공익의 대표자로서 실체적 진실에 입각한 국가 형벌권의 실현을 위하여 공소제기와 유지를 할 의무뿐만 아니라 그 과정에서 피고인의 정당한 이익을 옹호하여야 할 의무를 진다고 할 것이고, 따라서 검사가 수사 및 공판과정에서 피고인에게 유리한 증거를 발견하게 되었다면 피고인의 이익을 위하여 이를 법원에 제출하여야 한다.

[3] 강도강간의 피해자가 제출한 팬티에 대한 국립과학수사연구소의 유전자검사결과 그 팬티에서 범인으로 지목되어 기소된 원고나 피해자의 남편과 다른 남자의 유전자형이 검출되었다는 감정결과를 검사가 공판과정에서 입수한 경우 그 감정서는 원고의 무죄를 입증할 수 있는 결정적인 증거에 해당하는데도 검사가 그 감정서를 법원에 제출하지 아니하고 은폐하였다면 검사의 그와 같은 행위는 위법하다고 보아 국가배상책임을 인정한 사례.

4. 재판의 집행기관

재판집행은 검사가 지휘한다(제460조, 검찰청법 제4조4호). 검사는 사형 또는 자유형의 집

---

21) 대법원 2002.2.22. 2001다23447

행을 위하여 구금되지 않은 자가 소환에 응하지 않을 경우, 형집행장을 발부하여 구인하도록 하고 있다(제473조). 다만, 구속영장의 집행이나 압수·수색영장의 집행은 예외적으로 재판장·수명법관·수탁판사가 재판집행을 지휘할 수도 있다(제81조, 제115조).

제3절 피고인

I 의의 및 특성

1. 의의

피고인이란 검사에 의하여 형사책임을 져야 할 자로서 공소가 제기된 자 및 즉결심판절차에서 경찰서장에 의하여 즉결심판이 청구된 자도 피고인에 해당한다. 공소가 제기된 자이면 진범인가의 여부, 당사자능력 및 소송능력의 유무 또는 공소제기가 유효한 것인지는 문제가 되지 않는다. 그러므로 피의자는 공소제기에 의하여 피고인이 되며, 형의 확정에 의하여 수형자가 된다.

2. 피고인의 특정

1) 쟁점의 논의

공소장에는 피고인의 성명 기타 특정할 수 있는 사항을 기재하여야 하고, 공소제기의 효과는 검사가 피고인으로 특정된 자에게만 효력이 미치며, 법원은 공소장에 특정된 피고인만을 심판할 수 있다. 따라서 피고인의 성명이 타인에 의해서 모용된 경우 및 제3자가 피고인을 대신하여 공판정에 나간 위장출석인 경우에 누구를 피고인으로 보고 이를 어떻게 처리할지가 문제된다.

2) 피고인 특정의 기준

검사의 의사를 기준으로 해야 한다는 의사설, 공소장에 피고인으로 표시된 자가 피고인이라는 표시설, 피고인으로 행위하거나 피고인으로 취급된 자가 피고인이라는 행위설 등이 대립되고 있으나, 표시설을 중심으로 행위설과 의사설을 함께 고려하는 실질적 표시설(종합설)이 일반적 입장이다.

3. 성명모용22)

1) 피고인으로 되는 자

실질적 표시설에 의하면 검사의 의사를 고려할 수 있으므로 피모용자는 피고인이 아니며 모용자만이 피고인이 되고, 공소제기의 효과도 모용자에게만 발생한다.

2) 모용관계를 바로 잡는 방법

(1) 공판심리 중 판명된 경우

① 모용자가 출석한 경우: 공소제기의 효과는 모용자에게만 발생하므로 이는 당사자 표시상의 착오에 지나지 아니하므로 검사는 공소장에 피고인 표시를 정정하면 된다. 다만, 검사가 공소장 표시정정의 절차를 밟지 아니하는 경우에는 형사소송법 제254조 제3항 제1호 규정에 위반한 것이므로 법원은 공소기각의 판결을 선고하여야 한다.

② 피모용자가 출석한 경우: 일반적으로 약식명령 청구사건에서 피모용자가 정식재판을 청구하는 경우에 발생하며 피모용자에게 형사소송법 제327조 제2호의 규정을 유추 적용하여 공소기각판결을 하고 모용자에게는 정식재판을 진행할 필요 없이 약식명령의 피고인 표시경정을 하고 본래의 약식명령 정본과 함께 이 경정결정을 보내면 된다.

판례 대법원 1993.1.19. 선고 92도2554 판결

가. 피의자가 다른 사람의 성명을 모용한 탓으로 공소장에 피모용자가 피고인으로 표시되었다 하더라도 이는 당사자의 표시상의 착오일 뿐이고 검사는 모용자에 대하여 공소를 제기한 것이므로 모용자가 피고인이 되고 피모용자에게 공소의 효력이 미친다고 할 수 없고, 이와 같은 경우 검사는 공소장의 인적 사항의 기재를 정정하여 피고인의 표시를 바로잡아야 하는 것인 바, 이는 피고인의 표시상의 착오를 정정하는 것이지 공소장을 변경하는 것이 아니므로 형사소송법 제298조에 따른 공소장변경의 절차를 밟을 필요가 없고 법원의 허가도 필요로 하지 아니한다.

나. 위 "가"항에 있어 검사가 공소장의 피고인 표시를 정정하여 모용관계를 바로잡지 아니한 경우에는 외형상 피모용자 명의로 공소가 제기된 것으로 되어 있어 공소제기의 방식이 형사소송법 제254조의 규정에 위반하여 무효라 할 것이므로 법원은 공소기각의 판결을 선고하여야 하고, 검사가 피고

22) 갑이 을이라고 거짓말을 하여 공소장에 을이라고 기재된 경우, 갑은 모용자, 을은 피모용자가 된다.

인 표시를 바로잡은 경우에는 처음부터 모용자에 대한 공소의 제기가 있었고 피모용자에 대한 공소의 제기가 있었던 것이 아니므로 법원은 모용자에 대하여 심리하고 재판을 하면 되지 원칙적으로 피모용자에 대하여 심판할 것이 아니다.

다. 피모용자가 약식명령에 대하여 정식재판을 청구하여 피모용자를 상대로 심리를 하는 과정에서 성명모용사실이 발각되어 검사가 공소장을 정정하는 등 사실상의 소송계속이 발생하고 형식상 또는 외관상 피고인의 지위를 갖게 된 경우에 법원으로서는 피모용자에게 적법한 공소의 제기가 없었음을 밝혀 주는 의미에서 형사소송법 제327조 제2호를 유추 적용하여 공소기각의 판결을 함으로써 피모용자의 불안정한 지위를 명확히 해소해 주어야 하고, 피모용자가 정식재판을 청구하였다 하여도 모용자에게는 아직 약식명령의 송달이 없었다 할 것이어서 검사는 공소장에 기재된 피고인의 표시를 정정할 수 있으며, 법원은 이에 따라 약식명령의 피고인 표시를 경정할 수 있고, 본래의 약식명령 정본과 함께 이 경정결정을 모용자에게 송달하면 이때에 약식명령의 적법한 송달이 있다고 볼 것이며, 이에 대하여 소정의 기간 내에 정식재판의 청구가 없으면 약식명령은 확정된다.

(2) 판결이 확정된 후 판명된 경우

① 피모용자를 구제하는 방법론으로는 재심설, 비상상고설이 있으나, 기판력은 모용자에게만 발생하고 피모용자에게는 발생하지 아니하므로 전과말소설이 타당하다고 본다.

② 이때 모용자에게는 형사소송규칙 제25조에 따라서 판결경정절차에 따라 판결을 집행할 수 있다.[23)]

4. 위장출석

1) 피고인으로 되는 자

실질적 표시설에 의하여 공소장에 기재된 자가 실질적 피고인이 되고, 위장출석한 자는 형식적 피고인이 된다.

2) 형식적 피고인을 절차에서 배제하는 방법

(1) 공판심리 중 판명된 경우

---

23) 형사소송규칙 제25조(재판서의 결정)

① 재판서에 잘못된 계산이나 기재, 그 밖에 이와 비슷한 잘못이 있음이 분명한 때에는 법원은 직권으로 또는 당사자의 신청에 따라 경정결정(更正決定)을 할 수 있다.

② 경정결정은 재판서의 원본과 등본에 덧붙여 적어야 한다. 다만, 등본에 덧붙여 적을 수 없을 때에는 경정결정의 등본을 작성하여 재판서의 등본을 송달받은 자에게 송달하여야 한다.

③ 경정결정에 대하여는 즉시 항고를 할 수 있다. 다만, 재판에 대하여 적법한 상소가 있는 때에는 그러하지 아니하다.

① 인정신문단계 : 형식적 피고인을 퇴정시키고, 실질적 피고인을 소환하여 공판절차를 진행하면 된다.

② 사실심리 중에 밝혀진 경우 : 형식적 피고인에 대하여 형식적 소송계속이 발생되었으므로 형사소송법 제327조 제2호를 유추 적용하여 공소기각의 판결을 선고하고, 실질적 피고인을 소환하여 공판절차를 새롭게 진행하면 된다. 이 경우 항소심이건 상고심이건 1심부터 다시 재판을 진행하여야 한다.

③ 판결선고 후 확정 전에는 상소사유가 된다.

(2) 재판이 확정된 후 판명된 경우

재심 혹은 비상상고로 형식적 피고인을 구제하여야 된다. 주의할 것은 형식적 피고인이라 할지라도 기판력이 발생하였으므로 전과말소설에 의한 구제는 불가능하게 된다.

5. 위장자수

1) 문제점

처음부터 범인임을 위장하여 자수한 경우로서 이 경우는 수사와 공소가 모두 위장자수자에 대하여 이루어졌으므로 당연히 위장자수자만이 피고인이 될 뿐이고, 성명모용도 아니고 위장출석도 아니므로 피고인특정의 문제는 일어날 여지가 없다.

2) 공소제기 후 피고인조사의 적법성

(1) 문제점

본 사건으로 기소된 피고인(위장자수자)을 상대로 범인은닉죄에 대한 수사가 가능한가에 대한 문제가 발생한다.

(2) 공소제기 후 피고인조사의 적법성

임의수사로서의 피의자신문(제199조, 제200조)이 허용되는가에 대하여 ① 적극설(판례), ② 소극설(예외적으로만 허용)의 대립이 있다.

(3) 검토

최초 공소제기된 사건에 대해 이미 피고인으로 되어 있다고 해도 당해 사건(범인은닉죄)에 대하여 아직 기소전이라면 당해 사건에 관한 한 피의자·참고인의 지위에 불과하므로 범인은닉죄의 조사는 본 사건과는 별개의 공소사실 이외의 여죄수사이므로 임의수사로서 적법하다. 그러므로 적극설을 따르나 소극설을 따르나 다 인정된다.

3) 범인은닉사건의 여죄수사 종료 후 공소제기방법

(1) 심판의 대상

심판의 대상을 이원설(다수설, 판례)에 의할 때 현실적 심판대상이 아닌 범인은닉죄에 대하여 검사의 공소장변경이 없는 한 심판이 불가능하므로 이에 대한 사건의 동일성이 인정되는 경우에는 공소장변경의 절차를 거쳐 현실적 심판의 대상으로 하여야 하고, 만일 사건의 동일성이 인정되지 아니하는 경우에는 검사는 추가 기소를 하여야 한다.

(2) 공소장변경의 한계(사건의 동일성)

기본적사실동일설(다수설, 판례)에 의할 때 본 사건과 범인은닉의 사실 사이에 동일성 인정되지 아니하므로 검사는 범인은닉죄로 공소제기하려면 별도로 공소를 제기하여야 한다. 이 경우 이미 기소한 위장자수 사건은 종결시켜야 한다. 검사는 제1심판결 선고 전인 경우에는 공소취소로 공소기각결정을 유도하여야 하고, 항소심인 경우에는 피고인의 이익을 위하여 무죄의 논고를 하여야 한다. 검사에게는 객관의무가 있으므로 무죄의 논고가 가능하기 때문이다.

4) 유죄판결 확정시 구제방안

위장자수에 대한 판결의 효력은 위장자수자에 대한 범인은닉죄에 미치지 아니한다(기판력의 객관적 범위: 공소사실의 동일성이 인정되지 아니하므로 이에 대하여 기판력의 객관적 범위가 미치지 아니한다). 또한 이에 대한 교사범에게도 미치지 아니한다(기판력의 주관적 범위). 위장자수자에게 판결의 효력이 발생하므로 확정판결에 대한 구제방안이 문제가 되는데, 이에 대하여는 ① 재심설(무죄의 새로운 증거, 증거의 신규성(당사자에게도 필요한가 여부)·명백성 요건 등을 검토하여야 함), ② 비상상고설의 대립이 있다.

Ⅱ 피고인의 소송법상의 지위

1. 소송당사자로서의 지위

1) 피고인의 방어권

피고인에게 인정되는 방어권은 첫째 방어준비를 위한 권리, 진술거부권과 진술권, 증거조사에 있어서의 방어권, 방어능력의 보충 등을 들 수 있으며 구체적인 내용은 아래와 같다.

- 공소장 기재사항의 법정(제254조)
- 제1회 공판기일의 유예기간(제269조)
- 공판기일의 변경신청권(제270조)
- 공소장부본을 송달받을 권리(제266조)
- 공판조서열람 · 등사권(제55조)
- 진술거부권(제283조의2)
- 최종진술권(제303조)
- 증거신청권(제294조)
- 증인신문권(재161조의2)
- 변호인선임권(제30조)
- 필요적 변호제도(제282조, 제283조)

2) 피고인의 소송절차 참여권

소송절차의 참여권은 법원의 구성에 참여하는 권리, 공판정출석권, 증거조사참여권, 강제처분절차 등의 참여권을 들 수 있으며 구체적인 내용은 다음과 같다.

- 기피신청권(제18조)
- 관할이전신청권(제15조)
- 관할위반신청권(제320조)
- 변론의 분리 · 병합 · 재개신청권(제300조, 제305조)
- 공판정출석권(제276조)
- 증인신문 · 검증 · 감정에의 참여권(제145조, 제163조, 제176조, 제183조)
- 공판준비절차상에서 증거조사참여권(제273조)
- 증거보전절차상에서 증거조사참여권(제184조)
- 압수 · 수색영장의 집행에의 참여권(제121조)

3) 기타 피고인의 권리

- 상소권의 포기 · 취하권(제349조)
- 즉결심판 · 약식명령에 대한 정식재판청구권(제453조)

2. 증거방법(Beweismittel)으로서의 지위

1) 의의

피고인의 임의적 진술은 증거가 될 수 있고 피고인의 신체는 검증의 대상이 될 수 있으므로 피고인은 인적 증거방법과 물적 증거방법으로서의 지위를 가진다.[24)]

2) 당사자로서의 지위와 관계

피고인에게 증거방법으로서의 지위를 인정한다고 하여 피고인을 조사의 객체로 취급하는 것을 의미하는 것은 아니며, 증거방법으로서의 지위는 당사자로서의 지위에 지장을 주지 않는 범위 내에서 보충적으로 인정될 뿐이다. 그러므로 당사자지위와 모순되는 것은 아니며, 개정 형사소송법은 피고인신문제도를 인정하면서 이 순서를 증인신문 다음으로 하고 있다(제296조의2).

3) 인적 증거방법으로서의 지위

피고인을 증인으로 신문할 수 있는지가 인적 증거방법으로서의 지위에서 문제가 된다. 형사소송법상 증인은 제3자임을 요하고, 피고인에게 증인적격을 인정하게 되면 진술의무를 강제하는 것이 되어서 피고인에게 인정된 진술거부권이 형해화(形骸化)될 수 있으므로 부정하는 것이 타당하다. 이와 관련하여 공범인 공동피고인도 증인적격을 부정하고 있다.

4) 물적 증거방법으로서의 지위

피고인의 신체가 증거방법으로서의 대상이 됨에 따라서 피고인의 존엄성이 침해될 위험이 있으므로 피고인의 인격권이 심리의 한계로 작용하게 된다.

3. 절차의 대상으로서의 지위

피고인은 소환, 구속, 수색, 압수 등의 강제처분의 대상이 되는 지위를 갖고 있다.

---

24) 이로부터 나온 진술은 증거자료가 된다.

Ⅲ 무죄추정의 원칙

1. 의의

무죄추정(Presumption of innocence)의 원칙이란 형사절차에서 피고인 또는 피의자는 유죄의 판결이 확정될 때까지는 무죄로 추정된다는 원칙을 말한다. 이 원칙은 인권보장의 이념에 결부된 소극적 진실주의를 바탕으로 형사소송의 전과정을 지배하는 지도원리로 작용하고 있다. 헌법 제27조 제4항은 "형사피고인은 유죄의 판결이 확정될 때까지는 무죄로 추정된다"라고 규정하고 있으며, 이에 따라 형사소송법 제275조의2에서도 "피고인은 유죄의 판결이 확정될 때까지는 무죄로 추정된다"라고 규정하고 있다.

2. 적용범위

1) 인적범위

피고인에게 무죄추정의 원칙이 인정된다면 그 이전의 용의자, 피의자에게도 당연히 무죄추정의 원칙은 인정된다고 보아야 한다.

2) 시적범위

유죄의 확정판결시까지 무죄추정을 받으므로 실체판결의 전단계인 소송요건의 결여로 인한 공소기각, 면소 또는 관할위반의 판결이 확정된 경우도 무죄가 추정되며, 제1심과 제2심에서 유죄판결이 나오더라도 확정되기 전까지는 무죄로 추정된다. 그러나 유죄판결 확정 이후인 재심단계에 있어서는 재심이 청구가 되었다는 이유만으로는 무죄가 추정되지는 않는다.

3. 내용

1) 인신구속의 제한

무죄가 추정되므로 불구속 수사와 재판을 하여야 하며(제198조 제1항), 불필요한 고통을 과하지 않아야 하므로, 구속된 피의자 또는 피고인에게 접견교통권을 보장해주어야 한다.

2) 의심스러울 때에는 피고인의 이익으로

무죄추정을 받는 피고인에게 유죄판결을 하기 위해서는 법관은 합리적 의심이 없는 고도의 개연성이 있는 경우에 한하여 할 수 있으며(제307조 제2항) 이러한 확신이 없는 경우에는 "의심스러운 때에는 피고인의 이익으로(in dubio pro reo)"의 이론에 따라 "피고인의 이익으로" 판단하여 무죄판결을 하여야 한다.

3) 불이익처우의 금지

형사소송법은 공소장 일본주의를 통하여 예단배제의 법칙을 실현하고 있으며, 피의자와 피고인에게 진술거부권을 보장하고, 피고인의 진술이 고문·폭행 또는 협박 등에 의하여 이루어져 임의성이 없는 경우에는 유죄의 증거로 할 수 없고, 피고인을 신문함에 있어서 그 진술을 강요하거나 답변을 유도하거나 위압적·모욕적 신문의 금지 등을 통해 피고인과 피의자에 대해 가급적 인간적인 대우를 할 것을 요청하고 있다.

판례 대법원 2001.11.30. 선고 2001도5225 판결

대법원의 파기환송 판결에 의하여 사건을 환송받은 법원은 형사소송법 제92조 제1항에 따라 2월의 구속기간이 만료되면 특히 계속할 필요가 있는 경우에는 2차(대법원이 형사소송규칙 제57조 제2항에 의하여 구속기간을 갱신한 경우에는 1차)에 한하여 결정으로 구속기간을 갱신할 수 있는 것이고, 한편 무죄추정을 받는 피고인이라고 하더라도 그에게 구속의 사유가 있어 구속영장이 발부, 집행된 이상 신체의 자유가 제한되는 것은 당연한 것이므로, 이러한 조치가 무죄추정의 원칙에 위배되는 것이라고 할 수는 없다.

판례 헌재 1999.05.27. 97헌마137

1. 구치소 등 수용시설 안에서는 재소자용 의류를 입더라도 일반인의 눈에 띄지 않고, 수사 또는 재판에서 변해(辯解)·방어권을 행사하는데 지장을 주는 것도 아닌 반면에, 미결수용자에게 사복을 입도록 하면 의복의 수선이나 세탁 및 계절에 따라 의복을 바꾸는 과정에서 증거인멸 또는 도주를 기도하거나 흉기, 담배, 약품 등 소지금지품이 반입될 염려 등이 있으므로 미결수용자에게 시설 안에서 재소자용 의류를 입게 하는 것은 구금 목적의 달성, 시설의 규율과 안전유지를 위한 필요최소한의 제한으로서 정당성·합리성을 갖춘 재량의 범위 내의 조치이다.
2. 수사 및 재판단계에서 유죄가 확정되지 아니한 미결수용자에게 재소자용 의류를 입게 하는 것은 미결수용자로 하여금 모욕감이나 수치심을 느끼게 하고, 심리적인 위축으로 방어권을 제대로 행사할 수 없게 하여 실체적 진실의 발견을 저해할 우려가 있으므로, 도주 방지 등 어떠한 이유를 내세우더라도 그 제한은 정당화될 수 없어 헌법 제37조 제2항의 기본권 제한에서의 비례원칙에 위반되는 것으로서, 무죄추정의 원칙에 반하고 인간으로서의 존엄과 가치에서 유래하는 인격권과 행복추구권, 공정한 재판을 받을 권리를 침해하는 것이다.

판례 대법원 1996.5.14. 96도561

무죄추정을 받는 피의자라고 하더라도 그에게 구속의 사유가 있어 구속영장이 발부·집행된 이상 신체의 자유가 제한되는 것은 당연한 것이고 특히 수사기관에서 구속된 피의자의 도주 항거 등을 억제하는 데 필요하다고 인정할 상당한 이유가 있는 경우에는 필요한 한도 내에서 포승이

나 수갑을 사용할 수 있는 것이며, 이러한 조치가 무죄추정의 원칙에 위배되는 것이라고 할 수는 없다.

판례 대법원 1990.10.16. 90도1813

공소장의 공소사실 첫머리에 피고인이 전에 받은 소년부송치처분과 직업 없음을 기재하였다 하더라도 이는 형사소송법 제254조 제3항 제1호에서 말하는 피고인을 특정할 수 있는 사유에 속하는 것이어서 그와 같은 내용의 기재가 있다 하여 공소제기의 절차가 법률의 규정에 위반된 것이라고 할 수 없고 또 헌법상의 형사피고인에 대한 무죄추정조항이나 평등조항에 위배되는 것도 아니다.

판례 대법원 1993.11.26. 선고 93도2505 판결

법원의 재량에 의하여 판결선고 전 구금일수 중 일부만을 통산할 수 있도록 한 형법 제57조의 규정이 헌법상의 평등원칙이나 피고인에 대한 무죄추정의 원칙 또는 재판을 받을 권리의 보장에 관한 원칙 등에 위배되는 것이라고 할 수 없다.

Ⅳ 진술거부권

1. 의의 및 근거

영미의 자기부죄거부의 특권(privilege against self-incrimination)에서 유래된 권리로 피의자 또는 피고인의 인권을 보장하고 무기평등의 원칙을 실질적으로 보장하기 위하여 마련된 권리이다.

2. 법적근거

헌법 제12조 제2항은 "모든 국민은 고문을 받지 아니하며, 형사상 자기에게 불리한 진술을 강요당하지 아니한다"라고 규정하여 진술거부권을 기본적 인권으로 보장하고 있으며, 이에 따라 피고인의 진술거부권은 형사소송법 제283조의2에서, 피의자의 진술거부권은 형사소송법 제244조의3에서 각각 규정하고 있다.

3. 진술거부권의 내용

1) 진술거부권의 주체

진술거부권의 주체는 모든 국민에게 인정되고 있으므로 피의자·피고인에게 적용되는 권리이며, 만일 피의자·피고인이 의사무능력자인 경우에는 그의 대리인, 법인인 경

우에는 그 대표자가 진술거부권을 가진다. 또한 진술거부권은 외국인에게도 인정됨은 물론이다.

2) 진술거부권의 범위

(1) 진술강요의 금지

① 피의자 또는 피고인은 수사기관은 물론 법원에 대하여도 진술을 거부할 수 있으며, 개개의 신문에 대하여 진술을 거부할 수 있고, 신문 전체에 대하여 침묵할 수 있다.

② 진술을 강요당하지 아니할 권리이므로 지문과 족형의 채취, 신체의 측정, 사진촬영이나 신체의 검사 및 음주측정 거부에 대한 제재는 진술거부권의 침해는 아니다. 그러나 진술인 이상 구두에 의한 진술뿐만 아니라 서면에 의한 진술도 강요당하지 않는다.

판례 헌법재판소 1997.3.27. 96헌가11

헌법 제12조 제2항은 진술거부권을 보장하고 있으나, 여기서 "진술"이라 함은 생각이나 지식, 경험사실을 정신작용의 일환인 언어를 통하여 표출하는 것을 의미하는데 반해, 도로교통법 제41조 제2항에 규정된 음주측정은 호흡측정기에 입을 대고 호흡을 불어 넣음으로써 신체의 물리적, 사실적 상태를 그대로 드러내는 행위에 불과하므로 이를 두고 "진술"이라 할 수 없고, 따라서 주취운전의 혐의자에게 호흡측정기에 의한 주취여부의 측정에 응할 것을 요구하고 이에 불응할 경우 처벌한다고 하여도 이는 형사상 불리한 "진술"을 강요하는 것에 해당한다고 할 수 없으므로 헌법 제12조 제2항의 진술거부권 조항에 위배되지 아니한다.

판례 헌법재판소 전원재판부 1990.8.27. 89헌가118

교통사고를 일으킨 운전자에게 신고의무를 부담시키고 있는 도로교통법 제50조 제2항, 제111조 제3호는, 피해자의 구호 및 교통질서의 회복을 위한 조치가 필요한 범위 내에서 교통사고의 객관적 내용만을 신고하도록 한 것으로 해석하고, 형사책임과 관련되는 사항에는 적용되지 아니하는 것으로 해석하는 한 헌법에 위반되지 아니한다.

③ 거짓말탐지기에 의한 검사가 진술거부권의 침해가 발생하는지 문제가 된다. 왜냐하면 생리적 변화를 통하여 하는 것이므로 검증, 감정으로서의 성격이 있기 때문이다. 그러나 생리적 변화 그 자체가 독립하여 증거로 되는 것이 아니라 각개의 질문에 대한 대응관계에서 의미를 가지는 것이므로, 음주측정과는 달리 진술거부권의 침해가 발생한다고 보는 것이 타당하다. 그러므로 거짓말탐지기 측정을 하기 전에 반드시 고지하여야 한다.[25]

25) 실무에서는 거짓말탐지기를 사용하기 전에 당사자의 동의를 전제로 하기 때문에 진술거부권의 침해의 문제

④ 마취분석에 의한 검사는 직접 진술을 얻어내는 것이므로 진술거부권의 침해가 발생한다.

(2) 진술의 범위

① 헌법상의 진술거부권의 범위보다 형사소송법상의 진술거부권은 그 범위를 확장하고 있다. 즉 형사책임과 관련된 경우에는 이익, 불이익을 불문하고 인정하고 있다. 증언거부권이 자기에게 불리한 증언에 제한되어 있는 것과 구별하여야 한다.

② 진술거부권의 범위는 자신의 형사책임에 관한 것이므로 민사책임이나 행정상 책임에 관한 것은 진술거부권의 대상이 아니다.

③ 인정신문에 대하여도 진술거부권은 인정된다. 종전에는 인정신문에 대해서도 진술을 거부할 수 있는지의 문제로 학설의 대립이 있었다. 그러나 개정된 「형사소송규칙」 제127조가 '인정신문을 하기 전에' 진술거부권을 고지하도록 규정함으로써 인정신문에 대해서도 진술을 거부할 수 있음을 분명하게 하였다.

3) 진술거부권의 고지

(1) 고지의 방법

진술거부권의 고지는 명시적으로 사전에 고지하여야 한다. 즉 재판장은 피고인에게 피고인은 진술하지 아니하거나 개개의 질문에 대하여 진술을 거부할 수 있음을 고지하여야 하고(제283조의2), 피의자인 경우에는 검사 또는 사법경찰관은 ㉠ 일체의 진술을 하지 아니하거나 개개의 질문에 대하여 진술을 하지 아니할 수 있다는 것, ㉡ 진술을 하지 아니하더라도 불이익을 받지 아니한다는 것, ㉢ 진술을 거부할 권리를 포기하고 행한 진술은 법정에서 유죄의 증거로 사용될 수 있다는 것, ㉣ 신문을 받을 때에는 변호인을 참여하게 하는 등 변호인의 조력을 받을 수 있다는 것을 알려주고, 피의자가 진술을 거부할 권리와 변호인의 조력을 받을 권리를 행사할 것인지의 여부를 질문하고, 이에 대한 피의자의 답변을 조서에 기재하여야 한다. 이 경우 피의자의 답변은 피의자로 하여금 자필로 기재하게 하거나 검사 또는 사법경찰관이 피의자의 답변을 기재한 부분에 기명날인 또는 서명하게 하여야 한다(제244조의3).

(2) 불고지의 효과(진술거부권 침해의 효과)

형사피의자에 대하여 진술거부권을 고지하지 아니한 경우, 판례는 형사소송법 제200

는 발생하지 아니한다.

조 제2항[26]은 검사 또는 사법경찰관이 출석한 피의자의 진술을 들을 때에는 미리 피의자에 대하여 진술을 거부할 수 있음을 알려야 한다고 규정하고 있는 바, 이러한 피의자의 진술거부권은 헌법이 보장하는 형사상 자기에 불리한 진술을 강요당하지 않는 자기부죄거부의 권리에 터잡은 것이므로 수사기관이 피의자를 신문함에 있어서 피의자에게 미리 진술거부권을 고지하지 않은 때에는 그 피의자의 진술은 위법하게 수집된 증거로서 진술의 임의성이 인정되는 경우라도 증거능력이 부인되어야 한다고 하여 위법수집증거배제법칙에 의하여 증거능력을 부정하여야 한다고 하였다.[27]

4) 진술거부권의 포기

(1) 허용여부

진술거부권은 헌법상의 기본권으로 포기할 수 없다.

(2) 피고인의 증인적격 인정여부

피고인에게 증인적격을 인정한다면 증언의무로 진술거부권이 무의미하게 되므로 부정하는 것이 타당하다.

5) 진술거부권 행사의 효과

(1) 자유심증주의의 예외

진술거부권의 행사를 피고인에게 불이익한 간접증거로 하거나 또는 이를 근거로 유죄의 추정을 하는 것은 허용되지 않는다.

(2) 가중적 양형 참작사유의 판단가부

진술거부권의 행사를 가중적 양형 참작사유로 삼는 것은 원칙적으로 허용되지 않지만 예외적으로 진술거부권행사가 객관적이고 명백한 증거가 있음에도 진실의 발견을 적극적으로 숨기거나 법원을 오도하려는 시도에 기인한 경우에는 가중적 양형의 조건으로 참작될 수 있다.

판례 대법원 2001.3.9. 선고 2001도192 판결

진술거부권의 행사에 대하여 양형 참작사유로 판단할 수 있는지에 대하여 판례는 형법 제51조 제4호에서 양형의 조건의 하나로 정하고 있는 범행 후의 정황 가운데에는 형사소송절차에서의 피고인의 태도나 행위를 들 수 있는데, 모든 국민은 형사상 자기에게 불리한 진술을 강요당하지 아니할 권리가

26) 개정 형사소송법 제244조의3

27) 대법원 1992.6.23. 92도682

보장되어 있으므로(헌법 제12조 제2항), 형사소송절차에서 피고인은 방어권에 기하여 범죄사실에 대하여 진술을 거부하거나 거짓 진술을 할 수 있고, 이 경우 범죄사실을 단순히 부인하고 있는 것이 죄를 반성하거나 후회하고 있지 않다는 인격적 비난요소로 보아 가중적 양형의 조건으로 삼는 것은 결과적으로 피고인에게 자백을 강요하는 것이 되어 허용될 수 없다고 할 것이나, 그러한 태도나 행위가 피고인에게 보장된 방어권 행사의 범위를 넘어 객관적이고 명백한 증거가 있음에도 진실의 발견을 적극적으로 숨기거나 법원을 오도하려는 시도에 기인한 경우에는 가중적 양형의 조건으로 참작될 수 있다.

제4절 변호인

I 변호인제도

1. 의의

변호인이란 피고인 또는 피의자의 방어력을 보충함을 임무로 하는 보조자를 말한다. 즉 피고인 또는 피의자는 일반적으로 법률의 문외한으로 검사와 대등한 역량을 가진 변호인을 통하여 자기에게 이익이 되는 증거를 수집·제출함으로써 당사자대등 내지 무기대등의 원칙을 실현하여, 적정절차의 원칙(공정한 재판)을 지키기 위한 제도이다.

2. 형식적 변호와 실질적 변호[28)]

직권주의에 있어서 검사와 법원이 담당하는 피고인을 위한 변호적 기능을 실질적 변호라고 하고, 변호인에 의한 변호적 기능을 형식적 의미의 변호라고 한다.

28) 형식을 갖춘 변호를 형식적 변호라고 말하며, 이를 갖추지 않고 하는 변호를 실질적 변호라고 한다. 그러므로 검사의 객관의무와 법원의 직권증거조사의무를 말한다.

Ⅱ 변호인의 선임

1. 사선변호인

1) 선임권자

피고인 · 피의자 및 피고인 또는 피의자의 법정대리인, 배우자, 직계친족과 형제자매는 피의자 · 피고인의 의사에 반하여도 독립하여 변호인을 선임할 수 있다(제30조). 이 때 본인은 변호인을 해임할 수 있다. 다만, 본인이 선임한 변호인을 선임대리권자가 본인의 의사에 반하여 해임할 수 없다.

2) 피선임권자

(1) 원칙과 예외

변호인은 원칙적으로 변호사 중에서 선임하여야 한다(제31조 본문). 대법원 아닌 법원은 특별한 사정이 있는 경우에는 법원의 허가를 얻어서 변호사 아닌 자를 변호인으로 선임할 수 있으며(동조 단서) 이를 특별변호인이라고 한다. 다만, 법률심인 상고심에서는 반드시 변호사를 변호인으로 선임하여야 한다(제386조).

(2) 변호인의 수

변호인의 수에는 원칙적으로 제한없으나 수인의 변호인이 있는 때에는 재판장은 직권 또는 피의자 · 피고인 · 변호인의 신청에 의해 대표변호인을 3인까지 지정할 수 있다. 대표변호인제도의 특칙은 통지 또는 서류의 송달에 있어서 대표변호인에게 송달된 경우 변호인 전원에 대해 효력이 있다는 점에만 있으므로 증인신문과 같은 것은 다른 변호인도 할 수 있다(제32조의2).

(3) 검사의 대표변호인 지정

피의자에게 수인의 변호사가 있는 경우에는 검사가 대표변호인을 지정할 수 있다(제32조의2 제5항). 이 경우 검사에 의한 대표변호인의 지정은 기소 후에도 효력이 있다(형사소송규칙 제13조의4).

3) 선임의 방법

변호인과 선임자의 연명 · 날인한 서면(변호인선임신고서)을 공소제기 전에는 수사기관에, 공소제기 후에는 수소법원에 제출하면 된다(제32조 제1항). 그러므로 변호인은 선임에 의하여 변호인으로서의 권리와 의무가 발생하므로 변호인 선임서 없이 제출된 항소이유서 또는 상고이유서는 적법 유효하다고 할 수 없다. 변호인의 선임은 법원 또는 수사기관에 대한 소송행위로서 선임자와 변호인 사이의 민법상의 계약과는 구별되는 것이므로 비록 위임계약이 무효 또는 취소가 된 경우에도 변호인 선임의 효력에는 영향이 없다.

판례 대법원 1969.10.4. 선고 69모68

변호인선임계를 제출치 아니한 채 항소이유서만을 제출하고 동 이유서제출기간 경과 후에 동 선임계를 제출하였다면 이는 적법·유효한 변호인의 항소이유서로 볼 수 없다.

4) 선임의 효과

(1) 심급대리의 원칙

① 변호인은 심급마다 선임하여야 한다(제32조 제1항). 다만 공소제기 전에 변호사를 선임한 경우에는 제1심에도 그 효력이 있다(동조 제2항). 이때의 심급이란 종국판결 선고시를 의미하는 것이 아니라 상소에 의해 이심의 효력이 발생할 때까지(소송기록송부시)이다.

② 환송 또는 이송 전 원심법원에서의 변호인 선임은 항소심법원이 환송 또는 이송이 있은 후에도 효력이 있다(형사소송규칙 제158조. 다만, 제164조에서 제158조를 준용하지 않고 있어서 문제가 있다).

(2) 선임의 범위

① 변호인의 선임행위의 효력은 원칙적으로 공소사실의 동일성이 인정되는 사건 전부에 미치는 것이 원칙이므로, 공소장변경에 의하여 공소사실이 변경된 경우에도 선임의 효력에는 영향이 없다. 선임신고서에 명시적으로 제한이 되어 있는 경우에는 그 범위에 한하여 선임의 효력이 미친다. 이때 주의할 것은 선임계약상에 제한의 규정이 있다 하더라도 이를 선임신고서에 명시하지 않는 이상 제한의 효력이 발생하지 아니한다.

② 하나의 사건에 관하여 한 변호인 선임은 동일법원의 동일피고인에 대하여 병합된 다른 사건에 관하여도 그 효력이 있다. 다만, 피고인 또는 변호인이 이와 다른 의사표시를 한 때에는 그러하지 아니하다(형사소송규칙 제13조).

2. 국선변호인

1) 의의

법원에 의하여 선정된 변호인을 국선변호인이라고 한다. 우리 헌법은 제12조 제4항에서 "형사피고인이 스스로 변호인을 구할 수 없을 때에는 국가가 변호인을 붙인다"라고 하여 국선변호를 헌법상 보장하고 있으며, 형사소송법은 모든 구속된 피고인에게 국선변호인제도를 확대하였고, 종래에 피의자인 경우에는 체포·구속적부심 청구시에만 예외적으로 국선변호인을 선임하여 주던 것을 실질영장심사제도에까지 확대하고 있다.

2) 국선변호인의 선정 사유

(1) 형사소송법 제33조

① 피고인이 i) 구속된 때, ii) 미성년자인 때, iii) 피고인이 70세 이상인 때, iv) 피고인이 농아자인 때, v) 피고인이 심신장애의 의심이 있는 때, vi) 피고인이 사형, 무기 또는 단기 3년 이상의 징역이나 금고에 해당하는 사건으로 기소된 때는 변호인이 없는 때에는 법원은 직권으로 변호인을 선정하여야 한다(제33조 제1항 제1호~제6호 사유).[29]

② 법원은 피고인이 빈곤 그 밖의 사유로 변호인을 선임할 수 없는 경우에 피고인의 청구가 있는 때에는 변호인을 선정하여야 한다(법 제33조 제2항).

③ 법원은 피고인의 연령·지능 및 교육 정도 등을 참작하여 권리보호를 위하여 필요하다고 인정하는 때에는 피고인의 명시적 의사에 반하지 아니하는 범위 안에서 변호인을 선정하여야 한다(법 제33조 제3항).

[판례] 대법원 1995.2.28. 선고 94도2880

[1] 피고인이 탄원서에서 경제적 어려움으로 인하여 변호인을 선임할 수 없다는 이유로 증인의 위증을 밝히기 위한 은행구좌 및 자금경로의 조사와 증인신문 및 감정신청을 위하여 형사소송법 제33조 제5호에 의한 국선변호인 선임신청을 법원에 하였음에도 법원이 피고인의 위 신청에 대하여 아무런 결정을 하지 아니한 것은 위법하다.

[2] 피고인이 [1]항과 같이 선임신청을 하였으나 변호인을 선임할 수 없는 사유에 대하여서는 아무런 소명을 하지 않고 있고 달리 피고인이 빈곤하여 변호인을 선임할 수 없었다고 인정할 만한 자료도 없다면 결국 피고인의 국선변호인 선임신청은 이유 없으므로 [1]항과 같은 위법은 판결결과에는 영향이 없다.

---

29) 필요적 변호사건은 사형·무기 또는 단기 3년 이상이므로 선택형 중에서 하나라도 이 중에 해당하면 국선변호인을 선임하여야 한다.

(2) 필요적 변호사건

① 제33조 제1항 각 호의 어느 하나에 해당하는 사건 및 동조 제2항·제3항의 규정에 따라 변호인이 선정된 사건에 관하여는 변호인 없이 개정하지 못한다. 단, 판결만을 선고할 경우에는 예외로 한다. 변호인이 출석하지 아니한 때에는 법원은 직권으로 변호인을 선정하여야 한다(법 제282조, 제283조).

② 필요적 변호사건에 해당하는 사건에서 제1심의 공판절차가 변호인 없이 이루어진 경우, 그와 같은 위법한 공판절차에서 이루어진 소송행위는 무효이므로, 이러한 경우에는 항소심으로서는 변호인이 있는 상태에서 소송행위를 새로이 한 후 위법한 제1심판결을 파기하고, 항소심에서의 진술 및 증거조사 등 심리결과에 기하여 다시 판결하여야 한다.[30] 그러므로 필요적 변호사건의 제1심 공판절차가 변호인 없이 이루어진 경우에는 당사자가 모든 증거에 동의하여 증거조사가 행해졌다고 하더라도 제1심에서 한 증거조사는 효력이 없으므로 항소심에서는 새로 증거조사를 하여야 한다.

(3) 영장실질심사제도(구속전 피의자 심문제도)

① 심문할 피의자에게 변호인이 없는 때에는 지방법원판사는 직권(형사소송법 제33조에 한하지 아니하고 무조건 국선변호인을 선임하여야 한다)으로 변호인을 선정하여야 한다. 이 경우 변호인의 선정은 피의자에 대한 구속영장 청구가 기각되어 효력이 소멸한 경우를 제외하고는 제1심까지 효력이 있다.

② 법원은 변호인의 사정이나 그 밖의 사유로 변호인 선정결정이 취소되어 변호인이 없게 된 때에는 직권으로 변호인을 다시 선정할 수 있다(제201조의2 제9항).

(4) 체포·구속 적부심사

체포·구속적부심사를 청구한 피의자가 형사소송법 제33조 각호의 국선변호인 선임사유에 해당하고, 사선변호인이 없는 때에는 국선변호인을 선정하여야 한다(제214조의2 제10항). 이는 피의자에게도 국선변호인제도가 확대되었다는 점에서 중대한 의의가 있다고 하겠다.

(5) 재심사건

재심개시의 결정이 확정된 사건에 있어서 ㉠ 사망자 또는 회복할 수 없는 심신장애자

---

30) 대법원 1995.4.25. 94도2347

를 위하여 재심의 청구가 있는 때, ⓒ 유죄의 선고를 받은 자가 재심의 판결 전에 사망하거나 회복할 수 없는 심신장애자로 된 때에 재심청구자가 변호인을 선임하지 아니한 경우에는 재판장은 직권으로 변호인을 선임하여야 한다(제438조 제4항).

판례 대법원 1993.12.3. 자 92모49 결정

국선변호인제도는 구속적부심의 경우를 제외하고는 공판절차에서 피고인의 지위에 있는 자에게만 인정되는 것으로서, 공판절차가 아닌 재심개시결정전의 절차에서 재심청구인이 국선변호인선임청구를 할 수는 없다.

(6) 군사법원법이 적용되는 사건

군사법원법이 적용되는 사건에 관하여 피고인에게 변호인이 없는 때에는 직권으로 변호인을 선정하여야 하는 바(군사법원법 제62조 제1항), 이 조항은 상고심인 대법원에서도 적용되므로 그러한 사건에 관하여 상고가 된 경우에는 대법원이 국선변호인을 선정하여야 한다.

(7) 즉결심판

즉결심판을 받은 피고인이 정식재판청구를 함으로써 공판절차가 개시된 경우에는 통상의 공판절차와 마찬가지로 국선변호인의 선정에 관한 형사소송법 제283조의 규정이 적용된다.

판례 대법원 1997.2.14. 선고 96도3059 판결

즉결심판에관한절차법 제14조 제4항은 형사소송법 제455조의 규정은 정식재판의 청구에 이를 준용한다고 규정하고 있고, 형사소송법 제455조 제3항은 "정식재판의 청구가 적법한 때에는 공판절차에 의하여 심판하여야 한다"고 규정하고 있는 바, 위 각 규정 내용에 비추어 보면 즉결심판을 받은 피고인이 정식재판청구를 함으로써 공판절차가 개시된 경우에는 통상의 공판절차와 마찬가지로 국선변호인의 선정에 관한 형사소송법 제283조의 규정이 적용된다.

(8) 치료감호법상 치료감호청구를 하는 경우

치료감호법 제15조 제2항은 치료감호청구사건에 관하여 형사소송법 제282조 및 제283조를 준용하고 있으므로 변호인 없이 개정할 수 없으며, 변호인이 없거나 출정하지 아니한 때에는 직권으로 변호인을 선정하여야 한다.

3) 선정절차

① 재판장은 공소제기가 있는 때에는 변호인 없는 피고인에게 ㉠ 법 제33조 제1항

제1호 내지 제6호의 어느 하나에 해당하는 때에는 변호인 없이 개정할 수 없는 취지와 피고인 스스로 변호인을 선임하지 아니할 경우에는 법원이 국선변호인을 선정하게 된다는 취지, ㉡ 법 제33조 제2항에 해당하는 때에는 법원에 대하여 국선변호인의 선정을 청구할 수 있다는 취지, ㉢ 법 제33조 제3항에 해당하는 때에는 법원에 대하여 국선변호인의 선정을 희망하지 아니한다는 의사를 표시할 수 있다는 취지를 서면으로 고지하여야 한다(형사소송규칙 제17조 제1항, 제2항).

② 법원은 제1항의 고지를 받은 피고인이 변호인을 선임하지 아니한 때 및 법 제33조 제2항의 규정에 의하여 국선변호인 선정청구가 있거나 같은 조 제3항에 의하여 국선변호인을 선정하여야 할 때에는 지체 없이 국선변호인을 선정하고, 피고인 및 변호인에게 그 뜻을 고지하여야 한다(형사소송규칙 제17조 제3항).

③ 공소제기가 있은 후 변호인이 없게 된 때에도 위의 규정을 준용한다(규칙 제17조 제4항).

4) 국선변호인의 자격과 수

(1) 국선변호인의 자격

국선변호인은 법원의 관할 구역 안에 사무소를 둔 변호사, 그 관할 구역 안에서 근무하는 공익법무관에 관한 법률에 의한 공익법무관(법무부와 그 소속기관 및 각급검찰청에서 근무하는 공익법무관을 제외한다. 이하 "공익법관"이라 한다) 또는 그 관할 구역 안에서 수습중인 사법연수생 중에서 이를 선정한다(형사소송규칙 제4조).

판례 대법원 1974.8.30. 선고 74도1965 판결

형사소송법 제31조의 규정에 대법원 이외의 법원은 특별한 사정이 있으면 변호사 아닌 자를 변호인으로 선임함을 허가할 수 있다고 하였으므로 국선변호인으로 변호사 아닌 법원사무관을 변호인으로 선임하였다 하여 위법됨이 없을 뿐 아니라 이를 헌법위반이 될 리도 없다.

(2) 국선변호인의 수

① 국선변호인은 피고인 또는 피의자마다 1인을 선정한다. 다만, 사건의 특수성에 비추어 필요하다고 인정할 때에는 1인의 피고인 또는 피의자에게 수인의 국선변호인을 선정할 수 있다(형사소송규칙 제15조 제1항).

② 피고인 또는 피의자 수인 간에 이해가 상반되지 아니할 때에는 그 수인의 피고인 또는 피의자를 위하여 동일한 국선변호인을 선정할 수 있다(형사소송규칙 제15조 제2항).

5) 국선변호인 선정재판

형사소송법 제33조 제2항에 의한 국선변호인선임청구를 기각한 결정은 판결 전의 소송절차이므로 그 결정에 대하여 즉시 항고를 할 수 있는 근거가 없는 이상 그 결정에 대하여는 항고도 할 수 없다.[31]

6) 선정의 취소와 사임

(1) 선정의 취소

① 필요적 취소: 법원은 피고인 또는 피해자에게 변호인이 선임된 때, 국선변호인이 자격을 상실한 때, 국선변호인의 사임을 허가한 때에는 국선변호인의 선정을 취소하여야 한다(형사소송규칙 제18조 제1항).

② 임의적 취소: 법원은 국선변호인이 그 직무를 성실히 수행하지 아니하거나, 기타 상당한 이유가 있는 때에는 국선변호인의 선정을 취소할 수 있다.

(2) 사임

국선변호인은 질병 또는 장기여행으로 인하여 국선변호인의 직무를 수행하기 곤란할 때, 피고인 또는 피의자로부터 폭행, 협박 또는 모욕을 당하여 신뢰관계를 지속할 수 없을 때, 피고인 또는 피의자로부터 부정한 행위를 할 것을 종용받았을 때 및 그 밖에 국선변호인으로서의 직무를 수행할 수 없다고 인정할 만한 상당한 사유가 있을 때 법원의 허가를 얻어 사임할 수 있다(형사소송규칙 제20조).

Ⅲ 변호인의 지위

1. 피고인 또는 피의자의 보호자

변호인은 단순한 피의자 및 피고인의 대리인에 그치는 것이 아니므로 피고인의 이익을 위해서 피고인의 의사에 반하여 소송활동을 할 수 있다. 즉 피고인의 자백에도 불구하고 무죄변론을 할 수 있다.

31) 대결 1986.9.5. 86모40

2. 공익적 지위

변호인은 피의자, 피고인의 이익을 보호하는 보호자의 지위를 가지고 있다. 그러나 이러한 변호인의 보호자의 지위도 진실과 정의에 구속되지 않을 수 없게 된다. 이러한 또 하나의 변호인의 의무를 진실의무 혹은 공익적 지위라고 한다.

3. 보호자의 지위와 공익적 지위(진실의무)의 조화

변호인의 주된 지위는 피고인의 보호자지위라는 점에는 의심이 없으므로 변호인의 공익적 지위는 그 한계로서 소극적인 의미를 가지는 것에 불과하므로 변호인은 공정한 재판의 이념에 비추어 법률상 허용되지 아니하는 수단 혹은 국가법질서에 반하는 변호활동만 할 수 없다고 보아야 한다. 이를 구체적으로 살펴보면 변호인의 법적 조언 및 진술거부권의 행사의 권고 등은 가능하나, 임의자백의 철회, 증인에게 위증을 교사하거나 증거인멸을 지시하는 것은 허용되지 않는다. 또한 변호인은 피고인의 자백에 구속되지 아니하므로 피고인의 자백이 진실과 다르다고 생각되는 경우는 물론 입증 부족이나 미비를 이유로 무죄변론을 할 수 있다.

판례 대법원 2007.1.31. 자 2006모656 결정

형사소송법은 제89조에서 "구속된 피고인은 법률의 범위 내에서 타인과 접견할 수 있다"고 규정하고, 제209조에 의하여 이를 체포 또는 구속된 피의자에 관하여도 준용하는 외에, 제34조에서 "변호인 또는 변호인이 되려는 자는 신체구속을 당한 피고인 또는 피의자와 접견하고 서류 또는 물건을 수수할 수 있다"고 규정하고 있다. 이러한 형사소송법의 규정들은, 헌법 제12조 제4항 본문이 "누구든지 체포 또는 구속을 당한 때에는 즉시 변호인의 조력을 받을 권리를 가진다"라고 규정하여 체포 또는 구속을 당한 사람이 변호인의 조력을 받을 권리를 기본적 인권의 하나로 보장한 취지를 실현하기 위하여 피의자 등의 헌법상 기본권을 구체화함과 동시에 변호인 또는 변호인이 되려는 자에게 피의자 등과 자유롭게 접견교통을 할 수 있는 법률상 권리를 인정한 것으로 보아야 할 것인데, 종래 변호인의 접견교통권을 직접적으로 제한하는 규정을 따로 두고 있지 아니하므로, 수사기관의 일방적인 처분 등을 통하여 함부로 변호인의 접견교통권을 제한할 수는 없다. 그러나 형사소송법상 체포 또는 구속은 죄를 범하였다고 의심할 만한 상당한 이유가 있는 피의자 또는 피고인의 도망이나 증거인멸을 방지하고 출석을 보장하기 위해 이루어지는 것이므로(제70조, 제200조의2, 제201조), 신체구속을 당한 피고인 또는 피의자에 대한 변호인의 접견교통권은 위와 같은 신체구속 제도의 본래의 목적을 침해하지 아니하는 범위 내에서 행사되어야 하고, 이러한 한계를 일탈하는 접견교통권의 행사는 정당한 접견교통권의 행사에 해당하지 아니하여 허용될 수 없는 것으로 보아야 할 것이다. 다만, 신체구속을 당한 사람에 대한 변호인의 접견교통권은 헌법상 기본권의 하나로 보장되고 있는 신체구속을 당한 사람이 변호인의 조력을 받을 권리와 표리관계에 있는 것이므로 그 접견교통권의 행사가 위와 같은 한계를 일탈한 것이라고 인정함에 있어서는 신체구속을 당한 사람의 헌법상의 기본적 권리로서의 변호인의 조력을 받을 권리의 본질적인 내용이 침해되는 일이 없도록 신중을 기하여야 한다. 한편, 변호사인 변호인에게는 변호사법이 정하는 바에 따라서 이른바 진실의무가 인정되는 것이지만, 변호

인이 신체구속을 당한 사람에게 법률적 조언을 하는 것은 그 권리이자 의무이므로 변호인이 적극적으로 피고인 또는 피의자로 하여금 허위진술을 하도록 하는 것이 아니라 단순히 헌법상 권리인 진술거부권이 있음을 알려 주고 그 행사를 권고하는 것을 가리켜 변호사로서의 진실의무에 위배되는 것이라고는 할 수 없다. 나아가, 신체구속을 당한 피의자 또는 피고인이 범한 것으로 의심받고 있는 범죄행위에 해당 변호인이 관련되어 있다는 등의 사유에 기하여 그 변호인의 변호활동을 광범위하게 규제하는 변호인의 제척(除斥)과 같은 제도를 두고 있지 아니한 우리 법제 아래에서는, 변호인의 접견교통의 상대방인 신체구속을 당한 사람이 그 변호인을 자신의 범죄행위에 공범으로 가담시키려고 하였다는 등의 사정만으로 그 변호인의 신체구속을 당한 사람과의 접견교통을 금지하는 것이 정당화될 수는 없다. 이러한 법리는 신체구속을 당한 사람의 변호인이 1명이 아니라 여러 명이라고 하여 달라질 수 없고, 어느 변호인의 접견교통권의 행사가 그 한계를 일탈한 것인지의 여부는 해당 변호인을 기준으로 하여 개별적으로 판단하여야 할 것이다.

Ⅳ 변호인의 권한

1. 대리권

변호인은 성질상 대리가 허용되지 않는 경우를 제외하고는 모든 소송행위에서 피고인과 피의자를 대리할 수 있는 권한이 있다. 대리권은 본인의 의사에 반할 수 있는지에 따라 종속대리권과 독립대리권으로 나눌 수 있다.

1) 종속대리권

종속대리권은 본인의 의사에 종속하여 행사할 수 있는 대리권이다. 법조문에 피고인의 권리로 규정되어 있지만 피고인의 의사에 종속되어 행사할 수 있다. 종속대리권에는 관할이전의 신청(제15조), 관할위반의 신청(제320조), 상소의 취하(제349조), 정식재판의 청구(제453조) 등이 있다.

2) 독립대리권

독립대리권은 본인의 의사에 반하여 행사할 수 있는 대리권이다. 법조문에 변호인의 권리로 규정되어 있다.

(1) 본인의 명시한 의사에 반하여 행사할 수 있는 것

구속취소의 청구(제93조), 보석의 청구(제94조), 공판기일변경신청(제270조 제1항), 증거보전의 청구(제184조), 증거조사에 대한 이의신청(제296조 제1항)

(2) 명시한 의사에 반해서 할 수는 없으나 묵시적 의사에 반하여 할 수 있는 것

기피신청(제18조 제2항), 상소의 제기(제341조)

판례 대법원 1988.11.8. 선고 88도1628 판결

변호인은 피고인의 명시한 의사에 반하지 아니하는 한 피고인을 대리하여 증거로 함에 동의할 수 있으므로 피고인이 증거로 함에 동의하지 아니한다고 명시적인 의사표시를 한 경우 이외에는 변호인은 서류나 물건에 대하여 증거로 함에 동의할 수 있고 이 경우 변호인의 동의에 대하여 피고인이 즉시 이의하지 아니하는 경우에는 변호인의 동의로 증거능력이 인정된다.

2. 고유권

1) 피고인과의 접견교통권

변호인 또는 변호인이 되려고 하는 자는 신체구속을 당한 피고인 또는 피의자와 접견하고 서류 또는 물건을 수수할 수 있으며, 의사로 하여금 진료하게 할 수 있는데, 이를 접견교통권이라고 한다(제34조). 피고인 또는 피의자에게는 접견교통이 변호인의 조력을 실질적으로 받을 수 있는 확실한 방법이기에 접견교통권은 변호인의 고유권 중 가장 중요하다고 할 수 있다. 접견교통권을 침해하여 취득한 증거는 증거능력이 없으며, 침해에 대한 구제방법으로는 준항고, 헌법소원, 국가에 대한 손해배상 청구 등이 있다.

2) 변호인의 기록 열람·등사권

변호인의 기록 열람·등사권은 피고인·피의자를 위한 방어방법을 모색하고 공판절차에서 예상되는 쟁점을 정리하고 효율적인 변론활동을 준비하는 기초가 된다.

(1) 공소제기 후 검사가 보관하고 있는 서류 등의 열람·등사권

공소장일본주의에 의해 검사는 공소제기시에 공소장만 법원에 제출하고 수사서류 등의 증거물은 증거조사의 과정에서 법원에 제출하게 된다. 형사소송법은 공소제기 후 검사가 보관하고 있는 서류 등의 증거개시에 관하여 피고인 또는 변호인은 검사에게 그 개시를 신청하고, 검사가 이를 거절하는 때에는 법원에 불복을 신청할 수 있도록 하고 있다.

(2) 공판기일에서의 변호인의 열람·등사권

피고인과 변호인은 소송계속 중의 관계 서류 또는 증거물을 열람하거나 등사할 수 있고 피고인의 법정대리인, 특별대리인, 보조인 또는 피고인의 배우자·직계친족·형제

자매로서 피고인의 위임장 및 신분관계를 증명하는 문서를 제출한 자도 소송계속 중의 관계 서류 또는 증거물을 열람하거나 등사할 수 있다(법 제35조). 이 열람 · 등사 청구에 대하여 법원이 불응하여 피고인의 열람 또는 등사청구권이 침해된 경우에는 그 공판조서를 유죄의 증거로 할 수 없을 뿐만 아니라, 공판조서에 기재된 당해 피고인이나 증인의 진술도 증거로 할 수 없다.

판례 대법원 2003.10.10. 선고 2003도3282 판결

형사소송법 제55조 제1항이 피고인에게 공판조서의 열람 또는 등사청구권을 부여한 이유는 공판조서의 열람 또는 등사를 통하여 피고인으로 하여금 진술자의 진술내용과 그 기재된 조서의 기재내용의 일치 여부를 확인할 수 있도록 기회를 줌으로써 그 조서의 정확성을 담보함과 아울러 피고인의 방어권을 충실하게 보장하려는 데 있으므로 피고인의 공판조서에 대한 열람 또는 등사청구에 법원이 불응하여 피고인의 열람 또는 등사청구권이 침해된 경우에는 그 공판조서를 유죄의 증거로 할 수 없을 뿐만 아니라, 공판조서에 기재된 당해 피고인이나 증인의 진술도 증거로 할 수 없다.

3) 피의자신문시 변호인의 참여권(제243조의2)

(1) 피의자신문시 변호인 참여권의 신청권자

검사 또는 사법경찰관은 피의자 또는 그 변호인 · 법정대리인 · 배우자 · 직계친족 · 형제자매의 신청에 따라 변호인을 피의자와 접견하게 하거나 정당한 사유가 없는 한 피의자에 대한 신문에 참여하게 하여야 한다.

(2) 피의자신문에 있어서의 변호인의 참여의 의미

참여하게 하여야 한다는 의미는 참여의 기회를 주면 족하며, 참여를 신청한 변호인이 신문장소에 출석하지 아니하거나 출석을 거부한 경우에는 변호인의 참여 없이도 신문할 수 있다. 신문에 참여하고자 하는 변호인이 2인 이상인 때에는 피의자가 신문에 참여할 변호인 1인을 지정한다. 지정이 없는 경우에는 검사 또는 사법경찰관이 이를 지정할 수 있다. 변호인의 참여는 신문시 위법을 감시하는 단순한 참관과는 달리 신문에 참여한 변호인은 신문 후 의견을 진술할 수 있다. 다만, 신문 중이라도 부당한 신문방법에 대하여 이의를 제기할 수 있고, 검사 또는 사법경찰관의 승인을 얻어 의견을 진술할 수 있다.

(3) 변호인의 피의자신문 참여의 제한과 그 범위

변호인의 참여를 거부할 수 있는 "정당한 이유"가 있는 경우로는 신문에 참여한 변호인이 신문을 부당하게 제지하거나 중단시키는 것, 진술을 번복하게 하는 행위, 피의자의

특정의 답변을 유도하는 행위 등 수사방해 및 수사기밀누설, 증거인멸의 위험이 있는 경우를 말한다.[32] 피의자신문참여권은 구금되지 않은 피의자에 대하여 피의자신문뿐만 아니라 조사 중임을 이유로 변호인의 접견권을 제한할 수 없음을 명문화한 것이다. 따라서 수사기관은 피의자에 대한 조사 전후는 물론 조사 중이라도 접견을 불허하는 처분을 할 수 없다고 본다.[33]

(4) 피의자신문시 변호인의 참여절차

피의자신문에 참여한 변호인의 의견이 기재된 피의자신문조서는 변호인에게 열람하게 한 후 변호인으로 하여금 그 조서에 기명날인 또는 서명하게 하여야 한다. 검사 또는 사법경찰관은 변호인의 신문참여 및 그 제한에 관한 사항을 피의자신문조서에 기재하여야 한다.

(5) 피의자신문시 변호인 참여권의 실질화 방안

피의자신문시 변호인의 참여권을 실질화하기 위해서는 피의자단계에서부터 변호인의 도움을 받을 수 있어야 하나, 가난하고 소외된 자에게는 현실적으로 불가능하기에 국선변호인제도 도입의 필요성이 있다. 이에 대하여 우리 헌법 제12조 4항은 명문으로 피고인에 대해서만 국선변호를 인정하고 있어 피의자에게도 인정할지에 대해서는 부정적 견해가 다수이다. 하지만 변호인의 조력을 받을 권리의 실질화를 위해 헌법 제12조 제7항의 피고인의 자백이 '피의자 또는 피고인의 자백'으로 해석될 수 있는 것처럼, 헌법 제12조 제4항 단서의 '형사피고인'도 굳이 문리적으로 제한적인 해석을 고집해야 할 이유는 없다고 생각한다. 국가의 국민에 대한 기본권 보호의무와 헌법상의 적법절차원리에 비추어 볼 때 피의자를 포함하는 것으로 해석하는 것이 바람직하다고 생각한다. 앞으로 변호인력이 많이 양산되는 현실적인 상황을 고려해 볼 때, 피의자 단계에서 국선변호인제도를 도입하는 방안을 모색해볼 필요성이 있다.[34]

(6) 피의자신문 참여 불허처분에 대한 불복 및 증거능력

검사 또는 사법경찰관이 구속된 피의자 및 불구속 피의자와 변호인의 참여권을 제한하거나 퇴거시킨 처분에 대하여는 준항고(법 제417조)할 수 있고 변호인이 참여하지 않는

32) 법부부, 개정 형사소송법 해설집 참고

33) 대법원 해설집 참고: 단 법무부 해설집에는 "신문" 절차가 아닌 수사기관의 활동인 "조사"까지 참여를 허용하는 것은 아니라는 입장이다.

34) 조성제, "수사기관의 피의자신문시 변호인 참여권과 피의자인권", 한국경찰학회보 제11권 제1호, 2009, 101-102면; 다만 그 범위에 대해서는 여러 가지 입장을 고려해야 할 것이다.

상태에서 작성된 피의자신문조서는 위법수집증거배제법칙(법 제308조의2)에 의하여 증거능력이 부정된다고 보아야 한다.

판례 종래의 대법원 2003.11.11. 자 2003모402의 입장

형사소송법 제417조는 검사 또는 사법경찰관의 구금에 관한 처분에 불복이 있으면 법원에 그 처분의 취소 또는 변경을 청구할 수 있다고 규정하고 있는 바, 이는 피의자의 구금 또는 구금 중에 행하여지는 검사 또는 사법경찰관의 처분에 대한 유일한 불복방법인 점에 비추어 볼 때, 영장에 의하지 아니한 구금이나 변호인 또는 변호인이 되려는 자와의 접견교통권을 제한하는 처분뿐만 아니라 구금된 피의자에 대한 신문에 변호인의 참여(입회)를 불허하는 처분 역시 구금에 관한 처분에 해당하는 것으로 보아야 한다. 형사소송법이 아직은 구금된 피의자의 피의자신문에 변호인이 참여할 수 있다는 명문규정을 두고 있지는 아니하지만, 신체를 구속당한 사람의 변호인과의 접견교통권이 헌법과 법률에 의하여 보장되고 있을 뿐 아니라 누구든지 체포 또는 구속을 당한 때에는 즉시 변호인의 조력을 받을 권리를 가진다고 선언한 헌법규정에 비추어, 구금된 피의자는 형사소송법의 위 규정을 유추 적용하여 피의자신문을 받음에 있어 변호인의 참여를 요구할 수 있고 그러한 경우 수사기관은 이를 거절할 수 없는 것으로 해석하여야 하고, 이렇게 해석하는 것은 인신구속과 처벌에 관하여 "적법절차주의"를 선언한 헌법의 정신에도 부합한다 할 것이나, 구금된 피의자가 피의자신문시 변호인의 참여를 요구할 수 있는 권리가 형사소송법 제209조, 제89조 등의 유추적용에 의하여 보호되는 권리라 하더라도 헌법상 보장된 다른 기본권과 사이에 조화를 이루어야 하며, 구금된 피의자에 대한 신문시 무제한적으로 변호인의 참여를 허용하는 것 또한 헌법이 선언한 적법절차의 정신에 맞지 아니하므로 신문을 방해하거나 수사기밀을 누설하는 등의 염려가 있다고 의심할 만한 상당한 이유가 있는 특별한 사정이 있음이 객관적으로 명백하여 변호인의 참여를 제한하여야 할 필요가 있다고 인정되는 경우에는 변호인의 참여를 제한할 수 있음은 당연하다.

판례 종래의 헌법재판소 2004.09.23. 2000헌마138 입장

우리 헌법은 변호인의 조력을 받을 권리가 불구속 피의자·피고인 모두에게 포괄적으로 인정되는지 여부에 관하여 명시적으로 규율하고 있지는 않지만, 불구속 피의자의 경우에도 변호인의 조력을 받을 권리는 우리 헌법에 나타난 법치국가원리, 적법절차원칙에서 인정되는 당연한 내용이고, 헌법 제12조 제4항도 이를 전제로 특히 신체구속을 당한 사람에 대하여 변호인의 조력을 받을 권리의 중요성을 강조하기 위하여 별도로 명시하고 있다. 피의자·피고인의 구속 여부를 불문하고 조언과 상담을 통하여 이루어지는 변호인의 조력자로서의 역할은 변호인선임권과 마찬가지로 변호인의 조력을 받을 권리의 내용 중 가장 핵심적인 것이고, 변호인과 상담하고 조언을 구할 권리는 변호인의 조력을 받을 권리의 내용 중 구체적인 입법형성이 필요한 다른 절차적 권리의 필수적인 전제요건으로서 변호인의 조력을 받을 권리 그 자체에서 바로 도출되는 것이다. 불구속 피의자나 피고인의 경우 형사소송법상 특별한 명문의 규정이 없더라도 스스로 선임한 변호인의 조력을 받기 위하여 변호인을 옆에 두고 조언과 상담을 구하는 것은 수사절차의 개시에서부터 재판절차의 종료에 이르기까지 언제나 가능하다. 따라서 불구속 피의자가 피의자신문시 변호인을 대동하여 신문과정에서 조언과 상담을 구하는 것은 신문과정에서 필요할 때마다 퇴거하여 변호인으로부터 조언과 상담을 구하는 번거로움을 피하기 위한 것으로서 불구속 피의자가 피의자신문장소를 이탈하여 변호인의 조언과 상담을 구하는 것과 본질적으로 아무런 차이가 없다. 형사소송법 제243조는 피의자신문시 의무적으로 참여하여야 하는 자를 규정하고 있을 뿐 적극적으로 위 조항에서 규정한 자 이외의 자의 참여나 입회를 배제하고 있는 것은 아니다. 따라서 불구속 피의자가 피의자신문시 변호인의 조언과 상담을 원한다면, 위법한 조력의 우려가 있어 이를 제한하는 다른 규정이 있고 그가 이에 해당한다고 하지 않는 한 수사기관은 피의자의 위 요구를 거절할 수 없다.

3. 보조인

보조인은 일정한 신분관계에 의하여 피고인 또는 피의자의 이익을 보호하는 보조자를 말하며, 피고인 또는 피의자의 법정대리인, 배우자, 직계친족과 형제자매는 보조인이 될 수 있다. 보조인이 되고자 하는 자는 심급별로 그 취지를 신고하여야 한다. 보조인은 독립하여 피고인 또는 피의자의 명시한 의사에 반하지 아니하는 소송행위를 할 수 있다. 단, 법률에 다른 규정이 있는 때에는 예외로 한다(법 제29조).

제5절 피해자

I 피해자의 개념

1. 의의

형사피해자의 개념은 반드시 형사실체법상의 보호법익을 기준으로 한 피해자 개념에 한정하여 결정할 것이 아니라 형사실체법상으로는 직접적인 보호법익의 향유주체로 해석되지 않는 자라 하더라도 문제된 범죄행위로 말미암아 법률상 불이익을 받게 되는 자를 의미한다.[35]

II 수사절차상의 지위

1. 수사절차상의 지위

1) 고소권과 고소취소권 및 수사의 대상

피해자에게는 고소권과 고소취소권을 가지고 있으며(법 제223조, 제232조), 수사에서 임의수사의 대상이 되고, 압수물에 대한 환부 및 가환부청구권이 있고(법 제219조-제133조,

35) 헌법재판소 1993.3.11. 92헌마48

제134조 준용), 증거보전 청구권이 있다(법 제184조).

2) 수사종결에 있어서 피해자 권리

검사는 범죄로 인한 피해자 또는 그 법정대리인(피해자가 사망한 경우에는 그 배우자 · 직계친족 · 형제자매를 포함한다)의 신청이 있는 때에는 당해 사건의 공소제기 여부, 공판의 일시 · 장소, 재판결과, 피의자 · 피고인의 구속 · 석방 등 구금에 관한 사실 등을 신속하게 통지하여야 한다(법 제259조의2). 검사는 고소 또는 고발 있는 사건에 관하여 공소를 제기하거나 제기하지 아니하는 처분, 공소의 취소 또는 타관송치를 한 때에는 그 처분한 날로부터 7일 이내에 서면으로 고소인 또는 고발인에게 그 취지를 통지하여야 하고, 검사는 고소 또는 고발 있는 사건에 관하여 공소를 제기하지 아니하는 처분을 한 경우에 고소인 또는 고발인의 청구가 있는 때에는 7일 이내에 고소인 또는 고발인에게 그 이유를 서면으로 설명하여야 한다(법 제257조, 제258조).

Ⅲ 공판절차상의 지위

1. 공판정진술권

1) 의의

법원은 범죄로 인한 피해자 또는 그 법정대리인(피해자가 사망한 경우에는 배우자 · 직계친족 · 형제자매를 포함한다. 이하 "피해자등"이라고 한다)의 신청이 있는 때에는 그 피해자 등을 증인으로 신문하여야 하다. 다만, 피해자 등이 이미 당해 사건에 관하여 공판절차에서 충분히 진술하여 다시 진술할 필요가 없다고 인정되는 경우, 피해자 등의 진술로 인하여 공판절차가 현저하게 지연될 우려가 있는 경우에는 그러하지 아니한다(법 제294조의2 제1항). 법원은 피해자 등을 신문하는 경우 피해의 정도 및 결과, 피고인의 처벌에 관한 의견, 그 밖에 당해 사건에 관한 의견을 진술할 기회를 주어야 한다(동조 제2항). 다만, 법원은 동일한 범죄사실에서 신청인이 여러 명인 경우에는 진술할 자의 수를 제한할 수 있다(제3항). 또한 신청인이 출석통지를 받고도 정당한 이유 없이 출석하지 아니한 때에는 그 신청을 철회한 것으로 본다(동조 제4항).

[판례] 대법원 1996.11.14. 자 96모94 결정

형사소송법 제294조의2 제1항, 제3항 규정에 의하여, 법원으로서는 동일한 범죄사실에 대하여 피해자 진술신청을 한 자가 수인인 경우에는 피고인과의 관계, 피해의 정도와 그 결과, 신청인들이 진술하려는 취지와 내용, 재판절차가 지연될 가능성 등 여러 사정을 고려하여 그 신청인들 중에서 가장 적합하다고 여겨지는 자의 신청만을 받아들이고 그 나머지 자의 신청은 이를 기각할 수 있다.

2) 피해자 진술의 비공개

법원은 범죄로 인한 피해자를 증인으로 신문하는 경우 당해 피해자·법정대리인 또는 검사의 신청에 따라 피해자의 사생활 비밀이나 신변보호를 위해 필요하다고 인정한 때, 결정으로 심리를 공개하지 않을 수 있다. 이 결정은 이유를 붙여 고지한다. 다만, 법원은 심리를 공개하지 않는 결정을 한 경우에도 적당하다고 인정되는 자의 재정(在廷)을 허가할 수 있다(법 제294조의3).

3) 피해자 등의 공판기록 열람·등사

소송계속 중인 사건의 피해자(피해자가 사망하거나 그 심신에 중대한 장애가 있는 경우에는 그 배우자·직계친족 및 형제자매를 포함한다), 피해자 본인의 법정대리인 또는 이들로부터 위임을 받은 피해자 본인의 배우자·직계친족·형제자매·변호사는 소송기록의 열람 또는 등사를 재판장에게 신청할 수 있다. 재판장은 위의 신청이 있는 때에는 지체 없이 검사, 피고인 또는 변호인에게 그 취지를 통지하여야 한다. 재판장은 피해자 등의 권리구제를 위하여 필요하다고 인정하거나 그 밖의 정당한 사유가 있는 경우 범죄의 성질, 심리의 상황, 그 밖의 사정을 고려하여 상당하다고 인정하는 때에는 열람 또는 등사를 허가할 수 있다. 재판장이 등사를 허가하는 경우에는 등사한 소송기록의 사용목적을 제한하거나 적당하다고 인정하는 조건을 붙일 수 있다. 소송기록을 열람 또는 등사한 자는 열람 또는 등사에 의하여 알게 된 사항을 사용함에 있어서 부당히 관계인의 명예나 생활의 평온을 해하거나 수사와 재판에 지장을 주지 아니하도록 하여야 한다. 열람·등사결정에 관한 재판 및 열람·등사에 일정한 조건을 부가한 재판 등에 관한 재판에 대하여는 불복할 수 없다(법 제294조의4).

제6절 당사자능력과 소송능력

I 당사자능력

1. 의의

당사자에는 검사와 피고인이 있으나 검사는 일정한 자격이 있는 자 중에서 임명된 국가기관이므로 당사자능력이 문제될 여지가 없다. 따라서 당사자능력의 문제는 피고인인 경우에 문제가 된다. 당사자능력이란 소송법상 당사자가 될 수 있는 일반적 · 추상적인 능력을 말한다. 그러므로 구체적인 사건에 있어서 당사자가 될 수 있는 당사자적격과는 구별된다. 형법상의 책임능력이 없으면 무죄판결을 하여야 하나, 소송법상의 당사자능력이 없으면 공소기각결정을 하여야 한다.

2. 당사자능력이 있는 자

1) 자연인

자연인인 경우에는 연령이나 책임능력 여하를 불문하고 당사자능력을 가진다. 책임무능력자도 특별법에 의해 처벌될 수 있기 때문이다(담배사업법 제31조).[36] 사자(死者)나 태아는 당사자능력이 없다. 다만, 재심절차에서는 피고인의 사망이 영향을 미치지 아니한다.

2) 법인

법인에 대한 처벌규정이 있는 경우에는 당사자능력이 인정됨에는 이론이 없다. 문제는 법인에 대한 처벌규정이 없는 경우인데, 당사자능력이 있다는 긍정설의 입장에서는 피고인은 되지만 처벌 규정이 없으므로 무죄판결을 하여야 하고, 당사자능력이 없다는 부정설의 입장에서는 소송조건이 결여된 경우이므로 공소기각결정을 하여야 한다.

---

36) 담배사업법 제31조(형법의 적용제한) 이 법에 정한 죄를 범한 자에 대하여는 형법 제9조 · 제10조제2항 · 제11조 · 제16조 · 제32조제2항 · 제38조제1항제2호 중 벌금경합에 관한 제한가중규정과 동법 제53조의 규정은 이를 적용하지 아니한다. 다만, 징역형에 처할 경우 또는 징역형과 벌금형을 병과할 경우에 있어서의 징역형에 대하여는 그러하지 아니하다.

3. 당사자능력의 소멸

피고인이 사망하거나 법인이 합병에 의하여 해산된 경우에는 당사자능력은 소멸하고 이 경우에는 공소기각의 결정을 하여야 한다. 처음부터 사자를 대상으로 공소를 제기한 경우에도 제328조 제1항 제2호를 유추 적용하여 공소기각의 결정을 하는 것이 타당하다.

판례 대법원 1982.3.23. 선고 81도1450 판결

회사가 해산 및 청산등기 전에 재산형에 해당하는 사건으로 소추당한 후 청산종결의 등기가 경료되었다고 하여도 그 피고사건이 종결되기까지는 회사의 청산사무는 종료되지 아니하고 형사소송법상 당사자능력도 존속한다고 할 것이다.

Ⅱ 소송능력

1. 의의

소송능력이란 피고인이 소송당사자로서 유효하게 소송행위를 할 수 있는 능력을 말한다. 피고인을 소송의 객체로 취급하던 소송구조에서는 소송능력은 문제가 되지 아니하였으나, 피고인에게 당사자로서의 지위를 인정하고 방어권과 참여권을 인정함에 따라서 피고인의 소송능력은 중요한 의미를 가지게 되었다. 그러나 소송능력은 변론능력과는 구별하여야 한다. 소송능력이 있는 피고인이라도 상고심에서는 변론능력이 없기 때문이다. 현행법은 상고심에서 변호인에게만 변론능력을 인정하고 있다(법 제387조).

2. 소송능력의 흠결의 효과

1) 소송능력자의 소송행위의 효과

소송능력은 소송행위의 유효요건이므로 소송능력이 없는 자의 소송행위는 무효이다.[37] 다만, 소송능력은 당사자능력과 달리 소송조건은 아니므로 소송능력이 없는 자에 대하여 공소가 제기되었다고 하여도 무효가 되는 것은 아니며, 이러한 자에게 공소장부본의 송달이 있는 경우에도 송달 자체가 무효로 되지 않는다.

37) 이후 소송무능력자가 다시 능력을 회복한 경우에 공판절차를 진행하는 경우에는 소송행위의 갱신(규칙 제143조)을 하여야 하고, 이때에는 피고인이 의사무능력인 상태 하에서의 행위에 대하여 기억이 불충분하므로 절차면, 실체면 모두 공판절차의 갱신이 필요하다.

2) 공판절차의 정지

피고인이 사물의 변별 또는 의사를 결정할 능력이 없는 상태에 있는 때에는 법원은 검사와 변호인의 의견을 들어서 결정으로 그 상태가 계속하는 기간 공판절차를 정지하여야 한다(법 제306조 제1항). 그러므로 제1회 공판기일의 모두에 변호인으로부터 피고인에게 소송능력이 없다는 주장이 있는 경우 법원은 직권으로 소송능력의 유무를 조사하여 소송능력이 없음이 명백한 때 즉시 공판절차를 정지하여야 한다.

3) 공판절차정지의 예외

(1) 무죄, 면소, 공소기각 등 피고인에게 유리한 재판을 하는 경우

피고사건에 대하여 무죄, 면소, 형의 면제 또는 공소기각의 재판을 할 것으로 명백한 때에는 피고인에게 소송능력이 없는 경우에도 피고인의 출정 없이 재판할 수 있다(법 제306조 제4항).

(2) 의사무능력자와 법정대리인

형법상 책임능력에 관한 규정의 적용을 받지 아니하는 범죄사건에 대하여 법정대리인이 있는 경우에는 소송행위는 정지할 필요 없다(법 제26조). 법정대리인이 없는 경우에는 법원이 특별대리인을 선임하여야 한다(법 제28조).

(3) 피고인인 법인의 대표

법인 기타 단체는 의사능력이 없으므로 소송능력이 없다. 그러므로 법인이 피고인인 경우에는 그 기관인 자연인(법인의 대표)이 법인을 대표하여 소송행위를 하여야 한다(법 제27조 제1항). 법인의 대표자가 수인인 경우에는 각각 대표권을 행사한다(동조 제2항). 법인에 대표자가 없는 경우에는 법원은 직권 또는 검사의 청구에 의하여 특별대리인을 선임하여야 하며, 특별대리인은 대표자가 있을 때까지 그 임무를 행한다(법 제28조).

제2장 소송절차의 기본이론

제1절 소송절차의 기본구조

I 소송의 실체면

1. 실체형성행위

소송의 실체면이란 구체적인 사건에서 실체법률관계가 형성되고 확정되어가는 과정을 말한다. 즉 수사의 개시에 있어서는 수사기관의 주관적인 혐의에서 시작하여 증거에 의하여 객관적인 혐의로 발전하며, 이에 따라서 검사가 공소를 제기하면 법원이 당사자의 주장을 살펴 법관의 심증에 범죄가 된다는 점에 확신이 들면 유죄의 판결을 선고하는 일련의 과정을 실체면이라고 한다.

그러므로 실체면의 특징을 살펴보면 유·무죄의 심증을 형성하는 과정이므로 구두로 진행하고, 대리의 허용이 부정되며, 실체적 소송조건이 되고, 원칙적으로 공판절차 갱신이 필요하고, 실체진실이 강조되며, 직권주의적 성격이 강하게 나타난다.

2. 절차형성행위

소송의 절차면이란 실체면에 대하여 내용에 대한 형식, 목적에 대한 수단으로서의 의미를 가진다. 이러한 절차면의 특징을 살펴보면 일반적으로 서면으로 진행되고, 대리가 허용 가능하며, 형식적 소송행위가 되고, 원칙적으로 공판절차의 갱신이 필요 없으며, 적정절차가 강조되고, 당사자주의적 성격이 강하게 나타난다.

3. 실체면이 절차면에 영향을 주는 경우

형법이 형사소송법에 영향을 주는 경우로 사물관할의 표준, 긴급체포의 요건, 필요적 변호의 요부, 고소의 요부, 공소시효기간, 경미사건에 있어서 피고인의 불출석 등이 이에 해당된다.

4. 절차면이 실체면에 영향을 주는 경우

형사소송법이 형법에 영향을 주는 경우로 증인신문의 제한, 증언거부권의 인정, 증거능력의 제한(자백배제법칙, 위법수집증거배제 법칙, 전문법칙, 자백의 보강법칙[38]) 등이 이에 해당된다.

제2절 소송조건

Ⅰ 의의

1. 의의

소송조건이란 전체로서의 형사소송이 생성, 유지, 발전하기 위해 필요한 기본조건을 말한다. 그러므로 소송조건은 공소를 제기하기 위한 유효요건인 동시에 실체심판의 전제조건이 된다.

Ⅱ 종류

① 일반적 소송조건 : 재판권과 같이 모든 사건에 있어서 공통되는 소송조건
② 특수한 소송조건 : 친고죄에 있어서 고소와 같이 특수한 사건에 있어서만 요구되는 소송조건
③ 절대적 소송조건 : 법원이 직권으로 조사해야 하는 소송조건
④ 상대적 소송조건 : 토지관할과 같이 당사자의 신청이 있는 경우 비로소 법원이 조

38) 자백의 보강법칙에 대하여는 학설의 대립이 있다.

사하는 소송조건

⑤ 적극적 소송조건 : "재판권이 있을 것", "친고죄에 있어서 고소가 있을 것"과 같이 일정한 사실이 존재하는 경우의 소송조건

⑥ 소극적 소송조건 : "관할의 경합이 없을 것", "확정 판결이 없을 것"과 같이 일정한 사실의 부존재가 소송의 조건이 되는 소송조건

⑦ 형식적 소송조건 : "공소기각재판사유", "관할위반의 재판"을 하는 경우와 같이 절차면에 관한 사유의 소송조건

⑧ 실체적 소송조건 : 면소판결과 같은 실체면에 관한 소송조건

Ⅲ 소송조건의 조사

1. 직권조사사항

소송조건의 존부는 원칙적으로 상대적 소송조건 이외에는 법원의 직권조사사항에 해당된다. 즉 토지관할의 경우는 당사자의 신청이 있어야 한다.

2. 소송조건의 존재시기

소송조건은 공소제기의 유효요건이자 실체심판의 전제요건이므로 공소제기시부터 판결확정시까지 존재하여야 한다. 다만, 토지관할인 경우에는 진술 후에는 이의신청이 불허되므로 공소제기시에만 존재하면 된다.

Ⅳ 소송조건의 흠결의 효과

1. 형식재판에 의한 종결

소송조건이 구비되지 아니한 경우에는 형식재판에 의하여 소송을 종결하여야 하며 무죄판결을 할 수 없다. 형식재판에 대하여 피고인은 무죄를 이유로 상소할 수 없다.

2. 소송조건의 흠결의 경합

① 실체적 소송조건과 형식적 소송조건의 흠결이 경합하는 경우에는 형식적 소송조

건의 흠결에 따른 재판을 하면 된다.

② 형식적 소송조건의 흠결의 경합이 있는 경우에는 하자의 정도가 중한 것을 이유로 소송을 종결하면 된다.[39)]

면소사유, 공소기각 결정사유

***면소사유**

제326조(면소의 판결) 다음 경우에는 판결로써 면소의 선고를 하여야 한다.

1. 확정판결이 있은 때
2. 사면이 있은 때
3. 공소의 시효가 완성되었을 때
4. 범죄후의 법령개폐로 형이 폐지되었을 때

제327조(공소기각의 판결) 다음 경우에는 판결로써 공소기각의 선고를 하여야 한다.

1. 피고인에 대하여 재판권이 없는 때
2. 공소제기의 절차가 법률의 규정에 위반하여 무효인 때
3. 공소가 제기된 사건에 대하여 다시 공소가 제기되었을 때(이중기소)
4. 제329조의 규정에 위반하여 공소가 제기되었을 때
5. 고소가 있어야 죄를 논할 사건에 대하여 고소의 취소가 있은 때
6. 피해자의 명시한 의사에 반하여 죄를 논할 수 없는 사건에 대하여 처벌을 희망하지 아니하는 의사표시가 있거나 처벌을 희망하는 의사표시가 철회되었을 때(반의사불벌죄)

***공소기각 결정사유**

제328조(공소기각의 결정) ① 다음 경우에는 결정으로 공소를 기각하여야 한다.

1. 공소가 취소되었을 때
2. 피고인이 사망하거나 피고인인 법인이 존속하지 아니하게 되었을 때
3. 제12조 또는 제13조의 규정에 의하여 재판할 수 없는 때(관할의 경합)
4. 공소장에 기재된 사실이 진실하다 하더라도 범죄가 될 만한 사실이 포함되지 아니하는 때

39) 공소기각결정 〉 공소기각판결 〉 관할위반사유 〉 면소사유

제3절 소송행위

I 소송행위의 의의

1. 의의

1) 소송행위의 개념

소송이라고 함은 판결과 집행을 목적으로 진행하는 동적 절차를 말한다. 소송행위란 이러한 소송절차를 조성하는 개개의 행위로서 소송법상의 효과가 인정되는 것을 말한다. 그러므로 소송행위란 협의로는 공소제기부터 판결확정에 이르는 공판절차를 말하나, 광의로는 수사절차와 형의 집행절차를 조성하는 행위를 포함하는 개념이 된다.

소송과 관계가 있는 행위라 할지라도 소송절차 자체를 조성하는 행위가 아닌 법관의 임면이나 사법사무 분배, 형사보상청구, 대통령의 특별사면은 소송행위가 아니며, 소송법상의 효과가 인정되어야 하므로, 법정경찰의 법정정리 혹은 개정준비행위, 법정기간의 경과는 소송행위가 아니다. 다만, 소송법상의 효과가 인정되는 동시에 실체법적 효과가 인정되는 이중기능적 소송행위인 자수와 자백도 소송행위라고 하여야 한다.

2) 소송행위의 특질

소송행위는 절차의 발전단계에 따라서 각각의 소송행위를 바탕으로 다음의 소송행위가 이루어지는 것이므로 절차유지의 원칙상 소송행위의 무효를 억제할 필요가 있다. 따라서 의사의 하자에 관한 민법상의 일반적 원칙이 소송행위에서는 그대로 적용되는 것이 아니라, 하자의 치유라는 문제로 나타나는 것이다.

Ⅱ 소송행위의 종류

1. 주체에 의한 분류

1) 법원의 소송행위

피고사건에 대한 심리와 재판 및 강제처분과 증거조사가 법원의 소송행위에 해당한다. 재판장, 수명법관, 수탁판사의 소송행위 및 법원사무관 등[40]의 소송행위도 법원의 소송행위에 준한다.

2) 당사자의 소송행위

검사와 피고인의 소송행위를 말한다. 당사자의 소송행위에는 신청(청구), 입증, 진술이 포함되며, 변호인, 대리인, 보조인의 행위도 당사자의 소송행위에 준한다.

(1) 청구

법원에 대하여 일정한 재판을 구하는 소송행위로 법에서 당사자의 권리로 인정한 경우에는 반드시 법원은 재판을 하여야 한다. 관할이전의 신청, 기피신청, 공소와 상소의 제기, 보석의 청구 등이 이에 해당한다.

(2) 입증

증명에 관한 소송행위로 증거제출, 증거조사의 신청, 증인의 신문이 여기에 해당한다.

(3) 진술

진술에는 검사의 논고와 구형, 변호인의 변론과 같이 사실 또는 의견에 대한 진술을 의미하는 주장과 법원의 심증 형성에 영향을 미치는 피고인의 진술과 같은 협의의 진술이 있다.

3) 제3자의 소송행위

법원과 당사자 이외의 자가 행하는 것으로 고소, 고발, 증언, 감정 등이 있다.

---

40) 형사소송규칙 제28조에 의하면 법원서기관, 법원사무관, 법원주사, 법원주사보를 총칭하는 개념이다.

2. 기능에 의한 분류

1) 취효적 소송행위(효과요구 소송행위)

소송당사자의 행위만으로는 소송효과가 부여되지 않고 다른 소송관계인의 행위가 있어야 효과가 발생하는 행위로 대부분의 소송행위가 이에 해당한다.

2) 여효적 소송행위(효과부여 소송행위)

소송당사자의 행위만으로 소송법적 효과가 부여되는 행위로 각종 취하, 취소가 이에 해당된다.

3. 성질에 의한 분류

1) 법률행위적 소송행위

의사표시가 있고 그에 상응한 법적 효과가 인정되는 행위로 공소의 제기, 상소의 제기, 재판의 선고 등이 있다. 법률행위적 소송행위라고 할지라도 당사자 의도대로 법적 효과가 나타나는 것이 아니라 형사소송법이 부여한 일정한 법률효과가 발생할 뿐이라는 점에 주의하여야 한다.

2) 사실행위적 소송행위

(1) 표시행위

의사표시는 존재하지만 그에 따르는 법적효과가 없는 행위로 검사의 논고와 구형, 변론, 증언, 감정 등이 있다.

(2) 사실행위

의사표시도 존재하지 않는 행위로 압수, 수색, 영장의 집행이 있다. 여기서 주의할 점은 영장의 발부는 법률행위적 소송행위라는 점이다. 그러므로 구속은 사실행위와 법률행위가 혼재한 복합적 소송행위가 된다.

4. 목적에 의한 분류

1) 실체형성행위

법관의 심증을 형성하는 실체면에 직접적인 역할을 담당하는 소송행위로 증거조사,

당사자의 변론, 증언과 같이 유·무죄 심증형성을 하는 행위를 말한다. 재판은 실체에 대한 법원의 판단이지 실체형성행위 자체는 아니다.

2) 절차형성행위

공소제기, 공판기일의 지정, 소송관계인의 소환, 증거조사의 신청, 상소의 제기와 같이 절차면에 영향을 주는 행위를 말한다.

제4절 소송행위의 일반적 요소

I 소송행위의 대리

1. 의의

소송행위의 대리란 소송행위에 있어서 대리인의 행위에 의하여 본인에게 직접 법률상의 효과가 발생하는 것을 말한다. 소송행위의 대리는 피고인(피의자) 또는 제3자의 소송행위에 대해서만 문제되며, 법관 또는 검사의 소송행위에 대해서는 문제되지 않는다. 검사는 검사동일체의 원칙에 의하여 언제든지 그 교체가 가능하고, 공판절차의 진행 중 법관이 경질되면 공판절차를 갱신하여야 하므로 대리를 인정할 여지가 없기 때문이다.

또한 민법상의 대리는 법률행위에 대하여만 문제되는 것임에 반하여, 소송행위의 대리에 있어서는 법률행위적 소송행위인가 또는 사실행위적 소송행위인가를 불문한다.

2. 명문으로 소송대리를 허용하는 경우

1) 포괄적 대리를 허용하는 경우

- 의사무능력자에 대한 법정대리인의 대리(제26조)
- 법인의 대표자의 대리(제27조)
- 보조인에 의한 대리(제29조)
- 변호인의 대리(제36조)

- 경미사건에 대한 피고인의 대리(제277조)

2) 특정소송행위에 대하여만 대리가 허용되는 경우

- 변호인선임의 대리(제30조)
- 고소 또는 고소취소의 대리(제236조)
- 준기소절차에 있어서 재정신청의 대리(제264조)
- 상소의 대리(제341조)

3. 명문의 규정이 없는 경우

1) 학설의 대립

명문의 규정이 없는 경우에도 대리가 허용될 것인가에 대하여는 명문의 규정이 없는 경우에도 대리를 허용하는 것은 소송행위의 형식적 확실성에 반할 위험이 있고, 소송행위는 일신전속적 성격상 대리와 친하지 아니하므로 허용되지 아니한다는 부정설이 있으나, 절차형성행위는 실체진실의 발견에 영향이 없으므로 허용된다는 긍정설이 다수설이다.

2) 판례의 태도

명문규정이 없음에도 소송행위의 대리를 허용하면 형사소송의 형식적 확실성을 침해하고 이해관계인의 지위를 불안하게 할 수 있는 위험성이 있으며, 실체적 진실발견을 저해하기에 명문규정이 없을 경우에는 대리가 허용되지 않는다는 것이 부정설의 입장이다. 판례도 부정설의 입장이다.

[판례] 대법원 1953.6.9. 결정 4286형상 3

형사소송법에 특별한 규정이 있는 경우에 한하여 소송행위의 대리가 허용된다.

Ⅱ 소송행위의 내용

1. 소송행위의 형식적 확실성

소송행위는 형식적 확실성이 요청되므로 표시행위의 내용이 소송행위 자체에서 명확히 나타나야 한다. 그러나 형식적 확실성이 침해되지 아니하는 범위에서 다른 관계서면에 기재된 내용을 인용하는 것은 절차의 편의를 위하여 허용된다고 보아야 한다(제369조, 제399조 참조).

2. 소송행위의 부관

소송행위는 형식적 확실성의 요청으로 인해 부관과 친하지 아니하므로 조건부 · 기한부 소송행위는 허용되지 않는다. 그러나 피고인의 이익에 침해가 발생하지 아니하고 형식적 확실성을 해하지 아니하는 범위에서는 허용된다. 그러므로 공소사실과 적용법조의 예비적 · 택일적 기재, 조건부 또는 택일적 증거신청은 허용된다고 보는 것이 다수설이다.

Ⅲ 소송행위의 방식

1. 소송행위의 방식

소송의 법정 안정성과 형식적 확실성을 확보하고 법관의 자의적인 권력의 발동을 방지함으로써 피고인의 권익을 보호하고 국민에 대한 사법권의 신뢰를 확보하기 위하여 형사소송법은 소송행위에 대하여 개별적으로 방식을 규정하고 있다.

서면에 의해서만 가능한 경우	구술에 의해서만 가능 경우	구술 또는 서면으로 가능한 경우
• 관할이전 및 지정신청(제16조) • 변호인선임신고(제32조 제1항) • 영장발부(제75조) • 공소제기(제254조) • 상소제기(제343조 제1항) • 판결정정신청(제400조) • 약식명령청구(제449조) • 약식명령에서 정식재판청구(제453조 제2항) • 토지관할 병합심리신청(규칙 제2조) • 보석청구(규칙 제53조 제1항) • 증거보전청구(규칙 제92조) • 영장청구(규칙 제93조 제1항) • 공소장변경신청(규칙 142조)[41] • 재심청구(규칙 제166조) • 불기소통지 및 이유통지(제258조, 제259조)	• 판결의 선고(제43조) • • 인정신문(제284조) • 검사의 모두진술(제285조) • 피고인 이익진술(제286조) • 피고인신문(제287조) • 증인신문(제161조의2) • 진술거부권의 고지(규칙 제127조 제1항) • 증거조사 결과에 대한 피고인의 의견진술(제293조) • 불필요한 변론의 제한(제299조) • 변호인의 최종변론(제303조) • 피고인의 최후진술(제303조)	• 고소 · 고발 및 그 취소(제237조 제1항, 제239조) • 증거조사신청(제273조, 제294조) • 공소취소(제255조) • 증거조사에 대한 이의신청(제296조) • 상소의 포기 · 취하(제352조) • 재판장처분에 대한 이의신청(제304조) • 정식재판청구의 취하(제458조) • 변론분리와 병합신청(제300조) • 기피신청(제18조)

Ⅳ 소송서류

1. 의의

소송서류는 공판의 개정 전에는 공익상 필요 기타 상당한 이유가 없으면 공개하지 못한다(제47조). 여기서 공개금지는 일반 사인에 대한 공개를 금지하는 것이므로 소송서류를 피고인 또는 변호인에게 열람시키거나 등사를 허용하는 것과 충돌되는 것이 아니다.

2. 종류

1) 의사표시적 문서

공소장, 고소장, 고발장, 상소장, 변호인 선임계와 같이 의사표시를 내용으로 하는 문서를 말한다. 이러한 의사표시적 문서는 당해 사건에 대하여는 증거능력이 없다.

2) 보고적 문서

공판조서, 검증조서, 신문조서와 같이 일정한 사실의 보고를 내용으로 하는 문서를 말한다.

3) 공무원의 서류

공무원이 작성하는 서류에는 법률에 다른 규정이 없는 때에는 작성 연월일과 소속공무소를 기재하고 기명날인 또는 서명하여야 한다. 서류에는 간인하거나 이에 준하는 조치를 하여야 한다(제57조). 공무원이 서류를 작성함에는 문자를 변개하지 못하며, 삽입, 삭제 또는 난외기재를 할 때에는 이 기재한 곳에 날인하고 그 자수를 기재하여야 한다. 단, 삭제한 부분은 해득할 수 있도록 자체를 존치하여야 한다(제58조).

4) 비공무원의 서류

공무원 아닌 자가 작성하는 서류에는 연월일을 기재하고 기명날인하여야 한다. 인장이 없으면 지장으로 한다(제59조).

41) 그러나 법원은 피고인이 재정하는 공판정에서는 피고인에게 이익이 되거나 피고인이 동의하는 경우 구술에 의한 공소장변경을 허가할 수 있다(규칙 제142조 제5항).

3. 조서

1) 의의

보고적 문서 중 일정한 절차 또는 사실을 인증하기 위하여 작성된 공권적인 문서를 말한다. 공판조서, 진술조서, 압수·수색·검증의 결과를 기재한 조서 등을 말한다.

2) 일반적 조서의 작성방법 및 기재내용(제48조)

① 피고인, 피의자, 증인, 감정인, 통역인 또는 번역인을 신문하는 때에는 참여한 법원사무관 등이 조서를 작성하여야 한다(제48조 1항).

② 조서에는 피고인, 피의자, 증인, 감정인, 통역인 또는 번역인의 진술과 증인, 감정인, 통역인 또는 번역인이 선서를 하지 아니한 때에는 그 사유를 기재하여야 한다(동조 제2항).

③ 조서는 진술자에게 읽어주거나 열람하게 하여 기재내용의 정확 여부를 물어야 한다(동조 제3항).

④ 진술자가 증감변경의 청구를 한 때에는 그 진술을 조서에 기재하여야 한다(동조 제4항).

⑤ 신문에 참여한 검사, 피고인, 피의자 또는 변호인이 조서의 기재의 정확성에 대하여 이의를 진술한 때에는 그 진술의 요지를 조서에 기재하여야 한다(동조 제5항).

⑥ 재판장 또는 신문한 법관은 그 진술에 대한 의견을 기재하게 할 수 있다(동조 제6항).

⑦ 조서에는 진술자로 하여금 간인한 후 서명날인하게 하여야 한다. 단 진술자가 서명날인을 거부한 때에는 그 사유를 기재하여야 한다(동조 제7항).

⑧ 조서에는 조사 또는 처분의 연월일시와 장소를 기재하고 그 조사 또는 처분을 행한 자와 참여한 법원사무관 등이 기명날인 또는 서명하여야 한다. 단, 공판기일 외에 법원이 조사 또는 처분을 행한 때에는 재판장 또는 법관과 참여한 법원사무관 등이 기명날인 또는 서명하여야 한다(제50조).

3) 검증조서(제49조)

① 검증, 압수 또는 수색에 관하여는 조서를 작성하여야 한다(제49조 제1항).

② 검증조서에는 검증목적물의 현상을 명확하게 하기 위하여 도화나 사진을 첨부할 수 있다(동조 제2항).

③ 압수조서에는 품종, 외형상의 특징과 수량을 기재하여야 한다(동조 제3항).

④ 조서에는 조사 또는 처분의 연월일시와 장소를 기재하고 그 조사 또는 처분을 행

한 자와 참여한 법원사무관 등이 기명날인 또는 서명하여야 한다. 단, 공판기일 외에 법원이 조사 또는 처분을 행한 때에는 재판장 또는 법관과 참여한 법원사무관 등이 기명날인 또는 서명하여야 한다(제50조).

4) 공판조서의 기재내용(제51조)

(1) 일반원칙

① 공판기일의 소송절차에 관하여는 참여한 법원사무관 등이 공판조서를 작성해야 한다.

② 공판조서에는 다음의 기재사항 및 기타 모든 소송절차를 적어야 한다.

- 공판을 행한 일시와 법원
- 법관, 검사, 서기관 또는 서기의 관직, 성명
- 피고인, 대리인, 대표자, 변호인, 보조인과 통역인의 성명
- 피고인의 출석 여부
- 공개의 여부와 공개를 금한 때에는 그 이유
- 공소사실의 진술 또는 그를 변경하는 서면의 낭독
- 피고인에게 그 권리를 보호함에 필요한 진술의 기회를 준 사실과 그 진술한 사실
- 피고인, 피의자, 증인, 감정인, 통역인 또는 번역인의 진술, 증인, 감정인, 통역인 또는 번역인이 선서를 하지 아니한 때에는 그 사유
- 증거조사를 한 때에는 증거될 서류, 증거물과 증거조사의 방법
- 공판정에서 행한 검증 또는 압수
- 변론의 요지
- 재판장이 기재를 명한 사항 또는 소송관계인의 청구에 의하여 기재를 허가한 사항
- 피고인 또는 변호인에게 최종 진술할 기회를 준 사실과 그 진술한 사실
- 판결 기타의 재판을 선고 또는 고지한 사실

(2) 공판조서작성상의 특례(제52조)

공판조서 및 공판기일 외의 증인신문조서에는 앞의 조서의 작성규정 내용 중 ㉢~㉦의 규정을 적용하지 아니한다. 단, 진술자의 청구가 있는 때에는 그 진술에 관한 부분을 읽어 주고 증감변경의 청구가 있는 때에는 그 진술을 기재하여야 한다.

(3) 공판조서의 서명 · 날인(제53조)

① 공판조서에는 재판장과 참여한 법원사무관 등이 기명날인 또는 서명하여야 한다.

② 재판장이 기명날인 또는 서명할 수 없는 때에는 다른 법관이 그 사유를 부기하고 기명날인 또는 서명하여야 하며, 법관 전원이 기명날인 또는 서명할 수 없는 때에는 참여한 법원사무관 등이 그 사유를 부기하고 기명날인 또는 서명하여야 한다.

③ 법원사무관 등이 기명날인 또는 서명할 수 없는 때에는 재판장 또는 다른 법관이 그 사유를 부기하고 기명날인 또는 서명하여야 한다.

판례 대법원 1953.4.28. 선고 4285형상127

공판에 입회한 서기가 사고로 인하여 공판조서에 서명날인하기 불능할 경우에는 재판장이 그 사유를 부기하고 서명 날인하여야 하며 다른 서기로 하여금 입회 서기에 갈음하여 서명날인하게 할 수 없으므로 위 조서는 법률상 무효이다.

판례 대법원 1960.1.29. 선고 4292형상747

공판조서에 간인이 없다는 사유만으로는 조서를 무효라고 할 수 없다.

판례 대법원 1983.2.8. 선고 82도2940 판결

공판조서에 서명날인 할 재판장은 당해 공판기일에 열석한 재판장이어야 하므로 당해 공판기일에 열석하지 아니한 판사가 재판장으로서 서명날인 한 공판조서는 적식의 공판조서라고 할 수 없어 이와 같은 공판조서는 소송법상 무효라 할 것이므로 공판기일에 있어서의 소송절차를 증명할 공판조서로서의 증명력이 없다.

(4) 공판조서의 정리(제54조)

① 공판조서는 각 공판기일 후 신속히 정리하여야 한다.

② 다음 회의 공판기일에 있어서는 전회의 공판심리에 관한 주요사항의 요지를 조서에 의하여 고지하여야 한다. 다만, 다음 회의 공판기일까지 전회의 공판조서가 정리되지 아니한 때에는 조서에 의하지 아니하고 고지할 수 있다.

③ 검사, 피고인 또는 변호인은 공판조서의 기재에 대하여 변경을 청구하거나 이의를 제기할 수 있다.

④ 위의 청구나 이의가 있는 때에는 그 취지와 이에 대한 재판장의 의견을 기재한 조서를 당해 공판조서에 첨부하여야 한다.

5) 피고인의 공판조서 및 소송관계서류 열람 · 등사권(제55조)

① 피고인은 공판조서의 열람 또는 등사를 청구할 수 있다.
② 피고인이 공판조서를 읽지 못하는 때에는 공판조서의 낭독을 청구할 수 있다.
③ 열람등사 청구에 응하지 아니한 때에는 공판조서는 유죄의 증거로 할 수 없다.

6) 공판정에서의 속기 · 녹음 및 영상녹화(제56조의2)

① 법원은 검사, 피고인 또는 변호인의 신청이 있는 때에는 특별한 사정이 없는 한 공판정에서의 심리의 전부 또는 일부를 속기사로 하여금 속기하게 하거나 녹음장치 또는 영상녹화장치를 사용하여 녹음 또는 영상녹화(녹음이 포함된 것을 말한다. 이하 같다)하여야 하며, 필요하다고 인정하는 때에는 직권으로 이를 명할 수 있다.
② 법원은 속기록 · 녹음물 또는 영상녹화물을 공판조서와 별도로 보관하여야 한다.
③ 검사, 피고인 또는 변호인은 비용을 부담하고 속기록 · 녹음물 또는 영상녹화물의 사본을 청구할 수 있다.

4. 재판확정기록의 열람 · 등사(제59조의2)

1) 주체

누구든지 권리구제 · 학술연구 또는 공익적 목적으로 재판이 확정된 사건의 소송기록을 보관하고 있는 검찰청에 그 소송기록의 열람 또는 등사를 신청할 수 있다.

2) 열람 · 등사의 범위 및 제한

검사는 i) 심리가 비공개로 진행된 경우, ii) 소송기록의 공개로 인하여 국가의 안전보장, 선량한 풍속, 공공의 질서유지 또는 공공복리를 현저히 해할 우려가 있는 경우, iii) 소송기록의 공개로 인하여 사건관계인의 명예나 사생활의 비밀 또는 생명 · 신체의 안전이나 생활의 평온을 현저히 해할 우려가 있는 경우, iv) 소송기록의 공개로 인하여 공범관계에 있는 자 등의 증거인멸 또는 도주를 용이하게 하거나 관련 사건의 재판에 중대한 영향을 초래할 우려가 있는 경우, v) 소송기록의 공개로 인하여 피고인의 개선이나 갱생에 현저한 지장을 초래할 우려가 있는 경우, vi) 소송기록의 공개로 인하여 사건관계인의 영업비밀(「부정경쟁방지 및 영업비밀보호에 관한 법률」 제2조 제2호의 영업비밀을 말한다)이 현저하게 침해될 우려가 있는 경우, vii) 소송기록의 공개에 대하여 당해 소송관계인이 동의하지 아니하는 경우 중 어느 하나에 해당하는 경우에는 소송기록의 전부 또는 일부의 열람 또는 등사를 제한할 수 있다. 다만, 소송관계인이나 이해관계 있는 제3자가 열람 또는 등사에 관하여 정당한 사유가 있다고 인정되는 경우에는 그러하지 아니하다. 검사는 소송기록의 열람 또는 등사를 제한하는 경우에는 신청인에게 그 사유를 명시하여 통지하여야 한다. 검사는 소송기록의 보존을 위하여 필요하다고 인정하는 경우에는 그 소송기록의 등본을 열람 또는 등사하게 할 수 있다. 다만, 원본의 열람 또는 등사가 필요한 경우에는 그러하지 아니하다.

3) 열람 · 등사인의 의무

소송기록을 열람 또는 등사한 자는 열람 또는 등사에 의하여 알게 된 사항을 이용하여 공공의 질서 또는 선량한 풍속을 해하거나 피고인의 개선 및 갱생을 방해하거나 사건관계인의 명예 또는 생활의 평온을 해하는 행위를 하여서는 아니 된다.

4) 불복의 방법

소송기록의 열람 또는 등사를 신청한 자는 열람 또는 등사에 관한 검사의 처분에 불복하는 경우에는 당해 기록을 보관하고 있는 검찰청에 대응한 법원에 그 처분의 취소 또는 변경을 신청할 수 있다. 이 경우 제418조 및 제419조가 불복신청에 관하여 준용된다.

5. 송달

1) 송달의 방법

서류의 송달에 관하여 법률에 다른 규정이 없는 때에는 민사소송법을 준용한다(제65조).

2) 송달수령인의 신고(제60조)

① 피고인, 대리인, 대표자, 변호인 또는 보조인이 법원 소재지에 서류의 송달을 받을 수 있는 주거 또는 사무소를 두지 아니한 때에는 법원 소재지에 주거 또는 사무소 있는 자를 송달영수인으로 선임하여 연명한 서면으로 신고하여야 한다.
② 송달영수인은 송달에 관하여 본인으로 간주하고 그 주거 또는 사무소는 본인의 주거 또는 사무소로 간주한다.
③ 송달영수인의 선임은 같은 지역에 있는 각 심급법원에 대하여 효력이 있다.
④ 다만, 이 규정은 신체구속을 당한 자에게 적용하지 아니한다.

판례 대법원 1976.11.10. 자 76모69 결정

형사소송법 제60조 제4항이 규정한 신체구속을 당한 자라 함은 그 사건에서 신체를 구속당한 자를 가리키는 것이요 다른 사건으로 신체구속을 당한 자는 여기에 해당되지 아니한다고 보는 것이 상당하므로 다른 사건으로 신체구속을 당한 자로서는 이 강도 상해사건에 관하여는 송달받기 위한 신고의무를 면제받을 수 없는 것이다.

3) 일반송달(제61조)

① 주거, 사무소 또는 송달영수인의 선임을 신고해야 할 자가 그 신고를 하지 아니하는 때에는 법원사무관 등은 서류를 우체에 부치거나 기타 적당한 방법에 의해 송달할 수 있다.

② 서류를 우체에 부친 경우에는 도달된 때에 송달된 것으로 간주한다.

③ 검사에 대한 송달은 서류를 소속검찰청에 송부하여야 한다(제62조).

④ 교도소 또는 구치소에 구속된 자에 대한 송달은 그 소장에게 한다(민소법 제169조).

판례 대법원 1972.2.18. 선고 72모3

교도소 또는 구치소에 구속된 자에 대한 송달은 그 소장에게 송달하면 구속된 자에게 전달된 여부에 관계없이 효력이 생긴다.

판례 대법원 2000.2.14. 93모225

형사소송절차에서도 형사소송법 제65조에 의하여 보충송달에 관한 민사소송법 제172조 제1항이 준용되므로, 피고인의 동거가족에게 서류가 교부되고 그 동거가족이 사리를 변식할 지능이 있는 이상 피고인이 그 서류의 내용을 알지 못한 경우에도 송달의 효력이 있고 사리를 변식할 지능이 있다고 하기 위하여는 사법제도 일반이나 소송행위의 효력까지 이해할 필요는 없더라도 송달의 취지를 이해하고 영수한 서류를 수송달자에게 교부하는 것을 기대할 수 있는 정도의 능력이 있으면 족하다.

4) 공시송달(제63조)

① 피고인의 주거·사무소와 현재지를 알 수 없는 때와 피고인이 재판권이 미치지 아니하는 장소에 있는 경우에 다른 방법으로 송달할 수 없는 때에 할 수 있다(제63조).

② 공시송달은 법원이 공시송달의 사유가 있다고 인정한 때에는 직권으로 결정에 의하여 공시송달을 명한다(제64조 제1항, 규칙 제43조). 그러므로 공시송달은 법원의 직권사항이며 검사에게는 공시송달의 신청권이 없다.

③ 공시송달은 법원사무관 등이 송달할 서류를 보관하고 그 사유를 법원게시장에 공시해야 한다(동조 제2항). 법원은 그 사유를 관보나 신문지상에 공고할 것을 명할 수

있다(동조 제3항).

④ 최초의 공시송달은 공시한 날로부터 2주일을 경과하면 효력이 발생하고 제2회 이후의 공시송달은 5일을 경과하면 효력이 생긴다(동조 제4항).

판례 대법원 1997.9.26. 선고 97도1371 판결

주민등록상의 주소지로 우송한 소송기록접수통지서와 공판기일소환장 등이 송달 불능되었다고 하더라도 그것만으로는 공시송달의 요건인 피고인의 주거, 사무소와 현재지를 알 수 없는 때에 해당한다고 단정하기 어렵고, 서류의 송달이 불능 된 경우 공시송달명령을 함에 앞서 기록에 나타난 실제로 거주한 주소로 송달을 하거나 전화로 확인하여 보는 등 피고인이 송달받을 수 있는 장소를 찾아보도록 시도하여 보았어야 함에도 불구하고 아무런 조치도 취하지 아니한 채 피고인의 주거, 사무소, 현재지를 알 수 없다고 단정하여 공시송달의 방법에 의한 송달을 하고 피고인의 진술 없이 판결을 한 조치는 형사소송법 제63조 제1항, 제365조에 위배된 것이다.

V 소송행위의 일시와 장소

1. 소송행위의 일시

1) 기간

(1) 행위기간

고소기간(제230조), 재정신청의 기간(제260조), 상소제기기간(제358조, 제374조), 상소이유서 제출기간 등

(2) 불행위 기간(일정기간 소송행위를 할 수 없는 기간)

제1회 공판기일 유예기간(제269조)

(3) 법정기간

구속기간(제92조), 상소제기기간, 영장의 유효기간(규칙 178조)

(4) 재정기간(재판에 의하여 정해지는 기간)

구속기간 갱신, 감정유치기간, 영장기간의 연장

(5) 불변기간

고소기간, 재정신청기간, 상소기간

(6) 훈시기간

공판조서정리기간, 고소 · 고발사건처리기간, 재정결정기간

(7) 기간의 계산(제66조)

① 기간의 계산에 관하여는 시로써 계산하는 것은 즉시부터 기산하고 일, 월 또는 연으로써 계산하는 것은 초일을 산입하지 아니한다. 단, 시효와 구속기간의 초일은 시간을 계산함이 없이 1일로 산정한다.

② 연 또는 월로 정한 기간은 역법에 따라 계산한다.

③ 기간의 말일이 공휴일 또는 토요일에 해당하는 날은 기간에 산입하지 아니한다. 단, 시효와 구속의 기간에 관하여서는 예외로 한다(제66조).

(8) 법정기간의 연장(제67조)

법정기간은 소송행위를 할 자의 주거 또는 사무소의 소재지와 법원 또는 검찰청 소재지와의 거리 및 교통통신의 불편정도에 따라 대법원규칙으로 이를 연장할 수 있다. 다만, 법정기간의 연장은 행위기간에 대하여만 인정되므로 법정기간 연장이 안 되는 것으로는 감정유치기간, 제1회 공판기일유예기간과 같이 재정기간, 불행위기간은 연장이 되지 아니한다. 판례는 즉시항고의 제출기간, 상고기간 또는 항소이유서와 상고이유서 제출기간에 대하여는 법정기간의 연장을 허용한 바 있다.

판례 대법원 1983.1.22. 자 82모52 결정

재항고인의 주거지 경남 진영읍과 재항고장이 제출된 부산지방법원의 소재지 부산시간의 거리가 육로로 42.9킬로미터임은 공지의 사실이므로 재항고인이 부산지방법원의 1982.10.22자 재심청구기각결정을 같은 달 27.에 송달받고 통상의 즉시항고 기간의 말일인 같은 달 30.이 지난 그 다음달 1.에 제출한 즉시항고는 적법한 재항고라고 할 것이다.

판례 대법원 1976.9.27. 자 76모58 결정

즉시항고인의 주거 경남 남해군 남해면 남변동 334번지의 소재지와 동인이 상고장을 제출한 원심법원인 부산지방법원 소재지간의 거리가 221.8킬로미터임은 공지의 사실이므로 이러한 경우에는 형사소송법 제67조의 규정에 의하여 그 상고제기의 법정기간이 8일간 연장된다.

판례 대법원 1985.10.27. 자 85모47 결정

피고인이 항소법원의 소송기록접수통지서를 송달받은 날이 1984.12.24이고, 그 송달받은 장소가 항소법원의 소재지와 육로로 88.5킬로미터 떨어진 곳이라면 피고인의 항소이유서 제출기간은 형사소송법 제67조의 규정에 따라 3일이 가산연장되어 1985.1.16까지이므로 1985.1.14에 제출된 항소이유서는 적법한 기간 내에 제출되었다 할 것이다.

판례 대법원 2003.6.26. 자 2003도2008 결정

검사가 상고한 경우에는 상고법원에 대응하는 검찰청 소속 검사가 소송기록접수통지를 받은 날로부터 20일 이내에 그 이름으로 상고이유서를 제출하여야 한다. 다만, 상고를 제기한 검찰청 소속 검사가 그 이름으로 상고이유서를 제출하여도 유효한 것으로 취급되지만 이 경우 상고를 제기한 검찰청이 있는 곳을 기준으로 법정기간인 상고이유서 제출기간이 형사소송법 제67조에 따라 연장될 수 없다.

2. 소송행위의 장소

공판기일의 소송행위의 장소는 원칙적으로 법원 또는 지원의 건물 내에 있는 법정에서 행한다. 그러나 법원장은 필요에 의하여 법원 외의 장소에서 개정하게 할 수 있다 (법원조직법 제56조 제2항).

제5절 소송행위의 가치판단

I 소송행위의 성립, 불성립

1. 의의

소송행위의 성립, 불성립은 소송행위 자체에 대한 일반적 · 추상적 판단임에 반하여, 유효 · 무효는 소송행위의 기반을 고려한 구체적 · 개별적 판단이므로 구별하여야 한다. 즉 소송행위가 불성립한 경우에는 유효 · 무효를 논할 여지가 없게 된다. 일반적으로 법관이 아닌 자가 판결을 하는 경우, 검사가 아닌 자가 공소를 제기한 경우와 같은 경우에는 소송행위가 불성립한다.

판례 대판 2003.11.14. 2003도2735

1. 소송행위가 성립하기 위하여는 소송행위에 요구되는 소송법상의 정형을 충족하기 위한 본질적 개념요소를 구비하여야 할 것이고 공소제기는 법원에 대하여 특정한 형사사건의 심판을 요구하는 검사의 법률행위적 소송행위로서 형사소송법 제254조 제1항은 공소를 제기함에는 공소장을 관할법원에 제출하여야 하도록 규정하고 같은 조 제4항은 위 공소장에는 피고인의 성명 기타 피고인을 특정할 수 있는 사항, 죄명, 공소사실, 적용법조 등 일정한 사항을 기재하도록 하고 있는 바, 형사소

송법이 공소의 제기에 관하여 위와 같은 서면주의와 엄격한 요식행위를 채용한 것은 공소의 제기에 의해서 법원의 심판이 개시되므로 심판을 구하는 대상(공소사실 및 피고인)을 명확하게 하고 피고인의 방어권을 보장하기 위한 것이라 할 것이어서 검사에 의한 공소장의 제출은 공소제기라는 소송행위가 성립하기 위한 본질적 요소라고 보아야 할 것이므로, 이러한 공소장의 제출이 없는 경우에는 소송행위로서의 공소제기가 성립되었다고 할 수 없다.
2. 법원이 경찰서장의 즉결심판청구를 기각하여 경찰서장이 사건을 관할 지방검찰청으로 송치하였으나 검사가 이를 즉결심판에 대한 피고인의 정식재판청구가 있는 사건으로 오인하여 그 사건기록을 법원에 송부한 경우, 공소제기가 성립되었다고 볼 수 없다.
3. 소송행위로서 요구되는 본질적인 개념요소가 결여되어 소송행위로 성립되지 아니한 경우에는 소송행위가 성립되었으나 무효인 경우와는 달리 하자의 치유문제는 발생하지 않으나, 추후 당해 소송행위가 적법하게 이루어진 경우에는 그 때부터 위 소송행위가 성립된 것으로 볼 수 있다.

2. 성립 · 불성립 판단의 실익

소송행위가 불성립한 경우에는 이를 무시 · 방치할 수 있으나, 일단 소송행위가 성립한 경우에는 ㉠ 절차형성행위 중 하나인 신청이 있는 경우에는 이 신청이 무효라도 판단하여야 하며, ㉡ 소송행위의 치유는 무효인 경우에 발생하는 문제이므로 불성립한 소송행위에는 치유라는 것이 문제되지 아니하며, ㉢ 공소제기가 무효이더라도 공소정지의 효과는 발생하고, 판결이 무효이더라도 형식적 확정력은 발생한다.

Ⅱ 소송행위의 유효, 무효

1. 의의

본래적 효과가 인정되지 않는 것이 무효의 의미이므로 공소제기가 무효인 경우에도 공소시효정지의 효력은 생기고, 법원은 무효인 공소제기에 대하여 공소기각의 판결을 하여야 한다.

2. 무효의 원인에 대한 개별적 고찰

1) 행위주체에 대한 무효원인

① 소송능력 없는 자의 실체형성행위는 유효이나 절차형성행위는 무효이다.
② 의사표시 하자에 대하여 먼저 실체형성행위는 의사에 합치하는 것이 문제가 되는 것이 아니라 실체에 합치하는가 하는 점이 문제가 되므로, 착오 등이 무효원인이

될 수 없다는 점에 의문이 없다.

③ 절차형성행위에 대하여는 소송절차의 형식적 확실성에 의하여 외부적 표시행위에 따라서 판단하여야 되지, 행위자의 내심의 의사를 고려해서는 아니 된다는 점에서 무효원인이 아니라는 견해와 피고인의 이익과 정의가 소송행위의 형식적 확실성 때문에 희생되어서는 아니 되므로 착오가 행위자의 책임 있는 사유로 인한 것이 아닌 경우에는 무효가 된다는 견해 및 법원 또는 검사의 사기, 강박에 의한 경우에는 적정절차의 위반이 되어 이에 해당하는 경우에만 무효가 된다는 견해가 있다.

[판례] 대법원 1992.3.13. 자 92모1 결정

가. 절차형성적 소송행위가 착오로 인하여 행하여진 경우, 절차의 형식적 확실성를 강조하면서도 피고인의 이익과 정의의 희생이 커서는 안 된다는 측면에서 그 소송행위의 효력을 고려할 필요가 있으므로 착오에 의한 소송행위가 무효로 되기 위하여서는 첫째, 통상인의 판단을 기준으로 하여 만일 착오가 없었다면 그러한 소송행위를 하지 않았으리라고 인정되는 중요한 점(동기를 포함)에 관하여 착오가 있고 둘째, 착오가 행위자 또는 대리인이 책임질 수 없는 사유로 인하여 발생하였으며 셋째, 그 행위를 유효로 하는 것이 현저히 정의에 반한다고 인정될 것 등 세 가지 요건을 필요로 한다.

나. 보호감호를 선고받은 피고인이 보호감호가 선고된 것으로 알고 일단 상고를 제기하였다가 보호감호청구가 기각되었다는 취지의 교도관의 말과 공판출정 교도관이 작성한 판결선고 결과보고서의 기재를 믿은 나머지 착오에 빠져 판결등본송달(형사소송규칙 제148조)을 기다리지 않고 상고취하를 함으로써 위 보호감호처분이 확정된 경우 위 상고취하에 피고인의 과실이 없었다고 단정할 수 없어 이를 무효로 볼 수 없다는 이유로 피고인의 상소절차속행신청을 기각한 사례.

[판례] 대법원 1995.8.17. 자 95모49 결정

항소포기와 같은 절차형성적 소송행위가 착오로 인하여 행하여진 경우 그 행위가 무효로 되기 위하여는 그 착오가 행위자 또는 대리인이 책임질 수 없는 사유로 발생하였을 것이 요구되는 것인 바, 변호인의 주장 자체에 의하더라도 안경을 쓰지 않아 교도관이 내어 주는 상소권포기서를 항소장으로 잘못 믿은 나머지 이를 확인하여 보지도 않고 서명무인한 경우 재항고인에게 과실이 없다고 보기는 어렵고, 따라서 재항고인의 항소포기는 유효하다.

2) 내용과 방식에 대한 무효원인

법정형을 넘는 형을 선고한 유죄판결, 허무인에 대한 공소의 제기 또는 존재하지 않는 재판에 대한 상소가 여기에 해당한다. 이중기소와 같이 이익이 없는 소송행위 및 내용이 불분명한 소송행위는 무효가 되며, 방식에 대한 하자도 방식을 요구하는 목적과 필요성에 따라 무효가 될 수 있다.

3. 무효행위의 치유

1) 의의

무효인 소송행위가 사정변경에 의하여 유효하게 될 수 있는가에 대한 문제로 이에는 공격·방어방법의 소멸에 의한 하자의 치유와 소송행위의 추완이 문제가 된다.

2) 공격·방어방법의 소멸에 의한 하자의 치유

토지관할 위반에 대한 이의신청은 피고사건에 대한 진술 후에는 할 수 없으므로 무효가 치유된다. 공소장부본 송달의 하자, 공판기일지정의 하자, 제1회 공판기일의 유예기간의 하자[42], 증인신문순서의 하자 등은 당사자가 상당한 시기에 이의를 제기하지 아니한 때에 책문권의 포기로 인정되어 무효가 치유된다.

판례 대법원 1962.11.22. 선고 62도155

피고인에 대하여 공소장의 부본이 송달되지 아니하였다 하여도 피고인이 법정에서 기소사실에 관하여 충분히 진술, 변론한 이상 판결결과에는 영향이 없다 할 것이므로 위와 같은 사유는 상고이유가 되지 못하는 것이다.

판례 대법원 1967.3.21. 선고 66도1751

검사에게 공판기일 통지를 하지 않았으나 검사가 그 기일에 출석한 경우에는 비록 기일통지를 아니한 흠이 있다 할지라도 원심이 검사에게 공판참여의 권리를 박탈한 것이라고는 보기 곤란하다.

3) 소송행위의 추완

소송행위의 추완이란 법정기간이 경과된 후에 이루어진 소송행위를 법정기간 내에 한 소송행위와 같이 효력을 인정할 수 있는지에 대한 문제로 추완되는 소송행위 자체가 유효가 되면 이를 단순추완이라고 하고 소송행위의 추완에 의하여 다른 소송행위의 효력이 보정될 수 있는지를 보정적 추완이라고 한다.

(1) 단순 추완

형사소송법은 상소권회복(제345조), 약식명령에 대한 정식재판청구권의 회복(제458조)에 대하여는 명문의 규정으로 단순추완을 인정하고 있다. 그러나 명문의 규정이 없는 경우에도 소송행위의 형식적 확실성과 법적 안정성을 침해하지 아니하는 범위 내에서는 인정

42) 대법원 1969.9.23. 69도1218

하는 것이 타당하다. 그러므로 상소권회복의 규정은 소송비용집행면제의 신청(제487조)에 대하여도 준용된다고 보는 것이 타당하다.

(2) 보정적 추완

소송행위의 동적·발전적 성격을 고려하여 보정적 추완을 인정하는 것에는 이의가 없으나 그 범위에 대하여 학설과 판례의 대립이 있다.

① 변호사선임의 추완

변호사 선임신고 전에 변호인으로서 한 소송행위가 이후의 변호인 선임신고에 의하여 유효하게 인정될 수 있는지에 대한 문제이다. 학설에서는 피고인의 이익을 위해서 인정하는 것이 타당하다고 보고 있다.

판례 대법원 1969.10.4. 선고 69모68

변호인선임계를 제출치 아니한 채 항소이유서만을 제출하고 동 이유서제출기간 경과 후에 동 선임계를 제출하였다면 이는 적법 유효한 변호인의 항소이유서로 볼 수 없다.

② 공소사실의 추완

공소장에 기재된 범죄사실은 법원의 현실적 심판대상을 결정하는 것이므로 공소사실을 특정하지 아니한 공소제기는 무효이다. 그러나 공소사실은 공소장변경에 의하여 보정될 수 있다. 그러나 공소사실을 전혀 기재하지 아니한 공소제기는 공소장변경에 의하여 보정될 수 없다.

③ 고소의 추완

친고죄에서 고소가 없음에도 불구하고 공소가 제기된 경우 이후 피해자의 고소장을 제출받은 경우, 공소제기가 적법해질 수 있는지 문제가 된다. 학설은 공소기각을 하고 다시 고소를 받아 공소를 제기하는 것은 소송경제와 질서유지에 반하므로 고소의 추완을 인정하는 적극설과, 친고죄에서 고소는 소송조건이고 소송조건은 공소제기의 유효요건이므로 고소의 추완을 인정할 수 없다는 부정설과 친고죄임에도 불구하고 고소가 없는 경우에는 고소의 추완을 인정할 수 없으나 비친고죄로 공소제기된 사건에 대하여 심리결과 친고죄로 판명된 경우에는 고소의 추완을 인정할 수 있다는 절충설의 대립이 있다.

판례 대법원 1970.7.28. 70도942

세무공무원의 고발 없이 조세범칙사건의 공소가 제기된 후에 세무공무원이 고발을 하여도 그 공소절차의 무효가 치유된다고 할 수 없다.

판례 대법원 1981.12.8. 81도2391

간통고소 당시 이혼심판청구를 제가하였다고 하더라도 그 심판청구가 각하된 경우에는 최초부터 이 혼심판청구를 제기하지 아니한 것과 같으며, 위 각하 후에 다시 동일한 원인으로 이혼심판청구를 제기하였다고 하더라도 친고죄(간통죄)의 공소제기 요건에 생긴 흠결은 보정될 수 없다.

판례 대법원 1982.9.14. 82도1504

강간죄는 친고죄로서 피해자의 고소가 있어야 죄를 논할 수 있고 기소 이후의 고소의 추완은 허용되지 아니한다 할 것이며, 이는 비친고죄인 강간치사죄로 기소되었다가 친고죄인 강간죄로 공소장이 변경되는 경우에도 동일하다 할 것이니 강간치사죄의 공소사실을 강간죄로 변경한 후에 이르러 비로소 피해자의 부가 고소장을 제출한 경우에는 강간죄의 공소제기절차는 법률의 규정에 위반하여 무효인 때에 해당한다.

판례 대법원 1970.9.29. 선고 69도1150 판결

간통의 고소가 있은 뒤에 혼인이 해소되었거나 이혼의 소가 제기되었다면 그 고소는 혼인이 해소된 때 또는 이혼의 소가 제기된 때로부터 장래에 향하여는 형소법 제229조 제1항의 요건을 구비한 고소로 본다.[43]

4) 소송행위의 취소와 철회

소송행위는 절차적 확실성이 요구되므로 소급적 취소는 인정되지 아니하므로 형사소송법상의 각종의 취소는 철회로 보아야 한다. 명문의 규정이 없는 경우 실체형성행위에 대한 철회는 부정되나, 절차형성행위에는 일정한 시기적 한계 내에서 철회가 인정될 수 있으므로 증거신청(제294조), 증거로 함에 동의(제318조)의 철회가 허용된다.

판례 대법원 1983.4.26. 선고 83도267 판결

형사소송법 제318조에 의하여 증거로 할 수 있음을 동의한 경우에 그 동의의 의사표시는 증거조사가 완료되기 전까지 취소 또는 철회할 수 있으나 일단 증거조사가 완료된 뒤에는 취소 또는 철회할 수 없으므로, 1심에서 한 증거동의를 2심에서 취소할 수 없다.

43) 공소가 제기되기 전에 고소가 추완된 경우이므로 이러한 경우의 공소의 제기는 적법한 공소가 된다.

4. 소송행위 추완 관련 판례 정리

1) 공소장이 명확하지 아니한 경우의 공소장 보정 가부

판례 대법원 1983.6.14. 선고 83도293 판결

공소장에 피고인인 계주가 조직한 낙찰계의 조직일자, 구좌 · 계금과 계원들에게 분배하여야 할 계금이 특정되어 있고 피해자인 계원들의 성명과, 피해자 별 피해액만이 명확하지 아니한 경우에는 법원은 검사에게 석명을 구하여 만약 이를 명확하게 하지 아니한 경우에 공소사실의 불특정을 이유로 공소기각을 할 것이고 이에 이르지 않고 바로 공소기각의 판결을 하였음은 심리미진의 위법이 있다.

2) 이중기소 사실의 공소장 변경에 의한 보정 가부

판례 대법원 1989.2.14. 선고 85도1435 판결

가. 법원은 공소장에 기재된 공소사실과 적용법조를 기초로 하여 형식적 또는 실체적 심판을 행하는 것이나 반드시 공소제기 당시의 공소사실과 적용법조에 구속되는 것이 아니라 소송의 진행을 거쳐 사실심리의 가능성 있는 최종시점인 판결선고시를 기준으로 하여 이때 특정된 공소사실과 적용법조가 현실적인 심판의 대상이 된다.

나. 기소당시에는 이중기소된 위법이 있었다 하여도 그 후 공소사실과 적용법조가 적법하게 변경되어 새로운 사실의 소송계속상태가 있게 된 때에는 이중기소된 위법상태가 계속 존재한다고 할 수는 없다. 그러므로 전소에서 제1 상습절도사실이 기소되고 후소에서 제2 상습절도사실이 기소되었다. 후소의 공소제기 당시에는 제1 상습절도사실과 제2 상습절도사실이 하나의 포괄일죄의 관계에 있어 후소의 공소제기시를 기준으로 한다면 후소의 제2 상습절도사실의 기소는 이중기소의 상태에 놓여 있었는데 후소의 공판심리도중 제2 상습절도사실이 장물알선사실로 변경된 경우에 공소사실이 장물알선사실로 변경된 이후에는 법원의 현실적인 심판대상이 장물알선사실이므로 후소의 변경된 공소사실을 기준으로 하면 후소는 이중기소라고 할 수 없다.

3) 포괄일죄 일부에 대한 기소에 대한 법원의 조치

판례 대법원 1996.10.11. 선고 96도1698 판결

[1] 검사가 단순일죄라고 하여 특수절도 범행을 먼저 기소하고 포괄일죄인 상습특수절도 범행을 추가 기소하였으나 심리과정에서 전후에 기소된 범죄사실이 모두 포괄하여 상습특수절도인 특정범죄 가중처벌등에관한법률위반(절도)의 일죄를 구성하는 것으로 밝혀진 경우에는, 검사로서는 원칙적으로 먼저 기소한 사건의 범죄사실에 추가기소의 공소장에 기재한 범죄사실을 추가하여 전체를 상습범행으로 변경하고 그 죄명과 적용법조도 이에 맞추어 변경하는 공소장변경 신청을 하고, 추가기소한 사건에 대하여는 공소취소를 하는 것이 형사소송법의 규정에 충실한 온당한 처리이다.

[2] 포괄일죄를 구성하는 일부 범죄사실이 먼저 단순일죄로 기소된 후 그 나머지 범죄사실이 포괄일죄로 추가기소되고 단순일죄의 범죄사실도 추가 기소된 포괄일죄를 구성하는 행위의 일부임이 밝혀진 경우라면, 그 추가기소에 의하여 전후에 기소된 각 범죄사실 전부를 포괄일죄로 처벌할 것을

신청하는 취지가 포함되었다고 볼 수 있어, 공소사실을 추가하는 등의 공소장변경과는 절차상 차이가 있을 뿐 그 실질에 있어서 별 차이가 없으므로, 그 경우에 검사의 석명에 의하여 추가기소의 공소장 제출은 포괄일죄를 구성하는 행위로서 먼저 기소된 공소장에 누락된 것을 추가 보충하고 죄명과 적용법조를 포괄일죄의 죄명과 적용법조로 변경하는 취지의 것으로서 1개의 죄에 대하여 중복하여 공소를 제기한 것이 아님이 분명하여진 경우에는, 그 추가기소에 의하여 공소장변경이 이루어진 것으로 보아 전후에 기소된 범죄사실 전부에 대하여 실체판단을 하여야 하고 추가기소에 대하여 공소기각판결을 할 필요가 없다.

[3] 검사가 정식의 절차에 의한 공소장변경을 하려는 것이 아니라 공소장변경의 취지에서 추가기소를 한 것으로서 이중기소의 취지가 아닌 경우, 두 사건 전체를 포괄일죄로 하여 심판을 구한다는 취지임을 표시하는 것으로 볼 여지도 없지 아니하므로, 원심으로서는 석명권을 행사하여 검사로 하여금 추가기소의 진정한 취지를 밝히도록 하여 만일 그 취지가 일죄에 대한 이중기소가 아니라 위와 같은 공소장변경의 취지라고 한다면 그 범죄사실 전체에 대하여 실체판단을 하여야 할 것임에도 불구하고, 원심이 이에 나아가지 아니하고 곧바로 추가기소가 이중기소라고 하여 공소기각판결을 선고한 것은 심리를 다하지 아니하여 결과적으로 포괄일죄에 대한 추가기소의 경우 공소장변경 절차 없이 심판할 수 있는 범위에 관하여 법리를 오해한 위법을 저질렀다는 이유로, 원심판결을 파기한 사례.

판례 2007.8.23. 선고 2007도2595 판결

[비교판례] 검사가 수 개의 협박 범행을 먼저 기소하고 다시 별개의 협박 범행을 추가로 기소하였는데 이를 병합하여 심리하는 과정에서 전후에 기소된 각각의 범행이 모두 포괄하여 하나의 협박죄를 구성하는 것으로 밝혀진 경우, 이중기소에 대하여 공소기각판결을 하도록 한 형사소송법 제327조 제3호의 취지는 동일사건에 대하여 피고인으로 하여금 이중처벌의 위험을 받지 아니하게 하고 법원이 2개의 실체판결을 하지 아니하도록 함에 있으므로, 위와 같은 경우 법원이 각각의 범행을 포괄하여 하나의 협박죄를 인정한다고 하여 이중기소를 금하는 위 법의 취지에 반하는 것이 아닌 점과 법원이 실체적 경합범으로 기소된 범죄사실에 대하여 그 범죄사실을 그대로 인정하면서 다만 죄수에 관한 법률적인 평가만을 달리하여 포괄일죄로 처단하는 것이 피고인의 방어에 불이익을 주는 것이 아니어서 공소장변경 없이도 포괄일죄로 처벌할 수 있는 점에 비추어 보면, 비록 협박죄의 포괄일죄로 공소장을 변경하는 절차가 없었다거나 추가로 공소장을 제출한 것이 포괄일죄를 구성하는 행위로서 기존의 공소장에 누락된 것을 추가·보충하는 취지의 것이라는 석명절차를 거치지 아니하였다 하더라도, 법원은 전후에 기소된 범죄사실 전부에 대하여 실체판단을 할 수 있고, 추가기소된 부분에 대하여 공소기각판결을 할 필요는 없다.

4) 친고죄나 반의사불벌죄가 기소되었는데 고소취소나 불처벌의 의사표시가 있은 후에 통상의 범죄로 공소장이 변경된 경우, 공소제기의 하자의 치유 가부

판례 대법원 1996.9.24. 선고 96도2151 판결

공갈죄의 수단으로서 한 협박은 공갈죄에 흡수될 뿐 별도로 협박죄를 구성하지 않으므로, 그 범죄사실에 대한 피해자의 고소는 결국 공갈죄에 대한 것이라 할 것이어서 그 후 고소가 취소되었다 하여 공갈죄로 처벌하는 데에 아무런 장애가 되지 아니하며, 검사가 공소를 제기할 당시에는 그 범죄사실

을 협박죄로 구성하여 기소하였다 하더라도, 그 후 공판 중에 기본적 사실관계가 동일하여 공소사실을 공갈미수로 공소장 변경이 허용된 이상 그 공소제기의 하자는 치유된다.

5. 소송행위의 적법·위법(부적법)

소송행위의 적법 · 부적법은 소송행위가 법률의 규정에 부합하는가에 대한 가치판단을 말한다. 적법 · 부적법은 소송행위의 전제조건과 방식에 대한 사전판단임에 반하여 소송행위의 유효 · 무효는 본래적 효력을 인정할 것인지에 대한 사후판단을 의미한다. 소송행위가 위법(부적법)하다고 해서 언제나 무효가 되는 것은 아니다. 즉 효력규정에 위반한 소송행위는 위법이자 무효인 소송행위가 되나, 훈시규정에 위반한 소송행위는 부적법(위법)인 소송행위이지만 유효한 소송행위가 되는 것이기 때문이다. 형사소송법 제2조는 명문으로 부적법한 소송행위이지만 유효한 소송행위로 규정하고 있다.

6. 소송행위의 이유 유무

법률행위적 소송행위에 관하여 의사표시의 내용이 정당한가에 대한 가치판단의 문제로 효과요구적 소송행위에서 문제가 된다. 이유의 유무는 소송행위가 적법할 것을 전제로 하기 때문에 공소 또는 상소에 대한 이유 유무는 공소 또는 상소가 적법할 경우에 발생하는 것이다.

PART

3

수사와 공소

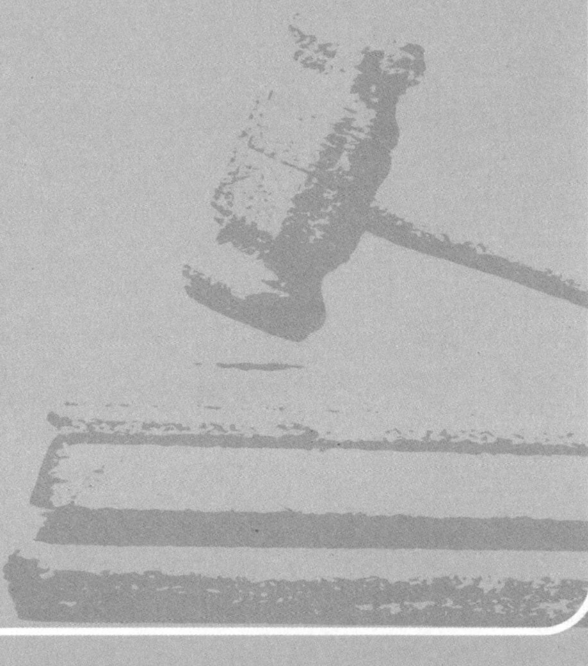

제1장 수사

제1절 수사의 의의와 구조

I 수사의 의의

1. 의의

수사(Investigation)란 범죄혐의의 유무를 명백히 하여 공소제기 및 유지 여부를 결정하기 위하여 범인을 발견·확보하고 증거를 수집·보전하는 수사기관의 활동을 말한다. 즉 범죄의 유무와 범인의 체포 및 증거의 수집을 위한 수사기관의 활동이라고 말할 수 있다.

II 수사의 구조

1. 규문적 수사관

강제처분은 수사기관이 본래적으로 가지고 있는 것이므로 법원의 영장은 허가장의 성질이 있으며, 피의자신문을 위한 구인도 가능하다. 이에 의하더라도 수사단계에서 적법절차의 원리가 당연히 적용되어야 하고, 피고인 전단계인 피의자는 준당사자적 지위를 가지고 있으므로 피의자에게 일정한 권리를 보장할 수 있다.

2. 탄핵적 수사관

수사는 공판준비활동으로 강제처분은 법원이 행하는 것이므로 영장 또한 명령장의 성질이 있으며 피의자신문을 위한 구인은 불가능하다. 수사는 공판절차와 달리 원칙적으로 규문주의적 성격을 가질 수밖에 없고, 헌법적 형사소송의 원리상 탄핵적 수사관을 취하지 아니하더라도 당연히 피고인의 권리는 보장받을 수 있다는 비판이 있다.

3. 소송적 수사관

검사를 종국적 판단자로 하여 사법경찰관과 피의자가 서로 대립하는 소송구조로 판단하는 견해로서 수사절차의 독자성과 중요성을 강조하므로 피의자를 수사의 객체가 아니라 수사의 주체로 보아야 한다는 입장이다. 그러나 수사권 독립이 이루어지지 아니한 이상 삼면대립 소송구조가 성립될 수 없다는 비판이 있다.

제2절 수사기관

I 종류

1. 의의

수사기관은 법률에 의하여 범죄수사의 권한을 부여받은 국가기관을 말한다. 수사기관에는 검사와 사법경찰관리, 특별수사기관이 있으며, 검사와 사법경찰관은 수사, 공소제기 및 공소유지에 관하여 서로 협력하여야 한다(형사소송법, 제195조). 형사소송법이 인정하고 있는 수사기관은 검사와 사법경찰관리이다.

2. 검사

검사는 범죄의 혐의가 있다고 사료되는 때에는 범인, 범죄사실과 증거를 수사한다(형사소송법, 제196조).

3. 사법경찰관리

1) 일반사법경찰관리

일반사법경찰관리에는 사법경찰관과 사법경찰리가 있다. 경무관, 총경, 경정, 경감, 경위는 사법경찰관으로서 범인, 범죄사실과 증거를 수사한다. 경사, 경장, 순경은 사법경찰리로서 수사의 보조를 하여야 한다(형사소송법 제197조 제2항). 국가경찰사무를 담당하는 일반 경찰공무원인 사법경찰관리는 수사대상에 제한이 없다는 의미에서 일반사법경찰관리이다. 경찰청에 국가수사본부를 두고, 국가수사본부장은 경찰의 수사에 관하여 각 시·도경찰청장과 경찰서장 및 수사부서 소속 공무원을 지휘·감독한다.

2) 특별사법경찰관리

산림, 해사, 전매, 세무, 군수사기관, 기타 특별한 사항에 관하여 사법경찰관리의 직무를 행할 자와 그 직무의 범위는 법률로써 정한다(형사소송법 제197조). 예컨대 교도소장, 구치소장, 소년원장, 소년감별소장, 관세법상의 세관공무원이 이에 해당한다.

4. 고위공직자범죄수사처 수사관

고위공직자범죄에 대한 수사기관으로 수사처 검사외에 수사처 수사관이 있다(공수처법 제8조, 제10조). 수사처 수사관은 수사대상 범죄가 고위공직자범죄 및 관련 범죄로 한정된다는 점에서 특별사법경찰관에 해당한다. 수사처 수사관은 수사처 검사의 지휘·감독을 받으며, 고위공직자범죄 등에 관한 수사에 대하여 사법경찰관의 직무를 수행한다(공수처법 제21조 제1항, 제2항).

5. 사법경찰관리의 수사와 관할구역

사법경찰관리는 각 소속관서의 관할구역 내에서 직무를 행한다. 사법경찰관리가 관할구역 외에서 수사를 하거나 관할 구역 외의 사법경찰관리의 촉탁을 받아 수사할 경우에는 관할지방검찰청의 검사장 또는 지청장에게 보고를 하여야 한다(형사소송법 제210조).

Ⅱ 검사와 사법경찰관(리)의 법적 지위

1. 검사

검사는 수사기관으로서 부패범죄, 경제범죄, 공직자범죄, 선거범죄, 방위사업범죄, 대형참사 등 대통령령으로 정하는 중요 범죄와 각 해당 범죄와 직접관련성이 있는 범죄, 경찰공무원이 범한 범죄와 각 해당범죄와 직접 관련성이 있는 범죄, 사법경찰관이 송치한 범죄와 관련하여 인지한 각 해당 범죄와 직접 관련성이 있는 범죄에 대하여 수사권과 수사종결권을 가진다(형사소송법 제196조, 검찰청법 제4조 제1항). 검사는 제한된 범위의 1차적 수사권과 사법경찰관의 1차적 수사에 대한 수사감독권을 갖는다.

2. 사법경찰관의 지위

사법경찰관은 수사기관으로서 1차적 수사권, 수사종결권을 가진다(형사소송법 제197조 제1항).

수사의 종결 시에 범죄의 혐의가 있다고 인정되는 경우에는 지체 없이 검사에게 사건을 송치하고, 관계 서류와 증거물을 검사에게 송부하여야 한다. 불송치의 경우에는 그 이유를 명시한 서면과 함께 관계 서류와 증거물을 지체 없이 검사에게 송부하여야 한다. 이 경우 검사는 송부받은 날부터 90일 이내에 사법경찰관에게 반환하여야 한다(형사소송법 245조의5).

3. 사법경찰리의 지위

사법경찰리는 수사의 보조기관이다.

판례 대법원 1982.3.9. 선고 82도63, 82감도15 판결

가. 사법경찰리 작성의 진술조서는 형사소송법 제196조 제2항과 이에 근거를 둔 사법경찰관리집무규칙 제2조 및 경찰서직제 제6조, 경찰공무원법 제3조에 의하여 사법경찰리가 검사 등의 지휘를 받고 수사사무를 보조하기 위하여 작성한 서류라 할 것이므로 이를 권한 없는 자의 조서라 할 수 없다.

나. 진술조서 말미의 진술자란의 서명 옆에 날인이 없고 진술자란의 서명이 그의 필적이라고 단정하기는 분명하지 않다 하더라도 위 조서에는 진술자의 간인이 되어 있고 그 인영이 압수물가환부청구서와 압수물영수증 중의 인영과 동일한 것으로 인정되는 등의 정황에 비추어 위 날인이 없는 것은 단순한 착오에 의한 누락이라고 보여질 뿐 위 조서는 진정한 것으로 인정된다.

Ⅲ 검사와 사법경찰관의 수사관련 협력 사항

검사는 사법경찰관의 수사권이 적절하게 행사될 수 있도록 ㉠ 시정조치 등의 요구(법 197조의3), ㉡ 송치사건 및 영장신청사건에 대한 보완수사요구(법 197조의2), ㉢ 불송치사건에 대한 재수사요청(법 245조의8), ㉣ 수사경합시 송치요구(법 197조의4) 등의 권한을 가진다. 시정조치 등의 요구에는 기록송부요구, 시정조치요구, 사건송치요구, 징계요구가 포함된다.

1. 검사의 보완 수사 요구권

검사는 송치사건의 공소제기 여부 결정 또는 공소의 유지에 관하여 필요한 경우와 사법경찰관이 신청한 영장의 청구 여부 결정에 관하여 필요한 경우에 사법경찰관에게 보완수사를 요구할 수 있다(법 제197조의2 제1항).

사법경찰관은 검사의 보완 수사 요구가 있는 때에는 정당한 이유가 없는 한 지체없이 이를 이행하고, 그 결과를 검사에게 통보하여야 한다(동조 제2항).

검찰총장 또는 각급 검찰청 검사장은 사법경찰관이 정당한 이유 없이 검사의 보완수사 요구에 따르지 아니하는 때에는 권한 있는 사람에게 해당 사법경찰관의 직무배제 또는 징계를 요구할 수 있고, 그 징계 절차는 「공무원 징계령」 또는 「경찰공무원 징계령」에 따른다(동조 제3항).

2. 검사의 시정 조치 요구권

검사는 사법경찰관리의 수사과정에서 법령위반, 인권침해 또는 현저한 수사권 남용이 의심되는 사실의 신고가 있거나 그러한 사실을 인식하게 된 경우에는 사법경찰관에게 사건기록 등본의 송부를 요구할 수 있다. 송부 요구를 받은 사법경찰관은 지체없이 검사에게 사건기록 등본을 송부하여야 한다. 송부를 받은 검사는 필요하다고 인정되는 경우에는 사법경찰관에게 시정조치를 요구할 수 있다. 사법경찰관은 검사의 시정조치 요구가 있는 때에는 정당한 이유가 없으면 지체 없이 이를 이행하고, 그 결과를 검사에게 통보하여야 한다. 통보를 받은 검사는 시정조치 요구가 정당한 이유 없이 이행되지 않았다고 인정되는 경우에는 사법경찰관에게 사건을 송치할 것을 요구할 수 있다. 송치 요구를 받은 사법경찰관은 검사에게 사건을 송치하여야 한다(법 제197조의3 제1항~6항).

검찰총장 또는 각급 검찰청 검사장은 사법경찰관리의 수사과정에서 법령위반, 인권침해 또는 현저한 수사권 남용이 있었던 때에는 권한 있는 사람에게 해당 사법경찰관리의 징계를 요구할 수 있고, 그 징계 절차는 「공무원 징계령」 또는 「경찰공무원 징계령」에 따른다(법 제197조의3 제7항).

사법경찰관은 피의자를 신문하기 전에 수사과정에서 법령위반, 인권침해 또는 현저한 수사권 남용이 있는 경우 검사에게 구제를 신청할 수 있음을 피의자에게 알려주어야 한다(법 제197조의3 제8항).

3. 수사의 경합

검사는 사법경찰관과 동일한 범죄사실을 수사하게 된 때에는 사법경찰관에게 사건을 송치할 것을 요구할 수 있다. 요구를 받은 사법경찰관은 지체 없이 검사에게 사건을 송치하여야 한다. 다만, 검사가 영장을 청구하기 전에 동일한 범죄사실에 관하여 사법경찰관이 영장을 신청한 경우에는 해당 영장에 기재된 범죄사실을 계속 수사할 수 있다(법 제197조의4).

제3절 수사의 조건

I 의의

수사의 조건은 수사를 허용하는 적극적인 측면보다는 수사의 남용으로 인한 인권의 침해의 소지를 막기 위한 측면으로 작용한다.

II 수사의 필요성

1. 범죄의 혐의와 수사

수사는 수사기관의 구체적인 사실에 근거를 둔 주관적 혐의에 의하여 개시된다. 여기에서의 수사기관의 주관적 혐의는 구체적인 사실에 근거를 둔 혐의일 것을 요한다.

2. 소송조건과 수사

1) 문제점

친고죄와 같이 피해자의 고소가 있는 경우에 한하여 공소의 제기가 가능한 범죄에 있어서 고소가 없는 상태에서도 수사는 가능한지 여부가 문제가 된다. 친고죄에 있어서 고소와 같은 소송조건은 공소제기의 유효요건이자 실체심판의 전제조건이지 수사의 조건은 아니기 때문이다.

2) 학설의 대립

검사는 범죄의 혐의가 있는 경우, 수사를 하여야 하고(제195조) 소송조건은 범죄의 성립과 관계없으므로 전면적으로 수사가 가능하다는 전면적 허용설과 친고죄에 대하여 고소권자의 고소가 없을 경우에는 원칙적으로 수사할 수 없으며 예외적으로 긴급한 경우, 즉 지금 당장에 수사하지 않으면 중요한 증거를 수집 보전할 수 없는 경우에만 수사가 허용된다는 예외적 허용설이 있으나, 고소가 없는 경우에도 수사는 허용되지만 고소의 가능성이 없는 경우에는 수사가 허용되지 않는다는 절충설이 타당하다. 그러므로 고소의 가능성이 전혀 없는 특단의 사정이 있는 경우, 예컨대 고소기간이 경과한 경우, 고소권자가 고소를 하지 않겠다는 뜻을 명백히 한 경우에는 수사가 허용되지 아니하나, 고소의 가능성이 있는 경우에 수사는 가능하나 비례성의 원칙상 임의수사가 원칙이고 강제수사는 신중을 기하여 하여야 할 것이다.

판례 대법원 1995.2.24. 선고 94도252 판결

가. 친고죄나 세무공무원 등의 고발이 있어야 논할 수 있는 죄에 있어서 고소 또는 고발은 이른바 소추조건에 불과하고 당해 범죄의 성립요건이나 수사의 조건은 아니므로, 위와 같은 범죄에 관하여 고소나 고발이 있기 전에 수사를 하였다고 하더라도, 그 수사가 장차 고소나 고발이 있을 가능성이 없는 상태 하에서 행해졌다는 등의 특단의 사정이 없는 한, 고소나 고발이 있기 전에 수사를 하였다는 이유만으로 그 수사가 위법하다고 볼 수는 없다.

나. 검사 작성의 피고인에 대한 피의자신문조서, 다른 피의자에 대한 각 피의자신문조서등본 및 제3자에 대한 각 진술조서등본이 조세범처벌법위반죄에 대한 세무서장의 고발이 있기 전에 작성된 것이라 하더라도 피고인이나 그 피의자 및 제3자 등에 대한 신문이 피고인의 조세범처벌법위반 범죄에 대한 고발의 가능성이 없는 상태 하에서 이루어졌다고 볼 아무런 자료도 없다면, 그들에 대한 신문이 고발 전에 이루어졌다는 이유만으로 그 조서나 각 조서등본의 증거능력을 부정할 수는 없다.

Ⅲ 수사의 상당성

1. 수사의 신의칙과 수사비례의 원칙

수사의 상당성은 수사의 신의칙과 수사비례의 원칙을 내용으로 하며 여기에는 수사개시의 상당성(경미사건에 대한 인지)와 수사방법의 상당성(연하물 배출을 위한 개복수술, 경미사건의 피해자의 구속, 함정수사 등)이 문제된다.

2. 함정수사

1) 문제점

함정수사란 수사기관이 사인에게 범죄행위를 할 것을 교사한 후 범행의 실행을 기다려 범행을 한 사인을 체포하는 것을 말하는데, 이러한 수사의 방법은 국민을 속여 함정에 빠진 범인을 체포하는 것이므로 수사의 상당성 중 신의칙에 반하는 것이 아닌가 하는 문제점이 있다.

2) 함정수사의 허용여부

(1) 학설

함정수사에는 범의유발형함정수사[1]와 기회제공형함정수사[2]가 있는데, 이 중에서 위법성을 띠는 것은 범의유발형함정수사에 한한다는 것이 일반적인 견해이다.

판례 대법원 1992.10.27. 선고 92도1377 판결

함정수사는 본래 범의를 가지지 아니한 자에 대하여 수사기관이 사술이나 계략 등을 써서 범의를 유발케 하여 범죄인을 검거하는 수사방법을 말하는 것이므로, 범의를 가진 자에 대하여 범행의 기회를 주거나 범행을 용이하게 한 것에 불과한 경우에는 함정수사라고 말할 수 없다.

(2) 범의유발형 함정 수사의 공소제기 효과

판례 대법원 2007.7.12. 선고 2006도2339 판결

[1] 본래 범의를 가지지 아니한 자에 대하여 수사기관이 사술이나 계략 등을 써서 범의를 유발케 하여 범죄인을 검거하는 함정수사는 위법하다 할 것인 바, 구체적인 사건에 있어서 위법한 함정수사에 해당

---

1) 범죄를 할 의사가 없는 사람에게 범죄를 할 생각을 유발시키는 함정수사
2) 범죄를 할 의사가 이미 있는 사람에게 그 범행을 용의하게 할 기회를 만들어 주는 함정수사

하는지 여부는 해당 범죄의 종류와 성질, 유인자의 지위와 역할, 유인의 경위와 방법, 유인에 따른 피유인자의 반응, 피유인자의 처벌 전력 및 유인행위 자체의 위법성 등을 종합하여 판단하여야 한다.

[2] 수사기관과 직접 관련이 있는 유인자가 피유인자와의 개인적인 친밀관계를 이용하여 피유인자의 동정심이나 감정에 호소하거나, 금전적 · 심리적 압박이나 위협 등을 가하거나, 거절하기 힘든 유혹을 하거나, 또는 범행방법을 구체적으로 제시하고 범행에 사용할 금전까지 제공하는 등으로 과도하게 개입함으로써 피유인자로 하여금 범의를 일으키게 하는 것은 위법한 함정수사에 해당하여 허용되지 아니하지만, 유인자가 수사기관과 직접적인 관련을 맺지 아니한 상태에서 피유인자를 상대로 단순히 수차례 반복적으로 범행을 부탁하였을 뿐 수사기관이 사술이나 계략 등을 사용하였다고 볼 수 없는 경우는, 설령 그로 인하여 피유인자의 범의가 유발되었다 하더라도 위법한 함정수사에 해당하지 아니한다.

판례 대법원 2007.5.31. 선고 2007도1903 판결

[1] 본래 범의를 가지지 아니한 자에 대하여 수사기관이 사술이나 계략 등을 써서 범의를 유발케 하여 범죄인을 검거하는 함정수사는 위법함을 면할 수 없고, 이러한 함정수사에 기한 공소제기는 그 절차가 법률의 규정에 위반하여 무효인 때에 해당한다 할 것이지만, 범의를 가진 자에 대하여 단순히 범행의 기회를 제공하는 것에 불과한 경우에는 위법한 함정수사라고 단정할 수 없다.

[2] 경찰관이 취객을 상대로 한 이른바 부축빼기 절도범을 단속하기 위하여, 공원 인도에 쓰러져 있는 취객 근처에서 감시하고 있다가, 마침 피고인이 나타나 취객을 부축하여 10미터 정도를 끌고 가 지갑을 뒤지자 현장에서 체포하여 기소한 경우, 위법한 함정수사에 기한 공소제기가 아니라고 한 사례.

판례 대법원 2005.10.28. 선고 2005도1247 판결

범의를 가진 자에 대하여 단순히 범행의 기회를 제공하거나 범행을 용이하게 하는 것에 불과한 수사방법이 경우에 따라 허용될 수 있음은 별론으로 하고, 본래 범의를 가지지 아니한 자에 대하여 수사기관이 사술이나 계략 등을 써서 범의를 유발케 하여 범죄인을 검거하는 함정수사는 위법함을 면할 수 없고, 이러한 함정수사에 기한 공소제기는 그 절차가 법률의 규정에 위반하여 무효인 때에 해당한다.

판례 대법원 2008.10.23. 선고 2008도7362 판결

경찰관이 노래방의 도우미 알선 영업 단속 실적을 올리기 위하여 그에 대한 제보나 첩보가 없는데도 손님을 가장하고 들어가 도우미를 불러낸 사안에서, 위법한 함정수사로서 공소제기가 무효라고 함.

제4절 수사의 단서

I 수사의 단서

1. 의의

형사소송법에는 고소, 고발, 자수, 변사자 검시, 현행범체포를 명문의 규정으로 수사의 단서로 보고 있다. 이 중에서 고소, 고발, 자수가 있는 경우에는 즉시 수사가 개시되고, 그 이외의 수사의 단서는 범죄인지에 의하여 수사가 개시된다.

불심검문, 변사체검시, 현행범체포, 기사, 세평 등은 수사기관 자신의 체험에 의한 수사의 개시원인이 되는 반면, 고소, 고발, 자수, 진정, 범죄신고 등은 타인의 체험의 정취에 의한 수사개시의 원인이다.

2. 범죄인지와 범죄인지보고서의 관계

내사는 검사와 사법경찰관의 상호협력과 일반적 수사준칙에 관한 규정(대통령령) 제16조와 검찰사건사무규칙(법무부령) 제141조 내지 제143조 등에 규정된 명시된 제도이며, 수사력의 낭비를 막기 위하여 입건절차 유무를 기준으로 내사와 수사는 명확히 구별하자는 형식설이 있으나, 이에 의하면 사실상 수사를 받고 있는 입건전의 피내사자의 인권보장이 소홀해질 우려가 있으므로 실질설이 타당하다. 우리 판례도 실질설의 입장이며, 피내사자에게도 변호인의 조력을 받을 권리로 접견교통권을 인정하고 있다. 다만 증거보전 청구는 불허하고 있다.

판례 대법원 2001.10.26. 선고 2000도2968 판결

검찰사건사무규칙 제2조 내지 제4조에 의하면, 검사가 범죄를 인지하는 경우에는 범죄인지서를 작성하여 사건을 수리하는 절차를 거치도록 되어 있으므로, 특별한 사정이 없는 한 수사기관이 그와 같은 절차를 거친 때에 범죄인지가 된 것으로 볼 것이나, 범죄의 인지는 실질적인 개념이고, 이 규칙의 규정은 검찰행정의 편의를 위한 사무처리절차 규정이므로, 검사가 그와 같은 절차를 거치기 전에 범죄의 혐의가 있다고 보아 수사를 개시하는 행위를 한 때에는 이 때에 범죄를 인지한 것으로 보아야 하고, 그 뒤 범죄인지서를 작성하여 사건수리 절차를 밟은 때에 비로소 범죄를 인지하였다고 볼 것이 아니며, 이러한 인지절차를 밟기 전에 수사를 하였다고 하더라도, 그 수사가 장차 인지의 가능성이 전혀 없는 상태 하에서 행해졌다는 등의 특별한 사정이 없는 한, 인지절차가 이루어지기 전에 수사를 하였다는 이유만으로 그 수사가 위법하다고 볼 수는 없고, 따라서 그 수사과정에서 작성된 피의자신

문조서나 진술조서 등의 증거능력도 이를 부인할 수 없다.

판례 대법원 1996.6.3. 자 96모18 결정

변호인의 조력을 받을 권리를 실질적으로 보장하기 위하여는 변호인과의 접견교통권의 인정이 당연한 전제가 되므로, 임의동행의 형식으로 수사기관에 연행된 피의자에게도 변호인 또는 변호인이 되려는 자와의 접견교통권은 당연히 인정된다고 보아야 하고, 임의동행의 형식으로 연행된 피내사자의 경우에도 이는 마찬가지이다.

판례 대법원 1979.6.12. 선고 79도792 판결

형사소송법 제184조에 의한 증거보전은 피고인 또는 피의자가 형사입건도 되기 전에는 청구할 수 없고, 또 피의자신문에 해당하는 사항을 증거보전의 방법으로 청구할 수 없다.

Ⅱ 변사자 검시

1. 의의

변사자 또는 변사의 의심 있는 사체가 있는 때에는 그 소재지를 관할하는 지방검찰청 검사가 검시하여야 한다(제222조). 이때 검사는 사법경찰관에게 변사자 검시와 검증의 처분을 명할 수 있다. 변사자는 자연사 또는 통상의 병사가 아닌 범죄로 인하여 사망한 것이라고 의심이 가는 사체를 의미한다. 그러므로 익사 또는 천재지변으로 인하여 사망한 것이 명백한 경우에는 변사체가 아니므로 검시의 대상이 되지 아니한다.

2. 성질

수사의 단서의 일종이므로 영장이 필요 없으나 검시로 인하여 범죄혐의가 있는 경우에 검증을 위하여 영장이 필요하나, 긴급을 요하는 경우에는 영장 없이 검증을 할 수 있다(제222조 제2항). 이 경우 영장 없이 타인의 주거에 들어가서 검시를 할 수 있는가에 대하여는 학설의 대립이 있으나, 당사자의 동의가 없는 경우에는 영장이 필요하다고 해석하는 것이 다수설이다.

Ⅲ 불심검문

1. 의의

경찰관직무집행법 제3조 제1항에서는 "경찰관은 수상한 거동 기타 주위의 사정을 합리적으로 판단하여 어떠한 죄를 범하였거나 범하려 하고 있다고 의심할 만한 상당한 이유가 있는 자 또는 이미 행하여진 범죄나 행하여지려고 하는 범죄행위에 관하여 그 사실을 안다고 인정되는 자를 정지시켜 질문할 수 있다"라고 하여 불심검문을 명문으로 인정하고 있다.

2. 법적 성격

경찰관직무집행법 제3조에서 "어떤 죄를 범하였거나 이미 행하여진 범죄나 그 사실을 안다고 인정되는 자"라고 규정한 부분은 보안행정 경찰작용이 아니라 이미 저질러진 범죄에 대한 수사작용이므로 보안경찰작용과 사법경찰작용 병유설이 있으나, 경찰관직무집행법 제3조에서 불심검문의 대상범죄를 특정하지 아니하고 "어떠한 죄"라고 규정하고 있으므로 불심검문은 행정(보안)경찰작용에 속한다고 보는 것이 타당하다. 그러므로 불심검문은 수사에서 요구되는 객관적 사실에 바탕을 둔 주관적 혐의가 있을 때만 하는 것이 아니라 널리 사전 범죄예방의 필요성에 의하여 거동불심자에게 행할 수 있고 이에 의하여 범죄의 혐의가 인정되면 수사가 개시되는 수사의 단서가 된다고 하겠다.

3. 불심검문의 대상

거동불심자를 대상으로 하는데, 여기서의 거동불심자란 수상한 거동 기타 주위의 사정을 합리적으로 판단하여 어떠한 죄를 범하였거나 범하려 하고 있다고 의심할 만한 상당한 이유가 있는 자 또는 이미 행하여진 범죄나 행하여지려고 하는 범죄행위에 관하여 그 사실을 안다고 인정되는 자를 말한다.

4. 불심검문의 방법

1) 정지와 질문

정지에 관하여는 자동차 검문이, 질문에 대하여는 소지품검사가 허용될 수 있는지 문제가 된다.

(1) 질문의 방법

거동불심자에게 질문하거나 동행을 요구할 경우 경찰관은 당해인에게 자신의 신분을 표시하는 증표를 제시하면서 소속과 성명을 밝히고 그 목적과 이유를 설명하여야 하며, 동행의 경우에는 동행장소를 밝혀야 한다(동법 제3조 제4항). 이 경우 행선지, 성명, 주소, 연령 등을 묻을 수 있고, 질문을 할 때에 흉기의 소지 여부를 조사할 수 있다(동법 제3조 제3항). 다만 이때의 질문은 임의수단이므로 당해인은 답변을 강요당하지 아니한다(동법 제3조 제7항).

판례 대법원 2014.12.11. 선고 2014도7976판결

경찰관직무집행법(이하 '법'이라 한다) 제3조 제4항은 경찰관이 불심검문을 하고자 할 때에는 자신의 신분을 표시하는 증표를 제시하여야 한다고 규정하고, 경찰관직무집행법 시행령 제5조는 위 법에서 규정한 신분을 표시하는 증표는 경찰관의 공무원증이라고 규정하고 있는데, 불심검문을 하게 된 경위, 불심검문 당시의 현장상황과 검문을 하는 경찰관들의 복장, 피고인이 공무원증 제시나 신분 확인을 요구하였는지 여부 등을 종합적으로 고려하여, 검문하는 사람이 경찰관이고 검문하는 이유가 범죄행위에 관한 것임을 피고인이 충분히 알고 있었다고 보이는 경우에는 신분증을 제시하지 않았다고 하여 그 불심검문이 위법한 공무집행이라고 할 수 없다.

(2) 정지의 한계

정지에 있어서 경찰관은 사태의 긴급성, 혐의의 정도, 질문의 필요성과 수단의 상당성 등 여러 가지 정황을 판단하여 강제에 이르지 않는 정도의 유형력의 행사는 허용된다고 본다.3)

판례 대법원 2012.9.13. 선고 2010도6203판결

[1] 경찰관직무집행법(이하 '법'이라 한다)의 목적, 법 제1조 제1항, 제2항, 제3조 제1항, 제2항, 제3항, 제7항의 규정 내용 및 체계 등을 종합하면, 경찰관은 법 제3조 제1항에 규정된 대상자에게 질문을 하기 위하여 범행의 경중, 범행과의 관련성, 상황의 긴박성, 혐의의 정도, 질문의 필요성 등에 비추어 목적 달성에 필요한 최소한의 범위 내에서 사회통념상 용인될 수 있는 상당한 방법으로 대상자를 정지시킬 수 있고 질문에 수반하여 흉기의 소지 여부도 조사할 수 있다.

[2] 검문 중이던 경찰관들이, 자전거를 이용한 날치기 사건 범인과 흡사한 인상착의의 피고인이 자전거를 타고 다가오는 것을 발견하고 정지를 요구하였으나 멈추지 않아, 앞을 가로막고 소속과 성명을 고지한 후 검문에 협조해 달라는 취지로 말하였음에도 불응하고 그대로 전진하자, 따라가서 재차 앞을 막고 검문에 응하라고 요구하였는데, 이에 피고인이 경찰관들의 멱살을 잡아 밀치거나 욕설을 하는 등 항의하여 공무집행방해 등으로 기소된 사안에서, 범행의 경중, 범행과의 관련성, 상황의 긴박성, 혐의의 정도, 질문의 필요성 등에 비추어 경찰관들은 목적 달성에 필요한 최소한의 범위 내에서 사회통념상 용인될 수 있는 상당한 방법을 통하여 경찰관직무집행법 제3조 제1항에 규정된 자에 대해 의심되는 사항을 질문하기 위하여 정지시킨 것으로 보아야 하는데도, 이와 달리

3) 예 : 정지를 위하여 길을 막거나 추적하는 정도, 몸에 손을 대는 정도

경찰관들의 불심검문이 위법하다고 보아 피고인에게 무죄를 선고한 원심판결에 불심검문의 내용과 한계에 관한 법리오해의 위법이 있다고 한 사례.

2) 동행의 요구

경찰관은 질문을 위하여 그 장소에서 질문하는 것이 당해인에게 불리하거나 교통의 방해가 된다고 인정되는 때에는 질문하기 위하여 부근의 경찰서 · 지구대 · 파출소 또는 출장소(이하 "경찰관서"라 하되, 지방해양경찰관서를 포함한다)에 동행할 것을 요구할 수 있다. 이 경우 당해인은 경찰관의 동행요구를 거절할 수 있다(동법 제3조 제2항). 동행을 한 경우 경찰관은 당해인의 가족 또는 친지 등에게 동행한 경찰관의 신분, 동행장소, 동행목적과 이유를 고지하거나 본인으로 하여금 즉시 연락할 수 있는 기회를 부여하여야 하며, 변호인의 조력을 받을 권리가 있음을 고지하여야 한다(동법 제3조 제5항). 동행을 한 경우 경찰관은 당해인을 6시간을 초과하여 경찰관서에 머물게 할 수 없다(동법 제3조 제6항). 이 경우 당해인은 형사소송에 관한 법률에 의하지 아니하고는 신체를 구속당하지 아니하며, 그 의사에 반하여 답변을 강요당하지 아니한다(동법 제3조 제7항).

[판례] 대법원 1997.8.22. 선고 97도1240판결

임의동행은 상대방의 동의 또는 승낙을 그 요건으로 하는 것이므로 경찰관으로부터 임의동행 요구를 받은 경우 상대방은 이를 거절할 수 있을 뿐만 아니라 임의동행 후 언제든지 경찰관서에서 퇴거할 자유가 있다 할 것이고, 경찰관직무집행법 제3조 제6항이 임의동행한 경우 당해인을 6시간을 초과하여 경찰관서에 머물게 할 수 없다고 규정하고 있다고 하여 그 규정이 임의동행한 자를 6시간 동안 경찰관서에 구금하는 것을 허용하는 것은 아니다.

Ⅳ 소지품 검사

1. 의의

불심검문에 수반하여 흉기 기타 물건의 소지 여부를 밝히기 위하여, 거동불심자의 착의 또는 휴대품을 조사하는 것을 말한다. 즉 소지품을 외부에서 관찰하고, 그 내용을 질문하며, 의복 또는 휴대품을 외부에서 가볍게 손으로 만져보고, 그 내용의 개시를 요구하고, 개시된 내용물을 검사하는 일련의 행위를 소지품검사라고 한다.

2. 소지품 검사의 허용 여부

흉기 조사는 경찰관직무집행법 제3조 제3항에 명문의 규정이 있지만 일반 소지품검사에 대하여는 명문의 규정이 없으므로 허용되지 아니한다는 견해도 있으나, 소지품검사는 불심검문의 안전을 확보하고 질문의 실효성을 위해 불심검문에 부수하여 이루어지는 행위이므로 경찰관직무집행법 제3조에 근거가 있다고 할 것이므로 그 범위 내에서는 허용된다고 보아야 한다. 그러므로 범죄수사를 위한 소지품검사는 허용되지 아니한다.

3. 소지품 검사의 한계

1) Stop and Frisk

미국의 Terry v. Ohio Case(1968)에서 확립된 이론으로 경찰관이 강도의 의심이 있는 3인을 검문하면서 의복의 외부를 가볍게 만진 결과 Pistol을 발견하고, 경찰서에 연행하여 무기소지죄로 기소한 사건에 대하여 미연방대법원은 "미 수정헌법 제4조에 의한 합리적인 수색이므로 압수된 무기를 증거로 사용할 수 있다"라고 판시하여 확립된 것이다.

그러나 이후 Sibron v. N.Y Case(1968)에서는 마약상습자와 식당에서 대화하고 있는 Sibron을 경찰관이 길로 불러내어 주머니에 손을 넣어 수색한 결과 헤로인을 발견한 사건에 대하여 미 연방대법원은 "주머니에 손을 넣어서 수색하는 것은 상당한 방법에 해당될 수 없으므로 미 수정헌법 제4조에 반한다"라고 판시하였다.

2) 소지품의 외표 검사 및 개시요구와 내용조사

흉기조사는 경찰관직무집행법 제3조 제3항에 의하여, 일반소지품 검사는 동법 제3조에서 가능하므로 소지품에 대한 외표검사는 가능하다. 다음으로 흉기조사인 경우에는 흉기를 소지한 것이 확실한 경우에는 질문자의 안전과 제3자의 생명, 신체의 보호를 위하여 강제력이 아닌 유형력의 행사를 통해 개시를 요구할 수 있으나, 일반 소지품의 개시요구는 강요적인 행동과 언동에 의하지 않는 경우에만 가능하다고 보아야 할 것이다.

3) 위법한 소지품 검사에 의한 수사의 적법성

위법한 소지품 검사를 통하여 나온 물건을 기초로 하여 수사를 개시한 경우 특히 구속 혹은 긴급체포를 한 경우에 적정절차의 원리를 강조하여, 위법수집증거배제법칙이 적용되어 위법한 소지품 검사를 통해 나온 물건을 기초로 한 긴급체포, 구속은 위법하다고 보는 입장과 체포의 이유판단은 공판단계에 앞서 있는 것으로, 보다 신속한 판단이 필요하므로 긴급체포의 요건 판단의 1차적 주체는 수사기관이고 위법수집증거배제 법칙은 수사기관이 직접적으로 불법한 인신구속을 통제하기 위하여 활용하는 법칙은 아니므로 체포 등에 있어서 판단자료로 활용되는 것은 가능하다고 보아 체포는 적법하다고 보는 견해가 있다. 그러나 이 견해의 입장에서도 위법한 소지품 검사에서 나온 수집품이 공판단계에서 범죄사실의 증명과 관련하여 위법수집증거로서 증거능력이 부정될 수 있음에는 이론이 없다.

판례 대법원 2006.7.6. 선고 2005도6810 판결

사법경찰관이 피고인을 동행할 당시에 물리력을 행사한 바가 없고, 피고인이 명시적으로 거부의사를 표명한 적이 없다고 하더라도, 사법경찰관이 피고인을 수사관서까지 동행한 것은 위에서 본 적법요건이 갖추어지지 아니한 채 사법경찰관의 동행 요구를 거절할 수 없는 심리적 압박 아래 행하여진 사실상의 강제연행, 즉 불법체포에 해당한다고 보아야 할 것이고, 사법경찰관이 그로부터 6시간 상당이 경과한 이후에 비로소 피고인에 대하여 긴급체포의 절차를 밟았다고 하더라도 이는 동행의 형식 아래 행해진 불법체포에 기하여 사후적으로 취해진 것에 불과하므로, 그와 같은 긴급체포 또한 위법하다고 아니할 수 없다.

V 자동차 검사와 음주운전

1. 의의

자동차 검문이란 범죄의 예방과 검거를 목적으로 통행중인 자동차를 정지시켜 운전자 및 동승자에게 질문하는 것을 말한다. 자동차 검문에는 교통검문[4], 경계검문[5], 긴급수배검문[6]이 있다.

2. 법적 근거

교통검문은 도로교통법 제47조 일시정지권에 근거가 있으나, 그 외에는 법에 직접적인 근거가 없어 문제가 되나, 경계검문은 경찰관집무집행법 제3조에 근거가 있다고 볼 것이며, 긴급수배검문은 동법과 형사소송법상의 임의수사에 관한 규정에서 근거를 찾을 수 있다.

4) 도로교통법위반의 단속을 위한 검문: 일시정지권(도로교통법 제47조)
5) 불특정한 범죄의 예방과 검거를 목적으로 한 검문: 경찰관직무집행법 제3조 제1항
6) 특정범죄의 범인의 검거와 수사정보의 수집을 위한 검문: 경찰관직무집행법 제3조, 임의수사(제199조)

3. 음주운전

판례 대법원 2017.6.15. 선고 2017도5115 판결

[1] 도로교통법 제44조 제2항에 의하여 경찰공무원이 운전자가 술에 취하였는지를 알아보기 위하여 실시하는 측정은 호흡을 채취하여 그로부터 주취의 정도를 객관적으로 환산하는 측정방법 즉, 음주측정기에 의한 측정으로 이해하여야 한다. 다만 경찰공무원은 음주 여부나 주취 정도를 측정함에 있어 필요한 한도 내에서 그 측정방법이나 측정횟수에 관하여 어느 정도 재량을 갖는 것이므로, 운전자의 음주 여부나 주취 정도를 확인하기 위하여 운전자에게 음주측정기를 면전에 제시하면서 호흡을 불어넣을 것을 요구하는 것 이외에도 그 사전절차로서 음주측정기에 의한 측정과 밀접한 관련이 있는 검사방법인 음주감지기에 의한 시험도 요구할 수 있다고 봄이 타당하다.

[2] 도로교통법 제148조의2 제1항 제2호에서 말하는 '경찰공무원의 측정에 응하지 아니한 경우'란 전체적인 사건의 경과에 비추어 술에 취한 상태에 있다고 인정할 만한 상당한 이유가 있는 운전자가 음주측정에 응할 의사가 없음이 객관적으로 명백하다고 인정되는 때를 의미한다. 경찰공무원이 술에 취한 상태에 있다고 인정할 만한 상당한 이유가 있는 운전자에게 음주 여부를 확인하기 위하여 음주측정기에 의한 측정의 사전 단계로 음주감지기에 의한 시험을 요구하는 경우, 그 시험 결과에 따라 음주측정기에 의한 측정이 예정되어 있고 운전자가 그러한 사정을 인식하였음에도 음주감지기에 의한 시험에 명시적으로 불응함으로써 음주측정을 거부하겠다는 의사를 표명하였다면, 음주감지기에 의한 시험을 거부한 행위도 음주측정기에 의한 측정에 응할 의사가 없음을 객관적으로 명백하게 나타낸 것으로 볼 수 있다.

판례 대법원 2003.1.24. 선고 2002도6632 판결

[1] 도로교통법 제107조의2 제2호의 음주측정불응죄는 술에 취한 상태에 있다고 인정할 만한 상당한 이유가 있는 사람이 같은 법 제41조 제2항의 규정에 의한 경찰공무원의 측정에 응하지 아니한 경우에 성립하는 것인바, 여기서 '술에 취한 상태'라 함은 음주운전죄로 처벌되는 음주수치인 혈중알코올농도 0.05% 이상의 음주상태를 말한다고 보아야 할 것이므로, 음주측정불응죄가 성립하기 위하여는 음주측정 요구 당시 운전자가 반드시 혈중알코올농도 0.05% 이상의 상태에 있어야 하는 것은 아니지만 적어도 혈중알코올농도 0.05% 이상의 상태에 있다고 인정할 만한 상당한 이유가 있어야 하는 것이고, 나아가 술에 취한 상태에 있다고 인정할 만한 상당한 이유가 있는지 여부는 음주측정 요구 당시 개별 운전자마다 그의 외관·태도·운전 행태 등 객관적 사정을 종합하여 판단하여야 한다.

[2] 호흡측정기에 의한 음주측정을 요구하기 전에 사용되는 음주감지기 시험에서 음주반응이 나왔다고 할지라도 현재 사용되는 음주감지기가 혈중알코올농도 0.02%인 상태에서부터 반응하게 되어 있는 점을 감안하면 그것만으로 바로 운전자가 혈중알코올농도 0.05% 이상의 술에 취한 상태에 있다고 인정할 만한 상당한 이유가 있다고 볼 수는 없고, 거기에다가 운전자의 외관·태도·운전행태 등의 객관적 사정을 종합하여 술에 취한 상태에 있다고 인정할 만한 상당한 이유가 있는지 여부를 판단하여야 한다.

[3] 피고인이 음주측정을 요구받을 당시 음주운전죄로 처벌되는 음주수치인 혈중알코올농도 0.05% 이상의 음주상태에 있다고 인정할 만한 상당한 이유가 있었다고 보기 어렵다는 이유로 피고인이 음주측정을 요구받고서도 이를 불응한 행위가 도로교통법 제107조의2 제2호, 제41조 제2항 소정의 음주측정불응죄에 해당한다고 볼 수는 없다.

Ⅵ 고소

1. 의의

1) 개념

고소는 범죄의 직접적인 피해자 또는 그와 일정한 관계가 있는 고소권자가 수사기관에 범죄사실을 신고하여 범인의 처벌을 구하는 의사표시를 말한다. 그러므로 수사기관이 아닌 법원에 진정서를 제출하거나 단순한 도난신고서나 피해전말서는 고소가 아니다.

판례 대법원 1984.6.26. 선고 84도709 판결

고소는 서면 또는 구술로써 검사 또는 사법경찰관에게 하여야 하는 것이므로 피해자가 피고인을 심리하고 있는 법원에 대하여 간통사실을 적시하고 피고인을 엄벌에 처하라는 내용의 진술서를 제출하거나 증인으로서 증언하면서 판사의 신문에 대해 피고인의 처벌을 바란다는 취지의 진술을 하였다 하더라도 이는 고소로서의 효력이 없다.

2) 성격

고소는 원칙적으로 수사의 단서이나 친고죄의 경우에는 소송조건이다.

3) 능력

고소는 법률행위이므로 고소능력이 있어야 한다. 고소능력은 고소의 의미를 이해하는 사실상의 능력으로서 민법상의 행위능력과 구별된다. 판례는 13세의 여중생에 대하여 강간죄의 고소능력을 인정한 바 있다.

판례 2007.10.11. 선고 2007도4962 판결

[1] 고소를 함에는 고소능력이 있어야 하는 바, 이는 피해를 받은 사실을 이해하고 고소에 따른 사회생활상의 이해관계를 알아차릴 수 있는 사실상의 의사능력으로 충분하므로 민법상의 행위능력이 없는 자라도 위와 같은 능력을 갖춘 자에게는 고소능력이 인정되고, 범행 당시 고소능력이 없던 피해자가 그 후에 비로소 고소능력이 생겼다면 그 고소기간은 고소능력이 생긴 때로부터 기산하여야 한다.

[2] 강간 피해 당시 14세의 정신지체아가 범행일로부터 약 1년 5개월 후 담임교사 등 주위 사람들에게 피해사실을 말하고 비로소 그들로부터 고소의 의미와 취지를 설명 듣고 고소에 이른 경우, 위 설명을 들은 때 고소능력이 생겼다고 보아야 한다.

판례 대법원 1999.2.9. 선고 98도2074 판결

[1] 고소를 함에는 소송행위능력, 즉 고소능력이 있어야 하는 바, 고소능력은 피해를 받은 사실을 이해하고 고소에 따른 사회생활상의 이해관계를 알아차릴 수 있는 사실상의 의사능력으로 충분하므로

민법상의 행위능력이 없는 자라도 위와 같은 능력을 갖춘 자에게는 고소능력이 인정된다고 할 것이고, 고소위임을 위한 능력도 위와 마찬가지라고 할 것이다.

[2] 친고죄에서의 고소 유무에 대한 사실은 자유로운 증명의 대상이 된다.

2. 고소의 절차

1) 고소권자

(1) 피해자(제223조)

① 피해자는 직접적인 피해자에 한정되며 자연인, 법인, 법인격 없는 사단 및 재단도 포함된다.

② 고소권은 원칙적으로 일신전속적인 권리이므로 상속·양도의 대상이 되지 않는다. 그러나 특허권·저작권과 같이 범죄로 인한 침해가 계속될 수 있는 경우에는 이에 대한 고소권의 이전도 인정될 수 있다.

(2) 피해자의 법정 대리인(제225조 제1항)

① 피해자의 법정대리인이 독립하여 고소할 수 있다. 재산관리인, 파산관재인은 무능력자의 법정대리인이 아니므로 제외된다.

② 법인의 대표자는 직접 고소권자이지 피해자의 법정대리인은 될 수 없다.

③ 법정대리인의 지위는 고소를 할 때 있으면 족하다.

④ 법정대리인의 고소권은 고유권으로 보는 것이 타당하다.

판례 대법원 1999.12.24. 선고 99도3784 판결

형사소송법 제225조 제1항이 규정한 법정대리인의 고소권은 무능력자의 보호를 위하여 법정대리인에게 주어진 고유권이므로 법정대리인은 피해자의 고소권 소멸 여부에 관계없이 고소할 수 있고, 이러한 고소권은 피해자의 명시한 의사에 반하여도 행사할 수 있다.

판례 대법원 1987.6.9. 선고 87도857 판결

형사소송법 제225조 제1항이 규정한 법정대리인의 고소권은 무능력자의 보호를 위하여 법정대리인에게 주어진 고유권으로서 피해자의 고소권 소멸여부에 관계없이 고소할 수 있는 것이므로 법정대리인의 고소기간은 법정대리인 자신이 범인을 알게 된 날로부터 진행한다.

(3) 피해자의 배우자·친족

① 피해자의 법정대리인이 피의자이거나 법정대리인의 친족이 피의자인 때에는 피해

자의 친족은 독립하여 고소할 수 있다(제226조).[7]

② 피해자가 사망한 때에는 그 배우자, 직계친족 또는 형제자매는 고소할 수 있다. 단, 피해자의 명시한 의사에 반하지 못한다(제225조 제2항). 이러한 고소권은 피해자가 사망하였다는 점에서 고유권으로 보아야 한다.[8]

③ 사자의 명예를 훼손한 범죄에 대하여는 그 친족 또는 자손은 고소할 수 있다(제227조).

(4) 지정고소권자

① 친고죄에 대하여 고소할 자가 없는 경우에 이해관계인의 신청이 있으면 검사는 10일 이내에 고소할 수 있는 자를 지정하여야 한다(제228조). 고소할 자가 없게 된 이유는 묻지 아니하나 고소권자가 고소권을 상실하거나 고소를 하지 아니할 의사를 명백히 하고 사망한 경우는 제외된다.

② 여기서의 이해관계인의 범위는 법률상의 이해관계인에 한정하지 않고 사실상의 이해관계인도 포함한다. 다만, 감정상의 관계인은 제외된다. 그러므로 피해자와 내연의 부부관계에 있는 자, 피해자의 친족으로서 고소권이 없는 자, 피해자의 고용주·채권자·파산관재인 등도 고소권자의 지정을 청구할 수 있다.

2) 고소의 방법

(1) 고소의 의사표시의 방법(제237조)

서면 또는 구술로 검사 또는 사법경찰관에게 한다. 이때 구술에 의한 고소를 받은 경우엔 조서를 작성하여야 하나, 고소조서에는 처벌을 희망하는 의사표시가 있으면 되므로 독립된 조서를 요하지 않는다. 그러나 전보, 전화 또는 팩시밀리에 의한 고소의 경우에는 별도의 조서가 작성되어야 고소의 효력이 발생한다. 왜냐하면 전화, 전보 등으로는 서명 날인을 할 수 없으므로 별도의 조서가 작성되어야 한다.

판례 대법원 1985.3.12. 선고 85도190 판결

친고죄에 있어서의 고소는 고소권 있는 자가 수사기관에 대하여 범죄사실을 신고하고 범인의 처벌을 구하는 의사표시로서 서면뿐만 아니라 구술로도 할 수 있는 것이고, 다만 구술에 의한 고소를 받은 검사 또는 사법경찰관은 조서를 작성하여야 하지만 그 조서가 독립된 조서일 필요는 없으며 수사기관이 고소권자를 증인 또는 피해자로서 신문한 경우에 그 진술에 범인의 처벌을 요구하는 의사표시가

---

7) 성폭력범죄인 경우에는 성폭법 제18조에서 형사소송법 제224조(고소의 제한)의 규정의 적용을 배제하고 있으므로 제226조가 실천적 의미는 반감되었다.

8) 그러나 피해자의 의사에 반할 수 없다는 점을 들어서 독립대리권이라고 보는 견해도 있다.

포함되어 있고 그 의사표시가 조서에 기재되면 고소는 적법하게 이루어진 것이다.

(2) 범죄사실의 특정

판례 대법원 1985.7.23. 선고 85도1213 판결

가. 고소에 있어 범죄사실의 특정의 정도는 고소인의 의사가 구체적으로 어떤 범죄사실을 지정하여 범인의 처벌을 구하고 있는 것인가를 확정할 수 있으면 되는 것이고, 고소인 자신이 직접 범행일시, 장소와 방법 등까지 구체적으로 상세히 지적하여 그 범죄사실을 특정할 필요까지는 없다.

나. 범행기간을 특정하고 있는 고소에 있어서는 그 기간 중의 어느 특정범죄에 대하여 범인의 처벌을 원치 않는 고소인의 의사가 있다고 볼 만한 특단의 사정이 없는 이상 그 고소는 특정된 기간 중에 저지른 모든 범죄에 대하여 범인의 처벌을 구하는 의사표시라고 봄이 상당하다.

판례 대법원 1984.10.23. 선고 84도1704 판결

고소는 범죄의 피해자 등이 수사기관에 대하여 범죄사실을 신고하여 범인의 소추처벌을 구하는 의사표시이므로 그 범죄사실 등이 구체적으로 특정되어야 할 것이나, 그 특정의 정도는 고소인의 의사가 수사기관에 대하여 일정한 범죄사실을 지정 신고하여 범인의 소추처벌을 구하는 의사표시가 있었다고 볼 수 있을 정도면 그것으로 충분하고, 범인의 성명이 불명이거나 또는 오기가 있었다거나 범행의 일시·장소·방법 등이 명확하지 않거나 틀리는 것이 있다고 하더라도 그 효력에는 아무 영향이 없다.

3) 고소의 대리

고소 또는 그 취소는 대리인으로 하여금 하게 할 수 있다(제236조).

판례 대법원 2001.9.4. 선고 2001도3081 판결

형사소송법 제236조의 대리인에 의한 고소의 경우, 대리권이 정당한 고소권자에 의하여 수여되었음이 실질적으로 증명되면 충분하고, 그 방식에 특별한 제한은 없으므로, 고소를 할 때 반드시 위임장을 제출한다거나 대리라는 표시를 하여야 하는 것은 아니고, 또 고소기간은 대리고소인이 아니라 정당한 고소권자를 기준으로 고소권자가 범인을 알게 된 날부터 기산한다.

4) 고소의 조건

고소에 대하여 조건을 붙일 수 있는가에 대하여는 형사절차의 확실성상 붙일 수 없다는 견해가 있으나, 소송의 진행에 지장을 주지 않는 범위에서 가능하다고 보는 것이 타당하다.

5) 고소의 기간

(1) 고소기간

비친고죄의 경우에는 기간의 제한은 없으나 친고죄의 경우에는 범인을 알게 된 날로

부터 6개월을 경과하면 고소를 하지 못한다. 여기서 범인을 알게 되었을 것을 요하므로 단순히 범죄사실을 알게 된 것만으로는 고소기간이 진행되지 아니한다. 또한 범죄가 종료되지 아니한 경우에는 고소기간이 진행되지 아니한다.

판례 대법원 2004.10.28. 2004도 5014

형사소송법 제230조 제1항에서 말하는 "범인을 알게 된 날"이란 범죄행위가 종료된 후에 범인을 알게 된 날을 가리키는 것으로서, 고소권자가 범죄행위가 계속되는 도중에 범인을 알았다 하여도, 그 날부터 곧바로 위 조항에서 정한 친고죄의 고소기간이 진행된다고는 볼 수 없고, 이러한 경우 고소기간은 범죄행위가 종료된 때부터 계산하여야 하며, 동종행위의 반복이 당연히 예상되는 영업범 등 포괄일죄의 경우에는 최후의 범죄행위가 종료한 때에 전체 범죄행위가 종료된 것으로 보아야 한다고 한다.

판례 대법원 2001.10.9. 선고 2001도3106

형사소송법 제230조 제1항 본문은 "친고죄에 대하여는 범인을 알게 된 날로부터 6월을 경과하면 고소하지 못한다"고 규정하고 있는 바, 여기서 범인을 알게 된다 함은 통상인의 입장에서 보아 고소권자가 고소를 할 수 있을 정도로 범죄사실과 범인을 아는 것을 의미하고, 범죄사실을 안다는 것은 고소권자가 친고죄에 해당하는 범죄의 피해가 있었다는 사실관계에 관하여 확정적인 인식이 있음을 말한다.

(2) 고소기간의 시기의 제한

고소할 수 없는 불가항력사유가 있으면 그 사유가 없어진 날로부터 기산한다. 결혼목적 약취 유인된 자가 혼인을 한 경우의 고소는 혼인의 무효 또는 취소의 재판이 확정된 날로부터 전항의 기간이 진행된다(제230조 제2항). 고소할 자가 수인이 있는 경우에는 1인의 기간해태는 타인의 고소에 영향을 미치지 않는다(제231조). 여기서의 고소권자가 수인의 의미에는 고소대리권자가 수인이라는 것은 포함되지 아니하고 고유의 고소권자가 수인임을 의미하다.

6) 고소의 제한

자기 또는 배우자의 직계존속을 고소하지 못한다(제224조). 단, 성폭력특별법이나 가정폭력특별법에서는 예외가 인정된다.

3. 고소의 효력

1) 고소불가분의 원칙

고소불가분의 원칙은 고소의 효력이 불가분이라는 것이며, 이는 고소의 효력이 미치는 범위에 관한 원칙으로서 친고죄의 고소에만 적용된다. 즉 친고죄에 있어서 고소는 소송조건이므로 고소에 의하여 공형벌권의 발생인 공소가 유효할 수 있으나 이러한 사인의 의사는 고소의 제기에만 관련이 있는 것이고 이후의 형벌권의 행사 범위는 공정하고 객관적으로 이루어져야 한다는 것을 표명하는 원칙이다. 이러한 원칙에 대하여 형사소송법은 주관적 불가분의 원칙만 명문으로 규정하고 있으나, 객관적 불가분의 원칙도 이론상 당연한 것으로 인정하고 있다.

2) 객관적 불가분의 원칙

(1) 의의

친고죄의 경우에 1개의 범죄사실의 일부에 대한 고소 또는 그 취소가 있는 경우에는 그 범죄 사실의 전체에 대하여 고소가 있는 것으로, 또는 고소의 취소가 있는 것으로 본다는 원칙이다. 친고죄의 취지 즉 피해자의 의사의 존중차원에서 피해자가 가분의 의사를 명백히 밝힌 경우에는 고소불가분의 원칙을 적용하지 않는 것이 타당하다는 유력한 견해가 있으나, 이러한 문제는 검사에게 일죄 일부의 기소로 처리하면 해결할 수 있으므로 처벌의 범위까지 고소권자의 의사에 의하여 좌우되게 할 수 없기 때문에 명문의 규정이 없는 경우에도 당연히 인정된다는 것이 통설적인 입장인데, 타당하다고 본다.

(2) 적용범위

① 단순일죄인 경우에는 당연히 적용된다. 예를 들어 범인과 동거하고 있지 않은 3촌의 친족관계에 있는 공갈피해자가 공갈의 수단인 폭행 · 협박사실로만 고소한 경우에도 고소의 효력은 공갈의 범죄사실 전체에 미치게 된다. 수죄에 대하여는 객관적 불가분의 원칙이 적용되지 않는다.

② 과형상 일죄인 상상적 경합의 경우에는 각 죄 모두가 친고죄이어야 하고 피해자도 같은 경우에 한하여 이 원칙이 적용된다. 예를 들어 동거하고 있지 않은 3촌의 친족관계에 있는 동일한 피해자에게 업무상 타인의 사무를 처리하는 범인이 본인을 속이고 재물을 교부받아 업무상 배임죄와 사기죄에 해당되는 경우이다. 이 경우, 일부범죄(업무상 배임죄)에 대하여 고소 또는 그 취소가 있으면 범죄사실 전부(업무상 배임죄와 사기죄)에 그 효력이 미치게 된다.

③ 실체적 경합에 대하여는 적용되지 아니한다.
고소의 객관적 불가분의 원칙은 한 개의 범죄사실을 전제로 한 원칙이므로 경합범에 대해서는 적용되지 않는다.

3) 주관적 불가분의 원칙

(1) 의의

친고죄의 공범 중 그 1인 또는 수인에 대한 고소 또는 그 취소는 다른 공범자에 대하여도 효력이 있다. 이때의 공범에는 임의적 공범뿐만 아니라 필요적 공범도 포함된다. 즉 형사사법이 고소인의 자의에 의하여 불공평한 결과가 발생하는 것을 방지하는 데 그 의의가 있다.

(2) 적용범위

① 절대적 친고죄의 경우에는 언제나 적용된다, 그러므로 사자 명예훼손죄의 공범(임의적 공범) 및 수뢰죄의 공범(필요적 공범)에 대한 1인의 고소의 효력은 나머지 공범에게도 미치며 1인에 대한 고소의 취소의 효력은 나머지 공범에게도 미친다.

② 상대적 친고죄의 경우에는 각각 개별적으로 판단하여야 한다. 즉 비친족에 대한 고소의 효력이 친족에게 미치는 것이 아니고 친족에 대한 고소취소가 비친족에게 미치는 것도 아니다. 그러나 공범자 모두 친족인 경우에는 주관적 불가분의 원칙이 적용된다.(친족상도례에 있어서 조카 Ⓐ, Ⓑ가 친구 Ⓒ와 함께 삼촌 Ⓓ의 집에 놀러갔다가 Ⓓ의 재물을 절취한 경우)[9]

③ 반의사불벌죄의 경우
현행법은 반의사불벌죄에 제233조를 준용하는 규정이 없으므로 반의사불벌죄에 대해서도 주관적불가분의 원칙이 적용될 것인가가 논의된다. 대법원은 피해자에 대한 배상을 촉진하려는 반의사불벌죄의 입법취지상 고소불가분의 원칙이 준용되지 않는다는 소극설의 입장이다.

판례 대법원 1994.04.26 선고 93도1689 판결

형사소송법이 고소와 고소취소에 관한 규정을 하면서 제232조 제1항, 제2항에서 고소취소의 시한과 재고소의 금지를 규정하고 제3항에서는 반의사불벌죄에 제1항, 제2항의 규정을 준용하는 규정을 두면서도, 제233조에서 고소와 고소취소의 불가분에 관한 규정을 함에 있어서는 반의사불벌죄에 이를 준용하는 규정을 두지 아니한 것은 처벌을 희망하지 아니하는 의사표시나 처벌을 희망하는 의사표시의 철회에 관하여 친고죄와는 달리 공범자간에 불가분의 원칙을 적용하지 아니하고자 함에 있다고 볼 것이지, 입법의 불비로 볼 것은 아니다.

---

9) 형법조문: 제328조(친족 간의 범행과 고소)
① 직계혈족, 배우자, 동거친족, 가족 또는 그 배우자간의 제323조의 죄는 그 형을 면제한다.
② 제1항 이외의 친족간에 제323조의 죄를 범한 때에는 고소가 있어야 공소를 제기할 수 있다.

④ 즉시고발사건의 경우에 고발의 요건구비 여부는 개별적으로 검토하여야 하므로 적용되지 않는다고 보아야 한다.

판례 대법원 1962.1.11. 4293형상883

조세처벌절차법 제8조, 제9조에 의한 즉시고발의 경우에는 고소, 고발 불가분의 원칙은 적용될 수 없다.

판례 대법원 2004.9.24. 선고 2004도4066 판결

조세범처벌법 제6조는 조세에 관한 범칙행위에 대하여는 원칙적으로 국세청장 등의 고발을 기다려 논하도록 규정하고 있는 바, 같은 법에 의하여 하는 고발에 있어서는 이른바 고소·고발 불가분의 원칙이 적용되지 아니하므로, 고발의 구비 여부는 양벌규정에 의하여 처벌받는 자연인인 행위자와 법인에 대하여 개별적으로 논하여야 한다.

4. 고소의 취소

1) 의의

고소의 취소는 철회적 성격을 가지는 법률행위적 소송행위이다.

2) 고소취소권자

고소제기권자가 취소권자이다. 고유의 취소권자는 대리권자가 한 고소를 취소할 수 있으나, 고소의 대리권자는 피해자가 한 고소를 취소할 수 없다.

3) 고소의 취소시기

고소의 취소는 제1심 판결선고 전까지 할 수 있으며 반의사불벌죄에 있어서도 고소불가분의 원칙과는 달리 이 규정이 준용된다.

판례 대법원 1988.3.8. 선고, 85도2518 판결

형사소송법 제232조 제1항, 제3항의 취지는 국가형벌권의 행사가 피해자의 의사에 의하여 좌우되는 현상을 장기간 방치할 것이 아니라 제1심판결선고 이전까지로 제한하자는데 그 목적이 있다 할 것이므로 비록 항소심에 이르러 비로소 반의사불벌죄가 아닌 죄에서 반의사불벌죄로 공소장변경이 있었다 하여 항소심인 제2심을 제1심으로 볼 수는 없다.

항소심에서 검사의 공소장 변경 등으로 일반범죄가 친고죄나 반의사불벌죄로 변경된 경우에 고소의 취소가 가능한가가 문제된다(예를 들어 제1심에서 비친고죄인 강도죄가 항소심에서 친고죄인 비동거친족 간의 공갈죄로 변경된 후에 피해자가 고소를 취하한 경우).

대법원은 형사소송법은 국가의 사법권이 장기간 고소인의 의사에 따라 좌우되는 것을 방지하기 위해서 고소취소의 시기를 제1심 판결선고 전으로 제한한 것이므로, 항소심에 이르러 친고죄로 변경된 후 비로소 고소인이 고소를 취하하였다면 고소취소로서의 효력이 없다는 무효설의 입장이다. 그리고 제1심판결 선고 후의 항소심에서 반의사불벌죄로 공소장이 변경된 때에도 처벌희망의 의사표시를 철회할 수 없다는 입장이다.

[판례] 대법원 1999.4.15. 선고, 96도1922 판결

원래 고소의 대상이 된 피고소인의 행위가 친고죄에 해당할 경우 소송요건인 그 친고죄의 고소를 취소할 수 있는 시기를 언제까지로 한정하는가는 형사소송절차운영에 관한 입법정책상의 문제이기에 형사소송법의 그 규정은 국가형벌권의 행사가 피해자의 의사에 의하여 좌우되는 현상을 장기간 방치하지 않으려는 목적에서 고소취소의 시한을 획일적으로 제1심판결 선고시까지로 한정한 것이고, 따라서 그 규정을 현실적 심판의 대상이 된 공소사실이 친고죄로 된 당해 심급의 판결 선고시까지 고소인이 고소를 취소할 수 있다는 의미로 볼 수는 없다 할 것이어서, 항소심에서 공소장의 변경에 의하여 또는 공소장변경절차를 거치지 아니하고 법원 직권에 의하여 친고죄가 아닌 범죄를 친고죄로 인정하였더라도 항소심을 제1심이라 할 수는 없는 것이므로, 항소심에 이르러 비로소 고소인이 고소를 취소하였다면 이는 친고죄에 대한 고소취소로서의 효력은 없다.

[판례] 대법원 1988.3.8. 선고, 85도2518 판결

반의사불벌죄에 있어서 처벌을 희망하는 의사표시의 철회는 제1심판결선고전까지 이를 할 수 있다고 규정하고 있는바, 이 규정의 취지는 국가형벌권의 행사가 피해자의 의사에 의하여 좌우되는 현상을 장기간 방치할 것이 아니라 제1심판결선고 이전까지로 제한하자는 데 그 목적이 있다 볼 것이고, 비록 이 사건에 있어서와 같이 항소심에 이르러 비로소 반의사불벌죄가 아닌 죄에서 반의사불벌죄로 공소장변경이 있었다 하여 항소심인 제2심을 제1심으로 볼수는 없다 할 것이다.

4) 고소취소의 방식

고소취소의 방식은 고소의 방식과 동일하고 공소제기전에는 수사기관에, 공소제기 후의 고소의 취소는 수소법원에 하여야 한다. 고소취소는 수사기관과 법원에 대한 소송행위이므로 범인과 피해자 간의 합의서 작성만으로는 고소의 취소라고 할 수 없다(대법원 83도516).

[판례] 대법원 1983.7.26. 선고 83도1431 판결

고소취소는 요식행위가 아니므로 고소권자가 검사에 의한 피해자진술조서 작성시 고소를 취소하겠다고 명백히 하고 또 고소취소 후에는 다시 고소할 수 없다는 점도 알고 있다고 진술하였음이 인정된다면 그 고소는 적법하게 취소되었다 할 것이다.

판례 대법원 1983.9.27. 선고 83도516 판결

형사소송법 제239조, 제237조의 규정상 고소인이 합의서를 피고인에게 작성하여준 것만으로는 고소가 적법히 취소된 것으로 볼 수 없다.

판례 대법원 1981.1.13. 선고, 80도2210 판결

검사가 작성한 피해자에 대한 진술조서기재 중 "피의자들의 처벌을 원하는 가요?"라는 물음에 대하여 "법대로 처벌하여 주기 바랍니다"로 되어 있고 이어서 "더 할 말이 있는가요?"라는 물음에 대하여 "젊은 사람들이니 한 번 기회를 주시면 감사하겠습니다"로 기재되어 있다면 피해자의 진술취지는 법대로 처벌하되 관대한 처분을 바란다는 취지로 보아야 하고 처벌의사를 철회한 것으로 볼 것이 아니다.

5) 공범자에 대한 고소의 취소

고소 후 공범자의 1인에 대하여 제1심 판결이 선고되어 그에 대한 고소취소가 불가능한 경우에 제1심 판결선고전의 다른 공범자에 대한 고소를 취소할 수 있는가의 문제가 있다. 대법원은 고소의 주관적 불가분의 원칙상 고소를 취소할 수 없고, 취소가 있어도 효력이 없다는 소극설의 입장이다.

판례 대법원 1985.11.12. 선고 85도1940 판결

친고죄의 공범 중 그 일부에 대하여 제1심판결이 선고된 후에는 제1심판결선고전의 다른 공범자에 대하여는 그 고소를 취소할 수 없고 그 고소의 취소가 있다 하더라도 그 효력을 발생할 수 없으며, 이러한 법리는 필요적 공범이나 임의적 공범을 구별함이 없이 모두 적용된다.

6) 고소의 취소의 효과

고소를 취하한 자는 다시 고소하지 못하며 이에는 고소불가분의 원칙이 적용되고 반의사불벌죄의 경우에도 적용된다.

5. 고소의 포기

학설에서는 법률이 고소의 취소를 인정하고 있는 이상 이를 유추하여 고소권의 포기를 인정하더라도 문제가 없다는 견해도 있으나 피해자의 고소권은 공법상의 권리이므로 포기할 수 없다고 보는 것이 타당하다. 따라서 일단 한 고소는 취소할 수 있으나, 고소 전에 고소권을 포기할 수 없다고 함이 상당할 것이다.

판례 대법원 1967.5.23. 선고 67도471

친고죄에 있어서의 피해자의 고소권은 공법상의 권리라고 할 것이므로 법이 특히 명문으로 인정하는

경우를 제외하고는 자유처분을 할 수 없고 따라서 일단 한 고소는 취소할 수 있으나 고소 전에 고소권을 포기할 수 없다고 함이 상당할 것이다.

판례 대법원 1993.10.22. 선고 93도1620 판결

피해자가 고소장을 제출하여 처벌을 희망하는 의사를 분명히 표시한 후 고소를 취소한 바 없다면 비록 고소 전에 피해자가 처벌을 원치 않았다 하더라도 그 후에 한 피해자의 고소는 유효하다.

Ⅶ 고발

1. 의의

고소권자와 범인 이외의 제3자가 수사기관에 대하여 범죄사실을 신고하여 범인의 소추를 구하는 의사표시를 말한다.

2. 성격

고발은 원칙적으로 수사의 단서에 불과하지만, 관세법이나 조세범처벌법 위반사건의 경우에는 소송조건으로서의 성질도 갖는다.

3. 고소와의 차이점

고발기간의 제한이 없고 고발의 취소 후 재고발이 가능하고, 대리에 의한 고발이 인정되지 아니한다.

4. 고발권자

누구든지 범죄가 있다고 사료하는 때에는 고발할 수 있다. 공무원은 그 직무를 행함에 있어 범죄가 있다고 사료하는 때에는 고발하여야 한다(제234조 제2항).

5. 고발의 제한

자기 또는 배우자의 직계존속을 고발하지 못한다(제235조).

Ⅷ 자수

1. 의의

형법 제52조 제1항 소정의 자수란 범인이 자발적으로 자신의 범죄사실을 수사기관에 신고하여 그 소추를 구하는 의사표시를 말한다. 자수를 형의 감경사유(임의적 감면)로 삼는 주된 이유는 범인이 그 죄를 뉘우치고 있다는 점에 있으므로 범죄사실을 부인하거나 죄의 뉘우침이 없는 자수는 그 외형은 자수일지라도 법률상형의 감경사유가 되는 진정한 자수라고는 할 수 없다.

2. 시기

"자수"에는 범행이 발각되고 지명수배된 후의 자진출두도 포함되는 것으로 판례가 해석하고 있으므로 이것이 "자수"라는 단어의 관용적 용례이다.

3. 방법

① 자수의 신고방법에는 법률상 특별한 제한이 없으므로 제3자를 통하여서도 할 수 있으나, 제3자에게 자수의 의사를 경찰서에 전달하여 달라고 말한 경우에는 자수로 볼 수 없다.

② 자수라 함은 범인이 스스로 수사책임이 있는 관서에 자기의 범행을 고하고 그 처분을 구하는 의사표시를 하는 것을 말하고, 가령 수사기관의 직무상의 질문 또는 조사에 응하여 범죄사실을 진술하는 것은 자백일 뿐 자수로는 되지 않는다.

판례 대법원 2011.12.22. 선고, 2011도12041 판결

원래 고소의 형법 제52조 제1항에서 말하는 '자수'란 범인이 자발적으로 자신의 범죄사실을 수사기관에 신고하여 그 소추를 구하는 의사표시를 함으로써 성립하는 것으로서, 범행이 발각된 후에 수사기관에 자진 출석하여 범죄사실을 자백한 경우도 포함하며, 일단 자수가 성립한 이상 자수의 효력은 확정적으로 발생하고 그 후에 범인이 번복하여 수사기관이나 법정에서 범행을 부인한다고 하여 일단 발생한 자수의 효력이 소멸하는 것은 아니라고 할 것이다. 그러나 수사기관에의 신고가 자발적이라고 하더라도 그 신고의 내용이 자기의 범행을 명백히 부인하는 등의 내용으로 자기의 범행으로서 범죄성립요건을 갖추지 아니한 사실일 경우에는 자수는 성립하지 아니하고, 일단 자수가 성립하지 아니한 이상 그 이후의 수사과정이나 재판과정에서 범행을 시인하였다고 하더라도 새롭게 자수가 성립할 여지는 없다. 또한 '자수'란 위에서 본 바와 같이 범인이 스스로 수사책임이 있는 관서에 자기의 범행을 자발적으로 신고하고 그 처분을 구하는 의사표시이므로, 수사기관의 직무상의 질문 또는 조사에 응하여 범죄사실을 진술하는 것은 자백일 뿐 자수로는 되지 아니하고, 나아가 자수는 범인이 수사기

관에 의사표시를 함으로써 성립하는 것이므로 내심적 의사만으로는 부족하고 외부로 표시되어야 이를 인정할 수 있는 것이다. 또한 피고인이 자수하였다 하더라도 자수한 이에 대하여는 법원이 임의로 형을 감경할 수 있음에 불과한 것으로서 원심이 자수감경을 하지 아니하였다거나 자수감경 주장에 대하여 판단을 하지 아니하였다 하여 위법하다고 할 수 없다.

③ 형법 제52조 제1항 소정의 자수라 함은 범인이 자발적으로 자신의 범죄사실을 수사기관에 신고하여 그 소추를 구하는 의사표시를 말하므로, 세관 검색시 금속탐지기에 의해 대마 휴대사실이 발각될 상황에서 세관 검색원의 추궁에 의하여 대마 수입 범행을 시인한 경우, 자발성이 결여되어 자수에 해당하지 않는다.

④ 법인의 직원 또는 사용인이 위반행위를 하여 양벌규정에 의하여 법인이 처벌받는 경우, 법인에게 자수감경에 관한 형법 제52조 제1항의 규정을 적용하기 위해서는 법인의 이사 기타 대표자가 수사책임이 있는 관서에 자수한 경우에 한하고, 그 위반행위를 한 직원 또는 사용인이 자수한 것만으로는 위 규정에 의하여 형을 감경할 수 없다.

4. 효력

① 피고인이 자수하였다 하더라도 자수한 자에 대하여는 법원이 임의로 형을 감경할 수 있음에 불과한 것으로서 원심이 자수감경을 하지 아니하였다거나 자수감경 주장에 대하여 판단을 하지 아니하였다 하여 위법하다고 할 수 없다.

② 수개의 범죄사실 중 일부에 관하여만 자수한 경우에는 그 부분 범죄사실에 대하여만 자백의 효력이 있다.

③ 피고인이 검찰의 소환에 따라 자진 출석하여 검사에게 범죄사실에 관하여 자백함으로써 형법상 자수의 효력이 발생하였다면 그 후 검찰이나 법정에서 범죄사실을 일부 부인한다 하더라도 일단 발생한 자수의 효력이 소멸하는 것은 아니다.

제5절 수사의 방법 및 실행

I 임의수사와 강제수사의 구별기준

형식설과 적법절차기준설 및 실질설의 대립이 있으나, 새로운 수사기법의 등장에 의한 인권침해의 소지를 방지하고 명확한 기준을 가지고 판단하기 위하여 상대방의 의사에 반하여 법익을 침해하는 처분은 강제처분이라고 보는 실질설이 타당하다.

II 임의수사의 원칙과 강제수사의 규제

1. 임의수사의 원칙

형사소송법은 제199조 전단에서 수사에 관하여는 그 목적을 달성하기 위해 필요한 조사를 할 수 있다. 다만, 강제처분은 이 법률에 특별한 규정이 있는 경우에 한한다고 규정하여 임의수사를 원칙으로 하고 있다. 또한 피의자에 대한 수사는 불구속 상태에서 함을 원칙으로 하고, 검사·사법경찰관리와 그 밖에 직무상 수사에 관계있는 자는 피의자 또는 다른 사람의 인권을 존중하고 수사과정에서 취득한 비밀을 엄수하며 수사에 방해되는 일이 없도록 해야 한다(제198조). 지방검찰청 검사장 또는 지청장은 불법체포·구속의 유무를 조사하기 위하여 검사로 하여금 매월 1회 이상 관할수사관서의 피의자의 체포·구속장소를 감찰하게 하여야 한다. 감찰하는 검사는 체포 또는 구속된 자를 심문하고 관련서류를 조사하여야 한다. 검사는 적법한 절차에 의하지 아니하고 체포 또는 구속된 것이라고 의심할 만한 상당한 이유가 있는 경우에는 즉시 체포 또는 구속된 자를 석방하거나 사건을 검찰에 송치할 것을 명해야 한다(제198조의2).

2. 강제수사의 규제

1) 강제수사법정주의

강제수사는 법률에 특별한 규정이 없으면 할 수 없다고 규정하고 있다(제199조 제1항). 그러나 강제수사법정주의는 과학기술의 발달로 인하여 형사소송법이 생각하지 못한 새로운 강제처분이 나타남에 따라 탄력적인 해석이 필요하다고 생각된다.

2) 영장주의

영장주의란 법원 또는 법관이 발부한 적법한 영장에 의하지 않으면 형사절차상의 강제처분을 할 수 없는 원칙을 말한다. 그러므로 영장은 구체적 사건과 관련하여 내용이 특정되어 있어야 한다. 즉 구속영장인 경우에는 범죄사실과 피의자가 특정되어 있어야 할 뿐만 아니라 인치할 장소 및 구금장소가 명시되어 있어야 한다. 그러나 통신비밀보호법은 전기통신의 감청에 대해서는 일정기간에 걸친 포괄적인 통신제한 조치를 허용하고 있다.

3) 비례성의 원칙

강제처분을 함에 있어서도 필요한 최소한도의 범위 안에서만 하여야 한다(제199조). 그러므로 강제수사는 임의수사에 의하여 형사소송 목적을 달성할 수 없는 경우에 한하여 이루어져야 하는 것이며, 이러한 비례성의 원칙은 강제처분의 실행과 기간 및 방법을 제한하는 근본원칙이 되는 것이다.

Ⅲ 임의수사의 적법성의 한계

여기에서는 임의수사로서 적법성을 인정할 수 있는가가 문제되는 수사방법에 관하여 논하기로 한다.

1. 임의수사의 한계

형사소송법은 제199조 제1항 전단에서 "수사에 관하여는 그 목적을 달성하기 위하여 필요한 조사를 할 수 있다"라고 규정하고 있다. 임의수사는 강제수사와 달리 비유형적이고 다양한 방법으로 행하여지는 것이므로 이에 대하여 상세히 규정하는 것은 불가능하다. 그러나 임의수사도 수사의 한 방법이므로 "적정절차의 원칙"에 의한 내재적 한계가 있을 수 있다. 즉 임의수사도 수사의 상당성과 비례성의 원칙을 지켜야 한다.

판례 대법원 2013.9.26. 선고, 2013도7718 판결

원래우편물 통관검사절차에서 이루어지는 우편물의 개봉, 시료채취, 성분분석 등의 검사는 수출입물품에 대한 적정한 통관 등을 목적으로 한 행정조사의 성격을 가지는 것으로서 수사기관의 강제처분이

라고 할 수 없으므로, 압수·수색영장 없이 우편물의 개봉, 시료채취, 성분분석 등 검사가 진행되었다 하더라도 특별한 사정이 없는 한 위법하다고 볼 수 없다.

판례 대법원 2017.7.18. 선고, 2014도8719 판결

마약류 불법거래 방지에 관한 특례법 제4조 제1항에 따른 조치의 일환으로 특정한 수출입물품을 개봉하여 검사하고 그 내용물의 점유를 취득한 행위는 위에서 본 수출입물품에 대한 적정한 통관 등을 목적으로 조사를 하는 경우와는 달리, 범죄수사인 압수 또는 수색에 해당하여 사전 또는 사후에 영장을 받아야 한다.

2. 임의동행

1) 임의동행의 종류 및 법적 성질

(1) 종류

임의동행에는 형사소송법상의 임의동행(제199조 제1항)과 경찰관직무집행법(제3조 제2항)상의 임의동행이 있다. 전자는 구체적 사실에 바탕을 둔 주관적 범죄혐의에 의하여 피의자신문을 위한 보조수단으로서 행하는 임의수사의 일종인데 반하여, 후자는 추상적 혐의에 기반을 둔 경찰보안작용으로서의 직무질문을 위한 것이다.

(2) 법적 성질

형사소송법상의 임의수사의 일종으로 시작된 임의동행이 강제처분의 일종인 긴급체포 또는 구속으로 이어진 경우에는 당사자의 의사에 반하는 기본권의 제한이 있는 순간부터 강제수사가 시작된 것으로 판단하면 되고, 경찰관직무집행법상의 보안경찰작용으로서의 임의동행이 형사소송법상의 수사로 발전된 경우에는 수사의 단서가 되는 불심검문에서 구체적인 범죄혐의(제195조)가 드러나면 이 순간부터 소송법상의 수사가 개시된 것으로 판단하면 된다.

2) 임의동행의 적법성

임의동행은 강제처분의 일종으로 법적근거가 없는 이상 허용되지 아니한다는 의견도 있으나, 형사소송법은 피의자의 출석요구방법에 대하여 제한을 두고 있지 아니하며, 당사자에게 신체의 속박이나 심리적 강제 및 기본권의 침해가 발생하지 아니한 경우에는 임의수사의 일종으로 임의 동행도 허용되어야 한다고 보아야 할 것이다. 그러므로 임의동행의 판단에 있어서는 ㉠ 임의동행의 시간과 장소, ㉡ 방법, ㉢ 동행 후의 신문의 방

법, ㉣ 퇴거희망이나 동행거부 유무, ㉤ 식사, 휴식, 용변의 감시 등을 종합적으로 고려하여 판단하여야 한다.

판례 대법원 2006.7.6. 선고 2005도6810 판결

형사소송법 제199조 제1항은 "수사에 관하여 그 목적을 달성하기 위하여 필요한 조사를 할 수 있다. 다만, 강제처분은 이 법률에 특별한 규정이 있는 경우에 한하며, 필요한 최소한도의 범위 안에서만 하여야 한다"고 규정하여 임의수사의 원칙을 명시하고 있는 바, 수사관이 수사과정에서 당사자의 동의를 받는 형식으로 피의자를 수사관서 등에 동행하는 것은, 상대방의 신체의 자유가 현실적으로 제한되어 실질적으로 체포와 유사한 상태에 놓이게 됨에도, 영장에 의하지 아니하고 그 밖에 강제성을 띤 동행을 억제할 방법도 없어서 제도적으로는 물론 현실적으로도 임의성이 보장되지 않을 뿐만 아니라, 아직 정식의 체포·구속단계 이전이라는 이유로 상대방에게 헌법 및 형사소송법이 체포·구속된 피의자에게 부여하는 각종의 권리보장 장치가 제공되지 않는 등 형사소송법의 원리에 반하는 결과를 초래할 가능성이 크므로, 수사관이 동행에 앞서 피의자에게 동행을 거부할 수 있음을 알려 주었거나 동행한 피의자가 언제든지 자유로이 동행과정에서 이탈 또는 동행장소로부터 퇴거할 수 있었음이 인정되는 등 오로지 피의자의 자발적인 의사에 의하여 수사관서 등에의 동행이 이루어졌음이 객관적인 사정에 의하여 명백하게 입증된 경우에 한하여, 그 적법성이 인정되는 것으로 봄이 상당하다. 형사소송법 제200조 제1항에 의하여 검사 또는 사법경찰관이 피의자에 대하여 임의적 출석을 요구할 수는 있겠으나, 그 경우에도 수사관이 단순히 출석을 요구함에 그치지 않고 일정 장소로의 동행을 요구하여 실행한다면 위에서 본 법리가 적용되어야 하고, 한편 행정경찰 목적의 경찰활동으로 행하여지는 경찰관직무집행법 제3조 제2항 소정의 질문을 위한 동행요구도 형사소송법의 규율을 받는 수사로 이어지는 경우에는 역시 위에서 본 법리가 적용되어야 한다. 그러므로 피고인이 경찰서에 도착한 이후의 상황도 피고인이 임의로 퇴거할 수 있는 상황은 아니었던 것으로 보이는 점 등 제반 사정에 비추어 보면, 비록 사법경찰관이 피고인을 동행할 당시에 물리력을 행사한 바가 없고, 피고인이 명시적으로 거부의사를 표명한 적이 없다고 하더라도, 사법경찰관이 피고인을 수사관서까지 동행한 것은 위에서 본 적법요건이 갖추어지지 아니한 채 사법경찰관의 동행 요구를 거절할 수 없는 심리적 압박 아래 행하여진 사실상의 강제연행, 즉 불법체포에 해당한다고 보아야 할 것이고, 사법경찰관이 그로부터 6시간 상당이 경과한 이후에 비로소 피고인에 대하여 긴급체포의 절차를 밟았다고 하더라도 이는 동행의 형식 아래 행해진 불법체포에 기하여 사후적으로 취해진 것에 불과하므로, 그와 같은 긴급체포 또한 위법하다고 아니할 수 없다. 따라서 피고인은 불법체포된 자로서 형법 제145조 제1항 소정의 '법률에 의하여 체포 또는 구금된 자'가 아니어서 도주죄의 주체가 될 수 없다.[10]

3. 보호실의 유치

1) 문제점

경찰관직무집행법은 제4조에서 정신착란자, 만취자, 미아, 병자, 부상자 등에 대해 일정 요건 하에서 보호조치와 통지의무를 규정하고 있을 뿐이므로 실무상 소위 보호실유

10) 대법원이 경찰관직무집행법 제3조의 직무질문을 위한 임의동행과 구분되는 피의자에 대한 형사소송법상의 수사방법으로 인정하고 그 적법성을 밝히고 있는 최초의 판례이다.

치라는 수사방법이 임의수사의 한 방법으로 허용될 수 있는지가 문제된다.

2) 학설의 입장

동의 없이 보호실에 유치하는 것은 당연 위법이라는 점에는 이설이 없으며, 가령 동의가 있는 보호실의 유치인 경우에도 실질적 구속을 본인의 동의가 있다는 이유로 허용하는 것은 영장주의 원칙에 비추어 문제가 있으며, 보호실의 운영에 관한 제한적 규정에 위배되므로 허용될 수 없고, 수사의 편의상 임의동행을 한 경우 동행자의 의사에 반하여 보호실에 유치한 경우에는 구금에 해당한다고 본다.

판례 대법원 1997.6.13. 선고 97도877 판결

형사소송법이나 경찰관직무집행법 등의 법률에 정하여진 구금 또는 보호유치 요건에 의하지 아니하고는 즉결심판 피의자라는 사유만으로 피의자를 구금, 유치할 수 있는 아무런 법률상 근거가 없고, 경찰업무상 그러한 관행이나 지침이 있었다 하더라도 이로써 원칙적으로 금지되어 있는 인신구속을 행할 수 있는 근거로 할 수 없으므로, 즉결심판 피의자의 정당한 귀가요청을 거절한 채 다음날 즉결심판법정이 열릴 때까지 피의자를 경찰서 보호실에 강제 유치시키려고 함으로써 피의자를 경찰서 내 즉결피의자 대기실에 10~20분 동안 있게 한 행위는 형법 제124조 제1항의 불법감금죄에 해당하고, 이로 인하여 피의자를 보호실에 밀어 넣으려는 과정에서 상해를 입게 하였다면 특정범죄가중처벌등에관한법률 제4조의2 제1항 위반죄에 해당한다.

판례 대법원 1985.7.29. 자 85모16 결정

수사기관이 피의자를 수사하는 과정에서 구속영장 없이 피의자를 함부로 구금하여 피의자의 신체의 자유를 박탈하였다면 직권을 남용한 불법감금의 죄책을 면할 수 없고, 수사의 필요상 피의자를 임의동행한 경우에도 조사 후 귀가시키지 아니하고 그의 의사에 반하여 경찰서 조사실 또는 보호실 등에 계속 유치함으로써 신체의 자유를 속박하였다면 이는 구금에 해당한다.

4. 승낙수색과 승낙검증

수색, 검증에 있어서의 승낙은 완전한 법익포기의 승낙으로 보기 어렵기 때문에 허용되지 않는다는 견해도 있으나 우리 형사소송법에서 임의로 제출한 물건에 대하여 압수·수색영장이 필요하지 않는다는 규정(제218조) 및 승낙이 있으면 기본권의 침해가 발생되지 않는다는 점에서 임의수사로서 허용된다고 보아야 할 것이다. 다만, 판례는 승낙검증(실황조사)의 적법성을 부정하고 있다. 이러한 임의성이 있는 승낙에 대하여 엄격하게 판단함으로써 수사기관의 영장주의의 탈법을 방지하여야 할 것이다.

5. 동의에 의한 거짓말탐지기에 의한 검사 가부

대법원은 검사를 받는 사람의 동의가 있는 때에는 증거로 할 수 있다고 본다.

1) 거짓말탐지기의 검사결과에 대하여 증거능력을 인정하기 위한 전제요건

거짓말탐지기의 검사결과에 대하여 증거능력을 인정할 수 있으려면 첫째로 거짓말을 하면 반드시 일정한 심리상태의 변동이 일어나고, 둘째로 그 심리상태의 변동은 반드시 일정한 생리적 반응을 일으키며, 셋째로 그 생리적 반응에 의하여 피검사자의 말이 거짓인지 여부가 정확히 판정될 수 있다는 전제요건이 충족되어야 하며, 특히 생리적 반응에 대한 거짓 여부의 판정은 거짓말탐지기가 위 생리적 반응을 정확히 측정할 수 있는 장치이어야 하고, 검사자가 탐지기의 측정내용을 객관성 있고 정확하게 판독할 능력을 갖춘 경우라야 그 정확성을 확보할 수 있어 증거능력을 부여할 것이다.[11)]

2) 증거능력 있는 거짓말 탐지기의 검사결과의 증거가치

거짓말탐지기의 검사결과가 증거능력이 있는 경우에도 그 검사 즉 감정의 결과는 검사를 받는 사람의 진술의 신빙성을 가늠하는 정황증거로서의 기능을 다하는데 그치는 것이다.[12)]

6. 마취분석

마취분석은 그 자체로서 인간의 존엄성을 파괴하는 수사의 방법이므로 피의자의 동의유무에 관계없이 결코 허용될 수 없는 수사의 방법이다.

Ⅳ 임의수사와 강제수사의 한계

수사에 있어서 새로운 수사기법이 등장하게 되어, 이러한 수사방법이 임의수사인지, 강제수사인지가 문제된다.

1. 감청

감청은 도청이라고도 하며, 수사기관이 타인간의 대화를 본인들이 알지 못하는 가운

11) 대법원 1983.9.13. 83도712
12) 대법원 1984.2.14. 83도3146

데 청취하는 것을 말한다.

통신비밀보호법상의 감청은 전기통신에 대하여 당사자의 동의없이 전자장치 · 기계장치등을 사용하여 통신의 음향 · 문언 · 부호 · 영상을 청취 · 공독하여 그 내용을 지득 또는 채록하거나 전기통신의 송 · 수신을 방해하는 것을 말한다.

전기통신에 해당하는 전화통화 당사자의 일방이 상대방 모르게 통화내용을 녹음하는 것은 여기의 감청에 해당하지 아니하지만, 제3자의 경우는 설령 전화통화 당사자 일방의 동의를 받고 그 통화내용을 녹음하였다 하더라도 그 상대방의 동의가 없었던 이상, 사생활 및 통신의 불가침을 국민의 기본권의 하나로 선언하고 있는 헌법규정과 통신비밀의 보호와 통신의 자유 신장을 목적으로 제정된 통신비밀보호법의 취지에 비추어 이는 동법 제3조 제1항 위반이 된다고 해석하고 있다.[13]

2. 사진촬영

1) 학설의 대립

강제수사와 임의수사의 구별에 관하여 형식설적 입장에서는 사진촬영은 상대방에게 직접적인 물리력을 행사한 것이 아니고 의무를 부과하는 것도 아니므로 임의수사라고 본다. 다만, 임의수사라 할지라도 상대방의 동의 없이 촬영을 하는 경우 의사에 반하는 촬영이 되는 것이므로 긴급성, 명백성이 인정되는 경우에 가능하다고 본다. 그러나 강제수사설의 입장에서는 기본권상 주거의 자유, 초상권침해가 발생하므로 강제처분으로서 검증영장이 필요하다고 본다. 그러나 전통적인 강제처분과는 성격이 다른 강제처분이므로 범죄혐의가 명백하고 증거보전이 필요하고 이에 대한 긴급성이 인정되며, 그 방법이 상당한 경우에는 영장 없는 사진촬영이 허용된다고 보아야 한다.

2) 판례의 태도

판례 대법원 1999.9.3. 선고 99도2317 판결

누구든지 자기의 얼굴 기타 모습을 함부로 촬영당하지 않을 자유를 가지나 이러한 자유도 국가권력의 행사로부터 무제한으로 보호되는 것은 아니고 국가의 안전보장 · 질서유지 · 공공복리를 위하여 필요한 경우에는 상당한 제한이 따르는 것이고, 수사기관이 범죄를 수사함에 있어 현재 범행이 행하여지고 있거나 행하여진 직후이고, 증거보전의 필요성 및 긴급성이 있으며, 일반적으로 허용되는 상당한 방법에 의하여 촬영을 한 경우라면 위 촬영이 영장 없이 이루어졌다 하여 이를 위법하다고 단정할 수 없다.

13) 대법원 2002.10.8. 2002도123

판례 대법원 1999.12.7. 선고 98도3329 판결

수사, 즉 범죄혐의의 유무를 명백히 하여 공소를 제기·유지할 것인가의 여부를 결정하기 위하여 범인을 발견·확보하고 증거를 수집·보전하는 수사기관의 활동은 수사목적을 달성함에 필요한 경우에 한하여 사회통념상 상당하다고 인정되는 방법 등에 의하여 수행되어야 하는 것인 바, 무인장비에 의한 제한속도 위반차량 단속은 이러한 수사활동의 일환으로서 도로에서의 위험을 방지하고 교통의 안전과 원활한 소통을 확보하기 위하여 도로교통법령에 따라 정해진 제한속도를 위반하여 차량을 주행하는 범죄가 현재 행하여지고 있고, 그 범죄의 성질·태양으로 보아 긴급하게 증거보전을 할 필요가 있는 상태에서 일반적으로 허용되는 한도를 넘지 않는 상당한 방법에 의한 것이라고 판단되므로, 이를 통하여 운전 차량의 차량번호 등을 촬영한 사진을 두고 위법하게 수집된 증거로서 증거능력이 없다고 말할 수 없다.

V 임의수사의 방법

1. 피의자신문

1) 의의

검사 또는 사법경찰관은 수사에 필요한 때에는 피의자의 출석을 요구하여 진술을 들을 수 있다(제200조 제1항). 이를 피의자신문이라고 한다. 이러한 피의자신문은 진술거부권이 보장되어 있는 임의수사이나 피의자의 자백을 획득하는 기회로 남용할 위험이 있으므로 이에 대한 법적 규제가 필요한 것이다.

2) 피의자신문의 방법

(1) 주체

검사와 사법경찰관이 작성하여야 한다. 다만, 판례는 사법경찰리 작성의 진술조서 및 피의자신문조서는 형사소송법 제196조 제2항과 이에 근거를 둔 사법경찰관리 집무규칙 제2조 및 경찰서직제 제6조, 경찰공무원법 제3조에 의하여 사법경찰리가 검사의 지휘를 받고 수사사무를 보조하기 위하여 작성한 서류라 할 것이므로 이를 권한 없는 자의 조서라 할 수 없다[14]고 하여 작성권한자에 포함시키고 있다.

(2) 출석요구

① 수사기관은 피의자를 질문하기 위하여 피의자의 출석을 요구하여야 한다(제200조

14) 대법원 1982.12.28. 82도1080

제1항). 출석요구의 방법은 원칙적으로 출석요구서에 의하나 이외에도 서면, 전화, 구두, 인편 등 제한이 없다.

② 출석요구의 장소도 반드시 수사관서에 한하지 아니하므로 수사기관이 피의자가 있는 곳에 가서 하여도 무방하다.

③ 피의자신문은 임의수사이므로 피의자는 출석요구에 응할 필요가 없고 신문중이라도 언제든지 퇴거할 수 있다.

(3) 진술거부권의 고지(제244조의3)

① 검사 또는 사법경찰관은 피의자를 신문하기 전에 ㉠ 일체의 진술을 하지 아니하거나 개개의 질문에 대하여 진술을 하지 아니할 수 있다는 것, ㉡ 진술을 하지 아니하더라도 불이익을 받지 아니한다는 것, ㉢ 진술을 거부할 권리를 포기하고 행한 진술은 법정에서 유죄의 증거로 사용될 수 있다는 것, ㉣ 신문을 받을 때에는 변호인을 참여하게 하는 등 변호인의 조력을 받을 수 있다는 것을 알려주어야 한다.

② 검사 또는 사법경찰관은 진술거부권이 있음을 알려 준 때에는 피의자가 진술을 거부할 권리와 변호인의 조력을 받을 권리를 행사할 것인지의 여부를 질문하고, 이에 대한 피의자의 답변을 조서에 기재하여야 한다. 이 경우 피의자의 답변은 피의자로 하여금 자필로 기재하게 하거나 검사 또는 사법경찰관이 피의자의 답변을 기재한 부분에 기명날인 또는 서명하게 하여야 한다.

③ 이러한 진술거부권의 고지 없이 얻은 진술은 위법하게 수집된 증거로서 증거능력이 부정된다.[15)]

(4) 피의자신문시 참여자

검사가 피의자를 신문함에는 검찰청수사관이나 서기관 또는 서기를 참여하게 하여야 하고 사법경찰관이 피의자를 신문함에는 사법경찰관리를 참여하게 하여야 한다(제243조). 즉 피의자신문시에는 수사기관은 2인 이상의 참여가 필요한 것이다.

(5) 피의자신문의 내용 · 방법

① 검사 또는 사법경찰관이 피의자를 신문함에는 먼저 그 성명, 연령, 본적, 주거와 직업을 물어 피의자임에 틀림없음을 확인하여야 한다(제241조).

② 검사 또는 사법경찰관은 피의자에 대하여 범죄사실과 정상에 관한 필요사항을 신

---

15) 대법원 1992.6.23. 92도682

문하여야 하며 그 이익 되는 사실을 진술할 기회를 주어야 한다(제242조).

③ 검사 또는 사법경찰관이 사실을 발견함에 필요한 때에는 피의자와 다른 피의자 또는 피의자 아닌 자와 대질하게 할 수 있다(제245조).

3) 피의자신문시 변호인 참여권(제243조의2)

① 검사 또는 사법경찰관은 피의자 또는 그 변호인 · 법정대리인 · 배우자 · 직계친족 · 형제자매의 신청에 따라 변호인을 피의자와 접견하게 하거나 정당한 사유가 없는 한 피의자에 대한 신문에 참여하게 하여야 한다.

② 신문에 참여하고자 하는 변호인이 2인 이상인 때에는 피의자가 신문에 참여할 변호인 1인을 지정한다. 지정이 없는 경우에는 검사 또는 사법경찰관이 이를 지정할 수 있다.

③ 신문에 참여한 변호인은 신문 후 의견을 진술할 수 있다. 다만, 신문 중이라도 부당한 신문방법에 대하여 이의를 제기할 수 있고, 검사 또는 사법경찰관의 승인을 얻어 의견을 진술할 수 있다.

④ 변호인의 의견이 기재된 피의자신문조서는 변호인에게 열람하게 한 후 변호인으로 하여금 그 조서에 기명날인 또는 서명하게 하여야 한다.

⑤ 검사 또는 사법경찰관은 변호인의 신문참여 및 그 제한에 관한 사항을 피의자신문조서에 기재하여야 한다.

판례 헌재 2017.11.30. 선고 2016헌마503

검찰수사관인 피청구인이 피의자신문에 참여한 변호인인 청구인에게 피의자 후방에 앉으라고 요구한 행위는 변호인인 청구인의 변호권을 침해한다.

4) 피의자신문조서의 작성(제244조)

① 피의자의 진술은 조서에 기재하여야 한다.

② 피의자신문조서는 피의자에게 열람하게 하거나 읽어 들려주어야 하며, 진술한 대로 기재되지 아니하였거나 사실과 다른 부분의 유무를 물어 피의자가 증감 또는 변경의 청구 등 이의를 제기하거나 의견을 진술한 때에는 이를 조서에 추가로 기재하여야 한다. 이 경우 피의자가 이의를 제기하였던 부분은 읽을 수 있도록 남겨두어야 한다. 다만, 판례는 피의자신문조서를 작성함에 있어 피고인들에게 조서의 기재내용을 알려 주지 아니하였다 하더라도 그 사실만으로는 피의자신문조서의

증거능력이 없다고 할 수 없다고[16] 판시한 바 있으나, 통설은 ㉠ 제244조 제2항은 조서기재의 정확성을 보장하기 위한 필수적 절차이므로 이에 대한 위반은 중대한 위법이 된다는 점, ㉡ 증거능력을 부정하는 것이 적법절차 이행을 강제한다는 점에 비추어 적법절차를 위배하여 수집한 증거로서 증거의 증거능력을 부정한다.

③ 피의자가 조서에 대하여 이의나 의견이 없음을 진술한 때에는 피의자로 하여금 그 취지를 자필로 기재하게 하고 조서에 간인한 후 기명날인 또는 서명하게 한다.

④ 작성자, 참여자의 서명, 날인, 간인이 있어야 한다(제57조).

판례 대법원 2001.9.28. 선고 2001도4091 판결

형사소송법 제57조 제1항은 공무원이 작성하는 서류에는 법률에 다른 규정이 없는 때에는 작성연월일과 소속공무소를 기재하고 서명날인하여야 한다고 규정하고 있는 바, 그 서명날인은 공무원이 작성하는 서류에 관하여 그 기재내용의 정확성과 완전성을 담보하는 것이므로 검사 작성의 피의자신문조서에 작성자인 검사의 서명날인이 되어 있지 아니한 경우 그 피의자신문조서는 공무원이 작성하는 서류로서의 요건을 갖추지 못한 것으로서 위 법 규정에 위반되어 무효이고 따라서 이에 대하여 증거능력을 인정할 수 없다고 보아야 할 것이며, 그 피의자신문조서에 진술자인 피고인의 서명날인이 되어 있다거나, 피고인이 법정에서 그 피의자신문조서에 대하여 진정 성립과 임의성을 인정하였다고 하여 달리 볼 것은 아니라고 판시하였다.

5) 피의자진술의 영상녹화(제244조의2)

① 피의자의 진술은 영상녹화할 수 있다. 이 경우 미리 영상녹화 사실을 알려주어야 하며, 조사의 개시부터 종료까지의 전 과정 및 객관적 정황을 영상 녹화하여야 한다. 조사개시부터 녹음을 요구하는 것은 조사 도중에 녹화를 하는 경우에는 신용성의 정황적 보장이 이루어질 수 없기 때문이다.

② 영상 녹화가 완료된 때에는 피의자 또는 변호인 앞에서 지체 없이 그 원본을 봉인하고 피의자로 하여금 기명날인 또는 서명하게 하여야 한다. 이 경우 피의자 또는 변호인의 요구가 있는 때에는 영상 녹화물을 재생하여 시청하게 하여야 한다. 이 때 그 내용에 대하여 이의를 진술하는 때에는 그 취지를 기재한 서면을 첨부하여야 한다.

③ 이러한 진술에 대한 영상 녹화는 공판중심주의 원칙 및 편집상의 위조가능성이 있으므로 실질증거로 사용할 수 없지만 피의자신문조서의 성립의 진정을 입증하기 위한 보강증거 및 탄핵증거로 사용할 수 있을 것이다.

16) 대법원 1993.5.14. 93도486

6) 수사과정의 기록(제244조의4)

검사 또는 사법경찰관은 피의자가 조사장소에 도착한 시각, 조사를 시작하고 마친 시각, 그 밖에 조사과정의 진행경과를 확인하기 위하여 필요한 사항을 피의자신문조서에 기록하거나 별도의 서면에 기록한 후 수사기록에 편철하여야 한다. 이때 피의자신문조서의 이의규정이 준용된다. 이러한 수사과정의 기록은 피의자가 아닌 자를 조사하는 경우에 준용한다.

7) 장애인 등 특별히 보호를 요하는 자에 대한 특칙(제244조의5)

검사 또는 사법경찰관은 피의자를 신문하는 경우 ㉠ 피의자가 신체적 또는 정신적 장애로 사물을 변별하거나 의사를 결정·전달할 능력이 미약한 때, ㉡ 피의자의 연령·성별·국적 등의 사정을 고려하여 그 심리적 안정의 도모와 원활한 의사소통을 위하여 필요한 경우 중 어느 하나에 해당하는 때에는 직권 또는 피의자·법정대리인의 신청에 따라 피의자와 신뢰관계에 있는 자를 동석하게 할 수 있다.

판례 대법원 2009.6.23. 선고 2009도1322 판결

형사소송법 제244조의5는, 검사 또는 사법경찰관은 피의자를 신문하는 경우 피의자가 신체적 또는 정신적 장애로 사물을 변별하거나 의사를 결정·전달할 능력이 미약한 때나 피의자의 연령·성별·국적 등의 사정을 고려하여 그 심리적 안정의 도모와 원활한 의사소통을 위하여 필요한 경우에는, 직권 또는 피의자·법정대리인의 신청에 따라 피의자와 신뢰관계에 있는 자를 동석하게 할 수 있도록 규정하고 있다. 구체적인 사안에서 위와 같은 동석을 허락할 것인지는 원칙적으로 검사 또는 사법경찰관이 피의자의 건강 상태 등 여러 사정을 고려하여 재량에 따라 판단하여야 할 것이나, 이를 허락하는 경우에도 동석한 사람으로 하여금 피의자를 대신하여 진술하도록 하여서는 안 된다. 만약 동석한 사람이 피의자를 대신하여 진술한 부분이 조서에 기재되어 있다면 그 부분은 피의자의 진술을 기재한 것이 아니라 동석한 사람의 진술을 기재한 조서에 해당하므로, 그 사람에 대한 진술조서로서의 증거능력을 취득하기 위한 요건을 충족하지 못하는 한 이를 유죄 인정의 증거로 사용할 수 없다.

2. 참고인 조사

1) 의의

검사 또는 사법경찰관은 수사에 필요한 때에는 피의자 아닌 자의 출석을 요구하여 진술을 들을 수 있다(제221조). 이를 참고인 조사라고 한다.

2) 증인과의 구별

참고인 조사는 임의수사이므로 증인과 달리 강제로 소환 내지 구인을 당하지 않는다. 이를 보완하기 위하여 형사소송법은 증인신문의 청구제도(제221조의2)를 마련하고 있다.[17]

3) 피의자신문과 구별

피의자신문과 달리 참고인조사에는 진술거부권의 고지가 필요 없다.

4) 참고인 진술조서의 영상녹화(제221조 단서)

참고인의 진술을 받는 경우 참고인의 동의를 받아 영상녹화할 수 있다.

판례 대법원 2014.7.10. 선고 2012도5041 판결

수사기관이 참고인을 조사하는 과정에서 형사소송법 제221조 제1항에 따라 작성한 영상녹화물은, 다른 법률에서 달리 규정하고 있는 등의 특별한 사정이 없는 한, 공소사실을 직접 증명할 수 있는 독립적인 증거로 사용될 수는 없다고 해석함이 타당하다.

3. 감정·통역·번역의 위촉

검사 또는 사법경찰관은 수사에 필요한 때에는 피의자 아닌 자의 출석을 요구하여 진술을 들을 수 있고 감정, 통역 또는 번역을 위촉할 수 있다(제221조). 참고인과 달리 어떠한 방법에 의하여도 출석을 강요할 수 없다. 왜냐하면 감정인, 통역인, 번역인은 대체할 수 있으므로 다른 사람에게 위촉할 수 있기 때문이다. 감정을 위촉하는 경우에 감정유치가 필요하다고 인정될 경우에는 검사는 감정유치를 청구할 수 있다(제221조의3). 감정을 위촉받은 자는 판사의 허가를 얻어 감정에 필요한 처분을 할 수 있다(제221조의4).

4. 사실조회

수사에 관하여는 공무소 기타 공사단체에 조회하여 필요한 사항의 보고를 요구할 수 있다(제199조). 다만, 컴퓨터 등을 통한 개인정보의 대량처리가 가능하진 현실에서 사실조회의 법적 성격은 새롭게 논의될 필요가 있다는 견해가 있다. 사실조회를 통해 처리되는 개인정보는 매우 상세하고 다양할 뿐만 아니라 그로 인해 피의자뿐만 아니라 불특

17) 제221조의2
범죄의 수사에 없어서는 아니 될 사실을 안다고 명백히 인정되는 자가 전조(참고인 신문)의 규정에 의한 출석 또는 진술을 거부한 경우에는 검사는 제1회 공판기일 전에 한하여 판사에게 그에 대한 증인신문을 청구할 수 있다.

정다수인의 개인정보가 함께 공개 또는 처리되는 일이 불가피해졌기 때문이다. 바꾸어 말하면 사실조회의 법적 성격에 대한 논의의 핵심은 공사단체의 의무부담이 문제가 아니라 헌법이 보장하는 개인정보의 자기결정권에 대한 제한 내지 침해라고 보는 것이다. 구체적으로 공공기관 등에 대하여 ㉠ 피의자의 전과나 거주 장소 등을 조회하는 경우는 임의수사라고 보나, ㉡ 피의사실과 관련된 전과나 신분을 가진 사람들 또는 피의사실과 관련된 중요한 사항들을 포괄적으로 조회하는 경우 등은 강제수사로 보게 된다.

5. 전문수사자문위원제도 도입

1) 의의

첨단산업분야, 지적재산권, 국제금융 기타 전문적인 지식이 필요한 사건에서 법관이나 검사가 전문가의 조력을 받아 재판 및 수사절차를 보다 충실하게 할 필요가 있어 전문심리위원 및 전문수사자문위원제도를 도입하였다(제245조의 2, 제245조의 3).

2) 전문수사자문위원의 참여

검사는 공소제기 여부와 관련된 사실관계를 분명하게 하기 위하여 필요한 경우에는 직권이나 피의자 또는 변호인의 신청에 의하여 전문수사자문위원을 지정하여 수사절차에 참여하게 하고 자문을 들을 수 있다. 전문수사자문위원은 전문적인 지식에 의한 설명 또는 의견을 기재한 서면을 제출하거나 전문적인 지식에 의하여 설명이나 의견을 진술할 수 있다. 검사는 전문수사자문위원이 제출한 서면이나 전문수사자문위원의 설명 또는 의견의 진술에 관하여 피의자 또는 변호인에게 구술 또는 서면에 의한 의견진술의 기회를 주어야 한다.

3) 전문수사자문위원 지정

전문수사자문위원을 수사절차에 참여시키는 경우 검사는 각 사건마다 1인 이상의 전문수사자문위원을 지정한다. 검사는 상당하다고 인정하는 때에는 전문수사자문위원의 지정을 취소할 수 있다. 전문수사자문위원의 지정 및 지정취소, 이의제기 절차 및 방법, 수당지급 그 밖에 필요한 사항은 법무부령으로 정한다.

4) 이의제기권

피의자 또는 변호인은 검사의 전문수사자문위원 지정에 대하여 관할 고등검찰청검사장에게 이의를 제기할 수 있다.

5) 수사자문위원의 권리 및 의무

전문수사자문위원에게는 수당을 지급하고, 필요한 경우에는 그 밖의 여비, 일당 및 숙박료를 지급할 수 있다. 수사전문위원 또는 수사전문위원이었던 자가 그 직무수행 중에 알게 된 다른 사람의 비밀을 누설한 때에는 2년 이하의 징역이나 금고 또는 1년 이하의 벌금에 처한다. 수사전문위원은 「형법」 제129조 내지 제132조까지의 규정의 적용에 있어서는 공무원으로 본다.

제2장 강제처분과 강제수사

제1절 강제처분

Ⅰ 강제처분의 의의

1. 의의

형사소송절차에 있어서 강제력의 요소를 포함하는 일체의 처분을 광의의 강제처분이라 하고, 이 중에서 증거조사에 관한 처분(증인신문, 감정, 법원의 검증, 통역, 번역)을 제외한 것으로 형사소송법상의 일반적 의미의 강제처분을 협의의 강제처분이라고 한다.

Ⅱ 강제처분의 종류

1. 대상에 따른 강제처분

① 대인적 강제처분 : 사람을 대상으로 하는 강제처분으로 영장에 의한 체포(제200조의2), 긴급체포(제200조의3), 구속영장발부의 실질심사를 위한 구인(제201조의2 제2항), 현행범인체포(제212조), 구속(제201조) 등이 있다.

② 대물적 강제처분 : 사물을 대상으로 하는 강제처분으로는 압수, 수색, 검증이 있다.

2. 주체에 따른 강제처분

① 법원에 의한 강제처분 : 법원에 의한 강제처분으로는 피고인에 대한 구속 · 감정유

치 · 소환, 공판정 외에서의 압수 · 수색, 증인에 대한 구인, 감정인의 감정허가 등이 있다.

② 판사에 의한 강제처분 : 판사에 의한 강제처분으로는 피의자에 대한 감정유치, 증거보전을 위한 압수 · 수색 등이 있다.

③ 수사기관에 의한 강제처분 : 수사기관에 의한 강제처분으로는 피의자의 체포 · 구속, 압수 · 수색 · 검증, 참고인에 대한 구인 등이 있다.

Ⅲ 수사기관에 대한 사법적 통제

수사기관에 대한 법원의 통제로는 ㉮ 인신구속에 대한 영장제도, ㉯ 구속적부심사제도, ㉰ 준항고제도, ㉱ 손해배상제도가 있다. 그러나 고문에 의한 자백의 증거능력의 제한과 같은 법률에 의한 제한은 사법적 통제가 아니다.

제2절 체포

Ⅰ 제도적 취지

1. 의의 및 제도적 취지

구속사유가 엄격하여 수사초기에 있어서 피의자의 신병을 확보하기 위하여 탈법적으로 자행되어온 임의동행, 보호실유치를 근절하고, 체포와 구속을 나누어 각 단계에서 인간의 자유 박탈의 기간을 최소화함으로써 인권을 보장하기 위하여 체포제도를 도입하였으나, 체포제도의 도입은 신병확보를 통한 수사를 더욱 정착시킴으로써 물증중심의 수사를 소홀히 하고, 피의자신문을 위한 출석을 강제하는 결과가 된다는 문제점이 있다. 현행법은 구속이전에 반드시 체포할 것을 요구하는 체포전치주의를 취하고 있지는 않다.

Ⅱ 통상체포의 요건

1. 범죄혐의의 상당성

피의자가 죄를 범하였다고 의심할 만한 상당한 이유가 있는 경우(객관적 혐의)여야 하며, 여기서의 혐의는 객관적인 범죄혐의로 무죄추정을 깨뜨릴 수 있는 정도의 유죄의 판결에 대한 고도의 개연성 내지 충분한 혐의를 말한다.

2. 체포의 사유

정당한 이유 없이 수사기관의 출석요구에 응하지 아니하거나 응하지 아니할 우려가 있어야 한다. 그러므로 구속사유인 도망이나 증거인멸의 우려가 있어야 하는 것은 아니다. 다만, 다액 50만원 이하의 벌금, 구류 또는 과료에 해당하는 사건에 관하여는 피의자가 일정한 주거가 없는 경우 또는 정당한 이유 없이 출석요구에 응하지 아니한 경우에 한하여 체포할 수 있다(제200조의2 제1항).

3. 체포의 필요성

소극적 요건으로 명백히 체포의 필요가 인정되지 아니하는 경우에는 체포하여서는 안 된다. 여기서의 명백히 체포의 필요성이 인정되지 아니하는 경우란 피의자의 연령과 경력, 가족관계나 교우관계, 범죄의 경중 및 태양 기타 제반 사정에 비추어 피의자가 도망할 염려나 증거를 인멸할 염려가 없는 경우를 말한다(규칙 제96조의2). 그러므로 체포의 필요성이 의심스러운 경우에는 체포할 수 있다고 해야 한다.

Ⅲ 체포의 절차

1. 체포영장의 청구

1) 청구권자

검사는 관할 지방법원판사에게 청구하여 체포영장을 발부받아 피의자를 체포할 수 있고, 사법경찰관은 검사에게 신청하여 검사의 청구로 관할지방법원판사의 체포영장을 발부받아 피의자를 체포할 수 있다. 검사가 체포영장을 청구를 함에 있어서 동일한 범죄사실에 관하여 그 피의자에 대하여 전에 체포영장을 청구하였거나 발부받은 사실이 있는 때에는 다시 체포영장을 청구하는 취지 및 이유를 기재하여야 한다(제200조의2 제4항).

2. 체포영장의 발부

1) 발부권자

체포영장의 청구를 받은 지방법원 판사는 상당하다고 인정하는 경우에는 체포영장을 발부하고 체포영장의 청구를 받은 지방법원판사가 체포영장을 발부하지 아니할 때에는 청구서에 그 취지 및 이유를 기재하고 서명·날인하여 청구한 검사에게 교부한다. 영장의 유효기간은 7일로 한다. 다만, 법원 또는 법관이 상당하다고 인정하는 때에는 7일을 넘는 기간을 정할 수 있다.

2) 영장 기재내용

체포영장에는 피의자의 성명, 주거, 죄명, 공소사실의 요지, 인치, 구금할 장소, 발부연월일, 그 유효기간과 그 기간을 경과하면 집행에 착수하지 못하며 영장을 반환하여야 할 취지를 기재하고 판사가 서명·날인하여야 한다. 피의자의 성명이 분명하지 아니한 때에는 인상, 체격 기타 피의자를 특정할 수 있는 사항으로 피의자를 표시할 수 있다. 피의자의 주거가 분명하지 아니한 때에는 그 주거의 기재를 생략할 수 있다.

Ⅳ 체포영장의 집행절차

1. 집행기관

검사의 지휘로 사법경찰관리가 집행하고, 교도소 또는 구치소에 있는 피의자 경우에는 교도관리가 집행한다(제200조의6, 제81조 본문 및 제3항). 검사는 필요에 의하여 관할구역 외에서 체포영장의 집행을 지휘할 수 있고 또는 당해 관할구역의 검사에게 집행지휘를 촉탁할 수 있다. 사법경찰관리는 필요에 의하여 관할구역 외에서 체포영장을 집행할 수 있고 또는 당해 관할구역의 사법경찰관리에게 집행을 촉탁할 수 있다(200조의6, 제83조). 사법경찰관리가 관할구역 외에서 체포영장을 집행하거나 관할구역 외의 사법경찰관리의 촉탁을 받아 피의자를 체포한 때에는 관할지방검찰청 검사장 또는 지청장에게 보고

하여야 한다(제210조).

2. 체포영장의 집행절차

피의자에게 체포영장을 제시하여야 하나, 만일 체포영장을 소지하지 않는 경우에는 급속을 요하는 때에는 피의자에 대하여 피의사실 요지와 영장이 발부되었음을 고지하고 집행할 수 있으나 집행완료 후 신속히 체포영장을 제시하여야 한다(제200조의6, 제85조). 체포영장의 집행을 받은 피의자를 호송할 경우에 필요한 때에는 가장 접근한 교도소 또는 구치소에 임시로 유치할 수 있다(제200조의6, 제86조).

3. 미란다 원칙의 고지

검사 또는 사법경찰관은 피의자를 체포하는 경우에는 피의사실의 요지, 체포의 이유와 변호인을 선임할 수 있음을 말하고 변명할 기회를 주어야 한다(제200조의5).

판례 대법원 2012.2.9. 선고 2011도71932 판결

검사 또는 사법경찰관리는 현행범인을 체포하거나 일반인이 체포한 현행범인을 인도받는 경우 형사소송법 제213조의2에 의하여 준용되는 제200조의5에 따라 피의자에 대하여 피의사실의 요지, 체포의 이유와 변호인을 선임할 수 있음을 말하고 변명할 기회를 주어야 하고, 이와 같은 고지는 체포를 위한 실력행사에 들어가기 전에 미리 하여야 하는 것이 원칙이지만, 달아나는 피의자를 쫓아가 붙들거나 폭력으로 대항하는 피의자를 실력으로 제압하는 경우에는 붙들거나 제압하는 과정에서 하거나 그것이 여의치 않은 경우에는 일단 붙들거나 제압한 후에 지체 없이 하면 된다.

판례 대법원 2017.9.21. 선고 2017도10866 판결

경찰관들이 체포영장을 소지하고 메트암페타민(일명 필로폰) 투약 등 혐의로 피고인을 체포하려고 하자, 피고인이 이에 거세게 저항하는 과정에서 경찰관들에게 상해를 가하였다고 하여 공무집행방해 및 상해의 공소사실로 기소된 사안에서, 피고인이 경찰관들과 마주하자마자 도망가려는 태도를 보이거나 먼저 폭력을 행사하며 대항한 바 없는 등 경찰관들이 체포를 위한 실력행사에 나아가기 전에 체포영장을 제시하고 미란다 원칙을 고지할 여유가 있었음에도 애초부터 미란다 원칙을 체포 후에 고지할 생각으로 먼저 체포행위에 나선 행위는 적법한 공무집행이라고 보기 어렵다는 등의 이유로 공소사실에 대하여 무죄를 선고한 원심판단이 정당하다고 한 사례.

4. 영장주의 예외(체포와 피의자 수색과 체포현장에서의 압수·수색·검증)

검사 또는 사법경찰관은 체포영장에 의해 피의자를 체포하는 경우에 필요한 때에는 영장 없이 타인의 주거나 타인이 간수하는 가옥, 건조물, 항공기, 선차 내에서의 피의자 수사와 체포현장에서의 압수, 수색, 검증을 할 수 있다.

5. 무기사용의 가능

경찰관은 범인의 체포 · 도주의 방지, 자기 또는 타인의 생명 · 신체에 대한 방호, 공무집행에 대한 항거의 억제를 위하여 필요하다고 인정되는 상당한 이유가 있을 때에는 그 사태를 합리적으로 판단하여 필요한 한도 내에서 무기를 사용할 수 있다(경찰관직무집행법 제11조).

V 집행 후의 절차

1. 체포의 통지

1) 피통지인

피의자를 체포한 때에는 변호인이 있는 경우에는 변호인에게, 변호인이 없는 경우에는 피의자의 법정대리인, 배우자, 직계친족과 형제자매 중 피의자가 지정한 자에게 피의사건명, 체포일시 · 장소, 범죄사실의 요지, 체포의 이유와 변호인을 선임할 수 있는 취지를 지체 없이(24시간 내에) 서면으로 알려야 한다(제200조의5, 제87조). 체포된 피의자는 수사기관, 교도소장 또는 구치소장 또는 그 대리자에게 변호사를 지정하여 변호인의 선임을 의뢰할 수 있고, 의뢰를 받은 사람은 급속히 피의자가 지명한 변호사에게 그 취지를 통지하여야 한다(제200조의5, 제90조).

2) 방법

피통지인이 없어 통지를 하지 못한 경우에는 그 취지를 기재한 서면을 기록에 철하여야 한다. 급속을 요하는 경우에는 구속되었다는 취지 및 구속의 일시 · 장소를 전화 또는 모사전송기 기타 상당한 방법에 의하여 통지할 수 있다. 다만, 이 경우에도 구속통지는 다시 서면으로 하여야 한다.

Ⅵ 체포 후의 조치

1. 체포 후의 수사기관의 조치

체포한 피의자를 구속하고자 할 때에는 체포한 때부터 48시간 이내에 구속영장을 청구하여야 하고, 그 기간 내에 구속영장을 청구하지 아니하는 때에는 피의자를 즉시 석방하여야 한다(제200조의2 제5항). 체포된 피의자를 구속한 경우에는 그 구속기간은 피의자를 체포한 날부터 기산한다.

2. 체포된 피의자의 권리

체포된 피의자는 법률의 범위 내에서 타인과 접견하고 서류 또는 물건을 수수하며 의사의 진료를 받을 수 있고(제200조의6, 제89조), 체포구속적부심사 청구권이 인정된다(제214조의2).

제3절 긴급체포

Ⅰ 제도적 취지

1. 의의

1) 의의

긴급체포라 함은 중대한 죄를 범하였다고 의심할 만한 상당한 이유가 있는 피의자를 수사기관이 법관의 체포영장을 발부받지 아니하고 체포하는 것을 말한다. 긴급체포를 인정하는 것은 영장주의의 원칙을 일관함으로써 중대한 범죄를 범한 범인을 놓치는 것을 방지하려는 데 그 이유가 있다. 이는 현행범인의 체포와 함께 영장주의의 예외로 인정되고 있다.

2) 법적 근거

우리 헌법은 영장주의를 선언하면서 "다만, 장기 3년 이상의 형에 해당하는 죄를 범하고 도피 또는 증거인멸의 염려가 있을 때에는 사후에 영장을 청구할 수 있다"고 규정하여(제12조 제3항 단서) 긴급체포에 대한 헌법적 근거를 마련하고 있으며, 현행 형사소송법 제200조의3 제1항에도 긴급체포의 요건에 관한 구체적 규정을 두고 있다.

Ⅱ 긴급체포의 요건(제200조의3)

1. 긴급체포 요건의 판단 시기

긴급체포의 요건을 갖추었는지 여부는 사후에 밝혀진 사정을 기초로 판단하는 것이 아니라 체포 당시의 상황을 기초로 판단하여야 하고, 이에 관한 검사나 사법경찰관 등 수사주체의 판단에는 상당한 재량의 여지가 있다고 할 것이나, 긴급체포 당시의 상황으로 보아서도 그 요건의 충족 여부에 관한 검사나 사법경찰관의 판단이 경험칙에 비추어 현저히 합리성을 잃은 경우에는 그 체포는 위법한 체포라 할 것이다.[18)]

판례 대법원 2002.6.11. 선고 2000도5701 판결

긴급체포는 영장주의원칙에 대한 예외인 만큼 형사소송법 제200조의3 제1항의 요건을 모두 갖춘 경우에 한하여 예외적으로 허용되어야 하고, 요건을 갖추지 못한 긴급체포는 법적 근거에 의하지 아니한 영장 없는 체포로서 위법한 체포에 해당하는 것이고, 여기서 긴급체포의 요건을 갖추었는지 여부는 사후에 밝혀진 사정을 기초로 판단하는 것이 아니라 체포 당시의 상황을 기초로 판단하여야 하고, 이에 관한 검사나 사법경찰관 등 수사주체의 판단에는 상당한 재량의 여지가 있다고 할 것이나, 긴급체포 당시의 상황으로 보아서도 그 요건의 충족 여부에 관한 검사나 사법경찰관의 판단이 경험칙에 비추어 현저히 합리성을 잃은 경우에는 그 체포는 위법한 체포라 할 것이고, 이러한 위법은 영장주의에 위배되는 중대한 것이니 그 체포에 의한 유치 중에 작성된 피의자신문조서는 위법하게 수집된 증거로서 특별한 사정이 없는 한 이를 유죄의 증거로 할 수 없다.

2. 범죄의 중대성

검사 또는 사법경찰관(사법경찰리는 긴급체포를 할 수 없다)은 법정형이 사형, 무기 또는 장기 3년 이상의 징역 또는 금고에 해당하는 죄를 범하였다고 의심할 만한 상당한 이유가 있어야 한다.

18) 대법원 2006.9.8. 2006도148 판결

판례 대법원 2000.7.4. 선고 99도4341 판결

헌법 제12조 제5항 전문은 누구든지 체포 또는 구속의 이유와 변호인의 조력을 받을 권리가 있음을 고지받지 아니하고는 체포 또는 구속을 당하지 아니한다는 원칙을 천명하고 있고, 형사소송법 제72조는 피고인에 대하여 범죄사실의 요지, 구속의 이유와 변호인을 선임할 수 있음을 말하고 변명할 기회를 준 후가 아니면 구속할 수 없다고 규정하는 한편, 이 규정은 같은 법 제213조의2에 의하여 검사 또는 사법경찰관리가 현행범인을 체포하거나 일반인이 체포한 현행범인을 인도받는 경우에 준용되므로, 사법경찰리가 현행범인으로 체포하는 경우에는 반드시 범죄사실의 요지, 구속의 이유와 변호인을 선임할 수 있음을 말하고 변명할 기회를 주어야 할 것임은 명백하며, 이러한 법리는 비단 현행범인을 체포하는 경우뿐만 아니라 긴급체포의 경우에도 마찬가지로 적용되는 것이고, 이와 같은 고지는 체포를 위한 실력행사에 들어가기 이전에 미리 하여야 하는 것이 원칙이나, 달아나는 피의자를 쫓아가 붙들거나 폭력으로 대항하는 피의자를 실력으로 제압하는 경우에는 붙들거나 제압하는 과정에서 하거나, 그것이 여의치 않은 경우에라도 일단 붙들거나 제압한 후에는 지체 없이 행하여야 한다.

3. 필요성(제200조의3 제1항 제1호, 제2호)

긴급체포를 하는 경우 다음 각각의 사유 중 어느 하나에 해당하면 긴급체포를 할 수 있다.

① 피의자가 증거를 인멸할 염려가 있는 때

② 피의자가 도망하거나 도망할 우려가 있는 때

4. 긴급성

긴급을 요한다 함은 피의자를 우연히 발견한 경우 등과 같이 체포영장을 받을 시간적 여유가 없는 때를 말한다. 자진출석하여 조사 후 귀가를 요구하는 경우에도 긴급성이 인정될 수 있는가와 관련하여 소환에 응하여 구속사유가 없는 경우 긴급체포가 허용되지 않는다고 볼 수도 있으나, 조사과정 중 자신의 범죄혐의의 중대성을 자각하여 도주할 우려가 발생할 수도 있으므로 피의자가 출석하게 된 경위, 출석횟수, 출석 불응이 있었는지, 조사시간, 수사상황 등 제반사정을 고려하여 조사과정에서 중범죄의 혐의가 인정됨에 따라 구속을 우려하여 귀가를 요구하는 것과 같이 도망 및 증거인멸의 우려가 현저한 경우 긴급체포할 수 있다고 보아야 한다는 것이 판례이다.[19)]

판례 대법원 2003.3.27. 자 2002모81 결정

도로교통법위반 피의사건에서 기소유예 처분을 받은 재항고인이 그 후 혐의 없음을 주장함과 동시에

19) 대법원 1998.7.6. 98도785

수사경찰관의 처벌을 요구하는 진정서를 검찰청에 제출함으로써 이루어진 진정사건을 담당한 검사가, 재항고인에 대한 위 피의사건을 재기한 후 담당검사인 자신의 교체를 요구하고자 부장검사 부속실에서 대기하고 있던 재항고인을 위 도로교통법위반죄로 긴급체포하여 감금한 경우, 그 긴급체포는 형사소송법이 규정하는 긴급체포의 요건을 갖추지 못한 것으로서 당시의 상황과 경험칙에 비추어 현저히 합리성을 잃은 위법한 체포에 해당한다.

판례 대법원 2006.9.8. 선고 2006도148 판결(참고인으로 조사 받기 전 퇴거 요구에 대한 긴급체포)

검사가 참고인 조사를 받는 줄 알고 검찰청에 자진출석한 변호사 사무실 사무장을 합리적 근거 없이 긴급체포하자 그 변호사가 이를 제지하는 과정에서 위 검사에게 상해를 가한 것이 정당방위에 해당한다.

판례 대법원 1998.7.6. 선고 98도785 판결(참고인 조사 후 범행 인지 후 긴급체포)

피고인이 고소한 피의사건에 대하여 고소인 자격으로 피고소인과 대질조사를 받고 나서 조서에 무인하기를 거부하자 수사검사가 무고혐의가 인정된다면서 무고죄로 인지하여 조사를 하겠다고 하였고, 이에 피고인이 조사를 받지 않겠다고 하면서 가방을 들고 일어나 집으로 돌아가려고 하자 검사는 범죄사실의 요지, 체포의 이유와 변호인 선임권, 변명할 기회를 준 후에 피고인을 긴급체포하였다. 이 사건에서 대법원은 검사의 행위는 긴급체포의 요건을 갖춘 정당한 공무집행에 해당한다.

Ⅲ 긴급체포의 절차

1. 절차

검사 또는 사법경찰관은 긴급체포 이유를 고지하고 영장 없이 피의자를 긴급체포할 수 있으며, 사법경찰관이 피의자를 체포한 경우에는 즉시 검사의 승인을 받아야 한다.[20] 피의자를 긴급체포한 경우에는 즉시 범죄사실의 요지, 긴급체포의 사유 등이 기재된 긴급체포서를 작성하여야 한다(제200조의3).

2. 미란다 원칙의 고지

검사 또는 사법경찰관은 피의자를 체포하는 경우에는 피의사실의 요지, 체포의 이유와 변호인을 선임할 수 있음을 말하고 변명할 기회를 주어야 한다(제200조의5).

판례 대법원 1994.3.11. 선고 93도958

피의자를 구속영장 없이 현행범으로 체포하든지 긴급구속하기 위하여는 체포 또는 긴급구속 당시에 헌법 및 형사소송법에 규정된 바와 같이 피의자에 대하여 범죄사실의 요지, 체포 또는 구속의 이유와 변호인을 선임할 수 있음을 말하고 변명할 기회를 준 후가 아니면 체포 또는 긴급 구속할 수 없다.

20) 긴급체포를 하기 전에 미리 검사의 지휘를 받을 필요가 없다.

3. 영장주의 예외

검사 또는 사법경찰관은 긴급체포를 하는 경우에 필요한 때에는 영장 없이 타인의 주거나 타인이 간수하는 가옥, 건조물, 항공기, 선차 내에서의 피의자 수사와 체포현장에서의 압수, 수색, 검증을 할 수 있다(제216조 제1항 제1호, 제2호). 검사 또는 사법경찰관은 긴급체포된 자가 소유·소지 또는 보관하는 물건에 대하여 긴급히 압수할 필요가 있는 경우에는 체포한 때부터 24시간 이내에 한하여 영장 없이 압수·수색 또는 검증을 할 수 있다(제217조 제1항). 검사 또는 사법경찰관은 체포 현장에서 압수한 물건 혹은 긴급체포된 자가 소유·소지 또는 보관하는 물건을 압수한 경우 이를 계속 압수할 필요가 있는 경우에는 지체 없이 압수수색영장을 청구하여야 한다. 이 경우 압수수색영장의 청구는 체포한 때부터 48시간 이내에 하여야 한다. 검사 또는 사법경찰관은 압수수색영장을 발부받지 못한 때에는 압수한 물건을 즉시 반환하여야 한다(제217조).

4. 무기의 사용

경찰관은 범인의 체포·도주의 방지, 자기 또는 타인의 생명·신체에 대한 방호, 공무집행에 대한 항거의 억제를 위하여 필요하다고 인정되는 상당한 이유가 있을 때에는 그 사태를 합리적으로 판단하여 필요한 한도 내에서 무기를 사용할 수 있다(경찰관직무집행법 제11조).

Ⅳ 긴급체포 후의 절차

1. 체포의 통지

1) 피통지인

피의자를 체포한 때에는 변호인이 있는 경우에는 변호인에게, 변호인이 없는 경우에는 피의자의 법정대리인, 배우자, 직계친족과 형제자매 중 피의자가 지정한 자에게 피의사건명, 체포일시·장소, 범죄사실의 요지, 체포의 이유와 변호인을 선임할 수 있는 취지를 지체 없이(24시간 내에) 서면으로 알려야 한다(제200조의5, 제87조). 체포된 피의자는 수사기관, 교도소장 또는 구치소장 또는 그 대리자에게 변호사를 지정하여 변호인의 선임을 의뢰할 수 있고, 의뢰를 받은 사람은 급속히 피의자가 지명한 변호사에게 그 취지를 통지하여야 한다(제200조의5, 제90조).

2) 방법

피통지인이 없어 통지를 하지 못한 경우에는 그 취지를 기재한 서면을 기록에 철하여야 한다. 급속을 요하는 경우에는 체포되었다는 취지 및 체포의 일시 · 장소를 전화 또는 모사전송기 기타 상당한 방법에 의하여 통지할 수 있다. 다만, 이 경우에도 체포통지는 다시 서면으로 하여야 한다.

Ⅴ 긴급체포 후의 조치

1. 긴급체포 후 수사기관의 조치

① 검사 또는 사법경찰관이 피의자를 긴급체포한 경우 피의자를 구속하고자 할 때에는 지체 없이 검사는 관할 지방법원판사에게 구속영장을 청구하여야 하고, 사법경찰관은 검사에게 신청하여 검사의 청구로 관할지방법원판사에게 구속영장을 청구하여야 한다. 이 경우 구속영장은 피의자를 체포한 때부터 48시간 이내에 청구하여야 하며, 청구를 함에는 긴급체포서를 첨부하여야 한다. 구속영장을 청구하지 아니하거나 발부받지 못한 때에는 피의자를 즉시 석방하여야 한다.

② 이러한 경우 구속영장의 청구를 받은 영장전담판사는 구속영장에 대한 발부요건만 판단하여야 되고 긴급체포의 위법은 판단할 수 없다는 긴급체포위법판단불요설과 적정절차 및 피의자의 인권보장을 강조하여 구속영장을 발부하는 수임판사가 구속의 요건뿐만 아니라 체포당시 긴급체포의 적법성을 고려하여 구속영장 발부 여부를 심사할 수 있다는 긴급체포위법판단고려설의 대립이 있다. 생각하건대 구속영장을 청구하는 경우 긴급체포서를 첨부하도록 규정하고 있는 것(제200조의4 제1항 후단)은 구속영장을 발부하는 경우 긴급체포의 위법성을 판단할 수 있는 근거를 입법적으로 인정하고 있는 것이므로 고려설이 타당하다.

③ 구속영장이 발부된 경우 구속기간은 최초의 긴급체포시부터 기산하여야 한다.

판례 대법원 2008.3.27. 선고 2007도11400 판결

긴급체포는 영장주의원칙에 대한 예외인 만큼 형사소송법 제200조의3 제1항의 요건을 모두 갖춘 경우에 한하여 예외적으로 허용되어야 하고, 요건을 갖추지 못한 긴급체포는 법적 근거에 의하지 아니한 영장 없는 체포로서 위법한 체포에 해당하는 것이고, 여기서 긴급체포의 요건을 갖추었는지 여부는 사후에 밝혀진 사정을 기초로 판단하는 것이 아니라 체포 당시의 상황을 기초로 판단하여야 하고,

이에 관한 검사나 사법경찰관 등 수사주체의 판단에는 상당한 재량의 여지가 있다고 할 것이나, 긴급체포 당시의 상황으로 보아서도 그 요건의 충족 여부에 관한 검사나 사법경찰관의 판단이 경험칙에 비추어 현저히 합리성을 잃은 경우에는 그 체포는 위법한 체포라 할 것이고, 이러한 위법은 영장주의에 위배되는 중대한 것이니 그 체포에 의한 유치 중에 작성된 피의자신문조서는 위법하게 수집된 증거로서 특별한 사정이 없는 한 이를 유죄의 증거로 할 수 없다.

판례 대법원 2010.10.28. 선고 2008도11999 판결

사법경찰관이 검사에게 긴급체포된 피의자에 대한 긴급체포 승인 건의와 함께 구속영장을 신청한 경우, 검사는 긴급체포의 승인 및 구속영장의 청구가 피의자의 인권에 대한 부당한 침해를 초래하지 않도록 긴급체포의 적법성 여부를 심사하면서 수사서류뿐만 아니라 피의자를 검찰청으로 출석시켜 직접 대면조사할 수 있는 권한을 가진다고 보아야 한다. 따라서 이와 같은 목적과 절차의 일환으로 검사가 구속영장 청구 전에 피의자를 대면조사하기 위하여 사법경찰관리에게 피의자를 검찰청으로 인치할 것을 명하는 것은 적법하고 타당한 수사지휘 활동에 해당하고, 수사지휘를 전달받은 사법경찰관리는 이를 준수할 의무를 부담한다. 다만 체포된 피의자의 구금 장소가 임의적으로 변경되는 점, 법원에 의한 영장실질심사 제도를 도입하고 있는 현행 형사소송법하에서 체포된 피의자의 신속한 법관 대면권 보장이 지연될 우려가 있는 점 등을 고려하면, 위와 같은 검사의 구속영장 청구 전 피의자 대면조사는 긴급체포의 적법성을 의심할 만한 사유가 기록 기타 객관적 자료에 나타나고 피의자의 대면조사를 통해 그 여부의 판단이 가능할 것으로 보이는 예외적인 경우에 한하여 허용될 뿐, 긴급체포의 합당성이나 구속영장 청구에 필요한 사유를 보강하기 위한 목적으로 실시되어서는 아니 된다. 나아가 검사의 구속영장 청구 전 피의자 대면조사는 강제수사가 아니므로 피의자는 검사의 출석 요구에 응할 의무가 없고, 피의자가 검사의 출석 요구에 동의한 때에 한하여 사법경찰관리는 피의자를 검찰청으로 호송하여야 한다.

2. 긴급체포된 자의 권리

체포된 피의자는 법률의 범위 내에서 타인과 접견하고 서류 또는 물건을 수수하며 의사의 진료를 받을 수 있고(제200조의5, 제89조), 체포구속적부심사 청구권이 법률로 인정된다(제214조의2).

3. 재긴급체포의 제한

영장을 청구하지 않거나 발부받지 못하여 석방된 피의자를 영장 없이는 동일한 범죄사실에 관하여 긴급체포하지 못한다(제200조의4 제3항).

판례 대법원 2001.9.28. 선고 2001도4291 판결

형사소송법 제200조의4 제3항은 영장 없이는 긴급체포 후 석방된 피의자를 동일한 범죄사실에 관하여 체포하지 못한다는 규정으로, 위와 같이 석방된 피의자라도 법원으로부터 구속영장을 발부받아 구속할 수 있음은 물론이고, 같은 법 제208조 소정의 '구속되었다가 석방된 자'라 함은 구속영장에 의하여 구속되었다가 석방된 경우를 말하는 것이지, 긴급체포나 현행범으로 체포되었다가 사후영장발부 전에 석방된 경우는 포함되지 않는다 할 것이므로, 피고인이 수사 당시 긴급체포되었다가 수사기관의

조치로 석방된 후 법원이 발부한 구속영장에 의하여 구속이 이루어진 경우 앞서 본 법조에 위배되는 위법한 구속이라고 볼 수 없다.

4. 긴급체포 후 구속영장 청구 없이 석방한 경우

1) 법원에 대한 통지(제200조의4 제4항)

수사기관이 피의자를 긴급체포한 다음 구속영장을 청구하지 아니하고 석방하는 경우, 긴급체포의 남용의 우려가 있으므로 형사소송법은 수사기관이 긴급체포 후 구속영장을 청구하지 아니하고 피의자를 석방한 경우에는 석방한 날부터 30일 이내에 검사는 서면으로 ① 긴급체포 후 석방된 자의 인적사항, ② 긴급체포의 일시 · 장소와 긴급체포하게 된 구체적 이유, ③ 석방의 일시 · 장소 및 사유, ④ 긴급체포 및 석방한 검사 또는 사법경찰관의 성명을 법원에 통지하여야 한다. 이 경우 긴급체포서의 사본을 첨부하여야 한다. 여기서 체포영장에 의한 체포를 하지 아니하고 긴급체포를 하게 된 구체적 사유를 명시하게 한 것은 향후 긴급체포가 보다 더 신중하게 이루어질 것으로 보인다.

2) 당사자에 대한 통지 및 열람 등사권(제200조의4 제5항)

개정 형사소송법은 긴급체포로 인한 위법행위의 시정이나 배상을 구하는 자료로 사용할 수 있도록 긴급체포 후 석방된 자 또는 그 변호인 · 법정대리인 · 배우자 · 직계친족 · 형제자매는 통지서 및 관련 서류를 열람하거나 등사할 수 있도록 하였다.

3) 검사에 대한 보고의무(제200조의4 제6항)

검사가 법원에 통지할 의무를 부담하므로 사법경찰관은 긴급체포한 피의자에 대하여 구속영장을 신청하지 아니하고 석방한 경우에는 즉시 검사에게 보고하여야 한다.

재체포, 구속, 체포적부심, 피고인 보석의 정리
*재 긴급체포: 영장을 청구하지 않거나 발부받지 못하여 석방된 피의자는 영장 없이는 동일한 범죄사실에 관하여 체포하지 못한다.
*피의자 재구속: 검사 또는 사법경찰관에 의하여 구속되었다가 석방된 자는 다른 중요한 증거를 발견한 경우를 제외하고는 동일한 범죄사실에 관하여 재차 구속하지 못한다.
*피고인 재구속: 조건이 필요 없다.
*보증금납입부 피의자 석방 후 재구속 ① 도망한 때

② 도망하거나 죄증을 인멸할 염려가 있다고 믿을 만한 충분한 이유가 있는 때 ③ 출석요구를 받고 정당한 이유 없이 출석하지 않은 때 ④ 주거의 제한 기타 법원에 정한 조건에 위반한 경우[21]
*체포구속적부심에서 석방 후 재구속: 도망하거나 죄증을 인멸한 경우[22]

제4절 현행범체포

Ⅰ 제도적 취지

1. 의의

현행범인에 대하여 영장주의의 예외를 인정하는 것은 범행과 시간적으로 근접하여 범죄의 명백성이 인정되기 때문이다.

Ⅱ 현행범인 및 준현행범인

1. 현행범인

1) 범죄의 실행 중 또는 실행즉후인 자

범죄의 실행중이거나 실행의 즉후인 자를 현행범인이라 한다. 여기서 '범죄의 실행의 즉후인 자'라고 함은 범죄의 실행행위를 종료한 직후의 범인이라는 것이 체포하는 자의 입장에서 볼 때 명백한 경우를 말하고, 또 '범죄의 실행행위를 종료한 직후'라고 함은 범죄행위를 실행하여 끝마친 순간 또는 이에 아주 접착된 시간적 단계를 의미하는 것으로 해석되므로, 시간적으로나 장소적으로 보아 체포를 당하는 자가 방금 범죄를 실행한

21) 보석의 취소사유와 구별: 피해자, 당해 사건의 재판에 필요한 사실을 알고 있다고 인정되는 자 또는 그 친족의 생명·신체나 재산에 해를 가하거나 가할 염려가 있다고 믿을 만한 충분한 이유가 있을 때가 없다는 점에 주의하여야 한다.

22) 도망할 염려가 있는 경우는 없다는 점에 주의하여야 한다.

범인이라는 점에 관한 죄증이 명백히 존재하는 것으로 인정되는 경우에만 현행범인으로 볼 수 있다.[23)]

판례 대법원 2007.4.13. 선고 2007도1249 판결

형사소송법 제211조가 현행범인으로 규정한 "범죄의 실행(실행)의 즉후(즉후)인 자"라고 함은, 범죄의 실행행위를 종료한 직후의 범인이라는 것이 체포하는 자의 입장에서 볼 때 명백한 경우를 일컫는 것으로서, 위 법조가 제1항에서 본래의 의미의 현행범인에 관하여 규정하면서 "범죄의 실행의 즉후인 자"를 "범죄의 실행 중인 자"와 마찬가지로 현행범인으로 보고 있고, 제2항에서는 현행범인으로 간주되는 준현행범인에 관하여 별도로 규정하고 있는 점 등으로 미루어 볼 때, "범죄의 실행행위를 종료한 직후"라고 함은, 범죄행위를 실행하여 끝마친 순간 또는 이에 아주 접착된 시간적 단계를 의미하는 것으로 해석되므로, 시간적으로나 장소적으로 보아 체포를 당하는 자가 방금 범죄를 실행한 범인이라는 점에 관한 죄증이 명백히 존재하는 것으로 인정되는 경우에만 현행범인으로 볼 수 있는 것이다. 그러므로 신고를 받고 출동한 제천경찰서 청전지구대 소속 경장 공소외인이 피고인이 음주운전을 종료한 후 40분 이상이 경과한 시점에서 길가에 앉아 있던 피고인에게서 술 냄새가 난다는 점만을 근거로 피고인을 음주운전의 현행범으로 체포한 것은 피고인이 '방금 음주운전을 실행한 범인이라는 점에 관한 죄증이 명백하다고 할 수 없는 상태'에서 이루어진 것으로서 적법한 공무집행이라고 볼 수 없다.

판례 대법원 1991.9.24. 선고 91도1314 판결

가. 형사소송법 제211조가 현행범인으로 규정한 "범죄의 실행의 즉후인 자"라고 함은, 범죄의 실행행위를 종료한 직후의 범인이라는 것이 체포하는 자의 입장에서 볼 때 명백한 경우를 일컫는 것으로서, "범죄의 실행행위를 종료한 직후"라고 함은, 범죄행위를 실행하여 끝마친 순간 또는 이에 아주 접착된 시간적 단계를 의미하는 것으로 해석되므로, 시간적으로나 장소적으로 보아 체포를 당하는 자가 방금 범죄를 실행한 범인이라는 점에 관한 죄증이 명백히 존재하는 것으로 인정되는 경우에만 현행범인으로 볼 수 있는 것이다.

나. 교사가 교장실에 들어가 불과 약 5분 동안 식칼을 휘두르며 교장을 협박하는 등의 소란을 피운 후 40여 분 정도가 지나 경찰관들이 출동하여 교장실이 아닌 서무실에서 그를 연행하려 하자 그가 구속영장의 제시를 요구하면서 동행을 거부하였다면, 체포 당시 서무실에 앉아 있던 위 교사가 방금 범죄를 실행한 범인이라는 죄증이 경찰관들에게 명백히 인식될 만한 상황이었다고 단정할 수 없는데도 이와 달리 그를 "범죄의 실행의 즉후인 자"로서 현행범인이라고 단정한 원심판결에는 현행범인에 관한 법리오해의 위법이 있다고 하여 이를 파기한 사례.

다. 현행범인으로서의 요건을 갖추고 있었다고 인정되지 않는 상황에서 경찰관들이 동행을 거부하는 자를 체포하거나 강제로 연행하려고 하였다면, 이는 적법한 공무집행이라고 볼 수 없으므로 강제연행을 거부하는 자를 도와 경찰관들에 대하여 폭행을 하는 등의 방법으로 그 연행을 방해하였다고 하더라도, 공무집행방해죄는 성립되지 않는다.

판례 대법원 1993.8.13. 선고 93도926 판결

오00이 112 신고를 받고 출동하여 피고인을 체포하려고 할 때는, 피고인이 서울 성동구 사근동에 있는 무학여고 앞길에서 피해자 주00의 자동차를 발로 걷어차고 그와 싸우는 범행을 한 지 겨우 10분

23) 대법원 2002.5.10. 2001도300

후에 지나지 않고, 그 장소도 범행 현장에 인접한 위 학교의 운동장이며, 위 피해자의 친구가 112 신고를 하고 나서 피고인이 도주하는지 여부를 계속 감시하고 있던 중 위 신고를 받고 출동한 위 오00 외 1인의 경찰관들에게 피고인을 지적하여 체포하도록 한 사실을 인정한 다음, 피고인은 "범죄 실행의 즉후인 자"로서 현행범인에 해당한다.

2) 범죄 유형별 현행범인의 검토

예비 · 음모를 처벌하는 범죄에 있어서는 예비 · 음모가 실행행위가 되며, 교사, 방조범인 경우에는 정범의 실행행위가 있으면 현행범인이 된다. 단, 기도된 교사인 경우에는 교사행위가 실행행위가 된다. 간접정범인 경우에는 이용자의 이용행위시에 실행행위를 인정할 수 있다.

2. 준현행범인

준현행범인이란 범인으로 호창되어 추적되고 있는 자, 장물이나 범죄에 사용되었다고 인정함에 충분한 흉기 기타의 물건을 소지하고 있는 자, 신체 또는 의복류에 현저한 증적이 있는 자, 누구임을 물음에 대하여 도망하려 하는 자(사인이 묻는 경우도 포함된다)를 말한다.

Ⅲ 현행범체포의 요건

1. 범죄와 범인의 명백성

형법상의 구성요건, 위법성, 책임 중 하나라도 없음이 명백한 경우에는 현행범으로 체포할 수 없다. 그러므로 형사미성년자는 현행범인이라는 이유로 체포가 인정되지 않는다. 다만, 친고죄에 있어서는 고소가 없는 경우라도 현행범으로 체포할 수 있다. 일반 수사기관은 군법적용자라할지라도 체포할 수 있다.

2. 체포의 필요성

현행범인 체포의 요건으로서는 행위의 가벌성, 범죄의 현행성, 시간적 접착성, 범인 · 범죄의 명백성 외에 체포의 필요성, 즉 도망 또는 증거인멸의 염려가 있을 것을 요한다.

판례 대법원 1999.1.26. 선고 98도3029 판결

[1] 현행범인은 누구든지 영장 없이 체포할 수 있으므로 사인의 현행범인 체포는 법령에 의한 행위로서 위법성이 조각된다고 할 것인데, 현행범인 체포의 요건으로서는 행위의 가벌성, 범죄의 현행성 · 시간적 접착성, 범인 · 범죄의 명백성 외에 체포의 필요성, 즉 도망 또는 증거인멸의 염려가 있을 것을 요한다.

[2] 적정한 한계를 벗어나는 현행범인 체포행위는 그 부분에 관한 한 법령에 의한 행위로 될 수 없다고 할 것이나, 적정한 한계를 벗어나는 행위인가 여부는 결국 정당행위의 일반적 요건을 갖추었는지 여부에 따라 결정되어야 할 것이지 그 행위가 소극적인 방어행위인가 적극적인 공격행위인가에 따라 결정되어야 하는 것은 아니다.

3. 비례성

다액 50만원 이하의 벌금, 구류 또는 과료에 해당하는 죄의 현행범인에 대하여는 범인의 주거가 분명하지 아니한 때에 한하여 현행범체포가 가능하다.

Ⅳ 현행범인 체포절차

1. 현행범 체포의 주체

누구든지 영장 없이 체포할 수 있다. 그러므로 사인은 현행범 체포를 할 수 있으나 현행범을 체포할 권한만이 있지 의무는 없다. 또한 사법경찰관이 현행범을 체포함에 있어서는 범죄사실 요지, 체포이유 및 변호인을 선임할 수 있음을 고지하고 변명할 기회를 준 후가 아니면 체포할 수 없다(제213조의2). 이와 같은 고지는 체포를 위한 실력행사에 들어가기 이전에 미리 하여야 하는 것이 원칙이나, 달아나는 피의자를 쫓아가 붙들거나 폭력으로 대항하는 피의자를 실력으로 제압하는 경우에는 붙들거나 제압하는 과정에서 하거나, 그것이 여의치 않은 경우에라도 일단 붙들거나 제압한 후에는 지체 없이 행하여야 한다는 것이 판례이다.[24)]

2. 영장주의 예외

검사 또는 사법경찰관은 현행범체포를 하는 경우에 필요한 때에는 영장 없이 타인의 주거나 타인이 간수하는 가옥, 건조물, 항공기, 선차 내에서의 피의자 수사와 체포현장

24) 대법원 2000.7.4. 99도4341

에서의 압수, 수색, 검증을 할 수 있다. 다만, 사인의 경우에 체포를 위하여 타인의 주거에 들어가서 현행범인을 체포할 수 없다.

Ⅴ 현행범체포 후의 절차

1. 체포후의 절차

1) 현행범인의 인도

검사 또는 사법경찰관리 아닌 자가 현행범인을 체포한 때에는 즉시 검사 또는 사법경찰관리에게 인도하여야 하고, 석방하는 것은 허용하지 아니한다. 사법경찰관리가 현행범인의 인도를 받은 때에는 체포자의 성명, 주거, 체포의 사유를 물어야 하고 필요한 때에는 체포자에 대하여 경찰관서에 동행함을 요구할 수 있다(제213조).

2. 고지 및 통지의 절차

1) 피통지인

피의자를 체포한 때에는 변호인이 있는 경우에는 변호인에게, 변호인이 없는 경우에는 피의자의 법정대리인, 배우자, 직계친족과 형제자매 중 피의자가 지정한 자에게 피의사건명, 체포일시 · 장소, 범죄사실의 요지, 체포의 이유와 변호인을 선임할 수 있는 취지를 지체 없이(24시간 내에) 서면으로 알려야 한다(제200조의5, 제87조). 체포된 피의자는 수사기관, 교도소장 또는 구치소장 또는 그 대리자에게 변호사를 지정하여 변호인의 선임을 의뢰할 수 있고, 의뢰를 받은 사람은 급속히 피의자가 지명한 변호사에게 그 취지를 통지하여야 한다(제200조의5, 제90조).

2) 방법

피통지인이 없어 통지를 하지 못한 경우에는 그 취지를 기재한 서면을 기록에 철하여야 한다. 급속을 요하는 경우에는 체포되었다는 취지 및 체포의 일시 · 장소를 전화 또는 모사전송기 기타 상당한 방법에 의하여 통지할 수 있다. 다만, 이 경우에도 체포통지는 다시 서면으로 하여야 한다.

Ⅵ 현행범체포 후의 조치

현행범인의 체포의 경우에도 체포규정에 의하여 체포한 때로부터 48시간 내에 구속영장을 청구하여야 한다.

[판례] 대법원 2011.12.22. 선고 2011도12927 판결

현행범인은 누구든지 영장 없이 체포할 수 있고(형사소송법 제212조), 검사 또는 사법경찰관리(이하 '검사 등'이라고 한다) 아닌 이가 현행범인을 체포한 때에는 즉시 검사 등에게 인도하여야 한다(형사소송법 제213조 제1항). 여기서 '즉시'라고 함은 반드시 체포시점과 시간적으로 밀착된 시점이어야 하는 것은 아니고, '정당한 이유 없이 인도를 지연하거나 체포를 계속하는 등으로 불필요한 지체를 함이 없이'라는 뜻으로 볼 것이다. 또한 검사 등이 현행범인을 체포하거나 현행범인을 인도받은 후 현행범인을 구속하고자 하는 경우 48시간 이내에 구속영장을 청구하여야 하고 그 기간 내에 구속영장을 청구하지 아니하는 때에는 즉시 석방하여야 한다(형사소송법 제213조의2, 제200조의2 제5항). 위와 같이 체포된 현행범인에 대하여 일정 시간 내에 구속영장 청구 여부를 결정하도록 하고 그 기간 내에 구속영장을 청구하지 아니하는 때에는 즉시 석방하도록 한 것은 영장에 의하지 아니한 체포 상태가 부당하게 장기화되어서는 안 된다는 인권보호의 요청과 함께 수사기관에서 구속영장 청구 여부를 결정하기 위한 합리적이고 충분한 시간을 보장해 주려는 데에도 그 입법취지가 있다고 할 것이다. 따라서 검사 등이 아닌 이에 의하여 현행범인이 체포된 후 불필요한 지체 없이 검사 등에게 인도된 경우 위 48시간의 기산점은 체포시가 아니라 검사 등이 현행범인을 인도받은 때라고 할 것이다.

제5절 피의자와 피고인의 구속

Ⅰ 구속의 의의

1. 의의

1) 구속의 개념

피의자 구속이란 수사기관이 판사가 발부한 구속영장에 의하여 피의자를 구인 또는 구금하는 것이며, 체포된 피의자 및 체포되지 않는 피의자를 불문하고 구속할 수 있다. 피고인 구속이란 공소제기된 후에 법원이 구속영장에 의하여 피고인을 구금하는 것을 말한다. 그러므로 구속의 여부와 피고인의 지위인정과는 아무런 관련이 없다.

2) 구속의 종류

구속에는 피의자나 피고인을 일정한 장소에 24시간 이내로 인치하는 강제처분인 구인과 피의자, 피고인을 교도소, 구치소에 감금하는 구금이 있다. 이러한 구금을 미결구금이라고 한다. 그러므로 구금은 형벌의 일종인 구류와는 다르다. 피의자 구인은 구속전 피의자심문을 위한 수단으로 이용될 수 있다(제201조의2 제2항). 구인도 구속의 일종이므로 구인을 위한 구속영장이 발부되어야 하며 구인을 위한 구속영장이 발부되기 위해서는 구속사유가 있어야 한다. 문제가 되는 것은 피의자신문을 위해서 구인이 허용되는지 문제가 되나 체포제도가 도입된 이상 허용되지 않는다고 보는 것이 타당하다. 개정 형사소송법은 법원은 인치받은 피고인을 유치할 필요가 있는 때에는 교도소, 구치소 또는 경찰서 유치장에 유치할 수 있고, 이 경우 유치기간은 인치한 때로부터 24시간을 초과할 수 없다고 규정하였다(제71조의2).[25]

3) 구속의 목적

구속의 목적은 피고인의 자백을 받아내기 위한 수단이나 수사의 편의를 위하여 하는 것이 아니라, 피고인 또는 피의자의 자유를 제한함에 의하여 형사소송에의 출석을 보장하고, 증거를 인멸함에 의한 수사와 심리의 방해를 제거하며, 확정된 형벌의 집행을 확보하기 위한 제도이다.

Ⅱ 구속의 요건

1. 범죄의 혐의의 상당성

객관적인 범죄의 혐의가 있어야 한다. 즉 범죄의 혐의는 무죄추정을 깨뜨릴 정도로 유죄판결에 대한 고도의 개연성이 있어야 한다. 그러므로 위법성조각사유나 책임조각사유가 있는 경우, 공소시효의 완성과 같은 사유가 있는 경우에는 범죄혐의를 인정할 수 없다.

---

25) 개정 이유: 개정 형사소송법이 구인 후 유치를 규정한 것은 먼저 구인장이 집행되어 피의자 또는 피고인이 심야에 법원에 인치된 경우, 영장실질심사를 위하여 피의자를 구인하였는데 영장발부 여부를 결정하기까지 시간이 필요한 경우에 법원에는 피의자나 피고인을 유치할 만한 시설과 이들을 감시할 인원이 없기 때문에 법원 외의 장소에 유치할 필요가 있는데, 우리 실무에서는 "인신구속사무의 처리에 관한 예규(제35조)"에 따라서 하고 있었다. 그러나 이에 대한 명문의 규정이 없고 형사소송규칙 제96조11 제2항에 "피의자를 법원 외의 장소에 유치하는 경우에 판사는 구인을 위한 구속영장에 유치할 장소를 기재하고 서명 · 날인하여 이를 교부하여야 한다"라고 하여 이에 대한 근거 규정이 필요하여 개정 형사소송법이 규정하게 되었다.

2. 구속의 사유

일정한 주거가 없는 경우, 증거를 인멸할 염려가 있는 경우, 도망 또는 도망할 염려가 있는 경우에 가능하다. 이러한 구속사유를 심사함에 있어서 범죄의 중대성, 재범의 위험성, 피해자, 중요참고인 등에 대한 위해우려 등을 고려하여야 한다(제70조 제2항).[26]

3. 비례성의 원칙

다액 50만원 이하의 벌금, 구류 또는 과료에 해당하는 사건에 대하여서는 주거부정인 경우에만 구속할 수 있다.

Ⅲ 피의자 구속

1. 구속영장의 발부

1) 영장의 법적 성격

피의자 구속영장의 성질은 허가장의 성질을 가지는 반면, 피고인 구속영장은 명령장의 성질을 가진다.

2) 영장의 청구권자

피의자인 경우에는 검사가 관할 지방법원판사에게 청구하여 구속영장을 받아 피의자를 구속할 수 있고 사법경찰관인 경우에는 검사에게 신청하여 검사의 청구로 관할 지방법원판사의 구속영장을 받아 피의자를 구속할 수 있다.

3) 영장의 청구방식

구속영장의 청구는 반드시 서면으로 하고, 청구를 받은 지방법원판사는 신속히 구속영장의 발부 여부를 결정해야 하고, 상당하다고 인정할 때에는 구속영장을 발부한다. 이를 발부하지 아니할 때에는 청구서에 그 취지 및 이유를 기재하고 서명날인하여 청

26) 개정의 취지 : "범죄의 중대성" 예를 들면, 피의자가 사형, 무기 또는 장기 10년이 넘는 징역이나 금고에 해당하는 범죄를 범한 때에는 구속할 수 있다고 규정한다면 이와 같은 일정한 범죄에 관하여는 도망의 염려가 있는지, 증거인멸의 염려가 있는지에 판단 없이 구속사유가 있다고 판단하게 되는 불합리한 점이 있기 때문에 개정 형사소송법은 구속의 사유는 확대되지 아니하고 그대로 유지되어 "주거부정, 증거인멸, 도망 또는 도망할 염려"로 하고 구속사유를 판단함에 있어서 범죄의 중대성을 고려하여야 한다는 것으로 개정하였다.

구한 검사에게 교부한다.

4) 구속영장의 발부에 대한 불복방법

영장청구를 기각하는 판사의 재판에 대한 불복의 방법은 없다.

판례 대법원 2006.12.18. 자 2006모646 결정

[1] 헌법과 법률이 정한 법관에 의하여 법률에 의한 신속한 재판을 받을 권리를 국민의 기본권의 하나로 보장하고 있는 헌법 제27조의 규정과 대법원을 최고법원으로 규정한 헌법 제101조 제2항, 명령·규칙 또는 처분에 대한 대법원의 최종심사권을 규정한 헌법 제107조 제2항의 규정 등에 비추어, 대법원 이외의 각급 법원에서 잘못된 재판을 하였을 경우에는 상급심으로 하여금 이를 바로잡게 하는 것이 국민의 재판청구권을 실질적으로 보장하는 방법이 된다는 의미에서 심급제도는 재판청구권을 보장하기 위한 하나의 수단이 되는 것이지만, 심급제도는 사법에 의한 권리보호에 관하여 한정된 법 발견자원의 합리적인 분배의 문제인 동시에 재판의 적정과 신속이라는 서로 상반되는 두 가지 요청을 어떻게 조화시키느냐의 문제에 귀착되므로 어느 재판에 대하여 심급제도를 통한 불복을 허용할 것인지의 여부 또는 어떤 불복방법을 허용할 것인지 등은 원칙적으로 입법자의 형성의 자유에 속하는 사항이고, 특히 형사사법절차에서 수사 또는 공소제기 및 유지를 담당하는 주체로서 피의자 또는 피고인과 대립적 지위에 있는 검사에게 어떤 재판에 대하여 어떤 절차를 통하여 어느 범위 내에서 불복방법을 허용할 것인가 하는 점은 더욱 더 입법정책에 달린 문제이다.

[2] 검사의 체포영장 또는 구속영장 청구에 대한 지방법원판사의 재판은 형사소송법 제402조의 규정에 의하여 항고의 대상이 되는 '법원의 결정'에 해당하지 아니하고, 제416조 제1항의 규정에 의하여 준항고의 대상이 되는 '재판장 또는 수명법관의 구금 등에 관한 재판'에도 해당하지 아니한다.

[3] 헌법 제12조 제1항, 제3항, 제6항 및 형사소송법 제37조, 제200조의2, 제201조, 제214조의2, 제402조, 제416조 제1항 등의 규정들은, 신체의 자유와 관련한 기본권의 침해는 부당한 구속 등에 의하여 비로소 생길 수 있고 검사의 영장청구가 기각된 경우에는 그로 인한 직접적인 기본권침해가 발생할 여지가 없다는 점 및 피의자에 대한 체포영장 또는 구속영장의 청구에 관한 재판 자체에 대하여 항고 또는 준항고를 통한 불복을 허용하게 되면 그 재판의 효력이 장기간 유동적인 상태에 놓여 피의자의 지위가 불안하게 될 우려가 있으므로 그와 관련된 법률관계를 가급적 조속히 확정시키는 것이 바람직하다는 점 등을 고려하여, 체포영장 또는 구속영장에 관한 재판 그 자체에 대하여 직접 항고 또는 준항고를 하는 방법으로 불복하는 것은 이를 허용하지 아니하는 대신에, 체포영장 또는 구속영장이 발부된 경우에는 피의자에게 체포 또는 구속의 적부심사를 청구할 수 있도록 하고 그 영장청구가 기각된 경우에는 검사로 하여금 그 영장의 발부를 재청구할 수 있도록 허용함으로써, 간접적인 방법으로 불복할 수 있는 길을 열어 놓고 있는 데 그 취지가 있고, 이는 헌법이 법률에 유보한 바에 따라 입법자의 형성의 자유의 범위 내에서 이루어진 합리적인 정책적 선택의 결과일 뿐 헌법에 위반되는 것이라고는 할 수 없다.

2. 영장실질심사제도(구속전 피의자심문, 제201조의2)

1) 필요적 영장실질심사제도의 도입

(1) 체포, 긴급체포, 현행범으로 체포된 피의자(이하 체포된 피의자로 함)

체포, 긴급체포, 현행범으로 체포된 피의자에 대하여 구속영장을 청구받은 지방법원

판사는 지체 없이 피의자를 심문하여야 한다. 이 경우 특별한 사정이 없는 한 구속영장이 청구된 날의 다음날까지 심문하여야 한다(제201조의2 제1항).

(2) 미체포 피의자

미체포된 피의자에 대하여 구속영장이 청구된 경우 판사는 피의자가 죄를 범하였다고 의심할 만한 이유가 있는 경우에 구인을 위한 구속영장을 발부하여 피의자를 구인한 후 심문하여야 한다. 다만, 피의자가 도망하는 등의 사유로 심문할 수 없는 경우에는 그러하지 아니하다(제201조의2 제2항).

2) 방법과 절차

(1) 피의자의 출석

판사는 체포된 피의자인 경우에는 즉시, 미체포된 피의자의 경우에는 피의자를 인치한 후 즉시 검사, 피의자 및 변호인에게 심문기일과 장소를 통지하여야 한다. 이 경우 검사는 피의자가 체포되어 있는 때에는 심문기일에 피의자를 출석시켜야 한다(제201조의2 제3항). 판사는 피의자가 심문기일에의 출석을 거부하거나 질병 그 밖의 사유로 출석이 현저하게 곤란한 때에는 피의자의 출석 없이 심문절차를 진행할 수 있다(형사소송규칙 제96조의13).

(2) 검사와 변호인의 의견진술권(제201조의2 제4항)

검사와 변호인은 심문기일에 출석하여 의견을 진술할 수 있다. 다만, 영장재판이 본안 재판화되는 것을 방지하여야 할 것이다.

(3) 심문의 방법

① 피의자의 심문은 법원청사 내에서 하여야 한다. 다만, 피의자가 출석을 거부하거나 질병 기타 부득이한 사유로 법원에 출석할 수 없는 때에는 경찰서, 구치소 기타 적당한 장소에서 심문할 수 있다(형사소송규칙 제96조의15).

② 피의자에 대한 심문절차는 공개하지 아니한다. 다만, 판사는 상당하다고 인정하는 경우에는 피의자의 친족, 피해자등 이해관계인의 방청을 허가할 수 있다(형사소송규칙 제96조의14).

③ 판사는 영장재판을 함에 있어서 심문하는 때에는 공범의 분리심문이나 그 밖에 수사상의 비밀보호를 위하여 필요한 조치를 하여야 한다(제201조의2 제5항).

④ 판사는 피의자에게 구속영장청구서에 기재된 범죄사실의 요지를 고지하고, 진술을 거부하거나 이익 되는 사실을 진술할 수 있음을 알려 주어야 한다. 판사는 구

속 여부를 판단하기 위하여 필요한 사항에 관하여 신속하고 간결하게 심문하여야 한다. 증거인멸 또는 도망의 염려를 판단하기 위하여 필요한 때에는 피의자의 경력, 가족관계나 교우관계 등 개인적인 사항에 관하여 심문할 수 있고, 검사와 변호인은 판사의 심문이 끝난 후에 판사의 허가를 얻어 피의자를 심문할 수 있다(형사소송규칙 제96조의16 제1항). 판사는 구속 여부의 판단을 위하여 필요하다고 인정하는 때에는 심문장소에 출석한 피해자 그 밖의 제3자를 심문할 수 있다. 피해자, 고소인 등 이해관계인은 판사의 허가를 얻어 사건에 관한 의견을 진술할 수 있다(형사소송규칙 제96조의16 제6항).

3) 국선변호인제도의 도입

심문할 피의자에게 변호인이 없는 때에는 지방법원판사는 직권으로 변호인을 선정하여야 한다. 이 경우 변호인의 선정은 피의자에 대한 구속영장 청구가 기각되어 효력이 소멸한 경우를 제외하고는 제1심까지 효력이 있다. 법원은 변호인의 사정이나 그 밖의 사유로 변호인 선정결정이 취소되어 변호인이 없게 된 때에는 직권으로 변호인을 다시 선정할 수 있다(제201조의2 제8항, 제9항). 그러므로 변호인은 구속영장이 청구된 피의자에 대한 심문 시작 전에 피의자와 접견할 수 있고, 지방법원 판사는 검사 또는 사법경찰관에게 접견에 필요한 조치를 요구할 수 있다(형사소송규칙 제96조의20 제1항, 제3항). 피의자 심문에 참여할 변호인은 지방법원 판사에게 제출된 구속영장청구서 및 그에 첨부된 고소·고발장, 피의자의 진술을 기재한 서류와 피의자가 제출한 서류를 열람할 수 있다. 이 때 검사는 증거인멸 또는 피의자나 공범관계에 있는 자가 도망할 염려가 있는 등 수사에 방해가 될 염려가 있는 때에는 지방법원 판사에게 앞의 서류의 열람 제한에 관한 의견을 제출할 수 있고, 지방법원 판사는 검사의 의견이 상당하다고 인정하는 때에는 서류의 전부 또는 일부의 열람을 제한할 수 있다(형사소송규칙 제96조의21).

4) 영장심문조서의 작성

① 피의자를 심문하는 경우 법원사무관 등은 심문의 요지 등을 조서로 작성하여야 한다. 그러므로 영장조서는 조서작성방법에 관한 제48조, 공판조서의 기재요건에 관한 제51조, 공판조서의 서명에 관한 제53조, 공판정에서의 속기, 녹음 및 영상녹화에 관한 제56조의2, 장애인 등 특별히 보호를 요하는 피의자에 대하여 신뢰관계에 있는 자를 심문기일에 동석시킬 수 있는 제276조의2 규정이 준용된다(제201조

의2 제6항, 제10항).

② 구속전 피의자신문조서는 형사소송법 제311조의 법원 또는 법관의 조서에는 해당되지 않지만, 제315조의 기타 특히 신빙할 만한 정황에 의하여 작성된 서류로서 증거증력을 가질 수 있다.

5) 형사소송법 제72조 준용삭제

형사소송법 제72조는 구속영장 발부를 위한 절차규정으로 그 성질상 구인영장에는 적용이 없고, 피고인에 대한 사전 청문절차인 제72조를 피의자에게 준용할 필요가 없으므로 삭제하였다.

6) 구속기간산입 제외

피의자심문을 하는 경우 법원이 구속영장청구서 · 수사 관계 서류 및 증거물을 접수한 날부터 구속영장을 발부하여 검찰청에 반환한 날까지의 기간은 구속기간에 이를 산입하지 아니한다(제201조의2 제7항).

3. 구속영장의 발부

1) 구속영장에 표시할 내용

구속영장에는 피고인의 성명, 주거, 죄명, 공소사실의 요지, 인치 구금할 장소, 발부연월일, 그 유효기간과 그 기간을 경과하면 집행에 착수하지 못하며 영장을 반환하여야 할 취지를 기재하고 재판장 또는 수명법관이 서명 날인하여야 한다. 피고인의 성명이 분명하지 아니한 때에는 인상, 체격 기타 피고인을 특정할 수 있는 사항으로 피고인을 표시할 수 있다. 피고인의 주거가 분명하지 아니한 때에는 그 주거의 기재를 생략할 수 있다(제75조). 검사의 청구에 의하여 발부하는 영장에는 그 영장을 청구한 검사의 성명과 그 검사의 청구에 의하여 발부한다는 취지를 기재하여야 한다.

2) 구속영장 효력범위

구속영장의 효력은 구속영장에 기재된 범죄사실 및 그 사실의 기초가 되는 사회적 사실관계가 기본적인 점에서 동일한 공소사실에 미친다.

판례 대법원 2001.5.25. 자 2001모85 결정

구속영장의 효력은 구속영장에 기재된 범죄사실 및 그 사실의 기초가 되는 사회적 사실관계가 기본적

인 점에서 동일한 공소사실에 미친다고 할 것이고, 이러한 기본적 사실관계의 동일성을 판단함에 있어서는 그 사실의 동일성이 갖는 기능을 염두에 두고 피고인의 행위와 그 사회적인 사실관계를 기본으로 하되 규범적 요소도 아울러 고려하여야 한다.

판례 대법원 1996.8.12. 자 96모46 결정

구속의 효력은 원칙적으로 구속영장에 기재된 범죄사실에만 미친다는 점, 재항고인과 함께 병합심리되고 있는 공동피고인이 상당수에 이를 뿐만 아니라 재항고인과 공동피고인들에 대한 공소사실이 방대하고 복잡하여 그 심리에 상당한 시일이 요구될 것으로 예상된다는 점 등에 비추어 보면, 구속기간이 만료될 무렵에 종전 구속영장에 기재된 범죄사실과는 다른 범죄사실로 재항고인을 구속하였다는 사정만으로는 재항고인에 대한 구속이 위법하다고 단정할 수는 없다고 본다.

4. 구속영장의 집행

1) 구속영장의 집행절차

① 구속영장은 검사의 지휘에 의하여 사법경찰관리가 집행하며, 교도소 또는 구치소에 있는 피의자에 대하여는 검사의 지휘에 의하여 교도관리가 집행한다(제81조, 제201조). 검사는 필요에 의하여 관할구역 외에서 구속영장의 집행을 지휘할 수 있고 또는 당해 관할구역의 검사에게 집행지휘를 촉탁할 수 있다. 사법경찰관리는 필요에 의하여 관할구역 외에서 구속영장을 집행할 수 있고 또는 당해 관할구역의 사법경찰관리에게 집행을 촉탁할 수 있다(제83조, 제209조). 피고인의 현재지가 분명하지 아니한 때에는 재판장은 고등검찰청검사장 또는 지방검찰청검사장에게 그 수사와 구속영장의 집행을 촉탁할 수 있다(제84조, 제209조).

② 검사 또는 사법경찰관은 피의자를 구속하는 경우에는 피의사실의 요지, 체포의 이유와 변호인을 선임할 수 있음을 말하고 변명할 기회를 주어야 한다(제200조의5, 제209조). 즉 여기서의 "미란다 원칙"은 집행단계에서의 적법요건에 불과하지 영장의 발부요건은 아니다.

③ 구속영장을 집행함에는 피고인에게 반드시 이를 제시하여야 하며 신속히 지정된 법원 기타 장소에 인치하여야 한다. 구속영장을 소지하지 아니한 경우에 급속을 요하는 때에는 피고인에 대하여 공소사실의 요지와 영장이 발부되었음을 고하고 집행할 수 있다. 이 경우 집행을 완료한 후에는 신속히 구속영장을 제시하여야 한다(제85조, 제209조). 구속영장의 집행을 받은 피고인을 호송할 경우에 필요한 때에는 가장 접근한 교도소 또는 구치소에 임시로 유치할 수 있다(제86조, 제209조).

2) 영장집행 후의 절차

(1) 수사기관의 조치

피고인을 구속한 때에는 지체 없이 서면으로 변호인이 있는 경우에는 변호인에게, 변호인이 없는 경우에는 변호인선임권자 중 피고인이 지정한 자에게 피고사건명, 구속일시·장소, 범죄사실의 요지, 구속의 이유와 변호인을 선임할 수 있는 취지를 알려야 한다(제87조, 제209조). 구속의 통지는 구속을 한 때로부터 늦어도 24시간 이내에 서면으로 하여야 한다. 통지할 자가 없어 통지를 하지 못한 경우에는 그 취지를 기재한 서면을 기록에 철하여야 한다. 급속을 요하는 경우에는 구속되었다는 취지 및 구속의 일시·장소를 전화 또는 모사전송기 기타 상당한 방법에 의하여 통지할 수 있다. 다만, 이 경우에도 구속통지는 다시 서면으로 하여야 한다(규칙 제51조 제2항, 제3항).

(2) 구속된 피의자의 권리

구속된 피고인은 법률의 범위 내에서 타인과 접견하고 서류 또는 물건을 수수하며 의사의 진료를 받을 수 있고, 법원, 교도소장 또는 구치소장 또는 그 대리자에게 변호사를 지정하여 변호인의 선임을 의뢰할 수 있으며, 법원은 도망하거나 또는 죄증을 인멸할 염려가 있다고 인정할 만한 상당한 이유가 있는 때에는 직권 또는 검사의 청구에 의하여 결정으로 구속된 피고인과 제34조에 규정한 외의 타인과의 접견을 금하거나 수수할 서류 기타 물건의 검열, 수수의 금지 또는 압수를 할 수 있다. 단, 의류, 양식, 의료품의 수수를 금지 또는 압수할 수 없다(제89조, 제90조, 제91조, 제209조).

5. 구속기간 및 구속기간의 연장

1) 구속기간

사법경찰관이 피의자를 구속한 때에는 10일 이내에 피의자를 검사에게 인치하지 아니하면 석방하여야 한다(제202조). 검사가 피의자를 구속한 때 또는 사법경찰관으로부터 피의자의 인치를 받은 때에는 10일 이내에 공소를 제기하지 아니하면 석방하여야 한다(제203조).

2) 구속기간의 연장

① 지방법원판사는 검사가 구속기간의 연장의 필요를 인정할 수 있는 자료를 제출하여 구속기간의 연장을 신청한 경우에 수사를 계속함에 상당한 이유가 있다고 인정

한 때에는 10일을 초과하지 아니하는 한도에서 구속기간의 연장을 1차에 한하여 허가할 수 있다(제205조).

② 지방법원 판사는 국가보안법 제3조 내지 제10조의 죄(단, 제7조 : 찬양 고무, 제10조 : 불고지죄는 제외함 : 판례)에 대하여 10일을 초과하지 않는 한도 내에서 사법경찰관의 구속기간은 1차에 한하여, 검사의 구속기간은 2차에 한하여 연장할 수 있다(최장 50일).

③ 구속기간의 연장은 서면으로 하여야 한다.

④ 구속기간연장허가결정이 있은 경우에 그 연장기간은 구속기간만료 다음날로부터 기산한다.

판례 대법원 1997.6.16. 자 97모1 결정

형사소송법 제402조, 제403조에서 말하는 법원은 형사소송법상의 수소법원만을 가리키므로, 같은 법 제205조 제1항 소정의 구속기간의 연장을 허가하지 아니하는 지방법원 판사의 결정에 대하여는 같은 법 제402조, 제403조가 정하는 항고의 방법으로는 불복할 수 없고, 나아가 그 지방법원 판사는 수소법원으로서의 재판장 또는 수명법관도 아니므로 그가 한 재판은 같은 법 제416조가 정하는 준항고의 대상이 되지도 않는다.

3) 영장실효 여부

구속기간이 도과하면 당연히 구속영장의 효력은 당연히 상실되나, 판례는 반대이다.

판례 대법원 1964.11.17. 64도428

구 군법회의법 제132조의 제한을 넘어 구속기간을 갱신한 경우에 있어서도 불법구속한 자에 대하여 형법상·민법상의 책임을 물을 수는 있어도 구속명령의 효력이 당연히 실효되는 것은 아니다.

6. 재구속의 제한

1) 수사기관의 피의자 구속

(1) 재구속의 제한

검사 또는 사법경찰관에 의하여 구속되었다가 석방된 자는 다른 중요한 증거를 발견한 경우를 제외하고는 동일한 범죄사실에 관하여 재차 구속하지 못한다. 이때 1개의 목적을 위하여 동시 또는 수단결과의 관계에서 행하여진 행위는 동일한 범죄사실로 간주한다(제208조).

재구속의 제한은 법원이 피고인을 구속하는 경우에는 적용되지 아니한다. 또한 재구

속이 제한될 뿐이고 재구속이 되었다고 할지라도 공소제기가 무효로 되는 것은 아니다.

판례 대법원 1985.7.23. 자 85모12 결정

항소법원은 항소피고사건의 심리 중 또는 판결선고 후 상고제기 또는 판결확정에 이르기까지 수소법원으로서 형사소송법 제70조 제1항 각호의 사유 있는 불구속 피고인을 구속할 수 있고 또 수소법원의 구속에 관하여는 검사 또는 사법경찰관이 피의자를 구속함을 규율하는 형사소송법 제208조의 규정은 적용되지 아니하므로 구속기간의 만료로 피고인에 대한 구속의 효력이 상실된 후 항소법원이 피고인에 대한 판결을 선고하면서 피고인을 구속하였다 하여 위 법 제208조의 규정에 위배되는 재구속 또는 이중구속이라 할 수 없다.

판례 대법원 1966.11.22. 선고 66도1288

무혐의 불기소 처분된 사건에 대하여 다시 기소할 수 있음은 법리상 명백하여 일사부재리의 원칙에 위반된 것이라고 할 수 없고 동일한 사건으로 재구속되었다 할지라도 그것만으로 공소제기 자체가 무효라고 할 수 없다.

(2) 공소보류 특칙

국가보안법 위반으로 공소보류를 받은 자가 법무부장관이 정하는 감시, 보도에 관한 규칙에 위반한 때에는 공소보류를 취소할 수 있는데, 이때에는 형소법의 규정에도 불구하고 동일한 범죄사실로 재구속할 수 있다(국가보안법 제20조 제4항).

Ⅳ 피고인 구속

1. 구속영장의 발부

① 피고인을 구인 또는 구금함에는 구속영장을 발부하여야 한다(제73조). 구속영장의 방식은 피의자 구속영장의 방식과 동일하며(제75조), 법원은 피고인의 현재지의 지방법원판사에게 피고인의 구속을 촉탁할 수 있고, 수탁판사는 피고인이 관할구역 내에 현재하지 아니한 때에는 그 현재지의 지방법원판사에게 전촉할 수 있다. 이 때 수탁판사는 구속영장을 발부하여야 한다(제77조). 촉탁에 의하여 구속영장을 발부한 판사는 피고인을 인치한 때로부터 24시간 이내에 그 피고인임에 틀림없는가를 조사하여야 하고, 피고인임에 틀림없는 때에는 신속히 지정된 장소에 송치하여야 한다(제78조).

② 피고인을 구속하고자 하는 경우에는 피고인에 대하여 범죄사실의 요지, 구속의 이

유와 변호인을 선임할 수 있음을 말하고 변명할 기회를 준 후가 아니면 구속할 수 없다 다만, 피고인이 도망한 경우에는 그러하지 아니하다(제72조).[27] 여기서의 "미란다 원칙"은 영장 발부에 있어서의 적법요건이 된다. 그러므로 영장을 발부하기 위해서는 반드시 이러한 청문절차를 행한 경우에만 적법하므로 피고인이 도망을 간 경우에는 영장발부 자체가 곤란한 경우가 있었는데 이를 개정 형사소송법은 입법으로 해결하였다.

판례 대법원 2000.11.10. 자 2000모134 결정

형사소송법 제72조는 피고인을 구속함에 있어 법관에 의한 사전 청문절차를 규정한 것으로서, 구속영장을 집행함에 있어 집행기관이 취하여야 하는 절차가 아니라 구속영장 발부함에 있어 수소법원 등 법관이 취하여야 하는 절차라 할 것이므로, 법원이 피고인에 대하여 구속영장을 발부함에 있어 사전에 위 규정에 따른 절차를 거치지 아니한 채 구속영장을 발부하였다면 그 발부결정은 위법하다고 할 것이나, 위 규정은 피고인의 절차적 권리를 보장하기 위한 규정이므로 이미 변호인을 선정하여 공판절차에서 변명과 증거의 제출을 다하고 그의 변호 아래 판결을 선고받은 경우 등과 같이 위 규정에서 정한 절차적 권리가 실질적으로 보장되었다고 볼 수 있는 경우에는, 이에 해당하는 절차의 전부 또는 일부를 거치지 아니한 채 구속영장을 발부하였다 하더라도 이러한 점만으로 그 발부결정이 위법하다고 볼 것은 아니며 형사소송법 제88조 피고인을 구속한 때에는 즉시 공소사실의 요지와 변호인을 선임할 수 있음을 알려야 한다 는 사후 청문절차에 관한 규정으로서 이를 위반하였다 하여 구속영장의 효력에 어떠한 영향을 미치는 것은 아니다.

2. 구속영장의 집행절차

① 구속영장은 검사의 지휘에 의하여 사법경찰관리가 집행한다. 단, 급속을 요하는 경우에는 재판장, 수명법관 또는 수탁판사가 그 집행을 지휘할 수 있으며 이 경우에는 법원사무관 등에게 그 집행을 명할 수 있다. 이 경우에 법원사무관 등은 그 집행에 관하여 필요한 때에는 사법경찰관리 · 교도관 또는 법원경위에게 보조를 요구할 수 있으며 관할구역 외에서도 집행할 수 있다(제81조 제1항, 제2항).[28]

---

27) 개정 취지 : 구속을 함에 있어서는 피고인에게 대하여 범죄사실의 요지, 구속의 이유와 변호인 선임 및 변명할 기회를 부여하여야 하는 것이 원칙이다. 그러나 피고인이 도망한 경우에 구속영장을 발부하는 경우에도 이러한 사전 청문절차를 밟게 하는 것은 사실상 불가능하다. 즉 피고인이 도망한 경우에는 구인영장을 발부하여 주소지에서 구인을 시도하더라도 집행 불능이 될 것이 명백하여 이러한 무익한 절차를 강요하는 것은 타당하지 아니하고 또한 피고인이 도망한 경우에는 피고인에게 부여된 법적 청문권을 포기하였다고 볼 수 있으므로 피고인이 도망한 경우에는 형사소송법 제72조 본문의 절차를 거치지 않고도 구속영장을 발부할 수 있도록 규정한 것이다.

28) 개정 이유 : 개정 전에는 법원사무관 등이 구속영장을 집행할 경우 사법경찰관리에게 보조를 요구할 수 있다고 규정하여 교도관이나 법원경위에게 보조를 요구할 수 있는 명문의 규정이 없어 문제가 있었으므로 이를 개정하게 되었다.

② 교도소 또는 구치소에 있는 피고인에 대하여 발부된 구속영장은 검사의 지휘에 의하여 교도관이 집행한다(제81조 제3항).

③ 구속영장을 집행함에는 피고인에게 반드시 이를 제시하여야 하며 신속히 지정된 법원 기타 장소에 인치하여야 한다. 다만, 구속영장을 소지하지 아니한 경우에 급속을 요하는 때에는 피고인에 대하여 공소사실의 요지와 영장이 발부되었음을 고하고 집행할 수 있다. 집행을 완료한 후에는 신속히 구속영장을 제시하여야 한다(제85조).

④ 피고인을 구속한 때에는 변호인이 있는 경우에는 변호인에게, 변호인이 없는 경우에는 제30조 제2항에 규정한 자중 피고인이 지정한 자에게 피고사건명, 구속일시 · 장소, 범죄사실의 요지, 구속의 이유와 변호인을 선임할 수 있는 취지를 알려야 한다. 통지는 지체 없이 서면으로 하여야 한다(제87조).

⑤ 피고인을 구속한 때에는 즉시 공소사실의 요지와 변호인을 선임할 수 있음을 알려야 한다. 이 규정에 관하여 판례는 법원의 사후 청문절차에 관한 규정으로서 이해하고 있으나 형사소송법 제88조의 고지는 집행기관의 고지를 규정한 것으로 보아야 한다. 그러므로 법원이 주체가 되는 경우는 급속을 요하는 경우에 한정된다고 보아야 한다.

3. 피고인 구속기간

1) 원칙(제92조 제1항 및 제3항)

구속기간은 2개월로 한다. 구속기간의 기산점은 공소제기시를 기준으로 한다. 즉 공판절차가 정지된 기간 및 공소제기전의 체포 · 구인 · 구금 기간은 구속기간에 산입하지 아니한다.

2) 연장(제92조 제2항)

특히 구속을 계속할 필요가 있는 경우에는 심급마다 2개월 단위로 2차에 한하여 결정으로 갱신할 수 있다. 다만, 상소심은 피고인 또는 변호인[29]이 신청한 증거의 조사, 상소이유를 보충하는 서면의 제출 등으로 추가 심리가 필요한 부득이한 경우에는 3차에 한하여 갱신할 수 있다.[30] 그러므로 지금은 1심, 2심, 3심 모두 6개월 동안 구속할 수 있다.

29) 검사는 주체로 되어 있지 않음에 주의하여야 한다.

30) 개정 취지 : 구속기간의 제한으로 인하여 충분한 심리가 이루어지지 못한 상태에서 판결이 선고되는 경우가 적지 않았고, 피고인의 추가적인 증거조사를 요구가 있었음에도 불구하고 구속기간의 제한으로 인하여 이

3) 갱신신청법원

형사소송법 제105조에서는 상소기간 중 또는 상소 중의 사건에 관하여 구속기간의 갱신, 구속의 취소, 보석, 구속의 집행정지와 그 정지의 취소에 대한 결정은 소송기록이 원심법원에 있는 때에는 원심법원이 하여야 한다고 규정하고 있으나 형사소송규칙에서는 상소기간 중 또는 상소 중의 사건에 관한 피고인의 구속, 구속기간갱신, 구속취소, 보석, 보석의 취소, 구속집행정지와 그 정지의 취소의 결정은 소송기록이 상소법원에 도달하기까지는 원심법원이 이를 할 수 있다고 규정하고 있어 이에 대한 문제가 있었으나 판례는 적법하다고 판시하였다.[31] 그러므로 상소 중, 상소기간 중의 사건에 관하여 원심법원이 구속기간의 갱신결정을 한 때에는 상소심법원은 2차밖에 갱신할 수 없다.

판례 2007.7.10.자 2007모460 결정

[1] 상소제기 후 소송기록이 상소법원에 도달하지 않고 있는 사이에는 피고인을 구속할 필요가 있는 경우에도 기록이 없는 상소법원에서 구속의 요건이나 필요성 여부에 대한 판단을 하여 피고인을 구속하는 것이 실질적으로 불가능하다는 점 등을 고려하면, 상소기간 중 또는 상소 중의 사건에 관한 피고인의 구속을 소송기록이 상소법원에 도달하기까지는 원심법원이 하도록 규정한 형사소송규칙 제57조 제1항의 규정이 형사소송법 제105조의 규정에 저촉된다고 보기는 어렵다.

[2] 불출석상태에서 징역형을 선고받고 항소한 피고인에 대하여 제1심법원이 소송기록이 항소심법원에 도달하기 전에 구속영장을 발부한 것이 적법하다.

판례 대법원 2001.11.30. 선고 2001도5225

대법원의 파기환송 판결에 의하여 사건을 환송받은 법원은 형사소송법 제92조 제1항에 따라 2월의 구속기간이 만료되면 특히 계속할 필요가 있는 경우에는 2차(대법원이 형사소송규칙 제57조 제2항에 의하여 구속기간을 갱신한 경우에는 1차)에 한하여 결정으로 구속기간을 갱신할 수 있는 것[32]이고, 한편 무죄추정을 받는 피고인이라고 하더라도 그에게 구속의 사유가 있어 구속영장이 발부, 집행된 이상 신체의 자유가 제한되는 것은 당연한 것이므로, 이러한 조치가 무죄추정의 원칙에 위배되는 것이라고 할 수는 없다.

를 받아들이기도 어려운 경우가 발생하여 신속한 재판을 받을 권리를 보장하기 위하여 도입된 구속기간의 제한제도가 오히려 피고인의 방어권행사에 지장을 초래하고 재판을 받을 권리를 침해하는 불합리한 결과를 초래하게 되었다. 그리하여 개정 형사소송법은 항소심과 상고심에서는 피고인 또는 변호인이 신청한 증거의 조사, 상소이유를 보충하는 서면의 제출 등으로 추가 심리가 필요한 특단의 사정이 있는 경우에는 3차에 한하여 갱신할 수 있도록 하였다.

31) 압수물의 환부 · 가환부는 이에 해당하지 않는다.

32) 개정 형사소송법에 따르면 3차까지 가능하므로 2차를 할 수 있다.

V 구속과 관련 문제

1. 구속의 효과의 범위

영장의 효력은 영장에 기재된 사건에만 미친다는 사건단위설이 통설과 판례이다.

2. 관련 문제

1) 이중구속

이미 구속영장이 발부되어 있는 피의자, 피고인에 대하여 다른 범죄사실에 대하여 구속기간 만료 전에 다시 구속영장을 발부 받아 집행하는 것을 말한다. 영장의 효력은 구속영장에 기재된 범죄 사실에만 미치는 것이므로 이중구속은 허용된다고 본다.

판례 대법원 2000.11.10. 자 2000모134 결정

형사소송법 제75조 제1항은 "구속영장에는 피고인의 성명, 주거, 죄명, 공소사실의 요지, 인치구금할 장소, 발부연월일, 그 유효기간과 그 기간을 경과하면 집행에 착수하지 못하며 영장을 반환하여야 할 취지를 기재하고 재판장 또는 수명법관이 서명날인하여야 한다"고 규정하고 있는 바, 구속의 효력은 원칙적으로 위 방식에 따라 작성된 구속영장에 기재된 범죄사실에만 미치는 것이므로, 구속기간이 만료될 무렵에 종전 구속영장에 기재된 범죄사실과 다른 범죄사실로 피고인을 구속하였다는 사정만으로는 피고인에 대한 구속이 위법하다고 할 수 없다.

판례 대법원 1996.5.10. 선고 96도800 판결

수개의 공소사실로 공소가 제기된 피고인이 그 중 일부의 범죄사실만으로 구속영장이 발부되어 구금되어 있었고, 법원이 그 수개의 범죄사실을 병합 심리한 끝에 피고인에게 구속영장이 발부된 일부 범죄사실에 관한 죄의 형과 나머지 범죄사실에 관한 죄의 형으로 나누어 2개의 형을 선고할 경우에 일부 범죄사실에 의한 구금의 효과는 피고인의 신병에 관한 한 나머지 범죄사실에도 미친다고 보아 그 구금일수를 어느 죄에 관한 형에 산입할 것인가의 문제는 법원의 재량에 속하는 사항이라고 할 것이므로 법원이 판결선고 전의 구금일수를 구속영장이 발부되지 아니한 다른 범죄사실에 관한 죄의 형에 산입할 수도 있다.

2) 별건구속

(1) 의의

수사기관이 본래 의도하고 있는 사건수사(本件)를 위해 피의자를 구속할 필요가 있으나, 수사상황에 미루어 구속영장을 발부받기 어렵다고 판단(객관적 혐의가 인정되지 않는 경우 등)하여 영장발부가 가능한 다른 사건(別件)으로 영장을 발부받아 본래 의도한 사건의

수사를 하는 것을 별건구속이라 한다. 즉 피고인에게 살인사건의 혐의가 있는 경우에 수사기관이 이 살인사건(본건)의 혐의를 조사하기 위하여 이와 관련이 없지만 이전에 피고인이 행한 절도죄(별건)로 구속하는 것을 말한다.

(2) 허용 여부

별건구속에 대하여 수사기관의 주관적 의도를 사전에 판단할 수 없고, 수사의 기밀성을 위하여 별건에 구속사유가 있는 한 적법하다는 적법설도 있으나 수사의 편의를 위하여 별건구속을 인정하는 것은 위법이며, 구속기간 제한에 대한 잠탈의 문제가 발생하며, 영장주의에 반할 위험이 있으므로 위법하다는 위법설이 타당하다.

판례 대법원 1990.12.11. 선고 90도2337 판결[33]

> 피고인이 기소중지 처분된 신용카드업법 위반 등 피의사실로 27일간 구속되었고, 연이어 사기 등 범행으로 구속기소 되었지만 결과적으로 위 구속기간이 사기 등 범행사실의 수사에 실질상 이용되었다 하더라도 위 구금일수를 사기죄의 본형에 산입할 수는 없다.

(3) 여죄수사

이와 구별할 것은 여죄수사가 허용될 수 있는가가 문제된다. 이에 대하여 학설에서는 여죄수사와 별건구속을 구별하기 어려우므로 여죄수사는 ① 피의자가 자진하여 자백한 경우, ② 여죄가 영장기재 사안보다 경미한 경우, ③ 동종 사안이나 밀접한 연관성(지역적 근접성)이 있는 경우 등에 한하여 예외적으로 인정하여야 한다고 보고 있다.

3. 검사의 체포, 구속장소 감찰

지방검찰청 검사장 또는 지청장은 불법체포·구속의 유무를 조사하기 위하여 검사로 하여금 매월 1회 이상 관하 수사관서의 피의자의 체포·구속 장소를 감찰하게 하여야 한다. 감찰하는 검사는 체포 또는 구속된 자를 심문하고 관련서류를 조사하여야 한다. 검사는 적법한 절차에 의하지 아니하고 체포 또는 구속된 것이라고 의심할 만한 상당한 이유가 있는 경우에는 즉시 체포 또는 구속된 자를 석방하거나 사건을 검찰에 송치할 것을 명하여야 한다(제198조의2). 주의할 점은 이 제도는 내부적 통제장치로서의 성격만을 가지는 것이므로 불법 체포, 구속된 피의자에게 청구권을 인정한 것은 아니라는 것이다.

33) 판례의 입장은 결코 적법설을 취한 것은 아니다. 다만, 미결구금일수를 산입하지 않고 있다.

구속기간에 산입되지 않는 기간

1. 영장 실질심사기간
2. 감정유치기간
3. 체포구속적부심사기간
4. 공판절차정지기간(공소장변경기간, 심신상실기간, 기피신청기간)
5. 위헌법률심판 제청이 있는 경우의 공판절차정지기간

제6절 접견교통권

I 의의

우리 헌법은 제12조 제4항에서 체포·구속된 피의자·피고인에게 변호인의 조력을 받을 권리가 있음을 규정하고 있다. 변호인과의 자유로운 접견교통권은 이러한 변호인의 조력을 받을 권리의 본질적 내용이라 할 수 있다. 형사소송법은 체포·구속된 피의자·피고인의 변호인과의 접견교통권을 제한없이 보장하고(제34조), 비변호인과의 접견교통권에 대하여는 법률이 정한 범위에서 인정하며 법적제한에 대한 규정을 두고 있다(제91조, 제209조).

변호인과의 접견교통권은 방어권보장을 위하여 인정되는 권리이며, 비변호인과의 접견교통권은 인권보장을 위하여 인정된 제도이다. 변호인의 피고인과의 접견교통권은 형사소송법상의 권리이므로 법령상의 제한이 가능하나, 피고인의 변호인과의 접견교통권은 헌법상의 권리이므로 어떠한 제한도 허용되지 않는다.

Ⅱ 접견교통권

1. 주체

변호인과의 접견교통권의 주체는 피의자·피고인이, 피의자·피고인과의 접견교통권의 주체는 변호인 또는 변호인이 되려는 자가 된다.

2. 상대방

피의자·피고인의 접견교통의 상대방은 변호인이며, 변호인의 접견교통의 상대방은 구속영장에 의하여 구속된 자, 체포된 자, 감정유치에 의하여 구속된 자뿐만 아니라 임의동행형식으로 연행된 자도 포함되나, 재심청구절차에서는 적용되지 아니한다.

판례 대법원 1996.6.3. 자 96모18 결정

[1] 변호인의 조력을 받을 권리를 실질적으로 보장하기 위하여는 변호인과의 접견교통권의 인정이 당연한 전제가 되므로, 임의동행의 형식으로 수사기관에 연행된 피의자에게도 변호인 또는 변호인이 되려는 자와의 접견교통권은 당연히 인정된다고 보아야 하고, 임의동행의 형식으로 연행된 피내사자의 경우에도 이는 마찬가지이다.

[2] 접견교통권은 피고인 또는 피의자나 피내사자의 인권보장과 방어준비를 위하여 필수불가결한 권리이므로 법령에 의한 제한이 없는 한 수사기관의 처분은 물론 법원의 결정으로도 이를 제한할 수 없다.

판례 대법원 1998.4.28. 선고 96다48831

형사소송법 제34조는 "변호인 또는 변호인이 되려는 자는 신체구속을 당한 피고인 또는 피의자와 접견하고 서류 또는 물건을 수수할 수 있으며 의사로 하여금 진료하게 할 수 있다"고 규정하고 있는바, 이 규정은 형이 확정되어 집행 중에 있는 수형자에 대한 재심개시의 여부를 결정하는 재심청구절차에는 그대로 적용될 수 없다.

3. 접견교통권의 제한

1) 법률상의 제한 가부

(1) 변호인의 접견교통권 제한 가부

변호인의 구속된 피고인 또는 피의자와의 접견교통권은 피고인 또는 피의자 자신이 가지는 변호인과의 접견교통권과는 성질을 달리하는 것으로서 헌법상 보장된 권리라고는 할 수 없고, 형사소송법 제34조에 의하여 비로소 보장되는 권리이지만, 신체구속을

당한 피고인 또는 피의자의 인권보장과 방어준비를 위하여 필수불가결한 권리이므로, 수사기관의 처분 등에 의하여 이를 제한할 수 없고, 다만 법령에 의하여서만 제한이 가능하다.

(2) 피고인의 접견교통권 제한 가부

변호인과의 자유로운 접견은 신체구속을 당한 사람에게 보장된 변호인의 조력을 받을 권리의 가장 중요한 내용이어서 국가안전보장, 질서유지, 공공복리 등 어떠한 명분으로도 제한될 수 있는 성질의 것이 아니다. 다만, 일요일이나 업무시간 이후에 접견교통권의 신청과 같은 일반적인 시간상, 근무상의 제한은 존재한다.

[판례] 대법원 2007.1.31. 자 2006모656 결정

형사소송법은 제89조에서 "구속된 피고인은 법률의 범위 내에서 타인과 접견할 수 있다"고 규정하고, 제209조에 의하여 이를 체포 또는 구속된 피의자에 관하여도 준용하는 외에, 제34조에서 "변호인 또는 변호인이 되려는 자는 신체구속을 당한 피고인 또는 피의자와 접견하고 서류 또는 물건을 수수할 수 있다"고 규정하고 있다. 이러한 형사소송법의 규정들은, 헌법 제12조 제4항 본문이 "누구든지 체포 또는 구속을 당한 때에는 즉시 변호인의 조력을 받을 권리를 가진다"라고 규정하여 체포 또는 구속을 당한 사람이 변호인의 조력을 받을 권리를 기본적 인권의 하나로 보장한 취지를 실현하기 위하여 피의자 등의 헌법상 기본권을 구체화함과 동시에 변호인 또는 변호인이 되려는 자에게 피의자 등과 자유롭게 접견교통을 할 수 있는 법률상 권리를 인정한 것으로 보아야 할 것인데, 종래 변호인의 접견교통권을 직접적으로 제한하는 규정을 따로 두고 있지 아니하므로, 수사기관의 일방적인 처분 등을 통하여 함부로 변호인의 접견교통권을 제한할 수는 없다. 그러나 형사소송법상 체포 또는 구속은 죄를 범하였다고 의심할 만한 상당한 이유가 있는 피의자 또는 피고인의 도망이나 증거인멸을 방지하고 출석을 보장하기 위해 이루어지는 것이므로(제70조, 제200조의2, 제201조), 신체구속을 당한 피고인 또는 피의자에 대한 변호인의 접견교통권은 위와 같은 신체구속 제도의 본래의 목적을 침해하지 아니하는 범위 내에서 행사되어야 하고, 이러한 한계를 일탈하는 접견교통권의 행사는 정당한 접견교통권의 행사에 해당하지 아니하여 허용될 수 없는 것으로 보아야 할 것이다. 다만, 신체구속을 당한 사람에 대한 변호인의 접견교통권은 헌법상 기본권의 하나로 보장되고 있는 신체구속을 당한 사람이 변호인의 조력을 받을 권리와 표리관계에 있는 것이므로 그 접견교통권의 행사가 위와 같은 한계를 일탈한 것이라고 인정함에 있어서는 신체구속을 당한 사람의 헌법상의 기본적 권리로서의 변호인의 조력을 받을 권리의 본질적인 내용이 침해되는 일이 없도록 신중을 기하여야 한다. 한편, 변호사인 변호인에게는 변호사법이 정하는 바에 따라서 이른바 진실의무가 인정되는 것이지만, 변호인이 신체구속을 당한 사람에게 법률적 조언을 하는 것은 그 권리이자 의무이므로 변호인이 적극적으로 피고인 또는 피의자로 하여금 허위진술을 하도록 하는 것이 아니라 단순히 헌법상 권리인 진술거부권이 있음을 알려 주고 그 행사를 권고하는 것을 가리켜 변호사로서의 진실의무에 위배되는 것이라고는 할 수 없다. 나아가, 신체구속을 당한 피의자 또는 피고인이 범한 것으로 의심받고 있는 범죄행위에 해당 변호인이 관련되어 있다는 등의 사유에 기하여 그 변호인의 변호활동을 광범위하게 규제하는 변호인의 제척(除斥)과 같은 제도를 두고 있지 아니한 우리 법제 아래에서는, 변호인의 접견교통의 상대방인 신체구속을 당한 사람이 그 변호인을 자신의 범죄행위에 공범으로 가담시키려고 하였다는 등의 사정만으로 그 변호인의 신체구속을 당한 사람과의 접견교통을 금지하는 것이 정당화될 수는 없다.

판례 헌법재판소 1992.1.28. 선고 91헌마111

[1] 변호인의 조력을 받을 권리의 필수적 내용은 신체구속을 당한 사람과 변호인과의 접견교통권이며 이러한 접견교통권의 충분한 보장은 구속된 자와 변호인의 대화내용에 대하여 비밀이 완전히 보장되고 어떠한 제한·영향·압력 또는 부당한 간섭 없이 자유롭게 대화할 수 있는 접견을 통하여서만 가능하고 이러한 자유로운 접견은 구속된 자와 변호인의 접견에 교도관이나 수사관 등 관계공무원의 참여가 없어야 가능하다.

[2] 변호인과의 자유로운 접견은 신체구속을 당한 사람에게 보장된 변호인의 조력을 받을 권리의 가장 중요한 내용이어서 국가안전보장, 질서유지, 공공복리 등 어떠한 명분으로도 제한될 수 있는 성질의 것이 아니다.

(3) 변호인의 접근교통권과 피의자 포기 허용 가부

판례 대법원 2018.12.27. 선고 2016다266736 판결

변호인의 접견교통권은 피의자 등이 변호인의 조력을 받을 권리를 실현하기 위한 것으로서, 피의자 등이 헌법 제12조 제4항에서 보장한 기본권의 의미와 범위를 정확히 이해하면서도 이성적 판단에 따라 자발적으로 그 권리를 포기한 경우까지 피의자 등의 의사에 반하여 변호인의 접견이 강제될 수 있는 것은 아니다. 그러나 변호인이 피의자 등에 대한 접견신청을 하였을 때 위와 같은 요건이 갖추어지지 않았는데도 수사기관이 접견을 허용하지 않는 것은 변호인의 접견교통권을 침해하는 것이고, 이 경우 국가는 변호인이 입은 정신적 고통을 배상할 책임이 있다. 이때 변호인의 조력을 받을 권리의 중요성, 수사기관에 이러한 권리를 침해할 동기와 유인이 있는 점, 피의자 등이 접견교통을 거부하는 것은 이례적이라는 점을 고려하면, 피의자 등이 헌법 제12조 제4항에서 보장한 기본권의 의미와 범위를 정확히 이해하면서도 이성적 판단에 따라 자발적으로 그 권리를 포기하였다는 것에 대해서는 이를 주장하는 사람이 증명할 책임이 있다.

4. 접견교통권의 내용

1) 접견의 비밀의 보장

미결수용자와 변호인(변호인이 되려고 하는 자를 포함한다. 이하 같다)과의 접견에는 교도관이 참여하거나 그 내용을 청취 또는 녹취하지 못한다. 다만, 보이는 거리에서 미결수용자를 감시할 수 있다(형의 집행 및 수용자의 처우에 관한 법률 제84조).

2) 서류 또는 물건의 수수 및 의사의 진료

변호인 또는 변호인이 되려고 하는 자는 체포 또는 구속된 피의자, 피고인을 위하여 서류 또는 물건을 수수하며 의사의 진료를 받을 수 있다(제89조).

[판례] 대법원 2002.5.6. 자 2000모112 결정

경찰서 유치장은 미결수용실에 준하는 것이어서(행형법 제68조) 그 곳에 수용된 피의자에 대하여는 행형법 및 그 시행령이 적용되고, 행형법시행령 제176조는 형사소송법 제34조, 제89조, 제209조의 규정에 의하여 피고인 또는 피의자가 의사의 진찰을 받는 경우에는 교도관 및 의무관이 참여하고 그 경과를 신분장부에 기재하여야 한다고 규정하고 있는 바, 이는 피고인 또는 피의자의 신병을 보호, 관리해야 하는 수용기관의 입장에서 수진과정에서 발생할지도 모르는 돌발상황이나 피고인 또는 피의자의 신체에 대한 위급상황을 예방하거나 대처하기 위한 것으로서 합리성이 있으므로 행형법 제176조의 규정은 변호인의 수진권 행사에 대한 법령상의 제한에 해당한다고 보아야 할 것이고, 그렇다면 국가정보원 사법경찰관이 경찰서 유치장에 구금되어 있던 피의자에 대하여 의사의 진료를 받게 할 것을 신청한 변호인에게 국가정보원이 추천하는 의사의 참여를 요구한 것은 행형법시행령 제176조의 규정에 근거한 것으로서 적법하고, 이를 가리켜 변호인의 수진권을 침해하는 위법한 처분이라고 할 수는 없다.

Ⅲ 비변호인과의 접견교통권

1. 원칙적 보장

체포 또는 구속된 피의자 혹은 피고인은 법률의 범위 내에서 타인과 접견하고 서류 또는 물건을 수수하며 의사의 진료를 받을 수 있다(제89조, 제200조의6, 제209조). 형사소송법은 체포·구속된 피의자·피고인에게 비변호인과의 접견교통권을 원칙적으로 보장하면서 법률에 의한 제한이 가능하도록 하고 있다.

2. 예외적 제한

1) 법률에 의한 제한

형의 집행 및 수용자의 처우에 관한 법률상의 제한이 있다(형의 집행 및 수용자의 처우에 관한 법률 제41조 내지 제43조, 동법 시행령 제58조).

2) 법원 또는 수사기관의 결정에 의한 제한

(1) 요건

법원은 도망하거나 또는 죄증을 인멸할 염려가 있다고 인정할 만한 상당한 이유가 있는 때에는 직권 또는 검사의 청구에 의하여 결정으로 체포 또는 구속된 피의자 혹은 피고인과 비변호인과의 접견을 금하거나 수수할 서류 기타 물건의 검열, 수수의 금지

또는 압수할 수 있다(제91조, 200조의6, 제209조). 피의자에 대한 접견교통권 제한은 수사기관의 결정에 의하여 할 수 있다. 이때의 도망하거나 또는 죄증을 인멸할 염려가 있다고 인정할 만한 상당한 이유는 구속보다 엄격하게 해석하여야 한다.

(2) 범위

접견의 금지는 전면적 · 개별적, 조건부 · 기한부 금지도 가능하다. 다만, 의류 · 양식 · 의료품의 수수를 금지하거나 압수하는 것은 허용되지 아니한다(제91조 단서).

(3) 절차

피고인에 대한 접견교통권의 제한은 법원이 직권으로 하거나 검사의 청구에 대하여 법원의 결정이 있을 것을 요한다. 이에 반하여 피의자에 대한 접견교통권의 제한은 수사기관의 결정에 의하여 할 수 있다(제200조의6, 제209조).

Ⅳ 접견교통권의 침해

1. 접견교통권의 침해의 인정 여부

접견교통권의 침해는 수사기관이 변호인과의 접견교통권을 제한하거나 의류 · 양식 · 의료품의 수수를 금지한 때 또는 적법한 절차에 의하지 아니하고 접견교통권을 제한한 경우를 말한다. 예를 들어 수사기관이나 법원의 접견불허처분이 없는 경우에도 변호인의 접견신청일로부터 상당한 기간이 경과하거나 접견신청일이 경과하도록 접견이 이루어지지 않은 때 등이다.[34]

판례 대법원 1991.3.28. 선고 91모24

변호인의 조력을 받을 권리를 규정하고 있는 헌법 제12조 제4항 전문, 절차상 또는 시기상의 아무런 제약 없이 변호인의 피고인 또는 피의자와의 접견교통권을 보장하고 있는 형사소송법 제34조, 구속 피고인 또는 피의자에 대한 변호인의 접견교통권을 규정한 같은 법 제89조, 제90조, 제91조 등의 규정에 의하면 변호인의 접견교통권은 신체구속을 당한 피고인이나 피의자의 인권보장과 방어준비를 위하여 필수불가결한 권리로서 법령에 의한 제한이 없는 한 수사기관의 처분은 물론 법원의 결정으로도 이를 제한할 수 없다 할 것인 바, 위 관계법령의 규정취지에 비추어 볼 때 접견선정일이 경과하도록 접견이 이루어지지 아니한 것은 실질적으로 접견불허가처분이 있는 것과 동일시된다고 할 것이다.

34) 이재상, 268면.

판례 대법원 1996.5.15. 자 95모94 결정[35)]

구속영장에는 청구인을 구금할 수 있는 장소로 특정 경찰서 유치장으로 기재되어 있었는데, 청구인에 대하여 위 구속영장에 의하여 1995.11.30. 07:50경 위 경찰서 유치장에 구속이 집행되었다가 같은 날 08:00에 그 신병이 조사차 국가안전기획부 직원에게 인도된 후 위 경찰서 유치장에 인도된 바 없이 계속하여 국가안전기획부 청사에 사실상 구금되어 있다면, 청구인에 대한 이러한 사실상의 구금장소의 임의적 변경은 청구인의 방어권이나 접견교통권의 행사에 중대한 장애를 초래하는 것이므로 위법하다.

판례 대법원 1992.8.7. 자 92두30 결정

미결수용자를 수용하고 있는 교도소장 등은 행형법 제62조에 의하여 미결수용자에게 준용되는 같은 법 제12조의 규정에 근거하여 미결수용자의 수용이나 처우상 특히 필요하다고 인정할 때에는 법무부장관의 승인을 얻어 미결수용자를 다른 수용시설로 이송할 수 있다고 보아야 할 것이며, 다만 미결수용자의 특성상 작업이나 교화 등의 필요를 이유로 미결수용자를 다른 수용시설로 이송할 수는 없고, 또한 형사소송법 제361조 제3항과 같은 명문의 규정에 저촉되어서는 안 된다.

2. 구제수단

접견교통권이 침해되었을 경우, 그 구제 수단으로는 항고, 준항고, 국가배상, 증거능력의 배제를 생각해 볼 수 있다.

1) 항고, 준항고, 국가배상

법원의 결정으로 침해된 경우에는 보통항고(제402조)를 할 수 있으며, 검사 또는 수사기관에 의한 침해된 경우에는 구금에 대한 처분이므로 준항고(제417조)를 제기하여 취소 또는 변경을 구할 수 있으며, 교도소 또는 구치소에 의한 침해에 대하여는 행정소송이나 국가배상으로 구제받을 수 있다.

2) 증거능력의 제한

검사 작성의 피의자신문조서가 검사에 의하여 피의자에 대한 변호인의 접견이 부당하게 제한되고 있는 동안에 작성된 경우에는 증거능력이 없다. 그러나 비변호인과의 접견이 금지된 상태에서 얻은 피의자신문조서는 증거능력이 있고, 변호인접견 전에 작성된 검사의 피고인에 대한 피의자신문조서가 증거능력이 없다고 할 수 없다.

---

35) 구금장소는 신체 구속된 사람이 가족과의 접견교통, 변호인과의 접견교통 등을 행함에 있어서 매우 중요한 의미를 갖기 때문에 그 변경은 방어권행사에 영향을 미치게 되므로 구금장소의 변경에는 영장주의 관점에서 법원의 관여가 있어야 한다고 보는 학설이 있으나 판례는 반대이다.

판례 대법원 1990.8.24. 선고 90도1285 판결

검사 작성의 피의자신문조서가 검사에 의하여 피의자에 대한 변호인의 접견이 부당하게 제한되고 있는 동안에 작성된 경우에는 증거능력이 없다.

판례 대법원 1990.9.25. 선고 90도1613 판결

변호인접견 전에 작성된 검사의 피고인에 대한 피의자신문조서가 증거능력이 없다고 할 수 없다.

제7절 체포 · 구속적부심사

I 의의

체포 · 구속적부심제도는 1679년 제정된 영국의 인신보호령(writ of habeas corpus)에서 유래하는 제도이다. 체포 또는 구속의 적부여부 이외에도 구속계속의 필요성까지 심사의 대상으로 한다는 점에서 법관이 발부한 영장에 대한 재심절차 내지 항고적 성격을 가진다고 할 수 있다. 즉 영장제도와 이에 대한 영장실질심사는 인신의 침해에 대한 사전적 구제수단이라면 체포 · 구속적부심사는 사후적 제도이다. 특히 체포적부심사인 경우에는 형식적 심사만으로 발부된 영장에 대하여 법원이 규제하는 기능을 한다.

II 심사의 청구

1. 청구권자

1) 체포 또는 구속된 피의자 및 관계인(제214조의2 제1항)

체포 또는 구속된 피의자 또는 그 변호인, 법정대리인, 배우자, 직계친족, 형제자매나 가족, 동거인 또는 고용주는 관할법원에 체포 또는 구속의 적부심사를 청구할 수 있다고 규정하여 종래의 판례 입장[36]을 명문화하여 긴급체포 또는 현행범으로 체포된 자도

36) 대법원 1997.8.27. 자 97모21 결정

[1] 헌법 제12조 제6항은 누구든지 체포 또는 구속을 당한 때에는 적부의 심사를 법원에 청구할 권리를 가진

청구할 수 있다는 것을 명확히 하였다.

2) 피의자였던 피고인(전격기소의 문제, 제214조의2 제4항 단서)

심사청구 후 피의자에 대하여 공소제기가 있는 경우에도 체포 · 구속 적부심사를 청구할 수 있다.[37]

2. 청구의 방법과 사유

1) 방법

체포, 구속적부심사청구는 서면에 의하여야 한다(규칙 제102조). 이 경우 체포 · 구속적부 심사청구서에는 ㉠ 체포 또는 구속된 피의자의 성명, 주민등록번호(주민등록번호가 없거나 이를 알 수 없는 경우에는 생년월일, 성별), 주거, ㉡ 체포영장 또는 구속영장의 발부일자, ㉢ 청구의 취지 및 청구의 이유, ㉣ 청구인의 성명 및 체포 또는 구속된 피의자와의 관계 사항을 기재하여야 한다(규칙 제102조). 이러한 피의자의 권리를 보호하기 위하여 피의자를 체포 또는 구속한 검사 또는 사법경찰관은 체포 또는 구속된 피의자와 적부심사 청구권자 중에서 피의자가 지정하는 자에게 적부심사를 청구할 수 있음을 알려야 한다(제214조의2 제2항).

2) 사유

체포 또는 구속의 불법뿐만 아니라 부당 유무 및 구속의 필요성에 대한 판단을 포함하므로 구속 이후의 사유도 고려할 수 있다. 구속을 계속할 필요가 있는가를 판단하는 기준시기는 심사시가 된다.

다고 규정하고 있고, 형사소송법 제214조의2 제1항은 체포영장 또는 구속영장에 의하여 체포 또는 구속된 피의자 등이 체포 또는 구속의 적부심사를 청구할 수 있다고 규정하고 있는 바, 형사소송법의 위 규정이 체포영장에 의하지 아니하고 체포된 피의자의 적부심사청구권을 제한한 취지라고 볼 것은 아니므로 긴급체포 등 체포영장에 의하지 아니하고 체포된 피의자의 경우에도 헌법과 형사소송법의 위 규정에 따라 그 적부심사를 청구할 권리를 가진다.

37) 주의할 점은 피의자 단계에서 청구한 구속적부심사가 전격기소에 의하여 피고인의 신분이 되었다고 하더라도 청구가 부적법하게 되지 않는다는 의미이지, 피고인에게 청구권이 인정된 것은 아니라는 점이다.

Ⅲ 법원의 심사

1. 심사법원

체포, 구속적부심사 청구사건은 지방법원 합의부 또는 단독판사가 심사한다. 체포영장 또는 구속영장을 발부한 법관은 심문·조사·결정에 관여하지 못한다. 다만, 체포영장 또는 구속영장을 발부한 법관 외에는 심문·조사·결정을 할 판사가 없는 경우에는 그러하지 아니하다(제214조의2 제12항).

2. 심문기일의 지정

1) 심문기일

청구를 받은 법원은 청구서가 접수된 때부터 48시간 이내에 체포 또는 구속된 피의자를 심문하고 수사관계서류와 증거물을 조사하여 그 청구가 이유 없다고 인정한 때에는 결정으로 이를 기각하고, 이유 있다고 인정한 때에는 결정으로 체포 또는 구속된 피의자의 석방을 명하여야 한다(제214조의2 제4항).

2) 간이기각 결정

청구권자 아닌 자가 청구하거나 동일한 체포영장 또는 구속영장의 발부에 대하여 재청구한 때, 공범 또는 공동피의자의 순차청구가 수사방해의 목적임이 명백한 때에는 법원은 심문 없이 결정으로 청구를 기각할 수 있다(제214조의2 제3항).

3. 법원의 심사

1) 국선변호인제도

체포 또는 구속된 피의자에게 변호인이 없는 때에는 제33조(국선변호인 선임사유)의 규정을 준용한다(제214조의2 제10항).

2) 심리의 방법

검사·변호인·청구인은 심문기일에 출석하여 의견을 진술할 수 있다(제214조의2 제9항). 심문기일에 출석한 검사, 변호인, 청구인은 법원의 심문이 끝난 후 체포 또는 구속된 피의자를 심문할 수 있고, 체포 또는 구속된 피의자, 변호인, 청구인은 피의자에게 유리한 자료를 제출할 수 있다(형사소송규칙 제105조). 심문을 함에 있어 법원은 공범의 분리심문 기타 수사상의 비밀보호를 위한 적절한 조치를 취하여야 한다(제214조의2 제11항).

3) 구속적부심사조서의 작성

피의자를 심문하는 경우 법원사무관 등은 심문의 요지 등을 조서로 작성하여야 한다(제214조의2 제14항).

판례 대법원 2004.1.16. 선고 2003도5693 판결

구속적부심은 구속된 피의자 또는 그 변호인 등의 청구로 수사기관과는 별개 독립의 기관인 법원에 의하여 행하여지는 것으로서 구속된 피의자에 대하여 피의사실과 구속사유 등을 알려 그에 대한 자유로운 변명의 기회를 주어 구속의 적부를 심사함으로써 피의자의 권리보호에 이바지하는 제도인 바, 법원 또는 합의부원, 검사, 변호인, 청구인이 구속된 피의자를 심문하고 그에 대한 피의자의 진술 등을 기재한 구속적부심문조서는 형사소송법 제311조가 규정한 문서에는 해당하지 않는다 할 것이나, 특히 신용할 만한 정황에 의하여 작성된 문서라고 할 것이므로 특별한 사정이 없는 한, 피고인이 증거로 함에 부동의하더라도 형사소송법 제315조 제3호에 의하여 당연히 그 증거능력이 인정된다. 구속적부심문조서의 증명력은 다른 증거와 마찬가지로 법관의 자유판단에 맡겨져 있으나, 피의자는 구속적부심에서의 자백의 의미나 자백이 수사절차나 공판절차에서 가지는 중요성을 제대로 헤아리지 못한 나머지 허위자백을 하고라도 자유를 얻으려는 유혹을 받을 수가 있으므로, 법관은 구속적부심문조서의 자백의 기재에 관한 증명력을 평가함에 있어 이러한 점에 각별히 유의를 하여야 한다.

4. 법원의 결정

1) 결정의 시기

① 체포 또는 구속의 적부심사청구에 대한 결정은 체포 또는 구속된 피의자에 대한 심문이 종료된 때로부터 24시간 이내에 이를 하여야 한다.

② 법원이 수사관계 서류와 증거물을 접수한 때부터 결정 후 검찰청에 반환된 때까지의 기간은 체포 후 구속영장 발부 제한 기간에 산입하지 아니하고 구속기간에 산입하지 아니한다. 그러나 미결구금일수에는 당연히 산입된다.

2) 불복방법

간이 기각결정이나 적부심사 결정에 대하여는 검사와 피의자 모두 항고하지 못한다(제214조의2 제8항).

5. 재체포 구속의 제한

석방결정에 의하여 석방된 피의자는 도망하거나 죄증을 인멸한 경우를 제외하고는 동일한 범죄사실에 대하여 재차 체포 또는 구속을 하지 못한다(제214조의3).

Ⅳ 보증금납입조건부 피의자 석방

1. 의의

형사소송법은 제214조2의 제5항에서 법원은 구속된 피의자(심사청구 후 공소제기된 자를 포함한다)에 대해 피의자 출석을 보증할 만한 보증금의 납입을 조건으로 한 결정으로 석방을 명할 수 있다고 규정하여 보증금납입조건부 피의자석방제도를 마련하고 있다. 이러한 보증금 납입조건부 피의자 석방제도의 특징으로는 구속된 피의자가 구속적부심사의 청구를 한 경우에만 인정되며, 법원의 직권재량 보석이며 피의자의 보석청구는 허용되지 아니한다는 점에 특색이 있다.

2. 대상자

1) 구속된 피의자

구속적부심사청구의 피의자에 대하여서만 인정되고 체포적부심사청구의 피의자에게는 인정되지 아니한다.

판례 대법원 1997.8.27. 97모21

형사소송법은 수사단계에서의 체포와 구속을 명백히 구별하고 있고 이에 따라 체포와 구속의 적부심사를 규정한 같은 법 제214조의2에서 체포와 구속을 서로 구별되는 개념으로 사용하고 있는 바, 같은 조 제4항에 기소 전 보증금 납입을 조건으로 한 석방의 대상자가 '구속된 피의자'라고 명시되어 있고, 같은 법 제214조의3 제2항의 취지를 체포된 피의자에 대하여도 보증금 납입을 조건으로 한 석방이 허용되어야 한다는 근거로 보기는 어렵다 할 것이어서 현행법상 체포된 피의자에 대하여는 보증금 납입을 조건으로 한 석방이 허용되지 않는다.

2) 전격기소된 피의자였던 피고인

심사청구 후 공소제기된 피의자였던 피고인에게도 피의자보석이 가능하다.

3) 제외사유

① 피의자가 죄증을 인멸할 염려가 있다고 믿을 만한 충분한 이유가 있는 자, ② 피해자, 당해 사건의 재판에 필요한 사실을 알고 있다고 인정되는 자 또는 그 친족의 생명·신체나 재산에 해를 가하거나 가할 염려가 있다고 믿을 만한 충분한 이유가 있는 때에는 보증금납입조건부로 피의자의 석방을 명할 수 없다.

3. 보석과 다른점

① 검사의 의견을 묻는 절차가 없다는 점, ② 보석의 취소규정과 보증금환부규정이 없다는 점에서 피고인 보석과 차이가 있다.

4. 재체포·재구속의 제한

석방된 피의자를 재체포, 재구속을 하는 경우에는 ① 도망한 때, ② 도망하거나 죄증을 인멸할 염려가 있다고 믿을 만한 충분한 이유가 있는 때, ③ 출석요구를 받고 정당한 이유 없이 출석하지 않은 때, ④ 주거의 제한 기타 법원에 정한 조건에 위반한 경우를 제외하고는 동일 범죄사실에 관하여 재차 체포 또는 구속하지 못한다.

5. 보증금의 몰수

1) 임의적 몰수

석방된 피의자를 재체포·재구속 제한의 예외사유에 해당하여 재차 구속할 때 혹은 석방된 피의자에 대하여 공소가 제기된 후 법원이 동일한 범죄사실에 관하여 피고인을 재차 구속할 때 법원은 직권 또는 검사의 청구에 의하여 납입된 보증금의 전부 또는 일부를 몰수할 수 있다.

2) 필요적 몰수

석방된 피의자가 형의 선고를 받고 확정된 후 집행하기 위한 소환을 받고 정당한 이유 없이 출석하지 아니하거나 도망한 때 법원은 직권 또는 검사의 청구에 의하여 결정으로 보증금의 전부 또는 일부를 몰수하여야 한다.

6. 불복의 방법

체포 · 구속 적부심사의 기각 인용결정에 대하여 불복할 수 없는 것과는 달리, 보증금 납입을 조건으로 한 피의자 석방결정에 대하여 항고할 수 있다.

판례 대법원 1997.8.27. 97모21

형사소송법 제402조의 규정에 의하면, 법원의 결정에 대하여 불복이 있으면 항고를 할 수 있으나, 다만 같은 법에 특별한 규정이 있는 경우에는 예외로 하도록 되어 있는 바, 체포 또는 구속적부심사절차에서의 법원의 결정에 대한 항고의 허용 여부에 관하여 같은 법 제214조의2 제7항은 제2항과 제3항의 기각결정 및 석방결정에 대하여 항고하지 못하는 것으로 규정하고 있을 뿐이고 제4항에 의한 석방결정에 대하여 항고하지 못한다는 규정은 없을 뿐만 아니라, 같은 법 제214조의2 제3항의 석방결정은 체포 또는 구속이 불법이거나 이를 계속할 사유가 없는 등 부적법한 경우에 피의자의 석방을 명하는 것임에 비하여, 같은 법 제214조의2 제4항의 석방결정은 구속의 적법을 전제로 하면서 그 단서에서 정한 제한사유가 없는 경우에 한하여 출석을 담보할 만한 보증금의 납입을 조건으로 하여 피의자의 석방을 명하는 것이어서 같은 법 제214조의2 제3항의 석방결정과 제4항의 석방결정은 원래 그 실질적인 취지와 내용을 달리하는 것이고, 또한 기소 후 보석결정에 대하여 항고가 인정되는 점에 비추어 그 보석결정과 성질 및 내용이 유사한 기소 전 보증금 납입 조건부 석방결정에 대하여도 항고할 수 있도록 하는 것이 균형에 맞는 측면도 있다 할 것이므로, 같은 법 제214조의2 제4항의 석방결정에 대하여는 피의자나 검사가 그 취소의 실익이 있는 한 같은 법 제402조에 의하여 항고할 수 있다.

제8절 보석

I 의의

1. 의의

보증금의 납부 등을 조건으로 구속의 집행을 정지하는 것이다.

2. 구속집행정지, 구속의 취소와 관계

보석은 구속의 집행만을 정지하는 제도라는 점에서 광의의 구속집행정지에 속하며, 다만 보증금납부제도와 청구에 의한 보석이 인정된다는 점에서 구속집행정지와 차이가 있다. 구속의 취소인 경우에는 구속의 효력이 상실된다는 점에서 차이가 발생한다.

Ⅱ 보석의 종류

1. 필요적 보석과 제외사유

1) 원칙적 필요적 보석의 인정

필요적 보석은 청구가 있는 경우에만 가능하다.

2) 필요적 보석의 제외사유(제95조)

① 피고인이 사형 · 무기 또는 장기 10년이 넘는 징역이나 금고에 해당하는 죄를 범한 때, ② 피고인이 누범에 해당하거나 상습범인 죄를 범한 때, ③ 피고인이 죄증을 인멸하거나 인멸할 염려가 있다고 믿을 만한 충분한 이유가 있는 때, ④ 피고인이 도망하거나 도망할 염려가 있다고 믿을 만한 충분한 이유가 있는 때, ⑤ 피고인의 주거가 분명하지 아니한 때, ⑥ 피고인이 피해자, 당해 사건의 재판에 필요한 사실을 알고 있다고 인정되는 자 또는 그 친족의 생명 · 신체나 재산에 해를 가하거나 가할 염려가 있다고 믿을 만한 충분한 이유가 있는 때에는 보석을 허용하지 아니할 수 있다.

[판례] 대법원 1990.4.18. 자 90모22 결정

피고인이 집행유예의 기간 중에 있어 집행유예의 결격자라고 하여 보석을 허가할 수 없는 것은 아니고 형사소송법 제95조는 그 제1 내지 5호 이외의 경우에는 필요적으로 보석을 허가하여야 한다는 것이지 여기에 해당하는 경우에는 보석을 허가하지 아니할 것을 규정한 것이 아니므로 집행유예기간 중에 있는 피고인의 보석을 허가한 것이 누범과 상습범에 대하여는 보석을 허가하지 아니할 수 있다는 형사소송법 제95조 제2호의 취지에 위배되어 위법이라고 할 수 없다.

2. 임의적 보석

필요적 보석의 제외사유에 해당하는 경우에도 법원은 상당한 이유가 있으면 직권 또는 보석청구권자의 청구에 의하여 결정으로 보석을 허가할 수 있다(제96조).

Ⅲ 보석의 절차

1. 보석의 청구

피고인, 피고인의 변호인 · 법정대리인 · 배우자 · 직계친족 · 형제자매 · 가족 · 동거인 또는 고용주는 법원에 구속된 피고인의 보석을 청구할 수 있다(제94조). 따라서 체포 · 구속적부심사청구권자와 동일하게 되었다. 이들은 서면으로 보석청구를 피의자의 명시한 의사에 반하여도 할 수 있다(형사소송규칙 제53조).

2. 보석의 시기

공소제기 후 재판확정 전까지는 심급을 불문하고 보석청구를 할 수 있다.

3. 검사의 의견

재판장은 보석에 관한 결정을 하기 전에 검사의 의견을 물어야 한다(제97조 제1항). 이 경우 검사는 재판장의 의견요청에 대하여 지체 없이 의견을 표명하여야 한다(제97조 제3항). 개정 형사소송법은 재판장이 의견을 물을 수 있는 주체로 규정하고 3일 이내의 동의간주규정이 삭제되었다.

판례 대법원 1997.11.27. 자 97모88 결정

검사의 의견청취의 절차는 보석에 관한 결정의 본질적 부분이 되는 것은 아니므로, 설사 법원이 검사의 의견을 듣지 아니한 채 보석에 관한 결정을 하였다고 하더라도 그 결정이 적정한 이상, 절차상의 하자만을 들어 그 결정을 취소할 수는 없다.

4. 법원의 심리

1) 원칙

보석의 청구를 받은 법원은 지체 없이 심문기일을 정하여 구속된 피고인을 심문하여야 한다(형사소송규칙 제54조의2 제1항).

2) 예외

① 청구권자 이외의 사람이 보석을 청구한 때, ② 동일한 피고인에 대하여 중복하여 보석을 청구하거나 재청구한 때, ③ 공판기일에 피고인에게 그 이익 되는 사실을 진술

할 기회를 준 때, ④ 이미 제출한 자료만으로 보석을 허가하거나 불허가할 것이 명백한 때는 심문을 할 필요가 없다(형사소송규칙 제54조의2 제1항 각호).

3) 통지

심문기일을 정한 법원은 즉시 검사, 변호인, 보석 청구인 및 피고인을 구금하고 있는 관서의 장에게 심문기일과 장소를 통지하여야 하고, 피고인을 구금하고 있는 관서의 장은 위 심문 기일에 피고인을 출석시켜야 한다. 통지는 서면 외에 전화 또는 모사전송기 기타 상당한 방법에 의해 이를 할 수 있다. 이 경우 통지의 증명은 그 취지를 심문조서에 기재함으로써 할 수 있다. 피고인, 변호인, 보석청구인은 피고인에게 유리한 자료를 제출할 수 있고, 검사, 변호인, 보석청구인은 심문기일에 출석하여 의견을 진술할 수 있다(형사소송규칙 제54조의2 제2항, 제3항, 제4항, 제5항).

5. 법원의 결정

1) 시기

검사가 의견서를 제출한 날 또는 의견서를 제출하여야 할 기간이 종료한 날로부터 7일 이내에 보석허가 여부를 결정하여야 한다(형사소송규칙 제55조). 보석을 허가하지 아니하는 결정을 하는 때에는 결정이유에 필요적 보석 제외 사유 중 어느 사유에 해당하는지를 명시하여야 한다(형사소송규칙 55조의2).

2) 즉시항고 가부

검사는 보석허가 결정에 대하여 즉시항고를 할 수 없다(제97조 제4항 참고). 1995년 이전의 형사소송법규정은 검사의 즉시항고가 가능하여 검사의 즉시항고가 있으면 보석의 집행이 정지되었으나, 이에 관하여 헌법재판소는 영장주의, 적법절차, 과잉금지원칙에 위반되어 위헌이라고 결정하였다. 다만, 보석기각결정에 대하여는 피고인, 변호인이 보통항고를 할 수 있다.

판례 헌법재판소 1993.12.23. 93헌가2

보석허가결정에 대하여 검사의 즉시항고를 허용하여 그 즉시항고에 대한 항고심의 재판이 확정될 때까지 그 집행이 정지되도록 한 형사소송법 제97조 제3항의 규정은 당해 피고인에 대한 보석허가결정이 부당하다는 검사의 불복을 그 피고인에 대한 구속집행을 계속할 필요가 없다는 법원의 판단보다 우선시킨 것이어서 구속의 여부와 구속을 계속시키는 여부에 대한 판단을 사법권의 독립이 보장된 법관의 결정에만 맡기려는 영장주의에 위반되고, 그 내용에 있어 합리성과 정당성이 없으면서 피고인의 신체의 자유를 제한하는 것이므로 적법절차의 원칙에 반하며, 기본권제한입법의 기본원칙인 방법의 적정성, 피해의 최소성, 법익의 균형성을 갖추지 못하여 과잉금지의 원칙에도 위반된다.

[판례] 대법원 1997.4.18. 자 97모26 결정

개정된 형사소송법 제97조 제3항이 구 형사소송법 제97조 제3항에서 인정하던 보석허가결정에 대한 검사의 즉시항고권을 삭제하였으나, 개정된 형사소송법이 시행된 이후에도 검사가 형사소송법 제403조 제2항에 의한 보통항고의 방법으로 보석허가결정에 대하여 불복하는 것은 허용된다.

법원의 결정시 검사의 의견을 들어야 하는 경우

1. 공판절차의 정지
2. 간이공판절차의 취소
3. 보석허가[38)]
4. 구속의 취소
5. 구속의 집행정지

Ⅳ 보석의 집행

1. 보석을 하는 경우 조건(제98조)

보석을 허가하는 경우에는 필요하고 상당한 범위 안에서 다음 각호의 조건 중 하나 이상의 조건을 정하여야 한다.

① 법원이 지정하는 일시 · 장소에 출석하고 증거를 인멸하지 아니하겠다는 서약서를 제출할 것
② 법원이 정하는 보증금 상당의 금액을 납입할 것을 약속하는 약정서를 제출할 것
③ 법원이 지정하는 장소로 주거를 제한하고 이를 변경할 필요가 있는 경우에는 법원의 허가를 받는 등 도주를 방지하기 위하여 행하는 조치를 수인할 것
④ 피해자, 당해 사건의 재판에 필요한 사실을 알고 있다고 인정되는 자 또는 그 친족의 생명 · 신체 · 재산에 해를 가하는 행위를 하지 아니하고 주거 · 직장 등 그 주변에 접근하지 아니할 것

38) 검사의 의견을 물어야 하는 경우에 보석인 경우에는 급속을 요하는 때에는 예외로 한다는 예외 규정이 없으나, 구속의 취소, 구속의 집행정지를 하는 경우에는 급속을 요하는 경우라는 예외가 있음에 주의하여야 한다.

⑤ 피고인 외의 자가 작성한 출석보증서를 제출할 것: 법원은 위 조건에 의하여 보석허가결정에 따라 석방된 피고인이 정당한 사유 없이 기일에 불출석하는 경우에는 결정으로 그 출석보증인에 대하여 500만원 이하의 과태료를 부과할 수 있고 이 결정에 대하여는 즉시항고를 할 수 있다(제100조의2).

⑥ 법원의 허가 없이 외국으로 출국하지 아니할 것을 서약할 것

⑦ 법원이 지정하는 방법으로 피해자의 권리회복에 필요한 금원을 공탁하거나 그에 상당한 담보를 제공할 것

⑧ 피고인 또는 법원이 지정하는 자가 보증금을 납입하거나 담보를 제공할 것

⑨ 그 밖에 피고인의 출석을 보증하기 위하여 법원이 정하는 적당한 조건을 이행할 것

위 개정법에 규정된 보석조건의 구체적인 내용을 살펴보면, 제1호는 피고인이 출석을 약속하면서 작성하는 서약서로서 가장 간편하게 이행할 수 있는 보석조건이고, 제2호는 보증금 납입약정서로서 피고인이 장래 보증금을 납부하겠다는 의사를 표시하는 서면으로 현행 보증금을 갈음하는 보석조건으로 경제적 약자에게도 동등한 보석기회를 부여하는 기능을 수행할 것이며, 제3호는 법원이 지정하는 장소로 주거를 제한하고 이를 변경하는 경우 법원의 허가를 받게 하는 것으로 치료목적으로 병원에 입원하는 경우 등에 활용이 가능하고, 제4호는 피해자, 증인 또는 그 가족에게 접근하거나 위해를 가하지 말라는 부작위 의무를 부담시키는 보석조건으로서 피해자 보호를 달성하고 증거인멸의 우려를 감소시킬 수 있으며, 제5호는 피고인 이외의 자가 작성한 출석보증서를 제출하는 보석조건으로 피고인이 정당한 이유 없이 불출석하는 경우 출석보증인에게 500만원 이하의 과태료를 부과할 수 있고(제100조의2), 제6호는 피고인이 법원의 허가 없이 출국하지 않겠다는 서약을 하는 보석조건으로 제1호의 특칙 성격을 띠는 보석조건이며, 제7호는 피해자의 권리회복에 필요한 금원을 공탁하거나 그에 상당한 담보를 제공하도록 하는 보석조건이고, 제8호는 피고인 또는 법원이 지정하는 자가 보증금을 납부하거나 담보를 제공하는 보석조건으로 보증금 납부 주체가 '법원이 지정하는 자'로 확대되고 보증금에 준하는 담보 제공으로 보증금을 갈음할 수 있게 되었으며, 제9호는 법률에 구체적으로 나열된 조건 이외에 법원이 적당하다고 판단하는 보석조건을 부과할 수 있게 하는 보충적인 규정으로, 향후 실무 운영과정에서 출석담보 기능을 유지하면서도 피고인에게 가장 적합한 보석조건이 개발될 것으로 기대된다.[39]

---

39) 법무부 개정 형사소송법 해설 자료 참고

2. 보석조건의 결정시 고려사항(제99조)

법원은 보석의 조건을 정함에 있어서는 범죄의 성질 및 죄상(罪狀), 증거의 증명력, 피고인의 전과 · 성격 · 환경 및 자산, 피해자에 대한 배상 등 범행 후의 정황에 관련된 사항을 고려하여야 한다. 또한 피고인의 자력 또는 자산 정도로는 이행할 수 없는 조건을 정할 수 없다.

3. 보석 집행절차(제100조)

보석을 함에 있어서는 앞의 ① 본인서약서, ② 본인 보증금 약정서, ⑤ 제3자의 출석보증서, ⑦ 피해액 공탁 조건, ⑧ 보증금 또는 담보 제공의 조건은 이를 이행한 후가 아니면 보석허가결정을 집행하지 못하며, 법원은 필요하다고 인정하는 때에는 다른 조건에 관하여도 그 이행 이후 보석허가결정을 집행하도록 정할 수 있다. 법원은 보석청구자 이외의 자에게 보증금의 납입을 허가할 수 있으며, 유가증권 또는 피고인 외의 자가 제출한 보증서로써 보증금에 갈음함을 허가할 수 있다. 보증서에는 보증금액을 언제든지 납입할 것을 기재하여야 한다. 법원은 보석허가결정에 따라 석방된 피고인이 보석조건을 준수하는데 필요한 범위 안에서 관공서나 그 밖의 공사단체에 대하여 적절한 조치를 취할 것을 요구할 수 있다.

V 보석조건의 변경과 취소(제102조)

1. 보석의 조건 변경

법원은 직권 또는 보석 허가 청구권자의 신청에 따라 결정으로 피고인의 보석조건을 변경하거나 일정기간 동안 당해 조건의 이행을 유예할 수 있다(제102조 제1항). 법원은 피고인이 정당한 사유 없이 보석조건을 위반한 경우에는 결정으로 피고인에 대하여 1천만원 이하의 과태료를 부과하거나 20일 이내의 감치에 처할 수 있다. 이 결정에 대하여는 즉시항고를 할 수 있다(제201조 제4항).

2. 보석의 취소

법원은 보석취소사유가 있는 경우에 직권 또는 검사의 청구에 의하여 결정으로 보석을 취소할 수 있다(제102조 제2항).

3. 보석취소의 사유

① 피고인이 도망한 때, ② 피고인이 도망하거나 죄증을 인멸할 염려가 있다고 믿을 만한 충분한 이유가 있는 때, ③ 소환을 받고 정당한 이유 없이 출석하지 아니한 때, ④ 주거 제한 기타 법원이 정한 조건을 위반한 때, ⑤ 피해자, 당해 사건의 재판에 필요한 사실을 알고 있다고 인정되는 자 또는 그 친족의 생명 · 신체나 재산에 해를 가하거나 가할 염려가 있다고 믿을 만한 충분한 이유가 있을 때에는 보석을 취소 할 수 있다.

4. 보석취소 후 집행절차

보석이 취소된 경우에 검사는 취소결정의 등본에 의하여 피고인을 재구금하여야 한다. 따라서 구속영장을 발부하여 재구금하는 것이 아니다. 보석의 취소결정에는 검사의 의견을 물을 필요가 없다.

Ⅵ 보증금의 몰취, 환부 및 보석의 실효

1. 몰수

1) 임의적 몰수(제103조 제1항)

법원은 보석을 취소하는 때에는 직권 또는 검사의 청구에 따라 결정으로 보증금 또는 담보의 전부 또는 일부를 몰취할 수 있다. 다만, 이 경우 보증금을 몰수함에 있어 보석취소결정과 동시에 하여야 하는지 문제가 되나, 판례는 동시에 할 필요가 없다고 판시하였다.

판례 대법원 2001.5.29. 자 2000모22 전원합의체 결정

[**다수의견**] 형사소송법 제102조 제2항은 "보석을 취소할 때에는 결정으로 보증금의 전부 또는 일부를 몰수할 수 있다"라고 규정하고 있는 바, 이는 보석취소사유가 있어 보석취소결정을 할 경우에는 보석보증금의 전부 또는 일부를 몰수하는 것도 가능하다는 의미로 해석될 뿐, 문언상 보석보증금의 몰수는 반드시 보석취소와 동시에 결정하여야 한다는 취지라고 단정하기는 어려운 점, 같은 법 제103조에서 보석된 자가 유죄판결 확정 후의 집행을 위한 소환에 불응하거나 도망한 경우 보증금을 몰수하도록 규정하고 있어 보석보증금은 형벌의 집행단계에서의 신체 확보까지 담보하고 있으므로, 보석보증금의 기능은 유죄의 판결이 확정될 때까지의 신체 확보도 담보하는 취지로 봄이 상당한 점, 보석취소결정은 그 성질상 신속을 요하는 경우가 대부분임에 반하여, 보증금몰수결정에 있어서는 그 몰수의

요부(보석조건위반 등 귀책사유의 유무) 및 몰수 금액의 범위 등에 관하여 신중히 검토하여야 할 필요성도 있는 점 등을 아울러 고려하여 보면, 보석보증금을 몰수하려면 반드시 보석취소와 동시에 하여야만 가능한 것이 아니라 보석취소 후에 별도로 보증금몰수결정을 할 수도 있다. 그리고 형사소송법 제104조가 구속 또는 보석을 취소하거나 구속영장의 효력이 소멸된 때에는 몰수하지 아니한 보증금을 청구한 날로부터 7일 이내에 환부하도록 규정되어 있다고 하여도, 이 규정의 해석상 보석취소 후에 보증금몰수를 하는 것이 불가능하게 되는 것도 아니다.

2) 필요적 몰수(제103조 제2항)

법원은 보증금의 납입 또는 담보제공을 조건으로 석방된 피고인이 동일한 범죄사실에 관하여 형의 선고를 받고 그 판결이 확정된 후 집행하기 위한 소환을 받고 정당한 사유 없이 출석하지 아니하거나 도망한 때에는 직권 또는 검사의 청구에 따라 결정으로 보증금 또는 담보의 전부 또는 일부를 몰취하여야 한다.

판례 대법원 2002.5.17. 자 2001모53 결정

[1] 형사소송법 제103조는 "보석된 자가 형의 선고를 받고 그 판결이 확정된 후 집행하기 위한 소환을 받고 정당한 이유 없이 출석하지 아니하거나 도망한 때에는 직권 또는 검사의 청구에 의하여 결정으로 보증금의 전부 또는 일부를 몰수하여야 한다"고 규정하고 있는 바, 이 규정에 의한 보증금몰수사건은 그 성질상 당해 형사본안 사건의 기록이 존재하는 법원 또는 그 기록을 보관하는 검찰청에 대응하는 법원의 토지관할에 속하고, 그 법원이 지방법원인 경우에 있어서 사물관할은 법원조직법 제7조 제4항의 규정에 따라 지방법원 단독판사에게 속하는 것이지 소송절차 계속 중에 보석허가결정 또는 그 취소결정 등을 본안 관할법원인 제1심 합의부 또는 항소심인 합의부에서 한 바 있었다고 하여 그러한 법원이 사물관할을 갖게 되는 것은 아니다.

[2] 보석보증금이 소송절차 진행 중의 피고인의 출석을 담보하는 기능 외에 형 확정 후의 형집행을 위한 출석을 담보하는 기능도 담당하는 것이고 형사소송법 제102조 제2항의 규정에 의한 보증금몰수결정은 반드시 보석취소결정과 동시에 하여야만 하는 것이 아니라 보석취소결정 후에 별도로 할 수도 있다고 해석되는 점에 비추어 보면, 위법 제103조에서 규정하는 "보석된 자"란 보석허가결정에 의하여 석방된 사람 모두를 가리키는 것이지, 판결확정 전에 그 보석이 취소되었으나 도망 등으로 재구금이 되지 않은 상태에 있는 사람이라고 하여 여기에서 제외할 이유가 없다.

2. 환부(제104조)

구속 또는 보석을 취소하거나 구속영장의 효력이 소멸된 때에는 몰취하지 아니한 보증금 또는 담보를 청구한 날로부터 7일 이내에 환부하여야 한다.

3. 보석의 실효(제104조의2)

구속영장의 효력이 소멸한 때 및 보석이 취소된 경우에는 보석조건은 즉시 그 효력을

상실한다. 다만, 보석이 취소된 경우에도 법원이 보증금을 몰취할 수 있으므로 보증금 또는 담보에 관한 보석조건은 자동으로 실효되지 아니하는 것으로 하고 있다(제104조2의 제2항 단서).

제9절 구속의 집행정지 및 구속의 실효

I 구속의 집행정지

1. 의의

법원은 상당한 이유가 있는 때에는 결정으로 구속된 피고인을 친족, 보호단체 기타 적당한 자에게 부탁하거나 피고인의 주거를 제한하여 구속의 집행을 정지할 수 있다(제101조 제1항). 구속된 피의자에 대하여는 검사 또는 사법경찰관이 구속의 집행을 정지할 수 있다(제209조). 다만 사법경찰관은 검사의 지휘를 받을 것을 요한다.

2. 구별개념

1) 보석

구속의 집행정지는 법원, 검사 또는 사법경찰관이 상당한 이유가 있을 때에 결정으로 구속의 집행을 정지하는 것으로 보석과 같이 구속영장의 효력을 그대로 지속시키면서 구속된 피고인 또는 피의자를 석방하는 제도라는 점에서는 공통되지만, ① 보석은 보증금을 조건으로 함에 반하여 구속의 집행정지는 보증금을 조건으로 하지 않는다는 점, ② 보석은 법원이 직권 또는 청구에 의해서도 결정할 수 있으나, 구속의 집행정지는 법원의 직권에 의해서만 할 수 있다는 점(따라서 구속의 집행정지 청구는 법원의 직권발동을 촉구하는 의미를 가질 뿐임), ③ 보석은 법원만이 결정의 주체가 될 수 있음에 반해 구속의 집행정지는 법원뿐만 아니라 수사기관도 그 결정주체가 될 수 있다(따라서 피의자에 대하여도 가능)는 점에서 차이가 있다.

2) 구속의 취소

구속의 집행정지는 구속영장의 효력에는 지장이 없으므로 구속의 취소와도 구별된다.

3. 절차

1) 직권에 의한 구속집행정지

당사자에게는 신청권이 없으며, 설령 신청했다 하더라도 직권발동을 촉구하는 의미밖에 없으며 법원이 피고인에 대한 구속의 집행정지결정을 할 때에는 검사의 의견을 물어야 한다. 단, 급속을 요하는 경우에는 그러하지 아니하다(제101조 제2항).

2) 즉시항고 가부

법원의 구속집행정지결정에 대하여 검사는 즉시항고를 할 수 없다. 헌법재판소는 법원의 구속집행정지결정에 대한 검사의 즉시항고를 규정한 형사소송법규정(제101조 제3항)은 헌법상 영장주의와 적법절차 원칙 및 과잉금지원칙에 반하여 위헌이라고 결정하였다.

판례 헌법재판소 2012.6.27. 헌가36

법원이 피고인의 구속 또는 그 유지 여부의 필요성에 관하여 한 재판의 효력이 검사나 다른 기관의 이견이나 불복이 있다 하여 좌우되거나 제한받는다면 이는 영장주의에 위반된다고 할 것인바, 구속집행정지결정에 대한 검사의 즉시항고를 인정하는 이 사건 법률조항은 검사의 불복을 그 피고인에 대한 구속집행을 정지할 필요가 있다는 법원의 판단보다 우선시킬 뿐만 아니라, 사실상 법원의 구속집행정지결정을 무의미하게 할 수 있는 권한을 검사에게 부여한 것이라는 점에서 헌법 제12조 제3항의 영장주의원칙에 위배된다. 또한 헌법 제12조 제3항의 영장주의는 헌법 제12조 제1항의 적법절차원칙의 특별규정이므로, 헌법상 영장주의원칙에 위배되는 이 사건 법률조항은 헌법 제12조 제1항의 적법절차원칙에도 위배된다.

3) 국회의원의 특칙

구속된 국회의원에 대한 석방요구가 있으면 당연히 구속영장의 집행이 정지된다. 석방요구의 통고를 받은 검찰총장은 즉시 석방을 지휘하고 그 사유를 수소법원에 통지하여야 한다(제101조 제4항, 제5항).

4. 구속집행정지의 취소

1) 구속의 집행정지의 취소사유

보석취소사유가 있을 때 법원은 직권 또는 검사의 청구에 의하여 결정으로 구속의 집행정지를 취소할 수 있다(제102조 제2항). 구속된 피의자인 경우에는 검사 또는 사법경찰관이 결정으로 구속의 집행정지를 취소할 수 있다(제209조).

2) 국회의원 특칙

단 국회의원에 대한 구속영장의 집행정지는 그 회기 중 취소하지 못한다(제102조 제2항 단서).

Ⅱ 구속의 실효

1. 구속취소

1) 청구권자

(1) 피고인

법원은 구속의 사유가 없거나 소멸된 경우에는 직권으로 또는 검사, 피고인, 변호인과 변호인 선임권자의 청구에 의하여 결정함으로써 구속을 취소하여야 한다(제93조).

(2) 피의자

피의자에 대해서는 검사 또는 사법경찰관이 결정으로 구속을 취소하여야 한다(209조).[40)]

2) 취소의 원인

(1) 일반론

구속의 취소사유는 구속사유의 부존재나 소멸일 뿐이며 위법한 구속절차나 집행의 불법성은 해당되지 않는다.

(2) 구체적 검토

구속사유가 없는데도 구속을 하였음이 판명된 경우, 구속사유가 사후적으로 소멸되었을 때 가능하다.

40) 개정 형사소송법 제209조에서 피고인의 구속의 취소에 관한 제93조 또는 체포에 대한 준용 규정인 제200조의6을 준용하고 있지 아니하나, 입법의 과오라고 본다. 그리하여 다시 일부 개정된 형사소송법에서는 이 부분을 준용하고 있다.

판례 대법원 1983.8.18. 자 83모42 결정

피고인에 대한 형이 그대로 확정된다고 하더라도 잔여 형기가 8일 이내이고 또한 피고인의 주거가 일정할 뿐 아니라 증거인멸이나 도망의 염려도 없어 보인다면 피고인을 구속할 사유는 소멸하였다 보아야 할 것이니 구속취소 신청은 이유 있다.

판례 대법원 1991.4.11. 자 91모25 결정

대법원의 파기환송취지대로 제1심판결을 파기하고 징역1년과 공소사실 중 일부무죄를 선고한 항소심판결에 대하여 피고인과 검사가 다시 상고한 경우에는 검사의 상고가 받아들여지리라고 보기 어렵다고 할 것이고, 피고인의 상고가 기각되더라도 제1심과 항소심판결 선고전 구금일수만으로도 구속을 필요로 하는 본형 형기를 초과할 것이 명백하다면 피고인이 현재 집행유예 기간 중에 있더라도 이것이 피고인의 구속을 계속하여야 할 사유가 된다고 할 수 없어 피고인을 구속할 사유는 소멸되었다고 할 것이므로 피고인에 대한 구속은 취소해야 한다.

판례 대법원 1991.12.30. 자 91모76 결정

체포, 구금 당시에 헌법 및 형사소송법에 규정된 사항(체포, 구금의 이유 및 변호인의 조력을 받을 권리) 등을 고지 받지 못하였고, 그 후의 구금기간 중 면회거부 등의 처분을 받았다 하더라도 이와 같은 사유는 형사소송법 제93조 소정의 구속취소사유에는 해당하지 아니한다.

판례 대법원 1999.9.7. 자 99초355, 99도3454 결정

형사소송법 제93조에 의한 구속의 취소는 구속영장에 의하여 구속된 피고인에 대하여 구속의 사유가 없거나 소멸된 때에 법원이 직권 또는 피고인 등의 청구에 의하여 결정으로 구속을 취소하는 것으로서, 그 결정에 의하여 구속영장이 실효되므로, 구속영장의 효력이 존속하고 있음을 전제로 하는 것이고, 다른 사유로 이미 구속영장이 실효된 경우에는 피고인이 계속 구금되어 있더라도 위 규정에 의한 구속의 취소 결정을 할 수 없다.

3) 절차

법원이 피고인에 대한 구속취소결정을 함에는 검사의 청구에 의하거나 급속을 요하는 경우 외에는 검사의 의견을 물어야 한다(제97조 제2항). 이 경우 검사는 지체 없이 의견을 표명하여야 한다(동조 제3항).

4) 즉시항고 가부

검사는 구속을 취소하는 결정에 대하여 즉시항고를 할 수 있다(제97조 제4항).

5) 효과

취소에는 소급효가 없고 장래에 대하여서만 효력이 있다.

2. 구속의 당연 실효

1) 구속기간의 만료

구속기간이 만료되면 당연히 구속의 효력이 상실된다. 그러나 판례는 반대의 입장이다.[41]

2) 구속영장의 실효

무죄, 면소, 형의 면제, 형의 선고유예, 형의 집행유예, 공소기각 또는 벌금이나 과료를 과하는 판결이 선고된 때에는 구속영장은 효력을 잃는다. 공소기각결정도 당연히 포함되나 관할위반의 선고는 포함되지 않는다.

3) 사형 · 자유형의 확정

사형 또는 자유형의 판결이 확정된 때에는 확정된 날로부터 형의 집행이 시작되므로 구속영장은 당연히 실효된다.

제10절 압수 · 수색 · 검증

I 대물적 강제처분

1. 의의

법원 및 수사기관이 증거물이나 몰수물의 수집과 보전을 목적으로 하는 강제처분을 대물적 강제처분이라고 하고 여기에는 압수, 수색, 검증이 있다. 다만, 이 중에서 법원이 행하는 검증은 증거조사의 방법의 하나에 지나지 아니하므로 수사기관의 검증만이 강제처분에 해당한다. 여기서 수사기관이 행하는 대물적 강제처분을 대물적 강제수사라고 한다. 그러나 증거물과 몰수물의 수집과 확보라는 의미에서 양자는 공통되고 있으므로 대물적 강제수사에 있어서도 법원의 압수, 수색의 규정이 준용되고 있다(제219조).

41) 대법원 1964.11.17. 64도428

2. 요건

1) 영장주의 원칙

법원이 공판정에서 행하는 압수, 수색에는 영장주의가 적용되지 아니하지만[42], 그 외의 대물적 강제처분에 있어서도 원칙적으로 영장주의의 원칙이 적용된다. 그러므로 수사기관이 대물적 강제수사를 하기 위해서는 검사는 범죄수사에 필요한 때에는 지방법원판사에게 청구하여 발부받은 영장에 의하여 압수·수색 또는 검증을 할 수 있고, 사법경찰관이 범죄수사에 필요한 때에는 검사에게 신청하여 검사의 청구로 지방법원판사가 발부한 영장에 의하여 압수·수색 또는 검증을 할 수 있다(제215조). 다만, 대물적 강제수사에 있어서도 압수·수색의 긴급성과 필요성이 있는 경우에는 영장주의의 예외를 인정하고 있다.

2) 범죄의 혐의

대물적 강제처분은 대인적 강제처분에 앞서서 행하여진다는 점에서 여기서 인정되는 범죄혐의는 구속의 경우에 요구되는 정도에 이를 것을 요구하는 것이 아니라 단순한 혐의 또는 최소의 혐의로 족하다는 견해도 있으나, 형사소송규칙 제107조, 제108조에서 요구하는 정도를 고려하면 역시 대인적 강제처분에서 요구되는 정도의 범죄의 혐의가 필요하다고 보아야 한다.

[판례] 대법원 2004.3.23. 자 2003모126 결정

형사소송법 제215조에 의하면 검사나 사법경찰관이 범죄수사에 필요한 때에는 영장에 의하여 압수를 할 수 있으나, 여기서 '범죄수사에 필요한 때'라 함은 단지 수사를 위해 필요할 뿐만 아니라 강제처분으로서 압수를 행하지 않으면 수사의 목적을 달성할 수 없는 경우를 말하고, 그 필요성이 인정되는 경우에도 무제한적으로 허용되는 것은 아니며, 압수물이 증거물 내지 몰수하여야 할 물건으로 보이는 것이라 하더라도, 범죄의 형태나 경중, 압수물의 증거가치 및 중요성, 증거인멸의 우려 유무, 압수로 인하여 피압수자가 받을 불이익의 정도 등 제반 사정을 종합적으로 고려하여 판단해야 한다.

[판례] 대법원 2017.12.5. 선고 2017도13458 판결

형사소송법 제215조 제1항은 "검사는 범죄수사에 필요한 때에는 피의자가 죄를 범하였다고 의심할 만한 정황이 있고 해당 사건과 관계가 있다고 인정할 수 있는 것에 한정하여 지방법원판사에게 청구하여 발부받은 영장에 의하여 압수, 수색 또는 검증을 할 수 있다."라고 정하고 있다. 따라서 영장 발부의 사유로 된 범죄 혐의사실과 무관한 별개의 증거를 압수하였을 경우 이는 원칙적으로 유죄 인정의 증거로 사용할 수 없다. 그러나 압수·수색의 목적이 된 범죄나 이와 관련된 범죄의 경우에는

42) 그러나 법원의 압수, 수색이라도 공판정 외에서 행하여지는 경우에는 영장주의가 적용된다(제113조).

그 압수·수색의 결과를 유죄의 증거로 사용할 수 있다. 압수·수색영장의 범죄 혐의사실과 관계있는 범죄라는 것은 압수·수색영장에 기재한 혐의사실과 객관적 관련성이 있고 압수·수색영장 대상자와 피의자 사이에 인적 관련성이 있는 범죄를 의미한다. 그중 혐의사실과의 객관적 관련성은 압수·수색영장에 기재된 혐의사실 자체 또는 그와 기본적 사실관계가 동일한 범행과 직접 관련되어 있는 경우는 물론 범행 동기와 경위, 범행 수단과 방법, 범행 시간과 장소 등을 증명하기 위한 간접증거나 정황증거 등으로 사용될 수 있는 경우에도 인정될 수 있다. 그 관련성은 압수·수색영장에 기재된 혐의사실의 내용과 수사의 대상, 수사 경위 등을 종합하여 구체적·개별적 연관관계가 있는 경우에만 인정되고, 혐의사실과 단순히 동종 또는 유사 범행이라는 사유만으로 관련성이 있다고 할 것은 아니다. 그리고 피의자와 사이의 인적 관련성은 압수·수색영장에 기재된 대상자의 공동정범이나 교사범 등 공범이나 간접정범은 물론 필요적 공범 등에 대한 피고사건에 대해서도 인정될 수 있다.

3) 압수·수색의 필요성

형사소송법 제215조의 "범죄수사에 필요한 때"라 함은 단지 수사를 위해 필요할 뿐만 아니라 강제처분으로서 압수를 행하지 않으면 수사의 목적을 달성할 수 없는 경우를 말하고, 그 필요성이 인정되는 경우에도 무제한적으로 허용되는 것은 아니며, 압수물이 증거물 내지 몰수하여야 할 물건으로 보이는 것이라 하더라도, 범죄의 형태나 경중, 압수물의 증거가치 및 중요성, 증거인멸의 우려 유무, 압수로 인하여 피압수자가 받을 불이익의 정도 등 제반 사정을 종합적으로 고려하여 판단해야 한다는 것이 판례의 태도이다.[43]

또한 형사소송규칙에서도 압수수색영장에는 압수수색의 사유를 기재하여야 하고(규칙 제58조) 영장을 청구를 할 때에는 피의자에게 범죄의 혐의가 있다고 인정되는 자료와 압수·수색 또는 검증의 필요를 인정할 수 있는 자료를 제출하여야 한다고 하고 있다(규칙 제108조).

Ⅱ 압수·수색

1. 압수·수색의 의의

압수는 물건의 점유를 취득하는 강제처분이다. 압수에는 점유취득과정 자체에 강제력을 행사하는 압류와 피의자·소유자·보관자 기타 사람이 임의로 제출하거나 유류한 물건을 영장없이 취득하여 점유보관에서 강제력을 사용하는 영치 및 일정한 물건의 제출을 명하는 제출명령[44]의 3가지를 내용으로 한다. 압수물에 대하여는 그 상실 또는 파

43) 대법원 2004.3.23. 2003모126 결정

손 등의 방지를 위하여 상당한 조치를 하여야 한다(제131조). 수색은 압수할 물건 또는 체포할 사람을 발견할 목적으로 주거·물건·사람의 신체 또는 기타 장소에 대하여 행해지는 강제처분이다.

판례 대법원 2020.4.9. 선고 2019도17142 판결

범죄를 실행 중이거나 실행 직후의 현행범인은 누구든지 영장 없이 체포할 수 있고(형사소송법 제212조), 검사 또는 사법경찰관은 피의자 등이 유류한 물건이나 소유자·소지자 또는 보관자가 임의로 제출한 물건을 영장 없이 압수할 수 있으므로(제218조), 현행범 체포현장이나 범죄 현장에서도 소지자 등이 임의로 제출하는 물건을 형사소송법 제218조에 의하여 영장 없이 압수하는 것이 허용되고, 이 경우 검사나 사법경찰관은 별도로 사후에 영장을 받을 필요가 없다.

2. 압수·수색의 목적물

1) 압수의 목적물

압수의 목적물은 증거물 또는 몰수할 것으로 사료되는 물건을 말한다(제106조 제1항). 몰수물은 유체물로서 임의적 몰수물 뿐만 아니라 필요적 몰수물도 포함하며 부동산도 압수의 대상이 되며, 사람의 사체나 신체의 일부도 압수가 가능하다. 증거물에 대한 압수는 절차확보라는 의미를 가지는 데 반하여, 몰수물에 대한 압수는 앞으로 있을 형집행에 대비한 판결확보라는 의미를 가진다.

판례 대법원 2015.7.16. 자 2011모1839 전원합의체 결정

[1] 수사기관의 전자정보에 대한 압수·수색은 원칙적으로 영장 발부의 사유로 된 범죄 혐의사실과 관련된 부분만을 문서 출력물로 수집하거나 수사기관이 휴대한 저장매체에 해당 파일을 복제하는 방식으로 이루어져야 하고, 저장매체 자체를 직접 반출하거나 저장매체에 들어 있는 전자파일 전부를 하드카피나 이미징 등 형태(이하 '복제본'이라 한다)로 수사기관 사무실 등 외부로 반출하는 방식으로 압수·수색하는 것은 현장의 사정이나 전자정보의 대량성으로 관련 정보 획득에 긴 시간이 소요되거나 전문 인력에 의한 기술적 조치가 필요한 경우 등 범위를 정하여 출력 또는 복제하는 방법이 불가능하거나 압수의 목적을 달성하기에 현저히 곤란하다고 인정되는 때에 한하여 예외적으로 허용될 수 있을 뿐이다. 이처럼 저장매체 자체 또는 적법하게 획득한 복제본을 탐색하여 혐의사실과 관련된 전자정보를 문서로 출력하거나 파일로 복제하는 일련의 과정 역시 전체적으로 하나의 영장에 기한 압수·수색의 일환에 해당하므로, 그러한 경우의 문서출력 또는 파일복제의 대상 역시 저장매체 소재지에서의 압수·수색과 마찬가지로 혐의사실과 관련된 부분으로 한정되어야 함은 헌법 제12조 제1항, 제3항과 형사소송법 제114조, 제215조의 적법절차 및 영장주의 원칙이나 비례의 원칙에 비추어 당연하다. 따라서 수사기관 사무실 등으로 반출된 저장매체 또는 복제본에서 혐의사실 관련성에 대한 구분 없이 임의로 저장된 전자정보를 문서로 출력하거나 파일로

44) 이 제출명령은 법원에만 인정되고 수사 기관에게는 인정되지 않는 강제처분이므로 영장이 필요 없다.

복제하는 행위는 원칙적으로 영장주의 원칙에 반하는 위법한 압수가 된다.

[2] 저장매체에 대한 압수 · 수색 과정에서 범위를 정하여 출력 또는 복제하는 방법이 불가능하거나 압수의 목적을 달성하기에 현저히 곤란한 예외적인 사정이 인정되어 전자정보가 담긴 저장매체 또는 하드카피나 이미징 등 형태(이하 '복제본'이라 한다)를 수사기관 사무실 등으로 옮겨 복제 · 탐색 · 출력하는 경우에도, 그와 같은 일련의 과정에서 형사소송법 제219조, 제121조에서 규정하는 피압수 · 수색 당사자(이하 '피압수자'라 한다)나 변호인에게 참여의 기회를 보장하고 혐의사실과 무관한 전자정보의 임의적인 복제 등을 막기 위한 적절한 조치를 취하는 등 영장주의 원칙과 적법절차를 준수하여야 한다. 만약 그러한 조치가 취해지지 않았다면 피압수자 측이 참여하지 아니한다는 의사를 명시적으로 표시하였거나 절차 위반행위가 이루어진 과정의 성질과 내용 등에 비추어 피압수자 측에 절차 참여를 보장한 취지가 실질적으로 침해되었다고 볼 수 없을 정도에 해당한다는 등의 특별한 사정이 없는 이상 압수 · 수색이 적법하다고 평가할 수 없고, 비록 수사기관이 저장매체 또는 복제본에서 혐의사실과 관련된 전자정보만을 복제 · 출력하였다 하더라도 달리 볼 것은 아니다.

[3] **[다수의견]** 전자정보에 대한 압수 · 수색 과정에서 이루어진 현장에서의 저장매체 압수 · 이미징 · 탐색 · 복제 및 출력행위 등 수사기관의 처분은 하나의 영장에 의한 압수 · 수색 과정에서 이루어진다. 그러한 일련의 행위가 모두 진행되어 압수 · 수색이 종료된 이후에는 특정단계의 처분만을 취소하더라도 그 이후의 압수 · 수색을 저지한다는 것을 상정할 수 없고 수사기관에게 압수 · 수색의 결과물을 보유하도록 할 것인지가 문제 될 뿐이다. 그러므로 이 경우에는 준항고인이 전체 압수 · 수색 과정을 단계적 · 개별적으로 구분하여 각 단계의 개별 처분의 취소를 구하더라도 준항고법원은 특별한 사정이 없는 한 구분된 개별 처분의 위법이나 취소 여부를 판단할 것이 아니라 당해 압수 · 수색 과정 전체를 하나의 절차로 파악하여 그 과정에서 나타난 위법이 압수 · 수색 절차 전체를 위법하게 할 정도로 중대한지 여부에 따라 전체적으로 압수 · 수색 처분을 취소할 것인지를 가려야 한다. 여기서 위법의 중대성은 위반한 절차조항의 취지, 전체과정 중에서 위반행위가 발생한 과정의 중요도, 위반사항에 의한 법익침해 가능성의 경중 등을 종합하여 판단하여야 한다.

[4] **[다수의견]** 검사가 압수 · 수색영장을 발부받아 갑 주식회사 빌딩 내 을의 사무실을 압수 · 수색하였는데, 저장매체에 범죄혐의와 관련된 정보(이하 '유관정보'라 한다)와 범죄혐의와 무관한 정보(이하 '무관정보'라 한다)가 혼재된 것으로 판단하여 갑 회사의 동의를 받아 저장매체를 수사기관 사무실로 반출한 다음 을 측의 참여하에 저장매체에 저장된 전자정보파일 전부를 '이미징'의 방법으로 다른 저장매체로 복제(이하 '제1 처분'이라 한다)하고, 을 측의 참여 없이 이미징한 복제본을 외장 하드디스크에 재복제(이하 '제2 처분'이라 한다)하였으며, 을 측의 참여 없이 하드디스크에서 유관정보를 탐색하는 과정에서 갑 회사의 별건 범죄혐의와 관련된 전자정보 등 무관정보도 함께 출력(이하 '제3 처분'이라 한다)한 사안에서, 제1 처분은 위법하다고 볼 수 없으나, 제2 · 3 처분은 제1 처분 후 피압수 · 수색 당사자에게 계속적인 참여권을 보장하는 등의 조치가 이루어지지 아니한 채 유관정보는 물론 무관정보까지 재복제 · 출력한 것으로서 영장이 허용한 범위를 벗어나고 적법절차를 위반한 위법한 처분이며, 제2 · 3 처분에 해당하는 전자정보의 복제 · 출력 과정은 증거물을 획득하는 행위로서 압수 · 수색의 목적에 해당하는 중요한 과정인 점 등 위법의 중대성에 비추어 위 영장에 기한 압수 · 수색이 전체적으로 취소되어야 한다고 한 사례.

[5] 전자정보에 대한 압수 · 수색에 있어 저장매체 자체를 외부로 반출하거나 하드카피 · 이미징 등의 형태로 복제본을 만들어 외부에서 저장매체나 복제본에 대하여 압수 · 수색이 허용되는 예외적인 경우에도 혐의사실과 관련된 전자정보 이외에 이와 무관한 전자정보를 탐색 · 복제 · 출력하는 것은 원칙적으로 위법한 압수 · 수색에 해당하므로 허용될 수 없다. 그러나 전자정보에 대한 압수 · 수색이 종료되기 전에 혐의사실과 관련된 전자정보를 적법하게 탐색하는 과정에서 별도의 범죄혐의와 관련된 전자정보를 우연히 발견한 경우라면, 수사기관은 더 이상의 추가 탐색을 중단하고

법원에서 별도의 범죄혐의에 대한 압수·수색영장을 발부받은 경우에 한하여 그러한 정보에 대하여도 적법하게 압수·수색을 할 수 있다. 나아가 이러한 경우에도 별도의 압수·수색 절차는 최초의 압수·수색 절차와 구별되는 별개의 절차이고, 별도 범죄혐의와 관련된 전자정보는 최초의 압수·수색영장에 의한 압수·수색의 대상이 아니어서 저장매체의 원래 소재지에서 별도의 압수·수색영장에 기해 압수·수색을 진행하는 경우와 마찬가지로 피압수·수색 당사자(이하 '피압수자'라 한다)는 최초의 압수·수색 이전부터 해당 전자정보를 관리하고 있던 자라 할 것이므로, 특별한 사정이 없는 한 피압수자에게 형사소송법 제219조, 제121조, 제129조에 따라 참여권을 보장하고 압수한 전자정보 목록을 교부하는 등 피압수자의 이익을 보호하기 위한 적절한 조치가 이루어져야 한다.

[6] 검사가 압수·수색영장(이하 '제1 영장'이라 한다)을 발부받아 갑 주식회사 빌딩 내 을의 사무실을 압수·수색하였는데, 저장매체에 범죄혐의와 관련된 정보(이하 '유관정보'라 한다)와 범죄혐의와 무관한 정보(무관정보)가 혼재된 것으로 판단하여 갑 회사의 동의를 받아 저장매체를 수사기관 사무실로 반출한 다음 을 측의 참여하에 저장매체에 저장된 전자정보파일 전부를 '이미징'의 방법으로 다른 저장매체로 복제하고, 을 측의 참여 없이 이미징한 복제본을 외장 하드디스크에 재복제하였으며, 을 측의 참여 없이 하드디스크에서 유관정보를 탐색하던 중 우연히 을 등의 별건 범죄혐의와 관련된 전자정보(이하 '별건 정보'라 한다)를 발견하고 문서로 출력하였고, 그 후 을 측에 참여권 등을 보장하지 않은 채 다른 검사가 별건 정보를 소명자료로 제출하면서 압수·수색영장(이하 '제2 영장'이라 한다)을 발부받아 외장 하드디스크에서 별건 정보를 탐색·출력한 사안에서, 제2 영장 청구 당시 압수할 물건으로 삼은 정보는 제1 영장의 피압수·수색 당사자에게 참여의 기회를 부여하지 않은 채 임의로 재복제한 외장 하드디스크에 저장된 정보로서 그 자체가 위법한 압수물이어서 별건 정보에 대한 영장청구 요건을 충족하지 못하였고, 나아가 제2 영장에 기한 압수·수색 당시 을 측에 압수·수색 과정에 참여할 기회를 보장하지 않았으므로, 제2 영장에 기한 압수·수색은 전체적으로 위법하다고 한 사례.

판례 대법원 2011.5.26. 자 2009모1190 결정

전자정보에 대한 압수·수색영장을 집행할 때에는 원칙적으로 영장 발부의 사유인 혐의사실과 관련된 부분만을 문서 출력물로 수집하거나 수사기관이 휴대한 저장매체에 해당 파일을 복사하는 방식으로 이루어져야 하고, 집행현장 사정상 위와 같은 방식에 의한 집행이 불가능하거나 현저히 곤란한 부득이한 사정이 존재하더라도 저장매체 자체를 직접 혹은 하드카피나 이미징 등 형태로 수사기관 사무실 등 외부로 반출하여 해당 파일을 압수·수색할 수 있도록 영장에 기재되어 있고 실제 그와 같은 사정이 발생한 때에 한하여 위 방법이 예외적으로 허용될 수 있을 뿐이다. 나아가 이처럼 저장매체 자체를 수사기관 사무실 등으로 옮긴 후 영장에 기재된 범죄 혐의 관련 전자정보를 탐색하여 해당 전자정보를 문서로 출력하거나 파일을 복사하는 과정 역시 전체적으로 압수·수색영장 집행의 일환에 포함된다고 보아야 한다. 따라서 그러한 경우 문서출력 또는 파일복사 대상 역시 혐의사실과 관련된 부분으로 한정되어야 하는 것은 헌법 제12조 제1항, 제3항, 형사소송법 제114조, 제215조의 적법절차 및 영장주의 원칙상 당연하다. 그러므로 수사기관 사무실 등으로 옮긴 저장매체에서 범죄 혐의 관련성에 대한 구분 없이 저장된 전자정보 중 임의로 문서출력 혹은 파일복사를 하는 행위는 특별한 사정이 없는 한 영장주의 등 원칙에 반하는 위법한 집행이다. 한편 검사나 사법경찰관이 압수·수색영장을 집행할 때에는 자물쇠를 열거나 개봉 기타 필요한 처분을 할 수 있지만 그와 아울러 압수물의 상실 또는 파손 등의 방지를 위하여 상당한 조치를 하여야 하므로(형사소송법 제219조, 제120조, 제131조 등), 혐의사실과 관련된 정보는 물론 그와 무관한 다양하고 방대한 내용의 사생활 정보가 들어 있는 저장매체에 대한 압수·수색영장을 집행할 때 영장이 명시적으로 규정한 위 예외적인 사정이 인정되어 전자정보가 담긴 저장매체 자체를 수사기관 사무실 등으로 옮겨 이를 열람 혹은 복사하게

되는 경우에도, 전체 과정을 통하여 피압수·수색 당사자나 변호인의 계속적인 참여권 보장, 피압수·수색 당사자가 배제된 상태의 저장매체에 대한 열람·복사 금지, 복사대상 전자정보 목록의 작성·교부 등 압수·수색 대상인 저장매체 내 전자정보의 왜곡이나 훼손과 오·남용 및 임의적인 복제나 복사 등을 막기 위한 적절한 조치가 이루어져야만 집행절차가 적법하게 된다.

2) 수색의 목적물

수색의 대상은 원칙적으로 피의자·피고인의 신체, 물건 또는 주거 기타 장소이나(제109조 제1항) 압수물이 있을 고도의 개연성이 있으면 피의자·피고인 아닌 자의 신체, 물건, 주거 기타 장소도 수색을 할 수 있다(동조 제2항).

3. 압수·수색의 제한

1) 우편물(제107조)

(1) 예외적 확대

법원은 피고인이 발송한 것이나 피고인에게 대하여 발송된 우체물 또는 전신에 관한 것으로서 체신관서 기타의 자가 소지 또는 보관하는 물건의 제출을 명하거나 압수를 할 수 있다(동조 제1항).

(2) 제한

위 이외의 우체물 또는 전신에 관한 것으로서 체신관서 기타가 소지 또는 보관하는 물건은 피고사건과 관계가 있다고 인정할 수 있는 것에 한하여 그 제출을 명하거나 압수를 할 수 있다(동조 제2항).

(3) 통지

위의 처분을 할 때에는 발신인이나 수신인에게 그 취지를 통지하여야 한다. 단, 심리에 방해될 염려가 있는 경우에는 예외로 한다(동조 제3항).

판례 대법원 2017.11.29. 선고 2017도9747 판결

압수·수색은 대상물의 소유자 또는 소지자를 상대로 할 수 있고, 이는 해당 소유자 또는 소지자가 피고인이나 피의자인 경우에도 마찬가지이다(형사소송법 제106조 제1항, 제2항, 제107조 제1항, 제108조, 제109조 제1항, 제219조 참조). 또한 정보저장매체에 저장된 전자정보에 대한 압수·수색은 영장 발부의 사유로 된 범죄 혐의사실과 관련된 부분만을 출력하거나 복제하는 방법으로 하여야 하고, 다만 범위를 정하여 출력 또는 복제하는 방법이 불가능하거나 압수의 목적을 달성하기에 현저히 곤란하다고 인정되는 때에는 정보저장매체 자체를 압수할 수 있다(형사소송법 제106조 제3항, 제219조 참조). 인터넷서비스이용자는 인터넷서비스제공자와 체결한 서비스이용계약에 따라 인터넷서비스를 이용

하여 개설한 이메일 계정과 관련 서버에 대한 접속권한을 가지고, 해당 이메일 계정에서 생성한 이메일 등 전자정보에 관한 작성 · 수정 · 열람 · 관리 등의 처분권한을 가지며, 전자정보의 내용에 관하여 사생활의 비밀과 자유 등의 권리보호이익을 가지는 주체로서 해당 전자정보의 소유자 내지 소지자라고 할 수 있다. 또한 인터넷서비스제공자는 서비스이용약관에 따라 전자정보가 저장된 서버의 유지 · 관리책임을 부담하고, 해당 서버 접속을 위해 입력된 아이디와 비밀번호 등이 인터넷서비스이용자가 등록한 것과 일치하면 접속하려는 자가 인터넷서비스이용자인지를 확인하지 아니하고 접속을 허용하여 해당 전자정보를 정보통신망으로 연결되어 있는 컴퓨터 등 다른 정보처리장치로 이전, 복제 등을 할 수 있도록 하는 것이 일반적이다.
따라서 수사기관이 인터넷서비스이용자인 피의자를 상대로 피의자의 컴퓨터 등 정보처리장치 내에 저장되어 있는 이메일 등 전자정보를 압수 · 수색하는 것은 전자정보의 소유자 내지 소지자를 상대로 해당 전자정보를 압수 · 수색하는 대물적 강제처분으로 형사소송법의 해석상 허용된다.
나아가 압수 · 수색할 전자정보가 압수 · 수색영장에 기재된 수색장소에 있는 컴퓨터 등 정보처리장치 내에 있지 아니하고 그 정보처리장치와 정보통신망으로 연결되어 제3자가 관리하는 원격지의 서버 등 저장매체에 저장되어 있는 경우에도, 수사기관이 피의자의 이메일 계정에 대한 접근권한에 갈음하여 발부받은 영장에 따라 영장 기재 수색장소에 있는 컴퓨터 등 정보처리장치를 이용하여 적법하게 취득한 피의자의 이메일 계정 아이디와 비밀번호를 입력하는 등 피의자가 접근하는 통상적인 방법에 따라 원격지의 저장매체에 접속하고 그곳에 저장되어 있는 피의자의 이메일 관련 전자정보를 수색장소의 정보처리장치로 내려받거나 그 화면에 현출시키는 것 역시 피의자의 소유에 속하거나 소지하는 전자정보를 대상으로 이루어지는 것이므로 그 전자정보에 대한 압수 · 수색을 위와 달리 볼 필요가 없다.
비록 수사기관이 위와 같이 원격지의 저장매체에 접속하여 그 저장된 전자정보를 수색장소의 정보처리장치로 내려받거나 그 화면에 현출시킨다 하더라도, 이는 인터넷서비스제공자가 허용한 피의자의 전자정보에 대한 접근 및 처분권한과 일반적 접속 절차에 기초한 것으로서, 특별한 사정이 없는 한 인터넷서비스제공자의 의사에 반하는 것이라고 단정할 수 없다.
또한 형사소송법 제109조 제1항, 제114조 제1항에서 영장에 수색할 장소를 특정하도록 한 취지와 정보통신망으로 연결되어 있는 한 정보처리장치 또는 저장매체 간 이전, 복제가 용이한 전자정보의 특성 등에 비추어 보면, 수색장소에 있는 정보처리장치를 이용하여 정보통신망으로 연결된 원격지의 저장매체에 접속하는 것이 위와 같은 형사소송법의 규정에 위반하여 압수 · 수색영장에서 허용한 집행의 장소적 범위를 확대하는 것이라고 볼 수 없다. 수색행위는 정보통신망을 통해 원격지의 저장매체에서 수색장소에 있는 정보처리장치로 내려받거나 현출된 전자정보에 대하여 위 정보처리장치를 이용하여 이루어지고, 압수행위는 위 정보처리장치에 존재하는 전자정보를 대상으로 그 범위를 정하여 이를 출력 또는 복제하는 방법으로 이루어지므로, 수색에서 압수에 이르는 일련의 과정이 모두 압수 · 수색영장에 기재된 장소에서 행해지기 때문이다.
위와 같은 사정들을 종합하여 보면, 피의자의 이메일 계정에 대한 접근권한에 갈음하여 발부받은 압수 · 수색영장에 따라 원격지의 저장매체에 적법하게 접속하여 내려받거나 현출된 전자정보를 대상으로 하여 범죄 혐의사실과 관련된 부분에 대하여 압수 · 수색하는 것은, 압수 · 수색영장의 집행을 원활하고 적정하게 행하기 위하여 필요한 최소한도의 범위 내에서 이루어지며 그 수단과 목적에 비추어 사회통념상 타당하다고 인정되는 대물적 강제처분 행위로서 허용되며, 형사소송법 제120조 제1항에서 정한 압수 · 수색영장의 집행에 필요한 처분에 해당한다. 그리고 이러한 법리는 원격지의 저장매체가 국외에 있는 경우라 하더라도 그 사정만으로 달리 볼 것은 아니다.

2) 군사상 비밀(제110조)

군사상 비밀을 요하는 장소는 그 책임자의 승낙 없이는 압수 또는 수색할 수 없으며,

이때 책임자는 국가의 중대한 이익을 해하는 경우를 제외하고는 승낙을 거부하지 못한다.

3) 공무상의 비밀(제111조)

공무원 또는 공무원이었던 자가 소지 또는 보관하는 물건에 관하여는 본인 또는 그 해당 공무소가 직무상의 비밀에 관한 것임을 신고한 때에는 그 소속공무소 또는 당해 감독관공서의 승낙 없이는 압수하지 못한다. 소속공무소 또는 당해 감독관공서는 국가의 중대한 이익을 해하는 경우를 제외하고는 승낙을 거부하지 못한다.

4) 업무상 비밀(제112조)

변호사, 변리사, 공증인, 공인회계사, 세무사, 대서업자, 의사, 한의사, 치과의사, 약사, 약종상, 조산사, 간호사, 종교의 직에 있는 자 또는 이러한 직에 있던 자가 그 업무상 위탁을 받아 소지 또는 보관하는 물건으로 타인의 비밀에 관한 것은 압수를 거부할 수 있다. 단, 그 타인의 승낙이 있거나 중대한 공익상 필요가 있는 때에는 예외로 한다(포함되지 않는 사람 : 감정인, 교사).

4. 압수 · 수색의 절차

1) 압수 · 수색영장의 청구권자와 발부권자

검사는 지방법원판사에 청구하여 발부받은 영장에 의하여 압수 · 수색을 할 수 있다. 사법경찰관은 검사에 신청하여 검사의 청구로 지방법원판사가 발부한 영장에 의하여 압수 · 수색을 할 수 있다(제215조). 법원이 공판정에서 압수 · 수색을 하는 경우에는 영장이 필요 없으나, 공판정 외에서 압수 · 수색을 함에는 영장을 발부해야 한다. 공판정에서 압수나 수색을 한 때에는 이를 공판조서에 기재하여야 한다.

2) 압수 · 수색 영장의 발부절차

압수 · 수색 영장을 청구함에 있어서는 피의자에게 혐의가 있다고 인정되는 자료와 압수 · 수색 또는 검증의 필요를 인정할 수 있는 자료를 제출하여야 하며, 피의자 아닌 자의 신체, 물건, 주거 기타 장소의 수색을 위한 영장의 청구를 할 때에는 압수하여야 할 물건이 있다고 인정될 만한 자료를 제출하여야 한다(규칙 제108조).

3) 판사와 법원의 영장의 발부

일반 영장과 별건 압수와 별건 수색은 허용되지 아니하며, 한 번의 영장으로 여러 번

집행할 수 없다. 그러므로 압수·수색영장에는 피고인·피의자의 성명, 죄명, 압수할 물건, 수색할 장소·선체·물건, 발부연월일, 유효기간과 그 기간을 경과하면 집행에 착수하지 못하며 영장을 반환하여야 한다는 취지, 압수·수색의 사유를 기재하고 재판장·수명법관 또는 지방법원판사가 서명·날인하여야 한다. 다만, 피고인·피의자의 성명이 불분명한 때에는 인상·체격 등 피의자를 특정할 수 있는 사항으로 표시할 수 있다(제114조).

판례 대법원 1999.12.1. 99모161

수사기관이 압수·수색영장을 제시하고 집행에 착수하여 압수·수색을 실시하고 그 집행을 종료하였다면 이미 그 영장은 목적을 달성하여 효력이 상실되는 것이고, 동일한 장소 또는 목적물에 대하여 다시 압수·수색할 필요가 있는 경우에 앞서 발부받은 압수·수색영장의 유효기간이 남아있다고 하여 이를 제시하고 다시 압수·수색을 할 수는 없다.

4) 불복

재판장 또는 수명법관이 한 재판이 아닌 지방법원판사가 한 압수영장발부의 재판에 대하여는 준항고로 불복할 수 없고, 법원의 결정이 아닌 지방법원판사가 한 압수영장발부의 재판에 대하여 항고의 방법으로도 불복할 수 없다.[45)]

5) 영장의 유효기간

압수·수색영장의 유효기간은 7일이며, 법원 또는 법관이 상당하다고 인정하는 때에는 7일이 넘는 기간을 정할 수 있다.

6) 영장의 집행

압수·수색영장은 처분을 받는 자에게 반드시 사전에 제시하여야 한다(제118조). 압수·수색영장은 검사의 지휘에 의하여 사법경찰관리가 집행한다. 단, 필요한 경우에는 재판장은 법원사무관 등에게 그 집행을 명할 수 있다(제115조 제1항). 법원사무관 등은 사법경찰관리에게 영장집행보조를 구할 수 있다(제117조). 검사의 집행지휘나 사법경찰관리의 집행은 관할구역 외에서도 할 수 있고, 관할구역의 검사나 사법경찰관리에게 촉탁할 수도 있다(제115조 제2항).

45) 대법원 1997.9.29. 97모66

판례 대법원 2017.9.21. 선고 2015도12400 판결

[1] 영장 제시 제도의 입법 취지 등을 종합하여 보면, 압수·수색영장을 집행하는 수사기관은 피압수자로 하여금 법관이 발부한 영장에 의한 압수·수색이라는 사실을 확인함과 동시에 형사소송법이 압수·수색영장에 필요적으로 기재하도록 정한 사항이나 그와 일체를 이루는 사항을 충분히 알 수 있도록 압수·수색영장을 제시하여야 한다. 나아가 압수·수색영장은 현장에서 피압수자가 여러 명일 경우에는 그들 모두에게 개별적으로 영장을 제시해야 하는 것이 원칙이다. 수사기관이 압수·수색에 착수하면서 그 장소의 관리책임자에게 영장을 제시하였더라도, 물건을 소지하고 있는 다른 사람으로부터 이를 압수하고자 하는 때에는 그 사람에게 따로 영장을 제시하여야 한다.
[2] 형사소송법 제219조, 제121조는 '수사기관이 압수·수색영장을 집행할 때에는 피압수자 또는 변호인은 그 집행에 참여할 수 있다'는 취지로 규정하고 있다. 저장매체에 대한 압수·수색 과정에서 범위를 정하여 출력 또는 복제하는 방법이 불가능하거나 압수의 목적을 달성하기에 현저히 곤란한 예외적인 사정이 인정되어 전자정보가 담긴 저장매체 또는 하드카피나 이미징 등 형태(이하 '복제본'이라고 한다)를 수사기관 사무실 등으로 옮겨 복제·탐색·출력하는 경우에도, 그와 같은 일련의 과정에서 피압수자나 변호인에게 참여의 기회를 보장하고 혐의사실과 무관한 전자정보의 임의적인 복제 등을 막기 위한 적절한 조치를 취하는 등 영장주의 원칙과 적법절차를 준수하여야 한다. 만약 그러한 조치를 취하지 않았다면 피압수자 측이 참여하지 아니한다는 의사를 명시적으로 표시하였거나 절차 위반행위가 이루어진 과정의 성질과 내용 등에 비추어 피압수자 측에 절차 참여를 보장한 취지가 실질적으로 침해되었다고 볼 수 없을 정도에 해당한다는 등의 특별한 사정이 없는 이상 압수·수색이 적법하다고 평가할 수 없고, 비록 수사기관이 저장매체 또는 복제본에서 혐의사실과 관련된 전자정보만을 복제·출력하였다고 하더라도 달리 볼 것은 아니다.
[3] 적법한 절차에 따르지 아니하고 수집한 증거는 증거로 할 수 없다(형사소송법 제308조의2). 다만 수사기관의 증거수집 과정에서 이루어진 절차 위반행위와 관련된 모든 사정을 전체적·종합적으로 살펴볼 때, 수사기관의 절차 위반행위가 적법절차의 실질적인 내용을 침해하는 경우에 해당하지 아니하고, 오히려 그 증거의 증거능력을 배제하는 것이 헌법과 형사소송법이 형사소송에 관한 절차 조항을 마련하여 적법절차의 원칙과 실체적 진실 규명의 조화를 도모하고 이를 통하여 형사 사법 정의를 실현하려고 한 취지에 반하는 결과를 초래하는 것으로 평가되는 예외적인 경우라면 법원은 그 증거를 유죄 인정의 증거로 사용할 수 있다. 그러나 구체적 사안이 위와 같은 예외적인 경우에 해당하는지를 판단하는 과정에서 적법한 절차를 따르지 않고 수집된 증거를 유죄의 증거로 삼을 수 없다는 원칙이 훼손되지 않도록 유념하여야 하고, 그러한 예외적인 경우에 해당한다고 볼 만한 구체적이고 특별한 사정이 존재한다는 점은 검사가 증명하여야 한다. 그리고 법원이 2차적 증거의 증거능력 인정 여부를 최종적으로 판단할 때에는 먼저 절차에 따르지 아니한 1차적 증거수집과 관련된 모든 사정들, 즉 절차 조항의 취지와 그 위반의 내용 및 정도, 구체적인 위반 경위와 회피가능성, 절차 조항이 보호하고자 하는 권리 또는 법익의 성질과 침해 정도 및 피고인과의 관련성, 절차위반 행위와 증거수집 사이의 인과관계 등 관련성의 정도, 수사기관의 인식과 의도 등을 살피는 것은 물론, 나아가 1차적 증거를 기초로 하여 다시 2차적 증거를 수집하는 과정에서 추가로 발생한 모든 사정들까지 구체적인 사안에 따라 주로 인과관계 희석 또는 단절 여부를 중심으로 전체적·종합적으로 고려하여야 한다.

7) 영장집행 중 필요한 조치와 집행중지와 필요한 조치

압수·수색영장의 집행에 있어서는 타인의 비밀을 보장하여야 하며 처분 받은 자의 명예를 해하지 아니하도록 주의하여야 한다(제116조). 압수·수색영장의 집행 중에는 타

인의 출입을 금지할 수 있다. 이 규정에 위배한 자에게는 퇴거하게 하거나 집행종료시까지 간수자를 붙일 수 있다(제119조). 압수 · 수색영장의 집행에 있어서는 건정(乾淨)을 열거나 개봉 기타 필요한 처분을 할 수 있으며 이 필요한 처분은 압수물에 대하여도 할 수 있다(제120조). 압수 · 수색영장의 집행을 중지한 경우에 필요한 때에는 집행이 종료될 때까지 그 장소를 폐쇄하거나 간수자를 둘 수 있다(제127조).

8) 영장의 집행과 당사자 등의 참여

검사 · 피의자 · 변호인은 압수 · 수색영장의 집행에 참여할 수 있다(제121조). 압수 · 수색영장을 집행함에는 미리 집행의 일시와 장소를 참여자들에게 통지해야 한다. 단, 전조에 규정한 자가 참여하지 아니한다는 의사를 명시한 때 또는 급속을 요하는 때에는 예외로 한다(제122조).

판례 대법원 2018.2.8. 선고 2017도13263 판결

[1] 형사소송법 제219조, 제121조에 의하면, 수사기관이 압수 · 수색영장을 집행할 때 피의자 또는 변호인은 그 집행에 참여할 수 있다. 압수의 목적물이 컴퓨터용디스크 그 밖에 이와 비슷한 정보저장매체인 경우에는 영장 발부의 사유로 된 범죄 혐의사실과 관련 있는 정보의 범위를 정하여 출력하거나 복제하여 이를 제출받아야 하고, 피의자나 변호인에게 참여의 기회를 보장하여야 한다. 만약 그러한 조치를 취하지 않았다면 이는 형사소송법에 정한 영장주의 원칙과 적법절차를 준수하지 않은 것이다. 수사기관이 정보저장매체에 기억된 정보 중에서 키워드 또는 확장자 검색 등을 통해 범죄 혐의사실과 관련 있는 정보를 선별한 다음 정보저장매체와 동일하게 비트열 방식으로 복제하여 생성한 파일(이하 '이미지 파일'이라 한다)을 제출받아 압수하였다면 이로써 압수의 목적물에 대한 압수 · 수색 절차는 종료된 것이므로, 수사기관이 수사기관 사무실에서 위와 같이 압수된 이미지 파일을 탐색 · 복제 · 출력하는 과정에서도 피의자 등에게 참여의 기회를 보장하여야 하는 것은 아니다.

[2] 형사소송법 제219조, 제129조에 의하면, 압수한 경우에는 목록을 작성하여 소유자, 소지자, 보관자 기타 이에 준할 자에게 교부하여야 한다. 그리고 법원은 압수 · 수색영장의 집행에 관하여 범죄 혐의사실과 관련 있는 정보의 탐색 · 복제 · 출력이 완료된 때에는 지체 없이 압수된 정보의 상세목록을 피의자 등에게 교부할 것을 정할 수 있다. 압수물 목록은 피압수자 등이 압수처분에 대한 준항고를 하는 등 권리행사절차를 밟는 가장 기초적인 자료가 되므로, 수사기관은 이러한 권리행사에 지장이 없도록 압수 직후 현장에서 압수물 목록을 바로 작성하여 교부해야 하는 것이 원칙이다. 이러한 압수물 목록 교부 취지에 비추어 볼 때, 압수된 정보의 상세목록에는 정보의 파일 명세가 특정되어 있어야 하고, 수사기관은 이를 출력한 서면을 교부하거나 전자파일 형태로 복사해 주거나 이메일을 전송하는 등의 방식으로도 할 수 있다.

[3] 전자문서를 수록한 파일 등의 경우에는, 성질상 작성자의 서명 혹은 날인이 없을 뿐만 아니라 작성자 · 관리자의 의도나 특정한 기술에 의하여 내용이 편집 · 조작될 위험성이 있음을 고려하여, 원본임이 증명되거나 혹은 원본으로부터 복사한 사본일 경우에는 복사 과정에서 편집되는 등 인위적 개작 없이 원본의 내용 그대로 복사된 사본임이 증명되어야만 하고, 그러한 증명이 없는 경우에는 쉽게 증거능력을 인정할 수 없다. 그리고 증거로 제출된 전자문서 파일의 사본이나 출력물이

복사 · 출력 과정에서 편집되는 등 인위적 개작 없이 원본 내용을 그대로 복사 · 출력한 것이라는 사실은 전자문서 파일의 사본이나 출력물의 생성과 전달 및 보관 등의 절차에 관여한 사람의 증언이나 진술, 원본이나 사본 파일 생성 직후의 해시(Hash)값 비교, 전자문서 파일에 대한 검증 · 감정 결과 등 제반 사정을 종합하여 판단할 수 있다. 이러한 원본 동일성은 증거능력의 요건에 해당하므로 검사가 그 존재에 대하여 구체적으로 주장 · 증명해야 한다.

9) 영장의 집행과 책임자의 참여

공무소 · 군사용 항공기 또는 선차 내에서 압수 · 수색영장을 집행함에는 그 책임자에게 참여할 것을 통지해야 한다. 이외의 타인의 주거, 간수자 있는 가옥, 건조물, 항공기 또는 선차 내에서 압수 · 수색영장을 집행함에는 주거주, 간수자 또는 이에 준하는 자를 참여하게 하여야 한다. 이상의 자를 참여하게 하지 못하는 때에는 인거인 또는 지방공공단체의 직원을 참여하게 하여야 한다(제123조).

10) 여자의 수색과 참여

여자의 신체에 대하여 수색할 때에는 성년여자를 참여하게 하여야 한다(제124조).

11) 야간집행의 제한

(1) 야간집행의 원칙적 제한

일출 전 일몰 후에는 압수 · 수색영장에 야간집행을 할 수 있는 기재가 없으면 그 영장을 집행하기 위하여 타인의 주거, 간수자 있는 가옥, 건조물, 항공기 또는 선차 내에 들어가지 못한다(제125조).

(2) 야간 집행 제한의 예외

도박 기타 풍속을 해하는 행위에 상용된다고 인정하는 장소 및 공개한 시간 내에 여관, 음식점 기타 야간에 공중이 출입할 수 있는 장소는 야간 집행이 허용된다(제126조).

12) 압수목록의 교부

수색한 경우에 증거물 또는 몰수할 물건이 없는 때에는 그 취지의 증명서를 교부하여야 하며, 압수한 경우에는 목록을 작성하여 소유자 · 소지자 · 보관자 그리고 이에 준하는 자에게 교부하여야 한다(제128조).

13) 압수조서의 작성

증거물 또는 몰수할 물건을 압수하였을 때에는 조서를 작성하여야 한다. 압수조서에는 품종, 외형상의 특정과 수량을 기재하여야 한다(제129조, 제49조).

5. 압수 · 수색에서 영장주의의 예외(제216조)

1) 체포, 긴급체포, 구속, 현행범인의 체포 목적의 피의자수사

여기서의 수사의 의미는 수색이라고 보는 것이 타당하며 수색은 타인의 주거나 타인이 간수하는 가옥, 건조물, 항공기, 선내에서의 피의자 수색이 가능하다. 다만 피의자를 체포 또는 구속하는 경우의 피의자 수색은 미리 수색영장을 발부받기 어려운 긴급한 사정이 있는 때에 한정한다.

판례 헌법재판소 2018.4.26. 2015헌가370

헌법 제12조 제3항과는 달리 헌법 제16조 후문은 "주거에 대한 압수나 수색을 할 때에는 검사의 신청에 의하여 법관이 발부한 영장을 제시하여야 한다."라고 규정하고 있을 뿐 영장주의에 대한 예외를 명문화하고 있지 않다. 그러나 헌법 제12조 제3항과 헌법 제16조의 관계, 주거 공간에 대한 긴급한 압수 · 수색의 필요성, 주거의 자유와 관련하여 영장주의를 선언하고 있는 헌법 제16조의 취지 등을 종합하면, 헌법 제16조의 영장주의에 대해서도 그 예외를 인정하되, 이는 ① 그 장소에 범죄혐의 등을 입증할 자료나 피의자가 존재할 개연성이 소명되고, ② 사전에 영장을 발부받기 어려운 긴급한 사정이 있는 경우에만 제한적으로 허용될 수 있다고 보는 것이 타당하다.
심판대상조항은 체포영장을 발부받아 피의자를 체포하는 경우에 필요한 때에는 영장 없이 타인의 주거 등 내에서 피의자 수사를 할 수 있다고 규정함으로써, 앞서 본 바와 같이 별도로 영장을 발부받기 어려운 긴급한 사정이 있는지 여부를 구별하지 아니하고 피의자가 소재할 개연성만 소명되면 영장 없이 타인의 주거 등을 수색할 수 있도록 허용하고 있다. 이는 체포영장이 발부된 피의자가 타인의 주거 등에 소재할 개연성은 소명되나, 수색에 앞서 영장을 발부받기 어려운 긴급한 사정이 인정되지 않는 경우에도 영장 없이 피의자 수색을 할 수 있다는 것이므로, 헌법 제16조의 영장주의 예외 요건을 벗어나는 것으로서 영장주의에 위반된다.

2) 피의자 체포, 긴급체포, 현행범인의 체포 현장에서의 압수 · 수색 · 검증

검사 또는 사법경찰관은 압수한 물건을 계속 압수할 필요가 있는 경우에는 지체 없이 압수수색영장을 청구하여야 한다. 이 경우 압수수색영장의 청구는 체포한 때부터 48시간 이내에 하여야 한다. 검사 또는 사법경찰관은 압수수색영장을 발부받지 못한 때에는 압수한 물건을 즉시 반환하여야 한다(제217조).

3) 피고인 구속현장에서의 압수 · 수색 · 검증

검사 또는 사법경찰관이 피고인에 대한 구속영장을 집행하는 경우에 필요한 때에는 그 집행현장에서 영장 없이 압수, 수색, 검증을 할 수 있다(제216조 제2항).

4) 범죄장소에서의 압수 · 수색 · 검증

범행 중 또는 범행직후의 범죄장소에서 긴급을 요하여 법원판사의 영장을 받을 수 없는 때에는 영장 없이 압수, 수색 또는 검증을 할 수 있다. 다만, 범행 중 범행 직후의 장소이면 족하고 피의자가 현장에 있거나 체포되었을 것을 요구하지는 아니한다. 이 경우에는 사후에 지체 없이 압수영장을 받아야 한다.

판례 대법원 1990.9.14. 90도1263

사법경찰관 작성의 검증조서의 작성이 범죄현장에서 급속을 요한다는 이유로 압수 · 수색영장 없이 행하여졌는데 그 후 법원의 사후영장을 받은 흔적이 없다면 유죄의 증거로 쓸 수 없다.

5) 긴급체포시의 압수 · 수색 · 검증

검사 또는 사법경찰관은 긴급체포된 자가 소유 · 소지 또는 보관하는 물건에 대하여 긴급히 압수할 필요가 있는 경우에는 체포한 때부터 24시간 이내에 한하여 영장 없이 압수 · 수색 또는 검증을 할 수 있다. 검사 또는 사법경찰관은 압수한 물건을 계속 압수할 필요가 있는 경우에는 지체 없이 압수, 수색영장을 청구하여야 한다. 이 경우 압수, 수색영장의 청구는 체포한 때부터 48시간 이내에 하여야 한다. 검사 또는 사법경찰관은 압수 · 수색영장을 발부받지 못한 때에는 압수한 물건을 즉시 반환하여야 한다(제217조).

6) 임의제출한 물건의 압수(영치)

검사, 사법경찰관은 피의자 기타인의 유류한 물건이나 소유자, 소지자 또는 보관자가 임의로 제출한 물건을 영장 없이 압수할 수 있다(제218조). 증거물이나 몰수물일 필요도 없고 소지자 보관자의 소지 보관도 적법할 것도 요구하지 아니한다. 일단 영치되면 임의로 반환을 받을 수 없다는 점에서 강제수사에 해당하나, 그 점유의 취득과정에서는 강제력이 행사되지 아니하였으므로 영장 없이 압수할 수 있도록 규정하고 있다.

판례 대법원 1999.9.3. 98도968

의료인이 진료 목적으로 채혈한 환자의 혈액을 수사기관에 임의로 제출하였다면 그 혈액의 증거사용에 대하여도 환자의 사생활의 비밀 기타 인격적 법익이 침해되는 등의 특별한 사정이 없는 한 반드시 그 환자의 동의를 받아야 하는 것이 아니고, 따라서 경찰관이 간호사로부터 진료 목적으로 이미 채혈되어 있던 피고인의 혈액 중 일부를 주취운전 여부에 대한 감정을 목적으로 임의로 제출받아 이를 압수한 경우, 당시 간호사가 위 혈액의 소지자겸 보관자인 병원 또는 담당의사를 대리하여 혈액을 경찰관에게 임의로 제출할 수 있는 권한이 없었다고 볼 특별한 사정이 없는 이상, 그 압수절차가 피고인 또는 피고인의 가족의 동의 및 영장 없이 행하여졌다고 하더라도 이에 적법절차를 위반한 위법이 있다고 할 수 없다.

7) 요급 처분

압수 · 수색에 있어서 영장주의 예외에 의하여 처분을 하는 경우에 급속을 요하는 때에는 타인의 주거, 간수자 있는 가옥, 건조물, 항공기 또는 선거 내에서 압수 · 수색을 함에 있어서 주거주, 간수자 또는 이에 준하는 자를 참여하게 할 필요가 없으며, 일출 전, 일몰 후에도 압수 · 수색을 할 수 있다(제220조).

6. 압수물의 처리

1) 압수물의 보관

(1) 자청보관의 원칙

압수물은 압수한 법원 또는 수사기관의 청사에서 보관함이 원칙이다. 압수물에 대하여는 그 상실 또는 파손 등의 방지를 위하여 상당한 조치를 하여야 한다(제131조, 제219조).

(2) 위탁보관

운반 또는 보관에 불편한 압수물에 관하여는 간수자를 두거나 소유자 또는 적당한 자의 승낙을 얻어 보관하게 할 수 있다(제130조, 제219조 제1항).

(3) 대가보관

① 몰수하여야 할 압수물로서 멸실, 파손 또는 부패의 염려가 있거나 보관하기 불편한 경우에는 이를 매각하여 대가를 보관할 수 있다(제132조 제219조). 사법경찰관이 압수물의 대가보관을 함에는 검사의 지휘를 받아야 한다.

② 환부하여야 할 압수물 중 환부를 받을 자가 누구인지 알 수 없거나 그 소재가 불명한 경우로서 그 압수물의 멸실 · 파손 · 부패 또는 현저한 가치 감소의 염려가 있거나 보관하기 어려운 압수물은 매각하여 대가를 보관할 수 있다.

③ 이에 대하여 대가보관을 할 수 있는 물건은 몰수물과 몰수적 성격과 증거물의 성격을 가지고 있는 압수물에 대하여만 가능하고 증거물적 성격만을 가지고 있는 압수물에 대하여서는 불가능하다는 견해도 있다. 다만, 몰수물과 증거물의 성격을 가지는 압수물에 대하여는 미리 대가보관을 하기 전에 검증을 통하여 증거가치를 보존하는 조치를 취하여야 한다.[46]

46) 위의 견해는 정웅석 · 이재상 교수의 견해로 이와는 달리 배종대 교수는 증거물의 성격을 가지는 경우에는 대가보관을 할 수 없다고 본다.

④ 이러한 결정을 하는 경우에는 검사, 피해자, 피고인 또는 변호인에게 미리 통지하여야 한다(제135조, 제219조).

판례 대법원 1996.11.12. 선고 96도2477 판결

관세법 제198조 제2항에 따라 몰수하여야 할 압수물이 멸실, 파손 또는 부패의 염려가 있거나 보관하기에 불편하여 이를 형사소송법 제132조의 규정에 따라 매각하여 그 대가를 보관하는 경우에는, 몰수와의 관계에서는 그 대가 보관금을 몰수 대상인 압수물과 동일시할 수 있다.

(4) 폐기처분

위험발생의 염려가 있는 압수물은 폐기할 수 있다(제130조 제2항, 제219조).

(5) 금제품

법령상 생산 · 제조 · 소지 · 소유 또는 유통이 금지된 압수물로서 부패의 염려가 있거나 보관하기 어려운 압수물은 소유자 등 권한 있는 자의 동의를 받아 폐기할 수 있다(제130조 제3항).

2) 압수물의 가환부

(1) 의의

가환부란 압수의 효력을 존속시키면서 압수물을 소유자, 소지자 또는 보관자등에게 잠정적으로 환부하는 제도를 말한다. 즉 법은 증거에 공할 압수물은 소유자, 소지자, 보관자 또는 제출인의 청구에 의하여 가환부할 수 있고(제133조 후단) 증거에만 공할 목적으로 압수한 물건으로서 그 소유자 또는 소지자가 계속 사용하여야 할 물건은 사진촬영 기타 원형보존의 조치를 취하고 신속히 가환부하여야 한다(제133조 제2항)고 규정하고 있다.

(2) 가환부의 대상

증거에 공할 압수물인 경우에 가환부 대상이 된다. 그러므로 몰수물은 가환부의 대상이 되지 아니한다. 다만, 증거에 공할 압수물에는 증거물로서의 성격과 몰수물로서의 성격을 가지고 있는 것도 가능하며 이러한 몰수물적 성격을 가지는 압수물은 임의적 몰수물을 포함하는 것으로 보아야 한다.

판례 대법원 1998.4.16. 자 97모25 결정

[1] 형사소송법 제133조 제1항 후단이, 제2항의 증거에만 공할 목적으로 압수할 물건과는 따로이 증거에 공할 압수물에 대하여 법원의 재량에 의하여 가환부할 수 있도록 규정한 것을 보면, 증거에 공할 압수물에는 증거물로서의 성격과 몰수할 것으로 사료되는 물건으로서의 성격을 가진 압수물

이 포함되어 있다고 해석함이 상당하다.

[2] 몰수할 것이라고 사료되어 압수한 물건 중 법률의 특별한 규정에 의하여 필요적으로 몰수할 것에 해당하거나 누구의 소유도 허용되지 아니하여 몰수할 것에 해당하는 물건에 대한 압수는 몰수재판의 집행을 보전하기 위하여 한 것이라는 의미도 포함된 것이므로 그와 같은 압수 물건은 가환부의 대상이 되지 않지만, 그 밖의 형법 제48조에 해당하는 물건(임의적 몰수물)에 대하여는 이를 몰수할 것인지는 법원의 재량에 맡겨진 것이므로 특별한 사정이 없다면 수소법원이 피고본안사건에 관한 종국판결에 앞서 이를 가환부함에 법률상의 지장이 없는 것으로 보아야 한다.

(3) 절차

① 소유자 또는 소지자가 계속 사용해야 할 물건 중 증거에만 공할 물건에 대한 가환부는 직권에 의한 필요적 가환부이나 이외의 증거에 공할 물건에 대한 가환부는 청구가 있어야 하며 법원의 재량에 속한다. 위 법원이나 수사기관의 결정에 대하여는 준항고가 가능하다.

② 가환부 결정을 함에는 검사, 피해자, 피고인 또는 변호인에게 미리 통지하여야 한다. 그러므로 피고인에게 의견을 진술할 기회를 주지 않고 한 가환부결정은 위법하다.

판례 대법원 1980.2.5. 80모3

피고인에게 의견을 진술할 기회를 주지 아니한 채 한 가환부결정은 형사소송법 제135조에 위배하여 위법하고 이 위법은 재판의 결과에 영향을 미쳤다 할 것이다.

(4) 효과

① 가환부는 압수 자체의 효력을 상실하게 하는 것이 아니므로 가환부 받은 자는 압수물에 대한 보관의무를 지며 임의로 처분을 할 수 없으며 법원 또는 수사기관의 제출요구가 있는 경우에는 이에 응할 의무가 있다.

② 가환부한 장물에 대하여 별단의 선고가 없는 때에는 환부의 선고가 있는 것으로 간주한다(제333조 제3항).

3) 압수물의 환부

(1) 의의

① 압수물의 환부는 압수의 필요가 없게 된 경우 압수의 효력을 종국적으로 소멸시키고 압수물을 피압수자에게 반환하는 법원 또는 수사기관의 처분을 말한다.

② 법은 압수를 계속할 필요가 없다고 인정되는 압수물은 피고사건 종결전(확정판결전

을 말하므로 상고심 심리중이라도 가능함)이라도 결정으로 환부하여야 한다고 하여 의무적 강행규정으로 하고 있다.

③ 압수를 계속할 필요가 없는 경우란 몰수의 대상으로 압수한 경우, 범인 이외의 자의 소유임이 명백하여 몰수할 수 없게 된 경우, 혹은 증거물로서 압수하였으나 증거가치를 결한 경우를 말한다.

(2) 대상

① 압수를 계속할 필요가 없다고 인정되는 압수물이 대상이 된다. 그러므로 몰수물을 환부하는 것은 위법하므로 항고 또는 준항고의 대상이 된다. 증거에 공할 압수물은 가환부의 대상이 될 수 있어도 환부의 대상이 될 수 없다.

판례 대법원 1984.7.24, 84모43

형사소송법 제133조의 규정에 의하면 압수를 계속할 필요가 없다고 인정되는 압수물 또는 증거에 공할 압수물은 환부 또는 가환부할 수 있도록 되어 있는 바, 본건 약속어음은 범죄행위로 인하여 생긴 위조문서로서 아무도 이를 소유하는 것이 허용되지 않는 물건이므로 몰수가 될 뿐 환부나 가환부할 수 없고, 다만 검사는 몰수의 선고가 있은 뒤에 형사소송법 제485조에 의하여 위조의 표시를 하여 환부할 수 있다.

판례 대법원 1966.9.12. 66모58

압수물이 범죄사실의 증거에 공할 물건인 경우에는 이를 가환부함은 모르되 환부는 할 수 없다.

② 영장을 발부받지 못하는 경우에 행해지는 압수물은 환부하여야 한다. 즉 체포현장에서 압수한 물건 및 긴급체포에 의해 체포된 자가 소지하던 물건이 압수된 경우에 영장청구기간 내에 구속영장을 발부받지 못한 경우 압수한 물건은 즉시 환부해야 한다.

(3) 절차

환부는 법원 또는 수사기관의 결정에 의하여 한다. 사법경찰관이 압수물을 환부할 때에는 검사의 지휘를 받아야 한다. 결정에 불복이 있는 경우에는 준항고가 가능하다. 검사의 불기소 처분이 있는 경우 및 기소중지 처분이 있는 경우에도 환부를 하여야 한다.

판례 대법원 1988.12.14. 88모55 결정

세관이 시계행상이 소지하고 있던 외국산시계를 관세장물의 혐의가 있다고 하여 압수하였던 것을

검사가 그것이 관세포탈품인지를 확인할 수 없어 그 사건을 기소중지처분 하였다면 위 압수물은 관세장물이라고 단정할 수 없으므로 국고에 귀속시킬 수 없음은 물론 압수를 더 이상 계속할 필요도 없다.

(4) 압수물에 대한 환부청구권의 인정 여부

환부청구권은 수사기관의 필요적 환부의무에 대응하는 절차법상의 공권으로 인정될 수 있다.

(5) 소유권 포기와 환부청구권의 소멸 여부

피압수자 등 환부를 받을 자가 압수 후 그 소유권을 포기하는 등에 의하여 실체법상의 권리를 상실하더라도 그 때문에 압수물을 환부하여야 하는 수사기관의 의무에 어떠한 영향을 미칠 수 없다.

(6) 환부청구권의 포기 가부

공권은 사적인 처분 내지 포기의 대상이 되지 않으므로 불가능하고 이를 인정하는 경우에는 압수물의 환부를 필요적이고 의무적인 것으로 규정한 형사소송법 제133조를 사문화시키며, 나아가 몰수제도를 잠탈할 수 있는 길을 열어 놓게 되는 것이다.

(7) 소유권자의 권리행사 가부

압수물의 환부는 환부를 받는 자에게 환부된 물건에 대한 소유권 기타 실체법상의 권리를 부여하거나 그러한 권리를 확정하는 것이 아니라 단지 압수를 해제하여 압수 이전의 상태로 환원시키는 것뿐으로서, 이는 실체법상의 권리와 관계없이 압수 당시의 소지인에 대하여 행하는 것이므로 실질적 소유권자는 자신의 권리를 행사할 수 있다.

(8) 통지권자

환부결정을 함에는 미리 검사, 피해자, 피고인 또는 변호인에게 통지하여야 한다.

(9) 해제간주

압수한 서류 또는 물품에 대하여 몰수의 선고가 없는 때에는 압수를 해제한 것으로 간주한다.

(10) 압수물의 국고 귀속

압수물의 환부를 받을 자의 소재가 불명하거나 기타 사유로 인하여 환부를 할 수 없는 경우에는 검사는 그 사유를 관보에 공고하여야 한다. 공고한 후 3월 이내에 환부의 청구가 없는 때에는 그 물건은 국고에 귀속한다. 위 기간 내에도 가치 없는 물건은 폐기할 수 있고 보관하기 곤란한 물건은 공매하여 그 대가를 보관할 수 있다(제486조).

판례 대법원 1996.8.16. 자 94모51 전원합의체 결정

[다수의견] 피압수자 등 환부를 받을 자가 압수 후 그 소유권을 포기하는 등에 의하여 실체법상의 권리를 상실하더라도 그 때문에 압수물을 환부하여야 하는 수사기관의 의무에 어떠한 영향을 미칠 수 없고, 또한 수사기관에 대하여 형사소송법상의 환부청구권을 포기한다는 의사표시를 하더라도 그 효력이 없어 그에 의하여 수사기관의 필요적 환부의무가 면제된다고 볼 수는 없으므로, 압수물의 소유권이나 그 환부청구권을 포기하는 의사표시로 인하여 위 환부의무에 대응하는 압수물에 대한 환부청구권이 소멸하는 것은 아니다.

압수물의 환부는 환부를 받는 자에게 환부된 물건에 대한 소유권 기타 실체법상의 권리를 부여하거나 그러한 권리를 확정하는 것이 아니라 단지 압수를 해제하여 압수 이전의 상태로 환원시키는 것뿐으로서, 이는 실체법상의 권리와 관계없이 압수 당시의 소지인에 대하여 행하는 것이므로, 실체법인 민법(사법)상 권리의 유무나 변동이 압수물의 환부를 받을 자의 절차법인 형사소송법(공법)상 지위에 어떠한 영향을 미친다고는 할 수 없다. 그리고 형사사법권의 행사절차인 압수물 처분에 관한 준항고 절차에서 민사 분쟁인 소유권 포기의사의 존부나 그 의사표시의 효력 및 하자의 유무를 가리는 것은 적절하지 아니하고 이는 결국 민사소송으로 해결할 문제이므로, 피압수자 등 환부를 받을 자가 압수 후에 그 소유권을 포기하는 등에 의하여 실체법상의 권리를 상실하는 일이 있다고 하더라도, 그로 인하여 압수를 계속할 필요가 없는 압수물을 환부하여야 하는 수사기관의 의무에 어떠한 영향을 미친다고 할 수는 없으니, 그에 대응하는 압수물의 환부를 청구할 수 있는 절차법상의 권리가 소멸하는 것은 아니다.

형사소송법 제133조 제1항, 제219조, 제486조 각 규정의 취지를 종합하여 보면, 압수물에 대하여 더 이상 압수를 계속할 필요가 없어진 때에는 수사기관은 환부가 불가능하여 국고에 귀속시키는 경우를 제외하고는 반드시 그 압수물을 환부하여야 하고, 환부를 받을 자로 하여금 그 환부청구권을 포기하게 하는 등의 방법으로 압수물의 환부의무를 면할 수는 없다. 법률이 압수물을 국고에 귀속시키는 절차와 방법에 관하여 엄격히 규정함과 아울러 압수된 범칙물이 범인에게 복귀되지 아니하도록 필요에 따른 준비를 하여 두고 있는데도, 법률이 정하고 있는 이러한 방법 이외에 피압수자 등으로 하여금 그 압수물에 대한 환부청구권을 포기하게 하는 등의 방법으로 압수물의 환부의무를 면하게 함으로써 압수를 계속할 필요가 없어진 물건을 국고에 귀속시킬 수 있는 길을 허용하는 것은 적법절차에 의한 인권보장 및 재산권 보장의 헌법정신에도 어긋나고, 압수물의 환부를 필요적이고 의무적인 것으로 규정한 형사소송법 제133조를 사문화시키며, 나아가 몰수제도를 잠탈할 수 있는 길을 열어 놓게 되는 것이다. 따라서 피압수자 등 압수물을 환부 받을 자가 수사기관에 대하여 형사소송법상의 환부청구권을 포기한다는 의사표시를 한 경우에 있어서도, 그 효력이 없어 그에 의하여 수사기관의 필요적 환부의무가 면제된다고 볼 수는 없으므로, 그 환부의무에 대응하는 압수물의 환부를 청구할 수 있는 절차법상의 권리가 소멸하는 것은 아니다.

4) 압수장물의 피해자 환부

(1) 사건종결 전

압수한 장물은 피해자에게 환부할 이유가 명백한 때에는 피고사건의 종결전이라도 결정으로 피해자에게 환부할 수 있다. 이러한 처분을 함에는 미리 검사, 피해자, 피고인

또는 변호인에게 통지하여야 한다. 여기서 "환부할 이유가 명백한 때"라 함은 사법상 피해자가 그 압수된 물건의 인도를 청구할 수 있는 권리가 있음이 명백한 경우를 의미하고, 위 인도청구권에 관하여 사실상, 법률상 다소라도 의문이 있는 경우에는 환부할 명백한 이유가 있는 경우라고는 할 수 없다.

[판례] 대법원 1984.7.16. 자 84모38 결정

매수인이 피해자로 부터 물건을 매수함에 있어 사기행위로써 취득하였다 하더라도 피해자가 매수인에게 사기로 인한 매매의 의사표시를 취소한 여부가 분명하지 않고, 위 매수인으로부터 위탁을 받은 (갑)이 위 물건을 인도받아 재항고인의 창고에 임치하여 재항고인이 보관하게 되었고 달리 재항고인이 위 물건이 장물이라는 정을 알았다고 확단할 자료가 없다면, 재항고인은 정당한 점유자라 할 것이고 이를 보관시킨 매수인에 대해서는 임치료 청구권이 있고 그 채권에 의하여 위 물건에 대한 유치권이 있다고 보여지므로 피해자는 재항고인에 대하여 위 물건의 반환청구권이 있음이 명백하다고 보기는 어렵다 할 것이므로 이를 피해자에게 환부할 것이 아니라 민사소송에 의하여 해결함이 마땅하다.

(2) 사건의 종결 후

압수한 장물로서 피해자에게 환부할 이유가 명백한 것은 판결로써 피해자에게 환부하는 선고를 하여야 한다. 이 경우에 장물을 처분하였을 때에는 판결로써 그 대가로 취득한 것을 피해자에게 교부하는 선고를 하여야 한다.

5) 사법경찰관의 환부 · 가환부

사법경찰관이 압수장물의 피해자환부, 압수물의 환부 · 가환부, 압수물의 대가보관을 함에는 검사의 지휘를 받아야 한다.

Ⅲ 수사상의 검증

1. 의의

검증이란 사람, 장소, 물건의 성질 · 형상을 오관(五官)의 작용에 의하여 인식하는 강제처분을 말한다. 법원이 하는 검증은 증거조사로 행하여지는 것이므로 영장이 필요 없으나(제139조), 수사기관의 검증은 강제처분이므로 원칙적으로 법관이 발부한 영장이 필요하다(제219조). 형사소송법은 수사기관의 검증에 관하여는 압수, 수색과 같이 규정하면서 법원의 검증에 관한 규정을 준용하고 있다. 수사기관의 검증 중에는 공개된 도로에서

교통사고에 관하여 검증하거나 화재 또는 살인 현장에서 거주자의 동의하에 영장없이 행해지는 경우도 있다. 이와 같이 공공장소에서 행해지거나 법익주체의 동의를 받아서 이루어지는 검증은 임의 수사에 해당되며, 임의수사로서의 검증을 실황조사라고 한다.

판례 대법원 1968.1.31. 선고 67도1493

검증을 함에 있어서 피고인에게 증거조사기일을 통지하여 참여의 기회를 준 이상 피고인이 실제로 참여하지 않았다고 하여도 그 증거조사의 결과를 증거로 채택한 것이 위법이라고 할 수 없다.

2. 검증영장의 집행시 압수·수색과 다른 조문

1) 시각의 제한[47]

① 일출 전, 일몰 후에는 가주, 간수자 또는 이에 준하는 자의 승낙이 없으면 검증을 하기 위하여 타인의 주거, 간수자 있는 가옥, 건조물, 항공기, 선거 내에 들어가지 못한다.

② 단, 일출 후에는 검증의 목적을 달성할 수 없을 염려가 있는 경우에는 예외로 한다. 일몰 전에 검증에 착수한 때에는 일몰 후라도 검증을 계속할 수 있다.

③ 도박 기타 풍속을 해하는 행위에 상용된다고 인정하는 장소 및 공개된 시간 내의 여관, 음식점 기타 야간에 공중이 출입할 수 있는 장소에 대하여는 ①에 규정한 제한을 받지 아니한다(제143조).

2) 검증에 의하여 할 수 있는 처분

수사기관이 검증을 함에 있어 필요한 경우에는 신체검사, 사체해부, 분묘발굴, 물건파괴 기타 처분을 할 수 있다.[48] 사체의 해부 분묘의 발굴을 하는 때에는 예를 잃지 않도록 주의하고 미리 유족에게 통지하여야 한다(제141조 제4항).

3) 참여자

여자의 신체를 검사하는 경우에는 의사나 성년의 여자를 참여하게 하여야 한다(제141조).[49]

---

47) 제125조(야간집행의 제한)
일출 전, 일몰 후에는 압수 · 수색영장에 야간집행을 할 수 있는 기재가 없으면 그 영장을 집행하기 위하여 타인의 주거, 간수자 있는 가옥, 건조물, 항공기 또는 선거 내에 들어가지 못한다.

48) 사체 해부 및 물건의 파괴를 검증으로 할 수 있음에 주의를 요한다. 즉 사체해부는 감정에 의하여 할 수 있으나 검증에 의하여도 할 수 있음에 주의하여야 한다.

49) 제124조(여자의 수색과 참여)
여자의 신체에 대하여 수색할 때에는 성년의 여자를 참여하게 하여야 한다.

3. 신체검사

1) 의의

신체검사는 신체 자체를 검사의 대상으로 한다는 점에서 신체외부와 착의에서 증거물을 찾는 신체수색과는 구별된다. 검증으로서의 신체검사와 전문적 지식과 경험을 요하는 감정으로서의 신체검사로 구분할 수 있다.

2) 절차

신체의 검사에 관하여는 검사를 당하는 자의 성별, 연령, 건강상태 기타 사정을 고려하여 그 사람의 건강과 명예를 해하지 아니하도록 주의하여야 한다. 피고인 아닌 자의 신체검사는 증적(證迹)의 존재를 확인할 수 있는 현저한 사유가 있는 경우에 한하여 할 수 있다(제141조).

3) 영장을 요하지 않는 신체검사

형사소송법 제216조, 제217조에 의하여 구속과 체포현장에서 신체검사를 영장없이 할 수 있다. 따라서 체포 또는 구속된 피의자에 대하여 지문 또는 족형을 채취하고 신장과 체중을 측정하는 것은 영장없이 할 수 있다.

4) 체내 신체검사

(1) 허용성

신체 내부에 대한 강제수사는 인간의 존엄성과 신체의 안정성을 해할 염려가 있으므로 당연히 영장에 의한 처분은 물론 이외에도 엄격한 요건 및 절차 하에서 예외적으로 허용된다고 보아야 한다.

(2) 한계

허용된다고 하더라도 건강을 해치지 않는 범위 내에서 예외적으로 가능하므로 외과수술을 통한 채내 검사는 허용되지 아니한다.

(3) 체내강제수색(구강, 항문내 수색)

① 형사소송법에서는 수색의 대상에 피의자 또는 피의자 아닌 자의 "신체"를 포함시키고 있으므로 허용된다고 할 것이다.

② 허용의 요건으로는 압수물의 존재의 고도의 개연성이 필요하고 이에 의한 수색의

필요성과 수사방법의 상당성이 요구된다.

③ 체내 강제수사의 집행시 필요한 영장으로는 압수, 수색 영장과 검증영장 병용설이 타당하다.

(4) 강제채뇨, 강제채혈

① 강제채뇨나 강제채혈에 대하여 형사소송법상 이를 허용하는 명문의 규정은 없으나, 우리 학설은 이에 대하여 엄격한 요건 하에서 허용된다고 하고 있다.

② 허용요건으로는 강제채뇨 및 강제채혈의 보충성, 실시방법의 상당성, 영장주의 충족을 그 요건으로 하고 있다.

③ 집행시 필요한 영장으로는 감정처분허가장과 검증영장병용설, 압수 · 수색설의 대립이 있으나, 강제채혈은 감정을 위하여 혈액을 찾아 그 점유를 취득하는 것이므로 압수 · 수색영장과 감정처분 허가장 병용설이 타당하다.

(5) 연하물의 강제배출

① 미국의 판례는 구토제에 의한 연하물의 강제배출은 양심에 대한 충격이며 적정절차에 위반하여 허용될 수 없다고 판시한 바 있으나, 우리나라 학설에서는 일정한 요건 하에서 가능하다고 보고 있다.

② 허용요건으로는 강제수사의 필요성과 상당성 및 영장주의를 충족하는 경우에는 허용될 수 있다.

③ 이때 필요한 영장으로는 압수 · 수색영장과 감정처분허가장에 의하여 행하면 된다고 본다.

Ⅳ 수사상의 감정유치

1. 의의

수사상의 감정유치란 피의자의 정신 또는 신체에 관한 감정에 필요한 때에는 일정기간을 정하여 병원 기타 적당한 장소에 피의자를 유치하는 강제처분을 말한다(제172조 제3항). 검사는 감정을 위촉하는 경우에는 판사에게 감정의 유치를 청구하여야 한다(제221조의3). 그러므로 수사상의 감정유치는 검사의 청구에 의하여 판사가 발부한 감정유치장의 집행이라는 형식으로 행하여진다. 수사기관의 감정위촉을 받은 자를 감정수탁자라고 하며, 선서의무가 없고, 허위감정의 제재도 받지 아니하며, 소송관계인의 반대신문의 기회도 부여되지 않는다는 점에서 법원의 감정인과 구별된다.

2. 수사상의 감정유치의 대상과 요건

1) 대상

수사상 감정유치는 피의자가 대상이 되므로 피고인과 참고인에 대해서는 감정유치가 허용되지 않는다.

2) 요건

감정유치는 정신 또는 신체의 감정을 위하여 계속적인 유치와 관찰이 필요한 때 그 필요성이 인정된다. 감정유치를 함에 있어서는 객관적 범죄의 혐의가 있는 자에 대하여 할 수 있으나, 구속의 사유 즉 도주나 증거인멸 등의 사유는 필요하지 아니한다.

3. 절차

1) 감정유치의 청구

검사만이 청구권자이며(제221조의3 제1항) 감정유치서에는 ① 피의자의 성명, 피의자에게 변호인이 있는 때에는 그 성명, 죄명 및 범죄사실의 요지, 7일을 넘는 유효기간을 필요로 하는 때에는 그 취지 및 사유, 수통의 영장을 청구하는 때에는 그 취지 및 사유, ② 유치할 장소 및 유치기간, ③ 감정의 목적 및 이유, ④ 감정인의 성명, 직업을 기재하여야 한다(규칙 제113조).

2) 감정유치장의 발부

판사는 청구가 상당하다고 인정하는 경우에는 감정유치장을 발부하여야 한다(제221조의3 제2항, 제172조 제4항). 감정유치장에는 피고인의 성명, 주민등록번호 등, 직업, 주거, 죄명, 범죄사실의 요지, 유치할 장소, 유치기간, 감정의 목적 및 유효기간과 그 기간 경과 후에는 집행에 착수하지 못하고 영장을 반환하여야 한다는 취지를 기재하고 재판장 또는 수명법관이 서명날인하여야 한다(규칙 제85조 제1항). 감정유치를 기각하는 결정 및 발부하는 결정에 대하여는 수임판사의 결정이므로 준항고도 허용되지 아니한다.

3) 감정유치기간

감정유치기간은 정할 수 없으므로 법원의 재정기간[50]으로 감정유치기간의 연장이나 단축 또는 유치할 장소의 변경 등은 결정으로 한다(규칙 제85조 제2항). 유치기간은 구속기간에 산입되지 아니하나(제221조의3 제2항, 제172조의2 제1항) 미결구금일수 산입에 있어서는 산입된다(제172조 제8항). 유치처분이 취소되거나 유치기간이 만료된 때에는 구속의 집행정지가 취소된 것으로 간주한다(제172조의2 제2항).

4) 집행

감정유치장의 집행에 관하여는 보석에 관한 규정을 제외하고 구속영장의 집행에 관한 규정이 준용된다(제221조의3 제2항, 제172조 제7항). 감정유치를 함에 있어서 필요한 때에는 검사 또는 유치장소의 관리자의 신청에 의하여 사법경찰관리에게 간수명령을 청구할 수 있다(제172조 제5항). 주의할 점은 감정유치 중에도 감정에 지장이 없는 범위에서 피의자신문이 가능하다는 것이 일반적 견해이다.

4. 감정에 필요한 처분

수사기관으로부터 감정의 위촉을 받은 자는 감정에 관하여 필요한 때에는 판사의 허가를 얻어 타인의 주거, 간수자 있는 가옥, 건조물, 항공기, 선거 내에 들어갈 수 있고 신체의 검사, 사체의 해부, 분묘의 발굴, 물건의 파괴 등 필요한 처분을 할 수 있다. 허가의 청구는 검사가 하여야 한다. 판사는 청구가 상당하다고 인정할 때에는 허가장을 발부하여야 한다(제221조의4).

50) 재정기간: 감정유치기간, 구속기간 갱신, 영장의 유효기간

제11절 수사상의 증거보전

I 수사상의 증거보전

1. 의의

수사상의 증거보전이란 수사절차에서 판사가 증거보전 또는 증인신문을 하여 그 결과를 보전하는 것을 말한다. 증거보전이 필요한 이유는 수사단계에서 피의자에게는 강제처분권을 허용하지 않고 있으므로 피의자에게 유리한 증인이 있는 경우(사기가 임박한 증인)에 수소법원이 증거조사를 할 때를 기다려서는 증거방법의 사용이 불가능하거나 현저히 곤란한 경우가 있으므로 검사 · 피고인 · 피의자 또는 변호인의 청구에 의하여 수소법원 이외의 판사가 미리 증거조사를 하여 그 결과를 보전하여 두는 제도를 말한다. 피의자보호를 위한 제도에 그 청구인을 검사까지 규정한 것은 검사의 객관의무에 기한 것이다(제184조).

2. 증거보전의 요건

1) 증거보전의 필요성

증거를 보전하지 아니하면 증거의 사용이 곤란한 사정이 존재하여야 하며 이에는 증거조사의 곤란뿐만 아니라 증명력에 변화가 있는 경우도 포함한다. 그러므로 서증 · 물증의 멸실, 증인의 사망, 증언불능, 진술변경, 검증의 현장보존 불가능, 감정인을 증인으로 신문할 수 없는 경우도 포함된다.

2) 제1회 공판기일 전

제1회 공판기일 후에는 수소법원에서 증거조사가 가능하므로 제1회 공판기일 전까지만 증거보전을 할 수 있는 것으로 규정되어 있으나, 여기서 제1회 공판기일전이란 비록 제1회 공판기일에 있어서도 최초의 증거조사는 재판장의 쟁점정리 및 검사 · 변호인의 증거관계 등에 대한 진술이후부터 가능하므로 여기서의 제1회 공판기일전이란 형식적으로 판단할 것이 아니라, 비록 제1회 공판이 개시된 경우라 할지라도 아직 증거조사를 할 수 없는 경우에는 증거보전청구가 가능할 수 있도록 하는 것이 피의자, 피고인의 권리보장을 위하여 타당하므로 재판장의 쟁점정리 및 검사·변호인의 증거관계 등에 대한 진술까지 가능하다고 보아야 할 것이다.

판례 대법원 1984.3.29. 자 84모15 결정

가. 증거보전이란 장차 공판에 있어서 사용하여야 할 증거가 멸실되거나 또는 그 사용하기 곤란한 사정이 있을 경우에 당사자의 청구에 의하여 공판 전에 미리 그 증거를 수집 보전하여 두는 제도로서 제1심 제1회 공판기일 전에 한하여 허용되는 것이므로 재심청구사건에서는 증거보전절차는 허용되지 아니한다.

나. 증거보전청구를 기각하는 결정에 대하여는 즉시항고로써 불복할 수 없다.

3. 증거보전의 절차

1) 증거보전의 청구

(1) 청구권자

검사, 피의자, 피고인(제1회 공판기일전의 피고인), 변호인은 서면으로 관할법원판사에게 하여야 한다. 형사입건되기 전의 자(용의자)는 피의자가 아니므로 증거보전을 할 수 없다.

판례 대법원 1979.6.12. 선고 79도792 판결

형사소송법 제184조에 의한 증거보전은 피고인 또는 피의자가 형사입건도 되기 전에는 청구할 수 없고, 또 피의자신문에 해당하는 사항을 증거보전의 방법으로 청구할 수 없다.

(2) 청구의 방식

증거보전청구서에는 사건의 개요, 증명할 사실, 증거 및 보전의 방법, 증거보전을 필요로 하는 사유를 서면으로 기재하고 증거보전의 청구는 수소법원에 하는 것이 아니라 압수에 관하여는 압수할 물건의 소재지, 수색 또는 검증에 관하여는 수색 또는 검증할 장소, 신체 또는 물건의 소재지, 증인신문에 관하여는 증인의 주거지 또는 현재지, 감정에 관하여는 감정대상의 소재지 또는 현재지를 관할하는 지방법원 판사에게 하여야 한다(규칙 제91조, 제92조).

(3) 청구의 내용

증거보전에서 할 수 있는 것은 압수, 수색, 검증, 증인신문, 감정을 할 수 있다. 피의자, 피고인 신문은 불가능하나 공동피고인 또는 공범자를 증인으로 신문하는 것은 가능하다.

판례 대법원 1972.11.28. 선고 72도2104 판결

형사소송법 제184조 제1항의 규정에 의하면 검사, 피고인, 피의자 또는 변호인은 미리 증거를 보전하지 아니하면 그 증거를 사용하기 곤란한 사정이 있는 때에는 제1회 공판기일전이라도 판사에게 압수, 수색, 검증, 증인신문 또는 감정을 청구할 수 있다고 되어 있어서, 피고인 신문을 증거보전 방법으로 청구할 수 없다.

판례 대법원 1988.11.8. 86도1646

공동피고인과 피고인이 뇌물을 주고받은 사이로 필요적 공범관계에 있다고 하더라도 검사는 수사단계에서 피고인에 대한 증거를 미리 보전하기 위하여 필요한 경우에는 판사에게 공동피고인을 증인으로 신문할 것을 청구할 수 있다.

판례 대법원 1984.5.15. 선고 84도508 판결

대구지방법원 경주지원 83초42 증거보전사건기록에 의하면, 논지가 형사소송법 제311조에 의하여 증거능력이 인정되어야 할 서류라고 주장하는 증인신문조서는 증거보전절차에서 피고인 3이 증인으로서 증언한 내용을 기재한 것이 아니라 공소외 1이 증인으로서 증언한 내용을 기재한 것이며, 다만 거기에 피의자이던 피고인 3이 당사자로 참여하여 자기의 범행사실을 시인하는 전제하에서 공소외 1에게 반대신문을 한 내용이 기재되어 있을 뿐이다. 그렇다면 위 증거보전절차에서 작성된 증인신문조서는 공판준비 또는 공판기일에 피고인이나 피고인 아닌 자의 진술을 기재한 조서도 아니고, 피의자인 피고인 3이 반대신문의 과정에서 한 진술기재에 관한 한 형사소송법 제184조에 의하여 작성된 증인신문조서도 아니므로, 위 증인신문조서 중 피고인 3의 진술기재부분에 형사소송법 제311조에 의한 증거능력을 인정할 여지가 없다.

(4) 시간적 범위

증거보전은 제1회 공판기일 전에만 가능하므로 항소심, 파기환송 후의 절차, 재심청구사건에서는 증거보전은 인정되지 아니한다.

2) 증거보전의 처분

(1) 지방법원 판사의 결정

청구에 이유가 있다고 인정되는 경우에는 법원의 재판 없이 증거보전을 할 수 있다.

(2) 판사의 권한

증거보전의 청구를 받은 판사는 그 처분에 관하여 법원 또는 재판장과 동일한 권한이 있다. 증인신문에 있어서는 피의자, 피고인, 또는 변호인의 참여권이 보장되어야 한다.

판례 대법원 1992.2.28. 선고 91도2337 판결

제1회 공판기일 전에 형사소송법 제184조에 의한 증거보전절차에서 증인신문을 하면서, 위 증인신문의 일시와 장소를 피의자 및 변호인에게 미리 통지하지 아니하여 증인신문에 참여할 수 있는 기회를

주지 아니하였고, 또 변호인이 제1심 공판기일에 위 증인신문조서의 증거조사에 관하여 이의신청을 하였다면, 위 증인신문조서는 증거능력이 없다 할 것이고, 그 증인이 후에 법정에서 그 조서의 진정 성립을 인정한다 하여 다시 그 증거능력을 취득한다고 볼 수도 없다.

판례 대법원 1988.11.8. 선고 86도1646 판결

판사가 형사소송법 제184조에 의한 증거보전절차로 증인신문을 하는 경우에는 동법 제221조의2에 의한 증인신문의 경우와는 달라 동법 제163조에 따라 검사, 피의자 또는 변호인에게 증인신문의 시일과 장소를 미리 통지하여 증인신문에 참여할 수 있는 기회를 주어야 하나 참여의 기회를 주지 아니한 경우라도 피고인과 변호인이 증인신문조서를 증거로 할 수 있음에 동의하여 별다른 이의 없이 적법하게 증거조사를 거친 경우에는 위 증인신문조서는 증인신문절차가 위법하였는지의 여부에 관계없이 증거능력이 부여된다.

(3) 불복절차

청구를 기각하는 결정에 대하여는 3일 이내에 항고할 수 있다(제184조 제4항).[51] 즉 수임판사의 결정임에도 불구하고 항고를 허용하고 있다는 점에 주의하여야 한다.

4. 증거처분의 결과

1) 서류 및 증거물의 보관장소 및 증거능력

증거보전의 처분을 한 후에 그 처분에 관한 서류 및 증거물은 처분을 한 판사가 소속하는 법원에 보관한다. 검사 · 피고인 · 피의자 또는 변호인은 판사의 허가를 얻어 증거보전처분에 관한 서류와 증거물을 열람 또는 등사할 수 있다(제185조).

2) 증거보전절차에서 작성된 조서의 증거능력 판단

참여권이 보장되지 않은 경우에는 증거능력이 없으나 이러한 참여권이 보장된 조서는 당연히 증거능력이 있다(제311조).

5. 제척사유 관련 문제

증거보전절차에 관련한 판사가 전심재판의 기초되는 조사 심리에 관여한 판사에 해

51) 대법원 1986.7.12. 86모25(현재는 의미 없는 판례이다)
법원의 결정에 대하여 불복이 있으면 항고할 수 있다고 규정한 형사소송법 제402조가 말하는 법원은 형사소송법상의 수소법원만을 가리키는 것이어서 증거보전청구를 기각한 판사의 결정에 대하여는 위 제402조가 정하는 항고의 방법으로는 불복할 수 없고, 나아가 그 판사는 수소법원으로서의 재판장 또는 수명법관도 아니므로 그가 한 재판은 동법 제416조에 정하는 준항고의 대상이 되지도 않으며 또 동법 제403조에 관한 재판에는 그 적용이 없다 할 것이어서 결국 증거보전청구의 기각결정에 대하여는 형사소송법상 어떠한 방법으로도 불복을 할 수가 없다.

당되어 당해 불복절차의 상소심에 관여하면 제척사유가 되는지에 대하여 판례는 반대하고 있으나 학설은 긍정하고 있다. 또 하나의 문제로 증거보전절차에도 제척사유가 적용될 것인지 문제에 대하여 증거보전절차는 형벌권의 문제가 아니므로 부정하는 견해도 있으나, 제311조의 절대적 증거능력 있는 증거가 만들어지는 절차이므로 적법절차의 원칙상 적용된다는 입장이 타당하다. 그러므로 증거보전절차에 관여하는 수임판사가 당해 사건의 직접적인 피해자가 되는 경우에는 제척이 된다고 보아야 한다.

Ⅱ 증인신문

1. 의의

참고인조사는 임의수사이므로 출석의무나 진술의무가 없으나 실체진실을 알고 있는 참고인이 출석 또는 진술의 거부가 있는 경우에 제1회 공판기일 전까지 검사의 청구에 의하여 판사가 그를 증인으로 신문하는 것을 말한다(제221조의2).

2. 증인신문의 요건

1) 증인신문의 필요성

(1) 범죄수사에 없어서는 아니 될 사실

범죄의 수사에 없어서는 아니 될 사실을 안다고 명백히 인정되는 자여야 한다. 여기서의 사실은 정상에 관한 일체의 사실을 포함하는 넓은 개념이다. 여기서의 증인신문 대상에는 비대체적인 지식이므로 감정인은 제외된다(제221조의2). 증인신문 청구를 함에는 서면으로 그 사유를 소명하여야 한다(동조 제2항).

판례 대법원 1989.6.20. 선고 89도648 판결

형사소송법 제221조의2 제2항에 의한 검사의 증인신문청구는 수사단계에서의 피의자 이외의 자의 진술이 범죄의 증명에 없어서는 안 될 것으로 인정되는 경우에 공소유지를 위하여 이를 보전하려는데 그 목적이 있으므로 이 증인신문청구를 하려면 증인의 진술로서 증명할 대상인 피의사실이 존재하여야 하고, 피의사실은 수사기관이 어떤 자에 대하여 내심으로 혐의를 품고 있는 정도의 상태만으로는 존재한다고 할 수 없고 고소, 고발 또는 자수를 받거나 또는 수사기관 스스로 범죄의 혐의가 있다고 보아 수사를 개시하는 범죄의 인지 등 수사의 대상으로 삼고 있음을 외부적으로 표현한 때에 비로소 그 존재를 인정할 수 있다.

(2) 출석 또는 진술의 거부

출석 또는 진술을 거부한 경우에 가능하다. 여기서의 출석 또는 진술을 거부할 정당한 이유가 있는 경우도 해당된다는 점을 주의하여야 한다.[52] 그러므로 증언거부권이 있는 자에 대하여도 증인신문의 청구를 할 수 있다. 그러나 진술을 번복할 염려가 있는 경우에는 해당되지 아니한다.[53]

(3) 제1회 공판기일 전

검사는 제1회 공판기일 전에 한하여 판사에게 그에 대한 증인신문을 청구할 수 있다. 여기서의 제1회 공판기일전이란 재판장의 쟁점정리 및 검사·변호인의 증거관계 등에 대한 진술이전까지 가능하다고 보아야 할 것이다.

3. 증인신문절차

1) 증인신문의 청구

증인신문 청구권자는 오로지 검사만이 할 수 있다. 증인신문청구서에는 증인의 성명, 주민등록번호(주민등록번호가 없거나 이를 알 수 없는 경우에는 생년월일), 직업 및 주거, 피의자 또는 피고인의 성명, 죄명 및 범죄사실의 요지, 증명할 사실, 신문사항, 증인신문청구의 요건이 되는 사실, 피의자 또는 피고인에게 변호인이 있는 때에는 그 성명을 기재하여야 한다. 또한 검사는 피고인, 피의자 또는 변호인을 증인신문에 참여하게 하면 특별히 수사에 지장이 있는 경우에는 그 취지를 기재하고 이를 인정할 수 있는 자료를 제출하여야 한다.

2) 법원의 결정

청구에 이유가 있다고 인정되는 경우에는 법원의 재판 없이 증인신문을 할 수 있다. 청구를 기각하는 결정을 한 경우에 대하여서는 불복의 절차가 없다. 증인신문 청구를 받은 판사는 증인신문에 관하여 법원 또는 재판장과 동일한 권한이 있다(동조 제4항).

3) 증인신문의 방법

판사는 증인신문기일을 정한 때에는 피고인·피의자 또는 변호인에게 이를 통지하여 증인신문에 참여할 수 있도록 하여야 한다고 규정하고 있다(동조 제5항).[54]

52) 체포에서는 정당한 이유가 있는 경우는 제외된다.
53) 다만, 검사는 진술번복의 위험이 있는 경우에는 증거보전절차제도를 이용할 수 있다.

4. 증인신문의 결과

1) 서류 및 증거물의 보관장소 및 증거능력

판사는 위 증인신문을 한 때에는 지체 없이 이에 관한 서류를 검사에게 송부하여야 한다(동조 제6항). 따라서 피의자 등에게 서류의 열람 · 등사권이 인정되지 아니한다. 다만, 공소제기 이후에는 증거개시제도(제266조의3)를 통해서 열람 등사를 할 수 있다.

2) 증거보전절차에서 작성된 조서의 증거능력 판단

증인신문조서는 당연히 증거능력이 있다(제311조).

54) 종래 규정 : 판사는 특별히 수사에 지장이 있다고 인정하는 경우를 제외하고는 피고인, 피의 자 또는 변호인을 제1항 또는 제2항의 청구에 의한 증인신문에 참여하게 하여야 한다.

제3장 수사의 종결

제1절 수사종결의 의의와 종류

I 수사절차의 종결

1. 수사절차의 종결

수사는 범죄의 혐의를 밝혀 공소를 제기, 유지할 것인가를 결정하기 위한 수사기관의 활동으로 검사는 범죄사실이 명백하게 되었거나 수사를 계속할 필요가 없는 경우에 수사를 종결한다. 수사의 종결은 사법경찰관과 검사가 할 수 있고, 사법경찰관은 범죄의 혐의가 있다고 인정되는 경우에는 지체없이 검사에게 사건을 송치하고, 관계 서류와 증거물을 검사에게 송부하여야 하며, 그 밖의 경우에는 그 이유를 명시한 서면과 함께 관계 서류와 증거물을 지체 없이 검사에게 송부하여야 한다. 이 경우 검사는 송부받은 날부터 90일 이내에 사법경찰관에게 반환하여야 한다(형사소송법 제245조의 5). 또한 사법경찰관은 검사에게 사건을 송치하지 않는 경우에는 그 송부한 날부터 7일 이내에 서면으로 고소인 · 고발인 · 피해자 또는 그 법정대리인(피해자가 사망한 경우에는 그 배우자 · 직계친족 · 형제자매를 포함한다)에게 사건을 검사에게 송치하지 아니하는 취지와 그 이유를 통지하여야 한다(형사소송법 245조의 6).

다만, 20만원 이하의 벌금 또는 구류, 과료에 처할 범죄사건으로 즉결심판절차에 의하여 처리될 경미사건인 경우에는 예외적으로 경찰서장이 시 · 군법원에 즉결심판을 청구함으로써 수사절차를 종결한다.

Ⅱ 검사의 사건처리

1. 공소의 제기

수사결과 범죄의 객관적 혐의가 명백하고 소송조건을 구비하여 유죄판결을 받을 수 있는 경우에는 검사는 공소를 제기한다(형사소송법 제246조). 벌금이하의 형에 해당하여 약식명령을 할 수 있는 경우에는 공소제기와 동시에 약식명령을 청구한다.

2. 타관송치

1) 타관송치

검사는 사건이 그 소속검찰청에 대응한 법원의 관할에 속하지 아니한 때에는 사건을 서류와 증거물과 함께 관할법원에 대응한 검찰청검사에게 송치하여야 한다(제256조).

2) 군검찰관 송치

검사는 사건이 군사법원의 재판권에 속하는 때에는 사건을 서류와 증거물과 함께 재판권을 가진 관할군사법원 검찰부 검찰관에게 송치하여야 한다. 이 경우에 송치 전에 행한 소송행위는 송치 후에도 그 효력에 영향이 없다(제256조의2).

3) 소년부 송치

검사는 소년에 대한 피의사건을 수사한 결과 벌금 이하의 형에 해당하는 범죄이거나 보호처분에 해당하는 사유가 있다고 인정되는 경우에는 사건을 가정법원 소년부 또는 지방법원 소년부 등 관할소년부에 송치하여야 한다(소년법 제49조).

3. 불기소처분

1) 혐의의 불기소

(1) 혐의 없음

피의사실이 인정되지 아니하거나 피의사실을 인정할 만한 증거가 없는 경우 또는 범죄를 구성하지 아니하는 경우에 혐의 없음 처분을 하게 된다.

(2) 죄가 안 됨

피의사실이 범죄의 구성요건에 해당하나 위법성조각사유 혹은 책임조각사유가 있는 경우에 하는 처분이다.

(3) 공소권 없음

처벌조건, 소추조건이 없는 경우와 같이 소송조건이 결여되어 있거나 형이 면제되는 경우에 하는 처분이다.

(4) 각하

고소, 고발이 있는 경우에 고소인 · 고발인의 진술이 혐의 없음, 죄가 안됨, 공소권 없음이 명백한 경우 또는 고소, 고발이 형사소송법 제224조(고소의 제한), 제232조 제2항 또는 제235조에 위반한 경우, 동일사건에 대하여 검사의 불기소처분이 있는 경우, 고소권자가 아닌 자가 고소한 경우, 고소, 고발장 제출 이후 고소인 또는 고발인이 출석요구에 불응하거나 소재가 불명이 되어 진술을 청취할 수 없는 경우에 하는 처분이다.

2) 기소유예[55]

피의사건에 관하여 범죄의 혐의가 인정되고 소추조건도 구비되었으나 범인의 연령, 성행, 지능과 환경, 범죄의 동기, 수단과 결과, 범행후의 정황 등을 참작하여 공소를 제기하지 아니하는 처분을 말한다(제247조).

3) 기소중지

검사가 피의자의 소재불명 등의 사유로 인하여 수사를 종결할 수 없는 경우에 그 사유가 해소될 때까지 하는 처분을 말한다.

4) 참고인 중지

참고인중지처분은 참고인, 고소인, 고발인 또는 상피의자의 소재불명 경우에 하는 처분이다.

55) 기소유예제도와 유사한 제도로는 국가보안법 제20조의 공소보류제도가 있다.
1. 검사는 이 법의 죄를 범한 자에 대하여 형법 제51조의 사항을 참작하여 공소제기를 보류할 수 있다.
2. 제1항에 의하여 공소보류를 받은 자가 공소제기 없이 2년을 경과한 때에는 소추할 수 없다.

제2절 공소제기 후의 수사

I 수사의 시간적 범위

1. 공소제기 후의 수사의 허용성 및 문제점

1) 허용성(공소제기 후의 시간적 제한)

수사는 공소의 제기 뿐만 아니라 공소를 유지하기 위해서도 필요하므로 수사를 계속할 수 있다는 점에는 의문이 없다.

2) 문제점(공소제기 후의 수사의 범위제한)

공소제기 후에도 수사가 허용된다고 해서 공소제기 전과 같이 무제한하게 수사가 허용된다는 것을 의미하지는 않는다. 왜냐하면, 공소제기로 인하여 피의자는 피고인이 되어 공판에서의 당사자의 지위를 가지게 됨에도 불구하고 반대 당사자인 검사가 피고인을 수사하는 것은 이러한 당사자의 지위와 모순이 발생하고 검사의 수사를 무제한하게 허용하면 법원의 심리에 지장이 초래되고, 강제수사법정주의에 어긋나게 되기 때문이다.

II 공소제기 후의 강제수사

1. 대인적 강제처분(피고인 구속)

공소제기 후의 피고인의 구속은 법원의 권한에 속하므로(제70조), 피고인을 검사가 구속하는 것은 허용되지 않는다.

2. 대물적 강제처분(압수 · 수색 · 검증)

1) 학설의 입장

제1회 공판기일 이후에는 허용되지 않는다는 점에 대하여는 이설이 없다. 그러나 공소제기 후 제1회 공판기일 이전에 대하여 제1회 공판기일 전에는 수사기관에 의한 압수 · 수색 · 검증이 허용된다는 견해도 있으나, 제1회 공판기일 전의 압수 · 수색 · 검증이 필요한 경우에는 검사는 증거보전절차(제184조)에 의하여 가능하고, 제215조는 수사상의 강제처분을 규정한 것이므로 인권보장면에서 제한적으로 해석하여야 하며, 법원에 검사가 압수 · 수색 · 검증영장을 청구하는 경우에는 범죄의 혐의가 있다고 인정되는 자료를 제출(규칙 제108조 제1항)하여야 하므로 이는 공소장일본주의(규칙 제118조 제2항) 취지에 반하므로 허용되지 않는다고 보아야 한다.[56)]

판례 대법원 2011.4.28. 2009도10412

형사소송법은 제215조에서 검사가 압수 · 수색 영장을 청구할 수 있는 시기를 공소제기 전으로 명시적으로 한정하고 있지는 아니하나, 헌법상 보장된 적법절차의 원칙과 재판받을 권리, 공판중심주의 · 당사자주의 · 직접주의를 지향하는 현행 형사소송법의 소송구조, 관련 법규의 체계, 문언 형식, 내용 등을 종합하여 보면, 일단 공소가 제기된 후에는 피고사건에 관하여 검사로서는 형사소송법 제215조에 의하여 압수 · 수색을 할 수 없다고 보아야 하며, 그럼에도 검사가 공소제기 후 형사소송법 제215조에 따라 수소법원 이외의 지방법원 판사에게 청구하여 발부받은 영장에 의하여 압수 · 수색을 하였다면, 그와 같이 수집된 증거는 기본적 인권 보장을 위해 마련된 적법한 절차에 따르지 않은 것으로서 원칙적으로 유죄의 증거로 삼을 수 없다.

2) 예외적 허용

(1) 피고인에 대한 구속영장을 집행하는 경우

검사 또는 사법경찰관이 피고인에 대한 구속영장을 집행함에 있어서는 그 집행의 현장에서는 영장 없이 압수 · 수색 · 검증을 할 수 있다(형사소송법 제216조 2항).

(2) 임의제출물의 압수

공소제기 후에도 임의제출물을 압수할 수 있다. 임의제출물에 있어서 점유취득과정에 있어서는 강제력이 행사된 바 없으나 영치된 물건은 제출자가 임의로 취거할 수 없다는 점에서 강제수사이나 점유취득이 임의적이므로 허용된다고 본다.

56) 신동운 604면; 신현주 284면; 임동규 292면; 이재상 · 조균석 357면.

Ⅲ 공소제기 후의 임의수사

1. 임의수사의 범위

공소제기 후에도 공소의 유지를 위해서 임의수사는 가능하므로 참고인조사, 감정, 번역, 통역의 촉탁, 공무소의 조회와 같은 경우는 허용된다고 보아야 한다.

2. 참고인 조사

공소제기후에 참고인조사는 허용되지만 피고인에게 유리한 증언을 행한 증인을 법정외에서 추궁하여 법정에서의 증언을 번복하게 하는 등의 증거수집은 공정한 수사권의 행사라 할 수 없을 뿐만 아니라, 그러한 방법으로 수집된 증거는 신빙성 또한 상대적으로 희박하다 할 수밖에 없으므로 신빙성이 부정되어야 한다.

[판례] 대법원 2000.6.15. 99도1108 전원합의체

공판준비 또는 공판기일에서 이미 증언을 마친 증인을 검사가 소환한 후 피고인에게 유리한 그 증언 내용을 추궁하여 이를 일방적으로 번복시키는 방식으로 작성한 진술조서를 유죄의 증거로 삼는 것은 당사자주의 · 공판중심주의 · 직접주의를 지향하는 현행 형사소송법의 소송구조에 어긋나는 것일 뿐만 아니라, 헌법 제27조가 보장하는 기본권, 즉 법관의 면전에서 모든 증거자료가 조사 · 진술되고 이에 대하여 피고인이 공격 · 방어할 수 있는 기회가 실질적으로 부여되는 재판을 받을 권리를 침해하는 것이므로 이러한 진술조서는 피고인이 증거로 할 수 있음에 동의하지 아니하는 한 그 증거능력이 없다고 하여야 할 것이고, 그 후 원진술자인 종전 증인이 다시 법정에 출석하여 증언을 하면서 그 진술조서의 성립의 진정함을 인정하고 피고인측에 반대신문의 기회가 부여되었다고 하더라도 그 증언 자체를 유죄의 증거로 할 수 있음은 별론으로 하고 위와 같은 진술조서의 증거능력이 없다는 결론은 달리할 것이 아니다.

3. 피고인 신문

공소제기 후에 수사기관이 공소사실에 관하여 피고인을 신문할 수 있느냐에 관하여 견해는 대립되고 있다.

(1) 허용여부에 대한 학설의 입장

형사소송법 제199조의 임의수사의 방법에는 제한이 없으므로 제200조의 피의자라는 문구에 관계없이 피고인에 대하여도 공소유지에 필요한 신문을 할 수 있다는 견해도 있으나, 피고인의 당사자 지위와 모순이 발생하고, 공판중심주의에 반하므로 인정되지 않는다는 통설의 입장이 타당하다. 다만, 예외적으로 피고인이 검사의 면접을 요구한 경

우, 공범자 또는 진범이 발견되어 피고인에 대한 신문이 불가피한 경우에는 피고인이 사실상 참고인의 지위를 가지므로 허용된다고 본다.

(2) 허용여부에 대한 판례의 태도

대법원의 입장은 공소제기 후에도 피고인 신문이 가능하다고 보고 있다.

판례 대법원 1984.9.25. 84도1646

검사작성의 피고인에 대한 진술조서가 공소제기 후에 작성된 것이라는 이유만으로는 곧 그 증거능력이 없다고 할 수 없다.

(3) 공소제기 후 검사에 의하여 작성된 피고인 진술조서의 증거능력 인정요건

공소제기 후 피고인 신문이 허용되는 판례의 입장에 따르면 공소제기 후 법정 외에서 신문하여 작성한 조서를 피의자신문조서로 볼 것인지 아니면 진술조서로 볼 것인지, 논의가 있었으나, 형사소송법은 검사작성의 피의자신문조서를 "피고인이 된 피의자의 진술을 기재한 조서"로 한정하고 있으므로 제312조 제4항의 피고인 아닌 자의 진술을 기재한 조서 즉 진술조서로 보아야 할 것이다. 다만, 참고인진술조서의 경우도 개정 형사소송법은 "특신상태"를 요구하고 있으므로 학설대립은 실익이 없다고 보인다.

제4장 공소의 제기

제1절 공소권이론

I 공소의 의의

검사는 수사의 결과, 범죄의 객관적 혐의가 인정되고 유죄의 판결을 받을 수 있다고 판단할 때에는 공소를 제기한다. 공소는 법원에 대하여 구체적 형사사건에 대하여 심판을 요구하는 검사의 법률행위적 소송행위이다. 불고불리의 원칙상 검사의 공소가 없는 경우에는 법원은 사건에 대하여 심판할 수 없으므로 공소의 제기는 형사절차에서 중요한 의미를 가지는 소송행위이다.

II 공소권 이론

공소권은 공소를 제기하는 검사의 권리를 말하며, 공소를 제기하고 수행하는 검사의 지위를 권리 또는 권한의 면에서 파악한 것이다. 공소권이론은 공소권의 본질과 성격을 어떻게 파악할 것인가의 문제로, 법원의 심판권과의 관계에서 공소권의 구체적 의미와 내용을 어떻게 이해할 것인가에 관한 이론이다.

1. 추상적 공소권설

검사가 형사사건에 대하여 공소를 제기할 수 있는 일반적 권한을 공소권이라고 보는 견해로, 국법상의 권리로 이해될 뿐 공소권의 구체적 내용은 밝히지 못하고 있다. 우리나라에서 현재 추상적 공소권을 취하는 학자는 없다.

2. 구체적 공소권설(유죄판결청구권설)

검사가 구체적 사건에 대하여 공소를 제기하여 수행할 수 있는 구체적인 권한을 의미한다는 견해이다. 현재 우리나라 다수설의 견해이다. 이 견해에 의하면 검사는 유죄판결을 받을 수 있는 경우에 공소를 제기하여야 하므로 공소권남용을 억제한다는 정책적 기능을 수행하는 장점이 있다. 유죄판결청구권설이라고도 한다.

구체적공소권설은 공소권을 형식적 공소권과 실체적공소권으로 구별하고 있다. 형식적공소권이란 공소제기를 위한 형식적 적법요건을 구비한 경우의 공소권으로, 법원에 재판권과 관할권이 있을 것, 다른 소송계속이 없을 것, 공소제기절차가 법률의 규정에 위반되지 않았을 것, 친고죄에 있어서 고소가 있을 것과 같은 형식적 소송조건이 구비된 경우의 공소권을 말한다.

실체적 공소권은 사건이 실체적으로 범죄를 구성하는 혐의가 충분하고 유죄판결을 받을 법률상의 이익이 있는 경우의 구체적 공소권을 말한다. 예를 들어 확정판결이 없을 것, 공소시효가 완성되지 않았을 것과 같은 실체적 소송조건이 구비된 경우의 구체적 공소권을 의미한다. 형식적 공소권이 없는 공소제기에 대하여는 공소기각의 재판을 하고 실체적 공소권이 없는 공소제기에 대하여는 면소의 재판을 하게 된다.[57]

3. 실체판결청구권설

검사가 구체적인 사건에 대하여 유죄 또는 무죄(검사의 객관의무)의 실체 판결을 구하는 권능을 말한다는 견해로 공소권남용을 부정하게 된다. 이에 따르면 공소권이란 검사가 구체적 사건에 관하여 공소를 제기 · 수행하여 실체판결을 받을 권리를 의미한다.

4. 공소권이론 무용론

소송절차를 동적 · 발전적으로 파악하여 공소권이론을 소송조건이론으로 해결하자는 견해이다. 소송조건은 법원과 양 당사자에게 공통한 것으로 이를 법원 측에서 바라보면 실체심판을 할 권리가 되고, 당사자측에서는 실체심판을 받을 권리가 되며, 공소권이란 소송조건을 검사의 입장에서 본 것에 지나지 않는다는 입장이다.

다만, 주의할 점은 공소권 부인론도 공소권의 개념까지 부인하는 것은 아니라는 점이다.

57) 이재상 · 조균석 366면.

제2절 공소제기의 기본원칙과 통제수단

I 공소제기의 기본원칙

1. 국가소추주의

공소제기 권한을 국가기관 특히 검사에게 전담하게 하는 주의를 국가소추주의라고 하며 이는 사인소추주의에 대응하는 개념이다. 형사소송법은 공소는 검사가 제기하여 수행한다(제246조)라고 규정하여 국가소추주의 중에서 검사기소주의를 채택하고 있다.

2. 기소독점주의

1) 의의

검사는 「형법」 제51조의 사항을 참작하여 공소를 제기하지 아니할 수 있다(제247조)고 하여 검사에게 기소독점권을 부여하고 있다.

2) 장점과 단점

(1) 장점

공익의 대표자인 검사에 의하여 개인의 감정이나 지방적인 특수한 사정에 치우치지 않고 국가적 입장에서 공평한 소추를 할 수 있게 한다는 점에서 형사사법에 있어서 실질적 정의를 실현하기 위한 최상의 역할분담으로 볼 수 있다.

(2) 단점

검사의 자의와 독선에 빠질 위험이 있으며 비민주적인 검사의 권한남용을 초래할 위험이 있다.

3. 기소독점주의에 대한 규제

친고죄에 있어서 고소권자의 고소가 있는 경우에만 공소를 제기할 수 있게 하는 것도 기소독점주의에 대한 제한으로서 의미가 있으며, 형사소송법에서는 다음과 같은 예외와 규제를 두고 있다.

1) 제한

(1) 기소강제절차

기소강제절차란 검사의 불기소처분에 불복하는 고소인 등의 재정신청에 대하여 법원이 공소제기결정을 한 경우에, 검사에게 공소제기를 강제하는 제도이다.

고소권자로서 고소를 한 자(「형법」 제123조부터 제126조까지의 죄에 대하여는 고발을 한 자를 포함한다. 이하 이 조에 같다)는 검사로부터 공소를 제기하지 아니한다는 통지를 받은 때에는 그 검사 소속의 지방검찰청 소재지를 관할하는 고등법원(이하 "관할 고등법원"이라 한다)에 그 당부에 관한 재정을 신청할 수 있고, 이러한 청구가 이유가 있다고 고등법원의 결정이 있는 경우 재정결정서를 송부받은 관할 지방검찰청 검사장 또는 지청장은 지체 없이 담당 검사를 지정하고 지정받은 검사는 공소를 제기하여야 하므로 이러한 점에서 기소독점의 제한으로서 의미를 가진다(제260조 이하). 다만, 재정신청을 하려면 검찰청법 제10조에 따른 항고를 거쳐야 한다.

2) 예외

(1) 즉결심판

경찰서장이 선고형이 20만원 이하의 벌금, 구류, 과료에 해당하는 경우에 검사의 공소제기 없이 법원에 심판을 구하는 제도를 두고 있다(즉결심판에관한절차법 제2조).

(2) 문제가 되는 경우

법정경찰권에 의한 감치제도에서 감치나 과태료 처분은 형벌이 아니라 질서벌의 성격을 가지는 제도로서 검사의 소추 없이 법원의 결정에 의하여 가능하게 되어 있으므로(법원조직법 제61조) 형벌을 전제로 하는 기소독점과는 관련이 없으므로 예외로 보기는 어렵다.

3) 규제

(1) 불기소처분의 취지 및 이유고지제도

고소인 또는 고발인에게 불기소처분의 취지를 통보하게 하고(제258조) 청구가 있는 경우에는 7일 이내에 그 이유를 설명할 것을 요구할 수 있는 제도(제259조)를 마련하고 있다. 이는 검사의 기소독점주의와 편의주의에 대하여 합리성을 보장하는 사전적·절차적 규정이자 검찰항고에 대한 불복할 수 있는 자료를 제공하는 의미가 있다.

(2) 불기소처분에 대한 항고제도

고소 또는 고발 있는 사건에 관하여 검사가 한 불기소처분에 관하여 불복이 있는 고소인 또는 고발인은 상급 검찰청 검사장에게 항고를 할 수 있다. 다만, 주의할 것은 재항고를 할 수 있는 자는 재정신청을 할 수 없는 자만 가능하므로 고발인만이 재항고를 할 수 있다(검찰청법 제10조).

(3) 헌법소원

개정 형사소송법에 의하면 재정신청의 대상이 되는 범죄가 모든 범죄로 전면 확대되어 더 이상 피의자는 불기소처분에 대하여 보충성의 원칙과 재판소원을 금지하고 있는 헌법소원을 할 수 없게 되었다. 다만, 피해자는 자신의 공판정진술권 평등권침해를 이유로, 기소유예를 받은 피의자는 자신의 행복추구권 침해를 이유로 헌법소원이 가능하다.

4. 기소편의주의

1) 의의

형사소송법 제247조 제1항에서는 검사는 형법 제51조 사항을 참작하여 공소를 제기하지 아니할 수 있다고 규정하여 기소편의주의를 채택하고 있다. 이와는 달리 충분한 혐의가 있고 소송조건을 갖춘 경우에는 반드시 공소를 제기하여야 한다는 원칙을 기소법정주의라고 한다.

2) 기소편의주의의 장단점

기소편의주의는 소송경제에 도움이 되고, 형사사법에 탄력적인 운영을 통하여 구체적 정의의 실현이 가능하고, 범죄인에게 조기개선의 기회와 일반예방의 목적을 달성하는 장점이 있으나, 검사의 자의를 배제할 수 없다는 단점이 발생하므로 기소편의주의는 기소합리주의가 될 것을 요구한다.

3) 기소유예제도

(1) 의의

기소유예란 공소를 제기하는 데 충분한 범죄의 혐의가 있고 소송조건이 구비되어 있음에도 불구하고 검사의 재량에 의하여 공소를 제기하지 않는 처분으로서 기소편의주의에 의한 불기소를 말한다.

(2) 기준

기소유예를 함에 있어서는 형법 제51조에 해당되는 범인의 연령 · 성행 · 지능과 환경, 피해자에 대한 관계, 범행의 동기 · 수단과 결과, 범행 후의 정황을 참작해야 한다.

(3) 효력

기소유예처분에는 확정판결과 같은 확정력이 없기 때문에 공소제기를 하는 것도 가능하다.

4) 기소변경주의

기소편의주의는 일단 공소를 제기한 후에 공소를 취소를 인정하는 기소변경주의를 논리적 귀결로 받아들이고 있다.

5. 공소의 취소

1) 의의

공소의 취소란 검사가 일단 제기한 공소를 철회하는 법원에 대한 법률행위적 소송행위(제255조 제1항)를 말한다. 이는 기소변경주의를 선언한 것이자 부당한 기소를 검사 스스로 시정하는 제도로서 의미를 가진다.

2) 구별개념

공소제기의 효력을 그대로 유지하면서 공소장에 기재된 수개의 범죄사실 중 일부만을 철회하는 공소사실의 철회와 비교할 때 양자 모두 검사의 법원에 대한 법률행위적 소송행위라는 점에서는 공통점이 있지만, ㉠ 공소취소는 공소사실의 동일성이 인정되지 않는 수 개의 공소사실의 전부 또는 일부에 대하여 할 수 있으나 공소사실의 철회는 공소사실의 동일성이 인정되는 범위 내에서 그 일부에 대하여만 가능하다는 점, ㉡ 공소취소는 법원의 허가가 필요 없지만 공소장 변경의 한 형태인 공소사실의 철회에 대하여는 법원의 허가가 필요하고 법원의 허가가 의무적이란 점, ㉢ 공소의 취소는 제1심 판결선고 전까지 가능하나 공소사실의 철회는 항소심에서도 허용된다는 점, ㉣ 공소 취소시 법원은 공소기각결정을 하고 이에 대한 재기소의 제한이 있으나 공소사실의 철회는 나머지 공소사실에 대해 법원이 재판을 하여야 하며 재기소 제한 규정도 적용되지 아니하므로 공소사실의 추가라는 형식으로 변경을 할 수도 있다는 점에서 차이가 있다.

3) 공소취소의 요건

형사소송법에는 제한이 없다. 그러므로 공소제기 후 발생한 사정에 의하여 불기소처분을 하는 것이 상당한 경우에는 공소를 취소할 수 있다. 소송조건이 결여된 경우뿐만 아니라 증거불충분으로 공소를 유지할 수 없는 경우에도 공소를 취소할 수 있다. 다만, 증거불충분인 경우에 검사의 공소취소를 인정하는 것은 피고인에게 무죄판결을 받는 것보다 불리하게 되므로 이러한 경우에는 입법론으로는 재기소를 불허하는 것이 타당하다.

4) 절차

(1) 주체

공소취소는 검사만이 가능하다. 다만 검사도 재정신청에 대한 고등법원의 공소제기결정에 따라 공소를 제기한 경우에는 공소를 취소할 수 없다(제264조의 2).

(2) 방법

공소취소는 이유를 기재한 서면으로 하여야 하나 공판정에서는 구술로도 가능하다(제255조 제2항). 공소를 취소한 경우에는 7일 이내에 서면으로 고소인 또는 고발인에게 통지하여야 한다(제258조 제1항).

(3) 시기

제1심판결 선고 전까지 가능하다(제255조 제1항). 유죄 · 무죄판결뿐만 아니라 면소판결이나 공소기각의 판결이 선고된 경우라도 공소취소를 할 수 없다. 그러므로 약식명령에 대하여 정식재판을 청구한 경우에는 제1심판결 선고 전까지 가능하나, 제1심판결에 대한 상소심의 파기환송이나 이송의 판결이 있는 경우 및 제1심판결에 대한 재심소송절차에 있어서도 공소의 취소는 불가능하다.

판례 대법원 1976.12.28. 선고 76도3203 판결

제1심판결이 선고된 이상 동 판결이 확정되어 이에 대한 재심소송절차가 진행 중에 있다 하여 공소취소를 할 수 없다.

5) 효과

(1) 공소기각의 결정

공소가 취소되었을 때에는 공소기각결정을 하여야 한다(제328조 제1항 제1호). 그러므로

공소취소의 의사표시가 있다고 하여 당연히 소송이 종료되는 것이 아니다. 공소의 취소에 대하여는 검찰항고나 재정신청은 불가능하다.

(2) 재기소의 제한

① 공소취소가 있었던 사건에 대하여는 공소취소 후 그 범죄사실에 대하여 다른 중요한 증거가 발견된 경우에는 다시 공소를 제기할 수 있다(제329조). 공소사실의 철회는 나머지 공소사실에 대해 법원이 재판을 하여야 하며 재기소 제한 규정도 적용되지 아니한다.

판례 대법원 1977.12.27. 선고 77도1308 판결

공소취소에 의한 공소기각의 결정이 확정된 때 다시 공소를 제기하는 요건으로서 다른 중요한 증거를 발견한 경우라 함은 공소취소전의 증거만으로는 증거 불충분으로 무죄가 선고될 가능성이 있으나 새로 발견된 증거를 추가하면 충분히 유죄의 확신을 가지게 될 정도의 증거가 있는 경우를 말한다.

판례 대법원 2004.9.23. 선고 2004도3203 판결

공소사실의 동일성이 인정되지 아니하고 실체적 경합관계에 있는 수개의 공소사실의 전부 또는 일부를 철회하는 공소취소의 경우 그에 따라 공소기각의 결정이 확정된 때에는 그 범죄사실에 대하여는 형사소송법 제329조의 규정에 의하여 다른 중요한 증거가 발견되지 않는 한 재기소가 허용되지 아니하지만, 이와 달리 포괄일죄로 기소된 공소사실 중 일부에 대하여 형사소송법 제298조 소정의 공소장 변경의 방식으로 이루어지는 공소사실의 일부 철회의 경우에는 그러한 제한이 적용되지 아니한다.

② 주의할 점은 중요한 증거가 발견되지 않았음에도 불구하고 재기소를 한 경우에는 공소기각의 판결을 하여야 한다는 것이다(제327조 제4호).

다른 중요한 증거가 발견된 경우

1. 재정신청 기각결정
2. 피의자 구속 후 석방
3. 공소기각 결경 후. 다시 공소제기

Ⅱ 통제수단

1. 공소권남용이론

1) 의의

공소권남용이론은 공소권의 남용이 있는 경우에 공소기각 또는 면소판결의 형식적 재판에 의하여 소송을 종결시켜야 한다는 이론이다.

공소권 남용이란 공소권의 행사가 형식적으로는 적법하지만 실질적으로는 부당한 경우를 말한다. 이러한 경우 검사의 공소권 행사에서 나타나는 편파성과 부당기소를 통제할 수 있다는 점을 이유로 형식재판으로 소송을 종결하여야 한다는 입장과 명문의 규정이 없고, 또 형사소송법에서 공소기각판결과 면소판결의 사유는 제한적으로 규정되어 있다는 점에서 실체판결을 하여야 한다는 견해의 대립이 있다.

공소권남용이론의 적용이 문제되는 유형으로는 소추재량을 일탈한 공소제기, 혐의없는 사건의 공소제기, 차별적 공소제기, 누락추가기소가 있다.

2) 유형별 검토

(1) 소추재량을 이탈한 공소제기

사건의 성질과 내용에 비추어 기소유예를 함이 상당함에도 불구하고 검사가 공소를 제기한 경우에는 법원으로서는 검사의 소추재량은 기속재량이므로 소추재량을 남용한 공소제기는 공소제기 절차가 법률의 규정에 위반하여 무효인 때에 해당하여 공소기각의 판결인 형식재판으로 소송을 종결해야 된다는 공소기각판결설이 있다. 이에 대하여 소추재량의 남용은 공소기각이나 면소의 사유에 해당하지 않으며, 기소유예의 정상은 사건의 실체문제이기에 유죄판결로 절차를 종결하여야 한다는 유죄판결설이 있다. 형사소송에 있어서 법원의 역할은 공소사실의 심판이지 소추재량의 당부를 판단하는 것은 아니므로 유죄판결설이 타당하다.[58]

(2) 혐의 없는 사건의 공소제기

범죄의 객관적 혐의가 없음에도 불구하고 검사가 공소를 제기한 경우에는 공소권의 남용에 해당하여 공소제기가 부적법하게 되어 공소기각의 재판을 하여야 한다는 공소

58) 이재상 · 조균석, 360면.

기각설과 범죄의 혐의가 없는 때에는 공소기각이나 면소의 사유에 해당하지 않으며, 형사소송법은 피고사건이 범죄로 되지 않고 범죄사실의 증명이 없는 때에는 무죄판결을 하도록 되어 있기에(제325조) 무죄판결을 선고하여야 한다는 무죄판결설이 있다. 범죄혐의의 불충분이 공소기각이나 면소의 사유에 해당하지 않음에도 절차의 신속한 종결을 위하여 형식재판에 의하여 절차를 종결하는 것은 허용되지 않으며, 혐의없는 사건에 대하여는 무죄판결을 선고하는 것이 당연하다.

(3) 차별적 공소제기

범죄의 성질과 내용이 유사한 여러 피의자들 중에서 일부만을 선별적으로 공소 제기한 경우, 판례는 검사는 피의자의 연령 · 성행 · 지능과 환경, 피해자에 대한 관계, 범행의 동기 · 수단과 결과, 범행 후의 정황 등의 사항을 참작하여 공소를 제기할 것인지의 여부를 결정할 수 있는 것으로서, 똑같은 범죄 구성요건에 해당하는 행위라고 하더라도 그 행위자 또는 그 행위 당시의 상황에 따라서 위법성이 조각되거나 책임이 조각되는 경우도 있을 수 있는 것이므로, 자신의 행위가 범죄구성요건에 해당한다는 이유로 공소가 제기된 사람은 단순히 자신과 동일한 범죄구성요건에 해당하는 행위를 하였음에도 불구하고 불기소된 사람이 있다는 사유만으로는 평등권이 침해되었다고 주장할 수는 없는 것일 뿐만 아니라, 현재까지 국가보안법이 그대로 시행되고 있는 우리나라에서 반국가단체나 그 구성원 또는 그 지령을 받은 자와 접촉하는 등의 일체의 행위에 대하여 국가보안법을 적용하지 아니하기로 하는 내용의 법집행의 관행은 있지 아니하는 것인바, 위와 같은 내용의 국가보안법위반의 공소사실로 피고인들을 기소한 것이 피고인들의 평등권을 침해하였다고 볼 수는 없으므로 검사가 공소권을 남용하여 공소를 제기한 것이 아니라고 본 원심의 판단은 정당하다고[59] 하여 실체판결에 의하여 소송을 종결하여야 한다고 보았으며 타당하다고 본다.

판례 대법원 1990.6.8. 90도646

동일한 구성요건에 해당하는 행위를 한 공동피의자 일부만을 기소하고 다른 일부에 대하여는 불기소처분을 하였다 할지라도 평등권을 침해하였거나 공소권을 남용하였다고 할 수 없다.

판례 대법원 2006. 12. 22. 선고 2006도1623 판결

검사가 새천년민주당 대통령후보 경선에 끝까지 참여한 다른 사람들의 위법한 정치자금수수혐의에 대해서는 문제 삼지 않으면서 중도 사퇴한 피고인의 정치자금수수에 대해서만 공소를 제기하였다고

59) 대법원 1990.6.8. 90도646

하더라도, 그러한 사정만으로는 이 사건 공소제기가 소추재량권을 일탈한 것이라거나 피고인의 평등권을 침해하는 것이라고 볼 수 없다.

(4) 누락추가기소

검사가 모든 범죄를 인지하여 동시에 수사하여 함께 기소할 수 있었음에도 불구하고 사건의 일부를 직무 태만 혹은 자의적으로 한 범죄에만 공소를 제기하고 항소심 판결선고 후에 추가 기소한 경우에 공소권 남용이 될 수 있는가에 대하여 판례는 먼저 여기서 자의적인 공소권의 행사라 함은 단순히 직무상의 과실에 의한 것만으로는 부족하고 적어도 미필적이나마 어떤 의도가 있어야 하며, 공소를 제기하지 아니한 것이 검사의 태만 내지 위법한 부작위에 의한 것이어야 한다고 하여 공소권이 남용될 수 있음을 시사하고 있다. 피고인이 절취한 차량을 무면허로 운전하다가 적발되어 절도범행의 기소중지자로 검거되었음에도 무면허운전의 범행만이 기소되어 유죄의 확정판결을 받고 그 형의 집행 중 가석방되면서 다시 그 절도 범행의 기소중지자로 긴급 체포되어 절도범행과 이미 처벌받은 무면허운전의 일부 범행까지 포함하여 기소된 경우, 그 후행 기소가 적법한 것으로 보아 유죄를 인정한 원심판결에는 공소권남용에 해당한다고[60] 판시한 바 있다.[61]

판례 대법원 1996.2.13. 94도2658

검사가 관련사건을 수사할 당시 이 사건 범죄사실이 확인된 경우 이를 입건하여 관련사건과 함께 기소하는 것이 상당하기는 하나 이를 간과하였다고 하여 검사가 자의적으로 공소권을 행사하여 소추재량권을 현저히 일탈한 위법이 있다고 보이지 아니할 뿐 아니라, 검사가 위 항소심판결 선고 이후에 이 사건 공소를 제기한 것이 검사의 태만 내지 위법한 부작위에 의한 것으로 인정되지 아니한다.

판례 대법원 1999.12.10. 99도577

검사가 자의적으로 공소권을 행사하여 피고인에게 실질적인 불이익을 줌으로써 소추재량권을 현저히 일탈하였다고 보여지는 경우에 이를 공소권의 남용으로 보아 공소제기의 효력을 부인할 수 있는 것이고, 여기서 자의적인 공소권의 행사라 함은 단순히 직무상의 과실에 의한 것만으로는 부족하고 적어도 미필적이나마 어떤 의도가 있어야 한다.

---

60) 대법원 2001.9.7. 2001도3026

61) 다만, 현 형법 규정은 이러한 경우 피고인의 형량의 모순을 시정하기 위하여 형법 제39조를 시정하여 "경합범중 판결을 받지 아니한 죄가 있는 때에는 그 죄와 판결이 확정된 죄를 동시에 판결할 경우와 형평을 고려하여 그 죄에 대하여 형을 선고한다. 이 경우 그 형을 감경 또는 면제할 수 있다"고 하여 형량의 모순은 시정되어 누락기소의 문제 중 양형의 이익은 실천적 의미가 상실되었다고 볼 수 있다. 다만, 형사소송법상의 이익에는 신속한 재판을 받을 권리가 존재하므로 여전히 이러한 이유에서만 누락기소의 위법성은 남아 있다. 다만, 공소권남용으로 인정될 것인가에 대하여는 의문이 남는다.

판례 대법원 1995.3.10. 선고 94도2598 판결

공소제기된 피고인의 범죄사실 중 일부에 대하여 검사의 일차 무혐의결정이 있었고, 이에 대하여 그 고소인이 항고 등 아무런 이의를 제기하지 않고 있다가 그로부터 약 3년이 지난 뒤에야 뒤늦게 다시 피고인을 동일한 혐의로 고소함에 따라, 검사가 새로이 수사를 재개하게 된 것이라 하더라도, 검사가 그 수사결과에 터 잡아 재량권을 행사하여 공소를 제기한 것은 적법하다고 아니할 수 없으며, 이를 가리켜 공소권을 남용한 경우로서 그 공소제기의 절차가 무효인 때에 해당한다고 볼 수는 없다.

판례 대법원 1997. 6. 27. 선고 97도508 판결

사기 사건에 대한 항소심 판결 선고 이후 동종의 사기 사건의 다른 피해자들이 진정서 및 고소장을 제출함에 따라 그때 비로소 수사가 개시된 경우, 검사가 종전 사건에 대한 항소심 판결 선고 이전에 관련 사건에 대한 공소를 제기하여 피고인으로 하여금 두 사건을 병합하여 한꺼번에 재판받도록 하는 것은 시간적으로 불가능함이 명백하다 할 것이어서 피고인이 두 사건을 한꺼번에 재판받지 못하게 되었다고 하여 그 사건에 대한 공소가 공소권을 남용하여 제기된 것이라고 볼 수 없다.

2. 기소강제절차

1) 의의

고소권자로서 고소를 한 자(「형법」 제123조부터 제125조까지의 죄에 대하여는 고발을 한 자를 포함한다. 이하 이 조에 같다)는 검사로부터 공소를 제기하지 아니한다는 통지를 받은 때에는 그 검사 소속의 지방검찰청 소재지를 관할하는 고등법원에 그 당부에 관한 재정을 신청할 수 있고(제260조 제1항), 고등법원의 결정이 있으면 재정결정서를 송부받은 관할 지방검찰청 검사장 또는 지청장은 지체 없이 담당 검사를 지정하고, 지정받은 검사는 공소를 제기하여야 하는 제도를 말한다. 종래에는 재정신청의 대상이 되는 범죄를 제한하였으나, 현재에는 모든 범죄가 재정신청의 대상이 되는 것으로 개정되었다.

2) 취지

기소편의주의를 채택하고 있는 우리 법제 하에서 검사는 범죄의 혐의가 충분하고 소송조건이 구비되어 있는 경우에도 개개의 구체적 사안에 따라 형법 제51조에 정한 사항을 참작하여 불기소처분(기소유예)을 할 수 있는 재량을 갖고 있기는 하나, 그 재량에도 스스로 합리적 한계가 있는 것으로서 이 한계를 초월하여 기소를 하여야 할 극히 상당한 이유가 있는 사안을 불기소처분한 경우, 이는 기소편의주의의 법리에 어긋나는 부당한 조처라 하지 않을 수 없고, 이러한 부당한 처분을 시정하기 위한 방법의 하나로 우리 형사소송법은 재정신청제도를 두고 있다.[62]

3) 법적 성질

기소강제절차는 형사소송법 제262조 제2항에서 법원은 항고의 절차에 준하여 결정한다고 규정하고 있으므로 수사절차가 아닌 재판절차이며 형사소송 유사의 재판절차로 보는 형사소송유사설이 타당하다. 다만, 공소제기전의 절차이며 수사와 유사한 성격을 가지고 있으므로 당사자 대립구조가 아니라 밀행성의 원칙과 직권주의가 지배하는 소송절차로 보아야 한다.

4) 재정절차

(1) 재정신청권자

검사로부터 불기소처분의 통지를 받은 고소인 또는 고발인이다(제260조). 재정신청은 대리에 의하여 할 수 있으나(제264조 1항), 고소나 고발을 취소한 자는 재정신청을 할 수 없다.

(2) 대상

① 고소된 모든 범죄가 재정신청의 대상이 된다. 다만, 고발 범죄에 대하여는 형법 제123조 내지 제126조로 제한하고 있다.

② 협의의 불기소처분 및 기소유예처분에 대하여는 가능하다. 다만, 본 제도의 의의가 기소편의주의를 통제하기 위한 제도이므로 공소의 취소, 기소중지처분, 내사종결처분에 대하여는 재정신청을 할 수 없다.

판례 대법원 1991.11.5. 선고 91모68

제출한 청원서를 대통령비서실로부터 이관받은 검사가 진정사건으로 내사 후 내사종결처리한 경우, 위 내사종결처리는 고소 또는 고발사건에 대한 불기소처분이라고 볼 수 없어 재정신청의 대상이 되지 아니한다.

판례 대법원 1990.7.16. 선고 90모34

검사의 불기소처분 당시의 공소시효가 완성되어 공소권이 없는 경우에는 위 불기소처분에 대한 재정신청은 허용되지 않는다.

(3) 검찰청 항고 전치주의

재정신청을 하려면 「검찰청법」 제10조에 따른 항고를 거쳐야 한다. 즉 불기소처분의

---

62) 대법원 1988.1.29. 86모58

통지를 받은 날로부터 30일 내에 항고를 하여야 한다. 다만, i) 항고 이후 재기수사가 이루어진 다음에 다시 공소를 제기하지 아니한다는 통지를 받은 경우, ii) 항고 신청 후 항고에 대한 처분이 행하여지지 아니하고 3개월이 경과한 경우, iii) 검사가 공소시효 만료일 30일 전까지 공소를 제기하지 아니하는 경우에 있어서 이 중 어느 하나에 해당하면 검찰청법에 따른 항고 없이 재정신청을 할 수 있다(제260조 제2항).

(4) 재정신청의 기간

재정신청을 하려는 자는 항고기각 결정을 통지받은 날 또는 항고 이후 재기수사가 이루어진 다음에 다시 공소를 제기하지 아니한다는 통지를 받은 날 및 항고 신청 후 항고에 대한 처분이 행하여지지 아니하고 3개월이 경과한 날부터 10일 이내에 지방검찰청 검사장 또는 지청장에게 재정신청서를 제출하여야 한다. 다만, 검사가 공소시효 만료일 30일 전까지 공소를 제기하지 아니하는 경우에는 공소시효 만료일 전날까지 재정신청서를 제출할 수 있다(제260조 제3항).

판례 대법원 1998.12.14. 선고 98모127

재정신청서에 대하여는 형사소송법에 제344조 제1항과 같은 특례규정이 없으므로 재정신청서는 같은 법 제260조 제2항이 정하는 기간 안에 불기소처분을 한 검사가 소속한 지방검찰청의 검사장 또는 지청장에게 도달하여야 하고, 설령 구금중인 고소인이 재정신청서를 그 기간 안에 교도소장 또는 그 직무를 대리하는 사람에게 제출하였다 하더라도 재정신청서가 위의 기간 안에 불기소 처분을 한 검사가 소속한 지방검찰청의 검사장 또는 지청장에게 도달하지 아니한 이상 이를 적법한 재정신청서의 제출이라고 할 수 없다.

(5) 재정신청의 방식

재정신청서에는 재정신청의 대상이 되는 사건의 범죄사실 및 증거 등 재정신청을 이유 있게 하는 사유를 기재하여야 한다(제260조 제4항).

(6) 재정신청의 효력

재정신청이 있는 경우 재정결정이 있을 때까지 공소시효의 진행은 정지한다. 결정이 있는 때에는 공소시효에 관하여 그 결정이 있는 날에 공소가 제기된 것으로 본다(제262조의4). 공동신청권자 중 1인의 신청은 그 전원을 위하여 효력을 발생한다(제264조 제1항).

(7) 재정신청의 취소

재정신청은 고등법원의 재정결정이 있을 때까지 취소할 수 있고 재정신청을 취소한 자는 다시 재정신청을 할 수 없다(제264조 제2항). 재정신청의 취소는 관할 고등법원에 서면으로 제출하여야 한다. 다만, 기록이 관할 고등법원에 송부되기 전에는 그 기록이 있는 검찰청 검사장 또는 지청장에게 하여야 한다. 취소서를 받은 고등법원 사무관은 즉시 고등검찰청 검사장 및 피의자에게 사유를 통지하여야 한다(규칙 제121조). 재정신청의 취소는 다른 공동신청권자에게 효력을 미치지 아니한다(제264조 제3항).

5) 검사장, 지청장의 처리

재정신청서를 제출받은 지방검찰청검사장 또는 지청장은 재정신청서를 제출받은 날부터 7일 이내에 재정신청서 · 의견서 · 수사관계 서류 및 증거물을 관할 고등검찰청을 경유하여 관할 고등법원에 송부하여야 한다. 항고전치주의에 의하여 당해 사건에 대하여 이미 고등검찰청의 결정이 있었으므로 고등검찰청을 경유하여 신속히 고등법원으로 사건을 송부하도록 하고 있다. 다만, i) 항고 이후 재기수사가 이루어진 다음에 다시 공소를 제기하지 아니한다는 통지를 받은 경우, ii) 항고 신청 후 항고에 대한 처분이 행하여지지 아니하고 3개월이 경과한 경우, iii) 검사가 공소시효 만료일 30일 전까지 공소를 제기하지 아니하는 경우에 해당하는 이유로 재정신청서를 제출 받은 경우에 지방검찰청 검사장 또는 지청장은 ⓐ 신청이 이유 있는 것으로 인정하는 때에는 즉시 공소를 제기하고 그 취지를 관할 고등법원과 재정신청인에게 통지하고, ⓑ 신청이 이유 없는 것으로 인정하는 때에는 30일 이내에 관할 고등법원에 송부한다.

6) 고등법원의 재정결정 : 기소강제절차

(1) 관할

재정신청의 관할 법원은 불기소처분을 한 검사 소속의 지방검찰청 소재지를 관할하는 고등법원이다(제260조 제1항).

(2) 심리

① 법원은 재정신청서를 송부받은 때에는 송부받은 날부터 10일 이내에 피의자에게 그 사실을 통지하여야 한다(제262조 제1항). 법원은 재정 신청서를 송부받은 날부터 3개월 이내에 항고의 절차에 준하여 결정한다(제2항). 그러므로 재정신청사건의 심리는 특별한 사정이 없는 한 공개하지 아니한다(제3항). 법원은 필요한 때에는 증거를 조사할 수 있다. 증거조사는 법원이 필요하다고 인정하는 방법으로 하면 족하다.

② 문제가 되는 것은 첫 번째로 기소강제절차에서 피의자에 대한 강제처분이 허용될 것인가 하는 점이다. 이에 대하여 수소법원에 준하여 강제처분을 행할 수 있으나

수소법원의 구속기간은 공소제기시부터 기산되므로 구속을 제외하고 가능하다는 긍정설이 다수설이다. 두 번째로 기소강제절차에서도 피의자의 기피신청(제척사유)이 가능한가에 대하여 재정신청을 한 사람은 고소인, 고발인이지 피의자가 아니라는 이유로 부정하는 견해도 있으나, 재정신청사건의 심리와 결정은 일종의 재판이므로 피의자의 기피신청도 가능하다고 보는 입장이 다수설이다. 셋째로는 재정신청사건을 조사, 심리한 판사가 제척사유인 전심의 기초되는 사실심리에 관여한 경우에 해당되는지에 대하여는 재정절차에서도 증거조사를 할 수 있으므로 기초되는 사실심리에 관여한 것으로 볼 수 있어 제척사유가 된다고 보는 것이 타당하다.

(3) 기각결정

재정신청이 법률상의 방식에 위배되거나 이유 없는 때에는 신청을 기각한다(제262조 제2항 제1호). 법원은 재정신청을 기각한 결정을 한 때에는 즉시 그 정본을 재정신청인·피의자와 관할 지방검찰청 검사장 또는 지청장에게 송부하여야 한다. 여기서 법률상 방식에 위배한 경우란 신청권자 아닌 자가 신청한 경우나 재정신청기간 경과 후 재정신청을 한 경우를 말하고, 재정신청이 이유가 없는 경우란 불기소처분이 적법하고 타당한 경우를 말한다. 재정신청의 이유 유무는 불기소처분 후에 발견된 증거를 판단자료로 삼을 수 있으므로 결정시가 기준이 된다. 기각결정이 있었던 사건에 대하여는 다른 중요한 증거를 발견한 경우를 제외하고는 소추할 수 없다(제262조 제4항).

판례 대법원 1986.9.16. 자 85모37 결정

검사의 공소를 제기하지 아니하는 처분에 대한 당부에 관한 재정신청에 당하는 법원은 검사의 무혐의 불기소처분이 위법하다 하더라도 기록에 나타난 제반사정을 고려하여 기소유예의 불기소처분을 할 만한 사건이라고 인정되는 경우에는 재정신청을 기각할 수 있다.

판례 대법원 1967.7.25. 선고 66도1222 판결

1개의 고소로서 수인을 무고하여 피해자의 수만큼 무고죄가 성립한다 할지라도 피해자 중의 한사람이 한 고소에 대하여 검사의 혐의 없다는 불기소처분이 있었고 이에 대한 고소인의 재정신청이 이유 없다 하여 기각된 이상 그 기각된 사건 내용과 동일한 사실에 관하여 다른 피의자의 고소(의사표시적 문서로 증거능력이 없음)가 있다는 사정만으로는 소추할 수 없다 할 것이다.

(4) 공소제기 결정

재정신청이 이유가 있는 경우에는 사건에 대한 공소제기를 결정한다. 법원은 재정결정을 한 때에는 즉시 그 정본을 재정신청인·피의자와 관할 지방검찰청 검사장 또는 지

청장에게 송부하여야 하고 관할 지방검찰청 검사장 또는 지청장에게 사건기록을 함께 송부하여야 한다(동조 제5항). 재정결정에 따른 재정결정서를 송부받은 관할 지방검찰청 검사장 또는 지청장은 지체 없이 담당 검사를 지정하고 지정받은 검사는 공소를 제기하여야 한다(동조 제6항). 그러므로 기소강제절차에 의하여 공소를 제기하는 경우에도 공소장일본주의가 적용된다.

(5) 재정결정에 대한 불복

재정결정에 대하여는 불복할 수 없다(제262조 제4항)[63]고 하여 재정결정에 대하여도 재항고(즉시항고)도 할 수 없게 하여 피고인의 지위 불안을 방지하였다.

(6) 재정신청사건 기록의 열람 · 등사 제한

재정신청사건의 심리 중에는 관련 서류 및 증거물을 열람 또는 등사할 수 없다. 다만, 재정신청의 심리과정에서 법원이 작성한 서류나 피의자 등이 제출한 서류까지 열람 · 등사를 제한할 필요가 없으므로 법원은 증거조사과정에서 작성된 서류의 전부 또는 일부의 열람 또는 등사를 허가할 수 있다(제262조의2).

(7) 비용부담

법원은 재정신청의 기각결정 또는 재정신청을 취소한 경우에는 결정으로 재정신청인에게 신청절차에 의하여 생긴 비용의 전부 또는 일부를 부담하게 할 수 있다. 법원은 직권 또는 피의자의 신청에 따라 재정 신청인에게 피의자가 재정신청절차에서 부담하였거나 부담할 변호인 선임료 등 비용의 전부 또는 일부의 지급을 명할 수 있다. 이 결정에 대하여는 즉시항고를 할 수 있다(제262조의3).

(8) 공소취소의 제한

검사는 재정결정에 따라 공소를 제기한 때에는 공소를 취소할 수 없다(제264조의2).

---

63) 대법원 1997.11.20. 96모119(현재조문과는 맞지 않는 판례이다)
공직선거및선거부정방지법 제273조 제2항에 의하여 같은 조 제1항의 규정에 의한 재정결정에 준용되는 형사소송법 제262조에 의하면 같은 조 제1항의 재정신청 기각결정이나 관할 지방법원의 심판에 부하는 결정에 대하여는 같은 조 제2항에 의하여 항고할 수 없도록 되어 있으나, 헌법 제107조 제2항과 형사소송법 제415조의 규정의 취지에 비추어 볼 때 재정신청 기각결정에 재판에 영향을 미친 헌법 · 법률 · 명령 또는 규칙의 위반이 있음을 이유로 하는 때에는 대법원의 최종적 심사를 받기 위하여 재항고를 할 수 있다. 그러나 형사소송법 제262조 제1항의 재정결정 중 관할 지방법원의 심판에 부하는 결정에 잘못이 있는 경우에는 그 결정을 통하여 심판에 회부된 본안사건 자체의 재판을 통하여 대법원의 최종적인 판단을 받을 수 있는 길이 열려 있으므로, 이와 같은 심판회부의 결정에 대한 재항고를 허용하지 않는다고 하여 재판에 대하여 최종적으로 대법원의 심사를 받을 수 있는 권리가 침해되는 것은 아니라고 할 것이므로 같은 법 제262조 제1항의 결정 중 관할 지방법원의 심판에 부하는 결정에 대하여는 같은 법 제415조의 재항고는 허용되지 않는다.

3. 검찰 항고 · 재항고

1) 항고권자

고소인 또는 고발인은 그 검사가 속하는 지방검찰청 또는 지청을 거쳐 서면으로 관할 고등검찰청 검사장에게 항고할 수 있다. 이 경우 지방검찰청 또는 지청의 검사는 항고가 이유가 있다고 인정하는 때에는 그 처분을 경정하여야 한다. 고등검찰청검사장은 항고가 이유가 있다고 인정하는 때에는 소속 검사로 하여금 지방검찰청 검사 또는 지청의 검사의 불기소처분을 직접 경정하게 할 수 있다. 이 경우 고등검찰청 검사는 지방검찰청 또는 지청의 검사로서 직무를 수행하는 것으로 본다.

2) 재항고권자

「형사소송법」 제260조에 따라 재정신청을 할 수 있는 자를 제외하고 항고를 한 자(고발인)는 항고를 기각하는 처분에 불복하거나 항고를 한 날부터 항고에 대한 처분이 행하여지지 아니하고 3개월이 경과한 때에는 그 검사가 속하는 고등검찰청을 거쳐 서면으로 검찰총장에게 재항고할 수 있다. 이 경우 당해 고등검찰청의 검사는 재항고가 이유 있다고 인정하는 때에는 그 처분을 경정(更正)하여야 한다.

3) 항고 및 재항고기간

검찰 항고는 「형사소송법」 제258조 제1항에 따른 통지를 받은 날부터 30일 이내에 하여야 하고, 재항고는 항고기각결정의 통지를 받은 날 또는 항고 후 항고에 대한 처분이 행하여지지 아니하고 3개월이 경과한 날부터 30일 이내에 하여야 한다. 항고를 한 자에게 책임이 없는 사유로 인하여 그 기간 이내에 항고 또는 재항고를 하지 못한 것을 소명한 때에는 그 사유가 해소된 때부터 기산하고, 항고 및 재항고의 기간을 경과하여 접수된 항고 또는 재항고는 기각하여야 한다. 다만, 새로이 중요한 증거가 발견된 경우에 고소인 또는 고발인이 그 사유를 소명한 때에는 그러하지 아니하다.

4) 항고의 대상

불기소처분 이외에 기소유예처분도 포함된다.

4. 간접적 통제수단

1) 처분의 통지

검사가 고소 · 고발사건에 관하여 공소제기하거나 제기하지 아니하는 처분, 공소취소 또는 타관송치를 한 때(검사의 모든 처분에 대하여)에는 그 처분을 한 날로부터 7일 이내에 서면으로 고소 또는 고발인에게 그 취지를 통지하여야 한다(제258조).

2) 불기소 이유의 고지

검사는 고소 · 고발사건에 관하여 공소를 제기하지 않으면 그 이유를 고소인 또는 고발인에게 청구가 있으면 7일 이내에 불기소처분 한 사유에 대하여 설명하여야 한다(제259조).

3) 피의자에 대한 통지

검사는 불기소 또는 타관송치의 처분을 한 때에는 피의자에게 즉시 그 취지를 통지하여야 한다(제258조 제2항).

4) 피해자에 대한 통지

검사는 범죄로 인한 피해자 또는 그 법정대리인(피해자가 사망한 경우에는 그 배우자 · 직계친족 · 형제자매를 포함한다)의 신청이 있는 때에는 당해 사건의 공소제기 여부, 공판의 일시 · 장소, 재판결과, 피의자 · 피고인의 구속 · 석방 등 구금에 관한 사실 등을 신속하게 통지하여야 한다(제259조의2).

제3절 공소제기의 방식

I 공소장의 제출

공소를 제기함에는 공소장을 관할법원에 제출하여야 한다(제254조 제1항). 피고인의 방어권보장을 위하여 공소장에는 피고인 수에 상응한 부본을 첨부하여야 하며(제254조 제2항), 법원은 제1회 공판기일 전 5일까지 이를 피고인에게 송달하도록 하고 있다(제266조). 공소장에는 공소제기 전에 변호인이 선임되거나 보조인의 신고가 있는 경우 그 변호인

선임서 또는 보조인신고서를, 공소제기 전에 특별대리인의 선임이 있는 경우 그 특별대리인 선임결정등본을, 공소제기 당시 피고인이 구속되어 있거나, 체포 또는 구속된 후 석방된 경우 체포영장, 긴급체포서, 구속영장 기타 구속에 관한 서류를 각 첨부하여야 한다(규칙 제118조 제1항). 공소장에는 앞의 규정한 서류 외에 사건에 관하여 법원에 예단이 생기게 할 수 있는 서류 기타 물건을 첨부하거나 그 내용을 인용하여서는 아니 된다(규칙 제118조 제2항).

Ⅱ 공소장의 기재사항

1. 필요적 기재사항

공소장에는 피고인의 성명 기타 피고인을 특정할 수 있는 사항, 죄명, 공소사실, 적용법조를 기재하여야 한다(제254조 제3항).

1) 피고인의 구속 여부(규칙 제117조 제1항 제2호)

2) 피고인의 성명 기타 피고인을 특정할 수 있는 사항

공소장에는 피고인을 특정해야 한다. 피고인을 특정할 수 있는 사항으로는 피고인의 성명 · 생년월일 · 주민등록번호 · 직업 · 주거 및 본적을 기재하여야 하며, 피고인이 법인인 때에는 사무소 및 대표자의 성명과 주소를 기재하여야한다. 다만, 이러한 사항이 명백하지 아니한 때에는 그 취지를 기재하여야 한다(규칙 117조 제1항 제1호).

3) 죄명

죄명은 공소제기의 범위를 정하는데 보조적 기능을 하는데 그치는 것이므로 죄명의 표시가 틀린 경우에도 피고인의 방어권행사에 실질적인 불이익을 초래하지 않는 한 공소제기의 효력에는 영향이 없다.

판례 대법원 1969.9.23. 선고 69도1219

공소장에 수개의 공소사실에 대하여 그 죄명을 일괄 표시하였다 하여도 공소사실을 보면 그 죄명과 적용 법조를 알아차릴 수 있는 경우에는 그 죄명과 적용법조가 특정되어 있지 않다 할 수 없고 그 방어권행사에 지장이 된다고도 할 수 없다.

4) 공소사실

(1) 의의

공소사실이란 범죄의 구성요건을 충족하는 구체적 사실로 검사가 공소장에 기재하여 공소 제기한 범죄사실이고 법원의 현실적 심판의 대상이고 피고인의 방어권의 대상이 되는 사실이다.

(2) 정도

① 공소사실의 기재는 범죄의 일시 · 장소 · 방법 등을 명시하여 사실을 특정할 수 있도록 하여야 한다(제254조 제4항).

② 범죄의 일시는 이중기소나 시효에 저촉되지 않을 정도로 특정하여 한다.

③ 장소는 토지관할을 구분할 수 있을 정도로 특정하여야 한다.

④ 방법에 있어서는 범죄구성 요건을 밝히는 정도로 기재하면 족하다.

[판례] 대법원 1985.10.25. 85도1449(고소와 비교)

피고인 甲은 1982.11. 말경부터 1983.1. 하순경까지 사이에 경북 풍기읍 성내동 187 소재 식당 방에서 월 평균 10회씩 도합 20회에 걸쳐 을과 성교하여 각 간통한 것이라는 기재와 같은 공소범죄사실의 설시 내용은 개개의 간통행위에 대하여 그 일시를 명시하여 사실을 특정한 구체적인 범죄사실을 기재한 것이라고 볼 수 없다.

(3) 취지

[판례] 대법원 2000.10.27. 선고 2000도3082 판결

공소사실의 특정의 취지는, 심판의 대상을 한정함으로써 심판의 능률과 신속을 꾀함과 동시에 방어의 범위를 특정하여 피고인의 방어권 행사를 쉽게 해 주기 위한 것이므로, 검사로서는 위 세 가지 특정요소를 종합하여 다른 사실과의 식별이 가능하도록 범죄구성요건에 해당하는 구체적 사실을 기재하여야 한다.

(4) 포괄일죄

포괄일죄에 있어서는 그 죄의 일부를 구성하는 개개의 행위에 대하여 구체적으로 특정하지 아니하더라도 그 전체 범행의 시기와 종기, 범행방법, 범행횟수 또는 피해액의 합계 및 피해자나 상대방을 명시하면 이로써 그 범죄사실은 특정된다.

판례 대법원 1998.5.29. 97도1126

포괄일죄에 있어서는 그 죄의 일부를 구성하는 개개의 행위에 대하여 구체적으로 특정하지 아니하더라도 그 전체 범행의 시기와 종기, 범행방법, 범행횟수 또는 피해액의 합계 및 피해자나 상대방을 명시하면 이로써 그 범죄사실은 특정된다고 할 것이고 또한 공소장의 공소사실 기재는 법원에 대하여 심판의 대상을 한정하고 피고인에게 방어의 범위를 특정하여 그 방어권 행사를 용이하게 하기 위하여 요구되는 것이므로 범죄의 일시·장소·방법 등 소인을 명시하여 사실을 가능한 한 명확하게 특정할 수 있도록 하는 것이 바람직하나, 그렇다고 해서 필요 이상 엄격하게 특정을 요구하는 것도 공소의 제기와 유지에 장애를 초래할 수 있으므로 범죄의 일시는 이중기소나 시효에 저촉되지 않을 정도로, 장소는 토지관할을 가늠할 수 있을 정도로, 그리고 방법에 있어서는 범죄구성요건을 밝히는 정도로 기재하면 족하다.

(5) 방조범

판례 대법원 2001.12.28. 선고 2001도5158 판결

공소사실이란 범죄의 특별구성요건을 충족하는 구체적 사실이며 공소장에는 공소사실의 기재에 있어서 공소의 원인된 사실을 다른 사실과 구별할 수 있을 정도로 특정하도록 형사소송법이 요구하고 있으므로, 방조범의 공소사실을 기재함에 있어서는 그 전제가 되는 정범의 범죄구성을 충족하는 구체적 사실을 기재하여야 한다.

(6) 마약사범

판례 대법원 2006.4.28. 선고 2006도391 판결(약사범에 대하여도 일반범죄와 동일한 특정요구)

피고인에 대한 필로폰 투약의 점에 관한 공소사실은, '위 피고인이 마약취급자가 아니면서 2005.3.15. 경부터 같은 해 4.10.경까지 사이 일시불상경 진해시내 일원에서 필로폰 불상량을 불상의 방법으로 수회 투약하였다'는 것인 바, 이는 필로폰의 투약회수와 투약방법이 특정되지 아니한 것이고(경합범 관계에 있는 투약범죄의 개수도 특정되지 아니하였다), 그 투약의 일시와 장소를 위와 같은 정도로 기재한 것만으로는 형사소송법 제254조 제4항의 요건에 맞는 구체적 사실의 기재라고 볼 수 없으므로, 이 사건 공소부분은 그 공소사실이 특정되었다고 할 수 없다.

판례 대법원 2002.9.27. 2002도3194

"피고인은 2000.11.2.경부터 2001.7.2.경까지 사이에 인천 이하 불상지에서 향정신성의약품인 메스암페타민 불상량을 불상의 방법으로 수회 투약하였다"는 공소사실의 경우, 투약량은 물론 투약방법을 불상으로 기재하면서 그 투약의 일시와 장소마저 위와 같이 기재한 것만으로는 형사소송법 제254조 제4항의 요건에 맞는 구체적 사실의 기재라고 볼 수 없으므로, 이 부분 공소는 그 공소사실이 특정되었다고 할 수 없다.

판례 대법원 2000.10.27. 선고 2000도3082 판결

"피고인이 1999년 5월 중순경부터 같은 해 11월 19일경까지 사이에 부산 이하 불상지에서 향정신성의

약품인 메스암페타민 약 0.03g을 1회용 주사기를 이용하여 팔 등의 혈관에 주사하거나 음료수 등에 타 마시는 방법으로 이를 투약하였다"는 공소사실의 경우, 그 투약량은 메스암페타민 투약자들이 보통 1회에 투약하는 최소한의 단위로 알려진 것이고, 그 투약방법 역시 어느 것이나 메스암페타민 투약자들이 일반적으로 사용하는 방법에 지나지 않는 것을 막연히 기재한 것에 불과할 뿐더러 그 투약의 일시와 장소마저 위와 같은 정도로 기재한 것만으로는 형사소송법 제254조 제4항의 요건에 맞는 구체적 사실의 기재라고 볼 수 없으므로 그 공소는 공소사실이 특정되었다고 할 수 없다.

(7) 공소사실 특정에 관한 최근 판례

[판례] 대법원 2007.1.25. 선고 2006도7342 판결(마약사범에 대하여도 일반범죄와 동일한 특정요구)

[1] 형사소송법 제254조 제4항이 "공소사실의 기재는 범죄의 시일, 장소와 방법을 명시하여 사실을 특정할 수 있도록 하여야 한다"라고 규정한 취지는, 심판의 대상을 한정함으로써 심판의 능률과 신속을 꾀함과 동시에 방어의 범위를 특정하여 피고인의 방어권 행사를 쉽게 해주기 위한 것이므로, 검사로서는 위 세 가지 특정요소를 종합하여 다른 사실과의 식별이 가능하도록 범죄구성요건에 해당하는 구체적 사실을 기재하여야 하는 바, 이는 마약류취급자가 아니면서도 마약류를 투약하였음을 내용으로 하는 마약류관리에 관한 법률 위반죄의 공소사실에 관한 기재에 있어서도 마찬가지이다.

[2] "피고인 1이 마약류 취급자가 아님에도 2005.8. 하순경부터 2005.11.20.경 사이에 부산 연제구 이하 불상지에서 필로폰(메스암페타민) 불상량을 맥주에 타서 마시거나 1회용 주사기에 넣어 희석한 다음 자신의 팔 혈관에 주사하는 방법으로 이를 투약하였다"는 부분은 메스암페타민의 투약시기, 투약한 메스암페타민의 양과 투약방법 등의 심판대상이 특정되지 아니하여 피고인의 방어권 행사에 지장을 초래할 위험성이 크다고 할 것이다. 따라서 위와 같은 공소사실의 기재는 특정한 구체적 사실의 기재에 해당한다고 볼 수 없어 형사소송법 제254조 제4항에 정해진 요건을 갖추지 못한 것이므로, 이 부분 공소는 공소제기의 절차가 법률의 규정에 위반하여 무효라고 할 것이다.

[판례] 대법원 2007.2.23. 2006도7773

"피고인은 2004.6. 일자불상경 피고인 운영의 엔돌핀 노래연습장에서 성명불상의 부녀자들을 시간당 일정액을 지급하기로 하고 부른 다음, 동녀들로 하여금 그 곳을 찾아온 손님들을 상대로 노래와 춤으로 유흥을 돋우게 함으로써 접대부를 알선한 것이다"라는 이 사건 공소사실은 대상 범행의 특성상 같은 범행이 단기간 내에 반복적으로 이루어질 수 있다는 점을 감안할 때 심판의 대상이 한정되었다고 보기 어려울 뿐만 아니라, 피고인이 알선했다는 접대부나 함께 유흥을 즐긴 손님들이 누구인지조차 특정되어 있지 아니하여 피고인으로서는 방어권 행사에 막대한 지장이 있다는 점 등을 종합하여 보면, 위 공소사실이 심판의 대상과 피고인의 방어범위를 확정할 수 있을 정도로 특정되어 있다고 보기는 어렵다 할 것이고, 따라서 이 부분 공소는 공소제기의 절차가 법률의 규정에 위반하여 무효인 때에 해당한다고 할 것이다.

[판례] 대법원 2007.8.23. 선고 2005도5847 판결

[1] 등록상표 · 서비스표 · 디자인이나 주지표지와 동일 내지 유사한 표지나 디자인을 사용하였는지 여부가 문제인 상표법 위반, 디자인보호법 위반 및 부정경쟁방지 및 영업비밀보호에 관한 법률 위반 사건에서 다른 사실과 식별이 가능하도록 범죄구성요건에 해당하는 구체적 사실을 기재하였다고 하기 위해서는 침해의 대상과 관련하여서는 등록번호 등을 기재하거나 침해의 대상이 된

등록상표 · 서비스표나 주지표지의 구성과 지정 내지 사용상품이나 서비스업, 디자인의 형태와 디자인의 대상인 물품 등을 기재하는 방법 내지는 그 외 공소사실의 다른 사항의 기재 등에 의해 침해의 대상이 된 등록상표 · 서비스표 · 디자인이나 주지표지를 특정할 수 있어야 하고, 침해의 태양과 관련하여서는 적어도 침해의 대상이 된 등록상표 · 서비스표 · 디자인이나 주지표지별로 피고인이 사용한 표지나 디자인 등이 이를 침해하였는지 여부를 알 수 있을 정도로는 기재하여야 한다.

[2] 공소장에 상표법 위반 등의 범죄구성요건 중 침해의 대상이 된 등록상표 · 서비스표 · 디자인이나 주지표지를 명확하게 적시하지 아니하여 그 공소사실이 특정되지 않았다.

판례 2007.4.12. 선고 2007도796 판결

당첨이 된 손님들에게 위조상품권을 직접 교부한 것이 아니라, 미리 오락기에 일련번호가 모두 같은 위조된 상품권을 여러 장 투입해 두고 그 후 오락기 이용자가 게임에서 당첨이 되면 오락기에서 자동으로 그 당첨액수에 상응하는 상품권이 배출되는 방식의 위조유가증권을 행사한 죄에 있어서, 각각의 상품권 사용시에 몇 매가 함께 사용되었는지, 행사상대방이 누구인지 등의 특정은 불가능하다고 보아야 하므로, 이에 관한 공소사실은 상품권 사용일자의 범위와 장소, '경품용으로 지급'하였다는 용도 정도를 특정하는 것으로 족하다.

판례 2007.1.11. 선고 2004도3870 판결

[1] 화주가 물품을 수입하면서 수입신고를 하지 않고 여러 사람들을 고용하여 그들로 하여금 각자의 휴대품인 양 가장하여 세관 검색대를 통관하게 하는 방법으로 수입하는 것은 관세법 제269조 제2항 제1호 소정의 무신고수입죄에 해당한다.

[2] 관세법 제269조 제2항 제1호 소정의 무신고수입죄는 수입물품에 대한 정당한 관세의 확보를 그 보호법익으로 하므로, 물품을 신고하지 아니하고 수입하는 경우에는 그 수입시마다 당해 수입물품에 대한 정당한 관세의 확보라는 법익이 침해되어 별도로 구성요건이 충족되는 것이어서 각각의 수입시마다 1개의 죄가 성립하고, 수개의 무신고수입행위를 경합범으로 기소하는 경우에는 각 행위마다 그 일시와 장소 및 방법을 명시하여 사실을 특정할 수 있도록 공소사실을 기재하여야 한다.

[3] 관세법 제274조 제1항 제1호에 의한 밀수품 취득 · 보관죄는 각 취득행위 또는 보관행위마다 1개의 죄가 성립하고, 수개의 밀수품 취득 · 보관행위를 경합범으로 기소하는 경우에는 각 행위마다 그 일시와 장소 및 방법을 명시하여 사실을 특정할 수 있도록 공소사실을 기재하여야 한다.

판례 대법원 2006.10.26. 선고 2006도5147 판결

조세범처벌법 제11조의2 제4항 소정의 무거래 세금계산서 교부죄는 각 세금계산서마다 하나의 죄가 성립하므로, 세금계산서마다 그 공급가액이 공소장에 기재되어야 개개의 범죄사실이 구체적으로 특정되었다고 볼 수 있고, 세금계산서의 총 매수와 그 공급가액의 합계액이 기재되어 있다고 하여 공소사실이 특정되었다고 볼 수는 없다.

판례 대법원 2006.9.8. 선고 2006도388 판결

노동조합 및 노동관계조정법 위반죄의 구성요건인 '노동조합의 운영에 개입'에 해당하는 공소사실에 대하여 일시, 방법(현장관리자들의 조합원 설득을 위한 구체적인 지시사항) 등을 구체적으로 적시하고 있고 위 구성요건 해당사실을 다른 사실과 충분히 구별할 수 있으며, 피고인들의 지시에 따라 이후에 이루어진 현장관리자들의 설득의 내용과 그 대상자 등이 공소사실에 일일이 적시되지 않았다

고 하더라도 피고인들의 방어권 행사에 지장이 없어 이 부분 공소사실이 특정되었다.[64)]

판례 대법원 2006.6.2. 선고 2006도48 판결

문서위조죄는 피고인들이 그 범행을 자백하지 아니한 이상 언제 어디에서 문서를 위조한 것인지 알기가 어려우며 그 범죄일시를 일정한 시점으로 특정하기 곤란하여 부득이하게 개괄적으로 표시할 수밖에 없다고 보아 유가증권위조의 점에 관한 공소사실의 범죄의 일시를 '2000. 초경부터 2003.3.경 사이에'로 비교적 장기간으로 기재하였으나 공소사실이 불특정된 것으로 볼 수 없다.

(8) 공소사실 불특정시 법원의 조치

공소사실이 전혀 특정되지 아니한 경우에는 공소제기의 추완은 부정되어야 하나, 공소장의 기재가 불명확한 경우에는 법원은 형사소송규칙 제141조의 규정에 의하여 검사에게 석명을 구한 다음, 그래도 검사가 이를 명확하게 하지 않은 때에야 공소사실의 불특정을 이유로 공소를 기각함이 상당하다고 할 것이므로[65)] 검사에게 공소사실 특정에 관한 석명에 이르지 아니한 채 곧바로 공소사실의 불특정을 이유로 공소기각의 판결을 한 원심의 조치는 위법하다.[66)]

5) 적용법조

판례 대법원 2001.2.23. 선고 2000도6113 판결

공소장에는 죄명 · 공소사실과 함께 적용 법조를 기재하여야 하지만(형사소송법 제254조) 적용법조의 기재는 공소의 범위를 확정하는 데 보조기능을 가짐에 불과하므로 적용법조의 기재에 오기가 있거나 그것이 누락된 경우라 할지라도 이로 인하여 피고인의 방어에 실질적 불이익이 없는 한 공소제기의 효력에는 영향이 없다.

---

64) 공소사실의 기재에 있어서 범죄의 일시, 장소, 방법을 명시하여 공소사실을 특정하도록 한 취지는 법원에 대하여 심판의 대상을 한정하고 피고인에게 방어의 범위를 특정하여 그 방어권 행사를 쉽게 해 주기 위한 데에 있는 것이므로 공소사실은 이러한 요소를 종합하여 구성요건 해당사실을 다른 사실과 구별할 수 있을 정도로 기재하면 족하다. 따라서 공소장에 범죄의 일시, 장소, 방법 등이 구체적으로 적시되지 않았더라도 공소사실을 특정하도록 한 법의 취지에 반하지 아니하고, 공소범죄의 성격에 비추어 그 개괄적 표시가 부득이한 경우에는, 그 공소내용이 특정되지 않아 공소제기가 위법하다고 할 수 없다. 특히 포괄적 일죄에 있어서는 그 일죄의 일부를 구성하는 개개의 행위에 대하여 구체적으로 특정되지 아니하더라도 그 전체 범행의 시기와 종기, 범행방법, 피해자나 상대방, 범행횟수나 피해액의 합계 등을 명시하면 그로써 범죄사실은 특정된 것으로 보아야 한다.

65) 대법원 2006.5.11. 2004도5972

66) 대법원 1983.6.14. 83도293(법원의 석명권행사는 의무이다)

2. 공소사실의 예비적 · 택일적 기재

1) 의의

수개의 범죄사실과 적용법조를 심판의 순위를 정하여 판단을 구하는 예비적 기재도 가능하고 심판의 순위를 정하지 않고 택일적으로 기재할 수 있다.

2) 허용의 범위

(1) 학설

공소장 변경에 의하여 예비적 · 택일적 기재에 대하여는 학설의 대립 없이 공소사실의 동일성이 인정되어야 한다고 보나, 공소제기시에 예비적 · 택일적 기재를 하는 경우에 공소사실의 동일성이 인정되는 범위에서 가능한가에 대하여 공소사실의 동일성이 인정되지 않는 수개의 사실을 공소장에 예비적 · 택일적 기재를 허용하는 것은 조건부 공소를 인정하는 결과가 되어 불확정적인 공소를 인정하는 것이 되므로 부정하여야 한다는 것이 통설적 입장이나, 제254조 제5항에서 공소사실의 동일성을 요구하는 규정이 있지 아니하므로 허용된다는 입장도 있다.

(2) 판례

판례는 최초의 공소제기에 있어서는 공소사실의 동일성이 인정되지 않더라도 예비적 · 택일적 기재를 할 수 있지만, 공소장변경의 방법에 의해 예비적 · 택일적 기재를 하는 것은 공소사실의 동일성이 인정되는 범위 내에서만 허용된다는 입장이다.

판례 대법원 1966.3.24. 선고 65도114 전원합의체 판결(공소제기시에 예비적 · 택일적 기재)

형사소송법 254조 5항에 수개의 범죄사실과 적용 법조를 예비적 또는 택일적으로 기재할 수 있다함은 수개의 범죄사실 간에 범죄사실의 동일성이 인정되는 범위 내에서는 물론 그들 범죄사실 상호 간에 범죄의 일시, 장소, 수단 및 객체 등이 달라서 수개의 범죄사실로 인정되는 경우에도 이들 수개의 범죄사실을 예비적 또는 택일적으로 기재할 수 있다는 취지다.

판례 대법원 2001.3.27. 선고 2001도116 판결(공소장 변경에 의한 예비적 · 택일적 기재)

[1] 피고인이 공소외인으로부터 피해자를 위한 합의금을 교부받아 보관 중 이를 횡령하였다는 원래의 공소사실과 피고인이 피해자를 기망하여 위임장 사본을 편취하였다는 예비적으로 추가한 공소사실 사이에 동일성이 있다고 보기 어렵다.

[2] 공소사실의 동일성이 인정되지 않는 등의 사유로 공소장변경허가결정에 위법사유가 있는 경우에는 공소장변경허가를 한 법원이 스스로 이를 취소할 수 있다.

3) 법원의 심리 판단

예비적 기재에 있어서는 주위적 기재사실을 먼저 판단하여 주위적 기재사실이 인정되면 예비적 기재사실에 대하여 판단할 필요가 없다. 그렇지만 주위적 기재사실이 인정되지 않은 경우에는 그 이유를 설시하고 예비적 기재사실에 대하여 판단하여야 한다. 택일적 기재에 있어서는 어느 하나가 인정되면 인정되는 것에 대해서만 판단하고, 어느 것도 인정되지 않는 경우에는 전부에 관하여 판단하여야 한다.

예비적 · 택일적 기재를 하는 경우에 예비적 · 택일적으로 기재한 모든 공소사실이 법원의 심판대상으로 된다. 항소심의 경우에도 마찬가지이다. 따라서 예비적 · 택일적 공소사실 가운데 일부만 항소한 경우에 항소하지 않은 나머지 공소사실도 항소심의 심판대상이 된다.

판례 대판 1975.6.24. 70도2660

공소사실과 적용법조가 택일적으로 기재되어 공소가 제기된 경우에 그 중 어느 하나의 범죄사실에 관하여 유죄의 선고가 있은 제1심판결에 대하여 항소가 제기되었을 때 항소심에서 항소이유 있다고 인정하여 제1심판결을 파기하고 자판을 하는 경우에는 다시 사건 전체에 대하여 판결을 하는 것이어서 택일적으로 공소제기 된 범죄사실 가운데 제1심판결에서 유죄로 인정된 이외의 다른 범죄사실이라도 그것이 철회되지 아니하는 한 당연히 항소심의 심판의 대상이 된다.

판례 대법원 2006.5.25. 선고 2006도1146 판결

검사가 주위적으로 뇌물공여죄, 예비적으로 배임증재죄로 기소한 사안에서, 항소심이 뇌물공여죄 부분은 무죄로 판단하고 배임증재죄 부분을 유죄로 인정한 경우, 피고인만 예비적 공소사실 부분에 대하여 상고하였더라도 주위적 공소사실 부분 역시 상고심의 심판대상에 포함된다.

4) 관련 문제

(1) 간이공판절차

간이공판절차에서 피고인이 예비적 공소사실에 대하여 자백을 하였으나 본위적 공소사실에 대하여는 부인을 하는 경우에 예비적 공소사실에 대하여만 간이공판절차로 이행하여 심판할 수 있는지에 대하여 이를 긍정하는 견해도 있으나, 주의적 공소사실과 예비적 공소사실은 불가분적으로 연결되어 있으므로 통상의 공판절차에서 진행하는 것이 타당하다고 본다.

(2) 판결의 효력과 검사의 상소 문제

법원이 공소사실 전부에 무죄를 선고한 경우에 검사의 상소가 허용됨은 의문이 없다.

예비적 공소사실이 유죄로 인정된 경우에 검사가 상소할 수 있는지 여부와 관련하여 본위적 공소사실을 인정하지 않은 것이 위법하여 객관적으로 잘못이라고 인정할 때에는 그 시정을 구하는데 상소의 이익이 있다는 견해(긍정설)와 상소제도는 불이익한 재판을 받은 피고인을 구제하거나 피고인을 설득함에 제도적 취지가 있다는 점, 예비적 청구가 인용된 것은 전체적으로 검사의 청구가 인용된 것이라는 점에 비추어 부정된다는 견해(부정설)이 대립하나, 상소제도는 피고인의 불이익을 구제하기 위한 제도일 뿐만 아니라 법령해석의 통일을 기하기 위한 제도라는 점에서 긍정설이 타당하다고 본다.

Ⅲ 공소장 일본주의

1. 의의

공소장일본주의란 공소제기시에 법원에 제출하는 것은 공소장 하나이며 공소사실에 대한 증거는 물론 법원에 예단을 생기게 할 수 있는 것은 증거가 아니더라도 제출할 수 없다는 원칙을 말한다.

2. 논리적 근거

당사자주의, 예단배제, 공판중심주의, 위법수집배제 법칙, 전문법칙이 근거가 된다.

3. 공소장일본주의의 내용

1) 첨부와 인용의 금지

공소장일본주의는 사건에 관하여 법원에 예단이 생기게 할 수 있는 서류 기타 물건을 첨부하거나 그 내용을 인용하는 것을 금지한다(규칙 제118조 제2항). 다만, 예단을 줄 수 없는 변호인선임서 또는 보조인신고서, 특별대리인선임결정등본, 구속영장 기타 구속에 관한 서류는 공소장에 첨부하여야 할 수 있다.

2) 여사기재 금지

공소장일본주의는 예단을 생기게 할 수 있는 사항을 공소장에 기재하는 것이 금지된다는 의미이다. 공소장에 제254조 제3항의 기재사항 이외의 사항을 기재하는 경우를 여사기재라고 한다. 법관에게 예단이 생기게 할 수 있는 여사기재는 공소장일본주의에 위배된다.

(1) 전과의 기재

학설에서는 누범이나 상습범과 같이 전과가 범죄구성요건에 해당하는 경우나 전과를 이용하여 공갈하는 것과 같이 전과가 수단이 되는 경우에는 가능하고 그 외에는 불가능하다고 본다. 판례는 전과의 기재가 피고인을 특정할 수 있는 사항으로 허용된다고 보는 입장이다.

판례 대법원 1990.10.16. 90도1813

공소장의 공소사실 첫머리에 피고인이 전에 받은 소년부송치처분과 직업 없음을 기재하였다 하더라도 이는 형사소송법 제254조 제3항 제1호에서 말하는 피고인을 특정할 수 있는 사항에 속하는 것이어서 그와 같은 내용의 기재가 있다 하여 공소제기의 절차가 법률의 규정에 위반된 것이라고 할 수 없고 또 헌법상의 형사피고인에 대한 무죄추정조항이나 평등조항에 위배되는 것도 아니다.

(2) 악성격, 경력, 소행의 기재

① 악성격, 경력, 소행을 적는 것은 공소장일본주의에 반한다고 보아야 한다. 다만, 자신의 악성격과 경력이 공갈의 수단이 된 경우에는 공소장일본주의에 반한다고 볼 수 없다. 판례는 이로 인하여 공소제기가 무효로 되지는 않는다고 본다.

판례 대법원 1999.7.23. 선고 99도1860 판결

공소장에는 법령이 요구하는 사항만 기재할 것이고 공소사실의 첫머리에 공소사실과 관계없이 법원의 예단만 생기게 할 사유를 불필요하게 나열하는 것은 옳다고 할 수 없고, 공소사실과 관련이 있는 것도 원칙적으로 범죄의 구성요건에 적어야 할 것이고, 이를 첫머리 사실로서 불필요하게 길고 장황하게 나열하는 것을 적절하다고 할 수 없다. 이로 인하여 공소제기가 무효로 되지는 않는다고 본다.

(3) 범죄의 동기의 기재

원칙적으로 범죄의 동기를 기재하는 것은 공소장일본주의에 반하는 것이나, 살인죄나 방화죄와 같은 동기범죄나 중대범죄에서는 동기가 공소사실과 밀접불가분의 관계에 있거나 공소사실을 명확히 하기 위하여 필요하다고 본다. 단, 직접동기를 벗어나는 것을 적는 것은 허용되지 않는다.

(4) 여죄의 기재

무죄추정의 원칙에 비추어 여죄를 기재한 경우에 형소법 제327조 제2호를 적용하여

공소기각의 판결을 하여야 한다는 견해도 있으나, 구체적 범죄사실의 기재가 없는 여죄를 적시한 경우에는 단순한 여사의 기재로 보아 삭제를 명하면 족하다고 보아야 할 것이다. 판례는 여죄를 기재한 공소장에 의한 공소의 제기를 무효로 보지 않았다.

4. 위반의 효과

공소장일본주의의 위반은 공소제기방식에 있어서 중대한 위반이므로, 공소제기는 무효가 되어 법원은 공소기각판결을 하여야 한다(제327조 2호). 법관에게 예단을 생기게 할 염려가 없는 단순한 여사기재의 경우에는 제254조 3항 내지 4항의 위반으로 검사에 대하여 그 삭제를 명하면 된다.

5. 공소장 일본주의 적용범위

1) 적용범위

공소제기시에만 적용되므로 항소심이나 상고심, 파기환송절차 등에서는 적용되지 아니한다.

2) 약식명령

(1) 소제기 단계

약식명령의 경우도 서면심리의 본질상 공소제기와 동시에 수사기록과 증거물을 법원에 제출하여야 하므로 공소장일본주의가 적용되지 아니한다. 즉 검사는 약식명령의 청구와 동시에 약식명령을 하는데 필요한 증거서류 및 증거물을 법원에 제출하여야 한다(규칙 제170조).

(2) 약식명령에 대하여 정식재판 청구시

약식명령에 대하여 정식재판이 청구된 경우 양식명령의 청구시 공소장과 수사기록이 이미 법원에 제출되어 있으므로 공소장일본주의가 적용되지 아니한다고 보는 견해도 있으나, 다수설은 이 경우에도 공소장일본주의가 적용된다고 본다.

(3) 약식명령으로 처리하기 곤란한 경우

약식명령의 청구가 있는 경우에 그 사건이 약식명령으로 할 수 없거나 약식명령으로 하는 것이 적당하지 아니하다고 인정한 때에는 공판절차에 의하여 심판하여야 한다(제450조)는 경우에도 공소장 일본주의는 적용된다.

3) 즉결심판

(1) 소제기 단계

경찰서장은 즉결심판의 청구와 동시에 즉결심판을 함에 필요한 서류 또는 증거물을 판사에게 제출하여야 하므로(즉결심판에관한절차법 제4조) 공소장 일본주의가 적용되지 않는다.

(2) 정식재판의 청구시

정식재판을 청구하고자 하는 피고인은 즉결심판의 선고·고지를 받은 날부터 7일 이내에 정식재판청구서를 경찰서장에게 제출하여야 한다. 정식재판청구서를 받은 경찰서장은 지체 없이 판사에게 이를 송부하여야 한다(즉결심판에관한절차법 제14조 제1항). 판사는 정식재판청구서를 받은 날부터 7일 이내에 경찰서장에게 정식재판청구서를 첨부한 사건기록과 증거물을 송부하고, 경찰서장은 지체 없이 관할지방검찰청 또는 지청의 장에게 이를 송부하여야 하며, 그 검찰청 또는 지청의 장은 지체 없이 관할법원에 이를 송부하여야 한다고(동법 제3항) 규정하고 있어 공소장 일본주의가 적용되지 않는다고 보는 견해도 있으나, 이 경우에도 약식절차에서 정식재판절차로 이행된 경우와 마찬가지로 공소장 일본주의가 적용되어야 한다고 본다.

(3) 청구의 기각

판사는 사건이 즉결심판을 할 수 없거나 즉결심판절차에 의하여 심판함이 적당하지 아니하다고 인정할 때에는 결정으로 즉결심판의 청구를 기각하여야 한다. 위 결정이 있는 때에는 경찰서장은 지체 없이 사건을 관할지방검찰청 또는 지청의 장에게 송치하여야 한다고(즉결심판에관한절차법 제5조) 규정하고 있으므로 이 경우에도 공소장 일본주의는 적용된다.

6. 관련 문제

1) 증거개시의 문제

피고인과 변호인에게 소송계속 중의 관계서류 또는 증거물에 대한 열람·등사권과 공소제기 후 검사가 보관하고 있는 서류 등의 열람·등사권인 증거개시를 인정하고 있다.

2) 공판기일전의 증거조사

증거보전절차와의 관계에 비추어 보아, 여기서의 공판기일 전이란 제1회 공판기일 이후의 공판기일 전을 의미하므로 공소장 일본주의와 관련이 없다.

제4절 공소제기의 효과

Ⅰ 소송계속의 의의

1. 의의

소송계속은 재정신청과 즉결심판에 의해서도 이루어지므로 반드시 검사의 공소 제기에 의하여만 발생하는 것은 아니다. 또한 공소제기가 반드시 유효일 필요도 없다.

2. 효과

1) 소송계속의 내부적 효과

(1) 의의

공소제기에 의하여 종래 검사의 지배하에 있던 피의사건은 피고사건이 되어 공소가 제기된 법원의 지배로 옮기게 된다. 이와 같이 사건이 특정한 법원의 심판대상으로 되어 있는 상태를 소송계속이라고 말한다.

(2) 실질적 소송계속

공소제기가 적법한 경우를 실체적 소송계속이라고 하고 이에 대하여 법원은 유죄·무죄의 실체판결을 하여야 한다.

(3) 형식적 소송계속

공소제기가 부적법한 경우를 형식적 소송계속이라고 하고 이에 대하여 법원은 형식재판을 하여야 한다.

2) 소송계속의 외부적 효과

동일사건이 같은 법원에 이중으로 기소된 경우에는 뒤에 기소된 사건에 대하여 공소기각의 판결(이중기소)을 해야 하고, 동일사건을 수개의 법원에 이중으로 기소한 경우는 관할의 경합이 되어 심판을 할 수 없게 된 법원은 공소기각의 결정을 하여야 한다.

Ⅱ 공소시효의 정지

공소가 제기되면 공소시효의 진행은 정지되며 공소기각 또는 관할위반의 재판이 확정된 때로부터 다시 진행한다(제253조 제1항).

Ⅲ 공소제기의 효력이 미치는 범위

1. 심판범위의 확정

1) 공소불가분의 원칙

범죄사실의 일부에 대한 공소는 그 효력이 전부에 미친다. 이를 공소불가분의 원칙이라고 하며, 이에 의하여 법원의 심판범위가 확정되게 된다. 이를 불고불리의 원칙이라고도 부른다.

2) 심판의 대상과 공소불가분의 원칙

법원의 심판의 대상에 관하여는 공소장에 기재된 공소사실과 단일성과 동일성이 인정되는 사실의 전부가 심판의 대상이 된다는 공소사실대상설, 심판의 대상은 공소장에 명시된 소인의 범위에 제한되고, 공소사실은 현실적 개념이 아니라 소인변경의 범위를 결정하는 기능적 개념에 불과하다는 소인대상설이 있으나, 공소장에 기재된 공소사실이 현실적 심판의 대상이고 공소사실의 단일성과 동일성이 인정되는 사실은 잠재적 심판의 대상이 된다는 이원설이 타당하다.

2. 공소제기의 인적효력범위

1) 인적효력의 범위

공소는 검사가 피고인으로 지정한 이외의 다른 사람에게 그 효력이 미치지 아니한다(제248조). 그러므로 진범이 발견되어도 공소제기의 효력은 진범에게 미치지 아니하고, 공범 중 1인에 대한 공소제기의 효과는 다른 공범자에게는 효력이 미치지 아니한다. 이 점이 공소제기의 객관적 범위의 효력과 차이가 있다. 다만, 공소시효 정지의 효력은 다른 공범자에게도 미친다(제253조 제2항).

2) 검사가 지정한 피고인

성명모용소송인 경우에는 명의를 사칭한 모용자에게만 미치고 피모용자에게는 미치지 않는다. 약식명령의 경우에도 마찬가지이다. 위장출석의 경우에도 실질적 피고인에게만 공소제기의 효력이 미친다. 이 경우 주의할 점은 기판력의 효력이 미치는 범위가 달라진다는 점이다. 즉 성명모용소송의 경우에는 피모용자에게 기판력이 미치지 아니하므로 구제방법으로 전과말소설이 유력하지만 위장출석의 경우에는 기판력의 효력이 형식적 피고인에게도 미치므로 구제방법으로 재심 또는 비상상고가 유력하다.

3. 공소제기의 물적 효력범위

1) 공소사실의 단일성과 동일성

범죄사실의 일부에 대한 공소는 그 전부에 대하여 효력이 있다(제247조 제2항). 그러므로 공소사실의 단일성과 협의의 동일성이 미치는 범위 전채가 법원의 잠재적 심판의 대상이 되며, 이것은 공소장변경의 한계임과 동시에 기판력의 객관적 범위와 일치한다고 할 수 있다.

2) 일죄 일부에 대한 공소제기 가부

(1) 문제점

일죄 일부의 기소의 문제는 일죄 전부에 대하여 범죄의 혐의가 인정되고 소송조건도 구비된 경우에 검사가 그 일부의 죄에 대하여만 공소를 제기하는 것이 허용되는지 문제가 된다. 예컨대 강간에 대하여 고소가 있는 경우 그 수단이 되는 폭행 또는 협박으로 공소를 제기할 수 있는지의 문제가 일죄일부기소의 문제가 된다.

(2) 학설의 대립

범죄 혐의가 인정되고 소송조건도 구비한 경우에 검사가 일죄의 일부의 공소의 제기를 인정하는 경우 실체진실의 발견을 무시하고 검사의 자의를 인정하게 되고, 공소불가분의 원칙에 의하여 공소장에 기재된 공소사실의 일부만이 기재된 경우에도 그 사건의 전부에 대하여 공소제기의 효력이 미치므로 허용될 수 없다는 견해가 종래의 다수설이었으나, 변론주의에 의하여 검사에게 소송물의 처분권이 있고 공소권의 주체는 검사이므로 공소의 제기는 검사의 재량이 속한다는 기소편의주의를 취하고 있는 형사소송법상 허용된다고 보아야 한다.

(3) 판례의 입장

하나의 행위가 부작위범인 직무유기죄와 작위범인 범인도피죄의 구성요건을 동시에 충족하는 경우 공소제기권자는 재량에 의하여 작위범인 범인도피죄로 공소를 제기하지 않고 부작위범인 직무유기죄로만 공소를 제기할 수도 있다고 판시함으로써 일죄일부의 기소를 인정하고 있다.[67)]

제5절 공소시효

I 의의

공소시효란 검사가 일정한 기간 동안 공소를 제기하지 않고 방치하는 경우에 국가의 소추권을 소멸시키는 제도를 말한다. 공소시효는 형의 시효와 더불어 형사시효의 일종이다.

1. 구별 개념

공소시효와 구별할 것은 형법상의 제도인 형의 시효가 있는데 이는 확정된 형벌권을 소멸시키는 재판 확정 후 제도로서 이에 해당하면 형의 집행을 면제하게 된다.

2. 공소시효의 본질

독일의 형법전과 달리 우리나라에는 형사소송법상 공소시효가 완성되면 면소판결을 선고하도록 규정하고 있으므로 소송법설이 타당하다.

67) 대법원 1999.11.26. 99도1904

Ⅱ 공소시효의 기간

1. 시효기간

1) 공소시효 기간

형사소송법에서는 종래 공소시효 기간을 연장하여 다음과 같이 정하였다(제249조). 다만, 구법 당시 범한 죄에 대하여는 종전의 규정을 적용하여 판단하여야 한다(부칙 제3조). 그리고 살인죄에 대하여는 공소시효를 폐지하고 있다.

① 사형에 해당하는 범죄에는 25년
② 무기징역 또는 무기금고에 해당하는 범죄에는 15년
③ 장기 10년 이상의 징역 또는 금고에 해당하는 범죄에는 10년
④ 장기 10년 미만의 징역 또는 금고에 해당하는 범죄에는 7년
⑤ 장기 5년 미만의 징역 또는 금고, 장기 10년 이상의 자격정지 또는 벌금에 해당하는 범죄에는 5년
⑥ 장기 5년 이상의 자격정지에 해당하는 범죄에는 3년
⑦ 장기 5년 미만의 자격정지, 구류, 과료 또는 몰수에 해당하는 범죄에는 1년

2) 의제 공소시효

공소가 제기된 범죄는 판결의 확정이 없이 공소를 제기한 때로부터 25년을 경과하면 공소시효가 완성한 것으로 간주한다.

2. 시효기간의 기준

1) 법정형 기준의 원칙

법정형이 기준이 되므로, 가중 감경한 선고형은 기준이 될 수 없다.

2) 특별법 우선의 원칙

특별법 우선의 원칙이 적용되므로 형법과 폭처법이 경합하는 경우에는 폭력행위 등 처벌에 관한 법률의 법정형이 기준이 된다.

3) 신법우선의 원칙

판례 대법원 1987.12.22. 선고 87도84 판결

범죄후 법률의 개정에 의하여 법정형이 가벼워진 경우에는 형법 제1조에 의하여 당해 범죄사실에 적용될 가벼운 법정형(신법의 법정형)이 공소시효기간의 기준으로 된다.

4) 병과형, 선택형의 경우

2개 이상의 형을 병과하거나 2개 이상의 형에서 그 1개를 과할 범죄에는 중한 형에 의하여 공소시효를 결정한다.[68)]

5) 공범인 경우

정범의 형이 기준이 된다.

6) 공소장 변경 시

(1) 공소시효의 완성여부 결정 기준 시

판례 헌대법원 2004.7.22. 선고 2003도8153 판결

공소장변경이 있는 경우 공소시효의 완성 여부는 당초의 공소제기가 있었던 시점을 기준으로 판단할 것이고 공소장변경시를 기준으로 삼을 것이 아니다.

(2) 공소시효 기준이 되는 법정형의 기준

공소장변경절차에 의하여 공소사실이 변경됨에 따라 그 법정형에 차이가 있는 경우에는 변경된 공소사실에 대한 법정형이 공소시효기간의 기준이 된다.[69)]

3. 공소시효의 기산점

1) 범죄행위 종료시

시효는 범죄행위의 종료시부터 진행한다. 공범은 최종행위가 종료한 때로부터 전공범에 대한 시효기간을 기산한다.

---

68) 예를 들면, 살인죄는 사형, 무기, 5년 이상의 징역형(선택형)에서는 사형을 기준으로 하고, 병과형이란 10년 이하의 징역과 자격정지를 병과할 수 있다고 규정되어 있는 것을 말한다.

69) 대법원 2002.10.11. 2002도2939

판례 대법원 1994.3.22. 94도35

형사소송법 제252조 제1항 소정의 '범죄행위'에는 당해 범죄의 결과까지도 포함되는 취지로 해석함이 상당하므로, 업무상과실치사상죄의 공소시효는 피해자들이 사상에 이른 결과가 발생함으로써 그 범죄행위가 종료한 때로부터 진행한다.

2) 공소시효의 계산

공소시효의 초일은 시간을 계산함이 없이 1일로 산정하고(제66조 제1항 단서) 기간의 말일이 공휴일 또는 토요일이어도 그 날은 공소시효기간에 산입된다(동조 제3항 단서).

[계산방법]
갑이 절도죄(6년 이하의 징역 또는 1000만원 이하의 벌금 : 형법 제329조)를 2000년 2월 10일 13:00에 범한 경우 이에 대한 공소시효의 완성은 2007년 2월 9일 24:00에 완성된다.

[참고] 공소시효 기간(형사소송법 제249조)

시효기간	대상범죄
25년	사형에 해당하는 범죄
15년	무기징역 또는 무기금고에 해당하는 범죄
10년	장기 10년 이상의 징역 또는 금고에 해당하는 범죄
7년	장기 10년 미만의 징역 또는 금고에 해당하는 범죄
5년	장기 5년 미만의 징역 또는 금고에 해당하는 범죄, 장기 10년 이상의 자격정지에 해당하는 범죄, 벌금에 해당하는 범죄
3년	장기 5년 이상의 자격정지에 해당하는 범죄
1년	장기 5년 미만의 자격정지에 해당하는 범죄, 구류, 과료 또는 몰수에 해당하는 범죄

*살인죄에 대하여는 공소시효를 폐지하고 있다.

Ⅲ 공소시효의 정지

1. 의의

민사법과는 달리 중단은 없고, 정지만 있을 따름이다.

2. 공소시효정지의 사유

1) 기소강제절차

고등법원의 재정결정이 있을 때까지 공소시효의 진행을 정지한다.

2) 범인의 국외도피

형사소송법 제253조 제3항은 범인이 형사처분을 면할 목적으로 국외에 있는 경우 그 기간 동안 공소시효는 정지된다고 규정하고 있는데, 이때 범인의 국외체류의 목적은 오로지 형사처분을 면할 목적만으로 국외 체류하는 것에 한정되는 것은 아니고 범인이 가지는 여러 국외체류 목적 중 형사처분을 면할 목적이 포함되어 있으면 족하다.[70)]

3) 소년보호사건의 심리개시

소년보호사건에 대하여 소년부 판사가 심리개시의 결정을 한 때에는 그 사건에 대한 보호처분의 결정이 확정될 때까지 공소시효의 진행이 정지된다.

4) 공소의 제기

기판력이 있는 재판이 확정된 경우에는 결코 다시 진행되지 아니하므로 공소기각의 재판이나 관할위반의 재판이 확정된 때로부터 다시 진행한다.

5) 대통령의 불소추특권

대통령의 불소추특권에 관한 헌법의 규정(헌법 제84조)이 단지 국가의 원수로서 외국에 대하여 국가를 대표하는 지위에 있는 대통령이라는 특수한 직책의 원활한 수행을 보장하고, 그 권위를 확보하여 국가의 체면과 권위를 유지하여야 할 실제상의 필요 때문에 대통령으로 재직 중인 동안만 형사상 특권을 부여하고 있음에 지나지 않는 것으로 보아야 할 것이다. 위 헌법규정은 바로 공소시효진행의 소극적 사유가 되는 국가의 소추권 행사의 법률상 장애사유에 해당하므로, 대통령의 재직 중에는 공소시효의 진행이 당연히 정지되는 것으로 보아야 한다.[71)]

---

70) 대법원 2003.1.24. 2002도4994
71) 헌재 1995.1.20. 94헌마246

3. 정지의 효력이 미치는 범위

1) 주관적 범위

① 공소제기의 효력은 공소제기된 피의자에게만 미치는 것이 원칙이나, 공범 1인에 대한 공소시효정지의 효력은 다른 공범자에 대하여도 효력이 미치고 당해 재판이 확정된 때로부터 진행한다.

② 주의할 점은 공범의 1인으로 기소된 자가 구성요건에 해당하는 위법행위를 공동으로 하였다고 인정되기는 하나 책임조각을 이유로 무죄로 되는 경우와는 달리 범죄의 증명이 없다는 이유로 공범 중 1인이 무죄의 확정판결을 선고받은 경우에는 그를 공범이라고 할 수 없어 그에 대하여 제기된 공소로서는 진범에 대한 공소시효정지의 효력이 없다는 점이다.[72)]

2) 객관적 범위

정지의 효력은 공소사실과 단일성과 동일성이 인정되는 전범위에 미친다.

Ⅳ 공소시효의 완성

공소제기 전에 공소시효가 완성된 것이 판명된 경우에는 검사는 공소권 없음의 불기소처분을 하여야 하고, 공소제기 후에 공소시효가 완성된 것이 판명된 경우에는 법원은 면소판결을 선고해야 한다.

72) 대법원 1999.3.9. 98도4621

PART

4

공판

제1장 공판절차

제1절 공판절차의 기본원칙

I 공판절차의 기본원칙

1. 공개주의

1) 의의

공개주의는 밀행주의와 당사자공개주의에 대립되는 개념으로서 일반 국민에게 법원의 재판과정에 대한 방청을 허용하는 것을 말한다.

2) 근거

법원의 심판절차를 국민의 감시 하에 둠으로써 재판의 공정을 보장하고, 재판에 대한 국민의 신뢰를 유지하는 데 있다.

3) 한계

(1) 사건의 성질에 의한 제한

① 재판의 심리가 국가의 안전보장 또는 안녕질서를 방해하거나 선량한 풍속을 해할 염려가 있는 때에는 법원은 결정으로 재판을 공개하지 않을 수 있다. 다만, 판결의 선고는 반드시 공개하여야 한다.

② 소년보호사건(원칙적 비공개)과 성폭력범죄(법원의 결정으로 비공개)에 대하여서는 공개주의의 제한이 있다.

③ 비공개의 결정은 이유를 개시하여 '선고'하여야 한다. 법원의 결정임에도 불구하고 "고지"로 하지 않고 판결과 같이 선고로 한다는 것에 주의하여야 한다.

(2) 법원의 퇴정명령

재판장은 법정의 존엄과 질서를 해할 우려가 있는 자의 입정금지 또는 퇴정을 명할 수 있다.

(3) 방청인의 제한

재판장은 법정질서를 유지하기 위하여 필요하다고 인정되면 방청석만큼 방청권을 발행하여 그 소지자에 한해 방청을 허용할 수 있다.

(4) 법정에서 촬영과 녹음의 제한

누구든지 법정 안에서는 재판장의 허가 없이 녹화, 촬영, 중개방송 등을 하지 못한다. 재판장은 피고인의 동의가 있는 경우에 촬영과 녹음을 허가 할 수 있으나, 공공의 이익을 위하여 상당하다고 인정되는 경우에는 피고인의 동의 유무에 불구하고 촬영과 녹음을 허가할 수 있다.

2. 구두변론주의

1) 구두주의

공판정에서의 변론은 구두로 하여야 한다(제275조의3). 실체형성행위는 구두로 하나, 절차형성행위는 서면주의가 원칙이다.

2) 변론주의

당사자의 주장과 입증에 의하여 재판을 하는 것을 말하며 당사자주의와 관련이 있다.

변론주의의 제도적 구현방법

1. 국선변호인제도
2. 증인에 대한 교호신문제도
3. 공판정에 당사자의 출석
4. 필요적 변호
5. 검사의 모두진술
6. 피고인의 이익사실 진술
7. 당사자의 증거신청권
8. 증거조사에 대한 이의신청권
9. 공소장변경제도
10. 피고인이 심신상실상태에 있는 경우 공판절차 정지

3. 직접심리주의

1) 내용

(1) 형식적 직접주의

직접 증거조사 한 법관이 사실의 인정을 하여야 한다는 주의로, 공판절차의 갱신에 영향을 준다.

(2) 실질적 직접주의

원본 증거에 의하여 사실의 인정을 하여야 한다는 주의로, 전문증거의 원칙적 증거능력 부정과 관련이 있다.

제2절 공판심리의 범위

I 심판의 대상

형사소송법의 해석상 심판의 대상이 무엇인가에 대하여 공소사실대상설, 소인대상설, 절충설의 대립이 있으나, 불고불리의 원칙상 공소장에 기재된 공소사실이 현실적 심판대상이고 공소사실의 동일성이 인정되는 사실은 공소장변경으로 인해 심판의 대상이 될 수 있다는 점에서 잠재적 심판의 대상이라고 보는 이원설이 타당하다.[1]

---

1) 대법원 1983.11.8. 82도2119
법원의 심판대상은 공소사실과 공소장에 예비적, 택일적으로 기재되거나 소송의 발전에 따라 추가 또는 변경된 사실에 한한다고 할 것이므로 공소사실과 동일성이 인정되는 사실일지라도 소송진행에 의하여 현실로 심판의 대상이 되지 아니한 이상 이를 심판하지 않았다 하여 잘못이라고 할 수 없다.

Ⅱ 공소장변경

1. 공소장변경의 의의

1) 개념

공소장변경이란 검사가 공소사실의 동일성을 해하지 않는 한도에서 법원의 허가를 얻어 공소장에 기재된 공소사실 또는 적용법조를 추가·철회 또는 변경하는 것을 말한다.

2) 구별개념

공소사실의 동일성이 인정되는 범위에서 공소장의 변경이 인정된다는 점에서 동일성이 인정되지 않는 경합범 중 일부의 범죄를 추가하는 추가기소와 일부의 범죄에 대한 철회를 의미하는 공소의 취소와 구별된다. 또한 법원의 심판대상에 변경을 가져온다는 점에서 명백한 오기가 있는 경우에 이를 고치는 공소장정정과도 구별된다.

3) 제도적 가치

적정한 형벌권의 실현과 피고인의 방어권을 보장하는 데 그 의의가 있다.

2. 공소장변경의 한계

1) 공소사실의 동일성의 의의[2)]

공소장변경은 공소사실의 동일성을 해하지 아니하는 범위 내에서 허용된다. 여기서의 동일성에는 소송의 한 시점에서 정적·횡단적으로 관찰하여 하나의 사건을 의미하는 단일성과 소송의 발전적인 측면에서 동적·종단적으로 관찰한 경우에 사건의 동일함을 의미하는 협의의 동일성을 포함하는 개념이다. 그러므로 공소사실의 단일성은 객관적 자기동일성을, 협의의 동일성은 사건의 시간적 전후동일성을 의미한다.

2) 공소장변경의 한계

(1) 학설의 대립

공소사실의 동일성 판단기준으로는 죄질동일설, 구성요건공통설, 소인공통설의 대립

---

2) 동일성과 관련이 있는 형사소송법 내용
공소제기의 효과(공소제기의 불가분적 효과), 공소장변경의 한계, 기판력의 범위, 심판범위

이 있으나, 공소사실을 그 기초가 되는 사회적 사실로 환원하여 그러한 사실에 다소의 차이가 있다 하더라도 기본적인 면에서 동일하면 동일성을 인정할 수 있다는 기본적 사실 동일설이 타당하다.

(2) 판례의 입장

판례 대법원 2006.3.23. 선고 2005도9678 판결

형사재판이 실체적으로 확정되면 동일한 범죄에 대하여 거듭 처벌할 수 없고, 확정판결이 있는 사건과 동일사건에 대하여 공소의 제기가 있는 경우에는 판결로써 면소의 선고를 하여야 하는 것인 바, 이 때 공소사실이나 범죄사실의 동일성 여부는 사실의 동일성이 갖는 법률적 기능을 염두에 두고 피고인의 행위와 그 사회적인 사실관계를 기본으로 하되 그 규범적 요소도 고려에 넣어 판단하여야 한다.

판례 대판 1987.2.10. 85도897

참고인에 대하여 허위진술을 하여 달라고 요구하면서 이에 불응하면 어떠한 위해를 가할 듯한 태세를 보여 외포케 하여 참고인을 협박하였다는 공소사실과 위와 같이 협박하여 겁을 먹은 참고인으로 하여금 허위로 진술케 함으로써 2시경 수사기관에 검거되어 신병이 확보된 채 조사를 받고 있던 자를 증거불충분으로 풀려나게 하여 도피케 하였다는 공소사실은 허위진술을 하도록 참고인을 강요·협박하였다는 기본적 사실관계가 동일하여 공소사실의 동일성이 있다고 할 것이다.

판례 대판 1984.6.26. 84도666

피고인이 피해자를 살해하려고 목을 누르는 등 폭행을 가하였으나 미수에 그쳤다는 살인미수의 공소사실에 대하여 예비적으로 피고인이 피해자를 강간하려고 위와 같은 폭행을 가하였으나 미수에 그치고 피해자에게 상해를 입혔다는 강간치상의 공소사실을 추가하는 공소장변경은 공소사실의 동일성을 해친다고 볼 수 없다.

판례 대판 1983.11.8. 83도2500

공소장변경 전의 횡령공소사실과 변경 후의 사기공소 사실이 그 기초되는 사회적 사실관계가 기본적인 점(피해자에게 다방을 경영하게 해 주겠다는 명목으로 금원수령)에서 동일하다고 인정되는 경우에는 그 공소장변경은 적법하다.

판례 대판 1987.1.20. 86도2396

흉기를 휴대하고 다방에 모여 강도예비를 하였다는 공소사실을 정당한 이유 없이 폭력범죄에 공용된 우려가 있는 흉기를 휴대하고 있었다는 폭력행위등처벌에관한법률 제7조 소정의 죄로 공소장변경을 하였다면, 그 변경 전의 공소사실과 변경 후의 공소사실은 그 기본적 사실이 동일하므로 공소장변경은 적법하다.

판례 대판 1994.3.22. 93도2080(장물취득죄와 강도상해 : 동일성 판단에 있어서 규범적 요소를 고려한 판결)

공소사실이나 범죄사실의 동일성은 형사소송법상의 개념이므로 이것이 형사소송절차에서 가지는 의의나 소송법적 기능을 고려하여야 할 것이고, 따라서 두 죄의 기본적 사실관계가 동일한가의 여부는 그 규범적 요소를 전적으로 배재한 채 순수하게 사회적·전법률적인 관점에서만 파악할 수는 없고,

그 자연적 · 사회적 사실관계나 피고인의 행위가 동일한 것인가 외에 그 규범적 요소도 기본적 사실관계 동일성의 실질적 내용의 일부를 이루는 것이라고 보는 것이 상당하다. 따라서 장물취득죄 외 강도상해죄의 경우에는 동일성을 인정하지 않는다.

판례 대법원 1983.4.12. 선고 83도292 판결

법원은 공소장에 명시된 특정사실에 관하여만 심리판단할 수 있을 따름이고 다만 공소사실의 동일성이 인정되는 범위에서만 공소장기재 범죄사실과 다른 범죄사실을 인정할 수 있는 것이므로, 권리행사방해로 기소된 사건에 있어서 그 동일성을 인정할 수 없는 절도죄로 처단할 수 없는 것이다.

공소장 변경(공소사실의 동일성)에 관련된 판례

1. 동일성을 인정한 판례
   ⓐ 협박과 범인도피죄 ⓑ 살인미수와 강간치상
   ⓒ 횡령과 사기 ⓓ 강도예비와 폭처법위반
2. 동일성을 부정한 판례
   ⓐ 장물취득죄와 강도상해 ⓑ 권리행사방해죄와 절도죄

3. 공소장변경의 필요성

1) 공소장변경에 있어서 필요성의 판단기준

공소장변경이 필요한 경우에 대하여는 동일벌조설, 법률구성설의 대립이 있으나, 공소장에 기재되어 있는 사실과 실질적으로 차이가 있는 경우 즉 사실의 변화가 사회적 · 법률적으로 의미를 달리하고 실질적으로 피고인의 방어권이 불이익을 초래하는 경우에 공소장의 변경이 필요하다는 사실기재설(실질적 불이익설)이 타당하다.

판례 대법원 2007.7.27. 선고 2007도4097 판결

검사가 피고인을 특정범죄 가중처벌 등에 관한 법률 제5조의4 제1항 소정의 상습범으로 기소한 경우에도 그 공소사실에 상습성의 근거로 적시된 피고인의 범죄전력이 그대로 같은 조 제5항 소정의 범죄전력 및 누범가중의 요건을 충족하고 있다면 그 기본적 사실에 있어서는 아무런 차이가 없을 뿐 아니라 피고인의 방어에 실질적 불이익을 끼칠 우려도 없다고 할 것이어서 법원은 공소장변경절차를 거칠 필요 없이 피고인에 대하여 같은 조 제5항을 적용하여 처벌할 수 있지만, 이와는 달리 공소사실에는 피고인이 절도죄 등으로 징역형을 받은 범죄전력 중 하나만이 적시되어 있고 나머지 범죄전력에 관하여는 '그 외 동종 전과가 ○회 더 있다'는 식으로만 기재되어 있는 경우, 즉 절도죄 등으로 3회 이상 징역형을 받은 사실이 구체적으로 적시되어 있지 않은 경우에는, 같은 조 제1항으로 기소되었는데도

공소장변경 없이 같은 조 제5항을 적용하여 처벌하는 것은 피고인의 방어에 실질적 불이익을 끼칠 우려가 있으므로 허용되지 않는다.

판례 대법원 2000.7.28. 선고 98도4558

피고인의 방어권행사에 실질적인 불이익을 초래할 염려가 없는 경우에는 공소사실과 기본적 사실이 동일한 범위 내에서 법원이 공소장변경절차를 거치지 않고 다르게 인정하였다 할지라도 불고불리의 원칙에 위반되지 않는다.

2) 공소장변경에 대한 구체적 검토

(1) 공소장변경 전후의 구성요건이 같은 경우

① 범죄의 일시, 장소, 수단, 방법, 객체 등의 변화가 있는 경우에 원칙적으로 공소장변경을 요한다.

판례 대법원 1992.10.27. 선고 92도1824

일반적으로 범죄의 일시는 공소사실의 특정을 위한 요건이지 범죄사실의 기본적 요소는 아니므로 동일범죄사실에 대하여 약간 다르게 인정하는 경우에도 반드시 공소장의 변경을 요하지 아니하나, 그 범행일시의 차이가 단순한 착오기재가 아니고 그 변경인정이 피고인의 방어에 실질적 불이익을 가져다 줄 염려가 있는 경우에는 공소장의 변경이 필요하다 그러므로 '피고인이 1987.3.경 신양오비파에 행동대장으로 가입하여 신양오비파를 구성하였다'는 폭력행위등처벌에관한법률 제4조 제2호의 공소사실에 대하여 법원이 '피고인이 1988.9.경 신양오비파에 가입하였다'고 같은 조 제3호의 범죄사실로 인정하기 위하여는 공소장변경절차를 거쳐야 한다.

판례 대법원 1984.10.23. 선고 84도1803 판결

상해 정도의 차이만 가지고는 기본적 사실의 동일성이 깨어진다고 볼 수 없으므로 공소장에 약 4개월간의 치유를 요하는 상해라고 적시된 것을 법원이 공소장변경절차 없이 약 8개월간의 치료를 요하는 것으로 인정하였다 하여도 이는 불고불리의 원칙에 반한다고 할 수 없다.

판례 대법원 2002.8.23. 선고 2001도6876 판결

기소된 공소사실의 재산상의 피해자와 공소장 기재의 피해자가 다른 것이 판명된 경우에는 공소사실에 있어서 동일성을 해하지 아니하고 피고인의 방어권 행사에 실질적 불이익을 주지 아니하는 한 공소장변경절차 없이 직권으로 공소장 기재의 사기피해자와 다른 실제의 피해자를 적시하여 이를 유죄로 인정하여야 한다.

구성요건이 같은 경우, 공소장변경이 필요 없다고 본 판례

1. 단순한 상해정도의 차이(전치 4주를 전치 12주로 변경되는 경우 : 단 학설에서는 이러한 경우 공소장이 필요하다고 본다)
2. 인과관계의 진행에 차이가 있는 때
3. 사기죄에 있어서 피해자를 달리 인정할 때
4. 범죄의 일시기재가 명백한 오기인 때
5. 객체가 달라진 경우에도 피고인이 시인하여 불이익을 주지 않을 때
6. 뇌물전달자가 다른 경우

(2) 구성요건이 다른 경우

① 원칙

구성요건이 달라지는 경우에는 원칙적으로 피고인의 방어권에 실질적 영향이 있으므로 공소장을 변경하는 것이 원칙이다.

변론주의의 제도적 구현방법

1. 살인죄 ⇨ 폭행치사죄
2. 고의범 ⇨ 과실범
3. 미수 ⇨ 예비
4. 명예훼손죄 ⇨ 모욕죄
5. 특수절도 ⇨ 장물운반죄
6. 특수강도 ⇨ 특수공갈죄
7. 강간치상죄 ⇨ 강제추행치상죄
8. 사기죄 ⇨ 상습사기죄
9. 장물보관 ⇨ 업무상과실장물보관
10. 강도상해교사 ⇨ 공갈교사

② 예외

- 축소사실을 인정하는 경우에는 "대는 소를 포함한다"는 명제 하에 공소장 변경이 필요하지 아니한다. 다만, 이러한 경우 법원이 축소사실에 대한 유죄판결을 하여야 되는지 문제가 된다.

판례 대법원 1991.5.28. 선고 91도676 판결

법원은 공소사실의 동일성이 인정되는 범위 내에서 공소가 제기된 범죄사실에 포함된 보다 가벼운 범죄사실이 인정되는 경우에 심리의 경과에 비추어 피고인의 방어권행사에 실질적인 불이익을 초래

할 염려가 없다고 인정되는 때에는 공소장이 변경되지 않았더라도 직권으로 공소장에 기재된 공소사실과 다른 범죄사실을 인정할 수 있지만, 이와 같은 경우라고 하더라도 공소가 제기된 범죄사실과 대비하여 볼 때 실제로 인정되는 범죄 사실의 사안이 중대하여 공소장이 변경되지 않았다는 이유로 이를 처벌하지 않는다면 적정절차에 의한 신속한 실체적 진실의 발견이라는 형사소송의 목적에 비추어 현저히 정의와 형평에 반하는 것으로 인정되는 경우가 아닌 한 법원이 직권으로 그 범죄사실을 인정하지 아니하였다고 하여 위법한 것이라고까지는 볼 수 없다.

판례 대법원 2005.7.8. 2005도279

[1] 공소장변경 절차 없이도 법원이 심리 · 판단할 수 있는 죄가 한 개가 아니라 여러 개인 경우에는 법원으로서는 그 중 어느 하나를 임의로 선택할 수 있는 것이 아니라 검사에게 공소사실 및 적용법조에 관한 석명을 구하여 공소장을 보완하게 한 다음 이에 따라 심리 · 판단하여야 할 것이다.

[2] 헌법재판소의 위헌결정으로 실효된 폭력행위등처벌에관한법률 제3조 제2항 중 야간에 흉기 기타 위험한 물건을 휴대하여 형법 제283조 제1항(협박)의 죄를 범한 자 부분을 적용하여 기소된 공소사실에 관하여 폭력행위등처벌에관한법률 제2조 제2항, 형법 제283조 제1항 위반죄(야간협박)만 성립할 수 있다고 판단한 후 형사소송법 제327조 제6호에 의하여 이 부분 공소를 기각한 원심판결을, 위 공소사실 중에는 폭력행위등처벌에관한법률 제3조 제1항, 형법 제283조 제1항 위반죄(흉기휴대협박) 등 다른 죄의 공소사실이 포함되어 있으므로, 검사에게 공소사실 및 적용법조에 관한 석명을 구한 후 보완된 공소사실에 대하여 심리 · 판단하였어야 한다.

공소장 변경이 필요 없는 축소사실 관련 판례 정리

1. 강간치사 ⇨ 강간미수	2. 강간치상 ⇨ 강간죄
3. 강도상해 ⇨ 절도와 상해	4. 강도강간 ⇨ 강간죄
5. 특수절도 ⇨ 절도	6. 기수 ⇨ 미수

• 법률적 평가만 달리한 경우

죄수문제 및 법률적 평가에 대한 대법원 판례의 태도(공소장 변경이 필요 없는 경우)

1. 경합범으로 공소제기된 경우 ⇨ 포괄일죄(단순일죄), 상상적 경합으로 인정
2. 포괄일죄로 공소제기된 경우 ⇨ 경합범인정(학설은 피고인의 방어권의 범위가 늘어가는 경우이므로 공소장 변경이 필요하다고 한다)
3. 배임죄 ⇨ 횡령죄
4. 피고인과 공범자의 공동범행 중 일부 행위에 관하여 피고인이 한 것이라고 기소된 것을 둘 중 누군가가 한 것이라고 인정하는 경우
5. 특정범죄가중처벌등에 관한 법률위반의 공소사실에 대하여 수뢰죄·관세법위반·준강도죄·절도죄를 적용하는 경우

(3) 주의할 판례

① 단독범을 공동정범으로 인정하는 경우

[판례] 대법원 1997.5.23. 선고 96도1185 판결

형사재판에 있어서 법원의 심판대상이 되는 것은 공소장에 기재된 공소사실과 예비적 또는 택일적으로 기재된 공소사실, 그리고 소송의 진행에 따라 공소장변경에 의하여 추가 또는 변경된 사실에 한하는 것이고, 공소사실과 동일성이 인정되는 사실이라 할지라도 위와 같은 공소장이나 공소장변경 신청서에 공소사실로 기재되어 현실로 심판의 대상이 되지 아니한 사실은 법원이 그 사실을 인정하더라도 피고인의 방어에 실질적 불이익을 초래할 염려가 없는 경우가 아니면 법원이 임의로 공소사실과 다르게 인정할 수 없는 것이며, 이와 같은 사실을 인정하려면 공소장변경을 요하는 것이므로, 단독범으로 기소된 것을 법원이 다른 사람과 공모하여 동일한 내용의 범행을 한 것으로 인정하는 경우에도 이 때문에 피고인의 방어권의 행사에 실질적 불이익을 줄 우려가 있는 경우에는 반드시 공소장변경을 필요로 한다고 볼 것이다. 그런데 공소장변경이 있기 이전의 이 사건 공소사실의 요지는 피고인이 단독으로 향응을 제공하였다는 것이고, 원심이 인정한 사실은 피고인이 위 공소외 1, 공소외 2과 공모하여 향응을 제공하였다는 것인 바, 기록에 의하여 살펴보면, 위 일시 장소에서의 모임을 주선한 자는 위 공소외 1이고, 위 향응 제공 후 음식대금을 지급한 것은 위 공소외 2이 소장으로 있는 와우리지소인 사실이 인정되고, 한편 피고인은 위 공소외 1의 권유로 위 모임에 참석하게 된 것일 뿐 이 사건 음식대금을 지급한 사실도 없고 실제로도 누가 음식대금을 지급하였는지 모른다고 변소하고 있으므로, 피고인은 위 1, 2과의 공모사실이 인정되어야 비로소 유죄로 인정될 것이어서, 법원이 피고인 단독범으로 기소된 것을 공소장변경 없이 위 공소외 1, 공소외 2과의 공모 공동정범으로 인정하는 것은 피고인의 방어권 행사에 실질적인 불이익을 줄 우려가 있다.

[판례] 대법원 1991.5.28. 선고 90도1977 판결

단독범으로 기소된 것을 다른 사람과 공모하여 동일한 내용의 범행을 한 것으로 인정하는 경우에는 이 때문에 피고인에게 불의의 타격을 주어 그 방어권의 행사에 실질적 불이익을 줄 우려가 있지 아니하는 경우에는 반드시 공소장변경을 필요로 한다고 할 수 없고, 이 사건의 경우 기록을 살펴보면 피고인과 변호인은 원심에 이르기까지 피고인은 위 호적계장이나 시민봉사실장과 의논이 되어 판시와 같은 호적정정허가신청서를 작성하여 행사한 것이고 위 시민봉사실장은 위 신청서의 정정사유가 허위임을 알면서도 결재한 것이라고 주장하여 온 바 있음을 알 수 있으므로, 원심이 공소장변경절차 없이 피고인 단독범으로 기소된 이 사건 공소사실을 그 범행사실의 내용이 동일한 공동정범으로 인정하였다고 하여 피고인의 방어권행사에 불이익을 줄 우려가 있는 경우라고 할 수 없다.

② 공동정범으로 공소제기된 경우 ⇨ 방조범 인정

[판례] 대법원 2004.6.24. 선고 2002도995

법원은 공소사실의 동일성이 인정되는 범위 내에서 공소가 제기된 범죄사실보다 가벼운 범죄사실이 인정되는 경우에 있어서, 그 심리의 경과 등에 비추어 볼 때 피고인의 방어에 실질적인 불이익을 주는 것이 아니라면 공소장 변경 없이 직권으로 가벼운 범죄사실을 인정할 수 있다고 할 것이므로 공동정범으로 기소된 범죄사실을 방조사실로 인정할 수 있다.

판례 대법원 2001.11.9. 선고 2001도4792

피고인의 행위가 보건범죄단속에관한특별조치법위반(부정의료업자)의 방조에 해당된다고 하더라도, 보건범죄단속에관한특별조치법위반(부정의료업자)의 공동정범으로 공소가 제기된 사건의 심리과정에서 단 한 번도 언급된 바 없는 보건범죄단속에관한특별조치법위반(부정의료업자)의 방조사실을 법원이 공소장의 변경도 없이 그대로 유죄로 인정하는 것이 피고인의 방어권 행사에 실질적인 불이익을 초래할 염려가 없다고 보기 어려울 뿐만 아니라, 보건범죄단속에관한특별조치법위반(부정의료업자)의 방조사실을 유죄로 인정하지 아니하는 것이 현저히 정의와 형평에 반하는 것이라고 보여지지도 아니한다.

③ 간접정범으로 공소제기된 경우 ⇨ 방조범으로 인정

판례 2007.10.25. 선고 2007도4663 판결

부동산 명의수탁자를 처벌하는 규정인 부동산 실권리자명의 등기에 관한 법률 제7조 제2항 위반죄의 간접정범으로 공소가 제기된 경우, 공소장의 변경 없이 부동산 명의신탁행위의 방조범을 처벌하는 규정인 위 법률 제7조 제3항 위반죄가 성립되는지 여부를 심리하여 판단하는 것은 피고인의 방어권 행사에 실질적 불이익을 초래할 염려가 없다고 보기 어려울 뿐만 아니라, 이를 심리하여 처벌하지 아니하는 것이 현저히 정의와 형평에 반하여 위법하다고 볼 수도 없다.

4. 공소장변경 절차

1) 검사의 신청에 의한 공소장변경

(1) 공소장변경 신청

① 공소장변경은 서면(공소장변경허가신청서)에 의한 검사의 신청에 의한다. 검사는 공소사실을 예비적 · 택일적으로 변경할 수 있고 이때 법원의 판단순서도 이에 제한을 받는다.

② 검사의 공소장변경 신청이 있는 경우 법원은 위 공소장허가신청서의 부본을 피고인 또는 변호인에게 즉시 송달하여야 한다(규칙 제142조 제3항).

(2) 공소장변경 허가

① 법원은 공소사실의 동일성을 해하지 아니하는 한도에서 허가하여야 한다(제298조 제1항).

② 공소장변경이 허가된 때에는 재판장은 공판기일에 검사로 하여금 공소장변경허가신청서에 의하여 공소장변경의 요지를 진술하게 할 수 있다(규칙 제142조 제4항).

③ 법원은 피고인이 재정하는 공판정에서는 피고인에게 이익이 되거나 피고인이

동의하는 경우 구술에 의한 공소장변경을 허가할 수 있다(규칙 제142조 제5항).

④ 법원은 공소사실 또는 적용법조의 추가, 철회 또는 변경이 피고인의 불이익을 증가할 염려가 있다고 인정한 때에는 직권 또는 피고인이나 변호인의 청구에 의하여 피고인으로 하여금 필요한 방어의 준비를 하게 하기 위하여 결정으로 필요한 기간 공판절차를 정지할 수 있다(제298조 제4항).

판례 대법원 2005.12.23. 2005도6402

형사소송법 제298조 제4항은 공소사실의 변경 등이 피고인의 불이익을 증가할 염려가 있다고 인정될 때에는 피고인으로 하여금 필요한 방어의 준비를 하게 하기 위하여 공판절차를 정지할 수 있도록 규정하고 있는 바, 공소사실의 일부 변경이 있고 법원이 그 변경을 이유로 공판절차를 정지하지 않았다고 하더라도 공판절차의 진행상황에 비추어 그 변경이 피고인의 방어권 행사에 실질적 불이익을 주지 않는 것으로 인정되는 경우에는 이를 위법하다고 할 수는 없는 것이다.

판례 대법원 1987.3.28. 87모17

판결 전의 소송절차에 관한 결정에 대하여는 특히 즉시항고를 할 수 있는 경우 외에는 항고를 하지 못하는 것인 바, 소송사실 또는 적용법조의 추가, 철회 또는 변경의 허가에 관한 결정은 판결 전의 소송절차에 관한 결정이라 할 것이므로 그 결정을 함에 있어서 저지른 위법이 판결에 영향을 미친 경우에 한하여 그 판결에 대하여 상소를 하여 다툼으로써 불복하는 외에는 당사자가 이에 대하여 독립하여 상소할 수 없다.

판례 대법원 2001.3.27. 2001도116

공소사실의 동일성이 인정되지 않는 등의 사유로 공소장변경허가결정에 위법사유가 있는 경우에는 공소장변경허가를 한 법원이 스스로 이를 취소할 수 있다.

2) 법원의 공소장변경 요구

(1) 의의

법원은 심리의 경과에 비추어 상당하다고 인정할 때에는 공소사실 또는 적용법조의 추가 또는 변경을 요구하여야 한다(제298조 제2항).

(2) 공소장변경 요구의 의무성

① 학설의 태도

법률에는 "요구하여야 한다"라고 규정하고 있으나 학설에서는 의무설, 재량설의 대립이 있으나 원칙적 법원의 재량이나 공소장 변경을 요구하지 아니하고 무죄판결을 하는 것이 현저한 정의에 반하는 경우에는 예외적으로 법원의 의무가 된다고 보는 예외적 의무설이 타당하다.

판례 대법원 1997.8.22. 97도1516

피고인이 이적표현물을 제작·반포한 사실은 부인하면서 이를 취득·소지한 것에 대하여는 자백하는 취지로 진술한다고 하여도 법원이 검사에게 공소장의 변경을 요구할 것인지 여부는 법원의 재량에 속하는 것이므로, 법원이 검사에게 그 표현물을 취득·소지한 것으로 공소장변경을 요구하지 아니하였다 하여 위법하다고 할 수 없다.

(3) 공소장변경 요구의 형성력인정 여부

당사자주의 입장에서는 부정하는 것이 타당하다.

(4) 검사와의 관계

당사주의 입장에서는 권고효설의 입장이나 소송지휘권이므로 명령효설이 타당하다.

5. 공판조서의 기재

공소장변경의 허가결정을 공판정에서 고지한 사항, 공소장의 변경에 관한 요지의 진술에 관한 사항 및 법원이 공소장변경을 요구한 경우에는 반드시 공판조서에 기재하여야 한다.

6. 관련 문제(항소심에 있어서의 공소장변경 가부)

항소심은 속심적 성격이 강하므로 원칙적으로 공소장변경이 가능하나, 상고심은 사후적 성격이 강하므로 공소장변경이 불가능하다. 법원이 종결된 변론을 재개하여 다시 공판심리를 하게 된 경우에도 검사는 적법하게 공소장변경신청을 할 수 있고 항소심절차에서도 이를 할 수 있으며 법원은 필요한 경우 직권으로 증거조사를 할 수 있다고 할 것이므로, 항소심 법원이 변론기일에 변론을 종결하였다가 그 후 변론을 재개하여 심리를 속행한 다음 직권으로 증인을 심문한 뒤 검사의 공소장변경신청을 허가하였다고 하더라도 이와 같은 항소심의 조처는 형사소송법의 절차나 규정에 위반하였다고 볼 수 없다.[3]

3) 대법원 1995.12.5. 94도1520

제3절 공판준비절차

I 의의

공판준비절차란 공판기일에서 심리를 준비하기 위하여 수소법원에서 행하여지는 절차를 말한다. 제1회 공판기일 전인가 제2회 공판기일 전인가는 문제가 되지 않는다. 공판준비절차란 수소법원이 행하는 것이므로 증거보전 등은 준비절차가 아니다. 공판준비는 공판중심주의를 침해하지 않는 범위에서 행하여야 하므로 공판준비기일 전의 증서조사의 범위는 신중하게 결정하여야 할 것이다.

II 제1회 공판기일 전의 공판준비

1. 법원의 사전 준비

1) 공소장부본의 송달

법원은 공소의 제기가 있는 때에는 지체 없이 공소장 부본을 피고인 또는 변호인에게 송달하여야 한다. 단, 제1회 공판기일 전 5일까지 송달하여야 한다(제266조). 이에 대한 위반이 있는 경우 당해 피고인은 모두진술단계에서 이의제기를 하여야 한다. 이의가 있는 경우에는 법원은 다시 공소장을 송달하거나 공판기일의 지정을 취소하거나 변경하여야 한다. 이에 대한 이의제기는 모두진술단계에서 하여야 하므로 실체심리에 들어간 경우에는 하자가 치유되므로 이의를 제기할 수 없다고 본다.

2) 국선변호인 선정에 관한 고지(규칙 제17조)

(1) 형사소송법 제33조의 사유

재판장은 공소제기가 있는 때에는 변호인 없는 피고인이 구속된 때, 미성년자인 때, 70세 이상인 때, 농아자인 때, 심신장애의 의심이 있는 때, 사형, 무기 또는 단기 3년 이상의 징역이나 금고에 해당하는 사건으로 기소된 때는 변호인 없이 개정할 수 없는 취지와 피고인 스스로 변호인을 선임하지 아니할 경우에는 법원이 국선변호인을 선정하게 된다는 취지를 서면으로 고지하여야 한다.

(2) 형사소송법 제33조 중 빈곤 그 밖의 사유

빈곤 그 밖의 사유로 변호인을 선임할 수 없는 경우에는 법원에 대하여 국선변호인의 선정을 청구할 수 있다는 취지를 서면으로 고지하여야 한다.

(3) 형사소송법 제33조 제3항의 경우

법원은 피고인의 연령·지능 및 교육 정도 등을 참작하여 권리보호를 위하여 필요하다고 인정하는 때에는 피고인의 명시적 의사에 반하지 아니하는 범위 안에서 변호인을 선정하는 경우 법원에 대하여 국선변호인의 선정을 희망하지 아니한다는 의사를 표시할 수 있다는 취지를 서면으로 고지한다.

2. 소송관계인의 사전 준비

1) 증거서류 및 증거물의 사전 열람

공판의 준비가 신속하고 적절하게 이루어지기 위해서는 검사와 변호인 쌍방이 지니고 있는 증거서류와 증거물을 사전에 열람할 필요가 있으므로 개정 형사소송법은 증거개시제도를 명문으로 인정하고 있다(제266조의3, 제266조의11).

2) 의견서 제출

피고인 또는 변호인은 공소장 부본을 송달받은 날부터 7일 이내에 공소사실에 대한 인정 여부, 공판준비절차에 관한 의견 등을 기재한 의견서를 법원에 제출하여야 한다. 다만, 피고인이 진술을 거부하는 경우에는 그 취지를 기재한 의견서를 제출할 수 있다. 법원은 의견서가 제출된 때에는 이를 검사에게 송부하여야 한다(제266조의2).

3. 공판준비절차

1) 공판준비절차 문제점

현행법에는 공판준비에 대하여 공소장부분을 송달하고 공판준비에 필요하다고 인정하는 경우 검사, 피고인 또는 변호인의 신청에 의하여 공판기일 전에 피고인 또는 증인을 신문할 수 있고 검증, 감정 또는 번역을 명할 수 있고(제273조 제1항), 검사, 피고인 또는 변호인은 공판기일 전에 서류나 물건을 증거로 법원에 제출할 수 있다(제274조). 그러나 이러한 규정만으로는 사건의 심리방향을 설정하기 위하여 쟁점을 정리하고 주장 및 입증계획 등을 준비하거나 이를 위해 공판준비기일을 열 수 있는 근거규정이 없어 문제가 있어 이를 보완하기 위하여 개정 형사소송법에서는 공판준비절차에 관한 규정을 만들었다. 더욱이 새로이 진행되는 "국민의 형사재판 참여에 관한 법률"따른 참여재판에는 사건을 반드시 공판준비절차에 부쳐야 하는 필수절차로 규정되어 있어 공판준비절차는 매우 중요한 절차가 되었다.

2) 법원의 공판준비명령

(1) 재판장의 회부명령

개정 형사소송법은 재판장은 효율적이고 집중적인 심리를 위하여 사건을 공판준비절차에 부칠 수 있으므로(제266조의5 제1항), 기소된 사건의 쟁점을 파악하고 향후 쌍방의 입증계획 등을 미리 받아 심리의 집중을 도모하기 위하여 재판장은 검사·피고인 또는 변호인에게 기한을 정하여 공소장 등 법원에 제출된 서면에 대한 설명을 요구하는 등 공판준비절차의 진행에 필요한 사항을 미리 준비하게 하거나 그 밖에 공판준비에 필요한 명령을 할 수 있다(제266조의6 제4항, 규칙 제123조의9 제1항).

3) 공판준비를 위한 서면의 제출

(1) 개요

검사, 피고인 또는 변호인은 공판준비절차에서 법률상·사실상 주장의 요지 및 입증취지 등이 기재된 서면을 법원에 제출할 수 있고, 재판장은 검사, 피고인 또는 변호인에 대하여 이러한 서면의 제출을 명할 수 있다. 쌍방으로부터 서면이 제출된 때에는 그 부본을 상대방에게 송달하여야 한다(제266조의6). 공판준비서면에는 필요한 사항을 구체적이고 간결하게 기재하여야 하고, 증거로 할 수 없거나 증거로 신청할 의사가 없는 자료에 기초하여 법원에 사건에 대한 예단 또는 편견을 발생하게 할 염려가 있는 사항을 기재하여서는 아니 된다(규칙123조의9 제3항). 검사·피고인 또는 변호인은 특별한 사정이 없는 한 필요한 증거를 공판준비절차에서 일괄하여 신청하여야 한다(규칙 제123조의8 제3항).

4) 재판의 고지 등에 대한 특례

법원은 서면 이외 전화·모사전송·전자우편·휴대전화 문자전송 그 밖에 적당한 방법으로 검사·피고인 또는 변호인에게 공판준비와 관련된 의견을 요청하거나 결정을 고지할 수 있다.

5) 공판준비절차의 종결사유

법원은 i) 쟁점 및 증거의 정리가 완료된 때, ii) 사건을 공판준비절차에 부친 뒤 3개월이 지난 때, iii) 검사·변호인 또는 소환받은 피고인이 출석하지 아니한 때 중 어느 하나에 해당하는 사유가 있는 때에는 공판준비절차를 종결하여야 한다. ii), iii)에 해당하는 경우로서 공판의 준비를 계속하여야 할 상당한 이유가 있는 때에는 그러하지 아니하다(제266조의12).

4. 공판준비기일 절차

1) 공판준비기일의 지정(임의적 절차)

효율적인 공판준비기일의 운영을 위해서는 당사자의 협력이 중요하므로 법원은 검사, 피고인 또는 변호인의 의견을 들어 공판준비기일을 지정할 수 있도록 하고(제266조의7 제1항), 검사, 피고인 또는 변호인은 법원에 대하여 공판준비기일의 지정을 신청할 수 있다. 이 경우 당해 신청에 관한 법원의 결정에 대하여는 불복할 수 없다(동조 제2항). 검사·피고인 또는 변호인은 부득이한 사유로 공판준비기일을 변경할 필요가 있는 때에는 그 사유와 기간 등을 구체적으로 명시하여 공판준비기일의 변경을 신청할 수 있다(규칙 제123조의10).

2) 공판준비기일 절차상의 유의점

(1) 절차의 주제자

효율적인 절차의 진행을 위하여 법원은 합의부원으로 하여금 공판준비기일을 진행하게 할 수 있으며 이 경우 수명법관은 공판준비기일에 관하여 법원 또는 재판장과 동일한 권한이 있다(동조 제3항).

(2) 검사 및 변호인의 출석

공판준비기일에는 검사 및 변호인이 출석하여야 진행할 수 있다(제266조의8 제1항). 다만, 피고인의 출석은 필수적인 요건이 아니다. 그러나 법원은 필요하다고 인정하는 때에는 피고인을 소환할 수 있으며, 피고인은 법원의 소환이 없는 때에도 공판준비기일에 출석할 수 있다(동조 제5항).

(3) 공개심리방법

공판준비기일은 공개한다. 다만, 공개하면 절차의 진행이 방해될 우려가 있는 때에는 공개하지 아니할 수 있다(제266조의7 제4항). 재판장은 출석한 피고인에게 진술을 거부할 수 있음을 알려주어야 한다(제6항). 법원은 공판준비기일이 지정된 사건에 관하여 변호인이 없는 때에는 직권으로 변호인을 선정하여야 한다(제266조의8 제4항). 공판준비기일에는 법원사무관 등이 참여하고(동조 제2항) 법원은 검사, 피고인 및 변호인에게 공판준비기일을 통지하여야 한다(제3항).

3) 공판준비에 관한 사항

법원은 공판준비절차에서 다음과 같은 행위를 할 수 있다.

(1) 공소장의 보완과 변경

법원은 검사에 대하여 공소사실 또는 적용법조를 명확하게 하고, 공소사실 또는 적용법조의 추가·철회 또는 변경을 허가할 수 있도록 하였다(제1호, 제2호).

(2) 쟁점의 정리

법원은 피고인 또는 변호인에 대하여 공소사실과 관련하여 주장할 내용을 명확히 하여 사건의 쟁점을 정리할 수 있도록 하였다(제3호). 또한 법원은 검사에 대해서도 서면으로 쟁점을 정리 하도록 명할 수 있다(제266조의6 제2항). 그 밖에 계산이 어렵거나 그 밖에 복잡한 내용에 관하여 설명하도록 할 수 있다(제4호).

(3) 증거의 신청 및 채부

법원은 공판준비절차에서 검사, 피고인 또는 변호인으로 하여금 증거신청을 하도록 하거나(제5호), 신청된 증거와 관련하여 입증 취지 및 내용 등을 명확하게 하고(제6호), 일방의 증거신청에 관하여 상대방의 의견을 확인한(제7호) 다음 증거 채부의 결정(제8호) 및 증거조사의 순서 및 방법을 정할 수 있다(제9호).

(4) 기타

법원은 그 밖에 검사, 피고인 또는 변호인의 증거개시에 관한 서류 등의 열람 또는 등사와 관련된 신청의 당부를 결정할 수 있고(제10호) 공판기일을 지정 또는 변경하거나(제11호) 그 밖에 공판절차의 진행에 필요한 사항을 정할 수 있다(제12호).

공판준비절차에서도 검사, 피고인 또는 변호인은 증거조사에 관하여 이의신청을 할 수 있고(제266조의9 제2항, 제296조 제1항) 재판장의 처분에 대하여 이의신청을 할 수 있다(제

266조의9 제2항, 제304조 제1항). 재판장은 이의신청에 대하여 결정을 하여야 한다(제266조의9 제2항, 제304조 제2항).

4) 공판준비기일 결과의 확인

법원은 공판준비기일을 종료하는 때에는 검사, 피고인 또는 변호인에게 쟁점 및 증거에 관한 정리결과를 고지하고, 이에 대한 이의의 유무를 확인하여야 한다. 법원은 쟁점 및 증거에 관한 정리결과를 공판준비기일조서에 기재하여야 한다(제266조의10). 그러므로 공판조서와 같이 모든 내용을 자세히 정리할 필요 없이 쟁점 및 증거의 정리 결과만 기재하면 된다.

5) 공판준비기일 종결의 효과 : 실권효 규정

공판준비기일에서 신청하지 못한 증거는 그 증거신청으로 인하여 소송을 현저히 지연시키지 아니하거나 중대한 과실 없이 공판준비기일에 제출하지 못하는 등 부득이한 사유를 소명한 경우에 한하여 공판기일에 신청할 수 있다. 다만, 법원은 실체진실의 발견을 위하여 이에 구애받지 아니하고 직권으로 증거를 조사할 수 있다(제266조의13).

6) 준용규정 및 기일간의 공판준비절차

법원은 필요하다고 인정한 때에는 직권 또는 검사, 피고인 또는 변호인의 신청에 의하여 결정으로 종결한 공판준비기일을 재개할 수 있다(제266조의14, 제305조).

5. 기일 간 공판준비 절차

법원은 쟁점 및 증거의 정리를 위하여 필요한 경우에는 제1회 공판기일 후에도 사건을 공판준비절차에 부칠 수 있다. 이 경우 기일 전 공판준비절차에 관한 규정을 준용한다(제266조의15).

6. 증거개시 절차

1) 의의

개정 형사소송법에서는 피고인 또는 변호인은 검사에게 공소제기된 사건에 관한 서류 또는 물건(이하 "서류 등"이라 한다)의 목록과 공소사실의 인정 또는 양형에 영향을 미칠 수 있는 서류 등의 열람·등사 또는 서면의 교부를 신청할 수 있게 하고, 피고인에게 변호인이 있는 경우에는 피고인은 열람만을 신청할 수 있게 함과 동시에, 검사도 피고인 또는 변호인이 공판기일 또는 공판준비절차에서 현장부재 · 심신상실 또는 심신미약 등 법률상 · 사실상의 주장을 한 때에는 피고인 또는 변호인에게 이에 관련된 서류 등의 열람 · 등사 또는 서면의 교부를 요구할 수 있게 하여 영미의 증거개시제도(Discovery) 제도를 도입하였다(제266조의3, 제266조의11).[4]

2) 열람 · 등사의 대상

(1) 피고인측의 열람 · 등사 범위[5]

피고인 또는 변호인은 검사에게 공소제기된 사건에 관한 서류 또는 물건(이하 "서류 등"이라 한다)의 목록과 공소사실의 인정 또는 양형에 영향을 미칠 수 있는 i) 검사가 증거로 신청할 서류 등, ii) 검사가 증인으로 신청할 사람의 성명 · 사건과의 관계 등을 기재한 서면 또는 그 사람이 공판기일 전에 행한 진술을 기재한 서류 등, iii) 앞의 서면 또는 서류 등의 증명력과 관련된 서류 등, iv) 피고인 또는 변호인이 행한 법률상 · 사실상 주장과 관련된 서류 등(관련 형사재판확정기록, 불기소처분기록 등을 포함한다)의 열람 · 등사 또는 서면의 교부를 신청할 수 있다. 다만, 피고인에게 변호인이 있는 경우에는 피고인은 열람만을 신청할 수 있다(동조 제1항). 이러한 서류 등에는 도면 · 사진 · 녹음테이프 · 비디오테이프 · 컴퓨터용 디스크, 그 밖에 정보를 담기 위하여 만들어진 물건으로서 문서가 아닌 특수매체를 포함한다. 이 경우 특수매체에 대한 등사는 필요 최소한의 범위에 한한다(동조 제6항).

(2) 검사측의 열람 · 등사의 범위[6]

검사는 피고인 또는 변호인이 공판기일 또는 공판준비절차에서 현장부재 · 심신상실 또는 심신미약 등 법률상 · 사실상의 주장을 한 때에는 피고인 또는 변호인에게 i) 피고인 또는 변호인이 증거로 신청할 서류 등 ii) 피고인 또는 변호인이 증인으로 신청할 사람의 성명, 사건과의 관계 등을 기재한 서면 iii) 앞의 서류 또는 서면의 증명력과 관련된 서류 등 iv) 피고인 또는 변호인이 행한 법률상 · 사실상의 주장과 관련된 서류 등에 관하여 열람 · 등사 또는 서면의 교부를 요구할 수 있다. 앞의 서류 등에는 도면 · 사진 · 녹

4) 최근 영미의 증거개시제도의 논의는 "TWO-WAY Street Movemont"로 검사뿐만 아니라 피고인의 경우에도 증거개시를 하여야 한다는 점을 강조한다.
5) 공소제기 후 제1회 공판기일 전 검사가 보관하고 있는 서류 등의 열람 · 등사
6) 피고인 또는 변호인이 보관하고 있는 서류 등의 열람 · 등사

음테이프 · 비디오테이프 · 컴퓨터용 디스크, 그 밖에 정보를 담기 위하여 만들어진 물건으로서 문서가 아닌 특수매체를 포함한다. 이 경우 특수매체에 대한 등사는 필요 최소한의 범위에 한한다(제266조의11).

3) 증거개시의 제한

검사는 국가안보, 증인보호의 필요성, 증거인멸의 염려, 관련 사건의 수사에 장애를 가져올 것으로 예상되는 구체적인 사유 등 열람 · 등사 또는 서면의 교부를 허용하지 아니할 상당한 이유가 있다고 인정하는 때에는 열람 · 등사 또는 서면의 교부를 거부하거나 그 범위를 제한할 수 있다(제266조의3 제2항). 다만, 검사는 서류 등의 목록에 대하여는 열람 또는 등사를 거부할 수 없도록 하여(동조 제5항) 증거개시제도의 실효성을 확보하고 있다.

검사는 열람 · 등사 또는 서면의 교부를 거부하거나 그 범위를 제한하는 때에는 지체 없이 그 이유를 서면으로 통지하여야 한다(동조 제3항). 피고인 또는 변호인은 검사가 관련 서류에 대하여 신청을 받은 때부터 48시간 이내에 앞의 통지를 하지 아니하는 때에는 법원에 열람 등사 또는 서면의 교부 등을 신청을 할 수 있다(동조 제4항).

피고인 또는 변호인은 검사가 서류 등의 열람 · 등사 또는 서면의 교부를 거부한 때에는 자신이 보관하고 있는 서류 등의 열람 · 등사 또는 서면의 교부를 거부할 수 있다. 다만, 법원이 피고인 및 변호인의 신청을 기각하는 결정을 한 때에는 그러하지 아니하다(제266조의11 제2항).

4) 법원의 열람 · 등사에 관한 결정

피고인 또는 변호인은 검사가 서류 등의 열람 · 등사 또는 서면의 교부를 거부하거나 그 범위를 제한한 때에는 법원에 그 서류 등의 열람 · 등사 또는 서면의 교부를 허용하도록 할 것을 신청할 수 있다(제266조의4 제1항). 이에 대응하여 검사도 피고인 또는 변호인이 관련서류에 대한 서면 교부에 따른 요구를 거부한 때에는 법원에 그 서류 등의 열람 · 등사 또는 서면의 교부를 허용하도록 할 것을 신청할 수 있다(제266조의11 제3항).

법원은 피고인 또는 변호인의 서류 등에 대한 열람, 등사 또는 서면의 교부 신청이 있는 때에는 열람 · 등사 또는 서면의 교부를 허용하는 경우에 생길 폐해의 유형 · 정도, 피고인의 방어 또는 재판의 신속한 진행을 위한 필요성 및 해당 서류 등의 중요성 등을 고려하여 검사에게 열람 · 등사 또는 서면의 교부를 허용할 것을 명할 수 있다. 이 경우

열람 또는 등사의 시기 · 방법을 지정하거나 조건 · 의무를 부과할 수 있다(제266조의4 제2항). 법원은 이 결정을 하는 때에는 검사에게 의견을 제시할 수 있는 기회를 부여하여야 한다(동조 제3항).

법원은 필요하다고 인정하는 때에는 검사에게 해당 서류 등의 제시를 요구할 수 있고, 피고인이나 그 밖의 이해관계인을 심문할 수 있다(동조 제4항). 법원의 증거개시결정의 실효성 담보를 위해 검사가 열람 · 등사 또는 서면의 교부에 관한 법원의 결정을 지체 없이 이행하지 아니하는 때에는 해당 증인 및 서류 등에 대한 증거신청을 할 수 없도록 하였다(동조 제5항).

5) 열람 · 등사된 서류 등의 남용 방지

피고인 또는 변호인(피고인 또는 변호인이었던 자를 포함한다. 이하 이 조에서 같다)은 검사가 열람 또는 등사하도록 한 서면 및 서류 등의 사본을 당해 사건 또는 관련 소송의 준비에 사용할 목적이 아닌 다른 목적으로 다른 사람에게 교부 또는 제시(전기통신설비를 이용하여 제공하는 것을 포함한다)하여서는 아니 되고, 만일 이를 위반한 피고인 또는 변호인에게는 1년 이하의 징역 또는 500만원 이하의 벌금에 처하도록 하여 관련 서류에 대한 남용방지책을 마련하였다(제266조의16).

7. 공판기일의 지정, 변경, 통지

1) 공판기일의 지정

재판장은 공판기일의 정하여야 한다(제267조 제1항). 공판기일은 가능한 한 각 사건에 대한 개정시간을 구분하여 정하여야 한다(규칙 제124조).

2) 공판기일의 변경

재판장은 직권 또는 검사, 피고인, 변호인의 신청에 의하여 공판기일을 변경할 수 있다(제270조 제1항). 공판기일 변경신청에는 공판기일의 변경을 필요로 하는 사유와 그 사유가 계속되리라고 예상되는 기간을 명시하여야 하며 진단서 기타의 자료로써 이를 소명하여야 한다(규칙 제125조). 이에 대한 기각한 명령은 송달하지 아니한다(제270조 제2항).

3) 공판기일의 통지

공판기일은 검사, 변호인, 보조인에게 통지하여야 한다(제267조 제3항). 공판기일에는 피고인, 대표자 또는 대리인을 소환하여야 한다(동조 제2항). 공판기일에 소환 또는 통지서를 받은 자가 질병 기타의 사유로 출석하지 못할 때에는 의사의 진단서 기타의 자료를 제출하여야 한다(제271조).

8. 피고인의 소환

1) 소환장의 송달

소환장에는 피고인의 성명, 주거, 죄명, 출석일시 및 장소와 정당한 이유 없이 출석하지 아니하는 때에는 도망할 염려가 있다고 인정하여 구속영장을 발부할 수 있음을 기재하고 재판장 또는 수병법관이 기명날인[7]하여야 한다(제74조).

2) 예외

① 피고인이 기일에 출석한다는 서면을 제출한 경우(제76조 제2항), ② 출석한 피고인에 대하여 차회기일을 정하여 출석을 명한 경우(제76조 제2항), 요지를 조서에 기재하여야 한다(제76조 제3항), ③ 구금된 피고인에 대하여는 교도 관리에게 통지하여 소환하며 피고인이 교도 관리로부터 소환통지를 받은 경우(제76조 제4항, 제5항), ④ 법원 구내에 피고인에게 공판기일을 통지한 경우(제268조)에는 소환장의 송달과 동일한 효력이 있다.

3) 소환장의 유예기간

제1회 공판기일은 소환장의 송달 후 5일 이상의 유예기간을 두어야 한다. 단, 피고인의 이의 없는 때에는 유예기간을 두지 아니할 수 있다(제269조). 제1회 공판기일의 지정 외에는 늦어도 출석할 일시 12시간 이전에 송달하여야 한다. 그러나 피고인의 이의가 없는 경우에는 그러지 아니하다(규칙 제45조).

9. 공무소에 조회

법원은 직권 또는 검사, 피고인이나 변호인의 신청에 의하여 공무소 또는 공사단체에 조회하여 필요한 사항의 보고 또는 그 보관서류의 송부를 요구할 수 있다. 신청을 기각할 때에는 결정으로 하여야 한다(제272조).

---

7) 서명날인이 아님에 주의해야 한다.

10. 공판기일 전 증거조사

1) 공판기일 전 증거조사의 범위

법원은 검사, 피고인 또는 변호인의 신청에 의하여 공판준비에 필요하다고 인정한 때에는 공판기일 전에 피고인 또는 증인을 신문할 수 있고 검증, 감정 또는 번역을 명할 수 있다(제273조). 재판장은 부원으로 하여금 증거조사를 하게 할 수 있다(동조 제2항). 당사자의 신청을 기각한 때에는 결정으로 하여야 한다(동조 제3항). 검사, 피고인 또는 변호인은 공판기일 전에 서류나 물건을 증거로 법원에 제출 할 수 있다(제274조).

2) 공소장 일본주의와 관계

공판기일 전의 증거조사는 제1회 공판기일 전에 법원의 예단을 방지하고자 하는 공소장 일본주의에 반할 수 있음으로 공판기일 전의 증거조사가 가능한 공판기일은 제1회 공판기일 후의 공판기일을 의미한다고 보아야 한다.

제4절 공판정의 심리

I 집중심리

1. 의의

종래에 형사소송법에는 명문의 규정이 없이 특정강력범죄의처벌에관한특례법에서 규정하고 있었는데 개정 형사소송법이 명문으로 인정하였다.

2. 내용

공판기일의 심리는 집중되어야 하므로 심리에 2일 이상이 필요한 경우에는 부득이한 사정이 없는 한 매일 계속 개정하여야 한다. 재판장은 부득이한 사정으로 매일 계속 개정하지 못하는 경우에도 특별한 사정이 없는 한 전회의 공판기일부터 14일 이내로 다음 공판기일을 지정하여야 한다. 또한 재판장은 여러 공판기일을 일괄하여 지정할 수 있다. 소송관계인은 기일을 준수하고 심리에 지장을 초래하지 아니하도록 하여야 하며, 재판장은 이에 필요한 조치를 할 수 있다(제267조의2).

Ⅱ 공판정의 구성

1. 공판정의 구성요건

공판기일에는 공판정에서 심리한다(제275조 제1항). 공판정은 판사와 검사, 법원사무관 등이 출석하여 개정한다(동조 제2항). 검사의 좌석과 피고인 및 변호인의 좌석은 대등하며, 법대의 좌우측에 마주 보고 위치하고, 증인의 좌석은 법대의 정면에 위치한다. 다만, 피고인신문을 하는 때에는 피고인은 증인석에 좌석한다(동조 제3항). 공판정에서는 피고인의 신체를 구속하지 못한다. 다만, 재판장은 피고인이 폭력을 행사하거나 도망할 염려가 있다고 인정하는 때에는 피고인의 신체의 구속을 명하거나 기타 필요한 조치를 할 수 있다(제280조).

2. 검사의 출석

검사의 출석은 공판정 개정요건이므로 검사의 출석 없이 개정한 때에는 소송절차에 관한 법령에 위반한 경우에 해당한다.[8] 다만, 검사가 공판기일의 통지를 2회 이상 받고도 출석하지 아니하거나 판결만을 선고하는 때에는 검사의 출석 없이 개정할 수 있다(제278조). 여기서 2회 이상이란 검사가 2회에 걸쳐 출석하지 아니한 때에는 그 기일에 바로 개정할 수 있다는 뜻이고 반드시 계속하여 2회 이상 불출석할 것을 요하는 것은 아니다.

판례 대법원 1967.2.21. 66도1710

검사가 공판기일의 통지를 받고 2회나 출석하지 아니하여 검사의 출석 없이 개정하였다고 하여 위법하다 할 수 없고 동 공판에서 다음 기일을 고지한 이상 그 명령을 받은 소송관계인 전원에 대하여 효력이 있다 할 것이다.

판례 대법원 1966.11.29. 66도1415

본조는 검사가 2회의 공판기일통지를 받고 출석치 아니한 때에 적용되는 것이므로 기일통지를 3회 이상 받고 출석치 아니한 때에 한하여 이를 적용하는 것은 아니다.

---

8) 대법원 1966.5.17. 66도276

3. 피고인의 출석

피고인의 출석은 공판정 개정의 요건이므로 피고인이 공판기일에 출석하지 아니한 때에는 특별한 규정이 없으면 개정하지 못한다(제276조). 또한 출석한 피고인에게는 재정 의무까지 있다. 그러므로 피고인은 재판장의 허가 없이 퇴정하지 못한다(제281조 제1항).

4. 피고인의 출석의 예외

1) 피고인이 법인인 경우

피고인이 법인 경우에는 법인이 소송행위를 할 수 없으므로 대표자를 출석시키면 된다(제27조). 이 경우에 대표자가 반드시 출석할 필요는 없고 특별 대리인을 출석하게 할 수 있다(제276조 단서). 이 경우 그 대리인에게 대리권을 수여한 사실을 증명하는 서면을 법원에 제출하여야 한다.

2) 피고인이 의사무능력자인 경우

형법 제9조~제11조(책임능력에 관한 규정)의 규정의 적용을 받지 아니하는 범죄사건의 피고인이 의사능력이 없는 경우에는 법정대리인 혹은 특별대리인이 출석한 경우에는 피고인의 출석을 요하지 아니한다(제26조, 제28조). 통상의 사건에서 피고인에게 의사능력이 없는 경우에는 공판절차를 정지하여야 한다(제306조).

3) 경미사건

(1) 다액 500만원 이하의 벌금 또는 과료

다액 500만원 이하의 벌금 또는 과료에 해당하는 사건인 경우에는 피고인의 출석을 요하지 아니한다. 이 경우 피고인은 대리인을 출석하게 할 수 있다(제277조 제1호).

(2) 즉결심판

즉결심판에 의하여 피고인에게 벌금 또는 과료를 선고하는 경우에도 피고인의 출석이 필요 없다(즉결심판에 관한 절차법 제8조의2).[9]

9) 그러므로 구류인 경우에는 피고인의 출석이 필요하다.

4) 피고인에게 유리한 재판을 하는 경우

(1) 공소기각 또는 면소의 재판을 하는 경우

공소기각 또는 면소의 재판을 할 것이 명백한 사건인 경우에는 피고인의 출석이 필요 없다. 이 경우 피고인은 대리인을 출석하게 할 수 있다(제277조 제2호).

(2) 의사무능력자인 피고인에 대하여 무죄 등을 선고하는 경우

피고인에게 사물의 변별능력 또는 의사결정능력이 없거나, 피고인이 질병으로 출정할 수 없는 때에는 공판절차를 정지하여야 하나(제306조 제1항, 제2항) 그러나 피고사건에 대하여 무죄, 면소, 형의 면제 또는 공소기각의 재판을 한 것이 명백한 때에는 피고인의 출정 없이 재판할 수 있다(동조 제4항).

5) 법원으로부터 불출석에 대한 허가를 받은 사건

장기 3년 이하의 징역 또는 금고, 다액 500만원을 초과하는 벌금 또는 구류에 해당하는 사건에서 피고인의 불출석허가신청이 있고 법원이 피고인의 불출석이 그의 권리를 보호함에 지장이 없다고 인정하여 이를 허가한 사건인 경우에는 피고인의 출석을 요하지 아니한다. 다만, 인정신문에 따른 절차를 진행하거나 판결을 선고하는 공판기일에는 출석하여야 한다(제277조 제3호). 이 경우 피고인은 대리인을 출석하게 할 수 있다.

6) 피고인만이 약식명령에 대하여 정식재판을 청구한 경우

피고인만이 약식명령에 대하여 정식재판의 청구를 하여 판결을 선고하는 사건에서는 관하여는 피고인의 출석을 요하지 아니한다. 이 경우 피고인은 대리인을 출석하게 할 수 있다(제277조 제4호).

7) 피고인이 퇴정하거나 퇴정명령을 받은 경우

(1) 무단 퇴정, 퇴정명령을 받은 경우

피고인이 재판장의 허가 없이 퇴정하거나, 재판장의 질서유지를 위한 퇴정명령을 받은 때에 는 피고인의 진술 없이 판결할 수 있다(제330조). 조문은 판결로 되어 있으나 피고인의 책임 있는 사유로 당사자로서의 출석권을 포기 상실한 것이므로 심리(증거조사, 최종변론)까지 할 수 있고 제318조 제2항의 증거동의도 의제된다고 보아야 한다.

판례 대법원 1991.6.28. 91도865

필요적 변호사건이라 하여도 피고인이 재판거부의 의사를 표시하고 재판장의 허가 없이 퇴정하고 변호인마저 이에 동조하여 퇴정해 버린 것은 모두 피고인측의 방어권의 남용 내지 변호권의 포기로 볼 수밖에 없는 것이므로 수소법원으로서는 형사소송법 제330조에 의하여 피고인이나 변호인의 재정 없이도 심리판결 할 수 있고, 피고인과 변호인들이 출석하지 않은 상태에서 증거조사를 할 수밖에 없는 경우에는 형사소송법 제318조 제2항의 규정상 피고인의 진의와는 관계없이 형사소송법 제318조 제1항의 동의가 있는 것으로 간주하게 되어있다.

(2) 일시 퇴정을 한 경우

재판장은 증인 또는 감정인이 피고인 또는 어떤 재정인의 면전에서 충분한 진술을 할 수 없다고 인정한 때에는 그를 퇴정하게 하고 진술하게 할 수 있다. 피고인이 다른 피고인의 면전에서 충분한 진술을 할 수 없다고 인정한 때에도 같다(제297조 제1항). 이로 인하여 증인 심문권이 침해될 여지가 있으므로 증인, 감정인 또는 공동피고인의 진술이 종료한 때에는 퇴정한 피고인을 입정하게 한 후, 서기로 하여금 진술의 요지를 고지하게 하여야 한다(동조 제2항).

8) 피고인이 출석하지 않는 경우

(1) 소환장 송달 불능한 경우

소송촉진에관한특례법은 피고인이 소재불명인 경우에 피고인의 진술 없이 재판할 수 있다고 규정하고 있다. 소송촉진에관한특례법 제23조에서는 제1심 공판절차에서 피고인에 대한 송달불능보고서가 접수된 때로부터 6월이 경과하도록 피고인의 소재를 확인할 수 없는 때에는 대법원규칙이 정하는 바에 따라 피고인의 진술 없이 재판할 수 있다 다만, 사형 · 무기 또는 장기 10년이 넘는 징역이나 금고에 해당한 사건의 경우에는 그러하지 아니하다.[10)]

위 조문에 대하여 헌법재판소는 소송촉진에관한특례법 제23조가 불출석 재판의 대상이 되는 범죄에서 중형이 선고될 수 있는 사건들을 제외하고 장기에 대한 제한을 둠으로써 불출석 재판의 대상에서 제외되는 형법상의 죄는 크게 확대되었다. 또한 구 소송

10) 1999년 개정전의 소촉법 제23조는 "다만, 사형 · 무기 또는 단기 3년 이상의 징역이나 금고에 해당하는 사건의 경우에는 그러하지 아니하다"라고 하여 피고인 불출석 상태에서 중형이 선고될 수도 있는 가능성을 배제하고 있지 아니할 뿐만 아니라 그 적용대상이 너무 광범위하므로, 비록 정당한 입법목적 아래 마련된 조항이라 할지라도 헌법 제37조 제2항의 과잉금지의 원칙에 위배되어 피고인의 공정한 재판을 받을 권리를 침해하는 것이라고 하여 헌법재판소 97헌바22에서 위헌판결을 받고 장기 10년을 넘는 징역이나 금고로 조문을 변경하였다.

촉진에관한특례법 제23조가 책임 없는 사유로 출석하지 못한 피고인에 대하여 별다른 증거조사도 없이 곧바로 유죄판결을 선고할 수 있게 한 점에서 적법절차원칙에 반한다는 위헌사유를 해소하기 위하여 소송촉진에관한특례법에 신설된 제23조의2는 그와 같은 경위로 판결이 선고되어 확정된 피고인이 제1심법원에 재심을 청구할 수 있게 하고, 재심청구가 있는 경우 법원은 재판의 집행을 정지하되, 피고인의 구금을 요하는 때에는 구속영장을 발부하도록 규정하였는 바, 이로써 자신에게 책임 없는 사유로 불출석 재판을 받은 피고인도 심급의 이익을 상실하지 않고 제1심부터 다시 증거조사를 거쳐 판결을 받을 수 있게 되었다. 이와 같이 소송촉진에관한특례법 제23조는 구 소송촉진에관한특례법 제23조에 대한 위헌결정 이후 위헌결정이유에 따라 법조 자체를 개정하거나 관련규정을 신설함으로써 그 위헌성을 해소한 규정이므로 헌법이 보장하는 적법절차를 위반하거나 공정한 재판을 받을 청구인의 권리를 침해한 법률로 볼 수 없다고 하여 합헌판결을 하였다.[11]

(2) 구속된 피고인 정당한 이유 없이 출석 거부하고 교도관리에 의한 인치가 불가능한 경우

피고인이 출석하지 아니하면 개정하지 못하는 경우에 구속된 피고인이 정당한 사유 없이 출석을 거부하고, 교도관에 의한 인치가 불가능하거나 현저히 곤란하다고 인정되는 때에는 피고인의 출석 없이 공판절차를 진행할 수 있다(제277조의2). 이때 출석한 검사 및 변호인의 의견을 들어야 한다(동조 제2항). 집단공안사건에서 구속피고인이 법정투쟁의 일환으로 출정을 거부하고 교도 관리에 의한 인치가 불가능한 경우가 있으므로 이에 대한 대책으로 새로이 신설된 조문이다. 이 경우 진행할 수 있는 공판절차의 범위에는 모두절차, 증거조사절차, 판결선고를 다 할 수 있다. 구속 피고인이 출석을 거부하는 경우에는 교도소장은 즉시 그 취지를 법원에 통지하여야 하고(규칙 제126조의2), 법원이 피고인의 출석 없이 공판절차를 진행하고자 하는 경우에는 미리 위 조문에 규정된 사유가 존재하는가의 여부를 조사하여야 한다. 법원이 위 사유를 조사를 함에 있어서 필요하다고 인정하는 경우에는 교도관리 기타 관계자의 출석을 명하여 진술을 듣거나 그들로 하여금 보고서의 제출을 명할 수 있다(규칙 제126조의3). 피고인의 출석 없이 공판절차를 진행하는 경우에는 재판장은 공판정에서 소송관계인에게 그 취지를 고지하여야 한다(규칙 제126조의4).

11) 헌재 2005.7.21. 2005헌바21

(3) 항소심절차에서 연속으로 2번 출정하지 않는 경우

항소심에서 피고인이 공판기일에 출정하지 아니한 때에는 다시 기일을 정하여야 하고, 피고인이 정당한 사유 없이 다시 정한 기일에 출정하지 아니한 때에는 피고인의 진술 없이 판결할 수 있다(제365조). 조문에는 판결로 나와 있지만 당연히 심리도 할 수 있다고 보아야 한다.

(4) 약식명령에서 정식재판을 청구한 경우

약식명령에 대하여 정식재판을 청구한 피고인이 정식재판절차의 공판기일에 출정하지 아니한 때에는 다시 기일을 정하여야 하고, 피고인이 정당한 사유 없이 다시 정한 기일에 출정하지 아니한 때에는 피고인의 진술 없이 판결할 수 있다(제458조 제2항).

9) 피고인의 출석이 부적당한 경우

(1) 상고심인 경우

상고심은 법률심이므로 변호인만이 변론을 할 수 있으므로 상고심의 공판기일에는 피고인의 소환을 요하지 아니한다(제398조의2). 다만, 피고인에게 공판기일통지서는 송달하여야 한다.

(2) 치료감호청구를 받은 경우

법원은 피치료감호청구인이 「형법」 제10조 제1항의 규정에 의한 심신장애로 공판기일에의 출석이 불가능한 경우에는 피치료감호청구인의 출석 없이 개정할 수 있다(치료감호법 제8조).

5. 변호인의 출석

변호인은 소송의 당사자가 아니므로 변호인의 출석은 공판개정의 요건이 아니다. 그러나 필요적 변호 사건이나 국선변호사건에서는 변호인 없이 개정하지 못한다(제282조, 제283조). 판결만을 선고하는 경우에는 변호인의 출석이 필요 없다(제282조 단서).

[판례] 대법원 1990.6.8. 90도646

(1) 필요적 변호사건에서 변호인이 없거나 출석하지 아니한 채 공판절차가 진행되었기 때문에 그 공판절차가 위법한 것이라고 하여 이미 그 전에 적법하게 이루어진 소송행위까지 모두 무효로 된다고는 볼 수 없는 것이므로 위법하게 공판절차가 진행되기 이전에 이미 진술한 피고인들의 제1심 공판에서의 판시사실에 일부 부합하는 각 진술을 원심이 증거로 채용하였다고 하여 증거능력이 없는 증거를 증거로 한 것이라고 볼 수는 없다.

(2) 이른바 필요적 변호사건에 있어서 변호인이 피고인의 명시적 또는 묵시적인 동의아래 그 방어권 행사의 한 방법으로, 재판장의 허가 없이 임의로 퇴정하여 버리거나 피고인과 합세하여 법정의 질서를 문란케 하여 재판의 진행을 방해하는 등의 행위를 하여 재판장으로부터 질서유지를 위한 퇴정을 명받는 경우와 같이, 변호인의 재정의무위반이 피고인 자신의 귀책사유에 기인할 뿐만 아니라 피고인측의 방어권의 남용 내지 변호권의 포기로 보여지는 경우에는, 신속한 재판 및 사법권의 옹호라는 측면을 중시하여 형사소송법 제330조의 규정을 유추 적용하여 예외적으로 변호인 없이 개정 · 심리할 수 있다.

Ⅲ 소송지휘권

1. 의의

소송지휘권이란 소송의 진행을 질서 있게 하고 심리를 원활하게 하기 위한 법원의 합목적적인 활동으로 형사소송법은 "공판기일의 소송지휘는 재판장이 한다"라고 규정하여 재판장에게 소송지휘권을 부여하고 있다. 소송지휘권은 사법권의 고유한 권리이므로 법률의 규정이나 소송의 기본구조에 반하지 않는 한 명문의 규정이 없는 경우에도 인정되는 권리이다. 이러한 소송지휘권은 직권주의에 있어서뿐만 아니라 당사자주의에서도 소송지휘권이 요구되며, 당자주의에서 특히 그 중요성이 강조되는 이유도 여기에 있다. 소송지휘권은 공판절차뿐만 아니라 공판기일외의 절차에서도 광범위하게 미치며, 법정경찰권도 소송지휘권이 속한다고 보아야 한다.

2. 소송지휘권이 내용

1) 재판장의 소송지휘권

증인심문순서의 변경(제161조의2 제3항), 공판기일의 지정과 변경(제267조, 제270조), 인정신문(제284조), 불필요한 변론의 제한(제299조), 석명권(규칙 제141조 제1항)이 가장 중요한 재판장의 소송지휘권의 내용이다.

(1) 변론의 제한

재판장은 소송관계인의 진술 또는 신문이 중복된 사항이거나 그 소송에 관계없는 사항인 때에는 소송관계인의 본질적 권리를 해하지 아니하는 한도에서 이를 제한할 수 있다(제299조).

(2) 석명권

재판장은 소송관계를 명료하게 하기 위하여 검사, 피고인 또는 변호인에게 사실상과 법률상의 사항에 관하여 석명을 구하거나 입증을 촉구할 수 있고, 합의부원은 재판장에게 고하고 위의 조치를 할 수 있다. 검사, 피고인 또는 변호인은 재판장에 대하여 석명을 위한 발문을 요구할 수 있다(규칙 제141조). 이 석명권의 특징은 재판장뿐만 아니라 합의부원에 대하여도 인정된다는 점에 특색이 있다.

2) 법원의 소송지휘권

① 국선변호인의 선임(제283조)
② 특별대리인의 선임(제28조)
③ 증거조사에 대한 이의신청의 결정(제296조)
④ 재판장의 처분에 대한 이의신청에 대한 결정(제304조)
⑤ 변론의 분리 · 병합 · 재개(제300조, 제305조)
⑥ 공소장변경의 허가(제298조)
⑦ 의사무능력 또는 질병을 이유로 하는 공판절차의 정지(제306조)

3. 소송지휘권의 행사

재판장의 소송지휘권은 명령의 형식으로 이루어지며 법원의 소송지휘권은 결정의 형식을 취한다. 다만, 재판장이 결정에 의하여 소송지휘권을 행사하는 것이 금지되는 것은 아니다.

4. 소송지휘권에 대한 불복의 방법

1) 재판장의 소송지휘권에 대한 불복방법

법령의 위반이 있는 경우에 한하여 이의신청[12]을 할 수 있다(제304조, 규칙 제136조).

2) 법원의 소송지휘권에 대한 불복 방법

판결 전의 소송절차이므로 불복의 방법이 없다(제403조).

12) 증거결정에 대한 이의신청도 법령에 위반했을 경우, 그러나 증거조사에 대한 이의신청은 법령의 위반이 있는 경우 및 상당한 이유가 있는 경우

Ⅳ 법정경찰권

1. 의의

법정경찰권이란 법정의 질서를 유지하고 심판의 방해를 제지, 배제하기 위하여 법원이 행하는 권력작용을 의미하며, 이러한 법정경찰권은 넓은 의미에서 소송지휘권에 포함될 수 있으나 사건의 실체와 관련된다는 점에서 특색이 있다.

2. 내용

1) 예방작용

재판장은 법정의 질서유지를 위하여 필요한 예방조치를 취할 수 있다. 즉 재판장은 법정의 존엄과 질서를 해할 우려가 있는 자의 입정의 금지 또는 퇴정을 명하며, 기타 법정의 질서유지에 필요한 명령을 발할 수 있다(법원조직법 제58조 제2항). 이에 해당되는 조치로는 방청권의 발행과 소지품검사, 피고인에 대한 간수명령을 들 수 있다.

2) 방해배제 작용

재판장은 피고인의 퇴정을 제지하거나 법정의 질서를 유지하기 위한 필요한 처분을 할 수 있고(제281조), 피고인, 방청인에 대하여 퇴정명령을 할 수 있다. 재판장은 법정의 질서의 유지를 위하여 필요하다고 인정하는 때에는 경찰서장에게 경찰관의 파견을 요구할 수 있고, 파견된 경찰관은 법정 내외의 질서유지에 관하여 재판장의 지휘를 받는다(법원조직법 제60조).

3) 제재작용

법원 및 재판장은 법정 내외에서 질서를 유지하기 위하여 법원이 발한 명령(법정의 질서유지, 녹화 등의 금지명령)에 위배되는 행위를 하거나 또는 폭언 · 소란 등의 행위로 법원의 심리를 방해하거나 재판의 위신을 현저하게 훼손한 자에 대하여 결정으로 20일 이내의 감치 또는 100만원 이하의 과태료에 처하거나 이를 병과할 수 있다. 감치는 경찰서 유치장, 교도소 또는 유치장에 유치함으로써 집행한다.

법원은 감치를 위하여 법원직원, 교도관 또는 경찰관으로 하여금 즉시 행위자를 구속하게 할 수 있으며, 구속한 때로부터 24시간 이내에 감치에 처하는 재판을 하여야 하고,

이를 하지 아니하면 즉시 석방을 명하여야 한다. 감치는 피감치인에 대한 다른 사건으로 인한 구속 및 형에 우선하여 집행하며, 감치의 집행 중에는 피감치인에 대한 다른 사건으로 인한 구속 및 형의 집행이 정지되고, 피감치인이 당사자로 되어 있는 본래의 심판사건의 소송절차는 정지된다. 다만, 법원은 상당한 이유가 있는 때에는 소송절차의 속행을 명할 수 있다. 감치재판에 대하여는 항고 또는 특별항고를 할 수 있다(법원조직법 제61조).

V 전문심리위원제도의 도입

1. 전문심리위원제도의 도입

법원은 소송관계를 분명하게 하거나 소송절차를 원활하게 진행하기 위하여 필요한 경우에는 직권으로 또는 검사, 피고인 또는 변호인의 신청에 의해 결정으로 따라 전문심리위원을 지정하여 공판준비 및 공판기일 등 소송절차에 참여하게 할 수 있다. 전문심리위원은 전문적인 지식에 의한 설명 또는 의견을 기재한 서면을 제출하거나 기일에서 전문적인 지식에 의하여 설명이나 의견을 진술할 수 있다. 다만, 재판의 합의에는 참여할 수 없다. 전문심리위원은 기일에서 재판장의 허가를 받아 피고인 또는 변호인, 증인 또는 감정인 등 소송관계인에게 소송관계를 분명하게 하기 위하여 직접 질문할 수 있다. 법원은 전문심리위원이 제출한 서면이나 전문심리위원의 설명 또는 의견의 진술에 관하여 검사, 피고인 또는 변호인에게 구술 또는 서면에 의한 의견진술의 기회를 주어야 한다(제279조의2).

2. 전문심리위원 참여결정의 취소

법원은 상당하다고 인정하는 때에는 검사, 피고인 또는 변호인의 신청이나 직권으로 전문심리위원 참여결정을 취소할 수 있다. 법원은 검사와 피고인 또는 변호인이 합의하여 전문심리 위원참여결정을 취소할 것을 신청한 때에는 그 결정을 취소하여야 한다(제279조의3).

3. 전문심리위원의 지정

전문심리위원을 소송절차에 참여시키는 경우 법원은 검사, 피고인 또는 변호인의 의견을 들어 각 사건마다 1인 이상의 전문심리위원을 지정한다(제279조의4).

4. 전문심리위원의 제척 및 기피

형사소송법 제17조 내지 제20조 및 제23조의 규정은 전문심리위원에게 준용한다. 제척 또는 기피신청이 있는 전문심리위원은 그 신청에 관한 결정이 확정될 때까지 그 신청이 있는 사건의 소송절차에 참여할 수 없다. 이 경우 전문심리위원은 당해 제척 또는 기피신청에 대하여 의견을 진술할 수 있다(제279조의5).

5. 전문심리위원의 권한 의무

전문심리위원에게는 대법원규칙이 정하는 바에 따라 수당을 지급하고, 필요한 경우에는 그 밖의 여비, 일당 및 숙박료를 지급할 수 있다. 전문심리위원의 지정에 관하여 그 밖의 필요한 사항은 대법원규칙으로 정한다. 전문심리위원 또는 전문심리위원이었던 자가 그 직무수행 중에 알게 된 다른 사람의 비밀을 누설한 때에는 2년 이하의 징역이나 금고 또는 1년 이하의 벌금에 처한다(제279조의7). 전문심리위원은 「형법」 제129조 내지 제132조까지의 규정의 적용에 있어서는 공무원으로 본다(제279조의8).

6. 수명법관의 권한

수명법관 또는 수탁판사가 소송절차를 진행하는 경우에는 전문심리위원의 참여, 지정, 그 취소에 따른 법원 및 재판장의 직무는 그 수명법관이나 수탁판사가 행한다(제279조의6).

제5절 공판기일의 절차

I 모두절차

1. 진술거부권의 고지

재판장은 피고인에게 진술하지 아니하거나 개개의 질문에 대하여 진술을 거부할 수 있음을 고지하여야 한다(제283조의2 제2항).

2. 인정신문

재판장은 피고인의 성명, 연령, 등록기준지, 주거와 직업을 물어서 피고인임에 틀림없음을 확인하여야 한다(제284조).

3. 검사의 모두진술

검사는 공소장에 의하여 공소사실 · 죄명 및 적용법조를 낭독하여야 한다. 다만, 재판장은 필요하다고 인정하는 때에는 검사에게 공소의 요지를 진술하게 할 수 있다(제285조). 현행 형사소송법은 검사의 모두절차를 필요적 절차로 하였다.

4. 피고인의 모두진술

피고인은 검사의 모두진술이 끝난 뒤에 공소사실의 인정 여부를 진술하여야 한다. 다만, 피고인이 진술거부권을 행사하는 경우에는 그러하지 아니하다. 피고인 및 변호인은 이익이 되는 사실 등을 진술할 수 있다(제286조).

피고인은 모두진술을 통하여 관할이전신청(제15조), 기피신청(제18조), 국선변호인의 선정청구(제33조), 공판기일변경신청(제270조) 등을 할 수 있다. 중요한 것은 관할위반의 신청(제320조), 공소장부본송달의 하자에 대한 이의신청(제266조), 제1회 공판기일의 유예기간에 대한 이의신청(제269조)은 피고인의 모두진술시에 하지 아니하면 하자는 치유된다.

5. 재판장의 쟁점 정리

재판장은 피고인의 모두진술이 끝난 다음에 피고인 또는 변호인에게 쟁점의 정리를 위하여 필요한 질문을 할 수 있다(제287조 제1항).

6. 검사, 변호인의 증거관계에 대한 진술

재판장은 증거조사를 하기에 앞서 검사 및 변호인으로 하여금 공소사실 등의 증명과 관련된 주장 및 입증계획 등을 진술하게 할 수 있다. 다만, 증거로 할 수 없거나 증거로 신청할 의사가 없는 자료에 기초하여 법원에 사건에 대한 예단 또는 편견을 발생하게 할 염려가 있는 사항은 진술할 수 없다(제287조 제2항).

Ⅱ 사실심리절차

1. 증거조사

1) 의의

증거조사란 법원이 피고사건의 사실인정과 형의 양정에 관한 심증을 얻기 위하여 인증, 서증, 물증 등 각종의 증거방법을 조사하여 그 내용을 판단하는 소송행위를 말한다. 이러한 증거조사는 재판장의 쟁점정리 및 검사·변호인의 증거관계 등에 대한 진술에 대한 절차가 끝난 다음에 한다(제290조). 이러한 증거조사는 법원에 대하여는 심증을 얻기 위하여 행하는 것이지만 당사자에 대하여는 증거의 내용을 알게 하여 공격·방어의 기회를 주게 하는 기능을 하게 된다. 그러므로 증거조사의 방법을 법정하고 있는 이유가 여기에 있다.

2) 주체

증거조사의 주체는 법원이다. 증거조사는 공판기일에 공판정에서 법원이 직접행하는 것이 원칙이나 공판정 외에서의 증거조사도 허용된다. 증인의 법정 외의 신문이 이에 해당된다.

3) 당사자의 증거조사의 신청

(1) 원칙

검사·피고인 또는 변호인은 특별한 사정이 없는 한 필요한 증거를 일괄하여 신청하여야 한다(규칙 제132조).

(2) 증거조사의 신청

① 신청권자

검사, 피고인 또는 변호인은 서류나 물건을 증거로 제출할 수 있고, 증인·감정인·통역인 또는 번역인의 신문을 신청할 수 있다(제294조 제1항). 법원은 검사, 피고인 또는 변호인이 고의로 증거를 뒤늦게 신청함으로써 공판의 완결을 지연하는 것으로 인정할 때에는 직권 또는 상대방의 신청에 따라 결정으로 이를 각하할 수 있다(제294조 제2항).

② 신청의 시기

재판장의 쟁점정리 및 검사·변호인의 증거관계 등에 대한 진술이 끝난 후에 신청하는 것이 원칙이지만(제290조) 공판기일 전의 증거신청도 허용된다(제273조).

③ 신청의 순서

증거신청은 검사가 먼저 한 후에 피고인 또는 변호인이 한다(규칙 제133조).

④ 신청의 방법

검사·피고인 또는 변호인은 특별한 사정이 없는 한 필요한 증거를 일괄하여 신청하여야 한다(규칙 제132조). 증거신청은 요식행위가 아니므로 원칙적으로 서면 또는 구두에 의하여 할 수 있다(규칙 제176조 제1항). 검사, 피고인 또는 변호인이 증거신청을 함에 있어서는 그 증거와 증명하고자 하는 사실과의 관계를 구체적으로 명시하여야 하고 피고인의 자백을 보강하는 증거나 정상에 관한 증거는 보강증거 또는 정상에 관한 증거라는 취지를 특히 명시하여 그 조사를 신청하여야 한다. 또한 서류나 물건의 일부에 대한 증거신청을 함에 있어서는 증거로 할 부분을 특정하여 명시하여야 한다. 법원은 필요하다고 인정할 때에는 증거신청을 한 자에게, 신문할 증인, 감정인, 통역인 또는 번역인의 성명, 주소, 서류나 물건의 표목 및 앞의 규정된 사항을 기재한 서면의 제출을 명할 수 있다. 이에 위반한 증거신청은 기각할 수 있다(규칙 제132조의2). 추완을 조건으로 하는 증거신청, 법원에 인선을 허용하는 신청, 복수의 증거를 택일적으로 신청하는 것은 허용된다.

(3) 증거결정 관한 의견 진술

① 임의적 의견진술

법원은 증거결정을 함에 있어서 필요하다고 인정할 때에는 그 증거에 대한 검사, 피고인 또는 변호인의 의견을 들을 수 있다(규칙 제134조 제1항).

② 필요적 의견진술

법원은 서류 또는 물건이 증거로 제출된 경우에 이에 관한 증거결정을 함에 있어서는 제출한 자로 하여금 그 서류 또는 물건을 상대방에게 제시하게 하여 상대방으로 하여금 그 서류 또는 물건의 증거능력 유무에 관한 의견을 진술하게 하여야 한다. 이는 증거능력이 없는 증거의 증거결정을 방지하기 위한 규정이므로 증거동의가 있는 것으로 간주되는 간이 공판절차에서는 필요 없다(규칙 제134조 제2항).

(4) 증거결정

법원은 당사자의 증거신청에 대하여 결정을 하여야 한다(제295조). 다만, 증거 신청이 법령에 위반한 경우(규칙 제132조의2 규정에 위반한 경우), 신청된 증거가 증거능력이 없거나 관련성이 없는 경우, 증거조사가 법률상, 사실상 불가능한 경우에 증거신청을 기각할 수 있다.

판례 대판 1995.2.24. 94도252

당사자의 증거신청에 대한 채택여부는 법원의 재량에 속하는 것이고, 따라서 법원은 피고인이나 변호인이 신청한 증거에 대하여 불필요하다고 인정한 때에는 조사하지 않을 수 있다.

(5) 증거결정에 불복방법

법원의 증거신청의 결정에 대한 이의신청은 법령의 위반이 있는 경우에 한하여 인정된다(규칙 제135조).

4) 직권에 의한 증거결정 및 조사

법원은 직권으로 증거를 조사할 수 있다(제295조 후단). 이러한 법원의 직권조사에 관하여 법원의 권한으로 보는 견해도 있으나, 실체진실주의와 공정한 재판이 형사소송의 최고의 이념이 된다는 점을 고려하면 법원의 직권에 의한 증거조사는 법원의 권한임과 동시에 법원의 의무가 된다고 보아야 한다. 따라서 법원이 직권에 의한 증거조사를 다하지 아니한 때에는 심리미진의 위법이 있다고 해야 한다.[13] 다만, 이러한 법원의 직권에 의한 증거조사는 당사자에 신청에 의한 증거조사에 대하여 보충적인 것이므로 법원이 당사자에 의한 증거조사를 미루어 두고 직권에 의한 증거조사를 하는 것은 허용되지 않는다.

13) 대법원 1974.1.15. 73도2522

5) 증거조사

(1) 증거조사의 순서

법원은 검사가 신청한 증거를 조사한 후 피고인 또는 변호인이 신청한 증거를 조사한다. 법원은 위의 조사가 끝난 후 직권으로 결정한 증거를 조사한다. 다만, 법원은 직권 또는 검사, 피고인 · 변호인의 신청에 따라 앞의 순서를 변경할 수 있다(제291조의2). 간이공판절차에서는 이러한 증거조사의 방법이 법원이 상당하다고 인정하는 방법으로 할 수 있다는 점에 특색이 있다(제297조의2).

(2) 증거서류에 대한 조사방법

① 의의

증거서류란 공판정에서 작성하는 조서와 같이 서류 자체의 존재나 형상이 증거자료로써의 의미를 가지는 것이 아니라 서류에 기재된 내용이 증거자료로 사용되는 것을 말한다.

② 증거조사의 방법

검사, 피고인 또는 변호인의 신청에 따라 증거서류를 조사하는 때에는 신청인이 이를 낭독하여야 한다. 법원이 직권으로 증거서류를 조사하는 때에는 소지인 또는 재판장이 이를 낭독하여야 한다. 다만, 재판장은 필요하다고 인정하는 때에는 내용을 고지하는 방법으로 조사할 수 있다. 여기서의 증거서류 내용의 고지는 그 요지를 고지하는 방법으로 한다(규칙 제134조의6). 재판장은 법원사무관 등으로 하여금 앞의 규정에 따른 낭독이나 고지를 하게 할 수 있다. 재판장은 열람이 다른 방법보다 적절하다고 인정하는 때에는 증거서류를 제시하여 열람하게 하는 방법으로 조사할 수 있다(제292조).

(3) 증거물에 대한 조사방법

검사, 피고인 또는 변호인의 신청에 따라 증거물을 조사하는 때에는 신청인이 이를 제시하여야 한다. 법원이 직권으로 증거물을 조사하는 때에는 소지인 또는 재판장이 이를 제시하여야 한다. 재판장은 법원사무관 등으로 하여금 앞의 제시를 하게 할 수 있다(제292조의2).

(4) 자백의 조사 시기

법 제312조와 제313조에 따라 증거로 할 수 있는 피고인 또는 피고인 아닌 자의 진술을 기재한 조서 또는 서류가 피고인의 자백 진술을 내용으로 하는 경우에는 범죄사실에 관한 다른 증거를 조사한 후에 이를 조사하여야 한다(규칙 제135조).

(5) 그 밖의 증거에 대한 조사방식

도면 · 사진 · 녹음테이프 · 비디오테이프 · 컴퓨터용 디스크, 그 밖에 정보를 담기 위하여 만들어진 물건으로서 문서가 아닌 증거의 조사에 관하여 필요한 사항은 대법원규칙으로 정한다(제292조의3).

① 검사의 영상녹화물의 조사 신청

검사는 피고인이 된 피의자의 진술을 영상 녹화한 사건에서 피고인이 그 조서에 기재된 내용이 피고인이 진술한 내용과 동일하게 기재되어 있음을 인정하지 아니하는 경우 그 부분의 성립의 진정을 증명하기 위하여 영상녹화물의 조사를 신청할 수 있다. 영상녹화물은 조사가 행해지는 동안 조사실 전체를 확인할 수 있도록 녹화된 것으로 진술자의 얼굴을 식별할 수 있는 것이어야 하며, 재생 화면에는 녹화 당시의 날짜와 시간이 실시간으로 표시되어야 한다(규칙 제134조의2).

② 제3자의 진술과 영상녹화물

검사는 피의자가 아닌 자가 공판준비 또는 공판기일에서 조서가 자신이 검사 또는 사법경찰관 앞에서 진술한 내용과 동일하게 기재되어 있음을 인정하지 아니하는 경우 그 부분의 성립의 진정을 증명하기 위하여 영상녹화물의 조사를 신청할 수 있다. 검사가 영상녹화물의 조사를 신청하는 때에는 피의자가 아닌 자가 영상녹화에 동의하였다는 취지로 기재하고 기명날인 또는 서명한 서면을 첨부하여야 한다(규칙 제132조의3).

③ 영상녹화물의 조사

법원은 검사가 영상녹화물의 조사를 신청한 경우 이에 관한 결정을 함에 있어 피고인 또는 변호인으로 하여금 그 영상녹화물이 적법한 절차와 방식에 따라 작성되어 봉인된 것인지 여부에 관한 의견을 진술하게 하여야 하고, 영상녹화물이 피고인 아닌 자의 진술에 관한 것인 때에는 원진술자인 피고인 아닌 자도 의견을 진술하여야 한다.

법원은 공판준비 또는 공판기일에서 봉인을 해체하고 영상녹화물의 전부 또는 일부를 재생하는 방법으로 조사하여야 한다. 이 때 영상녹화물은 그 재생과 조사에 필요한 전자적 설비를 갖춘 법정 외의 장소에서 이를 재생할 수 있다.

재판장은 조사를 마친 후 지체 없이 법원사무관 등으로 하여금 다시 원본을 봉인하도록 하고, 원진술자와 함께 피고인 또는 변호인에게 기명날인 또는 서명하도록 하여 검사에게 반환한다. 다만, 피고인의 출석 없이 개정하는 사건에서 변호인이 없는 때에는 피고인 또는 변호인의 기명날인 또는 서명을 요하지 아니한다(규칙 제134조의4).

④ 기억 환기를 위한 영상녹화물의 조사

개정 형사소송법 제318조의2 제2항에 따른 영상녹화물의 재생은 검사의 신청이 있는 경우에 한하고, 기억의 환기가 필요한 피고인 또는 피고인 아닌 자에게만 이를 재생하여 시청하게 하여야 한다(규칙 제134조의5).

6) 증거조사결과와 피고인의 의견

재판장은 피고인에게 각 증거조사의결과에 대한 의견을 묻고 권리를 보호함에 필요한 증거조사를 신청할 수 있음을 고지하여야 한다(제293조). 다만, 간이 공판절차에서는 이러한 조치를 할 필요가 없다.

7) 증거조사에 대한 이의 신청

(1) 의의

검사, 피고인 또는 변호인은 증거조사에 관하여 이의신청을 할 수 있다. 법원은 이의신청에 대하여 결정을 하여야 한다(제296조).

(2) 이의신청의 대상

여기서의 "증거조사에 관하여"란 증거조사의 절차뿐만 아니라 증거조사에서 행하여지는 모든 처분을 포함한다.

(3) 이의신청의 사유

이의신청은 법령의 위반이 있는 경우뿐만 아니라 상당하지 아니한 경우에도 허용된다(규칙 제135조의2).

(4) 이의신청의 시기 및 방법

증거신청 및 조사에 대한 이의신청은 개개의 행위, 처분 또는 결정시마다 그 이유를 간결하게 명시하여 즉시 이를 하여야 한다(규칙 제137조).

(5) 이의신청에 대한 결정

법원의 결정은 이의신청이 있은 후 즉시 이를 하여야 한다(규칙 제138조). 시기에 늦은 이의신청, 소송지연만을 목적으로 하는 것임이 명백한 이의신청은 결정으로 이를 기각하여야 한다. 다만, 시기에 늦은 이의신청이 중요한 사항을 대상으로 하고 있는 경우에는 시기에 늦은 것만을 이유로 하여 기각하여서는 아니 된다. 이의신청이 이유 있다고 인정되는 경우에는 결정으로 이의신청의 대상이 된 행위, 처분 또는 결정을 중지, 철회, 취소, 변경하는 등 그 이의신청에 상응하는 조치를 취하여야 한다(규칙 제139조).

(6) 이의신청에 대한 불복

이의신청에 대한 결정에 의하여 판단이 된 사항에 대하여는 다시 이의신청을 할 수 없다(규칙 제140조).

2. 피고인 신문

1) 의의

사실심리절차의 시작은 피고인신문으로부터 시작되며 피고인 신문이란 피고인에 대하여 공소사실과 정상에 관하여 필요한 사항을 신문하는 절차이다. 이는 당사자의 지위와 증거방법으로서의 지위를 피고인이 가지고 있음을 명백히 한 것이라고 볼 수 있다. 피고인의 증거방법으로서의 지위를 인정한다고 하여 당사자의 지위를 침해할 수 없으므로 피고인에게 각개의 신문에 대하여 진술거부권을 인정하고 있다. 이러한 피고인이 공판정에서 공소사실에 대하여 자백한 때에는 법원은 간이공판절차에 의하여 심판할 수 있다(제286조의2).

2) 피고인신문의 순서

검사 또는 변호인은 증거조사 종료 후에 순차로 피고인에게 공소사실 및 정상에 관해 필요한 사항을 신문할 수 있다. 다만, 재판장은 필요하다고 인정하는 때에는 증거조사가 완료되기 전이라도 이를 허가할 수 있다. 재판장은 필요하다고 인정하는 때에는 피고인을 신문할 수 있다. 피고인 신문은 검사, 변호인이 먼저 이를 신문하고 다음에 다른 검사, 변호인 또는 피고인이 신문한다. 재판장은 위의 신문이 끝난 뒤에 신문할 수 있다. 다만, 재판장은 필요하다고 인정하면 앞의 규정에 불구하고 어느 때나 신문할 수 있으며 신문순서를 변경할 수 있다(제296조의2).

3) 방법

피고인을 신문함에는 진술을 강요하거나 답변을 유도하거나 그 밖의 위압적 · 모욕적 신문을 하여서는 안 된다(규칙 제128조). 재판장은 피고인이 어떤 재정인의 면전에서 충분한 진술을 할 수 없다고 인정한 때에는 그 재정인을 퇴정하게 하고 진술하게 할 수 있다.

3. 최종변론

재판장은 필요하다고 인정하는 경우 검사, 피고인 또는 변호인의 본질적인 권리를 해치지 아니하는 범위 내에서 의견진술의 시간을 제한할 수 있다(규칙 제145조).

1) 검사의 최종변론

피고인신문이 종료한 때에는 검사는 사실과 법률적용에 관하여 의견을 진술하여야 한다. 단, 검사의 출석 없이 공판을 연 경우에는 공소장의 기재사항에 의하여 검사의 의견진술이 있는 것으로 간주한다(제302조). 이를 검사의 논고라고 한다.

판례 대판 1984.4.24. 83도1789

검사의 구형은 양형에 관한 의견진술에 불과하고 법원이 그 의견에 구속되는 것은 아니므로 피고인에 대한 형을 정함에 있어 검사의 구형에 포함되지 아니한 벌금형을 병과하였다 하여 위법이 될 수 없다.

판례 대판 1977.5.10. 74도3293

결심공판에 출석한 검사가 사실과 법률적용에 관하여 의견을 진술하지 않더라도 공판절차가 무효로 되는 것은 아니며, 위 공판조서에 검사의 의견진술이 누락되어 있다 하여도 이로써 판결에 영향을 미친 법률위반이 있는 경우에 해당한다고는 볼 수 없다.

2) 피고인과 변호인의 최후진술

재판장은 검사의 의견을 들은 후 피고인과 변호인에게 최종의 의견을 진술할 기회를 주어야 한다(제303조). 최종 진술의 기회는 피고인과 변호인 모두에게 주어야 하며, 이러한 절차가 생략된 경우 혹은 한쪽에만 진술의 기회를 부여하고 판결을 선고하는 것은 위법이라고 하여야 한다. 변호인이 공판기일통지서를 받고도 공판기일에 출석하지 아니하여 변호인 없이 변론을 종결한 경우에는 변호인에게 기회를 주지 아니하였다고 하더라도 위법은 아니다. 피고인의 최종진술을 끝으로 변론을 종결하고 판결을 선고하면 된다. 그러나 법원은 필요하다고 인정되는 경우에는 직권 또는 검사, 피고인, 변호인의 신청에 의하여 결정으로 종결한 변론을 재개 할 수 있다(제305조).

판례 대법원 1975.11.11. 선고 75도1010 판결

피고인과 변호인에게 최종의견 진술의 기회를 주지 않은 채 심리를 마치고 선고한 판결은 위법이다.

판례 대법원 1977.2.22. 선고 76도4376

피고인의 변호인이 공판기일통지서를 받고도 공판기일에 출석하지 아니하여 변호인 없이 변론을 종결한 경우에는 변호인에게 변론의 기회를 주지 아니하였다고 볼 수 없다.

Ⅲ 판결선고절차

1. 방법

판결의 선고는 반드시 공개하여야 하며 선고는 공판정에서 재판장이 재판서의 주문을 낭독하고 이유의 요지를 설명하여야 한다. 필요한 경우에는 피고인에게 적절한 훈계를 할 수 있다. 형을 선고하는 경우에는 재판장은 피고인에게 상소기간과 상소법원을 고지하여야 한다(제324조).

2. 피고인의 출석

1) 원칙

판결선고기일에 피고인은 출석하여야 한다.

2) 예외

제453조 제1항에 따라 피고인만이 정식재판의 청구를 하여 판결을 선고하는 사건과(제277조 제4호) 피고인의 출석 없이 재판할 수 있는 경우나 피고인이 진술하지 아니하거나 재판장의 허가 없이 퇴정하거나 재판장의 질서유지를 위한 퇴정명령을 받은 때에는 피고인의 진술 없이 판결할 수 있다(제330조).

3. 검사의 출석

판결선고기일에는 검사의 출석 없이 개정할 수 있다.

4. 변호인의 출석

판결선고기일에는 필요적 변호사건인 경우에도 변호인의 출석을 요하지 않는다.

5. 판결의 선고

판결의 선고는 변론을 종결한 기일에 하여야 한다. 다만, 특별한 사정이 있는 때에는 따로 선고기일을 지정할 수 있다. 변론을 종결한 기일에 판결을 선고하는 경우에는 판결의 선고 후에 판결서를 작성할 수 있다. 이러한 경우에는 선고 후 5일 내에 판결서를 작성하여야 한다(규칙 제146조). 따로 선고기일을 정한 경우에도 선고기일은 변론종결 후 14일 이내로 지정되어야 한다(제318조의4).

제6절 증인신문

I 증인신문

1. 증인신문의 의의

증인신문은 증거방법인 증인에 대한 증거조사이므로 증거조사의 절차에 따라서 이루어진다. 그러므로 증인신문도 당사자의 신청에 의하여 이루어지는 것이 원칙이고, 보충적으로 법원의 직권에 의하여 이루어진다. 다만, 범죄로 인한 피해자의 신청에 의하여 신문할 증인의 경우에는 피해자의 신청에 의하여 이루어진다(제294조의2).

2. 증인의 의의

1) 의의

법원이나 법관에 대하여 자기가 과거에 체험한 사실을 진술하는 소송의 제3자를 말한다.

2) 구별 개념

(1) 감정인

감정인과 증인은 모두 선서를 하여야 한다는 점은 공통점이다. 그러나 증인은 비대체적이고 감정인은 대체적이라는 점, 증인은 구인의 대상이나 감정인에 대하여는 구인이 허용되지 않는다는 점, 증인과 감정인은 여비 · 일당 · 숙박료를 받을 수 있으나, 감정인은 그 외에 감정료와 체당금의 변상도 청구할 수 있다는 점, 감정인은 일정한 경우 법원의 허가를 얻어 강제처분을 할 수 있으나, 증인은 그러한 권한이 없다는 점에서 차이가 있다.

(2) 감정증인

감정증인은 대체성이 없으므로 증인에 속한다. 따라서 감정증인은 증인신문절차에 따라서 신문한다.

(3) 참고인

수사기관에 진술하면 참고인이다.

3. 증인적격

1) 의의

증인적격이란 누가 증인될 자격이 있는가의 문제이다. 형사소송법 제146조는 "법원은 법률에 다른 규정이 없으면 누구든지 증인으로 신문할 수 있다"라고 규정하여 원칙적으로 누구든지 증인의 자격이 있음을 규정하고 있다. 그러나 형사소송법 제147조에서는 "공무원 또는 공무원이었던 자가 그 직무에 관하여 알게 된 사실에 관하여 본인 또는 당해 공무소가 직무상 비밀에 속한 사항임을 신고한 때에는 그 소속공무소 또는 감독관공서의 승낙 없이는 증인으로 신문하지 못한다"라고 하여 증인거부권을 부여하고 있어 이러한 경우는 법률상 증인적격이 없으며, 또한 증인은 소송에서의 제3자이므로 소송의 주체는 이론상으로 증인적격이 없다고 보고 있다.

2) 법률상의 증인 적격의 제한(증인거부권이 있음)

공무원이나 공무원이었던 자가 그 직무에 관하여 알게 된 사실에 관해 본인 또는 당해 공무소가 직무상 비밀에 속한 사항임을 신고한 때에는 그 소속 공무소 또는 감독관공서의 승낙이 없이는 증인으로 신문하지 못한다. 그 소속공무소 또는 당해 감독관공서는 국가에 중대한 이익을 해하는 경우를 제외하고는 승낙을 거부 하지 못한다(제147조).

3) 이론상 증인적격의 제한

(1) 법관

당해 사건의 법관은 증인이 될 수 없다. 다만, 사건에서 물러난 경우에는 증인이 될 수 있으나 이후 사건에 다시 법관으로 온 경우에는 제척사유가 된다(제17조 제4호).

(2) 검사

검사의 증인적격 여부에 대하여 검사의 증인적격을 부인할 명문의 규정이 없다는 이유로 긍정하는 견해도 있으나, 소송의 당사자인 검사는 소송의 제3자가 아니므로 증인이 될 수 없다고 보는 것이 타당하다. 다만, 공소유지 담당검사가 아닌 수사검사는 당연히 증인이 될 수 있으며, 검찰주사나 사법경찰관은 소송의 당사자가 아니므로 증인이 될 수 있다는 점에 의문이 없다.

(3) 변호인

변호인의 증인 적격여부에 대하여 변호인의 증인적격을 인정하는 것이 피고인의 이익의 보호에 도움이 된다는 점에서 증인적격을 인정하고자 하는 견해도 있으나, 변호인은 소송의 주체는 아니나 피고인의 보호자의 지위에 있으므로 증인이 될 수 없다고 보는 것이 타당하다.

(4) 피고인

영미에서는 피고인에게도 증인적격을 인정하고 있으나 피고인에게 증인의 지위를 인정하게 되면 증언의무로 인하여 진술거부권이 무의미하게 될 수 있고 피고인은 당해 사건의 당사자이지 제3자가 될 수 없으므로 부정하는 것이 타당하다.

(5) 공동피고인

공동피고인이 증인이 될 수 있는가에 대하여는 먼저 공범관계를 불문하고 변론의 분리를 하지 않는 한 피고인으로서의 진술거부권을 가지므로 반대신문을 할 수 없어 증인적격이 없다는 부정설과 공동피고인은 다른 피고인에 대한 관계에서는 제3자이므로 병합심리 중에서도 증인으로 신문할 수 있다는 긍정설이 있다. 생각건대 공범자인 공동피고인은 증인적격이 없으나 공범자 아닌 공동피고인은 증인적격이 있다고 보는 것이 타당하다.

판례 대법원 1979.3.27. 78도1031

피고인과는 별개의 범죄사실로 기소되고, 다만 병합심리된 것뿐인 공동피고인은 피고인에 대한 관계에서는 증인의 지위에 있음에 불과하므로 선서 없이 한 그 공동피고인의 피고인으로서 한 공판정에서의 진술을 피고인에 대한 공소범죄사실을 인정하는 증거로 쓸 수 없다.

4. 증인의 의무와 권리

1) 증인의 의무

(1) 출석의무

① 피고인의 소환

법원은 소환장의 송달, 전화, 전자우편, 그 밖의 상당한 방법으로 증인을 소환한다. 증인을 신청한 자는 증인이 출석하도록 합리적인 노력을 할 의무가 있다(제150조의2). 증인의 소환은 피고인의 소환에 대한 규정이 준용된다. 즉 법원 또는 법관이 증인을 소환함에는 소환장을 발부하여 증인에게 송달하여야 한다(규칙 제68조). 법원 또는 법관이 증인을 소환할 때에는 급속을 요하는 경우를 제외하고는 늦어도 출석일시의 24시간 이전에 소환장을 발부하여 증인에게 송달하여야 한다(규칙 제70조). 그러나 공판정에 나와 있는 증인인 경우에는 소환할 필요가 없다(제154조). 증인거부권자는 출석의무가 없지만 증언거부권자는 출석의무가 있다.

② 출석의무위반에 대한 제재

공판기일에 소환을 받은 증인은 출석의무가 있다. 그러므로 법원은 소환장을 송달받은 증인이 정당한 사유 없이 출석하지 아니한 때에는 결정으로 당해 불출석으로 인한 소송비용을 증인이 부담하도록 명하고, 500만원 이하의 과태료를 부과할 수 있다. 법원은 증인이 과태료 재판을 받고도 정당한 사유 없이 다시 출석하지 아니한 때에는 결정으로 증인을 7일 이내의 감치에 처한다. 법원은 감치재판기일에 증인을 소환하여 정당한 사유가 있는지의 여부를 심리하여야 한다. 감치는 그 재판을 한 법원의 재판장의 명령에 따라 사법경찰관리 · 교도관 · 법원경위 또는 법원사무관 등이 교도소 · 구치소 또는 경찰서유치장에 유치하여 집행한다. 감치에 처하는 재판을 받은 증인이 감치시설에 유치된 경우 당해 감치시설의 장은 즉시 그 사실을 법원에 통보하여야 한다. 법원은 통보를 받은 때에는 지체 없이 증인신문기일을 열어야 한다. 법원은 감치의 재판을 받은 증인이 감치의 집행 중에 증언을 한 때에는 즉시 감치결정을 취소하고 그 증인을 석방하도록 명하여야 한다. 과태료 처분 및 감치결정에 대하여는 즉시항고를 할 수 있다. 이 경우 집행정지의 효력은 인정되지 아니한다(제151조).

③ 정당한 사유 없이 소환에 응하지 아니한 증인의 구인

정당한 사유 없이 소환에 응하지 아니하는 증인은 구인할 수 있다. 증인의 구인에는

피고인의 구인에 대한 규정이 준용되나 급속을 요하는 경우라도 반드시 영장에 의한 집행만이 허용된다.

(2) 선서의무

① 방법

선서는 신문 전에 선서하게 하여야 한다(제156조). 선서는 선서서에 의하여 한다. 선서서에는 "양심에 따라 숨김과 보탬이 없이 사실 그대로 말하고 만일 거짓말이 있으면 위증의 벌을 받기로 맹서합니다"라고 기재하여야 한다. 재판장은 증인으로 하여금 선서서를 낭독하고 서명날인하게 하여야 한다. 단, 증인이 선서서를 낭독하지 못하거나 서명을 하지 못하는 경우에는 참여한 서기관 또는 서기가 이를 대행한다. 선서는 기립하여 엄숙히 하여야 한다(제157조). 재판장은 선서할 증인에 대하여 선서 전에 위증의 벌을 경고하여야 한다(제158조).

② 선서무능력자

선서무능력자인 16세 미만인자 혹은 선서의 취지를 이해하지 못하는 자에 대하여는 선서를 하지 않고 신문하여야 한다(제159조). 그러므로 선서무능력자가 거짓말을 한 경우에는 위증죄로 처벌받지 않는다는 것을 의미할 뿐 증언 자체가 증거능력이 없는 것은 아니다.

판례 대법원 1984.9.25. 선고 84도619 판결

사고당시 10세 남짓한 국민학교 5학년생으로서 비록 선서무능력자라 하여도 그 증언 내지 진술의 전후 사정으로 보아 의사판단능력이 있다고 인정된다면 증언능력이 있다고 할 것이다.

③ 선서의무위반에 대한 제재

증인이 정당한 이유 없이 선서를 거부한 때에는 결정으로 50만원 이하의 과태료에 처할 수 있다. 이 결정에 대하여는 즉시항고를 할 수 있다(제161조).

(3) 증언의무

증인은 신문받은 사항에 대해 양심에 따라 숨김과 보탬이 없이 증언할 의무가 있다. 증인이 정당한 이유 없이 증언을 거부한 때에는 결정으로 50만원 이하의 과태료에 처할 수 있다. 여기서의 정당한 이유는 증언거부권이 있는 경우를 말한다. 증인적격이 있는 경우에도 증언능력이 없는 경우에는 그 증언을 증거로 할 수 없다.

2) 증인의 권리

(1) 증언거부권

① 자기 또는 근친자의 형사책임과 증언거부권

누구든지 자기나 친족 또는 친족관계가 있었던 자, 법정대리인, 후견감독인이 된 적이 있던 자가 형사소추 또는 공소제기를 당하거나 유죄판결을 받을 사실이 발로될 염려 있는 증언을 거부할 수 있다(제148조). 거부할 수 있는 증언은 형사책임의 가부와 양형에서 불이익이 미칠 수 있는 모든 사실이다. 그러나 기판력이 발생한 유·무죄의 재판이나 면소의 재판이 확정된 경우에는 형사소추를 받을 염려가 없기 때문에 증언을 거부할 수 없다.

② 업무상 비밀 누설과 증언거부권

변호사, 변리사, 공증인, 공인회계사, 세무사, 대서업자, 의사, 한의사, 치과의사, 약사, 약종상, 조산사, 간호사, 종교의 직에 있는 자 또는 이러한 직에 있던 자가 그 업무상 위탁을 받은 관계로 알게 된 사실로서 타인의 비밀에 관한 것은 증언을 거부할 수 있다. 단, 본인의 승낙이 있거나 중대한 공익상 필요 있는 때에는 예외로 한다. 위에 열거된 직업군만이 증언거부권이 있으므로 감정인, 교수, 교사, 관세사, 건축사, 법무사는 증언거부권이 없다.

③ 증언거부권의 고지

재판장은 증인이 증언거부권에 해당하는 경우에는 신문 전에 증언을 거부할 수 있음을 설명하여야 한다(제160조). 이에 대하여 대법원은 증인신문에 당하여 증언거부권 있음을 설명하지 아니한 경우라 할지라도 증인이 선서하고 증언한 이상 그 증언의 효력에 관하여는 역시 영향이 없고 유효하다고 해석함이 타당하다고[14] 하고 있으나 적법절차의 위반이 있으므로 증거능력이 없다고 보는 것이 타당하다.

④ 증언거부권의 포기

증언거부권은 포기할 수 있으며 이로 인해 타인의 비밀이 누설된 경우에도 형법상 처벌되지 아니한다.

⑤ 동석권

법원은 범죄로 인한 피해자를 증인으로 신문하는 경우 증인의 연령, 심신의 상태, 그

14) 대법원 1957.3.8. 4290형상23

밖의 사정을 고려하여 증인이 현저하게 불안 또는 긴장을 느낄 우려가 있다고 인정되는 때에는 직권 또는 피해자 · 법정대리인 · 검사의 신청에 따라 피해자와 신뢰관계에 있는 자를 동석하게 할 수 있으며, 범죄로 인한 피해자가 13세 미만이거나 신체적 또는 정신적 장애로 사물을 변별하거나 의사를 결정할 능력이 미약한 경우에 재판에 지장을 초래할 우려가 있는 등 부득이한 경우가 아닌 한 피해자와 신뢰관계에 있는 자를 동석하게 하여야 한다. 증인신문에 동석한 자는 법원 · 소송관계인의 신문 또는 증인의 진술을 방해하거나 그 진술의 내용에 부당한 영향을 미칠 수 있는 행위를 하여서는 아니 된다(제163조의2).

(2) 비용청구권

소환받은 증인은 법률의 규정한 바에 의하여 여비, 일당과 숙박료를 청구할 수 있다. 단, 정당한 사유 없이 선서 또는 증언을 거부한 자는 예외로 한다(제168조).

3) 증인신문의 방법

(1) 당사자의 참여권

검사 · 피고인 · 변호인은 증인신문에 참여할 수 있다. 따라서 증인신문의 시일과 장소는 검사 · 피고인 · 변호인에게 미리 통지하여야 한다. 단, 참여하지 아니한다는 의사를 명시 한 때에는 예외로 한다(제163조).

판례 대법원 1969.7.25. 선고 68도1481 판결

피고인 본인 또는 그 변호인이 미리 증인심문에 참여케 하여 달라고 신청한 경우에는 변호인이 참여하였다고 하여도 피고인의 참여 없이 실시한 증인심문은 위법이다.

판례 대법원 1967.7.14. 67도613

소송관계인의 참여 없이 법정 외에서 시행한 증인신문조서에 대하여 공판기일에서 증거조사 그 자체를 시행하지 아니하였다면 그 증인신문조서는 증거능력이 있을 수 없다.

검사, 피고인 또는 변호인이 증인신문에 참여하지 아니할 경우에는 법원에 대하여 필요한 사항의 신문을 청구할 수 있다. 피고인 또는 변호인의 참여 없이 증인을 신문한 경우에 피고인에게 예기하지 아니한 불이익의 증언이 진술된 때에는 반드시 그 진술내용을 피고인 또는 변호인에게 알려주어야 한다(제164조). 그러나 피고인의 참여 없이 증인신문이 이루어진 경우나 당사자에게 통지하지 않은 경우에도 공판정에서 증거조사를

거쳐 당사자가 이의를 하지 않은 때에는 책문권의 포기로서 하자가 치유된다.

판례 대법원 1974.1.15. 선고 73도2967 판결

법원이 피고인에게 증인신문의 시일과 장소를 미리 통지함이 없이 증인들의 신문을 시행하였음은 위법이나 그 후 동 증인 등 신문 결과를 동 증인 등 신문조서에 의하여 소송관계인에게 고지하였던바, 피고인이나 변호인이 이의를 하지 않았다면 위의 하자는 책문권의 포기로 치유된다.

(2) 증인에 대한 신문방법

① 개별질문과 대질

증인신문은 각 증인에 대하여 구두로 신문하는 것이 원칙이다. 신문하지 아니한 증인이 재정한 때에는 퇴정을 명하여야 한다. 또한 필요한 때에는 증인과 다른 증인 또는 피고인과 대질하게 할 수 있다(제162조). 다른 증인의 퇴정을 명하는가는 법원의 자유재량이므로 다른 증인을 퇴임시키지 않고서 증인신문을 하였다 하여 위법이라 할 수 없다.[15)]

② 증인신문의 방법

증인신문은 반대질문을 할 수 있게 하기 위하여 구두로 하여야 한다. 다만, 증인이 들을 수 없는 때에는 서면으로 묻고 말할 수 없는 때에는 서면으로 답하게 할 수 있다(규칙 제73조). 재판장은 증인신문을 행함에 있어서 증명할 사항에 관하여 가능한 한 증인으로 하여금 개별적이고 구체적인 내용을 진술하게 하여야 한다(규칙 제74조 제1항). 증인을 신문을 함에 있어서는 위협적이거나 모욕적인 신문을 하여서는 아니 되고, 전의 신문과 중복되는 신문, 의견을 묻거나 의논에 해당하는 신문, 증인이 직접 경험하지 아니한 사항에 해당하는 신문에 관하여는 정당한 이유가 없는 이상 질문을 하여서는 아니 된다(동조 제2항).

(3) 교호신문제도

① 의의

증인은 신청한 검사, 변호인 또는 피고인이 먼저 이를 신문하고 다음에 다른 검사, 변호인 또는 피고인이 신문한다(제161조의2). 이러한 방식의 증인신문을 교호신문 방식이라고 하며 당사자주의적 신문방식이다.

② 교호신문의 방식

- 주신문 : 증인을 신청한 당사자가 하는 신문을 말하며 주신문의 내용은 증명할

15) 대법원 1961.3.15. 4292형상725

사항과 이에 관련된 사항에 관하여 한다(규칙 제75조 제1항). 주신문에는 원칙적으로 유도신문[16)]이 인정되지 아니한다. 다만 증인과 피고인과의 관계, 증인의 경력, 교우관계 등 실질적인 신문에 앞서 미리 밝혀둘 필요가 있는 준비적인 사항에 관한 신문의 경우, 검사, 피고인 및 변호인 사이에 다툼이 없는 명백한 사항에 관한 신문의 경우, 증인이 주신문을 하는 자에 대하여 적의 또는 반감을 보일 경우, 증인이 종전의 진술과 상반되는 진술을 하는 때에 그 종전 진술에 관한 신문의 경우, 기타 유도신문을 필요로 하는 특별한 사정이 있는 경우에는 유도질문이 가능하다(동조 제2항). 재판장은 위의 경우에 해당되지 아니함에도 불구하고 하는 유도신문은 이를 제지하여야 하고, 유도신문의 방법이 상당하지 아니하다고 인정할 때에는 이를 제한할 수 있다(동조 제3항).

- 반대신문 : 반대신문이란 주신문 후에 상대방이 하는 신문으로 반대신문의 범위는 주신문에 나타난 사항과 이에 관련된 사항에 관하여 한다. 이러한 반대신문에는 유도신문이 허용된다. 반대신문에서 주신문과 관련이 없는 새로운 사항을 질문하기 위해서는 재판장의 허가가 있어야 되며 새로운 사항에 대한 질문은 주신문이 된다(규칙 제76조).
- 재주신문 : 주신문을 한 검사, 피고인 또는 변호인은 반대신문이 끝난 후 반대신문에 나타난 사항과 이와 관련된 사항에 관하여 다시 신문(이하 "재주신문"이라 한다)을 할 수 있다. 재주신문은 주신문의 예에 의한다. 반대신문의 기회에 주신문에 나타나지 아니한 새로운 사항에 관하여 신문하고자 할 때에는 재판장의 허가를 받아야 한다. 이러한 신문은 그 사항에 관하여는 주신문으로 본다(규칙 제78조).
- 재반대신문 : 검사, 피고인 또는 변호인은 주신문, 반대신문 및 재주신문이 끝난 후에도 재판장의 허가를 얻어 다시 신문을 할 수 있다(규칙 제79조).

③ 직권주의적 교호신문제도의 수정

- 직권증인신문 : 법원은 직권으로 증인신문을 할 수 있고, 이 경우 증인의 신문방식은 재판장이 정하는 바에 의한다(제161조의2 제4항). 따라서 직권에 의하여 증인을 법원이 심문한 경우에는 당사자의 신문은 반대신문의 예에 의하여 한다(규칙 제81조).
- 보충직권신문 : 재판장은 당사자의 신문이 끝난 후에 신문하는 것이 원칙이나 재

16) 유도신문이라고 함은 증인에 대하여 자기가 바라는 답을 미리 암시하는 질문을 말한다.

판장은 필요하다고 인정하면 당사자의 교호신문 도중에 언제라도 신문할 수 있고, 재판장은 신문순서를 변경할 수 있다(동조 제3항).

• 피해자 신청에 의한 신문 : 피해자의 신청에 의하여 신문할 증인의 신문방식은 재판장이 정하는 바에 의한다.

• 간이공판절차에 있어서는 교호신문의 방식이 적용되지 않는다(제297조의2).

④ 증인신문 사항의 제출

재판장은 필요하다고 인정할 때에는 증인의 신문을 청구한 자에 대하여 신문사항을 기재한 서면의 제출을 명할 수 있다(규칙 제66조). 법원은 신속히 그 서면을 제출하지 아니한 경우에는 증거결정을 취소할 수 있다(규칙 제67조).

4) 증인신문에 있어서 직접주의의 예외

① 증인의 법정 외 신문 : 법원은 증인의 연령, 직업, 건강상태 기타의 사정을 고려하여 검사, 피고인 또는 변호인의 의견을 묻고 법정 외에 소환하거나 현재지에서 신문할 수 있다(제165조).

② 동행명령 : 법원은 필요한 때에는 결정으로 지정한 장소에 증인의 동행을 명할 수 있다(제166조).

③ 수명법관 · 수탁판사에 의한 신문 : 법원은 합의부원에게 법정외의 증인신문을 명할 수 있고 또는 증인현재지의 지방법원판사에게 그 신문을 촉탁할 수 있다. 수명법관 또는 수탁판사는 증인의 신문에 관하여 법원 또는 재판장에 속한 처분을 할 수 있다(제167조).

5) 비디오 등 중계장치 등에 의한 증인신문

법원은 i) 「아동복지법」 제40조 제1호부터 제3호까지의 규정에 해당하는 죄의 피해자, ii) 「청소년의성보호에관한법률」 제5조부터 제10조까지의 규정에 해당하는 죄의 대상이 되는 청소년 또는 피해자, iii) 범죄의 성질, 증인의 연령, 심신의 상태, 피고인과의 관계, 그 밖의 사정으로 인하여 피고인 등과 대면하여 진술하는 경우 심리적인 부담으로 정신의 평온을 현저하게 잃을 우려가 있다고 인정되는 자를 증인으로 신문하는 경우 상당하다고 인정하는 때에는 검사와 피고인 또는 변호인의 의견을 들어 비디오 등 중계장치에 의한 중계시설을 통하여 신문하거나 차폐(遮蔽)시설 등을 설치하고 신문할 수 있다(제165조의2).

Ⅱ 감정

1. 감정

1) 의의

감정이란 특수한 지식·경험을 가진 제3자가 그 지식과 경험에 의하여 알 수 있는 법칙 또는 그 법칙을 적용하여 얻은 판단을 법원에 보고하는 것을 말한다. 법원으로부터 감정의 명을 받은 자를 감정인이라 하고 당사자는 감정인 신문을 신청할 수 있다. 감정인에 대하여는 증인신문의 규정 중 구인에 관한 규정을 제외하고는 준용된다(제177조). 다만, 감정증인은 증인에 해당되므로 증인신문의 규정이 적용된다(제179조).

2) 구별개념

① 수사기관에 촉탁을 받은 감정수탁자는 선서의무가 없고, 허위감정에 대한 제재를 받지 않으며, 감정절차에 소송관계인의 참여권이 인정되지 않는다는 점에서 감정인과는 다르다.

② 감정인은 대체가 가능하다는 점에서 대체가 불가능한 증인과 구별된다.

2. 감정의 절차

1) 방법

법원은 학식과 경험 있는 자에게 감정을 명할 수 있다(제169조). 감정인에게는 감정 전에 선서하게 하여야 한다. 선서는 선서서에 의하여야 한다. 선서서에는 "양심에 따라 성실히 감정하고 만일 거짓이 있으면 허위감정의 벌을 받기로 맹서합니다"라고 기재하여야 한다. 재판장은 감정인으로 하여금 선서서를 낭독하고 서명날인하게 하여야 한다. 단, 감정인이 선서서를 낭독하지 못하거나 서명을 하지 못하는 경우에는 참여한 서기관 또는 서기가 이를 대행한다. 선서는 기립하여 엄숙히 하여야 한다. 재판장은 선서할 감정인에 대하여 선서 전에 위증의 벌을 경고하여야 한다(제170조). 주의하여야 할 점은 감정인에게는 선서의무의 예외가 없다는 점이다. 선서의 취지를 이해할 수 없는 감정인이란 있을 수 없기 때문이다. 그러므로 선서하지 아니하고 한 감정증인의 감정은 증거능력이 없다.

2) 피고인의 감정유치

피고인의 정신 또는 신체에 관한 감정에 필요한 때에는 법원은 기간을 정하여 병원 기타 적당한 장소에 피고인을 유치하게 할 수 있고 감정이 완료되면 즉시 유치를 해제하여야 한다(제172조 제3항). 감정유치를 함에는 감정유치장을 발부하여야 한다(동조 제4항). 구속에 관한 규정은 법률에 특별한 규정이 없는 경우에는 감정유치에 관하여 이를 준용한다. 단, 보석에 관한 규정은 그러하지 아니하다(동조 제7항). 감정유치는 미결구금일수의 산입에 있어서는 이를 구속으로 간주한다(동조 제8호). 구속 중인 피고인에 대하여 감정유치장이 집행되었을 때에는 피고인이 유치되어 있는 기간 구속은 그 집행이 정지된 것으로 간주한다. 감정유치처분이 취소되거나 유치기간이 만료된 때에는 구속의 집행정지가 취소된 것으로 간주한다(제172조의2).

3) 감정의 촉탁

법원은 필요하다고 인정하는 때에는 공무소·학교·병원 기타 상당한 설비가 있는 단체 또는 기관에 대하여 감정을 촉탁할 수 있다. 이 경우 선서에 관한 규정은 이를 적용하지 아니한다. 이 경우 법원은 당해 공무소·학교·병원·단체 또는 기관이 지정한 자로 하여금 감정서의 설명을 하게 할 수 있다(제179조의2).

4) 감정에 필요한 처분

감정인은 감정에 관하여 필요한 때에는 법원의 허가를 얻어 타인의 주거, 간수자 있는 가옥, 건조물, 항공기, 선차 내에 들어갈 수 있고 신체의 검사, 사체의 해부, 분묘의 발굴, 물건의 파괴를 할 수 있다. 법원의 허가에는 피고인의 성명, 죄명, 들어갈 장소, 검사할 신체, 해부할 사체, 발굴할 분묘, 파괴할 물건, 감정인의 성명과 유효기간을 기재한 허가장을 발부하여야 한다. 감정인은 처분을 받는 자에게 허가장을 제시하여야 한다. 또한 검증에 있어서의 신체검사에 있어서의 주의 사항(제141조) 및 시각의 재한 규정은 감정에 있어서도 준용된다(제173조). 법원은 합의부원으로 하여금 감정에 관하여 필요한 처분을 하게 할 수 있다(제175조).

5) 감정인의 참여권, 신문권 및 당사자의 참여권

감정인은 감정에 관하여 필요한 경우에는 재판장의 허가를 얻어 서류와 증거물을 열람 또는 등사하고 피고인 또는 증인의 신문에 참여할 수 있다. 감정인은 피고인 또는 증인의 신문을 구하거나 재판장의 허가를 얻어 직접 발문할 수 있다(제174조). 검사, 피고인 또는 변호인은 감정에 참여할 수 있다(제175조).

6) 감정의 보고

감정의 경과와 결과는 감정인으로 하여금 서면으로 제출하게 하여야한다. 감정인이 수인인 때에는 각각 또는 공동으로 제출하게 할 수 있다. 감정의 결과에는 그 판단의 이유를 명시하여야 한다. 필요한 때에는 감정인에게 설명하게 할 수 있다(제174조).

7) 비용청구권

감정인은 법률이 정하는 바에 의하여 여비, 일당, 숙박비 외에 감정료와 체당금의 변상을 청구할 수 있다(제178조).

Ⅲ 통역 · 번역

1. 통역 · 변역

통역 · 변역은 특별한 지식에 의하여 행한 보고이므로 감정에 관한 규정들이 준용된다(제183조).

1) 통역

국어에 통하지 아니하는 자의 진술에는 통역인으로 하여금 통역하게 하여야 한다(제180조). 외국인이라도 한국어에 능통한 경우에는 통역을 할 필요가 없다. 농자 또는 아자의 진술에는 통역인으로 하여금 통역하게 할 수 있다(제181조).

2) 번역

국어 아닌 문자 또는 부호는 번역하게 하여야 한다(제182조).

Ⅳ 검증

1. 의의

검증이란 법관이 오관의 작용에 의하여 사물의 존재와 상태를 직접 실험 인식하는 증거조사를 의미한다. 법원의 검증은 수사기관의 검증과는 달리 증거조사이므로 영장이 필요 없다.

2. 절차

법원은 사실을 발견함에 필요한 때에는 검증을 할 수 있다(제139조). 검증함에 있어서는 압수·수색의 규정 중에서 군사상 비밀에 대한 검증의 제한(제100조), 검증 집행 중의 출입금지(제119조), 검증의 집행과 필요한 처분(제120조), 검증에 있어서 당사자의 참여권(제121조), 검증에 있어서의 당사자 통지권(제121조), 검증에 있어서 책임자의 참여권(제123조), 검증을 중지한 경우에 있어서 필요한 처분(제127조), 수명법관·수탁판사에게 촉탁규정(제136조)은 검증에도 준용된다.

3. 검증에 필요한 처분

검증을 함에는 신체의 검사, 사체의 해부, 분묘의 발굴, 물건의 파괴 기타 필요한 처분을 할 수 있다(제140조). 법원은 피고인의 신체를 검사하기 위하여 소환할 수 있으며(제68조) 피고인 아닌 자도 법원 기타 지정한 장소에 소환할 수 있다(제142조).

신체의 검사에 관하여는 검사를 당하는 자의 성별, 연령, 건강상태 기타 사정을 고려하여 그 사람의 건강과 명예를 해하지 아니하도록 주의하여야 한다. 피고인 아닌 자의 신체검사는 증적의 존재를 확인할 수 있는 현저한 사유가 있는 경우에 한하여 할 수 있다. 여자의 신체를 검사하는 경우에는 의사나 성년의 여자를 참여하게 하여야 한다. 사체의 해부 또는 분묘의 발굴을 하는 때에는 예를 잊지 아니하도록 주의하고 미리 유족에게 통지하여야 한다(제141조).

4. 검증의 시각의 제한

일출 전, 일몰 후에는 가주, 간수자 또는 이에 준하는 자의 승낙이 없으면 검증을 하기 위하여 타인의 주거, 간수자 있는 가옥, 건조물, 항공기, 선거 내에 들어가지 못한다.

단, 일출 후에는 검증의 목적을 달성할 수 없을 염려가 있는 경우에는 예외로 한다. 일몰 전에 검증에 착수한 때에는 일몰 후라도 검증을 계속할 수 있다. 다만, 야간의 압수·수색이 허용되는 장소에는 적용되지 아니한다(제143조).

5. 조서의 작성

검증에 관하여는 검증의 결과를 기재한 검증조서를 작성하여야 한다(제49조 제1항). 검증조서에는 검증목적물의 현상을 명확하게 하기 위하여 도화나 사진을 첨부할 수 있다(동조 2항). 다만, 검증조서에는 참여한 피의자의 서명·날인은 필요치 않다. 법원 또는 법관의 검증을 기재한 검증조서는 당연히 증거능력이 있다(제311조).

제7절 공판절차의 특수문제

I 간이공판절차

1. 간이공판절차의 의의와 특색

1) 의의

형사소송법 제286조의2에서는 "피고인이 공판정에서 공소사실에 대하여 자백한 때에는 법원은 그 공소사실에 한하여 간이공판절차에 의하여 심판할 것을 결정할 수 있다"라고 하여 간이공판절차를 명문으로 인정하고 있다. 이러한 간이공판절차는 피고인이 공판정에서 공소사실에 대하여 자백한 경우에는 형사소송법이 정하고 있는 증거조사절차를 간이화하고 증거능력의 제한을 완화하여 심리를 신속하게 하여 형사소송법의 이념 중 하나인 신속한 재판에 이바지하는 제도이다.

2) 간이공판과 유사한 제도

피고인이 자백한 경우 공판절차를 간이하게 하는 제도로는 영미의 기소사실인부절차(arraignment)와 독일의 신속절차(Schnellverfahren)를 들 수 있다. 영미의 기소사실인부절차는 피고인이 유죄의 답변(plea of guilty)을 하면 배심에 의한 유죄평결과 같은 효력을 발생시키는 제도로서 사건의 경중에 불구하고 모든 사건에 대하여 적용되며 증거조사절차를 생략하는 제도를 말하고, 독일의 신속절차는 구두에 의한 공소제기를 인정하고 공소제기 이후 즉시 공판절차를 열고 판결하게 하여 공판절차와 중간절차의 신속을 내용으로 하여 증거조사절차의 간이화된 절차를 말한다.

2. 간이공판절차의 요건

1) 제1심 관할사건(단독합의사건 포함)

간이공판절차는 제1심 관할 사건에 대하여만 인정된다. 그러므로 항소심이나 상고심에서는 인정되지 아니한다. 간이공판절차는 사물관할이 단독, 합의부 사건에 관계없이 가능하므로 특정강력범죄처벌에관한특례법에 해당되는 사건도 간이공판절차가 가능하다.

2) 공판정에서의 자백

(1) 자백의 주체

자백은 피고인이 하여야 하므로 변호인이 자백한 경우, 피고인 출석 없이 개정할 수 있는 사건에 대하여는 간이공판절차를 개시할 수 없다. 그러나 법인이 피고인인 때에는 그 법인의 대표자, 피고인이 의사무능력자인 때에는 법정대리인 또는 특별대리인이 자백한 경우에는 간이공판절차가 가능하고 본다.

판례 대법원 1998.2.27. 선고 97도3421 판결

피고인이 공소사실에 대하여 검사가 신문을 할 때에는 공소사실을 모두 사실과 다름없다고 진술하였으나 변호인이 신문을 할 때에는 범의나 공소사실을 부인하였다면 그 공소사실은 간이공판절차에 의하여 심판할 대상이 아니고, 따라서 피고인의 법정에서의 진술을 제외한 나머지 증거들은 간이공판절차가 아닌 일반절차에 의한 적법한 증거조사를 거쳐 그에 관한 증거능력이 부여되지 아니하는 한 그 공소사실에 대한 유죄의 증거로 삼을 수 없다.

(2) 자백의 장소와 시기

자백은 공판정에서 한 자백만이 가능하므로 수사절차나 공판준비절차에서의 자백으로는 간이공판절차를 개시할 수 없다. 공판정의 자백시기에 대하여 피고인 이익진술시설과 피고인신문종결시설이 있으나 우리 형사소송법은 일본의 형사소송법과 달리 피고인이 모두절차에서 자백할 것을 요건으로 하고 있지 아니하므로 공판정에서의 자백이

면 족하므로 자백은 공판절차 개시로부터 변론종결시까지 하면 족하다고 보는 변론종결시설이 타당하다고 본다. 다만, 신속한 재판을 하기 위한 제도라는 점을 고려하면 심리가 충분히 행하여진 후의 자백이 있는 경우에는 간이공판절차를 개시할 실익이 없다고 보아야 한다.

(3) 공소사실에 대한 자백

① 현실적 심판대상에 대한 공소사실에 대한 자백

자백은 현실적 심판대상이 된 공소사실에 대한 자백을 의미하므로 절도죄에 있어서 절도품의 수량을 다투거나 범죄 일시 및 장소 등을 다투는 경우, 단독범을 공범이라고 다투는 경우에는 자백이라고 볼 수 없다. 그러나 경합범의 경우에 일부에 대한 자백은 자백으로 볼 수 있다.

② 상상적 경합 또는 예비적 · 택일적 기재

상상적 경합(과형상 일죄, 혹은 포괄 일죄)인 경우, 혹은 예비적 · 택일적 관계에 있는 공소사실 중 일부에 대한 자백이 있는 경우에 간이 공판절차로 이행이 가능한지에 대하여 긍정하는 견해도 있으나, 절차의 복잡화로 인하여 심리에 지연이 초래될 수 있으므로 간이공판절차를 인정하는 취지에 반하므로 인정할 수 없다는 견해가 타당하다.

③ 구성요건해당성은 인정하나 위법성 및 책임조각사유를 주장하는 경우

구성요건 · 위법성 · 책임을 다 인정하여야 한다. 그러므로 피고인이 범의를 부정하는 경우에는 간이공판절차에서 심리할 수 없다.

판례 대법원 1987.8.18. 선고 87도1269 판결

형사소송법 제286조의2가 규정하는 간이공판절차의 결정의 요건인 공소사실의 자백이라 함은 공소장 기재사실을 인정하고 나아가 위법성이나 책임조각사유가 되는 사실을 진술하지 아니하는 것으로 충분하고 명시적으로 유죄를 자인하는 진술이 있어야 하는 것은 아니다.

판례 대법원 2004.7.9. 선고 2004도2116 판결

피고인이 법정에서 "공소사실은 모두 사실과 다름없다"고 하면서 술에 만취되어 기억이 없다는 취지로 진술한 경우에, 피고인이 음주상태로 운전하다가 교통사고를 내었고, 또한 사고 후에 도주까지 하였다고 하더라도 피고인이 술에 만취되어 사고 사실을 몰랐다고 범의를 부인함과 동시에 그 범행 당시 심신상실 또는 심신미약의 상태에 있었다는 주장으로서 형사소송법 제323조 제2항에 정하여진 법률상 범죄의 성립을 조각하거나 형의 감면의 이유가 되는 사실의 진술에 해당하므로 피고인은 적어도 공소사실을 부인하거나 심신상실의 책임조각사유를 주장하고 있는 것으로 볼 여지가 충분하므로 간이공판절차에 의하여 심판할 대상에 해당하지 아니한다.

④ 죄명이나 적용법조 내지 정상관계 사유를 다투는 경우

죄명이나 적용법조만을 다투는 경우 혹은 정상관계 사실 형면제의 원인이 되는 사실을 주장하는 경우에는 자백으로 인정할 수 있다.

(4) 자백의 신빙성

자백은 신빙성이 있어야 하며 신빙성이 없는 자백은 간이공판절차의 취소사유에 해당한다. 즉 법원은 간이 공판절차에 대한 결정을 한 사건에 대하여 피고인의 자백이 신빙할 수 없다고 인정되는 경우 검사의 의견을 물어 결정을 취소하여야 한다(제286조의3).

(5) 공동피고인의 자백

공범 아닌 공동피고인 중 일부 피고인만 자백한 경우에는 원칙적으로 그 피고인에 대해서만 간이공판절차를 개시할 수 있다. 그러나 공범관계에 있는 공동피고인 중 일부 피고인이 자백한 경우에는 범죄사실의 일부 또는 전부가 겹치기 때문에 절차의 분리 없이 자백한 공동피고인에 대하여만 간이공판절차를 개시할 수 없다.

3. 간이공판절차의 개시

1) 법원의 재량

간이공판절차의 요건이 갖추어 진 경우에도 간이공판절차로 재판을 진행 할 것인지 여부는 법원의 재량이다. 간이공판절차를 하고자 할 때에는 재판장은 미리 피고인에게 간이공판절차의 취지를 설명하여야 한다(규칙 제131조). 다만, 간이공판절차로 심리하고자 하는 경우 검사의 의견을 들을 필요가 없다. 다만, 간이공판절차를 취소하는 결정에 대하여서는 검사의 의견을 들어야 한다.

2) 불복방법

간이공판절차의 개시결정은 판결 전의 소송절차에 관한 결정이므로 불복하여 항고할 수 없다(제403조 제1항). 그러나 간이공판절차를 할 수 없는 경우에도 간이공판절차로 심리한 경우에는 소송절차의 법령위반이 되므로 항소이유가 된다(제361조의5 제1호).

4. 간이공판절차의 내용

1) 전문법칙에 대한 특칙

간이공판절차의 개시결정이 있는 사건에 대한 증거에 관하여는 전문법칙에 따라 증

거능력이 부정되는 증거라도 소송관계인의 동의가 있는 것으로 간주되어 증거능력이 인정된다. 그러나 검사, 피고인 또는 변호인의 이의가 있는 때에는 그러하지 아니하다 (제318조의3).

2) 증거조사에 있어서의 특칙

(1) 상당한 방법

간이공판절차에 의하여 심판할 것으로 결정이 있는 사건에 대하여는 제161조의2(증인 신문의 방식), 제290조 내지 제293조(증거조사 시기, 당사자의 증거개시설명, 증거조사의 방식, 증거조사 결과와 피고인의 의견), 및 제297조(피고인 등의 퇴정)의 규정을 적용하지 아니하며 법원이 상당하다고 인정하는 방법으로 증거조사를 할 수 있다(제297조의2). 그러므로 상당한 방법으로 증거조사는 행하여야 하므로 증거조사를 완전히 생략할 수는 없다.

판례 대법원 1980.4.22. 선고 80도333 판결

피고인이 공판정에서 공소사실을 자백한 때에 법원이 취하는 심판의 간이공판절차에서의 증거조사는 증거방법을 표시하고 증거조사내용을 "증거 조사함"이라고 표시하는 방법으로 하였다면 간이절차에서의 증거조사에서 법원이 인정채택한 상당한 증거방법이라고 인정할 수 있다.

3) 간이공판절차에 있어서 적용되는 법칙

전문법칙이외의 증거법칙은 간이공판절차에서도 적용된다. 그러므로 자백배제법칙, 위법수집배제법칙, 자백의 보강법칙은 당연히 적용된다. 또한 공소장 변경에 관한 규정도 적용된다.

4) 항소심에서의 효력

판례 대법원 1998.2.27. 선고 97도3421 판결

피고인이 제1심법원에서 공소사실에 대하여 자백하여 제1심법원이 이에 대하여 간이공판절차에 의하여 심판할 것을 결정하고, 이에 따라 제1심법원이 제1심판결 명시의 증거들을 증거로 함에 피고인 또는 변호인의 이의가 없어 형사소송법 제318조의3 규정에 따라 증거능력이 있다고 보고, 상당하다고 인정하는 방법으로 증거조사를 한 이상, 가사 항소심에 이르러 범행을 부인하였다고 하더라도 제1심법원에서 증거로 할 수 있었던 증거는 항소법원에서도 증거로 할 수 있는 것이므로 제1심법원에서 이미 증거능력이 있었던 증거는 항소심에서도 증거능력이 그대로 유지되어 심판의 기초가 될 수 있고 다시 증거조사를 할 필요가 없다.

5. 간이공판절차의 취소(의무적 취소)

1) 취소의 요건

법원은 간이공판절차 개시의 결정을 한 사건에 대하여 피고인의 자백이 신빙할 수 없다고 인정되거나, 간이공판절차로 심판하는 것이 현저히 부당하다고 인정하는 때에는 검사의 의견을 들어 그 결정을 취소하여야 한다(제286조의3).

(1) 피고인의 자백이 신빙할 수 없다고 인정될 때

자백에 보강증거가 없는 경우에도 간이공판절차 개시결정의 취소사유가 되는지에 대하여 이를 긍정하는 입장도 있으나, 간이공판절차에 있어서 무죄 판결이 가능하므로 취소사유가 되지 않는다는 다수설의 입장이 타당하다.

(2) 간이공판절차로 심판하는 것이 현저히 부당한 경우

자백이 없는 경우임에도 불구하고 간이공판절차로 이행된 경우 혹은 공소장이 변경된 경우 변경된 공소사실에 대하여 피고인이 범행을 부인하거나 자백을 철회한 경우에 가능하다.

2) 취소의 절차

간이공판절차의 취소는 법원의 직권으로 한다. 다만, 법원은 간이공판절차를 취소하기 전에 검사의 의견을 들어야 한다. 이 때 법원은 검사의 의견에 구속되는 것은 아니다. 법원으로서는 취소사유가 있는 경우에는 피고인의 보호의 측면에서 반드시 취소를 하여야 한다.

3) 취소의 효과

간이공판절차의 결정이 취소된 때에는 공판절차를 갱신하여야 한다(제301조의2). 원칙적으로 실체면, 절차면에 있어서 모든 공판절차를 갱신하여야 한다. 단, 검사와 피고인 또는 변호인 모두의 이의가 없는 때에는 그러하지 아니하다(동조 단서).

Ⅱ 공판절차의 정지와 갱신

1. 공판절차의 정지

1) 의의

공판절차의 정지란 심리를 진행할 수 없는 중대한 사유가 발생한 경우 사유가 소멸될 때까지 법원의 결정으로 심리를 진행하지 않는 것을 말한다.

2) 공판절차의 정지사유

(1) 직권, 신청에 의한 임의적 정지 : 공소장 변경

법원은 공소장변경이 피고인의 불이익을 증가할 염려가 있다고 인정한 때에는 직권 또는 피고인이나 변호인의 청구에 의하여 피고인으로 하여금 필요한 방어의 준비를 하게 하기 위하여 결정으로 필요한 기간 공판절차를 정지할 수 있다.

(2) 신청, 원칙적 정지, 예외적 진행 : 기피신청, 병합심리

① 당사자의 기피신청이 있는 때에는 기피신청이 부적법하여 기각하는 경우 이외에는 소송진행을 정지하여야 한다. 다만, 급속을 요하는 경우에는 예외로 한다.

② 법원은 그 계속 중인 사건에 관하여 토지관할의 병합심리신청, 관할지정신청 또는 관할이전신청이 제기된 경우에는 그 신청에 대한 결정이 있기까지 소송절차를 정지하여야 한다. 다만, 급속을 요하는 경우에는 그러하지 아니하다.

(3) 직권에 의한 정지 : 재심청구의 경합, 위헌법률신청, 피고인의 심신 상실과 질병

① 재심청구의 병합

- 항소기각의 확정판결과 그 판결에 의하여 확정된 제1심판결에 대하여 각각 재심의 청구가 있는 경우에 항소법원은 결정으로 제1심법원의 소송절차가 종료할 때까지 소송절차를 정지하여야 한다.
- 상고기각의 판결과 그 판결에 의하여 확정된 제1심 또는 제2심의 판결에 대하여 각각 재심의 청구가 있는 경우에 상고법원은 결정으로 제1심법원 또는 항소법원의 소송절차가 종료할 때까지 소송절차를 정지하여야 한다.

② 위헌법률 신청

법원이 법률의 위헌여부의 심판을 헌법재판소에 제청한 때에는 당해 소송사건의 재판은 헌법재판소의 위헌여부의 결정이 있을 때까지 정지된다. 다만, 법원이 긴급하다고 인정하는 경우에는 종국재판 외의 소송절차를 진행할 수 있다.

③ 피고인의 심실상실

- 피고인이 사물의 변별 또는 의사결정을 할 능력이 없는 상태에 있는 때에는 법원은 검사와 변호인 및 의사의 의견을 들어서 결정으로 그 상태가 계속되는 기간 공판절차를 정지하여야 한다.
- 피고인이 질병으로 인하여 출정할 수 없는 때에는 법원은 검사와 변호인 및 의사의 의견을 들어서 결정으로 출정할 수 있을 때까지 공판절차를 정지하여야 한다.
- 피고사건에 대하여 무죄·면소·형의 면제 또는 공소기각의 재판을 할 것이 명백한 때에는 위의 사유 있는 경우에도 피고인의 출정 없이 재판할 수 있으므로 공판절차를 정지하지 않는다. 또한 500만원 이하의 경미사건에 있어서 대리인이 출정할 수 있는 경우에는 공판절차의 정지 없이 재판할 수 있다.

2. 공판절차의 갱신

1) 의의

공판절차의 갱신이란 공판절차를 진행한 법원이 판결선고 이전에 이미 진행된 공판절차를 일단 무시하고 다시 그 절차를 진행하는 것을 말한다. 공판절차의 갱신제도는 직접주의와 구두변론주의의 이념에 입각한 것이다.

2) 갱신사유

(1) 판사의 경질

① 공판개정 후 판사의 경질(재판장의 경질 및 합의부 일부법관의 경질도 포함)이 있는 때에는 실체면의 공판절차를 갱신하여야 한다.

② 내부적 성립 이후에 판사가 바뀌면 공판절차를 갱신할 필요가 없으므로 판결의 선고만을 하는 경우에는 공판절차를 갱신할 필요가 없다.

③ 공판 개정 후란 공판을 개정하여 실체심리를 한 후를 의미함으로 인정신문 또는 공판기일의 변경에 그친 경우는 포함되지 아니한다.

④ 판사의 경질이 있는 경우에는 검사와 피고인 또는 변호인의 이의가 없더라도 반드시 공판절차를 갱신하여야 한다.

(2) 간이공판절차의 취소

간이공판절차의 결정이 취소된 때에는 실체면 뿐만 아니라 절차면의 공판절차 모두를 갱신하여야 한다. 다만, 검사와 피고인 또는 변호인의 이의가 없는 때에는 갱신을 요하지 않는다.

(3) 심실상실로 인한 공판절차의 정지

정지사유가 소멸한 후의 공판기일에 절차면과 실체면 모두 공판절차를 갱신하여야 한다. 다만, 검사와 피고인 또는 변호인의 이의가 없는 때에는 갱신을 요하지 않는다.

3) 갱신 후의 절차

재판장은 제127조의 규정에 따라 피고인에게 진술거부권 등을 고지한 후 법 제284조에 따른 인정신문을 하여 피고인임에 틀림없음을 확인하여야 한다.[17] 재판장은 서류 또는 물건에 관하여 증거조사를 함에 있어서 검사, 피고인 및 변호인의 동의가 있는 때에는 그 전부 또는 일부에 관하여 상당하다고 인정하는 방법으로 이를 할 수 있다(규칙 제144조).

Ⅲ 변론의 분리 · 병합 · 재개

1. 변론의 분리와 병합

법원은 재량으로 필요하다고 인정한 때에는 직권 또는 검사, 피고인이나 변호인의 신청에 의하여 결정으로 변론을 분리하거나 병합할 수 있다.

판례 대판 1987.6.23. 87도706

변론병합의 신청이 있는 경우에 변론을 병합하느냐의 여부는 법원의 재량에 속한다.

2. 변론의 재개

변론의 재개는 판결의 선고 전까지 할 수 있으며 법원은 재량으로 필요하다고 인정하는 때에는 직권 또는 검사, 피고인이나 변호인의 신청에 의하여 결정으로 종결한 변론을 다시 재개할 수 있다.

---

17) 개정 형사소송법에서는 제283조의2에서 진술거부권을 고지하도록 명문의 규정을 두고 있음에도, 규칙 제127조를 준용한다고 하는 점은 의문이다.

[판례] 대판 86도769

종결한 변론을 재개하느냐의 여부는 법원의 재량에 속하는 사항으로서 원심이 변론종결 후 선임된 변호인의 변론재개신청을 들어주지 아니하였다 하여 심리미진의 위법이 있는 것은 아니다.

제2장 증거

제1절 증거의 의의와 종류

I 증거의 의의

1. 증거, 증명, 입증취지

형사소송은 구체적 범죄사실에 형법을 적용하여 유 · 무죄의 존부를 판단해야 함으로 법규의 해석과 함께 사실관계의 확정이 필요하다. 형사절차에서 심판의 대상이 되는 피고인과 범죄사실을 밝혀내는 과정에서 사실관계의 확인자료를 증거라고 하고 이를 확인하는 과정을 증명이라고 한다. 증명의 대상이 대는 자료를 요증사실이라고 하고, 증거와 증명하고자 하는 사실과의 관계를 입증취지라고 한다.

2. 증거방법과 증거자료

형사소송법상 증거의 개념은 증거방법과 증거자료의 두 가지 의미로 사용된다. 첫째로, 증거는 증거방법의 의미로 사용되는데, 증거방법이란 증인, 감정인, 증거물, 증거서류와 같이 사실의 인정에 사용될 수 있는 유체물 자체를 말한다. 증거방법은 증거조사의 객체가 된다. 여기서 피고인이 증거방법이 된다는 점이 소송의 주체성과 다소 문제가 발생하나, 피고인이 임의로 하는 진술은 증거로 사용될 수 있으므로 제한적인 범위 내에서 증거방법으로 지위를 가진다고 볼 수 있다.

두 번째로, 증거는 증거자료라는 의미로 사용되는데, 증거자료라고 함은 증거방법을 조사하여 얻어진 내용 자체를 말한다. 예를 들면 피고인의 진술, 증인의 증언, 감정인의 감정의견, 증거물의 성질과 상태 등은 증거자료가 된다. 이러한 증거자료를 획득하는 절차를 증거조사하고 한다. 즉 증인은 증거방법이고 증인의 증언 자체는 증거자료가 되며 증인신문 절차는 증거조사에 해당된다.

Ⅱ 증거의 종류

1. 인적 증거와 물적 증거

증거방법의 물리적 성질에 의한 분류로서, 실무상 증거조사의 방법에 따라 일반적으로 인적증거, 증거물(물적 증거), 증거물인 서면, 증거서류의 네 가지로 분류된다.

1) 인적 증거

인적 증거란 사람의 진술내용이 증거로 되는 것을 말하며, 인증이라고도 말한다. 이에 해당하는 것으로는 증인의 증언, 감정인의 진술, 피고인의 진술과 같은 것을 말한다. 인적 증거에 대한 증거조사는 신문의 방법에 의한다.

2) 물적 증거

물적 증거란 물건의 존재 또는 상태가 증거로 되는 것을 말하며 물증 또는 증거물이라고도 말한다. 이에 해당하는 것으로는 범행에 사용된 흉기, 절도죄의 장물이 해당된다. 물적 증거에 대한 증거조사는 제시의 방법에 의한다.

2. 증거서류와 증거물인 서면

서류는 서류에 기재된 내용만이 증거로 되는 증거서류(법원의 공판조서, 수사기관이 작성한 피의자신문조서, 진술조서, 의사의 진단서 등)와 서류의 존재 자체나 물리적인 상태가 증거로 되는 증거물인 서면(위조죄의 위조문서, 협박죄나 공갈죄의 협박 문서, 음란문서반포죄의 음란문서 등)으로 나눌 수 있다. 증거물인 서면과 증거서류를 합하여 서증이라고 한다.

1) 문제점

증거서류에 대한 증거조사 방법으로는 원칙적으로 신청인이 낭독하여야 하며, 전부 낭독할 필요가 있는 것은 아니므로 재판장이 필요하다거나 적절하다고 인정하는 때에는 내용요지의 고지 또는 제시하여 열람하게 하는 방법으로 조사할 수 있으며, 증거물인 서면의 경우에는 낭독 이외에 기본적으로 증거물로서의 성질도 가지고 있으므로 제시에 의할 것을 요구하므로, 증거서류와 증거물인 서면을 구별하는 것이 문제가 된다(제292조 및 제292조의2).

판례 대법원 2015.4.23. 선고 2015도2275 판결

피고인이 수표를 발행하였으나 예금부족 또는 거래정지처분으로 지급되지 아니하게 하였다는 부정수표단속법위반의 공소사실을 증명하기 위하여 제출되는 수표는 그 서류의 존재 또는 상태 자체가 증거가 되는 것이어서 증거물인 서면에 해당하고 어떠한 사실을 직접 경험한 사람의 진술에 갈음하는 대체물이 아니므로, 증거능력은 증거물의 예에 의하여 판단하여야 하고, 이에 대하여는 형사소송법 제310조의2에서 정한 전문법칙이 적용될 여지가 없다.

2) 구별

(1) 절차기준설

당해 사건에 대한 소송절차에서 작성된 서면으로 그 보고적 내용이 증거로 사용되는 서류가 증거서류이고, 그 이외의 서류가 증거물인 서면이라는 견해이다. 그러나 이 견해에 의하면 수사와 공판이 사무인계의 관계에 있음을 전제로 한 의용 형사소송법에 기초한 이론으로 타당하지 아니하다.[18)]

(2) 작성자 기준설

당해 소송절차에서 법원 또는 법관의 면전에서 작성된 서면은 증거서류이고, 그 이외의 서류가 증거물인 서면이라고 보는 견해이다.[19)] 이 견해에 의하면 공판절차에서 법관이 작성한 서류뿐만 아니라 증거보전절차 및 증인신문절차에서 작성된 서류는 증거서류가 되고 수사기관이 작성한 서류와 법원이 작성한 서류라 할지라도 다른 사건에서 작성된 조서는 증거물인 서면이 된다.

(3) 내용기준설

서면의 내용이 증거로 되는 것은 증거서류이고, 서면의 내용뿐만 아니라 그 존재 또는 상태도 증거로 되는 것은 증거물인 서면이라는 견해이다.[20)] 이 입장에 의하면, 법원의 공판조서뿐만 아니라 수사기관이 작성한 피의자신문조서 및 의사의 진단서도 증거

18) 이재상 · 조균석, 형사소송법, 박영사, 2019, 536면
19) 신현주, 형사소송법, 박영사, 2002, 581면
20) 배종대 · 이상돈, 형사소송법, 홍문사, 2006, 527면; 신동운, 형사소송법, 법문사, 2007, 616면; 신양균, 형사소송법, 법문사, 2004, 648면; 이영란, 형사소송법, 나남출판사, 2008, 688면; 임동규, 형사소송법, 법문사, 2006, 431면; 차용석 · 최용성, 형사소송법, 21세기사, 2008, 457면

서류가 된다. 이 입장에 의하면 형사소송규칙 제134조 제2항에서 모든 증거에 대하여 제시를 요구하고 있으므로 증거물인 서면에 대하여 행사는 증거조사의 방식으로 제시를 요하는 것은 진정성립을 인정하기 위한 것이 아니라 서면의 존재와 상태를 확인하기 위한 것으로 이해한다. 법원실무재요에서도 이에 따르고 있다.[21)]

3) 검토

작성자 기준설은 개정 형사소송법과 맞지 아니하는 단점이 있다. 즉 개정 형사소송법 제292조에서 증거서류의 증거조사방법으로 낭독과 내용의 고지를, 제292조의2에서 증거물에 대하여는 제시를 증거조사방법으로만 규정하고 종래 구(의용) 형사소송법상의 증거물인 서류인 때에는 그 요지를 고지하여야 한다는 규정을 삭제하고 있으므로 작성자 기준설에 따라서 수사기관이 작성한 각종의 서류를 증거물인 서면으로 본다면 이에 대한 증거조사의 방법으로 오로지 제시만이 가능하고 이에 대한 낭독과 내용의 고지를 할 수 없는 난점이 발생하므로 이러한 서류도 증거서류로 보지 아니할 수 없고, 작성자 기준설의 장점은 증거물인 서면의 증거조사시에 제시를 요구함으로써 검사 또는 변호인 및 피고인에게 증거능력의 일차적인 요건인 진정성립을 검토할 수 있는 기회를 확보한다는 점에 있으나, 진정성립은 형사소송규칙 제134조 제2항에서 법원은 서류 또는 물건이 증거로 제출된 경우에 이에 관한 증거결정을 함에 있어서는 제출한 자로 하여금 그 서류 또는 물건을 상대방에게 제시하게 하여 상대방으로 하여금 그 서류 또는 물건의 증거능력 유무에 관한 의견을 진술할 수 있도록 규정하고 있으므로, 이를 증거조사시에 제시하는 것은 진정성립과는 관련이 없는 것이다. 그러므로 신형사소송법의 규정에 맞는 내용기준설이 타당하다.

3. 직접증거와 간접증거(요증사실과 관련된 분류)

직접증거란 요증사실을 직접적으로 증명하는 증거를 말하고, 간접증거란 요증사실을 간접적으로 증명하는 증거를 말한다. 간접증거를 흔히 정황증거라고 한다. 예를 들면 범행현장을 목격한 증인의 증언과 문서위조죄에 있어서 위조문서는 직접증거가 되고, 범행현장에서 발견된 피고인의 지문은 간접증거가 된다.

이러한 직접증거와 간접증거의 구별은 규문절차의 증거법정주의 아래에서 직접증거에 보다 높은 증명력을 인정하던 시대에서는 커다란 의미가 있었으나, 지금은 증명력에

21) 법원행정처, 法院實務提要(刑事), 372면

관하여 자유심증주의에 의하고 있고 과학적 증거수집의 기법이 발달함에 의하여 오히려 간접증거의 중요성이 강조되고 있다.

판례 대법원 1995.11.14. 선고 95도1729 판결

CD를 어음보관계좌에 보관하는 것이 금융실명거래및비밀보장에관한긴급재정경제명령 소정의 금융거래에 해당한다는 것을 피고인이 인식하고 있었는지와 같은 주관적인 요건은 피고인이 부인하는 한 이를 인정할 만한 증거가 있을 수 없는 것이므로, 경험법칙과 논리법칙에 위반되지 아니하는 한 법관의 자유판단에 따라 간접증거에 의하여 이를 인정하더라도 무방하다.

판례 대법원 1998.11.13. 선고 96도1783 판결

형사재판에 있어서도 증거의 증명력은 법관의 자유판단에 맡겨져 있으나 그 판단은 논리와 경험칙에 합치하여야 하고, 형사재판에 있어서 유죄로 인정하기 위한 심증형성의 정도는 합리적인 의심을 할 여지가 없을 정도이어야 하나, 합리성이 없는 모든 가능한 의심을 배제할 정도에 이를 것까지 요구하는 것은 아니며, 증명력이 있는 것으로 인정되는 증거를 합리적인 근거가 없이 의심하여 이를 배척하는 것은 자유심증주의의 한계를 벗어나는 것으로 허용되지 아니하고, 또한 범죄사실의 증명은 반드시 직접증거만으로 이루어져야 하는 것은 아니고 논리와 경험칙에 합치되는 한 간접증거로도 할 수 있으며, 간접증거가 개별적으로는 범죄사실에 대한 완전한 증명력을 가지지 못하더라도 전체 증거를 상호 관련 하에 종합적으로 고찰할 경우 그 단독으로는 가지지 못하는 종합적 증명력이 있는 것으로 판단되면 그에 의하여도 범죄사실을 인정할 수 있다.

4. 본증과 반증

거증책임을 지고 있는 자가 제출하는 증거를 본증이라고 하고 이에 대하여는 법관의 확신이 들 정도의 입증이 필요한 반면, 반대 당사자가 본증에 의하여 증명하려고 하는 사실의 존재를 부인하기 위하여 제출하는 증거를 반증이라고 하고 이에 대하여는 법관의 의심이 들 정도만 입증이 필요하다.

일반적으로 범죄사실에 대한 구성요건해당성, 위법성조각사유의 부존재, 책임조각사유의 부존재, 처벌조각사유의 부존재, 소송법적 사실은 검사에게 입증책임이 있으나, 예외적으로 거증책임의 전환의 규정인 상해의 동시범의 특례와 형법 제310조의 명예훼손죄에 있어서 진실성의 입증은 피고인에게 거증책임이 있다.

형사소송법상 거증책임은 원칙적으로 검사에게 있다는 점에서 검사가 제출하는 증거를 본증, 피고인이 제출하는 증거를 반증이라고 할 수 있다. 반면 피고인에게 거증책임이 있는 경우에는 피고인이 제출하는 증거도 본증에 해당한다.

5. 진술증거와 비진술증거(전문법칙과 관련된 분류)

진술증거란 사람의 진술이 증거로 되는 경우를 말하고, 비진술증거란 단순한 증거물이나 신체·상태 등이 증거로 되는 경우를 말한다. 진술증거와 비진술증거의 구별의 실익은 먼저 진술증거는 진술의 임의성이 인정되어야 증거능력이 있고, 전문법칙이 적용되어 증거능력이 제한될 수 있다는 점에 있다.

진술증거는 구술에 의한 진술증거와 서면에 의한 진술증거로 나누어 볼 수 있다. 증인의 증언은 구술에 의한 진술증거가 되고, 피의자신문조서는 서면에 의한 진술증거가 된다.

여기서 진술증거는 다시 원본증거와 전문증거가 있는데 범죄사실에 관련된 사실을 직접 체험한 자가 중간 매개체를 거치지 않고 직접 법원에 진술하는 경우는 원본 증거가 되고, 직접 체험자의 진술이 서면이나 타인의 진술이라는 매개를 통하여 법원에 전달되는 경우에 전문증거가 된다.

6. 실질증거와 보조증거(증명의 대상과 관련된 분류)[22]

주요사실(살인사건에 있어서 살인을 입증하는 증거)의 존부를 직접 또는 간접적으로 증명하기 위하여 사용되는 증거를 실질증거라 하며, 진술증거, 비진술증거, 본증·반증을 불문한다. 보조증거란 실질증거의 증거능력이나 증명력에 영향을 미치는 사실(보조사실)을 증명하기 위하여 사용되는 증거를 말한다.

예를 들면 범행을 목격한 증인의 증언이 실질증거라면 그 증인의 정신병력에 대하여 증언하는 증인을 보조증거라고 할 수 있다. 보조증거는 그 자체만으로는 주요사실을 증명할 수 없다는 점에서 실질증거와 구별이 된다.

보조증거는 다시 증강증거와 탄핵증거로 나누어진다. 증강증거는 실질증거의 증거능력을 뒷받침하고 증명력을 강화시키는 증거를 말하며, 탄핵증거는 이를 감소, 멸실시키는 증거를 말한다. 여기서 문제가 되는 것이 자백의 보강증거를 실질증거라고 보아야 하는지, 아니면 보조증거로 보아야 하는지 문제가 된다. 자백에 대하여 그의 증명력을 증가하는 증거라는 점에서 보조증거로 보는 입장도 있으나, 자백의 보강증거에도 증거능력이 필요하다는 점에서 실질증거로 보는 것이 다수설이다. 다만, 자백의 보강증거에 대하여 증거능력이 있을 것을 요한다는 점에서는 다툼이 없다.

---

22) 예를 들면, 살인사건에 있어서 살인을 목격한 갑의 증언은 실질증거라고 한다. 이 때 을이 갑이 자신에게는 다른 말을 했다는 증언을 하는 경우에 이를 보강증거(탄핵증거)라고 한다.

제2절 증거재판주의

I 증거재판주의

1. 의의

형사소송법은 제307조에서 "사실의 인정은 증거에 의하여야 한다"고 규정하여 증거재판주의를 선언하고 있다. 즉 공소범죄사실 등 주요사실을 증거능력이 있는 증거에 의하여 법에 규정한 절차 즉 당사자주의 방식에 입각한 조사방식에 의하여 재판을 하여야 함을 말한다.

증거재판주의는 형사소송의 증거능력에 관한 기본원칙으로 헌법상의 기본권보장과 적법절차조항을 증거법상으로 구체화한 것으로, 공소범죄사실과 같은 중요한 사항에 관하여 법관의 무분별한 심증형성의 가능성을 방지함으로써 피고인의 인권을 보호함과 함께 실체적 진실발견에 기여하기 위한 것이다.[23]

2. 엄격한 증명과 자유로운 증명

넓은 의미의 증명은 법률상 요구되는 법관의 심증정도를 기준으로 하여 협의의 증명과 소명으로 구분하며, 협의의 증명은 엄격한 증명과 자유로운 증명으로 나눌 수 있다.

1) 유형

형사소송법에는 위법수집증거배제법칙, 자백배제법칙, 전문법칙 등 증거에 관한 엄격한 증거능력이 규정되어 있으며, 공판중심주의로 엄격한 증거조사절차가 규정되어 있다. 여기서 법률상 증거능력이 있고 적법한 증거조사를 해서 얻은 증명을 엄격한 증명이라고 한다. 그리고 전문증거와 같이 증거능력이 없는 증거 혹은 법원이 상당하다고 인정되는 방법에 의하여 얻은 증명을 자유로운 증명이라고 한다. 자유로운 증명의 경우에는 법정에서 이에 대한 증거조사 자체는 필요하지만, 구체적으로 법원이 재량에 의하여 증거조사를 할 수 있으므로 법률에 규정된 증거조사절차에 따를 필요는 없다. 따라서 법원은 변론종결 후에 접수된 서류나 전화에 의하여 확인된 증거에 의하여도 사실을

23) 정웅석 · 최창호, 형사소송법, 대명출판사, 2018, 524면.

인정할 수 있다. 여기서 주의할 점은 엄격한 증명과 자유로운 증명은 증거능력 유무와 증거조사의 방법에 차이가 있을 뿐이고 심증의 정도에서는 차이가 있는 것이 아니라는 점이다. 즉 양자 모두 합리적 의심이 없는 증명이 필요하다. 그러므로 형사소송법 제307조 제2항에서는 "범죄사실의 인정은 합리적인 의심이 없는 정도의 증명에 이르러야 한다"고 규정하고 있다.

2) 소명과의 구별

엄격한 증명과 자유로운 증명은 모두 법관에게 합리적 의심이 가지 않을 정도의 확신이 있어야 한다는 점에서는 다르지 않으므로 심증의 형성에는 다르지 않다 그러므로 일응의 진실성에 대한 인식으로 충분한 소명과는 구별되는 것이다.

소명이란 증명에 비하여 낮은 정도의 개연성, 즉 법관이 일응 확실할 것이라는 추측을 얻은 상태 또는 그와 같은 상태에 이르도록 증거를 제출하는 당사자의 노력을 말한다. 소명은 항상 특정 청구를 한 당사자가 지며, 그 방법에도 특별한 제한이 없다. 예를 들어 기피사유(제19조 제3항), 증언거부의 사유(제150조), 공판기일 전 증인신문의 청구사유(제221조의2 제3항) 등 소송절차상의 파생적 사항이나 신속한 처리를 요하는 사항이 이에 해당한다.

Ⅱ 엄격한 증명의 대상

1. 엄격한 증명의 대상

1) 문제점

피고인보호의 관점에서 보면 형사절차에 있어서 모든 사실에 대하여 엄격한 증명을 요하는 것이 바람직할 것이다. 그러나 이렇게 되면 형사절차가 지연되어 오히려 피고인에게 불이익이 초래되는 경우도 있으므로 피고인의 보호와 소송경제의 요청을 조화하기 위하여 엄격한 증명의 범위를 어디까지 인정할 것인지가 문제된다.

판례 대법원 2000.9.22. 2000노337

구체적으로 어떠한 사항이 엄격한 증명을 요하는 사항이고, 어떠한 사항이 자유로운 증명을 요하는 사항인지는, 형사소송법 제323조 제1항('범죄될 사실'의 범위와 판결문상 기재를 요하는 '증거의 요지'의 범위)이나 같은 법 제310조(자백보강법칙의 적용 여부)의 해석에 따라 당연히 결정되는 것이 아니라, 증명의 대상이 되는 사항의 성격을 헌법이 규정하는 적정절차의 원리나 공판중심주의, 직접주의,

구두변론주의와 당사자주의 등 형사소송법의 원칙들에 비추어 보아 구체적 · 개별적으로 판단하여야 할 것이나, 원칙으로 범죄사실의 존부와 형벌권의 양적 범위를 결정하는 데 필요한 사실의 존부 및 내용에 관하여는 모두 엄격한 증명을 요하며, 단지 양형의 자료가 되는 데 불과한 정상사실에 관하여는 자유로운 증명으로 족하다고 할 것이다.

2) 엄격한 증명의 대상의 범위

엄격한 증명의 대상은 형벌권의 근거와 범위에 관한 사실, 즉 주요사실이다. 공소범죄사실인 구성요건해당사실, 위법성 · 책임에 관한 사실, 처벌조건, 형의 가중 · 감면사실이 엄격한 증명의 대상이 된다.

(1) 구성요건에 해당하는 사실

엄격한 증명의 대상인 공소범죄사실은 위법성과 책임을 구비한 특정한 구성요건에 해당하는 구체적 사실로서 형벌권의 기초가 되는 주요사실 또는 직접사실을 말한다. 여기에는 구성요건 해당사실, 위법성과 책임에 관한 사실이 이에 해당한다.

구성요건에 해당하는 사실은 원칙적으로 엄격한 증명에 해당한다. 객관적 구성요건, 주관적 구성요건 모두 엄격한 증명의 대상이 된다. 행위의 주체, 객체, 결과발생, 인과관계 등의 객관적 구성요건에 해당하는 사실뿐만 아니라, 고의, 과실, 목적, 공모공동정범의 공모 등과 같은 주관적 사실도 엄격한 증명방식으로 그 유무를 판단하여야 한다. 그러므로 공범의 성립에 필요한 공동가공의 의사(공모), 교사범에 있어서 교사한 사실도 엄격한 증명에 해당한다. 또한 민간인이 군에 입대하여 군인신분을 취득하였는가의 여부를 판단함에는 엄격한 증명을 요한다.[24] 고의(범의), 과실의 입증은 엄격한 증명에 의하여야 한다.

또한 범죄구성요건사실의 존부를 알아내기 위해 과학 공식 등의 경험칙을 이용하는 경우에는 그 법칙적용의 전제가 되는 개별적이고 구체적인 사실도 엄격한 증명에 의하여야 한다.

판례 대법원 2000.11.10. 99도5541

음주운전에 있어서 운전 직후에 운전자의 혈액이나 호흡 등 표본을 검사하여 혈중알코올농도를 측정할 수 있는 경우가 아니라면 소위 위드마크 공식을 사용하여 수학적 방법에 따른 계산결과로 운전 당시의 혈중알코올농도를 추정할 수 있으나, 범죄구성요건사실의 존부를 알아내기 위해 과학공식 등의 경험칙을 이용하는 경우에는 그 법칙적용의 전제가 되는 개별적이고 구체적인 사실에 대하여는 엄격한 증명을 요한다 할 것이고, 위드마크 공식의 경우 그 적용을 위한 자료로는 섭취한 알코올의

24) 대법원 1970.10.30. 70도1936

양, 음주시각, 체중 등이 필요하므로 그런 전제사실을 인정하기 위해서는 엄격한 증명이 필요하다 할 것이며, 나아가 워드마크 공식에 따른 혈중알코올농도의 추정방식에는 알코올의 흡수분배로 인한 최고 혈중알코올농도에 관한 부분과 시간경과에 따른 분해소멸에 관한 부분이 있고 그 중 최고 혈중알코올농도의 계산에 있어서는 섭취한 알코올의 체내흡수율과 성, 비만도, 나이, 신장, 체중 등이 그 결과에 영향을 미칠 수 있으며 개인마다의 체질, 음주한 술의 종류, 음주속도, 음주시 위장에 있는 음식의 정도 등에 따라 최고 혈중알코올농도에 이르는 시간이 달라질 수 있고, 알코올의 분해소멸에 있어서는 평소의 음주정도, 체질, 음주속도, 음주 후 신체활동의 정도 등이 시간당 알코올분해량에 영향을 미칠 수 있는 등 음주 후 특정시점에서의 혈중알코올농도에 영향을 줄 수 있는 다양한 요소들이 있는 바, 형사재판에 있어서 유죄의 인정은 법관으로 하여금 합리적인 의심을 할 여지가 없을 정도로 공소 사실이 진실한 것이라는 확신을 가지게 할 수 있는 증명이 필요하므로, 위 각 영향요소들을 적용함에 있어 피고인이 평균인이라고 쉽게 단정하여서는 아니되고 필요하다면 전문적인 학식이나 경험이 있는 자의 도움을 받아 객관적이고 합리적으로 혈중알코올농도에 영향을 줄 수 있는 요소들을 확정하여야 한다.

판례 대법원 1988.9.13. 88도1114

공모나 모의는 공모공동정범에 있어서의 '범죄될 사실'이라 할 것이므로 이를 인정하기 위하여는 엄격한 증명에 의하지 않으면 아니 되고 그 증거는 판결에 표시되어야 하며, 공모의 판시는 그 구체적 내용을 상세하게 판시할 필요는 없다 하겠으나, 위에서 본 취지대로 성립된 것이 밝혀져야만 한다.

판례 대법원 2000.4.15. 99도1252

교사자의 교사행위는 정범에게 범죄의 결의를 가지게 하는 것을 말하는 것으로서, 그 범죄를 결의하게 할 수 있는 것이면 그 수단에는 아무런 제한이 없고, 반드시 명시적 · 직접적 방법에 의할 것을 요하지도 않으며, 이와 같은 교사범에 있어서의 교사사실은 범죄사실을 구성하는 것으로서 이를 인정하기 위하여는 엄격한 증명이 요구되지만, 피고인이 교사사실을 부인하고 있는 경우에는 사물의 성질상 그와 상당한 관련성이 있는 간접사실을 증명하는 방법에 의하여 이를 입증할 수도 있고, 이러한 경우 무엇이 상당한 관련성이 있는 간접사실에 해당할 것인가는 정상적인 경험칙에 바탕을 두고 치밀한 관찰력이나 분석력에 의하여 사실의 연결상태를 합리적으로 판단하는 방법에 의하여야 한다.

판례 대법원 2002.3.12. 2001도2064 선고

알선수재죄는 '공무원의 직무에 속한 사항을 알선한다는 명목'으로 '금품 등을 수수'함으로써 성립하고 '공무원의 직무에 속한 사항을 알선한다는 명목'으로 수수하였다는 범의는 범죄사실을 구성하는 것으로서 이를 인정하기 위해 엄격한 증명이 요구되지만, 피고인이 '금품 등을 수수'한 사실을 인정하면서도 범의를 부인하는 경우에는, 이러한 주관적 요소로 되는 사실은 사물의 성질상 범의와 상당한 관련성이 있는 간접사실을 증명하는 방법에 의해 이를 입증할 수밖에 없고, 무엇이 상당한 관련성이 있는 간접사실에 해당할 것인가는 정상적인 경험칙에 바탕을 두고 치밀한 관찰력이나 분석력에 의하여 사실의 연결상태를 합리적으로 판단하는 방법에 의하여야 한다.

(2) 위법성 및 책임조각사유

위법성 및 책임조각사유에 대한 부존재에 해당되는 사실은 엄격한 증명에 해당한다고 보는 것이 통설적인 입장이다. 구성요건에 해당하는 사실이 증명되면 위법성과 책임

은 사실상 추정된다. 이때 이러한 추정을 깨뜨리는 피고인의 위법성 및 책임조각사유의 주장이 있으면 위법성조각사유나 책임조각사유의 부존재는 엄격한 증명의 대상이 된다. 다만, 판례는 위법성조각사유의 존재, 예를 들면 피고인이 정당방위를 주장하는 경우에는 자유로운 증명으로 족하다고 본다. 그러므로 판례는 명예훼손죄에 있어서 진실성에 대한 입증은 자유로운 증명으로 족하다고 판시하였고, 심신상실인지 심신미약인지에 대한 판단은 자유로운 증명으로 족하다고 보았다.

판례 대법원 1996.10.25. 95도1473

공연히 사실을 적시하여 사람의 명예를 훼손한 행위가 형법 제310조의 규정에 따라서 위법성이 조각되어 처벌대상이 되지 않기 위하여는 그것이 진실한 사실로서 오로지 공공의 이익에 관한 때에 해당된다는 점을 행위자가 증명하여야 하는 것이나, 그 증명은 유죄의 인정에 있어 요구되는 것과 같이 법관으로 하여금 의심할 여지가 없을 정도의 확신을 가지게 하는 증명력을 가진 엄격한 증거에 의하여야 하는 것은 아니므로, 이때에는 전문증거에 대한 증거능력의 제한을 규정한 형사소송법 제310조의2는 적용될 여지가 없다.

판례 대법원 1961.10.26. 4294형상590

범인의 범행 당시의 정신상태가 심신상실이었느냐 심신미약이었느냐는 자유로운 증명으로서 족하나, 일반적으로는 전문가의 감정에 의뢰하는 것이 타당하다.

(3) 처벌조건

처벌조건은 공소범죄사실 자체는 아니지만, 형벌권의 발생에 직접 기초되는 사실이므로 엄격한 증명의 대상이 된다. 처벌조건도 엄격한 증명의 대상이므로, 사전수뢰죄에 있어서 행위자가 공무원 또는 중재인이 된 사실, 파산범죄에 있어서 파산선고의 확정, 친족상도례에 있어서 친족의 신분도 엄격한 증명의 대상이 된다.

(4) 법률상 형의 가중 · 감면의 이유가 되는 사실

법률상의 가중 · 감면되는 사실도 범죄될 사실 그 자체는 아니지만 형벌권의 범위에 영향을 미치는 사유로 범죄사실에 준하여 엄격한 증명의 대상이 되므로, 미수와 방조범, 상습범 가중, 과잉방위, 과잉긴급피난, 심신미약, 누범가중사유의 전과[25], 자수 등이 엄격한 증명의 대상이 된다는 것이 학설의 입장이다. 다만 심신미약에 관하여 판례는 "피고인의 범행 당시의 정신상태가 심신상실이냐 또는 심신미약이었느냐의 문제는 법률적 판단이지 범죄될 사실은 아니기 때문에 엄격한 증명이 필요없다"고 보아 엄격한 증명이

25) 단순한 정상관계사실로서의 전과는 자유로운 증명으로 족하다.

필요하지 않다는 입장이다(대판 1961.10.26. 4294형상590). 그리고 누범 전과 이외의 전과는 정상관계사실로서 자유로운 증명으로 족하다.

(5) 몰수 · 추징의 대상이 되는지 여부나 추징액의 인정

학설의 입장은 몰수와 추징의 사유는 공소범죄사실이 아니지만 부가형적 성질을 가지고 형벌권의 발생과 직접적인 관련이 있는 사항이므로 엄격한 증명이 필요하다고 본다.

이에 대하여 판례는 몰수 · 추징의 대상이 되는지 여부나 추징액의 인정은 범죄구성사실에 대한 것이 아니므로 엄격한 증명을 필요로 하지 아니한다고 판시하고 있다.[26]

판례 대법원 2006.4.7. 선고 2005도9858 전원합의체 판결

몰수대상이 되는지 여부나 추징액의 인정 등 몰수 · 추징의 사유는 범죄구성요건 사실에 관한 것이 아니어서 엄격한 증명은 필요 없지만 역시 증거에 의하여 인정되어야 한다.

(6) 간접사실(Indizien)

간접사실은 공소범죄사실 등 주요사실의 존부를 간접적으로 추단하게 하는 사실을 말한다. 주요사실이 엄격한 증명의 대상인 경우에는 간접사실도 엄격한 증명이 필요하다고 본다. 이에 관하여 범죄가 발생한 일시 · 장소에 피고인이 현장 이외의 장소에 있었다는 사실을 주장하고, 자기의 무죄를 입증하는 알리바이(범행현장 부재사실)의 증명은 주요사실에 대한 간접적 반대증거가 될 수 있는 간접사실로서 증명을 요하는 사실이 주요사실인 때에는 범죄사실의 존재와 부존재의 증명에 차이가 없으므로 피고인이 제출하는 반증은 엄격한 증명이 필요하다는 필요설[27]과, 피고인의 알리바이의 주장은 구성요건해당사실의 존재에 관한 다툼이므로 검사가 구성요건해당사실을 엄격한 증명의 방법으로 입증하여야 한다는 불요설[28]의 입장이 대립된다.

(7) 경험법칙(Erfahrungsgesetz)

경험법칙은 사실자체가 아니라 사실을 판단하는 데 있어서 전제가 되는 지식을 말한다. 누구나 알고 있는 일반적인 경험법칙(모든 인간은 죽는다)은 불요증사실이나, 특별한 사람만 알고 있는 특별한 경험법칙은 엄격한 증명의 대상이 되는 사실의 인정에 필요한 때에는 엄격한 증명의 대상이 된다. 특별한 경험법칙은 일반 법관이 이를 안다는 것을

26) 대법원 1993.6.22. 91도3346
27) 이재상 · 조균석, 543면.
28) 신동운, 1034면, 정웅석 · 최창호, 527면.

기대할 수 없기에 증명이 필요하다고 본다.

(8) 법규

법규의 존부와 그 내용은 법원의 직권조사사항에 해당하므로 증명의 대상이 아니다. 반면에 외국법, 관습법, 자치법규 등이 그 존재 및 내용이 일반적으로 명확하지 않을 때에는 증명이 필요하다. 법규가 인정된 사실에 대한 벌칙에 지나지 않을 때에는 엄격한 증명을 요하지 않지만, 엄격한 증명을 요하는 사실을 인정하는 자료가 되는 때에는 엄격한 증명의 대상이 된다고 본다. 판례도 행위지의 법률에 의하여 범죄를 구성하는가 여부에 관한 외국법규의 존재는 엄격한 증명의 대상으로 보고 있다.

판례 대법원 2011.8.25. 선고 2011도6507 판결

형법 제6조 본문에 의하여 외국인이 대한민국 영역 외에서 대한민국 국민에 대하여 범죄를 저지른 경우 우리 형법이 적용되지만, 같은 조 단서에 의하여 행위지 법률에 의하여 범죄를 구성하지 아니하거나 소추 또는 형의 집행을 면제할 경우에는 우리 형법을 적용하여 처벌할 수 없고, 이 경우 행위지 법률에 의하여 범죄를 구성하는지는 엄격한 증명에 의하여 검사가 이를 증명하여야 한다.

Ⅲ 자유로운 증명의 대상

자유로운 증명은 증거능력의 제한, 적법한 증거조사에 제한되지 않고 증거조사가 법원의 재량에 의하여 진행된다.

1. 정상(情狀)에 관한 사실

양형에 관한 사실 중 피고인에게 유리한 사실은 자유로운 증명으로, 불리한 사실인 경우에는 엄격한 증명으로 하여야 한다는 견해가 있으나[29], 엄격한 증명의 대상인가 자유로운 증명의 대상인지는 피고인에게 유리, 불리로 구별할 성질의 것이 아니고, 양형의 기초가 되는 정상관계사실은 복잡하고 비유형적이므로 엄격한 증명의 대상으로 삼기에 부적합하고, 양형은 성질상 법원의 재량에 맡길 것이므로 자유로운 증명으로 족하다고 보는 것이 통설의 입장이며 타당하다고 본다. 그러므로 피고인의 경력, 성격, 환경, 범죄 후의 정황 등 작량감경, 선고유예, 집행유예의 사유는 자유로운 증명의 대상이 된다.

---

29) 배종대 · 이상돈, 앞의 책, 544면; 신현주, 앞의 책, 564면; 차용석 · 최용성, 앞의 책, 472면

2. 소송법적 사실

소송법적 사실은 범죄사실이나 양형사실 이외에 소송법규의 적용요건에 해당하는 사실을 말한다.

친고죄의 고소의 유무[30], 피고인의 구속기간, 공소제기 및 적법한 피고인신문이 행하여졌는지와 같은 순수한 소송법적 사실은 당연히 자유로운 증명으로 족하다는 점에 다툼이 없으나, 자백의 임의성에 기초가 되는 사실은 책임관련적 · 소송법적 사실이며, 피고인 보호를 위하여 엄격한 증명이 필요다고 보는 견해도 있다.[31] 생각건대 자백의 임의성도 소송법적 사실임에는 틀림이 없으므로 자유로운 증명으로 족하다보는 다수설, 판례가 타당하다.[32]

판례 대법원 1986.11.25. 선고 83도1718 판결

검사작성의 피의자신문조서에 기재된 피의자의 진술에 관하여 공판정에서 그 임의성 유무가 다투어지는 경우에는 법원은 구체적인 사건에 따라 증거조사의 방법이나 증거능력의 제한을 받지 아니하고 제반사정을 종합 참작하여 적당하다고 인정되는 방법에 의하여 자유로운 증명으로 그 임의성 유무를 판단하면 된다.

3. 보조사실

보조사실이란 증거의 증거능력이나 증명력에 영향을 미치는 사실을 말한다. 증거의 증명력을 탄핵하기 위한 탄핵증거는 자유로운 증명으로 족하나, 주요사실을 인정하는 증거의 증명력을 보강하는 자료가 되는 사실은 그 주요사실이 엄격한 증명의 대상이 되는 경우 이에 대한 보강증거도 엄격한 증명이 필요하다고 하여야 한다.

판례 대법원 1978.10.31. 선고 78도2292 판결

증거의 증명력을 다투기 위한 소위 탄핵증거는 엄격한 증거조사를 거쳐야 할 필요가 없음은 형사소송법 제318조의2의 규정에서 명백하다.

---

30) 대법원 1967.12.19. 67도1181

31) 신동운, 앞의 책, 775면 ; 신현주, 앞의 책, 565면

32) 배종대 · 이상돈, 앞의 책, 545면 ; 신양균, 앞의 책, 657면 ; 이영란, 앞의 책, 702면 ; 임동규, 앞의 책, 438면, 백형구, 형사소송법강의, 박영사, 2001, 559면

Ⅳ 증명을 요하지 아니하는 사실

불요증사실은 증명의 대상인 사실의 성질에 비추어 증명이 필요 없는 사실을 말한다.

1. 공지의 사실

공지의 사실이란 보통의 사람들 의심 없이 받아들여지고 있는 사실을 말하며, 역사상 명백한 사건이나 자연계의 현저한 사실이 여기에 해당한다. 공지의 사실은 증거를 통하지 않더라도 사실인정에 지장이 없으므로 증명을 요하지 않는다. 법원에 현저한 사실은 그 직무상 명백히 알고 있는 사실로 법관이 법관이기 때문에 알고 있는 사실을 말한다. 법원에 현저한 사실은 법원이 직무상 경험으로 명백히 알고 있는 사실로 공지의 사실로 볼 수 없으므로 증명을 요한다고 보아야 한다.

2. 추정적 사실

추정이란 어느 사실에서 다른 사실을 추인하는 것을 말한다. 여기에는 사실상 추정과 법률상 추정이 있는데 사실상 추정은 경험칙을 적용하여 행하는 추정을 말하고, 법률상 추정은 이미 법규화된 경험칙, 즉 추정규정을 적용하여 행하는 추정을 말한다.

법률상 추정이란 예를 들어 A사실의 존재가 증명되면 적극적으로 반대사실의 증명이 없는 한 B사실이 증명된 것으로 취급하도록 법률상 규정되어 있는 것으로서, 이 경우 B사실을 법률상 추정된 사실이라고 한다. 법률상 추정된 사실은 법관에게 추정사실의 존부의 인정을 강제하므로 실체진실주의, 자유심증주의, 무죄추정의 법리에 위배된다. 그러므로 특수한 입법목적을 달성하기 위하여 특별법에서 예외적으로 허용되는 경우(마약류 불법거래 방지에 관한 특례법 제17조의 불법수익의 추정, 공무원범죄에 관한 몰수특례법 제7조의 불법재산의 추정, 불법정치자금 등의 몰수에 관한 특례법 제7조의 불법재산 추정 등) 외에는 법률상 추정은 무죄추정의 원칙이 적용되는 형사소송법에서 인정할 수 없으므로 논의의 대상이 아니다. 사실상 추정이란 어떤 전제사실로부터 다른 사실을 추정하는 것이 논리적으로 합리적인 사실, 즉 증명된 간접증거에서 개연적인 경험법칙, 합리법칙에 의거하여 요증사실을 추단하는 것을 말한다. 예를 들어 도품소지에 의한 절도의 추정, 치명적 흉기를 사용한 치명적 살상행위의 경우 살의의 추정 등을 들 수 있다. 사실상 추정된 사실은 증명을 요하지 아니한다.

3. 거증금지의 사실

거증금지사실은 증명으로 인하여 얻게 되는 소송법적 이익보다 더 큰 소송법적 이익 때문에 증명이 금지된 사실을 말한다.

공무원 또는 공무원이었던 자의 직무상 비밀에 속하는 사실이 이에 해당하며, 증명을 요하지 아니한다.

제3절 거증책임

I 거증책임

거증책임이란 법원의 심리와 증거조사를 거친 후 종국적으로 사실의 진위가 불분명한 경우에 불이익한 판단을 받게 되는 일방당사자의 법적 지위 또는 그 위험부담을 말한다.

법원이 제출된 증거에 대하여 확신을 갖지 못할 때에 법원은 재판을 거부할 수 없고, 존부 어느 쪽으로 판단을 하여야 하며, 따라서 일방의 당사자에게 불이익를 받을 위험부담을 줄 수밖에 없는데 이러한 위험부담을 거증책임이라고 하며, 이와 관련한 규정을 거증책임 규정이라고 한다.

1. 실질적 거증책임

1) 의의

어떤 사실에 있어서 그 심증형성이 불분명한 경우, 패소의 위험을 지는 당사자의 법적지위를 의미하며 이를 실질적 거증책임 혹은 객관적 거증책임이라고 한다. 실질적 거증책임은 소송의 종결시에 존재하는 위험부담을 말하며, 소송의 개시부터 종결시까지 고정되어 있으며, 소송의 진행에 따라 일방에서 타방으로 이전되는 것은 아니다.

2) 소송구조와 실질적 거증책임

당사자주의 입장에서는 거증책임 분배의 원칙이 필요한 것이지만 직권주의 소송구조를 전재로 거증책임의 개념을 부정하는 견해도 있다.[33] 그러나 소송구조론은 소송의 입증과정에서의 주도권의 문제이고, 거증책임론은 소송의 종료시에 당사자의 패소를 받는 불이익의 문제이므로 그 적용국면이 다르고, 엄격한 증명의 원칙이 적용되는 형사소송에서는 심증불형성이 발생하는 경우가 발생할 수 있으므로 직권주의 하에서도 거증책임의 개념이 필요하다고 보는 것이 다수설의 입장이다.[34] 다만, 거증책임의 개념을 부정하는 입장에서도 "의심스러울 때에는 피고인의 이익으로"라는 원칙으로 해결하는 것이므로 그 구별의 실익은 크지 아니하다.

3) 거증책임의 분배

헌법상의 무죄추정의 원칙 및 형사소송법상의 대원칙인 "in dubio pro reo" 원칙에 의해 검사가 거증책임을 지는 것이 원칙이나, 형사소송법상의 특별한 규정이 있는 경우에는 예외로 한다.

(1) 원칙

① 공소범죄사실과 처벌조건인 사실 : 구성요건 해당성 및 위법성 조각사유의 부존재 및 책임조각사유의 부존재 및 처벌조건의 부존재에 대한 입증책임도 검사에게 있다.

② 알리바이에 대한 거증책임이 누구에 있는지가 문제되는데 독일 연방재판소는 "알리바이 증명에는 의심스러운 경우에는 피고인의 이익으로라는 원칙이 적용되지 아니한다"[35] 하여 피고인에게 입증책임을 부담시키고 있는 반면, 미국의 연방대법원 판례[36]에서는 알리바이 책임을 피고인에게 부담시키는 것은 적법절차에 위반된다고 하여 검사에게 거증책임을 부담시키고 있다.

③ 형의 가중 감면의 사유가 되는 사실도 검사에게 입증책임이 있다.

④ 소송법적 사실 중 소송조건의 존재에 관한 사실 : 친고죄의 고소, 공소시효의 완성, 사면, 공소의 적법에 대하여 검사에게 입증책임이 있다.

⑤ 증거능력의 전제가 되는 사실 : 이에 대한 입증책임은 제출한 당사자에게 거증책임이 있으므로 자백의 임의성 유무에 대하여는 검사에게 입증 책임이 있다.

33) 신동운, 앞의 책, 781면
34) 신양균, 앞의 책, 660면 ; 신현주, 앞의 책, 559면 ; 이재상, 앞의 책, 509면 ; 임동규, 앞의 책, 441면
35) BGHSt. 25, 285
36) Johnson v. Bennett, 393 U.S. 253(1968)

(2) 거증책임의 전환

거증책임의 전환이란 거증책임의 일반원칙에 대하여 특별한 경우에 명문의 규정으로 그 예외를 인정하는 것이다. 실체법적 사실에 대해서는 검사가 거증책임을 지므로 피고인이 거증책임을 지는 경우를 거증책임의 전환이라고 한다.

① 상해죄의 동시범(형법 제263조) : 독립행위가 경합하여 상해의 결과를 발생하게 한 경우에 있어서 원인된 행위가 판명되지 아니한 때에는 공동정범의 예에 의한다. 이 경우 피고인에게 자기의 행위로 인하여 상해의 결과가 발생하지 않았음을 증명할 거증책임을 지운 예외규정이다.

② 명예훼손죄의 위법성조각사유(형법 제310조) : 제307조 제1항의 행위(명예훼손죄)가 진실한 사실로서 오로지 공공의 이익에 관한 때에는 처벌하지 아니한다. 명예훼손죄의 위법성조각사유에 관한 진실성과 공익성을 누가 증명하여야 하는 문제이다. 명예훼손죄는 피해자의 명예보호를 위하여 진실한 사실이 적시된 경우에도 성립되며, 공연히 사실을 적시하여 사람의 명예를 훼손한 자에게 입증상 무거운 부담을 부과함으로써 함부로 사람의 명예가 손상되지 않도록 하려는 입법자의 정책적 배려가 존재하고 있다는 점을 근거로 적시한 사실의 진실성과 공익성에 대하여 피고인에게 거증책임이 전한된다는 입장이 거증책임전환설이다(피고인 부담설). 판례는 거증책임은 피고인이 지지만 자유로운 증명으로 족하며, 전문증거도 입증자료가 될 수 있다는 입장이다.

판례 대법원 1996.10.25. 선고 95도1473 판결

공연히 사실을 적시하여 사람의 명예를 훼손한 행위가 형법 제310조의 규정에 따라서 위법성이 조각되어 처벌대상이 되지 않기 위하여는 그것이 진실한 사실로서 오로지 공공의 이익에 관한 때에 해당된다는 점을 행위자가 증명하여야 하는 것이나, 그 증명은 유죄의 인정에 있어 요구되는 것과 같이 법관으로 하여금 의심할 여지가 없을 정도의 확신을 가지게 하는 증명력을 가진 엄격한 증거에 의하여야 하는 것은 아니므로, 이때에는 전문증거에 대한 증거능력의 제한을 규정한 형사소송법 제310조의2는 적용될 여지가 없다.

판례 대법원 2007.10.26. 선고 2005도8822 판결(독립행위의 경합)

선행 교통사고와 후행 교통사고 중 어느 쪽이 원인이 되어 피해자가 사망에 이르게 되었는지 밝혀지지 않은 경우 후행 교통사고를 일으킨 사람의 과실과 피해자의 사망 사이에 인과관계가 인정되기 위해서는 후행 교통사고를 일으킨 사람이 주의의무를 게을리하지 않았다면 피해자가 사망에 이르지 않았을 것이라는 사실이 증명되어야 하고, 그 증명책임은 검사에게 있다.

2. 형식적 거증책임(입증의 부담)

소송의 진행과정에 따라 어느 사실이 증명되지 않으면 자기에게 불이익한 판단을 받을 가능성이 있는 당사자가 그 불이익을 면하기 위하여 당해 사실을 증명하기 위한 증거를 제출할 부담을 형식적 거증책임 또는 입증의 부담이라고 한다. 형식적 거증책임(입증의 부담)은 소송의 진행과정에 따라 수시로 바뀌는 점에서 실질적 거증책임과 차이가 있다.

제4절 자유심증주의

I 의의

1. 의의 및 취지

1) 의의

자유심증주의란 증거의 증명력을 적극적 또는 소극적으로 법률로 규정하지 아니하고 법관의 자유로운 판단에 맡기는 주의를 말한다. 우리 형사소송법 제308조에서도 "증거의 증명력은 법관의 자유판단에 의한다"고 규정하여 자유심증주의를 천명하고 있다.

2) 배경 및 취지

중세의 법정증거주의[37]는 법관의 자의를 배제함으로써 재판에 대한 법적 안정성을 보장하고자 하였으나, 자백이 증거의 왕의 자리를 차지함에 의하여 잔혹한 고문이 자행되고 구체적인 사건에 있어서 실체진실을 발견할 수 없게 되었다. 프랑스혁명 이후 계몽주의 사상과 합리적 이성주의에 의하여 법관의 양심과 이성에 따른 자유심증주의가 증거법의 기본원리가 되었다.

37) 증거법정주의는 법관의 자의를 배제하기 위하여 증거에 대한 증명력을 법률로 제약하는 것이다.

Ⅱ 내용

1. 주체

개개의 법관이 판단한다. 합의체 법원에 있어서는 각 법관의 자유심증의 결과에 의하여 합의하게 된다. 합의부의 결론은 개별법관의 심증형성과 달라도 합의체의 결과이기에 자유심증주의에 위반되지 않는다.

2. 대상

증거로 될 수 있는 법률적 · 형식적 자격을 말하는 증거능력이 대상이 아니라 증명력이 대상이 된다. 여기서의 증명력이란 사실인정을 위한 증거의 실질적 가치 즉 증거가치(Beweiswert)를 의미하고 여기에는 증거의 신용력과 협의의 증명력이 존재한다. 신용력은 증거 그 자체가 진실일 가능성을, 협의의 증명력은 증거의 진정성을 전제로 요증사실의 존부를 인정하게 하는 힘을 말한다.

3. 자유판단의 의미

증거의 취사선택에 있어서, 혹은 모순되는 증거가 있는 경우에 법적 구속을 받지 아니하고 법관의 자유심증에 의하여 결정하면 된다는 것을 의미한다.

판례 2015.8.20. 선고 2013도11650 전원합의체 판결

증거에 의하여 사실을 인정하되 증거의 증명력은 법관의 자유판단에 의하도록 규정하고 있는데, 이는 법관이 증거능력 있는 증거 중 필요한 증거를 채택 · 사용하고 증거의 실질적인 가치를 평가하여 사실을 인정하는 것은 법관의 자유심증에 속한다는 것을 의미한다.

1) 인적증거

(1) **증인의 증언**: 증인의 성년여부, 책임능력여부, 선서의 유무 등은 법관의 자유심증주의에 영향을 미치지 않으므로 증언의 증명력은 증인의 입장, 이해관계, 다른 증거 등으로 고려하여 합리적으로 판단한다. 개별사안을 살펴보면, 대법원은 만 3년 7개월인 여아의 증언에 신빙성을 인정, 선서하지 않은 증인의 증언에 비추어 선서한 증인의 증언을 배척하였고, 증인의 증언 가운데 일부만을 채용하기도 하였다.

(2) **피고인의 진술**: 다른 증거보다 피고인의 진술을 신뢰할 수 있고 그 반대의 경우도

가능하다. 법관은 다른 증거와 모순되는 피고인의 진술을 믿을 수 있다. 대법원은 피고인이 자백한 경우에도 자백과 다른 사실을 인정할 수 있고, 부인하는 경우에도 피고인의 자백을 믿을 수 있다고 본다.

(3) 감정인의 의견: 법원은 감정인의 의견에 구속되지 않고 감정결과에 반하는 사실의 인정과 소수의견의 채택 등도 가능하다.

2) 증거서류

증거서류에 대한 판단도 법관의 자유심증에 의한다. 증거보전절차에서의 진술을 믿지 않을 수 있고, 공판조서의 내용이 공판정외에 작성된 조서보다 반드시 우월한 것은 아니며, 공판정에서의 피고인의 진술보다 조서에 기재한 진술을 더 신뢰할 수 도 있다.

3) 간접증거와 종합증거

형사재판에 있어서 법관은 간접증거와 정황증거에 의하여 사실을 인정할 수 있다. 간접증거로 사실을 인정하기 위해서는 추리과정이 논리와 경험칙에 반하지 않아야 하고, 간접증거가 다수이고 간접적이며 다각적이어야 하며, 간접증거 자체의 증명은 충분하여야 한다. 따라서 간접증거에 의하여 주요사실의 전제가 되는 간접사실을 인정할 때에는 증명이 합리적인 의심을 허용하지 않을 정도에 이르러야 하고, 간접사실들의 사이에 모순이나 저촉이 없어야 하며, 간접사실이 논리와 경험칙, 과학법칙에 의하여 뒷받침되어야 한다.

단독으로 증명력이 없는 여러 개의 증거가 결합하여 증명력을 가지는 경우를 종합증거라 한다. 대법원은 '간접증거가 개별적으로는 범죄사실에 대한 완전한 증명력을 가지지 못하더라도 전체증거를 상호관련하에 종합적으로 고찰할 경우, 단독으로는 가지지 못하는 종합적 증명력이 있는 것으로 판단되면 그에 의하여도 범죄사실을 인정할 수 있다'고 보았다.

4) 과학적 증거

과학적 증거가 사실인정에 있어서 상당한 구속력을 갖기 위한 요건으로 대법원은 증거방법이 전문적인 지식 · 기술 · 경험을 가진 감정인에 의하여, 공인된 표준 검사기법으로 분석을 거쳐 법원에 제출된 것이어야 하며, 채취 · 보관 · 분석 등 모든 과정에서 자료의 동일성이 인정되고 인위적인 조작 · 훼손 · 첨가가 없었다는 것이 담보되어야 한다고 보았다.

판례 2007.5.10. 선고 2007도1950 판결

[1] 자유심증주의를 규정한 형사소송법 제308조가 증거의 증명력을 법관의 자유판단에 의하도록 한 것은 그것이 실체적 진실발견에 적합하기 때문이지 법관의 자의적인 판단을 인용한다는 것은 아니므로, 증거판단에 관한 전권을 가지고 있는 사실심 법관은 사실인정에 있어 공판절차에서 획득된 인식과 조사된 증거를 남김없이 고려하여야 한다. 그리고 증거의 증명력은 법관의 자유판단에 맡겨져 있으나 그 판단은 논리와 경험법칙에 합치하여야 하고, 형사재판에 있어서 유죄로 인정하기 위한 심증형성의 정도는 합리적인 의심을 할 여지가 없을 정도여야 한다. 특히, 유전자검사나 혈액형검사 등 과학적 증거방법은 그 전제로 하는 사실이 모두 진실임이 입증되고 그 추론의 방법이 과학적으로 정당하여 오류의 가능성이 전무하거나 무시할 정도로 극소한 것으로 인정되는 경우에는 법관이 사실인정을 함에 있어 상당한 정도로 구속력을 가지므로, 비록 사실의 인정이 사실심의 전권이라 하더라도 아무런 합리적 근거 없이 함부로 이를 배척하는 것은 자유심증주의의 한계를 벗어나는 것으로서 허용될 수 없다.

[2] 용의자의 인상착의 등에 의한 범인식별 절차에 있어 용의자 한 사람을 단독으로 목격자와 대질시키거나 용의자의 사진 한 장만을 목격자에게 제시하여 범인 여부를 확인하게 하는 것은 사람의 기억력의 한계 및 부정확성과 구체적인 상황 하에서 용의자나 그 사진상의 인물이 범인으로 의심받고 있다는 무의식적 암시를 목격자에게 줄 수 있는 가능성으로 인하여, 그러한 방식에 의한 범인식별 절차에서의 목격자의 진술은, 그 용의자가 종전에 피해자와 안면이 있는 사람이라든가 피해자의 진술 외에도 그 용의자를 범인으로 의심할 만한 다른 정황이 존재한다든가 하는 등의 부가적인 사정이 없는 한 그 신빙성이 낮다고 보아야 한다. 이와 같은 점에서 볼 때, 범인식별 절차에 있어 목격자의 진술의 신빙성을 높게 평가할 수 있게 하려면, 범인의 인상착의 등에 관한 목격자의 진술 내지 묘사를 사전에 상세히 기록화한 다음, 용의자를 포함하여 그와 인상착의가 비슷한 여러 사람을 동시에 목격자와 대면시켜 범인을 지목하도록 하여야 하고, 용의자와 목격자 및 비교대상자들이 상호 사전에 접촉하지 못하도록 하여야 하며, 사후에 증거가치를 평가할 수 있도록 대질 과정과 결과를 문자와 사진 등으로 서면화하는 등의 조치를 취하여야 할 것이고, 사진제시에 의한 범인식별 절차에 있어서도 기본적으로 이러한 원칙에 따라야 한다.

[3] DNA분석을 통한 유전자검사 결과는, 충분한 전문적인 지식과 경험을 지닌 감정인이 적절하게 관리 · 보존된 감정자료에 대하여 일반적으로 확립된 표준적인 검사기법을 활용하여 감정을 실행하고 그 결과의 분석이 적정한 절차를 통해 수행되었음이 인정되는 이상 높은 신뢰성을 지닌다 할 것이고, 특히 유전자형이 다르면 동일인이 아니라고 확신할 수 있다는 유전자감정 분야에서 일반적으로 승인된 전문지식에 비추어 볼 때, 피고인의 유전자형이 범인의 그것과 상이하다는 감정결과는 피고인의 무죄를 입증할 수 있는 유력한 증거에 해당한다.

[4] 범인식별절차에 있어서 신빙성을 높이기 위하여 준수하여야 할 절차를 충족하지 못하였을 뿐 아니라, 피고인의 유전자검사 결과가 범인의 것과 상이하다는 국립과학수사연구소의 감정결과가 제출되었음에도 불구하고 피고인의 유죄를 인정한 원심판결을 파기한 사례.

판례 대법원 2004.6.25. 선고 2004도2221 판결

[1] 자유심증주의를 규정한 형사소송법 제308조가 증거의 증명력을 법관의 자유판단에 의하도록 한 것은 그것이 실체적 진실발견에 적합하기 때문이라 할 것이므로, 증거판단에 관한 전권을 가지고 있는 사실심 법관은 사실인정에 있어 공판절차에서 획득된 인식과 조사된 증거를 남김없이 고려하여야 한다.

[2] 형사재판에 있어 심증형성은 반드시 직접증거에 의하여 형성되어야만 하는 것은 아니고 간접증거에 의할 수도 있는 것이며, 간접증거는 이를 개별적 · 고립적으로 평가하여서는 아니 되고 모든

관점에서 빠짐없이 상호 관련시켜 종합적으로 평가하고, 치밀하고 모순 없는 논증을 거쳐야 한다.

[3] 증거의 증명력은 법관의 자유판단에 맡겨져 있으나 그 판단은 논리와 경험칙에 합치하여야 하고, 형사재판에 있어서 유죄로 인정하기 위한 심증형성의 정도는 합리적인 의심을 할 여지가 없을 정도여야 하나, 이는 모든 가능한 의심을 배제할 정도에 이를 것까지 요구하는 것은 아니며, 증명력이 있는 것으로 인정되는 증거를 합리적인 근거가 없는 의심을 일으켜 이를 배척하는 것은 자유심증주의의 한계를 벗어나는 것으로 허용될 수 없다 할 것인 바, 여기에서 말하는 합리적 의심이라 함은 모든 의문, 불신을 포함하는 것이 아니라 논리와 경험칙에 기하여 요증사실과 양립할 수 없는 사실의 개연성에 대한 합리성 있는 의문을 의미하는 것으로서, 피고인에게 유리한 정황을 사실인정과 관련하여 파악한 이성적 추론에 그 근거를 두어야 하는 것이므로 단순히 관념적인 의심이나 추상적인 가능성에 기초한 의심은 합리적 의심에 포함된다고 할 수 없다.

판례 대법원 2006.11.24. 선고 2006도4994 판결

[1] 우리 형사소송법은 형사사건의 실체에 대한 유죄·무죄의 심증 형성은 법정에서의 심리에 의하여야 한다는 공판중심주의의 한 요소로서, 법관의 면전에서 직접 조사한 증거만을 재판의 기초로 삼을 수 있고 증명 대상이 되는 사실과 가장 가까운 원본 증거를 재판의 기초로 삼아야 하며 원본 증거의 대체물 사용은 원칙적으로 허용되어서는 안 된다는 실질적 직접심리주의를 채택하고 있는 바, 이는 법관이 법정에서 직접 원본 증거를 조사하는 방법을 통하여 사건에 대한 신선하고 정확한 심증을 형성할 수 있고 피고인에게 원본 증거에 관한 직접적인 의견진술의 기회를 부여함으로써 실체적 진실을 발견하고 공정한 재판을 실현할 수 있기 때문이다. 형사소송절차를 주재하는 법원으로서는 형사소송절차의 진행과 심리과정에서 법정을 중심으로 특히, 당사자의 주장과 증거조사가 이루어지는 원칙적인 절차인 제1심의 법정에서 위와 같은 실질적 직접심리주의의 정신이 충분하고도 완벽하게 구현될 수 있도록 하여야 할 것이다.

[2] 제1심판결 내용과 제1심에서 적법하게 증거조사를 거친 증거들에 비추어 제1심 증인이 한 진술의 신빙성 유무에 대한 제1심의 판단이 명백하게 잘못되었다고 볼 특별한 사정이 있거나, 제1심의 증거조사 결과와 항소심 변론종결시까지 추가로 이루어진 증거조사 결과를 종합하면 제1심 증인이 한 진술의 신빙성 유무에 대한 제1심의 판단을 그대로 유지하는 것이 현저히 부당하다고 인정되는 예외적인 경우가 아니라면, 항소심으로서는 제1심 증인이 한 진술의 신빙성 유무에 대한 제1심의 판단이 항소심의 판단과 다르다는 이유만으로 이에 대한 제1심의 판단을 함부로 뒤집어서는 아니 된다. 특히 공소사실을 뒷받침하는 증거의 경우에는, 증인신문 절차를 진행하면서 진술에 임하는 증인의 모습과 태도를 직접 관찰한 제1심이 증인의 진술에 대하여 그 신빙성을 인정할 수 없다고 판단하였음에도 불구하고, 항소심이 이를 뒤집어 그 진술의 신빙성을 인정할 수 있다고 판단할 수 있으려면, 진술의 신빙성을 배척한 제1심의 판단을 수긍할 수 없는 충분하고도 납득할 만한 현저한 사정이 나타나는 경우이어야 한다.

판례 대법원 1980.4.8. 선고 79도2125 판결

증거보전 절차에서의 진술이 법원의 관여 하에 행하여지는 것으로서 수사기관에서의 진술보다 임의성이 더 보장되는 것이기는 하나 보전된 증거가 항상 진실이라고 단정지을 수는 없는 것이므로 법원이 그것을 믿지 않을만한 사유가 있어서 믿지 않는 것에 자유심증주의의 남용이 있다고 볼 수 없다.

판례 대법원 1966.12.27. 선고 66도1535 판결

증인의 연령이 13세라 할지라도 증인능력이 있고 그 증언을 증거로 하여 사실을 인정함은 적법하며 중국인이라 할지라도 한국어를 해득하는 경우에는 통역을 붙이지 않았다 하여 잘못이라 할 수 없다.

판례 대법원 1993.3.23. 선고 92도3327 판결

가. 형사재판에 있어서 유죄의 인정은 법관으로 하여금 합리적인 의심을 할 여지가 없을 정도로 공소사실이 진실한 것이라는 확신을 가지게 할 수 있는 증명력을 가진 증거에 의하여야 하고 이러한 정도의 심증을 형성하는 증거가 없다면 설령 피고인에게 유죄의 의심이 간다 하더라도 피고인의 이익으로 판단할 수밖에 없다.

나. 위 "가"항과 같은 심증이 반드시 직접증거에 의하여 형성되어야만 하는 것은 아니고 경험칙과 논리법칙에 위반되지 아니하는 한 간접증거에 의하여 형성되어도 된다.

4. 자유심증판단의 기준

증명력에 대한 법관의 자유심증은 합리적 이성에 바탕을 둔 것으로서, 법관의 자의를 의미하지 않는다. 법관의 심증형성은 증거자료를 최대한 활용한 것이어야 하고, 논리법칙(Denkgesetz)과 경험법칙(Erfahrungsgesetz)에 합치하여야 한다. 논리법칙은 논리적 규칙이나 수학적 공리를 가리키며, 법관의 심증형성은 모순 없는 논증에 의하여 형성되어야 함을 말한다. 경험법칙은 개별적인 현상의 관찰과 귀납적 일반화에 의하여 얻어지는 규칙성을 띤 지식을 말한다. 이러한 논리법칙과 경험법칙은 자유심증주의의 내재적 한계를 이루며 채증법칙이라고 한다.

5. 증명력 판단의 합리성 보장 방법론

1) 증거요지의 명시

형의 선고를 하는 때에는 판결이유에 범죄될 사실, 증거의 요지와 법령의 적용을 명시하여야 하게 함으로써(제323조) 소송관계인이 증거평가에 대한 잘못을 시정할 수 있다. 다만, 여기서의 증거의 요지만을 명시하면 되므로 사실인정의 경로만 기재하면 되고 증거의 취사선택의 이유까지 기재할 필요는 없다는 점에 주의하여야 한다.

2) 상소에 의한 구제

상고심은 사실심의 증거평가에 대하여 자신의 심증을 가지고 이를 변경할 수는 없다, 그러나 사실심법원의 증명력의 판단이 합리적인 증거평가에 위배하였음을 이유로 한 채증법칙위반 혹은 법원이 직권에 의한 증거조사의무를 다하지 아니하였음을 이유로 한 심리미진의 위법이 있는 경우에는 상소이유가 된다.

3) 증거능력의 제한

증거능력이 없는 증거는 증명력의 세상에 들어오지 못하게 함으로써 평가의 합리성을 도모한다.

III 자유심증주의의 예외

1. 공판조서의 배타적 증명력

형사소송법 제56조에서는 소송경제적 차원에서 "공판기일의 소송절차로서 공판조서에 기재된 것은 그 조서만으로써 증명한다"고 하여 공판조서에 기재된 내용은 법관의 심증여하에 불구하고 기재된 대로 인정하여야 한다는 점에서 자유심증주의의 예외가 된다.

2. 자백의 증명력 제한

형사소송법 제310조에서는 실체진실주의와 인권보장을 위하여 "피고인의 자백이 그 피고인에게 불이익한 유일의 증거인 때에는 이를 유죄의 증거로 하지 못한다"라고 하여 자백의 보강법칙을 규정하고 있다. 그러므로 자백이 증거능력이 있다고 할지라고 자백이 유일한 증거일 경우에는 유죄를 선고할 수 없다는 점에서 자유심증주의의 예외에 해당된다. 다만, 고의, 과실, 목적, 전과와 같은 것은 자백만으로 인정할 수 있다.

[판례] 대법원 1979.8.21. 선고 79도1528 판결

전과에 관한 사실은 엄격한 의미에서의 범죄사실과는 구별되는 것으로서 피고인의 자백만으로도 이를 인정할 수 있다.

3. 진술거부권

우리 형사소송법 제244조의3과 제283조의2에서 피의자와 피고인에게 각각 진술거부권을 인정하고 있으므로 진술거부권의 행사를 피고인에게 불이익한 간접증거로 평가하여 심증을 형성할 수 없다는 점에서 자유심증주의의 예외가 된다.

제5절 자백배제법칙

I 자백배제법칙

1. 의의

1) 자백의 개념

자백(Confession)이란 피의자 또는 피고인이 자신의 범죄사실의 전부 또는 일부에 대하여 시인하는 진술을 말한다.[38] 여기서의 자백은 범죄사실의 주요부분에 대한 사실일 필요가 없으며, 자기의 형사책임을 인정하는 진술에 제한할 필요가 없으므로 구성요건에 해당하는 사실을 시인하면 족하고 위법성조각사유나 책임조각사유를 주장하더라도 자백이 된다. 범죄사실을 시인하는 것이 자백이므로 피고인, 피의자, 참고인의 어느 위치에서 자백을 하였건 자백으로 볼 수 있으며, 그 형식은 서면과 구술을 불문하며, 일기장에 한 자백, 상대방이 없는 자백도 자백이 될 수 있다. 자백은 지위, 형식, 상대방을 묻지 않는다. 형사재판에서의 자백은 자백을 하였다가 이를 번복, 취소하더라도 그 효력이 없어지는 것은 아니고 여전히 증거로서의 성질을 갖는다.

2. 자백배제법칙

1) 의의

자백배제법칙은 임의성이 없거나 임의성에 의심이 있는 자백의 증거능력을 부정하는 원칙을 말한다. 우리 헌법은 제17조 7항에서 "피고인의 자백이 고문, 폭행, 협박, 구속의 부당한 장기화 또는 기망 기타의 방법에 의하여 자의로 진술된 것이 아니라고 인정될 때에는 이를 유죄의 증거로 삼거나 이를 이유로 처벌할 수 없다"고 규정하고 있다.

이에 따라 형사소송법 제309조에는 "피고인의 자백이 고문, 폭행, 협박, 신체구속의 부당한 장기화 또는 기망 기타의 방법으로 임의로 진술한 것이 아니라고 의심할 만한 이유가 있는 때에는 이를 유죄의 증거로 하지 못한다"라고 하여 자백배제법칙을 천명하고 있다.

---

38) 이재상, 앞의 책, 522면 ; 신동운, 앞의 책, 921면 ; 이영란, 앞의 책, 739면

2) 이론적 근거

(1) 학설

① 허위배제설

허위배제설은 영미의 보통법(common law)에 바탕을 둔 것으로 임의성 없는 자백에는 허위가 숨어 들어갈 위험성이 많고 진실발견을 저해하기 때문에 증거능력을 부정하여야 한다는 견해이다. 그러나 이 견해는 임의성 없는 자백이라도 진실하다는 점이 입증된 경우에는 허위가 아니므로 자백으로서 증거능력을 인정할 수 있게 되어 강제나 고문에 의한 자백도 진실한 경우에는 자백배제법칙을 적용할 수 없다는 치명적인 결점이 있다.

② 인권옹호설

인권옹호설은 독일 형사소송법상의 증거금지이론에 기초가 된 이론으로 허위배제설과 결별을 선언한 영미의 판례에 의하여 주장된 이론으로 위법, 부당한 상태에서 자백이 이루어진 경우 이러한 자백은 진술거부권을 침해하여 획득된 것으로 기본적 인권을 침해한 것이므로 증거능력이 없다는 견해이다. 그러나 이 견해도 약속이나 기망에 의한 자백은 진술거부권 침해가 발생하지 않았음에도 불구하고 자백의 증거능력 부정을 설명할 수 없다는 단점이 있다.

③ 위법배제설

위법배제설은 위법사유가 확인되면 곧바로 자백의 증거능력이 배제된다는 것으로, 자백의 취득과정에 있어서 적법절차의 준수를 통하여 절차의 위법을 방지하는 실천적인 증거법칙이다. 따라서 이 견해에 의하면 형사소송법 제308조의2 "적법한 절차에 따르지 아니하고 수집한 증거는 증거로 할 수 없다"고 하는 위법수집배제법칙에 대하여 자백배제법칙은 특칙이 되는 것이다. 이 견해는 임의성이라는 주관적 요건을 필요로 하지 아니하므로 증거능력을 표준화하여 객관적 기준하에 자백배제법칙의 적용을 용이하게 하였다는 장점이 있으며, 현재 다수설의 입장이다. 임의성 없는 자백의 증거능력을 부인하는 이유를 임의성에서 찾지 않음으로써 임의성 요소를 완전히 도외시한다는 비판이 있다.

④ 절충설

형사소송법 제309조 전단의 피고인의 자백이 고문, 폭행, 협박, 신체구속의 부당한 장기화에 의한 자백이 증거능력이 없는 이유는 인권침해에 의한 자백의 증거능력을 부정한 것이고, 기망 기타의 방법으로 임의로 진술한 것이 아니라고 의심할 만한 이유가 있는 때의 자백에 대하여 증거능력을 부정하는 이유는 허위가 개입할 위험이 있어 증거능력을 부정하여야 한다고 하여 인권옹호설과 허위배제설의 모두 자백의 증거능력을 부정하는 논거가 된다는 견해이다.

⑤ 결합설(종합설)

결합설은 허위배제설과 인권옹호설 및 위법배제설을 모두 묶어서 자백배제법칙을 설명하는 견해로 자백배제법칙은 형사소송법의 증거법의 원칙의 의미를 넘어 헌법상 기본권으로 보장되어 있는 원칙이며, 자백배제법칙의 적용범위를 사인간의 영역에서도 확대 적용하기 위하여 각각의 학설을 상호보완적으로 사용할 필요가 있다는 입장이다.

(2) 판례의 태도

종래 판례는 허위배제, 인권옹호 또는 위법배제설 등의 입장을 각각 따르고 있었으나, 최근에는 절충설 내지 결합설(종합설)의 입장에서 허위배제, 인권옹호, 위법배제를 함께 판시하는 경향을 보이고 있다.[39]

이러한 판례의 입장은 자백배제법칙과 위법수집증거배제법칙을 별개로 파악하고 있다. "피의자에게 진술거부권을 고지하지 않은 때에는 그 피의자의 진술은 위법하게 수집된 증거로서 진술의 임의성이 인정되는 경우라도 증거능력이 부인되어야 한다"고 보고 있다. 이는 종합설에 따른 것으로 임의성이 의심되는 자백에 대해서는 자백배제법칙이 적용되고, 임의성은 인정되나 그 수집절차에 위법이 있는 자백에 대해서는 위법수집증거배제법칙이 적용되게 된다.

판례 대법원 1977.4.26. 선고 77도210 판결(허위배제설적 입장의 판례)

피고인이 수사기관에서 한 자백이 고문에 의한 허위자백이라는 주장을 가볍게 신빙력 있는 것으로 보기 어려우나 피고인이 범행을 한 뚜렷한 동기가 없고 범인이라는 혐의를 받을 수사의 단서도 없으며 피고인의 자백진술이 객관적 합리성이 결여되고 범행현장과 객관적 상황과 중요한 부분이 부합되지 않는 등의 특별 사정이 있는 경우 피고인이 수사기관에서 자백하게 된 연유가 피고인의 주장대로 고문이 아니라 할지라도 다소의 폭행 또는 기타의 방법으로 자백을 강요하여 임의로 진술한 것이 아니라고 의심할 사유가 있다 할 것이다.

판례 대법원 2005.11.10. 선고 2004도42 판결(절충설적 입장)

임의성 없는 자백의 증거능력을 부정하는 취지가 허위진술을 유발 또는 강요할 위험성이 있는 상태하에서 행하여진 자백은 그 자체가 실체적 진실에 부합하지 아니하여 오판의 소지가 있을 뿐만 아니라(허위배제설적 입장), 그 진위 여부를 떠나서 자백을 얻기 위하여 피의자의 기본적 인권을 침해하는

39) 이주원, 형사소송법, 박영사, 2021, 422면.

위법 · 부당한 압박이 가하여지는 것을 사전에 막기 위한 것이므로(인권옹호설적 입장), 그 임의성에 다툼이 있을 때에는 그 임의성을 의심할 만한 합리적이고 구체적인 사실을 피고인이 입증할 것이 아니고 검사가 그 임의성의 의문점을 해소하는 입증을 하여야 한다.

3) 적용범위

(1) 고문 · 폭행 · 협박 및 신체구속의 부당한 장기화로 인한 자백

이러한 상태에서 자백을 한 경우는 당연히 위법한 자백이자, 허위가 개입될 여지가 있는 자백이므로 당연히 증거능력이 부정된다. 여기서 주의할 점은 다른 피고인이 고문당하는 것을 보고 한 자백도 증거능력이 부정된다는 점이다. 판례는 "경찰단계의 고문에 의한 임의성 없는 심리상태가 검사의 조사단계까지 계속되었으면 검사 앞에서 행한 자백도 임의성이 없는 자백"으로 보아 증거능력을 부정하였으며, "피고인이 수사기관에서 가혹행위 등으로 인하여 임의성 없는 자백을 하고, 그 후 법정에서도 임의성 없는 심리상태가 계속되어 동일한 내용의 자백을 하였다면 법정에서의 자백도 임의성 없는 자백"으로 보아 증거능력을 부정하고 있다. 또한 불법구금 중의 자백은 증거능력이 없다.

판례 대법원 1981.10.13. 선고 81도2160 판결

피고인이 검사 이전의 수사기관의 조사과정에서 고문 등으로 임의성 없는 진술을 하고, 그 후 검사의 조사단계에서도 임의성 없는 심리상태가 계속되어 동일한 내용의 진술을 하였다면 비록 검사 앞에서 조사받을 당시는 고문 등 자백 강요를 당한 바가 없었다고 하여도 검사 앞에서의 자백은 결국 임의성 없는 진술이 될 수밖에 없으니, 피고인이 검사 이전의 수사기관에서 고문으로 임의성 없는 자백을 하였음을 주장하면서 검사 앞에서의 동일한 내용의 자백을 부인하고 있다면, 이는 결국 검사 작성의 피의자신문조서의 임의성을 부인하는 취지라고 보아야 한다.

판례 대법원 1981.7.28. 선고 80도2688 판결

피고인들이 영장 없이 호텔에 연행되어 외부와의 연결이 차단된 채 감금되어 수사경찰관에 의하여 갖은 고문을 당하여 자술서를 쓰고, 경찰관 입회하에 검사의 피의자신문이 행하여졌으며, 기소 후 교도소 수감 중에도 야간에 부소장실에 불려가 경찰관이 폭행하는 자리에서 검사가 공판과정에서 진술을 번복하면 좋지 않을 것이라고 위협하였고, 피고인들 중 일부는 위와 같은 검사의 위협에 의하여 공판정에서 허위자백을 한 것임을 수긍할 수 있으니, 피고인들에 대한 검사 작성의 각 피의자신문조서와 동인들이 작성한 진술서나 자술서는 임의로 된 것이라 할 수 없어 증거능력이 없다고 할 것이고, 피고인들 중 일부의 일심공판정에서의 자백은 허위로 된 것으로 믿을 것이 못된다고 할 것이다.

판례 대법원 1985.2.26. 선고 82도2413 판결

부당하게 장기간에 걸친 구속 후의 자백을 의미하므로 구속영장 없이 13여일 간 불법 구속되어 있으면서 고문이나 잠을 재우지 않는 등 진술의 자유를 침해하는 위법사유가 있는 자백은 증거능력이 없다.

(2) 기망에 의한 자백

기망에 의한 자백은 기망 또는 위계를 통하여 상대방을 착오에 빠뜨려 얻은 자백이다. 공범자가 자백하였다고 하거나, 거짓말탐지기의 검사결과 피의자의 진술이 거짓임이 판명되었다고 하거나, 증거가 발견되었다고 허위사실을 말하여 자백을 받는 경우, 자백해도 그 진술이 공판절차에 증거로 사용될 수 없다고 거짓말하는 경우에는 증거능력이 없다. 또한 판례는 "신문에 참여한 검찰주사가 모든 피의사실을 자백하면 불문에 거치거나 가볍게 처리할 것이며 보호감호의 청구를 하지 않겠다는 각서를 작성해 주면서 피고인의 자백을 유도한 경우 위 자백은 기망에 의하여 임의성이 의심되는 자백"이라고 보았다.

여기서의 기망은 적극적인 사술이 있을 것을 요하며, 단순히 착오를 이용하는 것으로는 부족하다.

(3) 기타 방법에 의한 임의성에 의심 있는 자백

문언상 '기타의 방법'은 다종다양하며, 모든 형태의 위법수단을 가리킨다. 자백수집과정의 위법수단은 적어도 자백의 임의성을 의심할 만한 이유는 될 수 있기 때문이다.

① 약속에 의한 자백

피고인에게 자백하는 대가로 일정한 이익을 제공하겠다고 약속하고 그 약속에 기하여 얻어낸 자백을 말한다. 여기서 약속에 의한 자백이 기망에 의한 자백과 구별되기 위하여 약속된 이익이 실제로 제공되거나 불가피하게 제공되지 못한 경우이다. 처음부터 이익을 제공하지 않을 의도로 약속한 경우는 기망에 의한 자백에 해당된다. 다만, 이러한 이익이 반드시 불법일 것을 요하는 것은 아니다. 그러므로 검사가 자백을 하면 기소유예를 해 주겠다고 한 경우, 폭처법을 적용하지 않고 단순폭행죄를 적용하게 해 주겠다고 약속하고 자백을 받은 경우에는 증거능력이 없으나, 일정한 증거가 발견되거나 일정한 사실이 확인되면 자백하겠다는 약속만으로는 이익과 교환된 것이 아니므로 증거능력이 있다.

판례 대법원 1983.9.13. 선고 83도712 판결

일정한 증거가 발견되면 피의자가 자백하겠다고 한 약속이 검사의 강요나 위계에 의하여 이루어졌다든가 또는 불기소나 경한 죄의 소추 등 이익과 교환조건으로 된 것으로 인정되지 않는다면 위와 같은 자백의 약속 하에 된 자백이라 하여 곧 임의성 없는 자백이라고 단정할 수는 없다.[40]

40) 본 판례는 자백의 증거능력은 인정하였지만 결국 피고인의 자백의 신빙성(증명력)을 부정하여 무죄판결을

② 임의로 진술한 것이 아니라고 의심할 만한 자백

위법하지만 임의성이 있는 경우인 진술거부권을 불고지하고 얻는 자백에 대하여 판례는 위법수집 증거배제법칙을 적용하여 증거능력을 부정하고 있다.[41] 그러나 변호인과의 접견교통권이 침해된 상태에서 작성된 피의자신문조서의 증거능력에 대하여는 자백법칙을 적용하여 증거능력을 부정하고 있다.[42] 거짓말탐지기(Polygraph)를 사용하여 얻은 자백은 동의를 얻은 경우에는 증거능력이 있다.

[판례] 대법원 1997.6.27. 선고 95도1964 판결

피고인의 검찰에서의 자백은 피고인이 검찰에 연행된 때로부터 약 30시간 동안 잠을 재우지 아니한 채 검사 2명이 교대로 신문을 하면서 회유한 끝에 받아낸 것으로 임의로 진술한 것이 아니라고 의심할 만한 이유가 있는 때에 해당한다고 보아, 형사소송법 제309조의 규정에 의하여 그 피의자신문조서는 증거능력이 없다.

4) 자백배제법칙의 효과

(1) 절대적 증거능력의 부정

증거능력제한의 효과는 절대적이다. 피고인의 동의를 얻어도 사용할 수 없으며, 탄핵증거로도 사용할 수 없다.

(2) 파생증거의 증거능력

증거능력이 인정되지 않는 자백에 의하여 수집된 파생증거의 증거능력도 부정할 것인가가 문제이다. 통설은 임의성이 의심된 자백에 의하여 취득된 파생증거는 위법하게 수집된 증거이므로 증거능력이 인정되지 않는다고 보는 입장이다. 판례에 의하면 고문 등에 의한 임의성 없는 자백에 의하여 획득된 망치나 작업복 등의 증거능력을 부정한 예가 있다.

5) 관련 문제

(1) 인과관계의 필요성 여부

자백배제법칙이 적용되기 위하여 '자백의 임의성에 영향을 미치는 사유'와 자백 사이에 인과관계가 필요한가의 문제이다. 판례의 입장은 필요성의 입장으로 인과관계를 요

한 사건이다.

41) 대법원 1992.6.23. 92도682(허위배제설적 입장의 판례)

42) 대법원 1990.8.24. 90도1285(위법배제설적 입장의 판례)

구하게 되면 제309조의 적용범위가 제한될 수밖에 없다.

판례 대법원 1984.11.27. 선고 84도2252(판례는 긍정설적 입장)

피고인의 자백이 임의성이 없다고 의심할 만한 사유가 있는 때에 해당한다 할지라도 그 임의성이 없다고 의심하게 된 사유들과 피고인의 자백과의 사이에 인과관계가 존재하지 않은 것이 명백한 때에는 그 자백은 임의성이 있는 것으로 인정된다.

(2) 입증책임[43]

피고인이 자백의 임의성을 다투는 경우, 그 증명책임은 검사에게 있다. 판례도 검사가 그 임의성의 의문을 없애는 증명을 하여야 한다고 본다.

판례 대법원 2000.1.21. 선고 99도4940(검사에게 거증책임이 있음)

임의성에 다툼이 있을 때에는 피고인이 그 임의성을 의심할 만한 합리적인 이유가 되는 구체적인 사실을 입증할 것이 아니고, 검사가 그 임의성에 대한 의문점을 해소하는 입증을 하여야 한다.

(3) 증명의 방법

자백의 임의성 증명에 관하여는 엄격증명설과 자유로운 증명설의 입장이 대립한다. 판례는 법원은 자유로운 심증으로 진술의 임의성 여부를 판단하여야 한다고 보아 자유로운 증명설의 입장을 취하고 있다.

판례 대법원 2003.5.30. 선고 2003도705 판결

임의성을 다투는 경우에는, 법원으로서는 구체적 사건에 따라 당해 조서의 형식과 내용, 피고인의 학력, 경력, 직업, 사회적 지위, 지능 정도 등 제반 사정을 참작하여 자유로운 심증으로 이를 판단하여야 한다.

---

43) 판례는 검사에게 입증책임이 있다고 판시하기 전에 진술의 임의성이 인정된다고 판시하였다가 진술의 임의성을 피고인이 다투는 경우 자유로운 심증으로 판단하여야 한다고 판시한 바 있다.
[판례] 대법원 1983.3.8. 82도3248
진술의 임의성이라는 것은 고문, 폭행, 협박, 신체구속의 부당한 장기화 또는 기망 기타 진술의 임의성을 잃게 하는 사정이 있다는 것 즉 증거의 수집과정에 위법성이 없다는 것인데 진술의 임의성을 잃게 하는 그와 같은 사정은 헌법이나 형사소송법의 규정에 비추어 볼 때 이례에 속한다고 할 것이므로 진술의 임의성은 추정된다고 볼 것이다.
[판례] 대법원 1994.12.22. 94도2316
피고인이 된 피의자에 대한 검사 작성의 피의자신문조서는 그 피고인이 공판정에서의 진술 등에 의하여 성립의 진정함이 인정되면 그 조서에 기재된 피고인의 진술이 임의로 한 것이 아니라고 특히 의심할 만한 사유가 없는 한 증거능력이 있는 것이고, 피고인이 그 진술을 임의로 한 것이 아니라고 다투는 경우에는 법원은 구체적인 사건에 따라 당해 조서의 형식과 내용, 피고인의 학력, 경력, 직업, 사회적 지위, 지능정도 등 제반사정을 참작하여 자유로운 심증으로 그 진술을 임의로 한 것인지의 여부를 판단하면 될 것이다.

(4) 자백의 신빙성 판단방법

판례 대법원 2003.6.24. 선고 2000도5442 판결

자백의 신빙성 유무를 판단함에 있어서는 자백의 진술내용 자체가 객관적으로 합리성을 띠고 있는지, 자백의 동기나 이유가 무엇이며, 자백에 이르게 된 경위는 어떠한지 그리고 자백 이외의 정황증거 중 자백과 저촉되거나 모순되는 것은 없는지 하는 점을 고려하여 피고인의 자백에 형사소송법 제309조 소정의 사유 또는 자백의 동기나 과정에 합리적인 의심을 갖게 할 상황이 있었는지를 판단하여야 한다. 자백에 대한 보강증거는 범죄사실의 전부 또는 중요부분을 인정할 수 있는 정도가 되지 아니하더라도 피고인의 자백이 가공적인 것이 아닌 진실한 것임을 인정할 수 있는 정도만 되면 족할 뿐만 아니라 직접증거가 아닌 간접증거나 정황증거도 보강증거가 될 수 있으며, 또한 자백과 보강증거가 서로 어울려서 전체로서 범죄사실을 인정할 수 있으면 유죄의 증거로 충분하다.

제6절 위법수집증거배제법칙

I 위법수집증거배제법칙

1. 의의 및 근거

위법수집증거배제법칙은 위법한 절차에 의하여 수집된 증거의 증거능력을 부정하는 법칙을 말한다. 위법한 절차에 의하여 수집한 증거와 그 증거를 원인으로 얻은 2차 증거에 대하여 증거능력을 부정하는 법칙이다. 위법수집증거배제법칙은 미국 연방대법원의 판례에 의하여 형성된 증거법칙이다. 미국연방대법원은 미국 수정헌법 제4조를 근거로 1914년 Weeks사건[44]에서 위법한 압수·수색에 의한 압수물의 증거능력을 연방사건에서 배제하였고, 1961년 Mapp사건[45]의 주차원 사건에서도 이 원칙이 적용된다고 판시함으로써 비진술증거에 있어서 증거배제법칙을 확립하였다.[46]

형사소송법의 이념인 적정절차의 원리를 실현하고 위법수사를 방지하기 위하여 형사소송법은 제308조의2에서 "적법한 절차에 따르지 아니하고 수집한 증거는 증거로 할 수 없다"고 하여 위법수집증거배제법칙을 명문의 규정으로 인정하고 있다.

---

44) Weeks v. United States, 232 U.S. 383(1914)
45) Mapp v. Ohio, 367 U.S. 643(1961)
46) 정웅석 외, 신형사소송법, 박영사, 2021, 543면.

위법수집증거배제법칙의 근거는 일반적으로 적정절차의 보장과 위법수사의 억지에 있다고 본다. 적정절차의 보장은 위법수집증거배제법칙의 이론적 근거로, 위법수사의 억지는 정책적 근거로 이해된다.

2. 적용범위

1) 학설의 입장

적정절차에 위반한 중대한 위법이 있는 경우에 적용된다. 그러므로 형사소송법의 효력규정에 위반하거나, 헌법상의 영장주의에 위반하거나, 적정절차에 위반하는 경우에는 당연히 적용된다.

2) 위법수집증거배제법칙 배제의 기준

위법수집증거배제법칙이 적용되더라도 절차의 위법이 경미한 경우까지 증거로서 배제된다는 것을 의미하는 것은 아니다. 즉 배제법칙이 적용되는 범위는 침해된 이익과 위법의 정도를 고려하여 구체적 · 개별적으로 판단하여야 한다. 일반적으로 단순한 훈시규정의 위반만으로는 부족하고 본질적 증거절차규정을 위반한 중대한 위법이 있는 때에 한하여 증거능력이 배제된다고 본다. 여기서 중대한 위법은 적정절차의 기본이념에 반하는 경우로, 헌법이 보장하는 권리의 침해와 형사소송법상의 효력규정에 위반하는 절차법 위반이 있는 경우 등이다.

3) 판례의 태도

(1) 원칙적 배제와 예외적 허용

대법원은 위법수집증거에 대하여 원칙 배제, 예외 허용의 입장을 취하고 있다. 2007년 대법원 전원합의체판결은 "헌법과 형사소송법이 정한 절차에 따르지 아니하고 수집된 증거는 기본적 인권보장을 위해 마련된 적법한 절차에 따르지 않은 것으로서 원칙적으로 유죄 인정의 증거로 삼을 수 없다 할 것이다"고 판시하여 원칙적으로 증거능력을 부정하였다. 다만 "수사기관의 절차 위반행위가 적법절차의 실질적인 내용을 침해하는 경우에 해당하지 아니하고, 오히려 그 증거의 증거능력을 배제하는 것이 헌법과 형사소송법이 형사소송에 관한 절차조항을 마련하여 적법절차의 원칙과 실체적 진실 규명의 조화를 도모하고 이를 통하여 형사사법 정의를 실현하려 한 취지에 반하는 결과를 초래하는 것으로 평가되는 예외적인 경우라면, 법원은 그 증거를 유죄 인정의 증거로 사용할 수 있다고 보아야 할 것이다"라고 판시하여 예외적으로 증거능력을 인정하였다. 즉 ㉠ 수사기관의 적법절차 위반행위가 적법절차의 실질적인 내용을 침해하는 경우에 해당하지 아니하고, ㉡ 그 증거의 증거능력을 배제하는 것이 적법절차의 원칙과 실체적 진실 규명의 조화를 도모하고 이를 통하여 형사사법 정의를 실현하려는 취지에 반하는 결과를 초래하는 것으로 평가되는 예외적인 경우에는 그 증거능력을 인정할 수 있다는 입장이다.

(2) 2차적 증거에 적용

판례는 독수독과이론에 근거하여 위법수집증거를 기초로 획득한 2차 증거에 대하여 원칙적으로 증거능력을 부인한다. 즉 적법한 절차에 따르지 아니하고 수집된 증거를 기초로 하여 획득된 2차적 증거의 경우에도 마찬가지로 보아 원칙적으로 증거능력을 부정하고 있다. 2차증거의 예외적 허용에 관하여는 "절차에 따르지 아니한 증거수집과 2차적 증거수집 사이의 인과관계 희석 또는 단절 여부를 중심으로 2차적 증거수집과 관련된 모든 사정을 전체적·종합적으로 고려하여 예외적인 경우에는 유죄인정의 증거로 사용할 수 있다"고 보고 있다.

(3) 진술증거

판례는 진술증거에 대하여는 위법수집증거배제법칙을 인정하고 있다. 변호인과의 접견교통권이 침해된 상태에서 작성된 피의자 신문조서(대판 1990.8.24. 90도1285), 위법한 긴급체포 중에 작성된 피의자신문조서(대판 2008.3.27. 2007도11400), 피의자 또는 '피의자의 지위에 있는 자'에게 미리 진술거부권을 고지하지 않은 채 작성된 피의자신문조서 및 진술조서, 진술서, 자술서 등의 형식으로 작성된 진술증거(대판 2011.11.10. 2011도8125), 진술거부권이 고지되지 않은 채 진행된 담당 검사와의 대화내용을 녹화한 비디오테이프의 녹화내용과 그 비디오테이프에 대한 법원의 검증조서(대판 1992.6.23. 92도682), 피의자가 변호인의 참여를 원한다는 의사를 명백하게 표시하였음에도 변호인의 참여없이 피의자를 신문하여 작성한 피의자 신문조서(대판 2013.3.28. 2010도3359), 위법한 공개금지결정에 의하여 피고인의 공개재판을 받을 권리를 침해한 절차에서 이루어진 증인신문(대판 2005.10.28.2005도5854), 증인의 증언 전에 일방당사자가 그 증인과의 접촉을 제한하는 증인 빼돌리기 수사기법에 의한 증인의 법정진술 또는 참고인진술조서(헌재 2001.8.30. 99헌마496) 등에 대하여 증거능력을 부정하고 있다.

판례 대법원 1992.6.26. 선고 92도682

형사소송법 제200조 제2항은 검사 또는 사법경찰관이 출석한 피의자의 진술을 들을 때에는 미리 피의자에 대하여 진술을 거부할 수 있음을 알려야 한다고 규정하고 있는 바, 이러한 피의자의 진술거부권은 헌법이 보장하는 형사상 자기에 불리한 진술을 강요당하지 않는 자기부죄거부의 권리에 터 잡은 것이므로 수사기관이 피의자를 신문함에 있어서 피의자에게 미리 진술거부권을 고지하지 않은 때에는 그 피의자의 진술은 위법하게 수집된 증거로서 진술의 임의성이 인정되는 경우라도 증거능력이 부인되어야 한다.

(4) 비진술증거

대법원은 증거물에 대하여 종래에는 압수절차에 위법이 있는 경우에도 그 증거가치에는 변함이 없는 것이므로 증거능력이 인정된다는 입장을 취하고 있었다(대판 1987. 6.23. 87도705). 그러나 2007년 대법원 전원합의체판결에서 "헌법과 형사소송법이 정한 절차에 따르지 아니하고 수집된 증거는 기본적 인권보장을 위해 마련된 적법한 절차에 따르지 않은 것으로서 원칙적으로 유죄 인정의 증거로 삼을 수 없다 할 것이다. 무릇 수사기관의 강제처분인 압수수색은 그 과정에서 관련자들의 권리나 법익을 침해할 가능성이 적지 않으므로 엄격히 헌법과 형사소송법이 정한 절차를 준수하여 이루어져야 한다. 절차 조항에 따르지 않는 수사기관의 압수수색을 억제하고 재발을 방지하는 가장 효과적이고 확실한 대응책은 이를 통하여 수집한 증거는 물론 이를 기초로 하여 획득한 2차적 증거를 유죄 인정의 증거로 삼을 수 없도록 하는 것이다."라고 판시하여 압수절차에 위법이 있는 증거물의 증거능력을 부정하는 입장을 취하고 있다.

판례 대법원 2007.11.16. 선고 2007도3061 전원합의체

우리 헌법은 "누구든지 법률에 의하지 아니하고는 … 압수 · 수색 … 을 받지 아니하며(헌법 제12조 제1항 후문)", "체포 · 구속 · 압수 또는 수색을 할 때에는 적법한 절차에 따라 검사의 신청에 의하여 법관이 발부한 영장을 제시하여야 한다. 다만, 현행범인 경우와 장기 3년 이상의 형에 해당하는 죄를 범하고 도피 또는 증거인멸의 염려가 있을 때에는 사후에 영장을 청구할 수 있다(같은 조 제3항)"라고 정하여 압수수색에 관한 적법절차와 영장주의의 근간을 선언하고 있다. 이를 이어받아 압수수색에 관한 적법절차와 영장주의를 구체화한 형사소송법과 형사소송규칙은 수사기관의 압수수색에 관한 상세한 절차 조항을 마련하고 있다. 이에 의하면, 수사기관의 압수수색은 법관이 발부한 압수수색영장에 의하여야 하는 것이 원칙이고, 그 영장에는 피의자의 성명, 압수할 물건, 수색할 장소 · 신체 · 물건과 압수수색의 사유 등이 특정되어야 하며(형사소송법 제215조, 제219조, 제114조 제1항, 형사소속규칙 제58조), 영장은 처분을 받는 자에게 반드시 제시되어야 하고, 피의자 아닌 자의 신체 또는 물건은 압수할 물건이 있음을 인정할 수 있는 경우에 한하여 수색할 수 있다(형사소송법 제219조, 제111조 제1항, 제121조, 제122조, 제123조 제1항), 압수물을 압수한 경우에는 목록을 작성하여 소유자, 소지자 등에게 교부하여야 한다(같은 법 제219조, 제129조, 제133조). 위와 같이 기본적 인권보장을 위하여 압수수색에 관한 적법절차와 영장주의의 근간을 선언한 헌법과 이를 이어받아 실체적 진실 규명과

개인의 권리보호 이념을 조화롭게 실현할 수 있도록 압수수색절차에 관한 구체적 기준을 마련하고 있는 형사소송법의 규범력은 확고히 유지되어야 한다. 그러므로 헌법과 형사소송법이 정한 절차에 따르지 아니하고 수집된 증거는 기본적 인권보장을 위해 마련된 적법한 절차에 따르지 않은 것으로서 원칙적으로 유죄 인정의 증거로 삼을 수 없다 할 것이다. 무릇 수사기관의 강제처분인 압수수색은 그 과정에서 관련자들의 권리나 법익을 침해할 가능성이 적지 않으므로 엄격히 헌법과 형사소송법이 정한 절차를 준수하여 이루어져야 한다. 절차 조항에 따르지 않는 수사기관의 압수수색을 억제하고 재발을 방지하는 가장 효과적이고 확실한 대응책은 이를 통하여 수집한 증거는 물론 이를 기초로 하여 획득한 2차적 증거를 유죄 인정의 증거로 삼을 수 없도록 하는 것이다. 이와 달리, 압수물은 그 압수절차가 위법이라 하더라도 물건 자체의 설질, 형상에 변경을 가져오는 것은 아니므로 그 형상 등에 관한 증거가치에는 변함이 없다 할 것이므로 증거능력이 있다는 취지로 판시한 대법원 1968.9.17. 선고 68도932 판결, 대법원 1987.6.23. 선고 87도705 판결, 대법원 1994.2.8. 선고 93도3318 판결, 대법원 1996.5.14.자 96초88 결정, 대법원 2002.11.26. 선고 2000도1513 판결, 대법원 2006.7.27. 선고 2006도3194 판결 등은 이 판결의 견해에 배치되는 범위 한에서 이를 변경하기로 한다.[47]
다만, 법이 정한 절차에 따르지 아니하고 수집된 압수물의 증거능력 인정 여부를 최종적으로 판단함에 있어서는, 실체적 진실 규명을 통한 정당한 형벌권의 실현도 헌법과 형사소송법이 형사소송 절차를 통하여 달성하려는 중요한 목표이자 이념이므로, 형식적으로 보아 정해진 절차에 따르지 아니하고 수집된 증거라는 이유만을 내세워 획일적으로 그 증거의 증거능력을 부정하는 것 역시 헌법과 형사소송법이 형사소송에 관한 절차조항을 마련한 취지에 맞는다고 볼 수 없다는 것을 고려해야 한다. 따라서 수사기관의 증거수집과정에서 이루어진 절차 위반행위와 관련된 모든 사정, 즉 절차조항의 취지와 그 위반의 내용 및 정도, 구체적인 위반경위와 회피가능성, 절차조항이 보호하고자 하는 권리 또는 법익의 성질과 침해정도 및 피고인과의 관련성, 절차 위반행위와 증거수집 사이의 인과관계 등 관련성의 정도 수사기관의 인식과 의도 등을 전체적·종합적으로 살펴볼 때, 수사기관의 절차 위반행위가 적법절차의 실질적인 내용을 침해하는 경우에 해당하지 아니하고, 오히려 그 증거의 증거능력을 배제하는 것이 헌법과 형사소송법이 형사소송에 관한 절차조항을 마련하여 적법절차의 원칙과 실체적 진실 규명의 조화를 도모하고 이를 통하여 형사사법 정의를 실현하려 한 취지에 반하는 결과를 초래하는 것으로 평가되는 예외적인 경우라면, 법원은 그 증거를 유죄 인정의 증거로 사용할 수 있다고 보아야 할 것이다. 이는 적법한 절차에 따르지 아니하고 수집된 증거를 기초로 하여 획득된 2차적 증거의 경우에도 마찬가지여서, 절차에 따르지 아니한 증거수집과 2차적 증거수집 사이의 인과관계 희석 또는 단절 여부를 중심으로 2차적 증거수집과 관련된 모든 사정을 전체적·종합적으로 고려하여 예외적인 경우에는 유죄인정의 증거로 사용할 수 있는 것이다.

(5) 영장주의 위반

영장주의에 위반하여 수집한 증거물의 증거능력은 부정된다. 대법원은 영장없이 압수·수색·검증한 증거물(대판 2009.3.12. 2008도11437), 영장기재의 압수물건에 포함되지 않은 다른 증거물의 압수·수색(대판 2015.7.16.2011모1839 전원합의체), 체포현장이나 범죄장소의 요건을 결여한 영장없는 압수·수색(대판 2017.11.29. 2014도16080), 체포현장에서 영장없이 압수하고 압수·수색영장을 발부받지 않은 경우, 직무질문에 수반하여 이루어진

47) 대법원 1994.2.8. 93도3318
압수물은 압수절차가 위법하더라도 물건 자체의 성질, 형상에 변경을 가져오는 것은 아니어서 형상 등에 관한 증거가치에는 변함이 없다.

동의없는 소지품검사 등에 의하여 수집한 증거의 증거능력은 부정된다는 입장이다. 다만 영장의 방식 또는 영장집행절차상의 단순한 위법은 증거능력에 영향이 없다.

판례 대법원 2019.7.11. 선고 2018도20504

법관의 서명날인란에 서명만 있고 날인이 없는 부적법한 압수·수색 영장에 의하여 압수한 노트북에 대하여, 판사의 의사에 기초하여 진정하게 영장이 발부되었다는 점이 외관상 분명하고, 당시 수사기관으로서는 영장이 적법하게 발부되었다고 신뢰할 만한 합리적인 근거가 있었으며, 의도적으로 적법절차의 실질적인 내용을 침해한다거나 영장주의를 회피할 의도를 가지고 영장을 집행하였다고 보기 어려운 점에 비추어, 예외적으로 증거능력이 있다.

(6) 적정절차 위반

적정절차에 위반하여 수집된 증거는 증거능력이 부정된다. 대법원은 당사자의 통지나 참여권이 보장되지 않은 압수·수색·검증, 야간 압수·수색금지 규정에 위반한 압수·수색, 영장 원본제시의무나 압수목록 교부의무를 위반한 경우, 의사나 성년의 여자를 참여시키지 않은 여자의 신체검사, 공개재판주의를 위반한 위법한 비공개 증인신문, 제척사유가 있는 통역인이 통역한 증인신문의 결과 등은 증거능력이 부정된다는 입장이다. 다만 참여기회를 주지 않은 것이 위법하더라도 압수과정 전체를 위법하게 할 정도로 중대한 것이 아닌 경우에는 예외적으로 증거능력이 인정된다고 보았다.

판례 대법원 2015.1.22. 선고 2014도10978 전원합의체

형사소송법 제219조가 준용하는 제118조는 "압수·수색영장은 처분을 받는 자에게 반드시 제시하여야 한다."고 규정하고 있으나, 이는 영장제시가 현실적으로 가능한 상황을 전제로 한 규정으로 보아야 하고, 피처분자가 현장에 없거나 현장에서 그를 발견할 수 없는 경우 등 영장제시가 현실적으로 불가능한 경우에는 영장을 제시하지 아니한 채 압수·수색을 하더라도 위법하다고 볼 수 없다.

3. 효과

절대적 증거능력이 없으므로 대법원은 원칙적으로 증거동의에 의하여 증거능력이 인정될 수 없으며, 이러한 증거를 탄핵증거로 사용할 수도 없다는 입장이다.

판례 대법원 1985.2.26. 선고 82도2413

형사소송법 제309조는 "피고인의 자백이 고문, 폭행, 협박, 신체구속의 부당한 장기화 또는 기망 기타의 방법으로 임의로 진술한 것이 아니라고 의심할만한 이유가 있을 때에는 이를 유죄의 증거로 하지 못한다"고 규정하고 있는 바, 위 법조에서 규정된 피고인의 진술의 자유를 침해하는 위법사유는 원칙적으로 예시사유로 보아야 하고 고문, 폭행, 협박, 신체구속의 부당한 장기화 또는 기망 방법 등은

일응 진술의 자유를 침해하는 위법사유의 예시에 불과함은 같은 법조의 문리적 해석의 당연한 귀결이라 할 것이며 문면상 "기타의 방법"은 또한 다종다양할 것임은 말할 나위도 없다. 그리고 위 피고인의 진술의 자유를 침해하는 위법사유는 개별 독립적이던 2개 이상 경합적이던 간에 임의로 진술한 것이 아니라고 의심할 만한 이유가 있을 때에는 이를 유죄의 증거로 하지 못할 것임은 분명하다. 따라서 이 건을 일건 기록에 비추어 개관하면 피고인이 1981.8.4.부터 적법한 절차에 따른 법관의 구속영장이 발부 집행된 1981.8.17.까지 불법적으로 신체구속이 장기화된 사실을 인정하기에 충분하므로 1심 판결에서 언급한 이건 수사경찰관의 피고인에 대한 고문이나 잠을 재우지 않는 등 경합된 진술의 자유를 침해하는 위법사유를 아울러 고려한다면 피고인의 경찰에서의 이건 공소사실에 부합하는 자백진술은 피고인이 증거로 함에 동의 유무를 불구하고 유죄의 증거로 할 수 없음은 헌법 제11조, 형사소송법 제309조 등의 법 이념상 당연한 해석귀결이며 형사피고인의 자백이 "증거의 왕"의 위치로부터 퇴위된 것도 우리의 형사소송법이 1954년에 제정된 이래 30년이 경과된 현금에 이르러서는 현저하며, 더욱이나 형사소송제도 운영의 민주법치화를 기하고 국제인권규약 가입 비준을 고려하기에 이른 현 시점에서는 단언을 요하지 아니하는 것이라 하겠다.

판례 대법원 1988.11.8. 선고 86도1646 판결

판사가 형사소송법 제184조에 의한 증거보전절차로 증인신문을 하는 경우에는 동법 제221조의2에 의한 증인신문의 경우와는 달라 동법 제163조에 따라 검사, 피의자 또는 변호인에게 증인신문의 시일과 장소를 미리 통지하여 증인신문에 참여할 수 있는 기회를 주어야 하나 참여의 기회를 주지 아니한 경우라도 피고인과 변호인이 증인신문조서를 증거로 할 수 있음에 동의하여 별다른 이의 없이 적법하게 증거조사를 거친 경우에는 위 증인신문조서는 증인신문절차가 위법하였는지의 여부에 관계없이 증거능력이 부여된다.

4. 독수독과의 이론

1) 의의

독수의 과실이론은 위법하게 수집된 제1차 증거에 의하여 적법하게 발견된 제2차 증거까지도 증거능력을 부정하여야 한다는 이론으로, 만일 위법하게 수집된 제1차 증가에 의한 제2차 증거의 증거능력을 인정한다면 위법수집증거배제법칙이 무의미하게 되기 때문에 인정된 이론이다.

2) 판례

대법원은 위법하게 수집된 증거에 의하여 획득한 2차적 증거도 유죄인정의 증거로 삼을 수 없다는 입장이다. 즉 증거능력을 원칙적으로 부정하고 있다.

판례 대법원 1977.4.26. 선고 77도210 판결

피고인이 수사기관에서 한 자백이 고문에 의한 허위자백이라는 주장을 가볍게 신빙력 있는 것으로 보기 어려우나 피고인이 범행을 한 뚜렷한 동기가 없고 범인이라는 혐의를 받을 수사의 단서도 없으

며 피고인의 자백진술이 객관적 합리성이 결여되고 범행현장과 객관적 상황과 중요한 부분이 부합되지 않는 등의 특별 사정이 있는 경우 피고인이 수사기관에서 자백하게 된 연유가 피고인의 주장대로 고문이 아니라 할지라도 다소의 폭행 또는 기타의 방법으로 자백을 강요하여 임의로 진술한 것이 아니라고 의심할 사유가 있다 할 것이다. 그러므로 제309조에 반하여 획득된 자백에 의하여 압수된 망치 국방색 작업복과 야전잠바 등은 피고인의 증거능력 없는 자백에 의하여 획득된 것이므로 따라서 증거능력이 없다 할 것이다.

3) 독수의 과실이론의 예외

위법한 제1차 자백과 그에 기한 제2차 자백이 있는 경우, 만일 제2차 자백에 자유의사가 개입된 경우에 그 예외를 인정할 수 있다는 오염순화에 의한 예외(The Purged Taint Exception)가 있으며, 피고인의 권리를 무시하고 얻은 위법한 자백에 의하여 시체를 발견한 경우 위법한 자백이 없었더라도 시체를 발견할 수 있었음이 증명된 경우에는 시체에 대한 증거능력을 인정할 수 있다는 불가피한 발견의 예외(Inevitable Discovery Exception)와 위법한 수색에 의하여 구출된 피해자의 신병은 증거로 할 수 없으나, 피해자의 진술은 증거로 할 수 있다는 독립된 오염원의 예외(Independent Untainted Source Exception)가 있다.

(1) 오염순화에 의한 예외

피의자의 자유의사에 기한 사후의 자발적인 행위는 1차 증거의 오염성을 희석시키며, 이러한 자유의사에 기한 행위는 1차 증거의 위법성과 2차 증거의 수집 사이의 인과관계를 단절시킨다는 이론이다. 예를 들어 경찰관이 위법하게 피의자의 집에 칩입하여 자백을 받은 경우에, 피의자가 며칠 후 경찰서에 출석하여 자백서에 서명한 때에는 자유의사에 기한 것으로 위법성으로 인하여 오염된 증거는 순화된다는 것이다. 또한 당초의 위법행위와 증거수집의 중간에 그 행위의 위법요소가 제거 내지 배제되었다고 볼 만한 다른 사정이 개입됨으로써 인과관계가 단절된 것으로 평가될 수 있는 예외적인 경우에는 유죄인정의 증거로 사용할 수 있다는 것이다.

판례 대법원 2009.4.23. 선고 2009도526 판결

구속영장제시 없이 구속영장을 집행하였으나 구속적부심사과정에서 구속영장을 제시받았고 변호인과의 상의 후에 법정에서 한 자백의 증거능력

사전에 구속영장을 제시하지 아니한 채 구속영장을 집행하고, 그 구속 중 수집한 피고인의 진술증거 중 피고인의 제1심 법정진술은, 피고인이 구속집행절차의 위법성을 주장하면서 청구한 구속적부심사의 심문 당시 구속영장을 제시받은 바 있어 그 이후에는 구속영장에 기재된 범죄사실에 대하여 숙지하고 있었던 것으로 보이고, 구속 이후 원심에 이르기까지 구속적부심사와 보석의 청구를 통하여 구속집행절차의 위법성만을 다투었을 뿐, 그 구속 중 이루어진 진술증거의 임의성이나 신빙성에 대하

여는 전혀 다투지 않았을 뿐만 아니라, 변호인과의 충분한 상의를 거친 후 공소사실 전부에 대하여 자백한 것이라면, 유죄 인정의 증거로 삼을 수 있는 예외적인 경우에 해당한다고 한 사례.

판례 대법원 2013.3.14. 선고 2012도13611 판결

강제연행 상태에서 마약투약 확인을 위한 1차 채뇨 후, 압수영장을 받아 이루어진 2차 채뇨
마약 투약 혐의를 받고 있던 피고인이 임의동행을 거부하겠다는 의사를 표시하였는데도 경찰관들이 피고인을 영장 없이 강제로 연행한 상태에서 마약 투약 여부의 확인을 위한 1차 채뇨절차가 이루어졌는데, 그 후 피고인의 소변 등 채취에 관한 압수영장에 기하여 2차 채뇨절차가 이루어지고 그 결과를 분석한 소변 감정서 등이 증거로 제출된 사안에서, 피고인을 강제로 연행한 조치는 위법한 체포에 해당하고, 위법한 체포상태에서 이루어진 채뇨 요구 또한 위법하므로 그에 의하여 수집된 '소변검사 시인서'는 유죄 인정의 증거로 삼을 수 없으나, 한편 연행 당시 피고인이 마약을 투약한 것이거나 자살할지도 모른다는 취지의 구체적 제보가 있었던 데다가, 피고인이 경찰관 앞에서 바지와 팬티를 내리는 등 비상식적인 행동을 하였던 사정 등에 비추어 피고인에 대한 긴급한 구호의 필요성이 전혀 없었다고 볼 수 없는 점, 경찰관들은 임의동행시점으로부터 얼마 지나지 아니하여 체포의 이유와 변호인 선임권 등을 고지하면서 피고인에 대한 긴급체포의 절차를 밟는 등 절차의 잘못을 시정하려고 한 바 있어, 경찰관들의 위와 같은 임의동행조치는 단지 수사의 순서를 잘못 선택한 것이라고 할 수 있지만 관련 법규정으로부터의 실질적 일탈 정도가 헌법에 규정된 영장주의 원칙을 현저히 침해할 정도에 이르렀다고 보기 어려운 점 등에 비추어 볼 때, 위와 같은 2차적 증거 수집이 위법한 체포·구금절차에 의하여 형성된 상태를 직접 이용하여 행하여진 것으로는 쉽사리 평가할 수 없으므로, 이와 같은 사정은 체포과정에서의 절차적 위법과 2차적 증거 수집 사이의 인과관계를 희석하게 할 만한 정황에 속하고, 메스암페타민 투약 범행의 중대성도 아울러 참작될 필요가 있는 점 등 제반 사정을 고려할 때 2차적 증거인 소변 감정서 등은 증거능력이 인정된다고 한 사례.

(2) 불가피한 발견의 예외

위법수사에 의한 1차 증거가 없었더라도 다른 경로를 통해 파생적 증거를 불가피하게 발견하였을 것임을 수사기관이 증명할 수 있을 때에는 증거로 인정된다는 이론이다. 예를 들어 살인사건을 수사하던 경찰관이 피의자의 권리를 침해하고 신문한 결과, 시체의 소재를 알게 된 시점에 경찰의 수색대가 그 장소에 접근해 있었고 경찰관이 시체를 발견한 직후 수색대가 도착한 때에는 증거로 할 수 있다는 것이다.

(3) 독립된 정보원의 예외

증거가 위법한 수사와 관계없이 독립된 근원에 의하여 획득된 것이라고 수사기관이 증명할 수 있을 때에는 증거로 인정된다는 이론이다. 예를 들어 위법한 수색에 의하여 피고인의 집에서 유괴된 소녀를 발견한 경우에 있어서 유괴된 소녀의 진술은 소녀의 부모가 이미 실종선고를 하였고 경찰의 정보원이 그 소녀가 피고인의 집에 있다는 것을 파악하고 있었던 때에는 증거로 할 수 있다는 것이다.[48]

48) 이재상 외, 앞의 책, 630면.

제7절 전문법칙

Ⅰ 전문법칙의 의의

1. 의의

전문증거는 전해 들은 증거를 말한다. 요증사실을 경험한 사람이 직접 법원에 그 경험내용을 보고하지 아니하고 다른 매개체를 통하여 간접적으로 보고하는 경우에 이러한 매개체를 전문증거(hearsay evidence)라고 말한다. 여기서 매개체가 서류인 경우에는 전문서류(진술서, 진술녹취서)라고 하고 사람인 경우에는 전문증인이라고 말한다. 원본증거는 체험자가 중간의 매개체를 거치지 않고 직접 법원에 진술하는 경우이다.

우리 형사소송법은 제310조의2에서 제311조~제316조에 규정한 것 이외에는 공판준비 또는 공판기일에서의 진술에 대신하여 진술을 기재한 서류나 공판준비 또는 공판기일 외에서의 타인의 진술을 내용으로 하는 진술은 이를 증거로 할 수 없다고 하여, 전문법칙(hearsay is no evidence)을 천명하고 있다.

2. 전문증거의 유형

매개체가 사람인 경우, 경험자의 진술(원진술)을 타인이(매개체) 전문한 후 법원에 간접보고 하는 진술을 전문진술이라 한다. 서류인 경우에는 그 서류를 전문서류라 한다. 경험자의 원진술이 서류를 통해 간접보고되면 전문서류가 되고, 전문자의 전문진술이 서류를 통해 간접보고되면 재전문서류가 된다. 전문서류에는 경험자가 직접 기재한 진술서, 경험자의 진술내용을 타인이 기재한 진술기재가 있다.

Ⅱ 전문법칙의 이론적 근거

1. 대륙법계의 이론적 근거

직접주의는 법원이 스스로의 면전에서 조사한 직접적인 증거에 의하여 사실을 인정하여야 한다는 원칙을 말한다. 직접주의는 법원에서의 증거조사를 통하여 태도증거에 의한 정확한 심증을 얻을 것을 목적으로 하는 원칙이다. 형사소송법 제310조의2가 규정하고 있는 전문법칙은 반대신문권의 보장과 태도증거에 의한 정확한 심증형성이라는 의미에서 직접주의에 그 근거를 두고 있다.

2. 영미법계의 이론적 근거

형사소송법이 전문법칙을 규정하고 있는 주된 근거는 영미법의 전문법칙에 기초한다.

대체로 전문법칙의 이론적 근거를 반대신문권의 보장과 신용성 결여(lack of trustworthiness)에서 근거를 찾고 있다. 원진술자에 대한 반대신문의 기회가 없는 증거는 사실인정의 기초가 될 수 없도록 증거에서 배제하는 것이 전문법칙이며 이는 반대신문권의 보장과 연결된다. 또한 전문법칙은 전문증거가 신용성의 결여라는 본질적 약점 때문에 증거가 될 수 없다고 본다.

판례 대법원 2001.9.14. 선고 2001도1550 판결

제310조의2에서 법관의 면전에서 진술되지 아니하고 피고인에 의한 반대신문의 기회가 부여되지 아니한 진술에 대하여는 원칙적으로 증거능력을 부여하지 아니함으로써, 형사재판에 있어서 모든 증거는 법관의 면전에서 진술·심리되어야 한다는 직접주의와 피고인에게 불리한 증거에 대하여는 반대신문할 수 있는 권리를 원칙적으로 보장하고 있는바, 반대신문권의 보장은 형식적·절차적인 것이 아니라 실질적·효과적인 것이어야 하므로, 증인이 반대신문에 대하여 답변을 하지 아니함으로써 진술내용의 모순이나 불합리를 드러내는 것이 사실상 불가능하였다면, 그 사유가 피고인이나 변호인에게 책임있는 것이 아닌 한 그 진술증거는 법관의 올바른 심증형성의 기초가 될 만한 진정한 증거가치를 가진다고 보기 어렵다 할 것이고, 따라서 이러한 증거를 채용하여 공소사실을 인정함에 있어서는 신중을 기하여야 한다.

Ⅲ 전문법칙의 적용요건

1. 적용범위

전문법칙은 전문증거에만 적용되고 전문증거가 아닌 증거에는 적용되지 않는다. 전문증거인지 여부는 전문법칙의 적용대상을 결정하는 중요한 기준이 된다. 전문증거는 원진술이 경험 사실의 진술일 것과 요증사실의 관계에서 그 내용의 진실성 여부가 문제되는 경우일 것을 요한다. 원진술자의 진술내용의 진실성 여부가 요증사실인 경우에는 전문증거이지만, 말 내용의 진실성과 관계없이 그렇게 말한 사실 자체가 요증사실인 경

우에는 원본증거이다.

1) 진술증거

진술증거에만 적용된다. 그러므로 지문이나 흉기와 같은 증거물과 위조문서와 같은 서증 등 비진술증거에는 전문법칙이 적용되지 아니한다. 다만, 전문으로서의 행동(Conduct as hearsay) 예를 들면, A 앞에서 참고인이 범행현장에서 범인으로 갑을 손짓으로 지목한 사실을 A가 법정에 나와서 증언을 하는 경우에 대하여 A의 증언을 전문증언이라고 하는 견해와 정황증거로 사용하자는 견해의 대립이 있다.

2) 요증사실과의 관계

원진술의 내용이 된 사실의 존부가 요증사실인 경우에는 전문증거가 되지만 원진술의 존재 자체가 주요사실이 되는 경우(요증사실의 일부를 이루는 경우)에는 전문증거가 아니다. 즉 갑은 을에게 병이 와서 살인을 하였다고 갑에게 말한 사실이 있는 것을 을에게 말한 경우, 을이 병의 살인 사건에 나와서 증언을 하는 경우에는 전문증언이 되지만, 갑의 명예훼손사건에 나와서 증언을 하는 경우에는 전문증거가 아니고 원본증거가 되는 것이다.

전문서류에 대하여도 동일하게 적용된다. "반국가단체의 구성원과 문건을 주고받는 방법으로 통신을 한 경우, 반국가단체로부터 지령을 받고 국가기밀을 탐지 · 수집하였다는 공소사실과 관련하여 수령한 지령 및 탐지 · 수집하여 취득한 국가기밀이 문건의 형태로 존재하는 경우나 편의제공의 목적물이 문건인 경우 등에는, 문건 내용의 진실성이 문제되는 것이 아니라 그러한 내용의 문건이 존재하는 것 자체가 증거가 되는 것으로서, 위와 같은 공소사실에 대하여는 전문법칙이 적용되지 않는다고 보아 해당 부분의 공소사실에 관한 증거로 제출된 출력 문건들의 증거능력이 인정된다"고 판단하였다(대판 2013.7.26. 2013도2511).

2. 전문법칙이 적용되지 않는 경우

전문법칙은 전문증거가 아닌 증거(비진술증거 등), 전문증거라도 증거동의가 있거나 탄핵증거로 사용되는 경우에는 전문법칙이 적용되지 않는다.

1) 탄핵증거

증인의 증언의 증명력을 탄핵하기 위하여 공판정의 진술과 모순되는 진술을 증거로 제출하는 경우에는 적극적으로 원진술의 진실성을 증명하기 위한 경우가 아니므로 전문법칙이 적용되지 아니한다.

2) 비진술증거

비진술증거에는 전문법칙이 적용되지 않는다. 흉기나 지문 등의 증거물, 위조문서나 부정수표단속법위반죄에서의 수표와 같은 증거물인 서면, 검증대상인 물건, 피해자의 상해부위를 촬영한 사진 등은 비진술증거이다. 비진술증거는 반대신문이나 법관에 의한 태도관찰이 문제되지 않는다.

3) 정황증거에 사용된 언어

전문진술을 원진술자의 심리적·정신적 상황 같이 그 진술의 진실성과 관계없는 간접사실을 증명하기 위한 정황증거로 사용하는 경우에는 전문법칙이 적용되지 않는다.

甲이 사람을 죽이면서 "나는 신이다"라고 한 것을 乙이 들어서 甲의 살인사건에 나와서 증언을 하는 경우에 乙의 증언이 증명하려는 것은 甲이 신이라는 것에 대한 증명이 아니라 甲의 정신이상에 대한 정황증거로서 사용되는 것일 뿐이므로 전문진술이 아니다.

4) 언어적 행동

원진술자의 행동의 의미를 설명하는 언어적 행동을 듣고 옮기는 경우에, 진술증거로 볼 여지가 있다고 하더라도 전문증거는 될 수 없다,

甲이 공무원 A에게 선물을 하면서 '이것은 뇌물이 아니라 선물이다'라고 말하였는데, 甲의 말을 들은 乙이 그 내용을 증언할 경우, 乙의 말이 甲의 말을 옮기는 것이지만 甲의 말은 甲의 행동에 부수된 것으로 그 행동의 의미를 설명하기 위한 방편이므로, 이때 乙의 증언은 전문증거가 아니며, 甲의 말은 언어적 행동이다.

5) 동의

당사자가 증거로 동의한 경우에는 전문법칙이 적용되지 아니한다. 판례는 전문법칙의 예외에 해당한다고 본다.

판례 대법원 1983.3.8. 선고 82도2873 판결

형사소송법 제318조 제1항은 전문증거금지의 원칙에 대한 예외로서 반대신문권을 포기하겠다는 피고인의 의사표시에 의하여 서류 또는 물건의 증거능력을 부여하려는 규정이므로 피고인의 의사표시가 위와 같은 내용을 적극적으로 표시하는 것이라고 인정되는 경우이면 증거동의로서의 효력이 있다.

Ⅳ 전문법칙의 예외인정 근거

1. 의의

전문증거의 증거능력을 완전히 배제하면 사실인정자료를 지나치게 제한하여 형사사법의 실체진실발견 활동에 중대한 장애를 가져 올 수 있으며, 반대신문권을 인정하지 아니한다 할지라도 신용성의 정황적 보장이 있다면 증거로 할 수 있으며, 반드시 원본증거에 의해서만 증거능력이 인정된다고 한다면 불필요한 에너지 낭비와 비효율적인 소송의 진행으로 재판의 지연이 발생할 수 있기 때문에 예외적으로 전문증거도 증거로 사용할 수 있을 것이다.

2. 예외의 인정 요건

영미증거법에서 판례를 통해 형성된 원칙이다.

1) 신용성의 정황적 보장

신용성의 정황적 보장(circumstantial guarantee of truthworthiness)이란 원진술자의 진술이 진술당시의 정황에 의하여 반대신문권이 주어지지 않는다고 할지라도 허위의 개입의 여지가 적어 진실성이 담보되는 경우를 말한다. 여기의 신용성은 증거능력과 관련된 것이므로, 진술내용 자체의 진실성이 아니라 그 진실성을 담보할 외부적 정황을 말한다. 예를 들면 반사적 행동으로부터 나오는 자연적 진술, 임종시의 진술, 공문서 및 업무상 통상적으로 작성된 문서, 이익에 반하는 진술 등이 그 단적인 것이다.

2) 필요성

원진술자의 사망, 질병, 행방불명 등의 사유로 원진술자를 공판정에 출두시켜 다시 진술케 하는 것이 불가능 또는 현저히 곤란하거나 또는 원진술의 성질상 다른 동가치의 증거를 얻는 것이 곤란한 경우에는 전문증거라도 예외적으로 증거능력을 인정될 수 있다.

Ⅴ 형사소송법상의 전문법칙의 예외 조문

형사소송법은 제311조에서 316조에 이르기까지 전문법칙의 예외를 규정하고 있다. 제311조 내지 제315조는 전문서류에 관한 예외이고 제316조는 전문진술에 관한 예외이다.

1. 법원 또는 법관의 면전조서(당연히 증거능력이 있음)

1) 현행법의 태도

공판준비 또는 공판기일에 피고인이나 피고인 아닌 자의 진술을 기재한 조서와 법원 또는 법관의 검증의 결과를 기재한 조서는 증거로 할 수 있다. 증거보전절차(제184조) 및 증인신문의 청구(제221조의2) 규정에 의하여 작성한 조서도 또한 같다(제311조).

수소법원이 당해 피고사건에서 피고인이나 증인 등을 신문하여 진술을 듣고 재판하는 경우에는 진술 그 자체가 증거로 사용되며 공판조서가 증거로 사용되는 것은 아니다. 증거로 사용되는 위 진술 자체는 본래증거(원본증거)이지 전문증거가 아니다. 그런데 판사가 바뀌는 등으로 공판절차가 개시되거나 상급심의 파기환송 등으로 다시 재판하는 등 증거조사를 한 법원과 재판하는 법원이 달라지는 경우에 피고인이나 증인 등이 한 진술자체를 증거로 사용할 수 없고 이들의 진술이 기재된 공판조서를 증거로 사용하여야 한다. 즉 직접 증거조사를 하지 않고 공판조서에 기재된 내용에 의하여 재판하는 경우에 그 공판조서가 전문증거로 되고 이러한 경우에 법 제311조가 적용된다.

2) 내용

(1) 피고인 아닌 자의 진술을 기재한 조서

당해 사건의 조서에 한하여 공판준비절차 또는 공판기일에서의 피고인 아닌 자의 진술을 기재한 조서는 당연히 증거능력이 있다. 공판준비에 있어서 피고인 아닌 자의 진술을 기재한 조서는 당해 사건의 공판준비절차에서 증인 등을 신문한 조서 등을 말한다. 공판기일에서의 피고인 아닌 자의 진술을 기재한 조서는 당해사건의 공판조서를 말하며, 공판절차갱신전의 공판조서, 파기환송전의 공판조서 등이다. 여기서 피고인 아닌 자란 피고인을 제외한 제3자, 증인, 감정인, 공범자와 공동피고인을 포함한다.

공범인 공동피고인은 피고인 아닌 자이므로 공판정에서 그 진술을 기재한 조서는 증거능력이 인정된다. 다만 증인적격이 없으므로 그 진술은 증인신문조서가 아니라 공판조서에 기재되므로 제311조에 의하여 증거능력이 인정된다. 여기의 공범에는 공동정범, 교사범, 방조범, 합동범, 필요적 공범 등이 포함된다.

공범 아닌 피고인은 별개의 범죄사실로 기소되어 병합심리 중인 공동 피고인은 당해 피고인에 대한 관계에서는 증인의 지위에 있으므로 증인으로서 선서하고 이루어진 진술을 기재한 조서는 증거능력이 인정된다. 하지만 피고인 진술형식의 공판조서는 피고인에 대한 관계에서는 증거능력이 없다.

판례 대법원 2005.4.28. 선고 2004도4428

다른 피고인에 대한 형사사건의 공판조서는 형사소송법 제315조 제3호에 정한 서류로서 당연히 증거능력이 있는 바, 공판조서 중 일부인 증인신문조서 역시 형사소송법 제315조 제3호에 정한 서류로서 당연히 증거능력이 있다고 보아야 할 것이다.

판례 대법원 1982.9.14. 선고 82도1000

피고인과 별개의 범죄사실로 기소되어 병합심리중인 공동피고인은 피고인의 범죄사실에 관하여는 증인의 지위에 있다 할 것이므로 선서 없이 한 공동피고인의 법정진술이나 피고인이 증거로 함에 동의한 바 없는 공동피고인에 대한 피의자신문조서는 피고인의 공소범죄사실을 인정하는 증거로 할 수 없다.

(2) 피고인의 진술을 기재한 조서

공판준비에서 피고인의 진술을 기재한 조서란 공판준비절차에서 공판기일 전에 피고인을 신문한 조서(제273조 제1항)나 공판준비기일조서(제266조의10 제2항), 공판기일 전의 법원의 검증조서 중 피고인의 진술을 기재한 부분을 말한다. 공판기일에서 피고인의 진술을 기재한 조서는 당해사건의 공판조서를 말한다. 예를 들어 공판절차 갱신 전의 공판조서, 상소심에 의한 파기환송전의 공판조서, 이송된 사건의 이송 전의 공판조서 등이다.

(3) 법원 · 법관의 검증조서

검증조서는 검증한 자가 오관의 작용에 의하여 사람의 신체상태, 물건의 존재나 상태 등에 대해 인식한 것을 기재한 조서를 말한다. 법원 · 법관의 검증조서는 제3자인 법관이 직접 검증한 것이고 당사자의 참여권이 보장 되는 등 검증결과에 신용성의 정황적 보장이 있으므로 무조건 증거능력이 있다. 수소법원이 공판기일에 법정에서 행한 검증은 그 검증 결과가 바로 증거가 된다. 제311조가 적용되는 검증조서는 공판절차가 갱신된 경우 그 갱신 전의 검증조서, 수소법원이 공판기일 외에서 행한 검증 등이다.

(4) 증거보전절차 · 증인신문청구절차에서 작성한 조서

증거보전절차와 증인신문청구절차에서 작성한 조서는 제311조에 의하여 무조건 증거능력이 인정된다. 다만 공판기일에서 증인신문조서에 대하여 낭독 등의 방법으로 서증조사를 거쳐야 증거로 사용할 수 있다.

2. 피의자신문조서

1) 의의

피의자신문조서란 수사기관, 즉 검사 혹은 사법경찰관이 피의자를 신문하여 그 진술을 기재한 조서를 말한다. 수사기관은 법관과 같이 객관적인 제3자도 아니고 피의자의 이익을 충분히 고려하는 지위에 있지 않고 그 기본적 속성도 밀행성에 있기에 법관의 면전조서에 비하여 낮은 임의성과 신용성을 갖는다. 따라서 수사기관이 작성한 피의자신문조서는 법관의 면전조서와 달리 엄격한 요건하에서 예외적으로 증거능력을 인정하고 있다.

판례 대법원 1992.4.14. 선고 92도442 판결

피의자의 진술을 녹취 내지 기재한 서류 또는 문서가 수사기관에서의 조사과정에서 작성된 것이라면 그것이 진술조서, 진술서, 자술서라는 형식을 취하였다 하더라도 피의자신문조서와 달리 볼 수 없다.

판례 대법원 1992.6.23. 선고 92도682 판결

공범으로서 별도로 공소제기된 다른 사건의 피고인 갑에 대한 수사과정에서 담당 검사가 피의자인 갑과 그 사건에 관하여 대화하는 내용과 장면을 녹화한 비디오테이프에 대한 법원의 검증조서는 이러한 비디오테이프의 녹화내용이 피의자의 진술을 기재한 피의자신문조서와 실질적으로 같다고 볼 것이므로 피의자신문조서에 준하여 그 증거능력을 가려야 한다.

2) 증거능력의 전제조건(제317조)

진술의 임의성이 인정되면 된다. 즉 형사소송법 제317조에서는 피고인 또는 피고인 아닌 자의 진술이 임의로 된 것이 아닌 것은 증거로 할 수 없고, 이에 관한 서류는 그 작성 또는 내용인 진술이 임의로 되었다는 것이 증명된 것이 아니면 증거로 할 수 없다고 규정하면서, 검증조서의 일부가 피고인 또는 피고인 아닌 자의 진술을 기재한 것인 때에는 그 부분에 한하여 임의성이 인정되어야 증거능력이 있다고 규정하고 있다.

판례 2006.11.23. 선고 2004도7900 판결

[1] 임의성 없는 진술의 증거능력을 부정하는 취지는, 허위진술을 유발 또는 강요할 위험성이 있는 상태 하에서 행하여진 진술은 그 자체가 실체적 진실에 부합하지 아니하여 오판을 일으킬 소지가 있을 뿐만 아니라, 그 진위를 떠나서 진술자의 기본적 인권을 침해하는 위법 부당한 압박이 가하여지는 것을 사전에 막기 위한 것이므로, 그 임의성에 다툼이 있을 때에는 그 임의성을 의심할 만한 합리적이고 구체적인 사실을 피고인이 증명할 것이 아니고 검사가 그 임의성의 의문점을 없애는 증명을 하여야 할 것이고, 검사가 그 임의성의 의문점을 없애는 증명을 하지 못한 경우에는 그

진술증거는 증거능력이 부정된다.

[2] 기록상 진술증거의 임의성에 관하여 의심할 만한 사정이 나타나 있는 경우에는 법원은 직권으로 그 임의성 여부에 관하여 조사를 하여야 하고, 임의성이 인정되지 아니하여 증거능력이 없는 진술증거는 피고인이 증거로 함에 동의하더라도 증거로 삼을 수 없다.

[3] 기록에 의하면 참고인에 대한 검찰진술조서가 강압상태 내지 강압수사로 인한 정신적 강압상태가 계속된 상태에서 작성된 것으로 의심되어 그 임의성을 의심할 만한 사정이 있는데도, 검사가 그 임의성의 의문점을 없애는 증명을 하지 못하였으므로 증거능력이 없다.

3) 검사작성 피의자신문조서

(1) 현행법의 태도(제312조 제1항)

개정 형사소송법(2020.2.4. 개정, 2022.1.1. 시행)은 검사와 사법경찰관의 증거능력요건의 차이를 두지 않고 있다. 작성주체가 검사이든 사법경찰관이든 적법한 절차와 방식에 의하여 작성된 것으로서 공판준비 또는 공판기일에 그 피의자였던 피고인 또는 변호인이 그 내용을 인정할 때에 한하여 증거로 할 수 있도록 증거능력인정의 요건을 엄격히 하였다.

[판례] 대판 2004.12.16. 2002도537 전원합의체(종래의 판례를 개정 형사소송법에서 입법화 함)

형사소송법 제312조 제1항 본문은 "검사나 피의자나 피의자 아닌 자의 진술을 기재한 조서와 검사 또는 사법경찰관이 검증의 결과를 기재한 조서는 공판준비 또는 공판기일에서의 원진술자의 진술에 의하여 그 성립의 진정함이 인정된 때에 증거로 할 수 있다"고 규정하고 있는데, 위 법문의 문언상 성립의 진정은 '원진술자의 진술에 의하여' 인정되는 방법 외에 다른 방법을 규정하고 있지 아니하므로, 실질적 진정 성립도 원진술자의 진술에 의하여서만 인정될 수 있는 것이라고 보아야 한다. 따라서 검사가 피의자나 피의자 아닌 자의 진술을 기재한 조서는 공판준비 또는 공판기일에서 원진술자의 진술에 의하여 형식적 진정 성립뿐만 아니라 실질적 진정 성립까지 인정된 때에 한하여 비로소 그 성립의 진정함이 인정되어 증거로 사용할 수 있다고 보아야 한다. 이와는 달리 원진술자인 피고인이 공판정에서 간인과 서명, 무인한 사실이 있음을 인정하여 형식적 진정 성립이 인정되면 거기에 기재된 내용이 자기의 진술내용과 다르게 기재되었다고 하여 그 실질적 진정 성립을 다투더라도 그 간인과 서명, 무인이 형사소송법 제244조 제2항·제3항의 절차를 거치지 않고 된 것이라고 볼 사정이 발견되지 않는 한 그 실질적 진정 성립이 추정되는 것으로 본 종전 대법원 의 견해(대법원 1984.6.26. 선고 84도748 판결 등)는 위 견해와 배치되는 범위 내에서 이를 모두 변경하기로 한다.

(2) 검사작성의 의미

검사가 작성한 것이어야 하기에 검사가 직접 조서작성과정에 임석·참여한 경우를 말한다. 판례는 검찰주사가 담당 검사의 지시에 따라 검사의 참석없이 단독으로 작성한 경우, 담당 검사가 임석하지 않은 상태에서 검찰 주사가 신문하여 작성하고 검사는 조사 직후 '이것이 모두 사실이냐'는 취지로 개괄적으로 질문한 사실이 있을 뿐인 경우에는 검사가 작성한 것으로 보지 않고 있다. 이에 반하여 사법연수생인 검사직무대리가 단독사건에 관하여 작성한 피의자신문조서는 검사작성조서로 취급하였다.

판례 대법원 2003.10.9. 선고 2002도4372(형식적 참여)

외관상 검사가 작성한 것으로 되어 있는 피고인에 대한 피의자신문조서가 검찰주사와 검찰주사보가 담당 검사가 임석하지 아니한 상태에서 피의자였던 피고인을 번갈아가며 신문한 끝에 작성된 것으로, 담당 검사는 검찰주사 등이 피고인에 대한 조사를 끝마치고 자백하는 취지의 진술을 기재한 피의자신문조서를 작성하여 가져오자 이를 살펴본 후 비로소 피고인이 조사를 받고 있던 방으로 와서 피의자신문조서를 손에 든 채 그에게 "이것이 모두 사실이냐"는 취지로 개괄적으로 질문한 사실이 있을 뿐, 피의사실에 관하여 위 피고인을 직접·개별적으로 신문한 바 없는 경우, 위 피의자신문조서를 형사소송법 제312조 제1항 소정의 검사가 피의자나 피의자 아닌 자의 진술을 기재한 조서로 볼 수 없으므로 그 증거능력 유무는 검사 이외의 수사기관이 작성한 피의자신문조서와 마찬가지 기준에 의하여 결정되어야 할 것이어서, 결국 위 피의자신문조서는 피고인이 그 내용을 부인하는 이상 유죄의 증거로 삼을 수 없다.

판례 대법원 1984.7.10. 선고 84도846 판결(실질적 참여)

검사가 피의사실에 관하여 전반적 핵심적 사항을 질문하고 이를 토대로 그 신문에 참여한 검찰주사보가 직접 문답하여 피의자신문조서를 작성함에 있어 검사가 신문한 사항 중에 다소 불분명한 사항이나 또는 보조적 사항(행위일시, 장소 등)에 관하여 피의자에게 직접 질문하여 이를 조서에 기재하였다 하여도 참여주사보가 문답할 때 검사가 동석하여 이를 지켜보면서 문제점이 있을 때에는 재차 직접 묻고 참여주사보가 조서에 기재하고, 조서작성 후에는 검사가 이를 검토하여 검사의 신문결과와 일치한다고 인정하여 서명날인 하였다면 참여주사보가 불분명 또는 보조적 사항을 직접 질문하여 기재하였다 하여 이를 검사작성의 피의자신문조서가 아니라고는 볼 수 없다.

판례 대법원 1994.8.9. 94도1228

검찰에 송치되기 전에 구속피의자로부터 받은 검사작성의 피의자신문조서는 극히 이례에 속하는 것으로 그와 같은 상태에서 작성된 피의자신문조서는 내용만 부인하면 증거능력을 상실하게 되는 사법경찰관작성의 피의자신문조서상의 자백 등을 부당하게 유지하려는 수단으로 악용될 가능성이 있어, 그렇게 했어야 할 특별한 사정이 보이지 않는 한 송치 후에 작성된 피의자신문조서와 마찬가지로 취급하기는 어렵다.

(3) 요건

① 적법한 절차와 방식에 의하여 작성되었을 것을 요함

적법한 절차와 방식에 의한 작성은 형식적 진정성립(서명·날인의 진정성)을 포함한 보다 넓은 개념으로, 피의자신문과 참여자(제243조), 피의자 신문조서의 작성(제244조), 진술거부권 등의 고지(제244조의3), 수사과정의 기록(제244조의4) 등의 규정에 따라 작성된 것을 말한다.

한편, 위법수집증거배제법칙에서의 적법한 절차는 헌법상의 적법절차를 뜻하고, 전문법칙의 예외와 관련한 적법한 절차는 법률상 규정된 절차를 말한다.

피의자신문조서는 피의자가 조서에 대하여 이의나 의견이 없음을 진술한 때에는 피의자로 하여금 그 취지를 자필로 기재하게 하고 조서에 간인한 후 기명날인 또는 서명하게 하고, 피의자에게 열람하게 하거나 읽어 들려주어야 하며, 진술한 대로 기재되지 아니하였거나 사실과 다른 부분의 유무를 물어 피의자가 증감 또는 변경의 청구 등 이의를 제기하거나 의견을 진술한 때에는 이를 조서에 추가로 기재하여야 한다. 이 경우 피의자가 이의를 제기하였던 부분은 읽을 수 있도록 남겨두어야 한다(제244조 제2항, 제3항). 이외에도 형사소송법은 검사가 피의자를 신문함에는 검찰청수사관 또는 법원사무관 등을 참여하게 하여야 하고, 사법경찰관이 피의자를 신문함에는 사법경찰관리를 참여하게 하여야 하고(제243조), 검사 또는 사법경찰관은 피의자 또는 그 변호인 · 법정대리인 · 배우자 · 직계친족 · 형제자매의 신청에 따라 변호인을 피의자와 접견하게 하거나 정당한 사유가 없는 한 피의자에 대한 신문에 참여하게 하여야 하며(제243조의2), 검사 또는 사법경찰관은 피의자가 조사장소에 도착한 시각, 조사를 시작하고 마친 시각, 그 밖에 조사과정의 진행경과를 확인하기 위하여 필요한 사항을 피의자신문조서에 기록하거나 별도의 서면에 기록한 후 수사기록에 편철하여야 한다(제244조의4).

판례 대법원 1999.4.13. 선고 99도237 판결

조서말미에 피고인의 서명만이 있고, 그 날인(무인 포함)이나 간인이 없는 검사 작성의 피고인에 대한 피의자신문조서는 증거능력이 없다고 할 것이고, 그 날인이나 간인이 없는 것이 피고인이 그 날인이나 간인을 거부하였기 때문이어서 그러한 취지가 조서말미에 기재되었다거나, 피고인이 법정에서 그 피의자신문조서의 임의성을 인정하였다고 하여 달리 볼 것은 아니다.

판례 대법원 1988.5.10. 선고 87도2716 폭행치사

형사소송법 제244조의 규정에 비추어 수사기관이 피의자신문조서를 작성함에 있어서는 그것을 열람하게 하거나 읽어 들려야 하는 것이나 그 절차가 비록 행해지지 안했다 하더라도 그것만으로 그 피의자신문조서가 증거능력이 없게 된다고는 할 수 없고 같은 법 제312조 소정의 요건을 갖추게 되면 그것을 증거로 할 수 있다.

② 피의자였던 피고인 또는 변호인의 내용 인정

피의자였던 피고인 또는 변호인의 진술에 의하여 그 내용인 인정되었다는 것으로, 내용의 인정이란 조서의 실질적 진정성립뿐만 아니라 조서의 기재내용이 실제사실과 부합한다는 조서 내용의 진실성을 의미한다. 따라서 피고인이 공판정에서의 피고인의 진술내용과 배치되는 기재부분을 부인한다고 진술할 때에는 내용을 인정한 경우라고 볼 수 없다.

판례 대법원 2005.6.10. 선고 2005도1849

수사기관이 작성한 조서의 내용이 원진술자가 진술한 대로 기재된 것이라 함은 조서 작성 당시 원진술자의 진술대로 기재되었는지의 여부만을 의미하는 것으로, 그와 같이 진술하게 된 연유나 그 진술의 신빙성 여부는 고려할 것이 아니며, 한편 검사가 피의자나 피의자 아닌 자의 진술을 기재한 조서 중 일부에 관하여만 원진술자가 공판준비 또는 공판기일에서 실질적 진정성립을 인정하는 경우에는 법원은 당해 조서 중 어느 부분이 원진술자가 진술한 대로 기재되어 있고 어느 부분이 달리 기재되어 있는지 여부를 구체적으로 심리한 다음 진술한 대로 기재되어 있다고 하는 부분에 한하여 증거능력을 인정하여야 하고, 그 밖에 실질적 진정성립이 부정되는 부분에 대해서는 증거능력을 부정하여야 한다.

판례 대법원 2005.3.10. 선고 2004도8493

증거목록에는 피고인이 검사 작성의 피고인에 대한 각 피의자신문조서에 관하여 모두 진정성립을 인정한 것으로 기재가 되어 있으나, 피고인은 제1심 제1회 공판기일에서 검사 작성의 제3회 피의자신문조서 중 "3개년 연구사업이므로 첫해에는 쉽게 가려고 하였다. 전혀 연구한 내용이 없다"라는 진술기재 부분과 검사 작성의 제4, 5회 각 피의자신문조서 중 "연구할 의사가 처음부터 없었다"라는 각 진술기재 부분에 대하여는 그런 취지로 진술한 것이 아니라고 진술하였음이 명백하므로, 위 각 진술기재 부분은 원진술자인 피고인에 의하여 실질적인 진정성립이 인정되지 아니하였다고 보아야 한다.

판례 대법원 2005.8.19. 선고 2005도3045

피고인, 공동피고인이나 그 변호인들이 검사 작성의 피고인, 공동피고인에 대한 피의자신문조서의 성립의 진정과 임의성을 인정하였다가 그 뒤 이를 부인하는 진술을 하거나 서면을 제출한 경우 그 조서의 증거능력이 언제나 없다고 할 수는 없고, 법원이 그 조서의 기재 내용, 형식 등과 피고인, 공동피고인의 법정에서의 범행에 관련한 진술 등 제반 사정에 비추어 성립의 진정과 임의성을 인정한 최초의 진술이 신빙성이 있다고 보아, 그 성립의 진정을 인정하고 그 임의성에 관하여 심증을 얻은 때에는 그 피의자신문조서는 증거능력이 인정된다.

판례 대법원 2002.10.22. 2000도5461

피고인에 대한 검사 작성의 피의자신문조서가 그 내용 중 일부를 가린 채 복사를 한 다음 원본과 상위 없다는 인증을 하여 초본의 형식으로 제출된 경우에, 위와 같은 피의자신문조서초본은 피의자신문조서원본 중 가려진 부분의 내용이 가려 지지 않은 부분과 분리 가능하고 당해 공소사실과 관련성이 없는 경우에만, 그 피의자신문조서의 원본이 존재하거나 존재하였을 것, 피의자신문조서의 원본 제출이 불능 또는 곤란한 사정이 있을 것, 원본을 정확하게 전사하였음 것 등 3가지 요건을 전제로 피고인에 대한 검사 작성의 피의자신문조서원본과 동일하게 취급할 수 있다.

(4) 제314조의 적용 여부

형사소송법 제314조는 "제312조 또는 제313조의 경우에 공판준비 또는 공판기일에 진술을 요하는 자가 사망 · 질병 · 외국거주 · 소재불명 그 밖에 이에 준하는 사유로 인하여 진술할 수 없는 때에는 그 조서 및 그 밖의 서류를 증거로 할 수 있다. 다만, 그 진술 또는 작성이 특히 신빙할 수 있는 상태 하에서 행하여졌음이 증명된 때에 한 한다"고 규정하고 있는데, 이 규정은 형사소송법 제312조 제1항에 적용될 수 없다. 왜냐하면 구법과 달리 신형사소송법에서는 명문으로 피고인이 된 피의자의 진술만을 규정하고 있으므로, 피고인의 출석없이는 원칙적으로 개정할 수 없고, 피고인 없이 재판할 수 있는 경우에도 제314조를 근거로 피고인에 대한 피의자신문조서의 증거능력을 인정하는 것은 옳다고 할 수 없으므로 제314조의 적용은 부정하는 것이 타당하다.[49)]

4) 사법경찰관 작성의 피의자신문조서

(1) 현행법의 태도(제312조 제3항)

검사 이외의 수사기관이 작성한 피의자신문조서는 적법한 절차와 방식에 따라 작성된 것으로서 공판준비 또는 공판기일에 그 피의자였던 피고인 또는 변호인이 그 내용을 인정할 때에 한하여 증거로 할 수 있다. 검사 이외의 수사기관에는 사법경찰관·사법경찰리 및 기타 법률에 의하여 그 직무를 행할 자를 말한다. 판례는 검찰수사관, 국가정보원 직원, 미국범죄수사대(CID), 연방수사국(FBI)의 수사관 등 외국의 권한 있는 수사관에 대하여는 이에 해당한다고 보았으나, 선거관리위원회에 대하여는 수사기관이 아니라고 보았다.

수사기관이 피의자의 진술을 기재한 서류라면, 그 명칭이 진술조서·진술서·자술서의 형식을 취하는 경우에도 피의자신문조서로 본다. 판례는 사법경찰관이 작성한 검증조서에 피의자이던 피고인이 그 면전에서 자백한 범행 내용을 현장에 따라 진술·재연한 내용이 기재되어 있다면, 피고인이 공판정에서 그 진술내용을 부인하는 이상 증거능력이 없다고 판시함으로 제313조 3항의 피의자신문조서로 보았다.

【판례】 대법원 1997.10.28. 선고 97도2211

피고인이 당해 공소사실에 대하여 법정에서 부인한 경우에는 사법경찰리 작성의 피의자신문조서의 내용을 인정하지 아니한 것이므로 그 피의자신문조서의 기재는 증거능력이 없고, 이러한 경우 피고인을 조사하였던 경찰관이 법정에 나와 "피고인의 진술대로 조서가 작성되었고, 작성 후 피고인이 조서를 읽어보고 내용을 확인한 후 서명·무인하였으며, 피고인이 내용의 정정을 요구한 일은 없었다"고 증언하더라도 그 피의자신문조서가 증거능력을 가지게 되는 것은 아니다.

【판례】 대법원 2006.1.13. 선고 2003도6548

형사소송법 제312조 제2항은 검사 이외의 수사기관이 작성한 피의자신문조서는 그 피의자였던 피고인이나 변호인이 그 내용을 인정할 때에 한하여 증거로 할 수 있다고 규정하고 있는 바, 피고인이

---

49) 이주원 466면.

검사 이외의 수사기관에서 범죄혐의로 조사받는 과정에서 작성하여 제출한 진술서는 그 형식 여하를 불문하고 당해 수사기관이 작성한 피의자신문조서와 달리 볼 수 없고, 피고인이 수사과정에서 범행을 자백하였다는 검사 아닌 수사기관의 진술이나 같은 내용의 수사보고서 역시 피고인이 공판과정에서 앞서의 자백의 내용을 부인하는 이상 마찬가지로 보아야 하며, 여기서 말하는 검사 이외의 수사기관에는 달리 특별한 사정이 없는 한 외국의 권한 있는 수사기관도 포함된다. 그러므로 미국 범죄수사대(CID), 연방수사국(FBI)의 수사관들이 작성한 수사보고서 및 피고인이 위 수사관들에 의한 조사를 받는 과정에서 작성하여 제출한 진술서는 피고인이 그 내용을 부인하는 이상 증거로 쓸 수 없다.

판례 대법원 1994.3.22. 93도3612, 1987.12.22. 선고 87도1020

형사소송법 제312조는 검사 이외의 수사기관 작성의 피의자신문조서는 공판준비 또는 공판기일에서의 원진술자의 진술에 의하여 그 성립의 진정함이 인정됨과 아울러 공판준비 또는 공판기일에 그 피의자였던 피고인이나 변호인이 그 내용을 인정할 때에 한하여 증거로 할 수 있다고 규정하여 검사 이외의 수사기관이 작성한 피의자신문조서의 증거능력을 엄격히 제한하고 있는 바, 이 규정은 검사 이외의 수사기관이 작성한 당해 피고인에 대한 피의자신문조서를 유죄의 증거로 하는 경우뿐만 아니라 검사 이외의 수사기관이 작성한 당해 피고인과 공범관계가 있는 다른 피고인 또는 피의자에 대한 피의자신문조서를 피고인에 대한 유죄의 증거로 하는 경우에도 적용된다고 보아야 할 것이다.

(2) 요건

① 적법한 절차와 방식에 따라 작성된 조서일 것

여기서의 적법한 절차와 방식에 따라 작성된 조서라는 의미는 검사작성의 피의자신문조서의 내용과 동일하다.

② 내용을 인정할 것

성립의 진정을 인정하는 것만으로는 부족하고 증거능력을 인정하기 위해서는 내용의 진정까지 인정하여야 한다. 내용의 인정이란 조서의 진성 성립뿐만 아니라 조서의 내용이 객관적인 진실에 부합한다는 것을 의미한다. 그러므로 피고인이 공판정에서의 피고인의 진술내용과 배치되는 기재부분을 부인한다고 진술한 때에는 내용을 인정한 경우라고 볼 수 없다.50) 여기서 내용의 인정의 방법으로는 공판준비 또는 공판기일에 그 피의자였던 피고인 또는 변호인이 그 내용을 인정하여야 하므로 피의자였던 피고인이나 변호인이 내용을 부인하면 증거능력이 없다. 개정 형사소송법은 조사한 경관의 증언을 증거로 사용할 수 있도록 입법화하였다(제316조 제1항: 조사자 증언제도). 그러나 증언이 증거능력이 인정된다는 것과 성립의 진정의 자료로 사용될 수 있다는 것은 전혀 다른 것이므로 개정 형사소송법에 있어서도 조사한 증언에 의하여 성립의 진정을 인정할 수 없다.

50) 대법원 1965.5.31. 64도723

판례 대법원 2001.3.27. 선고 2000도4383 판결

[1] 형사소송법 제312조 제2항은 검사 이외의 수사기관의 피의자신문은 이른바 신용성의 정황적 보장이 박약하다고 보아 피의자신문에 있어서 진정성립 및 임의성이 인정되더라도 공판 또는 그 준비절차에 있어 원진술자인 피고인이나 변호인이 그 내용을 인정하지 않는 한 그 증거능력을 부정하는 취지로 입법된 것으로, 그 입법취지와 법조의 문언에 비추어 볼 때 피의자였던 피고인에 대한 검사 이외의 수사기관 작성의 피의자신문조서에만 적용되는 것이 아니고, 피의자였던 피고인의 검사 이외의 수사기관 앞에서의 진술 자체를 그 적용대상으로 하고 있는 것이라고 보아야 할 것이어서 전문자의 진술이 검사 이외의 수사기관 앞에서의 피고인의 진술을 내용으로 하고 있는 경우에 피고인이 그 진술의 내용을 부인하고 있는 이상 그 진술의 내용이 피의자신문조서에 기재된 것인지 또는 전문자가 수사경찰관이 아닌 피해자 등 제3자에 해당하는지 여부 등에 관계없이 증거능력이 없다.

[2] 수사경찰관이 피해자와의 대질신문을 위하여 피고인을 피해자와 동석시킨 자리에서 피해자가 피고인으로부터 자신의 범행을 자백하는 진술을 들었다는 취지의 진술의 경우, 피고인이 법정에서 그 진술의 내용을 부인하고 있는 이상 형사소송법 제312조 제2항의 규정과 그 취지에 비추어 볼 때 그 증거능력을 인정할 수 없다.

(3) 조사자 증언

담당 경찰관의 법정증언은 과거 증거능력이 부인되었으나, 2007년 제316조의 일부개정으로 조사자 증언만은 현재 특신상태를 조건으로 예외적으로 증거능력이 인정된다. 조사자 증언은 피고인의 내용인정이나 증거동의가 아닌 제316조의 '특히 신빙할 수 있는 상태하에서 행하여졌음이 증명된 때'인지 여부에 따라 증거능력이 결정된다.

판례 대법원 2009.3.12. 선고 2009도347 판결

피고인을 피의자로 조사한 경찰관의 1심 법정에서의 증언에 대하여, 피고인의 피의자 신문 당시의 진술이 특신 상태하에서 행하여졌다는 이유로 그 증거능력을 인정하였다.

(4) 공범자에 대한 피의자신문조서

제312조 제3항의 피의자신문조서에는 당해 피의자의 것뿐만 아니라 공범자의 피의자신문조서도 포함된다. 제312조 제3항은 당해 피고인과 공범관계에 있는 다른 피고인 또는 피의자에 대한 경찰 피의자신문조서를 당해 피고인에 대한 유죄의 증거로 하는 경우에도 적용된다. 공범자의 경찰 피의자신문조서를 당해 피고인에 대한 관계에서 유죄의 증거로 사용하려면 당해 피고인 또는 그 변호인이 그 내용을 인정하여야만 한다.

판례 대법원 2010.1.28. 선고 2009도10139 판결

당해 피고인과 공범관계에 있는 공동피고인에 대하여 검사 이외의 수사기관이 작성한 피의자 신문조

서는 그 공동피고인의 법정진술에 의하여 성립의 진정이 인정되더라도, 당해 피고인이 공판기일에서 그 조서의 내용을 부인하면 증거능력이 부정된다.

여기에서의 공범은 임의적 공범(공동정범, 교사범, 종범), 필요적 공범(집합범, 대향범)을 포함한다. 수뢰죄와 증뢰죄, 도박죄 등 서로에 대한 관계에서 공범자의 피의자신문조서가 이에 해당한다. 이는 일방의 진술이 타인과의 사이에 내용상 불가분적으로 관련되어 있다는 점에서 구분의 필요성이 없기 때문이다. 판례는 공범자 사이뿐만 아니라 양벌규정에 의하여 기소된 법인과 행위자 사이의 관계에서도 적용된다고 보았다.

판례 대법원 2020.6.11. 선고 2016도9367 판결

형사소송법 제312조 제3항은 검사 이외의 수사기관이 작성한 해당 피고인에 대한 피의자신문조서를 유죄의 증거로 하는 경우뿐만 아니라 검사 이외의 수사기관이 작성한 해당 피고인과 공범관계에 있는 다른 피고인이나 피의자에 대한 피의자신문조서를 해당 피고인에 대한 유죄의 증거로 채택할 경우에도 적용된다. 따라서 해당 피고인과 공범관계가 있는 다른 피의자에 대하여 검사 이외의 수사기관이 작성한 피의자신문조서는 그 피의자의 법정진술에 의하여 성립의 진정이 인정되는 등 형사소송법 제312조 제4항의 요건을 갖춘 경우라도 해당 피고인이 공판기일에서 그 조서의 내용을 부인한 이상 이를 유죄 인정의 증거로 사용할 수 없고, 그 당연한 결과로 위 피의자신문조서에 대하여는 사망 등 사유로 인하여 법정에서 진술할 수 없는 때에 예외적으로 증거능력을 인정하는 규정인 형사소송법 제314조가 적용되지 아니한다. 그리고 이러한 법리는 공동정범이나 교사범, 방조범 등 공범관계에 있는 자들 사이에서뿐만 아니라, 법인의 대표자나 법인 또는 개인의 대리인, 사용인, 그 밖의 종업원 등 행위자의 위반행위에 대하여 행위자가 아닌 법인 또는 개인이 양벌규정에 따라 기소된 경우, 이러한 법인 또는 개인과 행위자 사이의 관계에서도 마찬가지로 적용된다고 보아야 한다.

대법원은 형사소송법 제312조 제3항의 규정이 검사 이외의 수사기관이 작성한 해당 피고인과 공범관계에 있는 다른 피고인이나 피의자에 대한 피의자신문조서에 대해서까지 적용된다는 입장을 확고하게 취하고 있다. 이는 하나의 범죄사실에 대하여 여러 명이 관여한 경우 서로 자신의 책임을 다른 사람에게 미루려는 것이 일반적인 인간심리이므로, 만일 위와 같은 경우에 형사소송법 제312조 제3항을 해당 피고인 외의 자들에 대해서까지 적용하지 않는다면 인권보장을 위해 마련된 위 규정의 취지를 제대로 살리지 못하여 부당하고 불합리한 결과에 이를 수 있기 때문이다.

나아가 대법원은 형사소송법 제312조 제3항이 형법 총칙의 공범 이외에도, 서로 대향된 행위의 존재를 필요로 할 뿐 각자의 구성요건을 실현하고 별도의 형벌 규정에 따라 처벌되는 강학상 필요적 공범 내지 대향범 관계에 있는 자들 사이에서도 적용된다는 판시를 하기도 하였다. 이는 필요적 공범 내지 대향범의 경우 형법 총칙의 공범관계와 마찬가지로 어느 한 피고인이 자기의 범죄에 대하여 한 진술이 나머지 대향적 관계에 있는 자가 저지른 범죄에도 내용상 불가분적으로 관련되어 있어 목격자, 피해자 등 제3자의 진술과는 본질적으로 다른 속성을 지니고 있음을 중시한 것으로 볼 수 있다.

무릇 양벌규정은 법인의 대표자나 법인 또는 개인의 대리인, 사용인, 그 밖의 종업원 등 행위자가 법규위반행위를 저지른 경우, 일정 요건하에 이를 행위자가 아닌 법인 또는 개인이 직접 법규위반행위를 저지른 것으로 평가하여 행위자와 같이 처벌하도록 규정한 것으로서, 이때의 법인 또는 개인의 처벌은 행위자의 처벌에 종속되는 것이 아니라 법인 또는 개인의 직접책임 내지 자기책임에 기초하는 것이기는 하다. 그러나 양벌규정에 따라 처벌되는 행위자와 행위자가 아닌 법인 또는 개인 간의 관계는, 행위자가 저지른 법규위반행위가 사업주의 법규위반행위와 사실관계가 동일하거나 적어도 중요

부분을 공유한다는 점에서 내용상 불가분적 관련성을 지닌다고 보아야 하고, 따라서 형법 총칙의 공범관계 등과 마찬가지로 인권보장적인 요청에 따라 형사소송법 제312조 제3항이 이들 사이에서도 적용된다고 보는 것이 타당하다.

(5) 제314조 적용 여부

사법경찰관이 작성한 피의자신문조서에 대하여는 제314조가 적용될 여지가 없다. 즉 당해 피고인이 자신의 피의자신문조서에 대하여 증거능력을 인정하기 위하여는 자신이 내용의 진정을 인정하여야 하므로 제314조가 적용될 수 없으며, 피고인과 공범관계에 있는 다른 피의자에 대하여도 당해 피고인이 내용의 진정을 인정한 경우에만 증거능력이 부여되는 것이므로 역시 제314조가 적용될 여지가 없다.

판례 대법원 2004.7.15. 선고 2003도7185 전원합의체 판결

형사소송법 제312조 제2항은 검사 이외의 수사기관이 작성한 당해 피고인에 대한 피의자신문조서를 유죄의 증거로 하는 경우뿐만 아니라 검사 이외의 수사기관이 작성한 당해 피고인과 공범관계에 있는 다른 피고인이나 피의자에 대한 피의자신문조서를 당해 피고인에 대한 유죄의 증거로 채택할 경우에도 적용되는 바, 당해 피고인과 공범관계가 있는 다른 피의자에 대한 검사 이외의 수사기관 작성의 피의자신문조서는 그 피의자의 법정진술에 의하여 그 성립의 진정이 인정되더라도 당해 피고인이 공판기일에서 그 조서의 내용을 부인하면 증거능력이 부정되므로 그 당연한 결과로 그 피의자신문조서에 대하여는 사망 등 사유로 인하여 법정에서 진술할 수 없는 때에 예외적으로 증거능력을 인정하는 규정인 형사소송법 제314조가 적용되지 아니한다.

5) 관련 문제

(1) 증거동의

피의자신문조서도 증거동의의 대상이 된다. 피고인이 증거로 하는 것에 대하여 동의한 때에는 성립의 진정이나 내용의 인정 등을 조사할 필요가 없기 때문이다.

(2) 탄핵증거

피고인이 성립의 진정이나 내용을 부인하는 경우에도 탄핵증거로 사용할 수 있다. 피의자신문조서도 전문증거이며, 제312조는 이에 대한 예외를 규정한 것이므로 탄핵증거로 사용할 수 있다. 이에 대하여 진술의 기재가 정확한가를 확인하기 위하여 피의자의 서명·날인이 있을 것을 요하며, 이에 대한 탄핵증거로서의 증거조사는 필요하다고 본다.

판례 대법원 2005.8.19. 선고 2005도2617 판결

[1] 검사가 유죄의 자료로 제출한 사법경찰리 작성의 피고인에 대한 피의자신문조서는 피고인이 그

내용을 부인하는 이상 증거능력이 없으나, 그것이 임의로 작성된 것이 아니라고 의심할 만한 사정이 없는 한 피고인의 법정에서의 진술을 탄핵하기 위한 반대증거로 사용할 수 있으며, 또한 탄핵증거는 범죄사실을 인정하는 증거가 아니므로 엄격한 증거조사를 거쳐야 할 필요가 없음은 형사소송법 제318조의2의 규정에 따라 명백하나 법정에서 이에 대한 탄핵증거로서의 증거조사는 필요한 것이고, 한편 증거신청의 방식에 관하여 규정한 형사소송규칙 제132조 제1항의 취지에 비추어 보면 탄핵증거의 제출에 있어서도 상대방에게 이에 대한 공격방어의 수단을 강구할 기회를 사전에 부여하여야 한다는 점에서 그 증거와 증명하고자 하는 사실과의 관계 및 입증취지 등을 미리 구체적으로 명시하여야 할 것이므로, 증명력을 다투고자 하는 증거의 어느 부분에 의하여 진술의 어느 부분을 다투려고 한다는 것을 사전에 상대방에게 알려야 한다.

[2] 피고인이 내용을 부인하여 증거능력이 없는 사법경찰리 작성의 피의자신문조서에 대하여 비록 당초 증거제출 당시 탄핵증거라는 입증취지를 명시하지 아니하였지만 피고인의 법정 진술에 대한 탄핵증거로서의 증거조사절차가 대부분 이루어졌다고 볼 수 있는 점 등의 사정에 비추어 위 피의자신문조서를 피고인의 법정 진술에 대한 탄핵증거로 사용할 수 있다.

3. 수사기관의 피고인 아닌 자에 대한 진술조서

1) 현행법의 태도

진술조서는 검사 또는 사법경찰관이 수사과정에서 피고인 아닌 자(참고인, 피해자 등)의 진술을 기재한 조서를 말한다.

형사소송법은 검사작성 참고인진술조서 및 사법경찰관작성 참고인진술조서의 증거능력을 동일하게 판단하고 있다. 즉 제312조 제4항에서는 “검사 또는 사법경찰관이 피고인이 아닌 자의 진술을 기재한 조서는 적법한 절차와 방식에 따라 작성된 것으로서 그 조서가 검사 또는 사법경찰관 앞에서 진술한 내용과 동일하게 기재되어 있음이 원진술자의 공판준비 또는 공판기일에서의 진술이나, 영상녹화물 또는 그 밖의 객관적인 방법에 의하여 증명되고, 피고인 또는 변호인이 공판준비 또는 공판기일에 그 기재 내용에 관하여 원진술자를 신문할 수 있었던 때에는 증거로 할 수 있다. 다만, 그 조서에 기재된 진술이 특히 신빙할 수 있는 상태 하에서 행하여졌음이 증명된 때에 한한다.”

수사기관이 피고인 아닌 자의 진술을 기재한 조서는 피고인에 대한 관계에서는 명칭을 불문하고 진술조서로 취급된다. 판례는 피의자 아닌 자가 스스로 작성한 진술서라도 수사과정에서 작성한 것이라면 명칭을 불문하고 진술조서로 취급하고 있다. 반면 당해 피고인에 관한 것이면 진술조서의 형식을 취하더라도 피의자신문조서로 본다. 피고인이 된 피의자의 진술을 기재한 조서이기 때문이다.

2) 요건

(1) 적법한 절차와 방식에 의하여 작성될 것

적법한 절차와 방식에 의한 작성은 형식적 진정성립(서명 · 날인의 진정성)을 포함한 보다 넓은 개념으로, 조서의 작성방법, 수사과정의 기록(제244조의4) 등의 규정에 따라 작성된 것을 말한다. 참고인에 대하여는 진술거부권을 고지할 필요는 없다. 판례는 "서명 또는 날인이 없는 진술조서와 진술자 본인의 것이 아니라 화상 때문에 동생이 대신 서명 · 날인한 진술조서는 형식적 요건의 결여로 증거능력을 부정하였다. 하지만 수사기관이 진술자의 성명을 가명으로 기재한 경우에 있어서는 그 이유만으로는 적법한 절차와 방식을 위반하였다고 할 것은 아니다"라고 보았다.

(2) 실질적 진정성립이 인정될 것

진술조서의 기재내용이 수사기관 앞에서 진술한 내용과 동일하게 기재되어 있음이 원진술자의 공판준비 또는 공판기일에서의 진술(원진술자의 진술)이나 영상녹화물 또는 그 밖의 객관적인 방법(대체증명)의하여 증명되어야 한다. 여기서 원진술자의 진술은 원진술자가 증인신문과정에서 당해 진술조서의 내용을 열람하거나 고지 받은 다음, 그 진술조서의 실질적 진정성립을 인정하여야 한다. 판례는 원진술자가 공판기일에 증인으로 나와 증인신문과정에서 진술기재 내용을 열람하거나 고지 받지 못한 채, '수사기관에서 사실대로 진술하였다'는 취지의 증언을 한 경우에는 그 진술조서는 증거능력이 없다고 보았으며, 수사기관에서 '사실대로 진술하고 서명 날인하였다'는 취지의 진술(형식적 성립)으로는 진정성립이 인정되지 않는다고 보았다. 따라서 실질적 진정성립이 인정되기 위해서는 조서의 기재된 내용이 진술한 내용과 틀림이 없다는 것까지 진술되어야 한다. 또한 원진술자의 진술에 의하여 그 진정성립이 인정된 것이 아니면 피고인이 그 성립을 인정하여도, 증거동의 한 것이 아니면 증거로 할 수 없다.

원진술자가 실질적 성립을 부인하는 경우, 영상녹화물 또는 그 밖의 객관적인 방법에 의한 대체증명이 가능하다. 대체증명을 하기 위해서는 실질적 성립을 부인하여야 하는데, 여기에는 적극적 부인은 물론 소극적 부인도 포함된다. 예를 들어 실질적 진정성립에 대하여 원진술자가 소극적으로 묵비하거나 정당한 이유없이 사실상 증언을 거절하는 경우에는 대체증명이 가능하다. 판례는 진술조서의 원진술자가 정당한 증언거부권 행사로써 진정성립에 대하여 증언을 거부한 경우에는 대체증명이 허용되지 않는다는 입장이다.

[판례] 대법원 2001.6.29. 선고 2001도1049 판결

검사 또는 사법경찰관이 피의자 아닌 자의 진술을 기재한 조서는 원진술자의 공판준비 또는 공판기일에서의 진술에 의하여 그 성립의 진정함이 인정되면 증거로 할 수 있고, 그 원진술자가 공판기일에서 간인, 서명, 날인한 사실과 그 조서의 내용이 자기가 진술한 대로 작성된 것이라는 점을 인정하면 그 조서는 원진술자의 공판기일에서의 진술에 의하여 성립의 진정함이 인정된 서류로서 증거능력이 있고, 원진술자가 공판기일에서 그 조서의 내용과 다른 진술을 하였다 하여 증거능력이 부정되는 것은 아니다.

[판례] 대법원 1976.9.28. 선고 76도2118 판결

증인 등이 공판정에서 증인으로 진술함에 있어서 검사심문에 대하여 단지 검찰, 경찰에서 이 건에 대하여 사실대로 진술하고 그 진술조서에 서명, 무인한 사실이 있다는 취지의 진술만으로서는 곧 이건 기록에 철하여져 있는 동인 등의 검찰과 경찰에서의 진술조서의 진정성립을 인정하기에는 부족하다고 할 것이므로 위 진술조서를 증거로 인용한 것은 적법하다고 할 수 없다.

[판례] 대법원 2006.1.12. 선고 2005도7601 판결[51)]

공동피고인인 절도범과 그 장물범은 서로 다른 공동피고인의 범죄사실에 관하여는 증인의 지위에 있다 할 것이므로, 피고인이 증거로 함에 동의한 바 없는 공동피고인에 대한 피의자신문조서는 공동피고인의 증언에 의하여 그 성립의 진정이 인정되지 아니하는 한 피고인의 공소 범죄사실을 인정하는 증거로 할 수 없다.

(3) 반대신문권의 보장[52)]

피고인 또는 변호인이 공판준비 또는 공판기일에 그 기재 내용에 관하여 원진술자를 신문할 수 있었던 때에는 증거로 할 수 있다. 다만 피고인 또는 변호인에게 반대신문의

---

51) 대법원 1998.12.22. 98도2890
검사작성의 공동피고인에 대한 피의자신문조서는 그 공동피고인이 법정에서 진정 성립을 인정하고 그 임의성이 인정되는 경우에는 다른 공동피고인이 이를 증거로 함에 부동의 하였다고 하더라도 그 다른 공동피고인의 범죄사실에 대한 유죄의 증거로 삼을 수 있다는 판례는 구 형사소송법상에서는 타당한 판례이나 현 형사소송법에 의하면 검사 작성 공동피고인의 피의자신문조서도 결국 참고인 진술조서가 되므로 진정 성립, 반대신문권의 보장, 특신상황의 요건을 충족하여야 증거능력이 있다.

52) 대법원 2006.12.8. 2005도9730
우리 형사소송법이 채택하고 있는 공판중심주의는 형사사건의 실체에 대한 유죄·무죄의 심증 형성은 법정에서의 심리에 의하여야 한다는 원칙으로, 법관의 면전에서 직접 조사한 증거만을 재판의 기초로 삼을 수 있고 증명 대상이 되는 사실과 가장 가까운 원본 증거를 재판의 기초로 삼아야 하며 원본 증거의 대체물 사용은 원칙적으로 허용되어서는 안 된다는 실질적 직접심리주의를 주요 원리로 삼고 있다. 수사기관이 원진술자의 진술을 기재한 조서는 원본 증거인 원진술자의 진술을 대체하는 증거방법으로, 원진술자의 진술을 처음부터 끝까지 그대로 기재한 것이 아니라 그 중 공소사실과 관련된 주요 부분의 취지를 요약하여 정리한 것이어서 본질적으로 원진술자의 진술을 있는 그대로 전달하지 못한다는 한계를 가지고 있고, 경우에 따라 조서작성자의 선입관이나 오해로 인하여 원진술자의 진술 취지와 다른 내용으로 작성될 가능성도 배제하기 어렵다.

기회가 보장되면 족하고 반드시 반대신문권의 행사가 있어야 하는 것은 아니다. 미국의 Crawford v. Washington 사건에서 연방대법원도 증거능력이 없다고 판시하였다.

반대신문권의 보장은 형식적 · 절차적인 것이 아니라 실질적이고 효과적인 것이어야 한다. 원진술자가 증인으로 출석하여 증언을 거부한 경우, 예를 들어 실질적 진정성립을 인정하였으나, 검사의 주신문과 반대신문을 모두 거부한 경우, 실질적 진정성립을 인정하고 검사의 주신문에는 답변하였으나, 변호인의 반대신문에는 대하여는 답변하지 아니한 경우에는 원진술자에 대한 반대신문의 기회보장 요건이 충족되지 않는다. 이러한 경우 진술조서의 진술내용의 모순이나 불합리성을 드러내는 것이 불가능하고 실질적인 반대신문의 기회가 봉쇄된 것으로 그 진술조서는 증거능력이 없다.

진술조서의 실질적 진정성립을 영상녹화물 등의 방법으로 대체증명을 하는 경우에도 반대신문의 기회보장이 있어야 증거능력을 인정할 수 있다. 대체증명이 있더라도 원진술자에 대한 실질적인 반대신문의 기회가 보장되지 않는다면 그 진술조서는 증거능력이 없다.

(4) 특히 신빙할 수 있는 상태일 것(특신상태의 증명)

판례는 '특히 신빙할 수 있는 상태'에 대하여 '신용성의 정황적 보장' 즉 신용성을 보장할 수 있는 객관적 정황이 인정되는 상태라고 본다. 이는 진술내용이나 조서작성에 허위개입의 여지가 거의 없고 진술내용의 신빙성이나 임의성을 담보할 구체적이고 외부

또, 조서에 기재된 원진술자의 진술내용의 신빙성을 판단하는 데 불가결한 요소가 되는 진술 당시 원진술자의 모습이나 태도, 진술의 뉘앙스 등을 법관이 직접 관찰할 수 없다는 점에서 조서에 기재된 원진술자의 진술내용은 그 신빙성 평가에 있어 근본적인 한계가 있을 수밖에 없다. 결국, 수사기관이 원진술자의 진술을 기재한 조서는 원본 증거인 원진술자의 진술에 비하여 본질적으로 낮은 정도의 증명력을 가질 수밖에 없다는 한계를 지니는 것이고, 특히 원진술자의 법정 출석 및 반대신문이 이루어지지 못한 경우에는 그 진술이 기재된 조서는 법관의 올바른 심증 형성의 기초가 될 만한 진정한 증거가치를 가진 것으로 인정받을 수 없는 것이 원칙이라 할 것이다. 따라서 피고인이 공소사실 및 이를 뒷받침하는 수사기관이 원진술자의 진술을 기재한 조서내용을 부인하였음에도 불구하고, 원진술자의 법정 출석과 피고인에 의한 반대신문이 이루어지지 못하였다면, 그 조서에 기재된 진술이 직접 경험한 사실을 구체적인 경위와 정황의 세세한 부분까지 정확하고 상세하게 묘사하고 있어 구태여 반대신문을 거치지 않더라도 진술의 정확한 취지를 명확히 인식할 수 있고 그 내용이 경험칙에 부합하는 등 신빙성에 의문이 없어 조서의 형식과 내용에 비추어 강한 증명력을 인정할 만한 특별한 사정이 있거나, 그 조서에 기재된 진술의 신빙성과 증명력을 뒷받침할 만한 다른 유력한 증거가 따로 존재하는 등의 예외적인 경우가 아닌 이상, 그 조서는 진정한 증거가치를 가진 것으로 인정받을 수 없는 것이어서 이를 주된 증거로 하여 공소사실을 인정하는 것은 원칙적으로 허용될 수 없다 할 것이다. 이는 원진술자의 사망이나 질병 등으로 인하여 원진술자의 법정 출석 및 반대신문이 이루어지지 못한 경우는 물론 수사기관의 조서를 증거로 함에 피고인이 동의한 경우에도 마찬가지이다. 종래의 대법원 판례는 반대신문권이 행사되지 아니한 경우의 수사기관의 진술조서는 진정한 가치를 지닐 수 없다고 판시하였으나 개정 형사소송법은 반대신문권의 행사가 증거능력의 인정요건임을 명문화 하였다.

적인 정황이 있음을 말한다. 특신상태의 증명은 증거능력의 요건이므로 검사에게 입증책임이 있으며, 소송법상 사실에 관한 것으로 자유로운 증명으로 족하다.

(5) 임의성

조서에 기재된 진술은 임의성이 있어야 하며, 진술내용이 자백이면 제309조가 적용되고 자백 이외의 진술이면 제317조가 적용된다.

3) 제314조의 적용 여부

일반적인 입장으로는 제314조가 적용된다는 보고 있으나 반대신문권이 인정되어야 증거능력이 인정되는 것으로 보는 개정형사소송법상 의문이다.

4. 수사과정에서 작성한 진술서

1) 의의 및 종류

진술서란 피고인, 피의자 또는 참고인 등 그 작성자가 스스로 자기의 생각, 사상 및 사실관계 등을 적은 서면을 말한다. 이러한 진술서는 진술서 · 자술서 · 시말서 · 보고서 등 그 명칭에 관계없이 스스로 기재한 서면은 모두 진술서로 본다. 진술서는 반드시 자필일 것을 요하지 않으며 타이프 기타 부동문자에 의한 진술서도 진술서에 포함된다. 또한 진술서의 증거능력을 인정하기 위해서는 당연히 진술의 임의성이 인정되어야 한다. 즉 진술의 내용이 자백인 경우에는 제309조에 의하여, 그 외의 진술인 경우에는 제317조에 의하여 그 진술의 임의성이 인정되어야 한다.

판례 대법원 1980.8.12. 선고 80도1289

피고인이 경찰에서 작성한 자술서가 진정성립을 인정할 자료가 없을 뿐만 아니라 피고인이 경찰에서 엄문을 당하면서 작성한 것이라고 보여 진다면 그 자술서에 임의성을 인정하기 어렵다 할 것이고 경찰관이 증인 갑의 증언내용이 피고인이 경찰에서 피의자로 조사받을 때 담당 수사경찰이 없는 자리에서 자기에게 자백진술하였다는 내용이라면 이는 전문증거라고 할 것이므로 원진술자의 진술이 특히 신빙할 수 있는 상태에서 이루어진 것이라고 보기 어렵다면 이러한 증거들을 유죄의 증거로 삼을 수 없다.

진술서는 작성주체에 따라 피고인 진술서, 피의자 진술서, 참고인 진술서 등이 있다. 또한 진술서가 작성되는 과정에 있어서 그 증거능력의 인정여부가 달라지므로 공판정에서 작성된 진술서, 수사전에 작성된 진술서와 수사단계에서 작성된 진술서로 구별될 수 있다. 제312조 제5항은 수사과정에서 작성된 일체의 진술서를 그 대상으로 하고 있다.

2) 증거능력의 요건

피고인 또는 피고인 아닌 자가 수사과정에서 작성한 진술서의 증거능력은 제312조 제1항에서 제4항까지의 규정을 준용한다(제312조 제5항). 그러므로 피고인이 검사의 수사과정에서 작성한 진술서는 검사작성의 피의자신문조서(제312조 제2항)에 준하여, 피고인이 경찰의 수사과정에서 진술한 경찰작성의 피의자신문조서(제312조 제3항)에 준하여, 피고인 아닌 자가 검사·경찰의 수사과정에서 작성한 진술서는 모두 참고인진술조서(제312조 제4항)에 준하여 증거능력이 인정된다. 피고인 아닌 자가 수사과정에서 작성한 진술서의 증거능력에 관하여 제312조 제4항을 준용함으로, 진술조서의 적법한 절차와 방식에 관한 법리도 그대로 적용된다. 따라서 판례는 피고인이 아닌 자가 수사과정에서 진술서를 작성하였지만 수사기관이 그에 대한 조사과정을 기록하지 아니한 경우에는 특별한 사정이 없는 한 '적법한 절차와 방식'에 따라 수사과정에서 진술서가 작성된 것이 아니므로 증거능력이 없다고 본다(대법원 2015.4.23. 2013도3790).

판례 대법원 1979.8.31. 선고 79도1431

진술서에 작성자의 서명이나 날인이 없고 단지 기명 다음에 사인이 되어 있을 뿐이어도 위 진술서가 진정한 것으로 인정되는 경우에는 당사자가 증거로 함에 동의하고 있는 위 진술서를 판시사실에 대한 증거로 한 조치는 정당하다.

5. 수사기관의 검증조서

1) 의의

수사기관의 검증조서는 검사 또는 사법경찰관이 검증을 행하고 그 검증결과를 기재한 조서를 말한다. 수사기관의 검증은 영장에 의한 검증, 영장에 의하지 않은 강제처분인 검증, 피검자의 승낙에 의한 승낙검증 등이 있다. 작성자는 검사와 사법경찰관이며, 검증조서에 첨부된 도화나 사진은 검증조서의 일체가 된다.

2) 증거능력의 요건

검사 또는 사법경찰관이 그 검증결과를 기재한 조서는 적법한 절차와 방식에 따라 작성된 것으로서 공판준비 또는 공판기일에서의 작성자의 진술에 따라 그 성립의 진정이 증명된 때에 증거로 할 수 있다(제312조 제6항).

작성자의 진술에 따라 진정성립이 증명되어야 한다. 법관의 검증조서는 무조건 증거능력이 있으나, 수사기관의 검증조서는 상대적으로 낮은 신용성의 보장으로 예외적으로 증거능력이 인정된다. 진술조서와 달리 대체증명은 허용되지 않는다. 판례는 작성자는 당해 검증조서를 작성한 검사 또는 사법경찰관을 말하고, 단순히 검증에 참여한 경찰관은 제외된다고 본다.

3) 검증조서에 기재된 진술의 증거능력

현장진술은 진술증거로서 실질적으로는 피의자신문조서 또는 진술조서이므로 조서의 작성주체와 진술자에 따라 제312조에서 제313를 적용하여 증거능력을 판단한다. 따라서 검사작성의 검증조서 중 피고인이 된 피의자의 현장진술은 검사작성의 피의자 신문조서에 관한 제312조 제1항을, 피의자 아닌 자의 현장진술은 진술조서에 관한 제312조 제4항에 의하여 증거능력이 인정된다. 사법경찰관 작성의 검증조서 중 피의자의 현장진술은 사법경찰관작성의 피의자 신문조서에 관한 제312조 제3항을, 피의자 아닌 자의 현장진술은 진술조서에 관한 제312조 제4항에 의하여 증거능력이 인정된다. 예를 들어 경찰작성의 검증조서에 기재된 진술내용에 대해서는 제312조 제3항이 적용된다.

판례 대법원 2006.1.13. 선고 2003도6548

사법경찰관이 작성한 검증조서에 피의자이던 피고인이 검사 이외의 수사기관 앞에서 자백한 범행내용을 현장에 따라 진술·재연한 내용이 기재되고 그 재연 과정을 촬영한 사진이 첨부되어 있다면, 그러한 기재나 사진은 피고인이 공판정에서 그 진술내용 및 범행재연의 상황을 모두 부인하는 이상 증거능력이 없다.

실황조사서는 교통사고, 화재사고 등 각종 재난사고 직후에 수사기관이 사고현장의 상황을 조사하여 그 결과를 기재한 서류를 말한다. 실황조사서의 증거능력에 대하여는 실질적으로 검증조서와 동일하기 때문에 검증조서에 관한 제312조 제6항이 적용된다.

6. 제313조의 진술서, 진술기재서, 감정서

1) 의의

진술서는 진술자가 스스로 자기의 진술을 기재한 서면을 말하며, 진술기재서는 진술자의 진술을 제3자가 기재한 서류를 말하며, 진술기재서류라고도 말한다. 진술을 진술자 스스로 서면화한 것은 진술서이고, 다른 사람을 통하여 서면화한 것은 진술기재서이다. 진술서는 진술자와 작성자가 같으나, 진술기재서는 진술자와 작성자가 다르다.

형사소송법 제313조에 의하여 증거능력이 인정될 수 있는 진술서의 범위는 수사 이전에 작성된 진술서, 수사과정에서 작성되지 아니한 진술서를 피고인 또는 제3자가 법원에 제출하는 경우이다.

2) 제313조의 적용범위

제313조의 적용대상은 제311조와 제312조의 규정 이외의 일반서류인 진술서 또는 진술기재서이다. 제311조의 법관면전조서, 제312조의 수사기관의 각종조서도 일종의 진술기재서에 해당하지만 그 해당 조항이 먼저 적용된다. 수사과정에서 작성한 진술서는 제312조 제5항에 의하여 제312조 제1항에서 제4항까지의 규정이 준용된다. 따라서 제313조의 적용대상은 수사과정 이외의 단계(공판단계, 수사 이전단계, 수사 이외의 단계)에서 작성된 것에 한정된다.

예를 들어, 사인인 의사가 작성한 진단서, 고소장 등 사적상황에서 작성한 진술서나 대필한 고소장 등 진술기재서, 공판단계의 진술서, 선관위, 감사원 등 정부기관이 그 업무과정에서 작성한 진술서와 문답서, 학교, 법인 등과 같은 각종기관 등이 징계 및 조사 등 업무과정에서 작성한 진술서 등이 이에 해당한다.

3) 증거능력 요건

종이서류와 디지털서류의 증거능력 요건은 기본적으로 동일하다. 제313조는 피고인 아닌 자의 진술서, 피고인의 진술기재서 등에 관하여 규정하고 있는데, '피고인 아닌 자'란 당해 피고인을 제외한 모든 제3자로서 피해자, 참고인, 공범자, 공동피고인 등을 포함한다.

(1) 피고인

제313조 제1항 피고인의 진술서와 진술기재서는 제312조 제1항 내지 제3항의 수사과정의 진술서나 피의자신문조서보다 신용성의 정황적 보장이 강하여 그 내용의 진실성에 있어 앞서며, 한편으로는 재현이 불가능한 경우가 많다. 이러한 점이 제313조 제1항을 제312조 제1항 내지 제3항과 달리 규정한 이유이다.

① 피고인의 진술서

원진술자(작성자)인 피고인의 자필이거나 서명 또는 날인이 있고, 그 피고인의 법정진술에 의하여 그 성립의 진정함이 증명되고, 제313조의 단서에 의하여 그 진술의 특신상태가 증명되면 증거능력이 있다. 하지만 원진술자에 대한 반대신문의 기회보장은 요건이 아니며, 객관적 방법에 의한 대체증명이 허용되나, 이 경우에도 반대신문의 기회보장은 그 요건이 아니다.

② 피고인의 진술기재서

원진술자(작성자 아님)인 피고인의 서명 또는 날인이 있고, 그 피고인의 법정진술에 의하여 진정성립이 인정되고, 그 진술의 특신상태가 증명되면 증거능력이 있다. 다만 진정성립의 인정은 작성자인 상대방의 진술에 의하여 증명할 수 있다. 그러나 원진술자에 대한 반대신문의 기회보장은 요건이 아니며, 객관적 방법에 의한 대체증명도 허용되지 않는다.

(2) 피고인 아닌 자

① 피고인 아닌 자의 진술서

원진술자(작성자)인 피고인 아닌 자의 자필이거나 서명 또는 날인(직접성 요건)이 있고, 원진술자의 진정성립이 증명(진정성 요건)되면 증거능력이 있다. 그리고 객관적 방법에 의한 대체증명이 허용되고, 이 경우에는 피고인에게 반대신문의 기회보장이 요건이다.

그리고 주의할 점은 이 경우, 특신상태의 증명은 증거능력의 요건은 아니다. 대체증명의 예외적인 경우를 제외하고는 피고인의 원진술자에 대한 반대신문의 기회보장도 원칙적으로 증거능력의 요건이 아니다. 제313조 제1항의 진술서와 진술기재서는 제312조 수사기관의 조서보다 신용성의 정황적 보장이 강하여 그 내용의 진실성에 있어 앞서며, 재현 불가능한 경우가 많다는 점에서 제312조와는 달리 전문법칙의 예외 요건인 신용성의 정황적 보장이나 필요성을 별도로 요구하지 않는다. 결론적으로 직접성 요건과 원진술자 본인의 법정진술에 의한 진정성 요건만 구비하면 전문법칙의 예외요건인 필요성과 신용성의 정황적 보장을 사실상 의제된다.

② 피고인 아닌 자의 진술기재서

원진술자(작성자 아님)인 피고인 아닌 자의 서명 또는 날인이 있고, 원진술자의 법정진술에 의하여 진정성립이 인정되면 증거능력이 있다. 이 경우 원진술자에 대한 반대신문의 기회보장은 그 요건이 아니다. 특신상태의 증명이 별도로 요구되는 것은 아니며, 객관적 방법에 의한 대체증명도 허용되지 않는다.

4) 감정서

(1) 의의

감정서는 감정의 경과와 결과를 기재한 서류를 말한다. 감정은 법원의 명령에 의한 경우와 수사기관의 촉탁에 의한 경우가 있다. 법원의 감정명령을 받은 감정인은 감정서를 서면으로 제출하여야 하고, 수사기관의 촉탁의 경우에는 감정수탁자가 감정결과를 감정서로 제출한다.

(2) 증거능력의 요건

제313조 제3항은 감정의 경과와 결과를 기재한 서류는 313조 제1항, 제2항과 같다고 규정하고 있다. 따라서 감정서는 진술서에 준하여 증거능력이 인정된다. 감정인은 피고인 아닌 자이므로 감정서는 피고인 아닌 자의 진술서와 증거능력의 요건이 같다. 감정인의 자필이거나 서명 또는 날인이 있어야 하고, 공판준비 또는 공판기일에서 감정인의 진술에 의하여 그 성립의 진정함이 증명되어야 한다. 여기서의 진정성립은 형식적 진정성립과 실질적 진정성립을 포함한다. 다만 감정인이 진정성립을 부인하는 경우에는 필적 감정, 인영감정 등의 객관적 방법으로 진정성립을 대신 증명할 수 있고, 이 경우 그 기재 내용에 관하여 감정인인 작성자를 반대신문을 할 수 있는 기회를 보장하여야 한다.

7. 제314조의 적용범위

1) 현행법의 조문

제312조 또는 제313조의 경우에 공판준비 또는 공판기일에 진술을 요하는 자가 사망 · 질병 · 외국거주 · 소재불명 그 밖에 이에 준하는 사유로 인하여 진술할 수 없는 때에는 그 조서 및 그 밖의 서류를 증거로 할 수 있다. 다만, 그 진술 또는 작성이 특히 신빙할 수 있는 상태 하에서 행하여졌음이 증명된 때에 한한다(제314조). 제314조는 제312조 또는 제313조의 조서나 서류가 원진술자의 진술불능으로 진정성립 등의 요건을 충족할 수 없는 경우를 대비한 보충규정이다. 전문서류는 증거능력이 없는 것이 원칙이지만 예외적으로 제312조 또는 제313조에 의하여 원진술자가 공판기일에 진정성립 등의 요건을 충족하면 증거능력이 인정된다. 그러나 원진술자가 출석 · 진술할 수 없는 경우에는 진실발견과 소송경제의 면에서 다시 그 예외로서 증거능력을 인정할 필요가 있다. 제314조의 요건은 진술불능(필요성)과 특신상태(신용성의 정황적 보장)이며 그 입증책임

은 검사에게 있다.

2) 제314조의 '그 밖의 이에 준하는 사유'에 관한 논의

제314조는 "기타 사유로 인하여 진술할 수 없는 때"를 "소재불명 그 밖에 이에 준하는 사유로 인하여 진술할 수 없는 때"로 개정하였다. 다만, 이러한 요건의 추가가 과연 증거능력 인정요건을 엄격히 한 것인지, 아니면 완화한 것인지를 두고는 견해가 대립되고 있다.

이에 대해서는 그 밖의 이에 준하는 사유가 추가된 점을 들어 개정법은 증거능력에 대한 예외사유를 엄격히 한 것이라고 보는 견해와 개정법은 대법원의 판례와 실무를 반영한 것으로서 소재불명이 열거되었다는 점을 들어 그 밖의 이에 준하는 사유에는 기억상실 및 증언거부 등도 포함된다고 볼 것인 바, 종래보다 증거능력 인정요건이 완화되었다고 보는 견해의 대립이 있다.

판례 대법원 2006.5.25. 선고 2004도3619

형사소송법 제314조에 의하면, 같은 법 제312조 소정의 조서나 같은 법 제313조 소정의 서류 등을 증거로 하기 위해서는 첫째로, 진술을 요할 자가 사망, 질병, 외국거주 기타 사유로 인하여 공판준비 또는 공판기일에 진술할 수 없는 경우이어야 하고('필요성의 요건'), 둘째로 그 진술 또는 서류의 작성이 특히 신빙할 수 있는 상태 하에서 행하여진 것이어야 한다('신용성 정황적 보장의 요건'). 위 필요성의 요건 중 '질병'은 진술을 요할 자가 공판이 계속되는 동안 임상신문이나 출장신문도 불가능할 정도의 중병임을 요한다고 할 것이고, '기타 사유'는 사망 또는 질병에 준하여 증인으로 소환될 당시부터 기억력이나 분별력의 상실상태에 있다거나, 법정에 출석하여 증언거부권을 행사한다거나, 증인소환장을 송달받고 출석하지 아니하여 구인을 명하였으나 끝내 구인의 집행이 되지 아니하는 등으로 진술을 요할 자가 공판준비 또는 공판기일에 진술할 수 없는 예외적인 사유가 있어야 한다. 한편, 위 신용성 정황적 보장의 요건인 '특히 신빙할 수 있는 상태 하에서 행하여진 때'라고 함은 그 진술내용이나 조서 또는 서류의 작성에 허위개입의 여지가 거의 없고, 그 진술내용의 신빙성이나 임의성을 담보할 구체적이고 외부적인 정황이 있는 경우를 가리킨다. 그러므로 만 5세 무렵에 당한 성추행으로 인하여 외상 후 스트레스 증후군을 앓고 있다는 등의 이유로 공판정에 출석하지 아니한 약 10세 남짓의 성추행 피해자에 대한 진술조서가 형사소송법 제314조에 정한 필요성의 요건과 신용성 정황적 보장의 요건을 모두 갖추지 못하여 증거능력이 없다.

3) 적용요건

(1) 원진술자의 진술불능(필요성)

제314조는 원진술자가 사망·질병·외국거주·소재불명, 그 밖에 이에 준하는 사유로 진술할 수 없을 것을 요건으로 한다. 원진술자의 법정진술이 불가능하므로 예외를

인정한 것이다.

판례는 질병에 관하여 증인이 법정에 출석할 수 없을 정도의 정신적 · 신체적 고장으로 임상신문이나 출장신문이 불가능할 정도의 중병임을 요한다고 본다(대법원 2006.5.25. 2004도3619). 외국거주에 관해서는 외국에 있는 자를 법정에 출석시키기 위하여 모든 수단을 다하더라도 법정에 출석시킬 수 없는 경우이다. 다시 말하면, 진술을 요하는 자가 외국에 있는 것만으로는 부족하고 그를 공판정에 출석시켜 진술하게 할 모든 수단을 강구하는 등 가능하고 상당한 수단을 다하더라도, 진술을 요할 자를 법정에 출석시킬 수 없는 사정이 있어야 예외적으로 적용된다고 보았다(대법원 2016.2.18. 2015도17115).

판례 대법원 2002.3.26. 선고 2001도5666

형사소송법 제314조에 의하여 같은 법 제312조의 조서나 같은 법 제313조의 진술서, 서류 등을 증거로 하기 위하여는 진술을 요할 자가 사망, 질병, 외국거주 기타 사유로 인하여 공판정에 출석하여 진술을 할 수 없는 경우이어야 하고, 그 진술 또는 서류의 작성이 특히 신빙할 수 있는 상태하에서 행하여진 것이라야 한다는 두 가지 요건이 갖추어져야 할 것인바, 첫째 요건과 관련하여 '외국거주'라고 함은 진술을 요할 자가 외국에 있다는 것만으로는 부족하고, 가능하고 상당한 수단을 다하더라도 그 진술을 요할 자를 법정에 출석하게 할 수 없는 사정이 있어야 예외적으로 그 적용이 있다고 할 것인데, 통상적으로 그 요건의 충족 여부는 소재의 확인, 소환장의 발송과 같은 절차를 거쳐 확정되는 것이기는 하지만 항상 그와 같은 절차를 거쳐야만 위 요건이 충족될 수 있는 것은 아니고, 경우에 따라서는 비록 그와 같은 절차를 거치지 않더라도 법원이 그 진술을 요할 자를 법정에서 신문할 것을 기대하기 어려운 사정이 있다고 인정할 수 있다면, 이로써 그 요건은 충족된다고 보아야 한다.

소재불명에 관해서는 단순한 소환장의 송달불능만으로는 부족하고 소재수사까지 하였음에도 그 소재가 확인되지 않는 경우이어야 한다. 그리고 더 나아가 증인의 법정 출석을 위한 가능하고도 충분한 노력을 다하였음에도 부득이 증인의 법정출석이 불가능하게 되었다는 사정을 검사가 입증하여야 한다. 따라서 소재탐지 불능보고서가 제출되었더라도 그것만으로는 부족하고 검사가 기록상 나타난 주소, 전화번호로 연락하는 등 진술자의 소재를 발견하기 위하여 가능하고도 충분한 노력을 다하였음을 증명하여야 한다.

판례 대법원 2013.4.11. 선고 2013도1435

제1심법원이 증인 갑의 주소지에 송달한 증인소환장이 송달되지 아니하자 갑에 대한 소재탐지를 촉탁하여 소재탐지 불능 보고서를 제출받은 다음 갑이 '소재불명'인 경우에 해당한다고 보아 갑에 대한 경찰 및 검찰 진술조서를 증거로 채택한 사안에서, 검사가 제출한 증인신청서에 휴대전화번호가 기재되어 있고, 수사기록 중 갑에 대한 경찰 진술조서에는 집 전화번호도 기재되어 있으며, 그 이후 작성된 검찰 진술조서에는 위 휴대전화번호와 다른 휴대전화번호가 기재되어 있는데도, 검사가 직접 또는 경찰을 통하여 위 각 전화번호로 갑에게 연락하여 법정 출석의사가 있는지 확인하는 등의 방법으로 갑의 법정 출석을 위하여 상당한 노력을 기울였다는 자료가 보이지 않는 사정에 비추어, 갑의 법정 출석을 위한 가능하고도 충분한 노력을 다하였음에도 부득이 갑의 법정 출석이 불가능하게 되었다는 사정이 증명된 경우라고 볼 수 없어 형사소송법 제314조의 '소재불명 그 밖에 이에 준하는 사유로 인하여 진술할 수 없는 때'에 해당한다고 인정할 수 없는데도, 이와 달리 보아 갑에 대한 경찰 및 검찰 진술조서가 형사소송법 제314조에 의하여 증거능력이 있는 것으로 인정한 원심판결에 법리오해의 위법이 있다고 한 사례.

그 밖에 이에 준하는 사유에 관하여는 원진술자가 법관의 면전에 출석하는 것이 물리적으로 불가능하거나, 출석하더라도 진술을 할 수 없음이 객관적으로 분명한 경우에 한한다. 그 예로는 구인장 집행의 불능, 기억상실, 가시적이고 위협적인 보복 위험 등이 해당된다.

구인장 집행의 불능은 구인장을 발부하여도 구인장이 집행되지 않아 법정신문이 불가능한 경우이다. 다만 이 경우에 형식적으로 구인장 집행이 불가능하다는 취지의 서면이 제출된 것만으로는 부족하고, 증인에 대한 구인장의 강제력에 기하여 증인의 법정출석을 위한 가능하고도 충분한 노력을 다하였음에도 불구하고, 부득이 증인의 법정출석이 불가능하게 되었다는 사정을 검사가 입증하여야 한다(대법원 2007.1.11. 2006도7228).

그러나 정당한 증언거부와 진술거부는 그 밖에 이에 준하는 사유로 진술할 수 없는 때에 해당하지 않으므로 제314조가 적용되지 않는다.

판례 대법원 1992.3.13. 선고 91도2281

사법경찰리 작성의 피해자에 대한 진술조서와 검사 및 사법경찰리 작성의 피고인에 대한 각 피의자신문조서 중 피해자의 진술부분은 비록 피고인이 이를 증거로 함에 동의하지 아니하였고 또 피해자가 제1심이나 원심에서 그 진정성립을 인정한 바도 없지만, 피해자는 제1심에서 증인으로 소환당할 당시부터 노인성 치매로 인한 기억력 장애, 분별력 상실 등으로 인하여 진술할 수 없는 상태하에 있었고 나아가 위 각 진술이 그 내용에 있어서 시종 일관되며 특히 검사 및 사법경찰리 작성의 각 피의자신문조서상의 각 진술부분은 피고인과의 대질하에서 이루어진 것인 점 등에 비추어 그 각 진술내용의 신용성이나 임의성을 담보할 만한 구체적인 정황이 있는 경우에 해당되어 특히 신빙할 수 있는 상태하에서 행하여진 것이라고 보여지므로, 각 형사소송법 제314조에 의하여 증거능력이 있는 증거라 할 것이다.

판례 대법원 1989.4.25. 선고 89도338

원심은 사법경찰리 작성의 공소외 2에 대한 진술조서에 대하여 법정에서 그 성립의 진정함이 증명된 바 없고 피고인들이 증거로 함에 동의하지 아니하였으며 달리 공소외 2가 공판준비 또는 공판기일에 사망, 질병 기타 사유로 인하여 진술을 할 수 없고 그 진술이 특히 신빙할 수 있는 상태하에서 행하여졌음을 인정할 적법한 증거자료도 없으므로 위 진술조서는 증거능력이 없다고 판단하였다. 그러나 공소외 2가 제1심 및 원심법정에 출석하지 아니한 이유에 관하여 공소외 2의 모 공소외 4에 대한 검사작성의 진술조서 기재에 의하면 이 사건 이후 소매치기범의 가족들이 세 차례나 공소외 2의 집을 찾아와 협박 폭언을 할 뿐만 아니라 공소외 2의 멱살을 잡고 폭행을 가하는 등 행패를 부린 사실이 있고 공소외 2가 객지에 나가 있을 뿐만 아니라 집에 오기 어려운 위와 같은 사정을 이야기하고 있으며 검찰주사보 방복용의 수사보고에 의하더라도 공소외 2가 집을 떠나 증인으로 출석하여 진술하지 못하고 있는 사정을 밝히고 있으므로 공소외 2에 대한 진술조서는 형사소송법 제314조의 진술을 요할 자가 기타 사유 즉 소재의 불명으로 공판기일에 진술할 수 없는 경우에 해당한다고 할 것이고 그 조서의 작성형태나 진술내용에 미루어 이에 대하여 신용성의 보장을 부여하기 어려운 어떤 정황을 엿볼 수 있는 것도 아니므로 원심이 위 조서에 대하여 증거능력을 인정하지 아니한 조치는 증거능력에 관한 법리를 오해한 데 있다고 할 것이다.

(2) 특신상태(신용성의 정황적 보장)

조서 또는 서류는 그 진술 또는 작성이 특히 신빙할 수 있는 상태하에서 행해진 경우에 증거능력이 있다. 신용성의 정황적 보장은 그 진술의 내용이나 조서 또는 서류의 작성에 허위개입의 여지가 거의 없고 그 진술 내용의 신빙성이나 임의성을 담보할 구체적이고 외부적인 정황을 말한다. 즉 진술내용의 진실성이 아니라 진실성을 보장할 만한 외부적 정황을 말한다.

특신상태의 증명은 단지 그러할 개연성이 있다는 정도로는 부족하고 합리적인 의심의 여지를 배제할 정도에 이르러야 한다. 즉 특신상태에 있다는 점이 합리적 의심을 배제할 수 있을 만큼 확실히 증명되어 법정에서 반대신문을 통한 확인과 검증을 거치지 않아도 될 정도에 이르러야 한다.

판례 대법원 2014.8.26. 선고 2011도6035

형사소송법(이하 '법'이라 한다) 제312조 제4항, 제314조는 형사소송에서 헌법이 요구하는 적법절차의 원칙을 구현하기 위하여 사건의 실체에 대한 심증 형성은 법관의 면전에서 본래 증거에 대한 반대신문이 보장된 증거조사를 통하여 이루어져야 한다는 실질적 직접심리주의와 전문법칙을 기본원리로서 채택하면서도, 원진술자의 사망 등으로 위 원칙을 관철할 수 없는 특별한 사정이 있는 경우에는 '그 진술 또는 작성이 특히 신빙할 수 있는 상태하에서 행하여졌음이 증명된 때', 즉 그 진술의 내용이나 조서 또는 서류의 작성에 허위 개입의 여지가 거의 없고 그 진술 내용의 신빙성이나 임의성을 담보할 구체적이고 외부적인 정황이 증명된 때에 한하여 예외적으로 증거능력을 인정하고자 하는 취지이다. 그러므로 법원이 법 제314조에 따라 증거능력을 인정하기 위하여는 단순히 그 진술이나 조서의 작성과정에 뚜렷한 절차적 위법이 보이지 않는다거나 진술의 임의성을 의심할 만한 구체적 사정이 없다는 것만으로는 부족하고, 이를 넘어 법정에서의 반대신문 등을 통한 검증을 굳이 거치지 않더라도 진술의 신빙성과 임의성을 충분히 담보할 수 있는 구체적이고 외부적인 정황이 있어 그에 기초하여 법원이 유죄의 심증을 형성하더라도 증거재판주의의 원칙에 어긋나지 않는다고 평가할 수 있는 정도에 이르러야 한다.

3) 적용범위

검사 작성의 피의자신문조서 및 사법경찰관 작성의 피의자신문조서는 피고인이 그 내용을 인정하여야 증거능력이 인정되므로 제314조가 적용될 수 없다. 제312조의 진술조서, 검증조서, 진술서, 제313조의 진술서, 진술기재서, 감정서 등에 적용된다.

8. 당연히 증거능력이 인정되는 서류(제315조 적용범위)

1) 취지

제315조는 공무원이 직무상 작성한 증명문서, 업무상 필요로 작성한 통상문서, 기타 특히 신용할 만한 정황에 의하여 작성된 문서에 대하여 당연히 증거능력을 인정한다. 성립의 진정이 고도로 추정되는 경우이므로 당연히 증거능력이 있는 것으로 하고 있는 것이다.

2) 현행법의 경우

(1) 직무상 증명할 수 있는 사항에 관한 공무원작성의 문서

가족관계기록사항에 관한 증명서, 공정증서등본 기타 공무원 또는 외국공무원의 직무상 증명할 수 있는 사항에 관하여 작성한 문서는 당연히 증거능력이 있다(제315조 제1호). 이에 해당하는 문서로는 등기부등본 및 초본, 인감증명, 전과조회회보, 신원증명서, 보건복지가족부장관의 시가보고서, 세관공무원의 시가감정서, 외국공무원이 직무상 작성한 문서, 법원의 판결사본 등은 본조에 따라서 당연히 증거능력이 있다. 그러나 수사기관이 작성한 공소장, 외국수사기관의 수사결과 등 수사기관이 작성한 문서(다만, 제312조, 제313조의 요건을 갖춘 경우에는 증거능력이 있다)는 증거능력이 없다.

판례 대법원 1967.6.13. 선고 67도544

보건사회부장관의 마약인 메사돈에 대한 시가 조사보고서는 본조에 의하여 당연히 증거능력이 있다.

판례 대법원 1985.4.9. 선고 85도225

특별한 자격이 있지는 아니하나 범칙물자에 대한 시가감정 업무에 4~5년 종사해온 세무공무원이 세관에 비치된 기준과 수입신고서에 기재된 가격을 참작하여 작성한 감정서는 공무원이 그 직무상 작성한 공문서라 할 것이므로 피고인의 동의 여부에 불구하고 형사소송법 제315조 제1호에 의하여 당연히 증거능력이 있다고 할 것이며 또 그 증명력에 무슨 하자가 있다고도 할 수 없다.

판례 대법원 1984.2.28. 선고 83도3145

외국공무원이 직무상 증명할 수 있는 사항에 관하여 작성한 문서는 이를 증거로 할 수 있으므로(형사소송법 제315조 제1호), 원심이 이 사건 일본 하관세관서 통괄심리관 작성의 범칙물건감정서 등본과 분석의뢰서 및 분석회답서 등본 등을 증거로 하였음은 적법하다.

판례 대법원 1981.11.24. 선고 81도2591

군법회의 판결사본은 특히 신용할 만한 정황에 의하여 작성된 문서라고 볼 여지가 있으므로 피고인이 증거로 함에 부동의하거나 그 진정성립의 증명이 없다는 이유로 그 증거능력을 부인할 수 없다.

판례 대판 1982.9.14. 82도1504

국립과학수사연구소장 작성의 감정의뢰회보고서는 공무원인 위 연구소장이 직무상 증명할 수 있는 사항에 관하여 작성한 문서라고 할 것이므로 당연히 증거능력 있는 서류라고 할 것이다.

판례 대판 1976.10.12. 76도2960

육군과학수사연구소 실험분석관이 직성한 감정서는 피고인들이 이를 증거로 함에 동의하지 아니하는 경우에는 유죄의 증거로 할 수 있는 증거능력이 없다.

판례 대법원 1978.5.23. 선고 78도575

검사의 공소장은 법원에 대하여 형사재판을 청구하는 서류로서 그 기재내용이 실체적 사실인정의 증거자료가 될 수는 없다.

판례 대법원 1979.9.25. 선고 79도1852(관세법위반)

외국수사기관이 수사결과 얻은 정보를 회답하여 온 문서들은 고도의 신용성이 보장된 경우에 관한 본조 제1호의 이른바 외국의 공무원이 직무상 증명할 수 있는 사항에 관하여 작성한 문서 또는 본조 제3호의 이른바, 특히 신용할 만한 정황에 의하여 작성된 문서에 해당한다고 볼 수 없다.

(2) 업무의 통상과정에서 작성한 문서 : 기계적 반복적 작성된 문서

상업장부, 항해일지 기타 업무상 필요로 작성한 통상문서는 당연히 증거능력이 있으며, 이에는 성매매업소에서 영업에 참고하기 위하여 성매매 상대방에 관한 정보를 입력하여 작성한 메모리카드, 금전출납부, 전표, 통계표, 진료부, 업무일지 등은 이에 해당하나, 의사의 진단서는 여기에 해당하지 않는다. 상업장부는 탈세 등을 위한 분식사항이 기재된 가짜장부(표면장부)는 제외되고 진짜장부(이면장부)는 제315조의 상업장부에 포함된다. 업무상 통상문서에 대한 판례의 기준은 업무의 정규성, 작성의 의무성, 정확성, 객관성, 신용성 등이다.

판례 2007.7.26. 선고 2007도3219 판결

성매매업소에 고용된 여성들이 성매매를 업으로 하면서 영업에 참고하기 위하여 성매매 상대방의 아이디와 전화번호 및 성매매방법 등을 메모지에 적어두었다가 직접 메모리카드에 입력하거나 업주가 고용한 다른 여직원이 그 내용을 입력한 사안에서, 위 메모리카드의 내용은 형사소송법 제315조 제2호의 '영업상 필요로 작성한 통상문서'로서 당연히 증거능력 있는 문서에 해당한다.

판례 대법원 1972.6.13. 72도922

군의관이 작성한 진단서는 공무원이 직무상 증명할 수 있는 사항에 관하여 작성한 문서이므로 그 증거조사를 거친 이상 당연히 증거능력이 있다.

판례 대법원 2015.7.16. 선고 2015도2625 전원합의체 판결

상업장부나 항해일지, 진료일지 또는 이와 유사한 금전출납부 등과 같이 범죄사실의 인정 여부와는 관계없이 자기에게 맡겨진 사무를 처리한 내역을 그때그때 계속적, 기계적으로 기재한 문서는 사무처리 내역을 증명하기 위하여 존재하는 문서로서 형사소송법 제315조 제2호에 의하여 당연히 증거능력이 인정된다. 그리고 이러한 문서는 업무의 기계적 반복성으로 인하여 허위가 개입될 여지가 적고, 또 문서의 성질에 비추어 고도의 신용성이 인정되어 반대신문의 필요가 없거나 작성자를 소환해도 서면제출 이상의 의미가 없는 것들에 해당하기 때문에 당연히 증거능력이 인정된다는 것이 형사소송법 제315조의 입법 취지인 점과 아울러, 전문법칙과 관련된 형사소송법 규정들의 체계 및 규정 취지에 더하여 '기타'라는 문언에 의하여 형사소송법 제315조 제1호와 제2호의 문서들을 '특히 신용할 만한 정황에 의하여 작성된 문서'의 예시로 삼고 있는 형사소송법 제315조 제3호의 규정형식을 종합하여 보면, 형사소송법 제315조 제3호에서 규정한 '기타 특히 신용할 만한 정황에 의하여 작성된 문서'는 형사소송법 제315조 제1호와 제2호에서 열거된 공권적 증명문서 및 업무상 통상문서에 준하여 '굳이 반대신문의 기회 부여 여부가 문제되지 않을 정도로 고도의 신용성의 정황적 보장이 있는 문서'를 의미한다.

나아가 어떠한 문서가 형사소송법 제315조 제2호가 정하는 업무상 통상문서에 해당하는지를 구체적으로 판단함에 있어서는, 형사소송법 제315조 제2호 및 제3호의 입법 취지를 참작하여 당해 문서가 정규적·규칙적으로 이루어지는 업무활동으로부터 나온 것인지 여부, 당해 문서를 작성하는 것이 일상적인 업무 관행 또는 직무상 강제되는 것인지 여부, 당해 문서에 기재된 정보가 취득된 즉시 또는 그 직후에 이루어져 정확성이 보장될 수 있는 것인지 여부, 당해 문서의 기록이 비교적 기계적으로 행하여지는 것이어서 기록 과정에 기록자의 주관적 개입의 여지가 거의 없다고 볼 수 있는지 여부, 당해 문서가 공시성이 있는 등으로 사후적으로 내용의 정확성을 확인·검증할 기회가 있어 신용성이 담보되어 있는지 여부 등을 종합적으로 고려하여야 한다.

(3) 기타 특히 신용할 만한 정황에 의하여 작성된 문서

기타 특히 신용할 만한 정황에 의하여 작성된 문서는 제315조 제1호와 제2호에 열거된 공권적 증명문서 및 업무상 통상문서에 준하여 굳이 반대신문의 기회부여가 문제되지 않을 정도의 고도의 신용성의 정황적 보장이 있는 문서를 말한다(대법원 2015.7.16. 2015도2625). 판례에 따르면 문서공공기록, 역서, 정기간행물상의 시장가격표, 스포츠기록, 공

무소작성의 각종 통계와 연감, 다른 사건의 공판조서 등은 이에 해당한다.

하지만 주민들의 진정서사본, 국가정보원 심리전단 직원의 이메일 계정에서 압수한 전자문서, 체포·구속인 접견부, 대한민국 주중국 대사관 영사가 작성한 사실확인서 중에 공적인 증명을 제외한 상급자보고 목적의 나머지 부분, 건강보험심사평가원의 회신 등은 제315조 제3호에 해당하지 않는다.

판례 대법원 2004.1.16. 2003도5693

구속적부심은 구속된 피의자 또는 그 변호인 등의 청구로 수사기관과는 별개 독립의 기관인 법원에 의하여 행하여지는 것으로서 구속된 피의자에 대하여 피의사실과 구속사유 등을 알려 그에 대한 자유로운 변명의 기회를 주어 구속의 적부를 심사함으로써 피의자의 권리보호에 이바지하는 제도인 바, 법원 또는 합의부원, 검사, 변호인, 청구인이 구속된 피의자를 심문하고 그에 대한 피의자의 진술 등을 기재한 구속적부심문조서는 형사소송법 제311조가 규정한 문서에는 해당하지 않는다 할 것이나, 특히 신용할 만한 정황에 의하여 작성된 문서라고 할 것이므로 특별한 사정이 없는 한, 피고인이 증거로 함에 부동의하더라도 형사소송법 제315조 제3호에 의하여 당연히 그 증거능력이 인정된다.

판례 대법원 1992.8.14. 92도1211

사법경찰관 작성의 새 세대 16호에 대한 수사보고서는 피고인이 검찰에서 소지 탐독사실을 인정하고 있는 새 세대 16호라는 유인물의 내용을 분석하고, 이를 기계적으로 복사하여 그 말미에 그대로 첨부한 문서로서 그 신용성이 담보되어 있어 형사소송법 제315조 제3호 소정의 '기타 특히 신용할 만한 정황에 의하여 작성된 문서'에 해당되는 문서로서 당연히 증거능력이 인정된다.

판례가 인정한 당연히 증거능력이 있는 서류

- 구속적부심문조서
- 군의관이 작성한 진단서
- 사법경찰관 작성의 새 세대 16호에 대한 수사보고서
- 군법회의 판결사본
- 국립과학수사연구소장 작성의 감정의뢰회보서는 당연히 증거능력이 있으나 육군과학수사연구소 실험분석관이 작성한 감정서는 당연히 증거능력이 있는 서류로 볼 수 없다.

9. 제316조의 전문진술

피고인이 아닌 자(공소제기 전에 피고인을 피의자로 조사하였거나 그 조사에 참여하였던 자를 포함한다. 이하 이 조에서 같다)의 공판준비 또는 공판기일에서의 진술이 피고인의 진술을 그

내용으로 하는 것인 때에는 그 진술이 특히 신빙할 수 있는 상태 하에서 행하여졌음이 증명된 때에 한하여 이를 증거로 할 수 있고(제316조 제1항), 피고인 아닌 자의 공판준비 또는 공판기일에서의 진술이 피고인 아닌 타인의 진술을 그 내용으로 하는 것인 때에는 원진술자가 사망, 질병, 외국거주, 소재불명 그 밖에 이에 준하는 사유로 인하여 진술할 수 없고, 그 진술이 특히 신빙할 수 있는 상태 하에서 행하여졌음이 증명된 때에 한하여 이를 증거로 할 수 있다(제316조 제2항).

제316조는 피고인 아닌 자의 진술이 피고인의 진술 또는 피고인 아닌 타인의 진술을 내용으로 하는 경우에 예외적으로 전문진술의 증거능력을 인정한다. 이 경우 피고인 아닌 자(제3자, 전문진술자, 조사자)는 공소제기 전에 피고인을 피의자로 조사하였거나 그 조사에 참여하였던 자도 포함된다. 제316조는 전문진술에 대하여 전문법칙의 예외를 규정한 것이다.

피고인이 공판준비 또는 공판기일에 행한 진술이 피고인 아닌 자의 진술을 그 내용으로 하는 경우에는 명문의 규정이 없다. 이 경우에 제316조의 제2항을 유추적용하자는 입장이 다수의견이다.

1) 피고인의 진술에 대한 전문진술

피고인 아닌 자(제3자)의 공판준비 또는 공판기일의 진술이 피고인의 진술을 내용으로 하는 것인 때에는 그 진술이 특히 신빙할 수 있는 상태에서 행해진 때에 한하여 이를 증거로 할 수 있다.

(1) 증거능력의 요건

원진술자가 피고인인 경우에는 그 진술의 특신상태가 인정되면 이를 내용으로 하는 제3자(피고인 아닌 자, 전문진술자)의 전문진술은 증거능력이 있다. 원진술자가 피고인 자신이며, 피고인이 이미 공판정에 출석하고 있고 피고인의 원진술에 대하여 피고인의 반대신문은 아무런 의미가 없기 때문이다. 따라서 제2항과는 다르게 원진술자의 진술불능은 증거능력의 요건이 아니다. 특신상태란 신용성의 정황정 보장을 말하며, 그 진술을 하였다는 것에 허위개입의 여지가 없고 그 진술내용이 신빙성이나 임의성을 담보할 구체적이고 외부적인 정황이 있는 경우를 가리킨다(대법원 2004.4.27. 2004도482). 예를 들어 범인이 범행 후에 자신의 부모나 친구에게 진지한 태도로 범행사실을 자백하면서 자수하겠다는 의사를 표시한 경우에는 특신상태를 인정할 수 있다.

(2) 적용범위

피고인은 당해 피고인만을 의미한다. 공동피고인과 공범자는 제2항의 피고인 아닌 타인에 해당한다. 피고인의 진술은 피고인의 지위에서 행해진 것에 국한하지 않고 피의자·참고인·증인 등의 지위에서 행해진 것을 포함한다.

판례 대법원 2007.2.23. 선고 2004도8654 판결

형사소송법 제316조 제2항에 의하면 피고인 아닌 자의 공판준비 또는 공판기일에서의 진술이 피고인 아닌 타인의 진술을 그 내용으로 하는 것인 때에는 원진술자가 사망, 질병 기타 사유로 인하여 진술할 수 없고 그 진술이 특히 신빙할 수 있는 상태 하에서 행하여진 때에 한하여 이를 증거로 할 수 있다고 규정하고 있는데, 여기서 말하는 피고인 아닌 자라고 함은 제3자는 말할 것도 없고 공동피고인이나 공범자를 모두 포함한다고 해석된다.

(3) 조사자 증언제도

가) 종래의 대법원 판례의 입장

종래 대법원 판례는 조사자의 법정에서의 진술에 대하여 증거능력을 부정하고 있다.

판례 대법원 2005.11.25. 선고 2005도5831

[1] 피고인 아닌 자의 공판기일에서의 진술이 피고인의 진술을 그 내용으로 하는 것인 때에는 형사소송법 제316조 제1항의 규정에 따라 피고인의 진술이 특히 신빙할 수 있는 상태 하에서 행하여진 때에는 이를 증거로 할 수 있고, 그 전문진술이 기재된 조서는 형사소송법 제312조 내지 제314조의 규정에 의하여 증거능력이 인정되어야 할 뿐만 아니라, 형사소송법 제316조 제1항의 규정에 따른 위와 같은 조건을 갖추고 있는 때에 한하여 증거능력이 있다.

[2] 피고인을 검거한 경찰관의, 검거 당시 또는 조사 당시 피고인이 범행사실을 순순히 자백하였다는 취지의 법정증언이나 위 경찰관의 진술을 기재한 서류는, 피고인이 그 경찰관 앞에서의 진술과는 달리 범행을 부인하는 이상 형사소송법 제312조 제2항의 취지에 비추어 증거능력이 없다고 보아야 한다.

나) 형사소송법의 입장(2007년 개정) : 조사자 증언제도의 도입

개정법은 제316조 제1항에서 피고인 아닌 자에 "공소제기 전에 피고인을 피의자로 조사하였거나 그 조사에 참여하였던 자를 포함한다"는 규정을 신설하였다. 즉 조사자의 증언을 인정하지 아니한 종래의 대법원 판례의 태도와는 달리 조사경찰관 등이 증인으로 나와 위증죄의 부담을 안고 피고인측의 반대신문을 받으면서 한 증언에 증거능력을 인정하는 명문의 규정을 두었다.

이러한 규정을 둔 취지는 사법경찰관이 작성한 피의자신문조서에 대하여 피고인이

내용을 부인하면 증거로 사용할 수 없으므로 검사는 사법경찰관 단계에서 자백을 한 피의자를 다시 검사가 이중수사를 하여 다시 검사작성 피의자신문조서를 작성하는 피의자의 수사상의 불편을 해소하고, 경찰수사에 대하여 사실상의 증거능력을 인정함으로써 책임 있는 수사를 가능하게 한다는 고려에서 조사자의 증언에 대하여도 증거능력을 인정하였다.[53)]

앞으로 증언하는 조사자는 위증이나 허위공문서작성 등의 시비를 염두에 두고 수사에 임하게 되어 수사의 투명성 제고와 적법절차를 준수해야 할 것이고 불필요한 시비를 피하기 위하여는 수사과정에서의 영상녹화가 활성화됨으로써 본조항의 조사자 증언제도의 남용이 억제되어야 할 것이다 본조항의 조사자 증언의 허용범위에 관한 향후 판례의 태도가 주목된다.

2) 피고인 아닌 타인의 진술에 대한 전문진술

피고인 아닌 자의 진술이 피고인 아닌 타인의 진술을 그 내용으로 하는 것인 때에는 원진술자(피고인 아닌 타인)가 사망, 질병, 외국거주, 소재불명 그 밖에 이에 준하는 사유로 인하여 진술할 수 없고, 그 진술이 특히 신빙할 수 있는 상태하에서 행하여졌음이 증명된 때에 한하여 이를 증거로 할 수 있다(제316조 제2항).

판례 대법원 2000.3.10. 선고 2000도159 판결

[1] 전문진술이나 재전문진술을 기재한 조서는 형사소송법 제310조의2의 규정에 의하여 원칙적으로 증거능력이 없는 것인데, 다만 전문진술은 형사소송법 제316조 제2항의 규정에 따라 원진술자가 사망, 질병, 외국거주 기타 사유로 인하여 진술할 수 없고 그 진술이 특히 신빙할 수 있는 상태하에서 행하여진 때에 한하여 예외적으로 증거능력이 있다고 할 것이고, 전문진술이 기재된 조서는 형사소송법 제312조 또는 제314조의 규정에 의하여 각 그 증거능력이 인정될 수 있는 경우에 해당하여야 함을 물론 나아가 형사소송법 제316조 제2항의 규정에 따른 위와 같은 요건을 갖추어야 예외적으로 증거능력이 있다고 할 것인 바, 여기서 그 진술이 특히 신빙할 수 있는 상태 하에서 행하여진 때라 함은 그 진술을 하였다는 것에 허위개입의 여지가 거의 없고, 그 진술내용의 신빙성이나 임의성을 담보할 구체적이고 외부적인 정황이 있는 경우를 가리킨다.

[2] 형사소송법은 전문진술에 대하여 제316조에서 실질상 단순한 전문의 형태를 취하는 경우에 한하여 예외적으로 그 증거능력을 인정하는 규정을 두고 있을 뿐, 재전문진술이나 재전문진술을 기재한 조서에 대하여는 달리 그 증거능력을 인정하는 규정을 두고 있지 아니하고 있으므로, 피고인이 증거로 하는 데 동의하지 아니하는 한 형사소송법 제310조의2의 규정에 의하여 이를 증거로 할 수 없다.

[3] 피해자의 모의 편향되고 유도적인 반복 질문에 따라 녹취한 만 3세 1개월 남짓한 피해자의 유일한 진술만으로 공소사실을 인정하기에 합리적인 의심을 배제할 정도의 증명에 이르렀다고 볼 수 없다.

---

53) 법무부, 개정 형사소송법, 242면 : 법원행정처, 형사소송법 개정법률 해설, 142면.

[판례] 대법원 2004.3.11. 선고 2003도171 판결

형사소송법은 전문진술에 대하여 제316조에서 실질상 단순한 전문의 형태를 취하는 경우에 한하여 예외적으로 그 증거능력을 인정하는 규정을 두고 있을 뿐, 재전문진술이나 재전문진술을 기재한 조서에 대하여는 달리 그 증거능력을 인정하는 규정을 두고 있지 아니하고 있으므로, 피고인이 증거로 하는 데 동의하지 아니하는 한 형사소송법 제310조의2의 규정에 의하여 이를 증거로 할 수 없다.

(1) 증거능력의 요건

원진술자가 피고인 아닌 타인인 경우에는 원진술자의 진술불능과 그 진술의 특신상태가 인정되면 이를 내용으로 하는 제3자(전문진술자, 피고인 아닌 자)의 전문진술은 증거능력이 있다. 진술불능과 특신상태는 제314조에서 설명된 것과 동일하다.

원진술자가 법정에 출석하여 수사기관에서 한 진술을 부인하는 취지로 진술한다면 원진술자의 진술불능 요건은 충족될 수 없으므로, 원진술자의 진술을 내용으로 하는 전문진술은 증거능력이 없다. 또한 원진술자가 제1심 법원에 출석하여 진술하였다가 항소심에 이르러 진술할 수 없게 된 경우에는 원진술자의 진술불능에 해당하지 않는다(대법원 2000.1.9. 2001도3997).

(2) 적용범위

피고인 아닌 타인은 당해 피고인을 제외한 모든 사람을 의미한다. 제3자와 공동피고인, 공범자 등이 여기에 해당한다. 피고인 아닌 타인이 공동피고인인 경우, 그가 법정에서 공소사실을 부인하고 있다면 공동피고인의 진술을 내용으로 하는 전문진술은 증거능력이 없다. 공소제기 전에 피고인 아닌 타인을 조사한 자 등의 증언의 증언능력에 대하여 원진술자가 법정에 출석하여 수사기관에서 한 진술을 부인하는 취지로 증언한 이상, 원진술자의 진술을 내용으로 하는 조사자의 증언은 증거능력이 없다(대법원 2008.9,25, 2008도6985).

Ⅵ 진술의 임의성

1. 현행 현사소송법의 태도

피고인 또는 피고인 아닌 자의 진술이 임의로 된 것이 아닌 것은 증거로 할 수 없다. 이에 대한 서류는 그 작성 또는 내용인 진술이 임의로 되었다는 것이 증명된 것이 아니

면 증거로 할 수 없다. 검증조서의 일부가 피고인 또는 피고인 아닌 자의 진술을 기재한 것인 때에는 그 부분에 한하여 위의 예에 의한다(제317조).

Ⅶ 전문법칙의 관련문제

도면 · 사진 · 비디오테이프 · 녹음테이프 · 컴퓨터용디스크 그 밖에 정보를 담기 위하여 만들어진 물건으로서 문서가 아닌 증거의 조사에 관하여 필요한 사항은 대법원 규칙으로 정한다(규칙 292의3). 이에 따르면 영상녹화물, 컴퓨터디스크, 음성 · 영상자료, 도면 · 사진 그 밖에 정보를 담기 위하여 만들어진 물건으로서 문서가 아닌 증거의 유형으로 나눌 수 있다.

1. 녹음테이프의 증거능력

녹음테이프는 사람의 음성과 기타 음향을 기계적 장치를 통하여 재생할 수 있도록 한 것으로서 기록과 재생능력의 기계적 · 과학적 정확성이 인간의 기억능력을 초월하며, 수록된 음성이 살아있는 음성으로서 법정에 제공된다는 점에서 높은 증거가치를 가진 과학적 증거방법의 하나이다. 하지만 녹음테이프에 있어서도 녹음자와 편집자의 주관적 의도에 의하여 조작의 가능성이 있다. 녹음테이프는 요증사실의 체험내용을 법원에 간접적으로 보고한다는 점에서 전문서류와 같은 특성이 있다. 녹음테이프의 증거능력은 현장녹음과 진술녹음으로 나눌 수 있다.

1) 진술녹음의 증거능력

(1) 문제점

녹음테이프에 사람의 진술이 녹음되어 있고 그 진술의 존재 자체가 아니라 진술내용의 진실성이 증명의 대상이 된 때에는 녹음테이프가 진술증거로 사용되는 것이다. 진술녹음은 진술내용에 대하여 반대신문이 보장되지 않고 법원은 진술자로부터 태도증거를 수집할 수 없으므로 전문법칙이 적용된다. 전문법칙이 적용되는 경우는 녹음매체에 담긴 진술이 경험사실의 진술로서 그 진술내용의 진실성이 증명대상인 경우이다, 판례도 이 경우에 한하여 그 녹음매체를 진술서 또는 진술기재서에 준하여 취급한다. 따라서 진술의 존재자체가 증명대상인 경우에는 그 녹음매체에 관하여 전문법칙이 적용되지 않는다고 본다.

진술을 녹음한 경우 원칙적으로 진술을 기재한 서면과 동일하다는 점에 대하여는 의문이 없으나 이에 대하여 형사소송법상 어떤 조문을 적용하는지, 서명 날인이 필요한지, 비밀녹음인 경우에 증거능력이 있는지 문제가 된다.

(2) 적용조문

녹음테이프의 작성주체에 따라 형사소송법상 제311조, 제312조, 제313조가 적용된다.

판례는 녹음테이프를 진술자가 녹음한 경우에는 진술서로 진술자의 상대방이 녹음한 경우에는 진술기재서류에 준하여 취급하고 있다. 예를 들어 검사가 피의자와 대화하는 내용을 녹화한 비디오테이프는 피의자신문조서(제312조 제1항)에 준하여 증거능력을 가지고, 사법경찰관이 피의자의 진술을 녹음하면 경찰작성의 피의자신문조서(제312조 제3항)에 준하여, 검사 또는 사법경찰관이 제3자(참고인)의 진술을 녹음하면 진술조서(제312조 제4항)에 준하여, 수사기관이 아닌 사인이 다른 사람과의 대화내용을 녹화한 녹음테이프는 진술기재서(제313조 제1항에)에 따라 증거능력이 인정된다고 판시하고 있다.

사인이 녹음한 경우, 진술기재서에 준하여 제313조 제1항이 적용된다. 사인이 피고인 아닌 자의 진술을 녹음한 경우에는 원진술자가 진정성립을 인정하여야 하고(제313조 제1항), 사인이 피고인의 진술을 녹음한 경우에는 원진술자인 피고인이 진정성립을 인정하거나 또는 작성자인 녹음자가 진정성립을 인정할 수 있다(제313조 제1항 단서).

판례 대법원 1992.6.26. 선고 92도682

공범으로서 별도로 공소제기된 다른 사건의 피고인 갑에 대한 수사과정에서 담당 검사가 피의자인 갑과 그 사건에 관하여 대화하는 내용과 장면을 녹화한 비디오테이프에 대한 법원의 검증조서는 이러한 비디오테이프의 녹화내용이 피의자의 진술을 기재한 피의자신문조서와 실질적으로 같다고 볼 것이므로 피의자신문조서에 준하여 그 증거능력을 가려야 한다.

판례 대법원 2005.12.23. 선고 2005도2945

피고인과 피해자 사이의 대화내용에 관한 녹취서가 공소사실의 증거로 제출되어 그 녹취서의 기재내용과 녹음테이프의 녹음내용이 동일한지 여부에 관하여 법원이 검증을 실시한 경우에 증거자료가 되는 것은 녹음테이프에 녹음된 대화내용 그 자체이고, 그 중 피고인의 진술내용은 실질적으로 형사소송법 제311조, 제312조의 규정 이외에 피고인의 진술을 기재한 서류와 다름없어 피고인이 그 녹음테이프를 증거로 할 수 있음에 동의하지 않은 이상 그 녹음테이프 검증조서의 기재 중 피고인의 진술내용을 증거로 사용하기 위해서는 형사소송법 제313조 제1항 단서에 따라 공판준비 또는 공판기일에서 그 작성자인 피해자의 진술에 의하여 녹음테이프에 녹음된 피고인의 진술내용이 피고인이 진술한 대로 녹음된 것임이 증명되고 나아가 그 진술이 특히 신빙할 수 있는 상태 하에서 행하여진 것임이 인정되어야 할 것이고, 녹음테이프는 그 성질상 작성자나 진술자의 서명 혹은 날인이 없을 뿐만 아니라, 녹음자의 의도나 특정한 기술에 의하여 그 내용이 편집, 조작될 위험성이 있음을 고려하여, 그 대화내용을 녹음한 원본이거나 혹은 원본으로부터 복사한 사본일 경우에는 복사과정에서 편집되는 등의 인위적 개작 없이 원본의 내용 그대로 복사된 사본임이 입증되어야만 하고, 그러한 입증이 없는 경우에는 쉽게 그 증거능력을 인정할 수 없다.

(3) 서명 · 날인의 요부

제313조 제1항에 따라 진술서의 증거능력을 인정하기 위하여는 진술자의 서명 또는 날인이 있을 것을 요하며, 피의자신문조서나 진술조서의 증거능력을 인정함에 있어도 진술자의 서명 · 날인을 전제로 한다. 녹음테이프를 증거로 하기 위하여는 서명 · 날인을 필요로 하는가에 대하여, 판례는 녹음자의 서명 또는 날인이 없더라도 그것이 대화내용을 녹음한 원본이거나 원본의 내용을 그대로 복사한 사본임이 입증되면 증거능력이 있다[54]고 하여 서명 · 날인이 필요하지 않다는 입장이다.

판례 2007.3.15. 선고 2006도8869 판결

[1] 대화내용을 녹음한 테이프 등의 전자매체는 그 성질상 작성자나 진술자의 서명 혹은 날인이 없을 뿐만 아니라, 녹음자의 의도나 특정한 기술에 의하여 그 내용이 편집, 조작될 위험성이 있음을 고려하여, 그 대화내용을 녹음한 원본이거나 혹은 원본으로부터 복사한 사본일 경우에는 복사과정에서 편집되는 등의 인위적 개작 없이 원본의 내용 그대로 복사된 사본임이 입증되어야만 하고, 그러한 입증이 없는 경우에는 쉽게 그 증거능력을 인정할 수 없다.

[6] 디지털 녹음기로 녹음한 내용이 콤팩트디스크에 다시 복사되어 그 콤팩트디스크에 녹음된 내용을 담은 녹취록이 증거로 제출된 사안에서, 위 콤팩트디스크가 현장에서 녹음하는 데 사용된 디지털 녹음기의 녹음내용 원본을 그대로 복사한 것이라는 입증이 없는 이상, 그 콤팩트디스크의 내용이나 이를 녹취한 녹취록의 기재는 증거능력이 없다.

(4) 진정성립의 방법

녹음된 음성이 원진술자의 것임에 관한 형식적 진정성립과 진술한 그대로 녹음된 것임에 관한 실질적 진정성립이 원진술자의 법정진술에 의하여 증명되어야 한다. 다만 피고인의 진술기재서인 녹음테이프는 작성자인 녹음자의 법정진술에 의해서도 증명이 가능하다.

2) 현장녹음의 증거능력

범행현장에서 관련자의 음성이나 소음 등을 녹음하여 그 음성 등의 존재나 상태를 증거로 하는 경우를 말한다. 현장녹음에 대해서는 현장사진과 같이 비진술증거로 보는

54) 대법원 2005.12.23. 2005도2945

견해가 있으며, 재판예규는 현장녹음을 비진술증거로 취급한다.

현장녹음은 비진술증거로서 전문법칙이 적용되지 않는다. 하지만 모든 증거에서 동일하게 요구되는 진정성과 관련성은 증명되어야 증거능력이 있다. 성립의 진정은 형식적 진정으로, 음성이 진술자의 그것과 일치하고 실질적 진정으로, 진술 그대로 녹음되었다는 것이 녹음자, 제3자의 진술서 등 자유로운 증명의 방법으로 증명되면 충분하다.

3) 비밀녹음의 증거능력

누구든지 법에 의하지 않고는 전기통신을 감청하거나 공개되지 아니한 타인 간의 대화를 녹음 또는 청취하지 못한다(통신비밀보호법 제3조 제1항). 불법감청한 전기통신의 내용은 재판에서 증거로 사용할 수 없고(통신비밀보호법 제4조), 공개되지 아니한 타인 간의 대화를 녹음하거나 청취한 경우에도 증거로 사용할 수 없다(통신비밀보호법 제14조 제2항). 불법한 비밀 녹음은 위법수집증거로서 증거능력이 부정된다.

(1) 수사기관에 의한 비밀녹음

수사기관의 법령에 근거하지 않은 비밀녹음의 경우에는 통신비밀보호법을 근거로 하여 증거능력이 부정된다. 수사기관이 당사자 일방만의 동의를 얻고 감청한 경우 또는 수사기관인 일방에게 휴대전화를 제공하고 그로 하여금 상대방과의 통화내용을 녹음한 경우에는 불법감청에 해당함으로 증거능력이 없다(대법원 2001도3106).

(2) 사인에 의한 비밀녹음[55)]

① 통화 당사자가 아닌 제3자가 비밀녹음을 한 경우에는 증거능력이 없다.
② 통화 당사자가 아닌 자가 일방 통화 당사자의 동의를 얻어 비밀녹음을 한 경우에도 증거능력이 없다.

판례 대판 2002.10.8. 2002도123

제3자의 경우는 설령 전화통화 당사자 일방의 동의를 받고 그 통화내용을 녹음하였다 하더라도 그 상대방의 동의가 없었던 이상, 사생활 및 통신의 불가침을 국민의 기본권의 하나로 선언하고 있는 헌법규정과 통신비밀의 보호와 통신의 자유신장을 목적으로 제정된 통신비밀보호법의 취지에 비추어 이는 동법 제3조 제1항 위반이 된다고 해석하여야 할 것이다. 이 점은 제3자가 공개되지 아니한 타인 간의 대화를 녹음한 경우에도 마찬가지이다.

---

55) 「통신비밀보호법」 관련 조문
제14조(타인의 대화비밀 침해금지) ① 누구든지 공개되지 아니한 타인간의 대화를 녹음하거나 전자장치 또는 기계적 수단을 이용하여 청취할 수 없다.

③ 통화 당사자 일방이 비밀녹음을 한 경우에는 증거능력이 있다.

판례 대판 1997.3.28. 97도240

피해자가 피고인으로부터 걸려온 전화내용을 비밀녹음한 경우 위법수집증거라고 할 수 없다.

2. 사진의 증거능력

사진은 역사적 사실을 그대로 기계적으로 인화한 것이므로 그 과정에 허위의 개입의 여지가 적다는 점에서 신용성과 증거가치가 높다는 점이 있으나 또한 조작의 가능성도 존재하므로 사진을 비진술증거로 취급할 것인가, 아니면 진술증거로 보아 전문법칙을 적용할 것인지 문제가 된다.

1) 현장사진

현장사진이란 범인의 행동에 중점을 두어 범행상황과 그 전후 상황을 촬영한 것을 말한다. 현장녹화인 VTR에 의한 녹화도 여기에 해당한다. 현장사진은 사람의 지각에 의한 진술이 아니므로 비진술증거로 보는 견해가 있다. 판례는 피해자의 상해부위를 촬영한 사진은 전문법칙이 적용되지 않고, 조작된 것이라고 다투는 사진의 촬영일자가 나타나는 부분은 전문증거로서 전문법칙이 적용된다고 보았다. 사진 자체는 비진술증거로 이해하는 입장이다 따라서 현장사진은 비진술증거로서 전문법칙이 적용되지 않는다. 그러나 모든 증거에서 동일하게 요구되는 진정성과 관련성이 증명되어야 증거능력이 있다.

2) 진술의 일부인 사진

진술의 일부인 사진은 피고인 또는 피고인 아닌 자가 사진을 사용하여 진술하고 그 사진을 진술서면에 첨부하는 경우와 검증조서나 감정서에 사진이 첨부되는 경우 등이다. 이때 사진은 진술증거의 일부를 이루는 보조수단에 불과하며, 판례는 그 사진의 증거능력을 진술증거, 검증조서, 감정서 등과 일체로 판단하고 있다. 다만, 판례는 사법경찰관이 작성한 검증조서에 첨부된 피고인의 범행재연 사진은 경찰 피의자신문조서로 취급하고 있다(대법원 1998.3.13. 98도159). 따라서 범행재연에 관하여 공판정에서 그 성립의 진정 및 내용을 인정하여야 증거능력이 있다.

판례 대법원 1998.3.13. 선고 98도159

사법경찰관 작성의 검증조서에 대하여 피고인이 증거로 함에 동의만 하였을 뿐 공판정에서 검증조서에 기재된 진술내용 및 범행을 재연한 부분에 대하여 그 성립의 진정 및 내용을 인정한 흔적을 찾아볼 수 없고 오히려 이를 부인하고 있는 경우에는 그 증거능력을 인정할 수 없으므로, 위 검증조서 중 범행에 부합되는 피고인의 진술을 기재한 부분과 범행을 재연한 부분을 제외한 나머지 부분만을 증거로 채용하여야 함에도 이를 구분하지 아니한 채 그 전부를 유죄의 증거로 인용한 항소심의 조치는 위법하다.

3) 사본으로서의 사진

사진이 원래 증거로 제출될 자료인 증거물 또는 서면의 대체물로 사용되는 경우이다. 예컨대 범행에 사용된 흉기의 사진이 이에 해당된다. 이 경우 최량 증거의 법칙(Best Evidence Rule)에 의하여 원본증거를 공판정에 제출할 수 없고, 정확성을 갖추고, 사진이 사건과의 관련성이 있을 때 한하여 증거능력이 인정된다. 원본증거가 증거물로서 비진술증거이면 그 사진도 비진술증거가 되고, 원본증거가 피의자신문조서 등 진술증거이면 그 사진도 진술증거의 성격을 갖는다.

비진술증거(증거물 등)의 사진에 관하여 판례는 비진술증거이며 사본의 요건만 갖추면 된다는 입장이다. 따라서 수표원본을 전자복사한 사본을 증거로 사용하려면, 원본이 존재하거나 존재하였으며, 원본을 법정에 제출할 수 없거나 제출이 곤란한 사정이 있고, 증거로 제출된 사본이 이를 정확하게 전사한 것이 사실이 증명되어야 한다(대법원 2015도2275).

진술증거(증거서류)의 사진에 관하여, 판례는 진술증거의 사진은 사본으로서의 요건과 전문증거로서의 예외요건(제312조 내지 제316조)을 모두 갖추어야 증거능력이 있다.

4) 비밀촬영

피촬영자의 동의없이 촬영한 사진은 위법수집증거여부가 문제된다. 수사기관의 비밀촬영에 관하여 판례는 누구든지 자기의 얼굴 기타 모습을 함부로 촬영당하지 않을 자유를 가지나, 이러한 자유도 국가권력의 행사로부터 무제한으로 보호되는 것은 아니고 국가의 안전보장 · 질서유지 · 공공복리를 위하여 필요한 경우에는 상당한 제한이 따르는 것이고, 수사기관이 범죄를 수사함에 있어 현재 범행이 행하여지고 있거나 행하여진 직후이고, 증거보전의 필요성 및 긴급성이 있으며, 일반적으로 허용되는 상당한 방법으로 촬영한 경우에는 위 촬영이 영장없이 이루어졌다 하여 이를 위법하다고 단정할 수 없다고 보았다(대법원 2013.7.26. 2013도2511).

판례는 사인의 비밀촬영에 대하여, 사인이 상대방의 동의하에 공갈의 목적으로 찍어 둔 현장에서의 사진에 대해서 국민의 사생활 영역에 관계된 모든 증거의 제출이 곧바로 금지되는 것은 아니고, 법원으로서는 효과적인 형사소추 및 형사소송에서의 진실발견이라는 공익과 개인의 사생활의 보호라는 이익을 비교형량하여 그 허용여부를 결정하여야 한다[56]고 보았다.

5) 증거물인 사진

음란사진과 같이 사진자체가 증거물인 경우는 진술증거가 아님이 명백하므로 전문법칙이 적용되지 않는다.

6) 증거조사방법

증거물의 사본이 사진이나 현장사진은 제시하는 방법으로 증거조사를 하여야 한다. 진술증거(증거서류)의 사진인 경우에는 낭독 등(내용의고지 또는 열람)이 필요하다(제292조 제3항). 진술의 일부인 사진은 낭독이나 내용의 고지에 의하여 증거조사를 할 수 없으므로 소송관계인에게 보여줄 것을 요한다(동조 제5항).

3. 영상녹화물 및 비디오테이프의 증거능력

영상녹화물은 법원 또는 수사기관이 피의자신문과정 또는 참고인 조사과정 등 일정한 진술을 청취하는 과정에서 그 진술을 영상녹화하여 기록해 놓은 것을 말한다. 비디오테이프는 수사기관 이외의 자가 자신이나 타인의 진술을 영상녹화하여 기록해 놓은 것을 말한다. 녹음테이프와 같이 현장녹화와 진술녹화로 구분하며 주로 문제가 되는 것은 진술녹화의 경우이다.

1) 진술녹화

(1) 수사기관의 영상녹화

수사기관은 피의자신문과정에서 재량으로 피의자의 진술을 녹화할 수 있고, 참고인 조사과정에서 참고인의 동의를 얻어 참고인이 진술을 녹화할 수 있다.

현행법상으로, 수사기관의 영상녹화물은 피의자신문조서와 참고인진술조서의 실질적

56) 대법원 1997.9.30. 97도1230
제3자가 공갈목적을 숨기고 피고인의 동의하에 나체사진을 찍은 경우, 피고인에 대한 간통죄에 있어 위법수집증거로서 증거능력이 배제되는지 여부(소극)

진정성립의 대체증명수단과 진술자의 기억환기를 위한 보조수단에 국한하여 허용된다. 따라서 공소사실을 직접 증명하는 독립적인 증거(본증)로 사용될 수 없으며[57](대법원 2014.7.10. 2012도5014), 탄핵증거로도 허용되지 않는다.

(2) 사인의 진술녹화

사인의 진술녹음과 마찬가지로 사인이 작성한 진술기재서에 해당하여 제313조 제1항이 적용된다.

수사기관이 아닌 사인이 피고인 아닌 사람과의 대화 내용을 촬영한 비디오테이프는 피고인 아닌 자의 진술을 기재한 서류와 같다. 따라서 제313조 제1항에 따라 공판준비나 공판기일에 원진술자의 진술에 의하여 그 비디오테이프에 녹음된 각자의 진술내용이 자신이 진술한 대로 녹음된 것이라는 점이 인정되어야 한다(대법원 2004.9.13. 2004도3161). 수사기관이 아닌 사인(私人)이 피고인 아닌 사람과의 대화 내용을 촬영한 비디오테이프는 형사소송법 제311조, 제312조의 규정 이외에 피고인 아닌 자의 진술을 기재한 서류와 다를 바 없으므로, 피고인이 그 비디오테이프를 증거로 함에 동의하지 아니하는 이상 그 진술부분에 대하여 증거능력을 부여하기 위하여는 첫째, 비디오테이프가 원본이거나 원본으로부터 복사한 사본일 경우에는 복사과정에서 편집되는 등 인위적 개작 없이 원본의 내용 그대로 복사된 사본일 것, 둘째, 형사소송법 제313조 제1항에 따라 공판준비나 공판기일에서 원진술자의 진술에 의하여 그 비디오테이프에 녹음된 각자의 진술내용이 자신이 진술한 대로 녹음된 것이라는 점이 인정되어야 할 것인바, 비디오테이프는 촬영대상의 상황과 피촬영자의 동태 및 대화가 녹화된 것으로서, 녹음테이프와는 달리 피촬영자의 동태를 그대로 재현할 수 있기 때문에 비디오테이프의 내용에 인위적인 조작이 가해지지 않은 것이 전제된다면, 비디오테이프에 촬영, 녹음된 내용을 재생기에 의해 시청을 마친 원진술자가 비디오테이프의 피촬영자의 모습과 음성을 확인하고 자신과 동일인이라고 진술한 것은 비디오테이프에 녹음된 진술내용이 자신이 진술한 대로 녹음된 것이라는 취지의 진술을 한 것으로 보아야 한다.[58]

피고인의 진술을 내용으로 하는 경우에는 제313조 제1항 단서에 의한 특신상태까지 인정되어야 한다.

---

57) 성폭력범죄의 처벌 등에 관한 특례법 제30조 제6항, 아동 · 청소년 성보호에 관한 법률 제26조 제6항에서는 예외적으로 수사기관의 영상녹화물을 본증으로 허용하고 있다.

58) 대법원 2004.9.13. 2004도3161

2) 현장녹화

현장녹화는 현장사진과 현장녹음과 같이 비진술증거로 취급된다. 따라서 현장녹화는 비진술증거로서 전문법칙이 적용되지 않는다. 그러나 모든 증거에서 동일하게 요구되는 진정성과 관련성은 증명되어야 증거능력이 있다.

3) 검사가 피의자와 대화하는 내용과 장면을 녹화한 비디오테이프

공범으로서 별도로 공소제기된 다른 사건의 피고인 갑에 대한 수사과정에서 담당 검사가 피의자인 갑과 그 사건에 관하여 대화하는 내용과 장면을 녹화한 비디오테이프에 대한 법원의 검증조서는 이러한 비디오테이프의 녹화내용이 피의자의 진술을 기재한 피의자신문조서와 실질적으로 같다고 볼 것이므로 피의자신문조서에 준하여 그 증거능력을 가려야 한다.[59]

전문법칙의 예외

<table>
<tr><th colspan="4">전문법칙의 예외</th><th>예외요건</th></tr>
<tr><td>1</td><td>제311조</td><td colspan="2">법관면전조서
*공판(준비)조서 *증거보전조서
*수사상증인신문조서 등 당해 사건만 해당
- 다른 사건의 것은(다른사건의 공판조서 등) 제315조 3호</td><td>없음, 무조건 증거능력○</td></tr>
<tr><td rowspan="4">2</td><td rowspan="4">제312조</td><td>1항</td><td>검사작성 피의자신문조서</td><td>① 적법한 절차와 방식
② 피고인 또는 변호인의 내용인정(조서내용의 진실성, 다른대체수단은 인정되지 않음)</td></tr>
<tr><td>3항</td><td>검사이외의 수사기관 작성의 피의자신문조서</td><td>① 적법한 절차와 방식
② 피고인 또는 변호인의 내용인정(조서내용의 진실성, 다른대체수단은 인정되지 않음)</td></tr>
<tr><td>4항</td><td>검사 또는 사법경찰관의 수사과정에서 참고인, 피해자 등의 진술조서</td><td>① 적법한 절차와 방식
② 원진술자의 진술에 의한 실질적 진정성립 인정(영상녹화물 또는 그 밖의 객관적 방법에 의한 대체증명 가능)
③ 피고인 또는 변호인의 반대신문의 기회보장
④ 특신상태</td></tr>
<tr><td>5항</td><td>수사과정에서 작성한 진술서</td><td>1. 피고인이 검사의 수사과정에서 작성한 진술서는 검사작성의 피의자신문조서에 준함(제312조 1항)
2. 피고인이 경찰의 수사과정에서 작성한 진술서는 경찰작성의 피의자신문조서에 준함(제312조 3항)</td></tr>
</table>

59) 대법원 1992.6.23. 92도682

					3. 피고인 아닌 자가 검사 · 경찰의 수사과정에서 작성한 진술서는 모두 참고인진술조서에 준함(제312조 4항)
		6항	수사기관의 검증조서		① 적법한 절차와 방식 ② 작성자의 진술에 따른 진정성립증명 * 대체증명은 허용되지 않음
3	제313조 (수사과정 이외의 사적 상황 등)	1항, 2항	피고인	진술서	① 원진술자(작성자)인 피고인의 자필이거나 서명 또는 날인 ② 피고인의 법정진술에 의하여 그 성립의 진정함 증명 ③ 특신상태 *원진술자에 대한 반대신문의 기회보장은 요건 아님 *객관적 방법에 의한 대체증명(디지털포렌식등 과학적 · 기계적 · 객관적방법) 허용되나, 이 경우도 반대신문의 기회보장은 요건 아님
				진술기재서	① 원진술자(작성자 아님)인 피고인의 자필이거나 서명 또는 날인 ② 피고인의 법정진술에 의하여 그 성립의 진정함 증명 ③ 특신상태 *원진술자에 대한 반대신문의 기회보장은 요건 아님 *객관적 방법에 의한 대체증명 허용되지 않음
			피고인 아닌 자	진술서	① 원진술자(작성자)인 피고인 아닌 자의 자필이거나 서명 또는 날인 ② 피고인 아닌 자(원진술자)의 법정진술에 의하여 그 성립의 진정함 증명 ③ 피고인의 원진술자에 대한 반대신문의 기회보장은 원칙적으로 요건이 아님 다만 객관적 방법에 의한 대체증명이 허용되고 이때에는 피고인에게 반대신문의 기회보장이 요건
				진술기재서	① 원진술자(작성자 아님)인 피고인 아닌 자의 자필이거나 서명 또는 날인 ② 원진술자(작성자 아님)의 법정진술에 의하여 그 성립의 진정함 증명 *특신상태 증명 요구되지 않음 *원진술자에 대한 반대신문의 기회보장은 요건 아님 *객관적 방법에 의한 대체증명 허용되지 않음
		3항	감정서(감정인은 피고인 아닌 자이므로 감정서는 피고인 아닌 자의 진술서와 요건이 같음)		① 원진술자(작성자)인 피고인의 자필이거나 서명 또는 날인 ② 피고인의 법정진술에 의하여 그 성립의 진정함 증명 ③ 피고인의 원진술자에 대한 반대신문의 기회보장은 원칙적으로 요건이 아님 다만 객관적 방법에 의한 대체증명이 허용되고 이때에는 피고인에게 반대신문의 기회보장이 요건
4	제314조	제312조, 제313조의 조서나 서류가 원진술자의 진술불능으로 진정성립 등의 요건을 충족할 수 없는 경우를 대비한 보충규정			① 원진술자의 진술불능 ② 특신상태(신용성의 정황적 보장)

5	제315조	당연히 증거능력이 있는 서류 *공무원이 직무상 작성한 증명문서 *업무상 필요로 작성한 통상문서 *기타 특히 신용할 만한 정황에 의하여 작성한 문서		*요건 없음 당연히 증거능력 있음
6	제316조	1항	피고인 아닌 자(제3자)의 진술이 피고인의 진술을 내용으로 하는 전문진술(원진술자가 피고인)	① 특신상태
		2항	피고인 아닌 자(제3자)의 진술이 피고인이 아닌 타인의 진술을 내용으로 하는 전문진술(원진술자가 피고인 아닌 자)	① 원진술자의 진술불능 ② 특신상태

제8절 당사자의 동의

I 증거동의의 의의

1. 증거동의의 의의

검사와 피고인이 증거로 할 수 있음을 동의한 서류 또는 물건은 진정한 것으로 인정한 때에는 증거로 할 수 있다(제318조 제1항). 증거동의는 증거능력 없는 증거에 대하여 증거능력을 부여하는 당사자의 소송행위이다. 전문법칙에 의하여 증거능력이 없는 증거라 할지라도 당사자의 동의가 있는 경우에는 증거로 사용할 수 있게 함으로써 불필요한 증인신문을 회피하여 재판의 신속과 소송경제 부합한다는 점에서 인정하는 원칙이다. 주의할 점은 형사소송법은 당사자처분권주의를 인정하지 아니하므로 당사자의 동의가 있다고 해서 바로 증거능력이 인정되는 것이 아니라 법원이 진정성을 인정한 때에 한하여 증거로 볼 수 있다.

2. 동의의 본질

당사자가 동의 한 경우, 증거능력을 인정하는 근거에 대하여 반대신문권포기설과 처분권설이 있다. 동의의 본질에 관하여 처분권설은 전문증거뿐만 아니라 위법수집증거도 동의의 대상이 된다는 입장으로 타당하지 아니하므로, 반대신문권의 포기로 이해하는 것이 타당하다. 통설과 판례는 반대신문권포기설의 입장이다. 제318조 제1항은 반대신문권을 포기하겠다는 피고인의 의사표시에 의하여 서류 또는 물건의 증거능력을 부여하려는 규정이다.

반대신문권과 관계없는 임의성 없는 자백(제309조)이나 위법수집증거는 증거동의가 있어도 증거로 사용할 수 없다고 한다.

3. 동의와 전문법칙

당사자의 동의가 전문법칙에 대하여 적용된다고 본다면 이를 전문법칙의 예외로 규정한 것으로 보는 전문법칙예외설이 있으나, 전문법칙이 적용되지 않는 전문법칙부적용설이 다수설이다. 다만, 판례는 전문법칙예외설적 입장이다.

판례 대법원 1983.3.8. 선고 82도2873

형사소송법 제318조 제1항은 전문증거금지의 원칙에 대한 예외로서 반대신문권을 포기하겠다는 피고인의 의사표시에 의하여 서류 또는 물건의 증거능력을 부여하려는 규정이므로 피고인의 의사표시가 위와 같은 내용을 적극적으로 표시하는 것이라고 인정되는 경우이면 증거동의로서의 효력이 있다.

Ⅱ 동의의 방법

1. 동의의 주체와 상대방

1) 동의의 주체

동의의 주체는 검사와 피고인이다. 따라서 검사와 피고인의 동의가 있어야 한다. 변호사도 동의할 수 있으나 이에 대하여 학설은 조문에 변호인이 없으므로 종속대리권으로 보나 판례는 독립대리권으로 본다. 변호인은 피고인의 명시한 의사에 반하지 아니하는 한 피고인을 대리하여 증거로 함에 동의할 수 있으므로 피고인이 증거로 함에 동의하지 아니한다고 명시적인 의사표시를 한 경우 이외에는 변호인은 서류나 물건에 대하여 증거로 함에 동의할 수 있고 이 경우 변호인의 동의에 대하여 피고인이 즉시 이의하지 아니하는 경우에는 변호인의 동의로 증거능력이 인정된다.

판례 대판 1988.11.8. 88도1628

변호인은 피고인의 명시한 의사에 반하지 아니하는 한 피고인을 대리하여 증거로 함에 동의할 수 있으므로 피고인이 증거로 함에 동의하지 아니한다고 명시적인 의사표시를 한 경우 이외에는 변호인은 서류나 물건에 대하여 증거로 함에 동의할 수 있고 이 경우 변호인의 동의에 대하여 피고인이 즉시 이의하지 아니하는 경우에는 변호인의 동의로 증거능력이 인정된다.

2) 동의의 상대방

증거동의는 소송행위로서 증거능력을 부여하는 것이므로, 동의의 상대방은 법원이다. 그러므로 검사에게 한 증거동의는 동의로서의 효력이 없다.

2. 동의의 대상

1) 서류 또는 진술

동의는 반대신문권의 포기를 의미하므로 서류 이외의 전문증거가 되는 진술도 동의의 대상이 되는 것에는 견해가 일치한다. 그러므로 서류에 관하여는 공동피고인에 대한 피의자신문조서, 재전문증거, 진술조서, 진술조서에 서명은 있으나 날인이 착오로 누락된 것, 검증조서, 압수조서, 조서나 서류의 사본, 사진도 동의의 대상이 된다. 조서의 일부에 대한 동의도 가능하다.

판례 대법원 1982.9.14. 선고 82도1000

피고인과 별개의 범죄사실로 기소되어 병합심리중인 공동피고인은 피고인의 범죄사실에 관하여는 증인의 지위에 있다 할 것이므로 선서 없이 한 공동피고인의 법정진술이나 피고인이 증거로 함에 동의한 바 없는 공동피고인에 대한 피의자신문조서는 피고인의 공소범죄사실을 인정하는 증거로 할 수 없다.

판례 대법원 1999.10.22. 선고 99도3273

[1] 피고인이 검사와 사법경찰리 작성의 피고인에 대한 각 피의자신문조서의 성립의 진정과 임의성을 인정하였다가 그 뒤 임의성을 부인하는 진술을 하거나 서면을 제출한 경우에도 법원이 그 조서의 기재 내용, 조서를 작성하게 된 경위, 피고인의 법정에서의 범행에 관련된 진술 등 제반 사정에 비추어 진술의 임의성을 인정한 최초의 진술이 신빙성이 있다고 보아 그 임의성에 관하여 심증을 얻은 때에는 그 피의자신문조서는 여전히 증거능력이 인정된다.

[2] 사법경찰리가 작성한 피고인 아닌 자에 대한 진술조서, 압수조서, 검증조서 및 감정서 등도 피고인이 공소사실의 증거로 하는 데 동의하였다면 이들은 모두 증거능력이 있다.

판례 대법원 1996.1.26. 선고 95도2526

문서의 사본이라도 피고인이 증거로 함에 동의하였고 진정으로 작성되었음이 인정되는 경우에는 증거능력이 있다.

판례 대법원 1969.8.19. 선고 69도938

사진이 피고인 자신의 것에 틀림없다고 진술하고 이를 증거로 하는데 동의하였다면 증거로 하는데 동의하였다면 증거능력이 있다.

판례 대법원 1965.7.20. 선고 65도453

사법경찰관 아닌 사람이 사무취급으로서 작성한 피의자신문조서도 증거로 하는데 동의하면 증거능력이 있다.

판례 대법원 1990.7.24. 선고 90도1303

피고인들이 제1심법정에서 경찰의 검증조서 가운데 범행부분만 부동의하고 현장상황 부분에 대해서는 모두 증거로 함에 동의하였다면, 위 검증조서 중 범행상황 부분만을 증거로 채용한 제1심판결에 잘못이 없다.

2) 물건

제318조 제1항은 서류 외에 물건도 동의의 대상으로 명문으로 규정하고 있다. 판례는 '상해부위를 촬영한 사진'은 비진술증거로서 전문법칙이 적용되지 않는다고 보았으며, 증거동의한 점을 이유로 그 증거능력을 인정하고 있다(대법원 2007.7.26. 2007도3906).

3) 증거능력 없는 증거

동의의 대상은 모든 전문증거이다. 동의의 대상이 되는 것은 증거능력이 없는 증거에 한하므로 이미 증거능력이 인정된 증거는 증거동의의 대상이 될 수 없다. 그러므로 피고인이 유죄증거에 대한 반대증거로 제출된 서류[60]는 진정성립이 증명되지 않거나 동의가 없더라도 증거판단의 자료로 삼을 수 있으므로 동의의 대상이 아니다.

판례 대법원 1981.12.22. 선고 80도1547 판결

유죄의 자료가 되는 것으로 제출된 증거의 반대증거 서류에 대하여는 그것이 유죄사실을 인정하는 증거가 되는 것이 아닌 이상 반드시 그 진정성립이 증명되지 아니하거나 이를 증거로 함에 있어서의 상대방의 동의가 없다고 하더라도 증거판단의 자료로 할 수 있다.

판례 대법원 1968.12.6. 선고 67도657

검사가 작성한 피의자신문조서에 대하여 피고인이 그 성립을 인정한 경우에는 그 증거로 함에 대한 피고인의 동의여부에 불구하고 증거로 삼을 수 있다.

60) 피고인이 제출하는 증거이므로 자유로운 증명으로 족하므로 전문증거도 사용이 가능하다.

3. 동의의 방식

통설은 증거동의의 의사표시는 적극적 · 명시적 · 개별적 의사표시를 하여야 한다고 보나 판례는 묵시적 · 포괄적 의사표시로 족하다고 본다. 판례는 피고인 아닌 자의 진술조서에 대하여 이견이 없다고 진술하고 공판정에서 진술조서의 기재내용과 부합되는 진술을 한 경우, 피고인이 신청한 증인의 전문진술에 대하여 '별 의견이 없다'고 진술한 경우는 증거동의 한 것으로 보았다. 또한 판례는 검사가 제기한 모든 증거에 대하여 피고인이 증거로 함에 동의한다는 방식으로 이루어진 포괄적 증거동의에 대하여 그 효력을 인정하였다.

판례 대판 1983.8.2. 82도2873

개개의 증거에 대하여 개별적인 증거조사방식을 거치지 아니하고 검사가 제시한 모든 증거에 대하여 피고인이 증거로 함에 동의한다는 방식으로 이루어진 것이라 하여도 증거동의로서의 효력을 부정할 이유가 되지 못한다.

판례 대법원 1972.6.13. 선고 72도922

피고인 이외의 자의 진술조서에 대하여 피고인이 이견이 없다고 진술하고 있고 또 공판정에서 진술조서의 기재내용과 부합되는 진술을 하였다면 위 증거를 증거로 채용하는데 동의한 것으로 볼 수 있다.

판례 대법원 1983.9.27. 선고 83도516

피고인이 신청한 증인의 증언이 피고인 아닌 타인의 진술을 그 내용으로 하는 전문진술이라고 하더라도 피고인이 그 증언에 대하여 별 의견이 없다고 진술하였다면 그 증언을 증거로 함에 동의한 것으로 볼 수 있으므로 이는 증거능력 있다.

4. 동의의 시기

원칙적으로 증거조사 전 증거결정단계에서 하여야 한다. 증거능력 없는 증거는 증거조사가 허용되지 않기 때문이다. 재판실무에서는 증거능력 유무에 관한 의견진술단계에서 상대방의 동의여부를 확인하여 상대방이 증거동의하면 곧바로 증거조사하고 증거부동의하면 전문법칙의 예외규정요건 구비 여부를 확인하는 절차를 거쳐 증거능력의 요건을 충족한 경우에는 비로소 증거조사를 시행한다.

다만, 증거조사 도중이나 증거조사 후 전문증거임이 밝혀진 경우에 사후동의도 가능하며, 그 시기는 변론종결 시까지 가능하다고 보아야 한다. 사후동의 시 하자는 치유되어 증거능력이 소급하여 인정된다.

5. 동의의 요건

당사자가 동의한 서류 또는 진술도 법원이 진정성을 인정하지 않으면 증거능력이 없다. 여기서의 진정성이란 진술서에 서명·날인이 없거나 진술서의 기재 내용이 진술과 상이한 경우 또는 진술의 내용이 진실과 다른 경우와 같이 신용성을 의심스럽게 하는 유형적인 상황이 없는 것을 의미한다고 할 수 있다. 이러한 진정성을 조사함에 있어서 증거의 내용을 검토하여야 한다. 진정성은 증거능력의 요건에 불과하므로 자유로운 증명에 의하여 인정하면 족하다.

Ⅲ 동의 의제

1. 간이공판절차에서의 특칙

간이공판절차의 결정이 있는 사건의 증거에 관하여는 전문증거에 대하여도 동의가 있는 것으로 간주한다. 간이공판절차에서 피고인이 자백한 이상 반대신문권을 포기한 것으로 볼 수 있기 때문이다. 다만, 검사·피고인 또는 변호인이 증거로 함에 이의가 있는 때에는 그렇지 않다(제318조의3).

2. 피고인의 불출석(피고인, 대리인, 변호인도 나오지 않는 경우)

피고인의 출정 없이 증거조사를 할 수 있는 경우에 피고인이 출정하지 아니한 때에는 피고인의 대리인 또는 변호인이 출정한 때를 제외하고 피고인이 증거로 함에 동의한 것으로 간주한다(제318조 제2항). 피고인이 출정하지 않은 때에는 법원이 증거동의 여부를 확정할 방법이 없으므로 불출석으로 안한 소송장애를 방지하는 것이 그 목적이다. 불출석재판사건으로는 경미사건, 불출석허가사건, 약식명령에 불복하여 정식재판을 청구한 피고인이 2회 불출석한 경우, 소송촉진등에관한특례법 제23조에 의해 피고인 진술 없이 재판할 경우[61] 등이다.

피고인이 재판장의 허가 없이 퇴정하거나, 재판장의 퇴정명령에 의하여 출석하지 않는 경우에도 증거동의가 의제될 것인지에 대하여 다수설은 동의의제는 소송의 편의를 위한 것이지 불출석에 대한 제재는 아니므로 동의의제를 불허하는 소극설의 입장이나

61) 대법원 송형 81-11 예규

판례는 긍정설적 입장이다.

판례 대판 1991.6.28. 91도865

필요적 변호사건에서 피고인이 재판거부의 의사표시 후 재판장의 허가 없이 퇴정하고 변호인마저 이에 동조하여 퇴정해 버린 경우, 피고인과 변호인들이 출석하지 않은 상태에서 증거조사를 할 수밖에 없는 경우에는 형사소송법 제318조 제2항의 규정상 피고인의 진의와는 관계없이 형사소송법 제318조 제1항의 동의가 있는 것으로 간주하게 되어 있다.

Ⅳ 동의의 효과

1. 반대신문권의 포기

동의를 한 당사자가 증명력을 다투는 것이 허용되는가에 대하여 반대하는 견해도 있으나, 증거능력과 증명력은 다른 것이므로 반대신문이외의 방법으로는 허용된다고 보아야 한다. 그러므로 동의한 당사자는 반대신문권을 포기한 것이므로 증거의 증명력을 다투기 위하여 원진술자를 증인으로 신청하지 못한다. 동일하게 법원이 진정성을 조사하기 위하여 원진술자를 증인으로 신문하는 경우에도 동의한 당사자는 반대신문을 할 수 없다.

2. 동의의 효력이 미치는 범위

1) 시간적 범위

공판절차의 갱신이 있거나 심급을 달리한다고 하여도 동의의 효력은 소멸되지 않는다.

판례 대법원 1965.5.25. 선고 65도346

피고인이 제1심 변론기일에 참고인에 대한 검사 및 사법경찰관작성의 진술조서를 증거로 하는 데 동의하였으므로 제2심 변론에서 피고인이 위 조서를 증거로 하는데 동의하지 아니하였다고 하여도 일단 적법하게 부여된 위 조서의 증거능력은 특단의 사유 없이 상실되지 아니한다.

2) 인적 범위

공동피고인 중 1인에 대한 동의의 효력은 다른 공동피고인에게 미치지 않는다고 본다.

3) 물적 범위

서류 진술의 일부에 대한 동의는 허용되지 않는 것이 원칙이나 동의한 서류 또는 진술의 내용이 가분인 때에는 그 일부에 대하여도 동의할 수 있다.

판례 대법원 1984.10.10. 선고 84도1552

검사작성의 피고인 아닌 자에 대한 진술조서에 관하여 피고인이 공판정 진술과 배치되는 부분은 부동의한다고 진술한 것은 조서내용의 특정부분에 대하여 증거로 함에 동의한다는 특별한 사정이 있는 때와는 달리 그 조서를 증거로 함에 동의하지 아니한다는 취지로 해석하여야 한다.

V 동의의 철회와 취소

1. 철회와 허용시기

증거동의는 철회가 가능하며, 증거조사 완료 전까지 가능하다. 증거동의 의사표시는 증거조사가 완료되기 전까지 취소 또는 철회할 수 있으나, 일단 증거조사가 완료된 뒤에는 취소 또는 철회가 인정되지 않으므로, 이미 취득한 증거능력은 상실하지 않는다. 여기서 증거조사가 완료되는 시기는 법원이 증거조사를 실시한 후 증거조사 결과에 대한 의견을 묻게 되는데, 피고인이 그 결과에 대한 의견진술을 마친 때를 의미한다.

판례 대법원 2005.4.28. 선고 2004도4428 판결

형사소송법 제318조에 규정된 증거동의의 의사표시는 증거조사가 완료되기 전까지 취소 또는 철회할 수 있으나, 일단 증거조사가 완료된 뒤에는 취소 또는 철회가 인정되지 아니하므로 제1심에서 한 증거동의를 제2심에서 취소할 수 없고, 일단 증거조사가 종료된 후에 증거동의의 의사표시를 취소 또는 철회하더라도 취소 또는 철회 이전에 이미 취득한 증거능력이 상실되지 않으며, 또한 증거로 함에 대한 동의의 주체는 소송주체인 당사자라 할 것이지만 변호인은 피고인의 명시한 의사에 반하지 아니하는 한 피고인을 대리하여 증거로 함에 동의할 수 있으므로 피고인이 증거로 함에 동의하지 아니한다고 명시적인 의사표시를 한 경우 이외에는 변호인은 서류나 물건에 대하여 증거로 함에 동의할 수 있고, 이 경우 변호인의 동의에 대하여 피고인이 즉시 이의하지 아니하는 경우에는 변호인의 동의로 증거능력이 인정되어 증거조사 완료 전까지 그 동의가 취소 또는 철회하지 아니한 이상 일단 부여된 증거능력은 그대로 존속한다.

2. 취소

증거조사가 완료되기 전까지는 철회가 가능하므로 취소여부는 증거조사 완료 후에 실익이 있다. 판례는 동의에 중대한 하자가 있고 그에 관하여 피고인에게 귀책사유가 없는 경우에 한하여 예외적으로 증거조사 완료 후에 취소가 가능하다는 입장이다(대법원

2008.7.10. 2007도7760). 그렇지만 동의가 법률적으로 어떠한 효과가 있는지 모르고 한 것이었다는 주장만으로는 그 동의에 하자가 있다고 보지는 않는다.

제9절 탄핵증거

I 개념 및 범위

1. 의의

제312조부터 제316조까지의 규정에 따라 증거로 할 수 없는 서류나 진술이라도 공판준비 또는 공판기일에서의 피고인 또는 피고인이 아닌 자(공소제기 전에 피고인을 피의자로 조사하였거나 그 조사에 참여하였던 자를 포함한다. 이하 이 조에서 같음)의 진술의 증명력을 다투기 위하여 증거로 할 수 있다(제318조의2 제1항). 진술의 증명력을 다투기 위한 증거를 탄핵증거(impeachment)라고 한다. 증거능력이 없는 전문증거라도, 법관 면전에서 행해진 피고인 또는 피고인 아닌 자의 진술의 증명력을 다투기 위한 증거로는 허용된다는 것이다. 이 탄핵증거는 전문법칙의 적용이 없는 경우이며, 자유심증주의를 보강하는 법칙이다.

판례 대법원 1985.5.14. 선고 85도441

형사소송법 제318조의2에 규정된 소위 탄핵증거는 범죄사실을 인정하는 증거가 아니므로 그것이 증거서류이든 진술이든 간에 유죄증거에 관한 소송법상의 엄격한 증거능력을 요하지 아니한다.

판례 대법원 1969.9.23. 선고 69도1028

증인의 증언이 전문증거라 하더라도 공판기일에서 피고인 아닌 자의 진술의 증명력을 다투기 위해서는 이를 증거로 할 수 있다.

2. 검사의 탄핵증거와 피고인측 탄핵증거

탄핵증거는 증거가치의 재음미를 통하여 법관의 증명력 판단의 합리성을 제고하며, 자유심증주의를 보강한다. 탄핵증거는 주요사실, 간접사실을 증명하는 실질증거로 사용되는 것이 아니므로, 전문증거를 배제하는 엄격한 증명의 법리에 배치되지 않는다.

1) 검사의 탄핵증거

실무상 주로 논의되는 것은 검사의 탄핵증거이다. 예를 들어, 피고인 갑의 폭행 피고사건에서 피고인측 증인 B가 법정에서 '갑은 피해자 A를 폭행하지 않았다'고 법정에서 진술한 경우, 검사가 과거에 증인 B가 법정 외에서 갑이 A를 폭행하였다고 한 진술(증인의 법정 외 자기모순진술), 또는 B가 피고인 갑과 친한 관계에 있다는 사실(증인의 신용성에 관한 사실)에 대하여, B로부터 전해들은 C의 법정진술(전문진술)을 B의 증언의 증명력을 다투기 위하여 탄핵증거로 제출하는 경우이다.

피고인의 경우, 제318조의2에 정한 탄핵증거 요건에 해당하지 않더라도 일반적인 반대증거의 법리에 따라 자유롭게 유리한 증거를 신청할 수 있기에, 제318조의2의 탄핵증거의 개념은 주로 검사의 탄핵증거를 의미한다.

2) 피고인의 탄핵증거와 반대증거

반대증거는 피고인에게 유리한 반대사실을 증명하기 위한 증거이다. 피고인에게 유리한 반대사실, 즉 검사가 증명책임을 부담하는 공소사실, 형벌권의 근거와 범위에 관한 일체의 사실과 반대되는 사실을 증명하는 실질증거이다. 판례는 피고인측의 반대증거에 대해서 증거능력 및 엄격한 증거조사절차를 요구하지 않는다. 그리고 반대증거는 그 진술의 증명력만을 다투는 탄핵증거와 구별된다.

반대증거는 증거능력 등의 제한없이 공소사실 또는 이를 증명하기 위한 검사의 증거와 관련성이 있는 피고인에게 유리한 일체의 증거를 의미하므로 피고인측의 탄핵증거를 포함하는 보다 넓은 개념이다.

Ⅱ 탄핵증거의 허용범위

1. 학설의 대립

1) 비한정설

탄핵증거의 범위에 대하여 자기모순의 진술에 한하지 아니하고 또 범죄사실에 관한 것인지 아닌지 불문하고 증명력을 다투기 위한 증거는 탄핵증거로 사용할 수 있다는 입장이 있으나, 이에 따르게 되면 탄핵증거의 범위의 너무 확대되어 전문법칙의 원칙이 형해화될 위험이 있어 타당하지 아니하다.

2) 이원설

검사와 피고인을 구별하는 입장이다. 피고인은 증명력을 다투기 위하여 모든 전문증거를 탄핵증거로 사용할 수 있지만, 검사는 자기모순의 진술에 한정된다는 입장이다. 피고인의 이익을 위해 검사 제출의 탄핵증거는 그 범위가 제한되어야 한다는 점을 근거로 한다. 이렇게 구별하여야 할 합리적 이유가 없다는 비판이 있다.

3) 절충설

자기모순의 진술 이외에 증인의 신용성에 대한 순수한 보조사실의 증거도 탄핵증거로 허용한다는 입장이다. 즉, 탄핵증거는 자기모순의 진술일 것을 요하지 않지만 증인의 신빙성에 대한 순수한 보조사실의 입증(증인의 교양, 성격, 편견, 이해관계 등)을 위한 증거에 제한되어야 한다는 입장이다. 우리 형사소송규칙 제77조에서도 주신문 또는 반대신문의 경우에는 증언의 증명력을 다투기 위하여 필요한 사항에 관한 신문을 할 수 있고, 앞의 신문은 증인의 경험, 기억 또는 표현의 정확성 등 증언의 신빙성에 관한 사항 및 증인의 이해관계, 편견 또는 예단 등 증인의 신용성에 관한 사항에 관하여 한다. 또한 전문증거의 증거능력배제는 전문증거를 범죄사실(주요사실, 간접사실)의 증명자료로 사용할 수 없도록 하는 것이므로, 진술자의 신용성에 대한 순수한 보조사실의 증명은 증거능력이 없는 전문증거에 의하더라도 무방하다는 점을 근거로 한다. 그러나 순수한 보조사실과 주요사실을 구별한다는 것이 매우 어렵다는 비판이 있다.

4) 한정설

탄핵증거로 제출될 수 있는 증거를 자기모순의 진술에 한정되어야 한다는 입장이다.

2. 판례의 입장

판례는 검사가 제출한 탄핵증거의 허용범위에 대하여 비한정설을 명백히 배척하고 있으며, 자기모순 진술(한정설)만으로 한정하는 입장도 아니다. 절충설의 입장으로 이해할 여지가 있다.

Ⅲ 탄핵의 범위와 대상

1. 증명력을 다툰다는 의미

증명력을 다툰다는 의미는 증명력을 감쇄하는 것만을 의미할 뿐 처음부터 증명력을 지지·보강하는 것은 포함되지 않는다. 탄핵증거는 증명력을 지지·보강하는 할 수 없다는 점에서는 이의가 없으나 감쇄된 증명력을 회복하기 한 경우도 증명력을 다투기 위한 범위에 해당한다고 볼 것인가 대해서 이를 허용하지 않는 입장도 있으나, 증거의 증명력이 반대당사자에 의하여 감쇄된 경우에 이를 회복하기 위한 기회를 부여하지 않는다면 공평의 원칙에 반하므로, 이를 긍정하는 입장이 다수설이다.

탄핵증거는 법관면전에서 행해진 진술의 증명력을 다투는 것만 허용될 뿐, 그 내용인 사실자체를 증명하려는 것은 허용되지 않는다. 따라서 탄핵증거는 진술의 증명력을 감쇄하기 위하여 인정되는 것이고 범죄사실 또는 그 간접사실을 인정하는 증거로서는 허용되지 않는다(대법원 2005.8.19. 2005도2617).

제318조의2의 탄핵증거는 전문법칙의 예외가 아니라 처음부터 전문법칙의 적용이 없는 경우이다. 전문증거에 의하여 원진술의 내용인 주요사실(또는 간접사실)을 증명하기 위하여 실질증거로 사용하는 것이 아니라, 법정진술의 증명력을 탄핵하려는 것이어서 탄핵증거는 전문법칙의 예외요건(필요성, 신용성의 정황적 보장)과 상관없이 허용되는 것이다.

2. 탄핵의 대상

1) 법관 면전에서의 진술

제318조의2는 탄핵대상을 공판준비 또는 공판기일에 행한 진술만으로 규정하고 있다. 법관 면전에서의 진술 이외에 나머지 다른 진술증거에 대하여는 제318조의2의 탄핵대상으로 규정하고 있지 않아서 그에 대한 탄핵을 명목으로 한 탄핵증거의 제출은 허용되지 않는다. 따라서 공판준비 또는 공판기일에서의 피고인 또는 피고인이 아닌 자(공소제기 전에 피고인을 피의자로 조사하였거나 그 조사에 참여하였던 자를 포함한다. 이 이 조에서 같다)의 진술이 탄핵의 대상이 된다.

피고인의 진술이 탄핵의 대상이 될 수 있는지에 대하여 이를 부정하는 입장도 있으나, 법문에서 피고인의 진술이 명문으로 인정되고 있으므로 긍정하는 것이 타당하다. 판례도 긍정한다.[62]

2) 자기 측 증인의 탄핵

증인의 증언이 오히려 당해 피고인에게 나쁜 경우에는 자기 측의 증인의 증언에 대하여도 탄핵이 허용된다고 하여야 한다.

3) 진술의 일부 탄핵

진술 중 일부에 대해서만 탄핵도 가능하다.

Ⅳ 증거로 할 수 있는 범위

탄핵증거로 사용될 수 있는 증거는 증거능력이 없는 전문증거이다. 전문증거에는 서류 및 진술이 모두 포함된다.

1. 임의성 없는 진술 및 위법수집증거

자백배제법칙에 의하여 임의성 없는 자백 또는 임의성이 인정되지 아니하여 증거능력이 없는 진술이나 서류는 피고인의 부인진술의 증명력을 감쇄시키기 위한 탄핵증거로 허용되지 않는다. 판례도 같은 입장으로, 피고인이 내용을 부인한 경찰피의자신문조서는 임의성을 의심할 만한 사정이 없는 한 피고인의 법정에서의 진술을 탄핵하기 위한 증거로 사용할 수 있다고 본다. 또한 위법수집증거배제법칙에 의하여 적법절차를 위반하여 수집한 증거도 허용되지 않는다. 피고인의 자기모순 진술이 탄핵증거로 되려면, 임의성도 있어야 하고, 위법하게 수집된 것도 아니어야 한다.

2. 탄핵증거와 성립의 진정

전문서류의 경우, 성립의 진정, 특히 서명과 날인이 필요한지가 문제된다. 판례는 탄핵증거에서는 성립의 진정이 문제되지 않는다고 보아, 탄핵증거로 허용한다.

[판례] 대법원 1981.12.22. 선고 80도1547

유죄의 자료가 되는 것으로 제출된 증거의 반대증거 서류(탄핵증거)에 대하여는 그것이 유죄사실을 인정하는 증거가 되는 것이 아닌 이상 반드시 그 진정성립이 증명되지 아니하거나 이를 증거로 함에 있어서의 상대방의 동의가 없다고 하더라도 증거판단의 자료로 할 수 있다.

62) 대법원 2005.8.19. 2005도2617

3. 수사기관의 영상녹화물

수사기관의 영상녹화물은 형사소송법상 공소사실을 직접 증명할 수 있는 독립증거로 사용될 수 없으며, 이를 탄핵증거로도 사용할 수 없다. 영상녹화물의 용도는 참고인 진술조서의 실질적 진정성립의 증명, 참고인의 기억환기를 위한 것으로 한정된다.

우리 형사소송법 제318조의2 제2항에서 "피고인 또는 피고인이 아닌 자의 진술을 내용으로 하는 영상녹화물은 공판준비 또는 공판기일에 피고인 또는 피고인이 아닌 자가 진술함에 있어서 기억이 명백하지 아니한 사항에 관하여 기억을 환기시켜야 할 필요가 있다고 인정되는 때에 한하여 피고인 또는 피고인이 아닌 자에게 재생하여 시청하게 할 수 있다"고 하여 영상녹화물은 탄핵증거로 사용할 수 없게 하였다. 이러한 이유는 영상녹화물을 탄핵증거로 하여 제출을 허용한다면 증거능력 없는 증거에 의한 법관의 심증형성에 심히 중대한 영향을 주기 때문에 이를 허용하지 아니하는 것이다.[63]

4. 공판정에서의 진술 이후에 이루어진 자기모순의 진술

법정에서 증언을 마친 증인을 수사기관이 소환한 후, 피고인에게 유리한 그 증언내용을 추궁하여 이를 일방적으로 번복시키는 방식으로 작성한 진술조서(증언 번복 진술조서)는 탄핵증거로도 허용되지 않는다.

이러한 조서는 공판중심주의, 직접주의, 재판을 받을 권리를 침해한 위법수집증거이므로 탄핵증거로 사용할 수 없다고 본다.

5. 공소제기 후 작성된 진술조서

공판기일에 증인으로 신청하여 신문할 수 있는 사람을 특별한 사정없이 미리 수사기관에 출석요구하여 작성한 진술조서는 탄핵증거로 사용할 수 없다. 증언번복진술조서와는 달리 증인신문 전에 미리 수사기관에 출석요구하여 진술조서를 작성할 특별한 사정이 있는 경우에는 증거동의가 없더라도 탄핵증거로 사용될 여지는 있다.

---

63) 그러므로 이러한 영상녹화물은 법원이 시청하는 것이 아니라 피고인 또는 피고인 아닌 자에게 시청을 허용하고 있는 것이다(법원행정처, 형사소송법 개정 법률해설, 143면).

Ⅴ 증거조사의 방법

1. 제출시기

탄핵증거는 그 성질상 탄핵대상 진술이 행해진 이후에 비로소 신청이 가능하다. 제출시기는 증인신문의 도중 또는 종료 후가 된다. 반면 반대증거는 그 시기에 관계없이 신청과 제출이 가능하다.

2. 제출방식

틴핵증거를 신청하는 경우에, 먼저 입증취지 등을 구체적으로 명시하여야 한다. 탄핵증거의 제출에도 상대방에게 이에 대한 공격방어의 수단을 강구할 기회를 사전에 부여하여야 한다. 따라서 증명력을 다투고자 하는 증거의 어느 부분에 의하여 진술의 어느 부분을 다투려고 한다는 것을 사전에 상대방에게 알려야 한다.

[판례] 대법원 2005.8.19. 선고 2005도2617

검사가 유죄의 자료로 제출한 사법경찰리 작성의 피고인에 대한 피의자신문조서는 피고인이 그 내용을 부인하는 이상 증거능력이 없으나, 그것이 임의로 작성된 것이 아니라고 의심할 만한 사정이 없는 한 피고인의 법정에서의 진술을 탄핵하기 위한 반대증거로 사용할 수 있으며, 또한 탄핵증거는 범죄사실을 인정하는 증거가 아니므로 엄격한 증거조사를 거쳐야 할 필요가 없음은 형사소송법 제318조의2의 규정에 따라 명백하나 법정에서 이에 대한 탄핵증거로서의 증거조사는 필요한 것이고, 한편 증거신청의 방식에 관하여 규정한 형사소송규칙 제132조 제1항의 취지에 비추어 보면 탄핵증거의 제출에 있어서도 상대방에게 이에 대한 공격방어의 수단을 강구할 기회를 사전에 부여하여야 한다는 점에서 그 증거와 증명하고자 하는 사실과의 관계 및 입증취지 등을 미리 구체적으로 명시하여야 할 것이므로, 증명력을 다투고자 하는 증거의 어느 부분에 의하여 진술의 어느 부분을 다투려고 한다는 것을 사전에 상대방에게 알려야 한다.

제10절 자백의 보강법칙

I 개념

1. 의의

자백의 보강법칙이란 피고인의 자백이 증거능력과 신용성을 갖추어 법관이 유죄의 합리적 의심이 없는 고도의 개연성을 인정한 경우에 있어서도 보강증거가 없으면 유죄로 할 수 없다는 원칙을 말한다. 우리 형사소송법도 제310조에서 "피고인의 자백이 그 피고인에게 불이익한 유일의 증거인 때에는 이를 유죄의 증거로 하지 못한다"고 규정하여 자백의 보강법칙을 천명하고 있다. 자백의 보강법칙은 자백의 증명력 제한에 관한 것으로 법관의 유죄심증에도 불구하고 보강증거가 없으면 유죄의 판결을 하지 못한다는 점에서 자유심증주의의 예외가 된다.

2. 자백의 보강법칙의 취지

자백의 보강법칙을 요구하는 직접적인 이유는 허위자백으로 인한 오판의 위험을 방지(자백의 진실성 담보)하고, 간접적으로는 자백 편중으로 인한 인권의 침해의 방지에 그 이유가 있다.

3. 자백의 보강법칙의 적용범위

즉결심판과 소년보호사건에는 보강법칙이 적용되지 않으므로, 자백만으로도 유죄인정이 가능하다. 통상의 형사공판절차, 약식명령과 간이공판절차에서는 자백의 보강법칙이 적용된다.

판례 대법원 1982.10.15. 자 82모36 결정

형사소송절차가 아닌 소년보호사건에 있어서는 비행사실의 일부에 관하여 자백이외의 다른 증거가 없다 하더라도 법령적용의 착오나 소송절차의 법령위반이 있다고 할 수 없다.

Ⅱ 보강을 필요로 하는 자백

1. 피고인의 자백

보강증거가 필요한 자백은 피고인의 자백이다. 증인의 증언, 참고인의 진술에는 보강증거가 요구되지 않는다. 증인의 증언이나 참고인의 진술에는 보강증거를 필요로 하지 아니하므로 증인자백은 증언만으로 유죄를 판단을 하여도 위법이 아니다. 피고인의 자백에서 자백이란 증거능력이 있는 자백을 전제로 한다. 그러므로 임의성 없는 자백은 보강증거가 있다고 하여도 유죄의 증거로 할 수 없다.

판례 대법원 1983.9.13. 선고 83도712

[1] 자백의 임의성이 인정된다고 하더라도 이것은 그 자백이 엄격한 증명의 자료로서 사용될 자격 즉 증거능력이 있다는 것에 지나지 않고 그 자백의 진실성과 신빙성 즉 증명력까지도 당연히 인정되어야 하는 것은 아니다.

[2] 자백의 신빙성 유무를 판단함에 있어서는 첫째로 자백의 진술내용 자체가 객관적인 합리성을 띠고 있는가, 둘째로 자백의 동기나 이유 및 자백에 이르게 된 경위가 어떠한가, 셋째로 자백외의 정황증거 중 자백과 저촉되거나 모순되는 것이 없는가 하는 점 등을 고려하여 판단하여야 한다.

피고인의자백은 그 시기 · 형식 · 상대방을 불문한다. 피의자의 지위 혹은 참고인, 증인으로서 한 자백도 피고인의 자백이 되고 경찰관에게 했든 사인에 대하여 했든 모두 자백에 포함된다. 형식도 요구되지 아니하므로 구두에 의한 자백뿐만 아니라 서면에 기재된 진술이나 일기장 · 수첩 · 비망록 등도 포함된다고 보는 것이 다수설이나 판례는 반대의 입장이다.

판례 대판 1996.10.17. 94도2865 전원합의체

1. 상업장부나 항해일지, 진료일지 또는 이와 유사한 금전출납부 등과 같이 범죄사실의 인정 여부와는 관계없이 자기에게 맡겨진 사무를 처리한 사무내역을 그때그때 계속적 · 기계적으로 기재한 문서 등의 경우에는 사무처리 내역을 증명하기 위하여 존재하는 문서로서 그 존재 자체 및 기재가 그러한 내용의 사무가 처리되었음의 여부를 판단할 수 있는 별개의 독립된 증거자료이고, 설사 그 문서가 우연히 피고인이 작성하였고 그 문서의 내용 중 피고인의 범죄사실의 존재를 추론해 낼 수 있는, 즉 공소사실에 일부 부합되는 사실의 기재가 있다고 하더라도, 이를 일컬어 피고인이 범죄사실을 자백하는 문서라고 볼 수는 없다.
2. 피고인이 뇌물공여 혐의를 받기 전에 이와는 관계없이 준설공사에 필요한 각종 인 · 허가 등의 업무를 위임받아 이를 추진하는 과정에서 그 업무수행에 필요한 자금을 지출하면서, 스스로 그 지출한 자금내역을 자료로 남겨두기 위하여 뇌물자금과 기타 자금을 구별하지 아니하고 그 지출일시, 금액, 상대방 등 내역을 그때그때 계속적 · 기계적으로 기입한 수첩의 기재내용은 피고인이 자신의 범죄사실을 시인하는 자백이라고 볼 수 없으므로, 증거능력이 있는 한 피고인의 금전출납

을 증명할 수 있는 별개의 증거라고 할 것인즉, 피고인의 검찰에서의 자백에 대한 보강증거가 될 수 있다.

2. 공판정의 자백

공판정의 자백과 공판정 외의 자백을 불문하므로 보강증거가 필요하다. 공판정의 자백에도 허위자백의 여지와 오판의 위험성은 여전히 남아 있기에 학설과 판례는 공판정에서 행한 피고인의 자백에도 보강법칙이 적용된다고 본다(대법원 1966.7.26. 66도634).

판례 대법원 1966.7.26. 선고 66도634 전원합의체 판결

구 헌법(62.12.26. 개정) 제10조 및 본건의 규정에 의하면 피고인의 자백이 그에게 불리한 유일한 증거인 때에는 그 자백이 공판정에서의 자백이든 피의자로서의 조사관에 대한 진술이든 그 자백의 증거능력이 제한되어 있고 그 어느 것이나 독립하여 유죄의 증거가 될 수 없으므로 위 자백을 아무리 합쳐 보더라도 그것만으로는 유죄의 판결을 할 수 없다.

3. 공범자의 자백

공범자의 자백에 대하여도 공범자의 자백을 피고인의 자백에 포함시키지 아니하면 공범자 중 한 사람이 자백하고 다른 한 사람은 범행을 부인하는 경우 다른 보강증거가 없으면 자백한 공범자는 무죄가 되고 부인한 공범자는 유죄가 되는 불합리한 결과가 발생하므로 보강증거가 필요하다는 긍정설이 있으나 공범자의 자백은 피고인의 자백으로 볼 수 없으므로 공범자의 자백에 대하여는 보강증거가 필요 없다는 부정설이 타당하다.

판례는 보강증거 불필요설의 입장이다. 제310조의 피고인의 자백에는 공범자의 진술은 포함되지 않으므로 공범자의 자백에는 보강증거가 필요 없다고 한다. 공범인 공동피고인의 진술은 피고인의 반대신문권이 보장되어 있어 독립한 증거능력이 있다. 또한 다른 공동피고인에 대한 범죄사실을 인정하는 증거로 할 수 있고 공범인 공동피고인들의 각 진술은 상호 간에 서로 보강증거가 될 수 있다(대법원 1990.10.30. 90도19390). 예를 들어 공범자 중 1인만 자백한 경우, 그 자백에 신빙성이 있고 그 외에 다른 증거가 없다면, 자백한 공범은 보강증거가 없어 무죄가 되고, 부인한 공범은 그 공범자의 자백만으로 보강증거 없이 유죄로 인정할 수 있다. 합동절도의 경우, 갑만 자백하고 을은 부인하고 있으면, 갑은 무죄, 부인한 을은 유죄가 된다.

판례 대법원 1992.7.28. 선고 92도917 판결

형사소송법 제310조의 피고인의 자백에는 공범인 공동피고인의 진술은 포함되지 않으며, 이러한 공동피고인의 진술에 대하여는 피고인의 반대신문권이 보장되어 있어 독립한 증거능력이 있다.

Ⅲ 보강증거의 성질

1. 독립증거

보강증거는 유죄의 증거이므로 엄격한 증명의 법리에 따라 증거능력 있는 증거이어야 한다. 따라서 위법수집증거배제법칙, 자백배제법칙에 의하여 증거능력이 없는 증거는 보강증거가 될 수 없다. 전문증거는 전문법칙의 예외에 해당하지 않는 한 보강증거가 될 수 없다.

보강증거는 증거능력이 있는 피고인의 자백과 독립된 별개의 증거가 되어야 한다. 그러므로 피고인의 자백은 독립된 증거가 될 수 없다. 따라서 피고인의 공판정에서의 자백에 대한 보강증거로 수사기관의 자백을 사용할 수 없다.[64] 독립된 증거가 되는 한 인증, 물증이든 증거서류이든 모두 가능하다. 그러므로 전문법칙의 예외에 해당하는 경우뿐만 아니라 전문증거가 동의를 얻는 경우에도 보강증거가 될 수 있다.

피고인이 범행을 자인하는 것을 들었다는 피고인 아닌 자의 진술조서는 자백자 본인의 진술자체를 기재한 것은 아니므로 제310조의 자백에는 포함되지 않는다. 또한 이와 같은 진술기재 내용을 피고인의 자백의 보강증거로 삼는다면, 피고인의 자백을 피고인의 자백으로서 보강하는 결과가 되어 아무런 보강도 없는 것이니 보강증거가 되지 못하고, 오히려 보강증거를 필요로 하는 피고인의 자백과 동일하게 보아야 할 성질의 것이므로 피고인의 자백의 보강증거로 될 수 없다(대법원 1981.7.7. 81도1314).

판례 대법원 1981.7.7. 선고 대판 81도1314

피고인이 범행을 자인하는 것을 들었다는 피고인 아닌 자의 진술내용은 형사소송법 제310조의 피고인의 자백에는 포함되지 아니하나 이는 피고인의 자백의 보강증거로 될 수 없다.

판례는 업무용 수첩과 같이 사무처리 내역을 그때마다 계속적, 기계적으로 기재한 문서는 자백문서가 아니며, 보강증거가 될 수 있다고 한다. 또한 상업장부, 항해일지, 진로

64) 대법원 1974.1.15. 73도1819

일지, 금전출납부 등과 같이 범죄사실의 인정 여부와는 관계없이, 자기에게 맡겨진 사무를 처리한 사무내역을 그때마다 계속적, 기계적으로 기재한 문서는 사무처리 내역을 증명하기 위하여 존재하는 문서로서, 그 존재 자체 및 기재가 그러한 내용의 사무가 처리되었음을 판단할 수 있는 별개의 독립된 증거이고, 이를 피고인이 범죄사실을 자백하는 문서로 볼 수는 없다는 입장이다.

2. 정황증거

보강증거는 증거능력이 있는 독립된 증거인 이상, 인증·물증·증거서류 등을 포함한다. 독립된 증거인 이상 직접증거에 한하지 아니하고 간접증거 내지 정황증거도 보강증거가 될 수 있다. 다만 정황증거는 자백한 범죄사실과 직접 또는 간접으로 관련이 있는 것이어야 하며, 범죄사실과는 관련이 없는 범행동기에 관한 것인 경우에는 보강증거가 될 수 없다(대법원 1990.12.7. 90도2010).

판례 대법원 2006.1.27. 선고 2005도8704

자백에 대한 보강증거는 범죄사실의 전부 또는 중요 부분을 인정할 수 있는 정도가 되지 아니하더라도 피고인의 자백이 가공적인 것이 아닌 진실한 것임을 인정할 수 있는 정도만 되면 족할 뿐만 아니라, 직접증거가 아닌 간접증거나 정황증거도 보강증거가 될 수 있다. 또한 자백과 보강증거가 서로 어울려서 전체로서 범죄사실을 인정할 수 있으면 유죄의 증거로 충분하다.

판례 대법원 2008.5.29. 선고 2008도2343 판결

피고인이 자신이 거주하던 다세대주택의 여러 세대에서 7건의 절도행위를 한 것으로 기소되었는데 그 중 4건은 범행장소인 구체적 호수가 특정되지 않은 사안에서, 위 4건에 관한 피고인의 범행 관련 진술이 매우 사실적·구체적·합리적이고 진술의 신빙성을 의심할 만한 사유도 없어 자백의 진실성이 인정되므로, 피고인의 집에서 해당 피해품을 압수한 압수조서와 압수물 사진은 위 자백에 대한 보강증거가 된다.

판례 대법원 2008.2.14. 선고 2007도10937 판결

'피고인이 공소외 2로부터 필로폰을 매수하면서 그 대금을 공소외 2가 지정하는 은행계좌로 송금한 사실'에 대한 압수수색검증영장 집행보고는 필로폰 매수행위에 대한 보강증거는 될 수 있어도 그와 실체적 경합범 관계에 있는 필로폰 투약행위에 대한 보강증거는 될 수 없다.

판례 대법원 1997.4.11. 선고 97도470 판결

히로뽕 6g를 소지하며 그 중에서 0.15g를 투약하고 0.85g를 매매한 죄로 기소된 사안에서, 구체적 사정에 비추어 히로뽕, 주사기, 상당량의 자기앞수표 등에 대한 압수조서가 투약에 소비된 양과 압수

된 양(4.8g)을 넘는 부분의 히로뽕 소지 및 매매사실에 관하여도 자백의 보강증거가 될 수 있다.

판례 대법원 2007.9.20. 선고 2007도5845 판결

기소된 대마 흡연일자로부터 한 달 후 피고인의 주거지에서 압수된 대마 잎이 피고인의 자백에 대한 보강증거가 된다.

판례 대법원 1983.2.22. 82도3107

피고인이 위조신분증을 제시 행사한 사실을 자백하고 있고 위 제시 행사한 신분증이 현존한다면 그 자백이 임의성이 없는 것이 아닌 한 위 신분증은 피고인의 위 자백사실의 진실성을 인정할 간접증거가 된다고 보아야 한다.

판례 대법원 2000.9.26. 선고 2000도2365 판결

자동차등록증에 차량의 소유자가 피고인으로 등록·기재된 것이 피고인이 그 차량을 운전하였다는 사실의 자백부분에 대한 보강증거가 될 수 있고 결과적으로 피고인의 무면허운전이라는 전체 범죄사실의 보강증거로 충분하다.

판례 대법원 1998.12.22. 선고 98도2890 판결

뇌물수수자가 무자격자인 뇌물공여자로 하여금 건축공사를 하도급 받도록 알선하고 그 하도급계약을 승인받을 수 있도록 하였으며 공사와 관련된 각종의 편의를 제공한 사실을 인정할 수 있는 증거들이 뇌물공여자의 자백에 대한 보강증거가 될 수 있다.

판례 대법원 1995.6.30. 선고 94도993 판결

뇌물공여의 상대방인 공무원이 뇌물을 수수한 사실을 부인하면서도 그 일시경에 뇌물공여자를 만났던 사실 및 공무에 관한 청탁을 받기도 한 사실 자체는 시인하였다면, 이는 뇌물을 공여하였다는 뇌물공여자의 자백에 대한 보강증거가 될 수 있다.

판례 대법원 1994.9.30. 선고 94도1146 판결

오토바이를 절취당한 피해자로부터 오토바이가 세워져 있다는 신고를 받고 그 곳에 출동한 경찰관이 잠복근무하다가 피고인이 오토바이의 시동을 걸려는 것을 보고 그를 즉시 체포하면서 그로부터 오토바이를 압수하였다는 사법경찰리 작성의 압수조서의 기재는 피고인이 운전면허가 없다는 사실에 대한 직접적인 보강증거는 아니지만 오토바이를 운전하였다는 사실의 자백 부분에 대한 보강증거는 되는 것이므로 결과적으로 피고인이 운전면허 없이 운전하였다는 전체 범죄사실의 보강증거로 충분하다.

판례 대법원 2001.9.28. 선고 2001도4091 판결

공문서변조 및 동행사의 공소범죄사실을 모두 자백한 사실, 이에 관하여 제출된 증거자료 중 형사민원사무처리부에 피고인이 변조하였다는 내용이 기재되어 있고 피고인은 제1심에서 위 증거자료를 증거로 함에 동의한 사실을 알 수 있으므로, 위 형사민원사무처리부는 피고인의 자백에 대한 보강증거로 삼기에 족하다.

3. 공범자의 자백

공범자의 자백은 피고인의 자백과 독립된 별개의 증거이므로 피고인의 자백에 대한 보강증거가 될 수 있다. 공범인 공동피고인의 진술은 다른 공동피고인에 대한 범죄사실을 인정하는 증거로 할 수 있고, 공범인 공동피고인들의 각 진술은 상호 간에 서로 보강증거가 될 수 있다. 공동피고인들 간에 이해관계가 상반된다고 하여도 마찬가지이다. 3인의 공동피고인 중 1인이 자백하였고, 피고인도 자백하였으면, 다른 공범자 1인이 부인한다고 하여도, 공동피고인 중 1인의 자백은 피고인의 자백에 대한 보강증거가 된다.

[판례] 대법원 2006.5.11. 선고 2006도1944

공동피고인의 자백은 이에 대한 피고인의 반대신문권이 보장되어 있어 증인으로 신문한 경우와 다를 바 없으므로 독립한 증거능력이 있고, 이는 피고인들 간에 이해관계가 상반된다고 하여도 마찬가지라 할 것이다.

[판례] 대법원 1968.3.19. 선고 68도43

공동피고인 중의 한 사람이 자백하였고 피고인 역시 자백했다면 다른 공동피고인 중의 한 사람이 부인한다 하여도 위 공동피고인 중의 한 사람이 자백은 피고인의 자백에 대한 보강증거가 된다.

Ⅳ 보강증거의 범위

1. 보강증거의 범위

1) 문제점

보강증거는 범죄사실의 전부에 대한 증거임을 요하지 아니하고 일부에 대한 증거로 충분하나, 어떠한 보강증거가 있기만 하면 충분하다고 한다면 보강법칙을 무의미하게 되므로 보강증거의 범위가 문제가 된다.

2) 학설의 대립

보강증거의 범위에 대하여 객관적 범죄구성사실의 전부 또는 중요한 부분에 대하여 보강증거가 있어야 한다는 죄체설(corpus delicti)이 있으나, 보강법칙의 취지가 오판의 위험을 방지하는데 있고, 자유심증주의의 예외라는 점에서 엄격히 해석하여야 한다는 점에서 자백의 진실성을 담보하는 정도면 족하다고 보는 진실성담보설이 타당하다. 판례도 진실성담보설의 입장을 명확히 하고 있다. 보강증거는 자백이 가공적인 것이 아니고 진실한 것이라고 담보할 수 있는 정도이면 족한 것이지, 범죄사실의 전부나 그 중요 부분의 전부에 일일이 그 보강증거를 필요로 하는 것은 아니다(대법원 1994.9.30. 94도1146).

판례 대법원 2006.1.27. 선고 2005도8704

자백에 대한 보강증거는 범죄사실의 전부 또는 중요 부분을 인정할 수 있는 정도가 되지 아니하더라도 피고인의 자백이 가공적인 것이 아닌 진실한 것임을 인정할 수 있는 정도만 되면 족할 뿐만 아니라, 직접증거가 아닌 간접증거나 정황증거도 보강증거가 될 수 있다.

3) 보강의 정도

보강증거가 어느 정도의 증명력을 요하는 증거여야 하는 것이다. 보강증거는 반드시 그 증거만으로 객관적 구성요건에 해당하는 사실을 인정할 수 있는 정도의 것임을 요하지 않는다. 또한 보강증거는 자백과 서로 어울려서 전체로서 범죄사실을 인정할 수 있으면 유죄의 증거로 충분하고, 나아가 사람의 기억에는 한계가 있는 만큼 자백과 보강증거 사이에 어느 정도의 차이가 있어도 중요부분이 일치하고 그로써 진실성이 담보되면 보강증거로서 자격이 있다(대법원 2008.5.29. 2008도2343).

2. 보강증거의 필요성 여부

1) 범죄의 주관적 요건

객관적 구성요건에 대해서만 보강증거가 필요하므로, 고의 · 과실과 같은 범죄의 주관적 요소에 대한 자백에는 보강증거를 요하지 아니한다.

판례 대법원 1961.8.16. 선고 4294형상171

범의는 자백만으로 인정할 수 있다.

2) 범죄구성요건사실 이외의 사실

처벌조건인 사실 또는 누범가중사유인 전과에 관한 사실 등은 범죄사실과는 구별되므로, 자백만으로 인정되며 보강증거는 필요치 아니하다.

판례 대법원 1983.8.23. 선고 83도820 판결

확정판결은 엄격한 의미의 범죄사실과는 구별되는 것이어서 피고인의 자백만으로도 그 존부를 인정할 수 있다.

[판례] 대법원 1981.6.9. 선고 81도1353 판결

전과에 관한 사실은 피고인의 자백만으로도 인정할 수 있다.

3) 죄수와 보강법칙

실체적 경합범은 실질적으로 수죄이므로 각 범죄사실에 대하여 보강증거가 있어야 한다(대법원 2008.2.14. 2007도10937). 상상적 경합인 경우에도 실체법상 수죄이므로 각각 보강증거가 필요하다. 포괄일죄의 경우에는 각각의 행위가 독립적인 의미를 가지는 경우에는 개별적인 보강증거가 필요하다. 예를 들면, 상습사기, 연속범과 같이 하나의 행위가 독립된 의미를 가지는 경우에는 개별적인 보강증거가 필요하다. 하지만 독립된 의미를 갖지 않는 경우(영업범)에는 개별행위별로 보강증거가 필요하지 않다.

[판례] 대법원 1996.2.13. 선고 95도1794 판결

소변검사 결과는 1995.1.17.자 투약행위로 인한 것일 뿐 그 이전의 4회에 걸친 투약행위와는 무관하고, 압수된 약물도 이전의 투약행위에 사용되고 남은 것이 아니므로, 위 소변검사 결과와 압수된 약물은 결국 피고인이 투약습성이 있다는 점에 관한 정황증거에 불과하다 할 것인 바, 피고인의 습벽을 범죄구성요건으로 하며 포괄1죄인 상습범에 있어서도 이를 구성하는 각 행위에 관하여 개별적으로 보강증거를 요구하고 있는 점에 비추어 보면 투약습성에 관한 정황증거만으로 향정신성의약품관리법위반죄의 객관적 구성요건인 각 투약행위가 있었다는 점에 관한 보강증거로 삼을 수는 없다.

제11절 공판조서의 증명력

I 공판조서의 배타적 증명력

1. 의의

공판조서는 법원사무관 등이 공판기일에 진행된 소송절차의 경과를 기재한 조서이다. 공판조서는 기본이 되는 공판조서, 증인신문조서 등의 각종 부수조서, 증거목록으로 구성된다.

공판기일의 소송절차로서 공판조서에 기재된 것은 그 조서만으로써 증명한다(제56조)

는 원칙으로 여기서 "공판조서로써 증명한다"는 의미는 다른 증거를 참작하거나 반증을 허용하지 않고 공판조서에 기재된 대로 인정한다는 것을 의미한다. 따라서 그 증명력은 다른 자료에 의한 반증이 허용되지 않는 절대적인 것으로 배타적 증명력을 가진다. 공판조서의 배타적 증명력을 인정하는 것은 자유심증주의의 예외가 된다.

2. 취지

공판조서는 그 정확성이 보장되어 있으므로 이를 상소심의 판단자료를 공판조서에 한정함으로써 상소심의 심사의 편의를 보장하는데 그 취지가 있다. 공판절차의 존부와 적법성의 여부에 관하여 상소심에서 다툼이 생겼을 때, 법원 사무관 등을 일일이 소환한다면 실체심리가 지연되거나 심리의 초점이 흐려질 것이므로 상소심 판단자료를 공판조서에 한정하는 것으로 배타적 증명력은 당해 사건의 절차에서만 인정된다.[65]

3. 공판조서의 정확성 보장책

배타적 증명력은 공판조서의 정확한 기재를 전제로 한다. 이에 대한 정확성을 담보하기 위하여 공판조서에는 재판장과 참여한 법원사무관 등이 기명날인 또는 서명하여야 하고(제53조) 공판기일에 있어서는 전회의 공판심리에 관한 주요사항의 요지를 조서에 의하여 고지하여야 하고, 검사 · 피고인 또는 변호인은 그 변경을 청구하거나 이의를 진술할 수 있으며(제54조) 변호인 및 피고인은 공판조서의 열람 또는 등사를 청구할 수 있다(제55조). 이는 공판조서의 열람 또는 등사를 통하여 피고인에게 진술자의 진술내용과 그 조서의 기재내용의 일치여부를 확인할 기회를 줌으로써 조서의 정확성을 담보함과 아울러 방어권을 충실하게 보장하기 위함이다(2003.10.10. 2003도3282). 법원이 이에 불응하면 그 공판조서를 유죄의 증거로 할 수 없으며, 공판조서뿐만 아니라 공판조서에 기재된 당해 피고인이나 증인의 진술도 유죄의 증거로 할 수 없다(대법원 2012.12.27. 2011도15869).

65) 이주원, 형사소송법(제3판), 박영사, 2021, 556면.

Ⅱ 증명력이 인정되는 범위

1. 범위

공판조서의 배타적 증명력은 공판기일의 소송절차로서 공판조서에 기재된 것에 한정된다.

1) 공판기일 소송절차

(1) 공판기일의 절차

공판기일의 소송절차에만 인정되는 것이므로 공판기일 외의 절차에서는 인정되지 아니한다.

따라서 공판기일의 절차가 아닌 공판준비절차, 공판기일 외의 증인신문 · 검증 등의 절차에는 배타적 증명력이 인정되지 않는다.

(2) 소송절차

당해 사건의 절차 형성적 소송절차에서 대하여만 인정되는 원칙이다. 공판기일의 절차라도 피고사건의 절차면에 한정되므로, 실체관련사항으로 예를 들면 증인의 증언내용, 피고인 진술내용에는 배타적 증명력이 미치지 않는다. 피고사건의 실체관련사항에 대하여는 공판조서는 증거능력만 인정될 뿐, 얼마든지 다른 증거에 의하여 공판조서의 다른 실체관련사실을 인정할 수 있다. 소송절차에 관한 사실이면, 그 적법성뿐만 아니라 존부를 문제 삼는 경우에도 배타적 증명력이 인정된다. 판례는 피고인의 출석여부, 변호인의 출석여부, 검사의 모두진술여부, 진술거부권의 고지여부, 증거조사결과에 대한 의견진술의 기회 및 최종의견진술의 기회 부여 여부, 판결서에 의한 판결의 선고 여부 등에 배타적 증명력이 인정된다는 입장이다.

2) 공판조서에 기재된 것

공판조서에 기재된 것에 한정되며, 기재되지 않은 사항은 공판조서 이외의 자료로 증명할 수 있다. 판례는 동일한 사항에 관하여 서로 다른 내용이 기재된 2개의 공판조서가 병존하는 경우, 양자는 동일한 증명력이 있으므로 그 증명력에 우열이 있을 수 없으며, 어느 쪽이 진실한 것인지는 공판조서의 증명력을 판단하는 문제로서 법관의 자유로운 심증에 따를 수밖에 없다고 보았다(대법원 1988.11.8.86도1646).

3) 명백한 오기의 문제

공판조서에 기재된 것에 한하여 공판조서의 배타적 증명력이 인정되는 것이므로 기재 내용이 불명확하거나 모순이 있는 경우 혹은 명백한 오기가 있는 경우에는 인정되지 아니한다.

공판조서의 기재가 소송기록상 명백한 오기인 경우에는 공판조서는 그 올바른 내용에 따라 증명력을 가진다. 판례는 부정수표법단속법위반 사건에서 제1심이 회수한 바 없는 일부 수표에 대해서도 공판조서에 회수되었음을 고지하고 공소기각결정 및 고지한 것으로 기재된 경우는 명백한 오기에 해당한다고 보았다(대법원 1995.4.14. 95도110).

여기서 오기를 판단하기 위하여 다른 자료의 개입이 허용될 수 있는가에 대하여 학설의 대립은 있지만 판례는 허용하는 입장이다. 공판조서의 기재의 정확성에 대하여 이의신청이 있는 경우나 이의 신청이 방해된 경우에도 배타적 증명력은 허용되지 아니한다.

판례 대법원 1995.4.14. 선고 95도110 판결

형사소송법 제56조는 "공판기일의 소송절차로서 공판조서에 기재된 것은 그 조서만으로써 증명한다"고 규정하고 있으므로 소송절차에 관한 사실은 공판조서에 기재된 대로 공판절차가 진행된 것으로 증명되고 다른 자료에 의한 반증은 허용되지 아니하나, 공판조서의 기재가 소송기록상 명백한 오기인 경우에는 공판조서는 그 올바른 내용에 따라 증명력을 가진다.

판례 대법원 1988.11.8. 86도1646

동일한 사항에 관하여 두개의 서로 다른 내용이 기재된 공판조서가 병존하는 경우 양자는 동일한 증명력을 가지는 것으로서 그 증명력에 우열이 있을 수 없다고 보아야 할 것이므로 그 중 어느 쪽이 진실한 것으로 볼 것인지는 공판조서의 증명력을 판단하는 문제로서 법관의 자유로운 심증에 따를 수밖에 없다.

Ⅲ 공판조서의 멸실 무효

공판조서의 배타적 증명력은 유효한 공판조서에 대하여만 효력이 있으므로 무효이거나 멸실된 경우에는 배타적 증명력이 인정되지 아니한다.

제3장 재판

제1절 재판의 기본개념

I 재판의 의의와 종류

1. 재판의 의의

광의로는 법원, 법관의 의사표시에 의하여 일정한 법률적 효과가 발생하는 법률행위적 소송행위를 말하고 협의로는 유죄·무죄에 대한 실체적 종국재판을 의미한다. 법률행위적 소송행위(유죄·무죄의 판결)라는 점에서 법관의 사실 행위적 소송행위(증거조사)와 구별된다.

2. 재판의 종류

1) 기능에 의한 분류

(1) 종국재판

심급을 종결시키는 재판으로 상소가 가능하나 철회나 변경이 허용되지 아니한다. 유죄·무죄의 재판, 공소기각 재판, 관할위판 재판, 면소재판 및 상소심에서의 파기재판, 상소기각의 재판, 파기환송, 파기 이송 모두 종국재판이다.

(2) 종국전 재판

종국재판에 이르기까지의 절차에 관한 재판을 종국전 재판 혹은 중간재판이라고 한다. 이러한 종국전 재판에 대하여는 원칙적으로 상소가 불가능하나 합목적성의 원칙이 지배하므로 재판을 한 법원이 취소 혹은 변경이 가능하다. 결정과 명령은 종국전 재판이다.

2) 재판의 내용에 의한 분류

(1) 실체재판

유죄 · 무죄의 종국재판을 실체 재판(본안재판)이라고 하고 실체재판은 모두 종국재판으로 판결의 형식을 취하고 기판력이 발생한다.

(2) 형식재판

공소기각재판, 면소판결, 관할 위반의 판결을 형식재판이라고 하고, 이 중에서 면소판결만이 기판력이 발생한다.

3) 재판의 형식에 의한 분류

(1) 판결

판결에 대하여는 원칙적으로 필요적 변론을 거쳐서 하는 재판(제37조 제1항)으로 실체재판과 형식재판인 관할위반, 공소기각, 면소판결이 있다.[66] 이에 대한 불복은 2심을 항소, 3심을 상고라고 한다. 재심과 비상상고는 판결에 대하여만 할 수 있다.

(2) 결정

결정은 법원의 종국전 재판의 원칙적인 모습이며, 임의적 변론(제37조 제2항)으로 할 수 있으나, 필요한 경우에는 사실조사를 할 수 있고(제37조 제3항), 상소를 불허하는 결정을 제외하고는 결정에도 이유를 명시하여야 한다(제39조). 이에 대한 불복은 2심을 항고, 3심을 재항고라고 한다.[67]

(3) 명령

명령은 법원이 하는 것이 아니라 재판장, 수명법관 혹은 수탁판사인 법관이 하는 것으로 명령은 모두 종국전 재판이다. 다만, 약식명령은 독립된 형식의 재판이다. 이에 대한 불복은 이의 신청(제304조 등), 준항고(제416조)로 할 수 있다.

---

66) 다만, 형식재판의 경우에는 공소기각결정의 경우가 있다.
67) 다만, 공고기각결정은 종국재판임에도 결정의 형식으로 한다.

Ⅱ 재판의 성립과 방식

1. 재판의 성립

1) 내부적 성립

(1) 합의부의 재판의 내부적 성립

합의는 과반수로 결정하며(법원조직법 제66조 제1항), 합의에 관한 의견이 3설 이상 분립하여 각각 과반수에 달하지 못하는 때에는 과반수에 달하기까지 피고인에게 가장 불리한 의견의 수에 순차 유리한 의견의 수를 더하여 그 중 가장 유리한 의견에 의한다(동조 제2항 제2호). 재판의 합의는 공개하지 아니한다(동법 제65조). 다만, 대법원의 재판서에는 합의에 관여한 모든 대법관이 의견을 표시하여야 한다(동법 제15조).

(2) 단독판사의 내부적 성립

합의라는 단계가 없으므로 재판서의 작성시에 내부적 성립이 된다고 보는 것이 타당하다. 만일 재판서를 작성하지 않고 재판을 선고 또는 고지하는 경우에는 재판의 선고 또는 고지시에 내부적 성립과 동시에 외부적 성립이 생긴다고 보아야 한다.

(3) 효과

내부적 성립이 발생하고 난 뒤에는 법관이 경질된 경우에도 공판절차를 갱신할 필요가 없다.

2) 외부적 성립

(1) 성립시기

재판의 외부적 성립은 선고시 혹은 고지시에 외부적 성립이 발생한다.

(2) 효과

상소기간이 진행하며, 구속영장이 실효되고, 재판의 집행력이 발생하고 가납명령이 있는 벌금도 즉시 집행할 수 있다. 외부적 성립이 발생하면 구속력이 발생하므로 법원 자신도 재판의 내용을 변경, 철회할 수 없다.

2. 재판서

1) 의의

재판은 법관이 작성한 재판서에 의하여야 한다. 단, 결정 또는 명령을 고지하는 경우에는 재판서를 작성하지 아니하고 조서에만 기재하여 할 수 있다(제38조).

2) 재판의 이유

재판에는 이유를 명시하여야 한다. 단 상소를 불허하는 결정 또는 명령은 예외로 한다(제39조).

3) 재판서의 기재요건(제40조)

① 재판서에는 법률에 다른 규정이 없으면 재판을 받는 자의 성명, 연령, 직업과 주거를 기재하여야 한다.
② 재판을 받는 자가 법인인 때에는 그 명칭과 사무소를 기재하여야 한다.
③ 판결서에는 공판에 관여한 검사의 관직, 성명과 변호인의 성명을 기재하여야 한다.

4) 재판서의 서명, 날인(제41조)

① 재판서에는 재판한 법관이 서명, 날인하여야 한다.
② 재판장이 서명날인할 수 없는 때에는 다른 법관이 그 사유를 부기하고 서명날인하여야 하며, 다른 법관이 서명날인할 수 없는 때에는 재판장이 그 사유를 부기하고 서명날인하여야 한다.
③ 판결서, 각종 영장(감정유치장 및 감정처분허가장을 포함한다)을 제외한 재판서에 대하여는 서명날인에 갈음하여 기명날인할 수 있다(법제 41조 제3항, 규칙 제25조의2).

5) 재판의 선고 및 고지방식

(1) 의의

재판의 선고 또는 고지는 공판정에서는 재판서에 의하여야 하고, 기타의 경우에는 재판서등본의 송달 또는 다른 적당한 방법으로 하여야 한다. 단, 법률에 다른 규정이 있는 때에는 예외로 한다(제42조). 재판의 선고 또는 고지는 재판장이 한다. 판결을 선고함에는 주문을 낭독하고 이유의 요지를 설명하여야 한다(제43조).

(2) 내용

① 판결은 "선고"라는 방법으로 공판정에서 하여야 하므로 선고 없이 재판서 등본의 송달의 방법으로 할 수 없다.

② 공판정에서는 결정, 명령은 "고지"라는 방법으로 하여야 하고 공판정외에서는 재판서 등본의 송달로 하는 것이 원칙이다.

③ 소환장의 송달(재판서원본), 공판기일변경신청에 대한 기각결정(송달불요), 구속영장의 발부(고지의 불요), 약식명령(약식명령서 혹은 약식명령정본)은 예외이다.

④ 형을 선고하는 경우에 재판장은 피고인에게 상소할 기간과 상소할 법원을 고지한다.

⑤ 주문에 기재할 내용으로는 미결구금일수의 산입, 노역장유치기간, 재산형의 가납명령, 선고형, 소송비용의 부담, 형의 집행유예, 압수장물의 피해자환부, 배상명령 등이 기재된다.

6) 검사의 집행지휘

① 검사의 집행지휘를 요하는 재판은 재판서 또는 재판을 기재한 조서의 등본 또는 초본을 재판의 선고 또는 고지한 때로부터 10일 이내에 검사에게 송부하여야 한다. 단, 법률에 다른 규정이 있는 때에는 예외로 한다(제44조).

② 재판의 집행지휘는 재판서 또는 재판을 기재한 조서의 등본 또는 초본을 첨부한 서면으로 하여야 한다. 단, 형의 집행을 지휘하는 경우 외에는 재판서의 원본, 등본이나 초본 또는 조서의 등본이나 초본에 인정하는 날인으로 할 수 있다(제461조).

7) 재판서의 등본, 초본의 청구

피고인 기타의 소송관계인은 비용을 납입하고 재판서 또는 재판을 기재한 조서의 등본 또는 초본의 교부를 청구할 수 있다(제45조). 여기서의 소송관계인이라 함은 검사, 변호인, 보조인, 법인인 피고인의 대표자, 소송행위의 특별대리인(제28조), 상소권자(제340조, 제341조)를 말한다. 고소인, 고발인 또는 피해자는 비용을 납입하고 재판서 또는 재판을 기재한 조서의 등본 또는 초본의 교부를 청구할 수 있다. 다만, 그 청구하는 사유를 소명하여야 한다(규칙 제26조).

8) 재판서 등본, 초본의 작성

재판서 또는 재판을 기재한 조서의 등본 또는 초본은 원본에 의하여 작성하여야 한다. 단, 부득이한 경우에는 등본에 의하여 작성할 수 있다(제46조).

제2절 종국재판

I 관할위반의 판결

1. 의의

피고사건이 법원의 관할에 속하지 아니한 때에는 판결로써 관할위반의 선고를 하여야 한다(제319조).

2. 판단시기

사물관할은 공소제기시 뿐만 아니라 재판시에도 관할이 있어야 하나, 토지관할은 공소제기시에 있으면 족하다. 관할권의 유무는 공소장에 기재된 사실을 기준으로 하나, 공소장이 변경된 경우에는 변경된 공소사실이 기준이 된다.

판례 대법원 1987.12.22. 선고 87도2196 판결

형사소송법 제319조에 의하면 피고사건이 법원의 관할에 속하지 아니한 때에는 판결로써 관할위반의 선고를 하도록 규정되어 있으므로 지방법원 단독판사는 공소장의 변경에 의하여 합의부에 사물관할권이 있는 사건이 심판대상이 됨으로써 사물관할이 없게 되면 관할위반의 판결을 선고하여야 한다.

3. 관할위반의 효력

관할위반의 판결이 확정되면 형식적 확정력과 내용적 구속력이 생긴다.

4. 토지관할

법원은 피고인의 신청이 없으면 토지관할에 관하여 관할위반의 선고를 하지 못한다(제320조 제1항). 관할위반의 신청은 피고사건에 대한 진술 전에 하여야 한다(동조 제2항).

Ⅱ 유죄판결

1. 유죄판결의 선고

1) 의의

① 피고사건에 대하여 범죄의 증명이 있는 때에는 형의 면제 또는 선고유예의 경우 외에는 판결로써 형을 선고하여야 한다(제321조 제1항).

② 피고사건에 대하여 형의 면제 또는 선고유예를 하는 때에는 판결로써 선고하여야 한다. 즉 판결을 하여야 하나 형을 선고할 필요는 없는 것이다(제322조).

③ 형의 집행유예, 판결 전 구금의 산입일수, 노역장의 유치기간, 가납재판은 형의 선고와 동시에 판결로써 선고하여야 한다(제321조 2항).

④ 재판장은 판결을 선고함에 있어서 피고인에게 적절한 훈계를 할 수 있다.

2. 유죄판결에 명시할 이유

1) 의의

① 형의 선고를 하는 때에는 판결이유에 범죄 될 사실, 증거의 요지와 법령의 적용을 명시하여야 한다(제323조 전단). 범죄 될 사실, 증거의 요지, 법령의 적용을 명시하지 아니한 것은 판결에 이유를 붙이지 아니하거나 모순이 있는 때에 해당하여 절대적 항소이유가 된다(제361조의5 제11호).

② 법률상 범죄의 성립을 조각하는 이유 또는 형의 가중 · 감면의 이유되는 사실의 진술이 있은 때에는 이에 대한 판단을 명시하여야 한다(제323조 후단). 범죄의 성립을 조각하는 이유 또는 형의 가중 · 감면의 이유되는 사실의 진술에 대한 판단이 없는 판결은 법령위반에 해당하여 상대적 항소이유가 된다(제361조의5 제1호).

2) 범죄사실

(1) 구성요건 해당사실은 범죄사실이다

판례는 공문서위조의 수단이나 방법[68], 증뢰죄에 있어서 공무원의 직무의 범위[69], 상해죄에 있어서의 상해의 부위나 정도[70]에 관한 기재가 없는 경우에는 범죄사실을 명시

68) 대법원 1979.11.13. 79도1782

69) 대법원 1982.9.28. 80도2309

하였다고 볼 수 없다고 판시한 바 있다.

① 고의도 범죄사실에 해당한다. 다만, 고의는 객관적 구성요건에 의하여 추단될 수 있으므로 이에 대하여 특별히 명시할 것을 요하지는 아니한다.

② 과실도 범죄되는 사실이므로 과실범에 있어서도 주의의무 위반과 관련된 구체적인 상황, 주의의무 내용 등을 명시하여야 한다.

③ 목적범에 있어서의 목적, 불법영득의사도 범죄사실이므로 명시하여야 한다.

④ 실행의 착수에 해당하는 사실, 장애미수, 중지미수, 불능미수의 구별, 공동정범, 교사범, 방조범의 구별 및 공모공동정범에 있어서의 공모의 사실도 명시하여야 한다.

⑤ 범죄의 일사와 장소에 대하여 학설에서는 범죄의 일시와 장소도 범죄사실의 요소라고 보는 입장도 있으나, 판례는 범죄사실을 특정하기 위하여 필요한 범위 내에서 명시하면 족하다고 판시하였다.

[판례] 대법원 1986.8.19. 선고 86도1073 판결

범죄의 일시 · 장소와 방법은 범죄의 구성요건이 아닐 뿐만 아니라 이를 구체적으로 명확히 인정할 수 없는 경우에는 개괄적으로 설시하여도 무방한 것이므로 법원이 "피고인은 1984.9.10. 10:00경이 지난 이후 피해자 최현식을 부산시내 장소불상 노상에서 만나 함께 있던 중 그 시간부터 같은 날 06:00경까지 동안의 시간불상경 부산 또는 경남 김해 일원의 장소불상지에서 불상의 경위로 위 피해자의 목을 손으로 눌러 질식으로 사망에 이르게 하여 살해하였다"고 범죄사실을 판시하였더라도 범죄사실이 불특정되었다고 할 수 없다.

(2) 위법성과 책임

위법성과 책임은 유죄가 되는 경우에는 위법성조각사유와 책임조각사유가 없다는 것이므로 명시를 요하지 아니한다.

(3) 처벌조건

처벌조건은 형벌권의 존부를 좌우하는 범죄사실이므로 구성요건사실이 아니다 할지라도 판결이유에 명시하여야 하는 범죄되는 사실이라고 보아야 한다.

(4) 형의 가중 · 감면 사실

법률상의 형의 가중 · 감면 사유는 범죄되는 사실은 아니나 중요한 사실이므로 이를 유죄판결에 명시하여야 한다. 다만, 단순한 양형사유에 관한 사항은 명시할 필요가 없다.

---

70) 대법원 1982.12.28. 82도2588

판례 대법원 1994.12.13. 선고 94도2584 판결

원심이 범행의 동기, 범행의 도구 및 수법, 피고인의 성행, 전과, 연령, 직업과 환경 등의 양형의 조건을 참작하면 제1심의 형량이 적절하다고 판단된다고 하여 항소기각의 판결을 선고하였다면, 양형의 조건이 되는 사유에 관하여는 이를 판결에 일일이 명시하지 아니하여도 위법이 아니다.

(5) 명시의 정도

공소장에서 요구되는 정도의 명확성을 가지면 된다.

판례 대법원 1981.4.28. 선고 81도809 판결

피고인이 상습으로 1975.9.경부터 1980.7.29.까지의 기간 중 피고인이 교도소에서 복역한 기간을 공제한 나머지 기간 동안에 매달 평균 2, 3회 가량 자기 모와 여동생에게 폭행을 가하였다는 사실의 기재로써는 유죄판결이유에 범죄가 될 사실을 명시하였다고 볼 수 없다.

3) 증거의 요지

(1) 범위

범죄가 되는 사실을 증명할 적극적 증거를 명시할 것을 요하는 것이지 소극적 증거를 명시할 것까지 요구하지는 아니한다.

판례 대판 1981.4.28. 81도459

유죄판결의 증거는 범죄될 사실을 증명할 적극적 증거를 거시하면 되므로 범죄사실에 배치되는 증거들에 관하여 이를 배척한다는 취지의 판단이나 그 이유를 설시하지 아니하여도 잘못이 없다.

판례 대판 1982.9.28. 82도1798

사실인정에 배치되는 증거에 대한 판단을 반드시 판결이유에 기재하여야 하는 것은 아니므로 피고인이 알리바이를 내세우는 증인들의 증언에 관한 판단을 하지 아니하였다 하여 위법이라 할 수 없다.

(2) 증거적시의 방법

증거가 적법한 이유를 설명할 필요 없으며, 증거에 의해 사실을 인정한 이유나 증거를 취사선택한 이유 및 공소사실에 부합하는 증거를 배척한 경우에도 그 이유를 설명할 필요 없다.

판례 대판 1969.8.26. 69도1007

판결이유에서 증거를 설시하면서 예컨대 검사작성의 피의자신문조서 중 판시사실에 부합하는 내용

의 진술기재라고 설시하였다면 이는 증거의 표목만을 열거한 것이 아니고 어떠한 증거의 어떠한 부분을 증거로 하였다는 것을 분명히 한 것이므로 유죄판결의 증거설시에 관한 본조 제1항의 규정에 위배하였다고 할 수 없다.

판례 대법원 1971.2.23. 선고 70도2529 판결

판결이유에서 밝힐 증거의 요지는 제목만 표시하여서는 안 되나 어떤 증거에 의하여 어떤 범죄사실을 인정하였는가를 알아볼 정도로 증거의 중요부분을 표시만 하면 된다.

판례 대판 1983.7.12. 83도995

판결에 범죄사실에 대한 증거를 설시함에 있어 어느 증거의 어느 부분에 의하여 어느 범죄사실을 인정한다고 구체적으로 설시하지 아니하였다 하더라도 그 적시한 증거들에 의하여 판시 범죄사실을 인정할 수 있다면 위법한 증거설시라고 할 수 없다.

4) 법령의 적용

판례 대판 1971.8.21. 71도1334

사기죄의 법률적용에 있어서 본조만을 적시하고 그것이 제1항에 해당하는 범죄인지, 제2항에 해당하는 범죄인지를 밝히지 않았다 하여도 적법한 것이다.

판례 대법원 1983.10.11. 선고 83도1942 판결

원심판결이 피고인의 행위를 공동정범으로 단정하고 있으면서도 형법 제30조의 적용에 관한 적시를 명시하지 아니한 잘못이 있더라도 실제로 이를 적용한 이상 위법하다고는 할 수 없다.

판례 대법원 1972.2.22. 선고 71도2099 판결

공소사실 아닌 법률적용문제에 있어서는 법원은 검사의 공소장기재 적용법조에 구속받지 않고 그 심리 확정한 사실에 대하여 직권으로써 자유로이 법률을 적용할 수 있다고 할 것이므로 관세법 위반 사건에 있어서 공소장에 기재된 구 관세법조에 해당하는 현행 관세법의 각 조항을 비교하여 형이 가벼운 현행법을 적용하였음은 정당하다.

판례 대법원 1971.4.30. 선고 71도510 판결

구체적인 범죄사실에 적용하여야 할 실체 법규 이외의 법규에 관해서는 판결문상 그 규정을 적용한 취지가 인정되면 되고 특히 그 법규를 판결문의 법률적용 개소에서 표시하지 않았다 하여 위법이라고는 할 수 없다. 그러므로 몰수와 압수장물의 환부를 선고면 적용법조를 설시하지 아니한 경우에도 위법이라고 할 수 없다.

5) 소송관계인의 주장에 대한 판단

(1) 법률상 범죄의 성립을 조각하는 이유되는 사실의 주장

위법성이 조각되는 사유나 책임조작사유에 대한 주장만을 의미하므로 단순한 범죄사실의 부인이나 공소권이 소멸되었다는 주장은 여기에 해당하지 않는다.[71]

판례 대판 1983.10.11. 83도2281

사기죄에 있어서 사기의 의사가 없었다는 진술은 법률상 범죄의 성립을 조각하는 이유되는 사실의 진술이 아니라 단순한 범죄의 부인에 지나지 않으므로 원심이 이에 대해 판단을 하지 않았다 하더라도 이를 위법이라 할 수 없다.

(2) 법률상 형의 가중 · 감면의 이유되는 사실의 주장

판례는 필요적 가중 · 감면 사유만을 의미하므로 자수나 정상에 관한 주장은 해당되지 아니한다고 판시하고 있다.

판례 대판 1989.5.9. 89도420

살인죄에 있어서는 자수가 형의 필요적 감경 또는 면제사유가 아니므로 자수하였다는 주장은 형사소송법 제323조 제2항 소정의 법률상 형의 감경의 이유되는 사실의 진술에 해당하지 않고, 따라서 법원이 자수를 사유로 형을 감경 또는 면제할 필요가 없다고 인정할 때에는 이에 대하여 반드시 판단을 명시하여야 하는 것도 아니다.

3. 상소에 대한 고지

형을 선고하는 경우에는 재판장은 피고인에게 상소할 기간과 상소할 법원을 고지하여야 한다.

Ⅲ 무죄판결

1. 무죄판결의 사유

피고사건이 범죄로 되지 아니하거나 범죄사실의 증명이 없는 때에는 판결로써 무죄를 선고하여야 한다(제325조).

---

71) 대법원 1954.3.2. 4286형상186

2. 확정의 효력

기판력은 발생하나 집행력은 발생하지 아니한다.

3. 무죄판결에 대한 상소

검사만 가능하고 피고인은 할 수 없다.

4. 무죄판결과 비용보상

1) 의의

국가는 무죄판결이 확정된 경우에는 당해 사건의 피고인이었던 자에 대하여 그 재판에 소요된 비용을 보상하여야 한다. 다만, i) 피고인이었던 자가 수사 또는 재판을 그르칠 목적으로 거짓 자백을 하거나 다른 유죄의 증거를 만들어 기소된 것으로 인정된 경우, ii) 1개의 재판으로써 경합범의 일부에 대하여 무죄판결이 확정되고 다른 부분에 대하여 유죄판결이 확정된 경우, iii) 「형법」 제9조 및 제10조 제1항의 사유에 따른 무죄판결이 확정된 경우, iv) 그 비용이 피고인이었던 자에게 책임지울 사유로 발생한 경우 중 어느 하나에 해당하는 경우에는 비용의 전부 또는 일부를 보상하지 아니할 수 있다(제194조의2).

2) 비용보상의 절차

무죄판결에 대한 비용의 보상은 피고인이었던 자의 청구에 따라 무죄판결을 선고한 법원의 합의부에서 결정으로 한다. 이 결정에 대하여는 즉시 항고할 수 있다. 비용청구는 무죄판결이 확정된 날부터 6개월 이내에 하여야 한다(제194조의3).

3) 비용보상의 범위

무죄판결에 따른 비용보상의 범위는 피고인이었던 자 또는 그 변호인이었던 자가 공판준비 및 공판기일에 출석하는데 소요된 여비 · 일당 · 숙박료와 변호인이었던 자에 대한 보수에 한한다. 이 경우 보상금액에 관하여는 「형사소송비용 등에 관한 법률」을 준용하되, 피고인이었던 자에 대하여는 증인에 관한 규정을, 변호인이었던 자에 대하여는 국선변호인에 관한 규정을 준용한다. 법원은 공판준비 또는 공판기일에 출석한 변호인이 2인 이상이었던 경우에는 사건의 성질, 심리 상황, 그 밖의 사정을 고려하여 변호인이었던 자의 여비 · 일당 및 숙박료를 대표변호인이나 그 밖의 일부 변호인의 비용만으로 한정할 수 있다(제194조의4).

4) 준용규정

비용보상청구, 비용보상절차, 비용보상과 다른 법률에 따른 손해배상과의 관계, 보상을 받을 권리의 양도·압류 또는 피고인이었던 자의 상속인에 대한 비용보상에 관하여 이 법에 규정한 것을 제외하고는 「형사보상법」에 따른 보상의 예에 따른다(제194조의5).

Ⅳ 공소기각의 재판

1. 공소기각의 결정

1) 공소기각결정의 사유

① 공소가 취소되었을 때
② 피고인이 사망하거나 피고인인 법인이 존속하지 아니하게 되었을 때
③ 관할의 경합이 있을 때
④ 공소장에 기재된 사실이 진실하다 하더라도 범죄가 될 만한 사실이 포함되지 아니하는 때

2) 심리의 특징

① 공소기각의 결정은 구두변론에 의하지 아니할 수 있다.
② 공소기각의 재판을 할 것이 명백한 사건에 관하여는 피고인의 출석을 요하지 아니한다. 다만, 피고인은 대리인을 출석하게 할 수 있다.
③ 공소기각의 재판을 할 것이 명백한 때에는 피고인이 심신상실상태에 있거나 질병으로 출정할 수 없는 때에도 공판절차를 정지하지 않고 피고인의 출정 없이 재판할 수 있다.

3) 공소기각결정의 효력

공소기각의 결정에 대하여는 즉시항고를 할 수 있다(제328조 제2항). 공소취소에 의한 공소기각의 결정이 확정된 때에는 공소취소 후 그 범죄사실에 대한 다른 중요한 증거를 발견한 경우에 한하여 다시 공소를 제기할 수 있다(제329조).

2. 공소기각의 판결

1) 공소기각판결의 사유

① 피고인에 대하여 재판권이 없는 때
② 공소제기의 절차가 법률의 규정에 위반하여 무효인 때
③ 공소가 제기된 사건에 대하여 다시 공소가 제기되었을 때
④ 공소취소 후 다른 중요한 증거가 발견되지 않았음에도 다시 공소가 제기되었을 때
⑤ 고소가 있어야 죄를 논할 사건에 대하여 고소의 취소가 있은 때
⑥ 피해자의 명시한 의사에 반하여 죄를 논할 수 없는 사건에 대하여 처벌을 희망하지 아니하는 의사표시가 있거나 처벌을 희망하는 의사표시가 철회되었을 때

2) 공소기각판결의 효력

① 기판력이 발생하지 아니하므로 소송조건의 흠결을 보완하여 재기소가 가능하다.
② 피고인은 무죄를 이유로 상소하는 것이 허용되지 아니한다.

V 면소판결

1. 본질

면소판결의 법적 성질에 대하여 실체판결설, 이분설 및 실체관계적 형식재판설의 주장이 있으나 형식재판설이 타당하며 우리 판례도 무죄판결은 실체적 공소권이 없다는 이유로서 하는 실체적 재판임에 반하여 면소판결은 공소권의 소멸을 이유로 하여 소송을 종결시키는 형식적 재판으로서 공소사실의 유무에 관하여 실체적 심리를 하여 그 사실이 인정되는 경우에 한하여 면소판결을 하는 것이 아니고 공소장에 기재되어 있는 범죄사실에 관하여 제326조 각 호의 사유가 있으면 실체적 심리를 할 필요 없이 면소판결을 하여야 된다[72]라고 판시하여 형식재판설의 입장을 취하고 있다.

2. 면소판결의 사유

① 확정판결이 있은 때

---

72) 대법원 1964.3.31. 64도64

② 일반 사면이 있은 때
③ 공소의 시효가 완성되었을 때
④ 범죄후의 법령개폐로 형이 폐지되었을 때

3. 면소판결의 효력

1) 기판력

면소판결을 형식재판으로 보는 입장에서도 기판력을 인정하는데 이론이 없는데, 그 이유로는 형식적 본안재판설도 있으나 공소기각의 사유가 있는 경우에는 소송조건을 구비하면 다시 제소할 수 있으나 면소판결의 사유는 이러한 흠을 보완할 수 없고, 소송추행의 이익이 없는 동일한 공소사실에 대하여 다시 소추하는 것을 금지하는 데 있다는 소송추행이익 결여설이 타당하다.

2) 면소판결에 대한 피고인의 상소

형식판결설의 입장에서는 피고인은 무죄를 이유로 상소할 수 없다.

[판례] 대법원 2005.9.29. 선고 2005도4738 판결

공소시효가 완성되었다는 이유로 면소의 판결을 한 것이 명백한 경우 피고인이 이에 대하여는 실체판결을 구하여 상소를 할 수 없다.

[판례] 대법원 1964.4.28. 64도134

일반사면령에 의하여 사면된 공소사실에 관하여는 면소판결을 하여야 함에도 불구하고 실체에 관하여 심리한 후 무죄판결을 하였음은 법령적용을 그르친 적법이 있다.

4. 관련 문제

과형상 일죄 및 포괄일죄의 일부에 대하여 면소사유가 있고 나머지 부분에 실체 판결을 한 때에는 주문에 유죄·무죄 판단만 표시하면 된다.

[판례] 대법원 1996.4.12. 선고 95도2312 판결

손괴 후 미조치 부분은 일반사면으로 면소판결의 대상이 되나 이와 상상적 경합범의 관계에 있는 판시 특정범죄가중처벌등에관한법률위반의 공소사실에 대하여 원심이 무죄를 선고하였으므로 이에 관하여는 따로 주문에서 면소의 선고를 하지 아니한다.

판례 대법원 1982.2.23. 선고 81도3277 판결

확정판결선고 전의 범행이 확정판결과 포괄일죄를 이루고 있어서 면소판결을 할 것이나 그 부분이 확정판결 후의 범행과 포괄일죄로 기소되었고 그 중 확정판결 후의 범행이 유죄라 하여 형을 선고하는 경우에는 따로 주문에서 면소의 선고를 하지 않는다.

Ⅵ 종국판결의 부수효과

1. 구속영장의 실효

1) 형이 선고된 경우

무죄, 면소, 형의 면제, 형의 선고유예, 형의 집행유예, 공소기각 또는 벌금이나 과료를 과하는 판결이 선고된 때에는 구속영장은 효력을 잃는다(제331조). 공소기각 결정은 조문에 나와 있지 아니하나 당연히 포함되는 것으로 보는 반면 관할위반의 선고는 포함되지 아니한다. 선고와 동시에 구속영장의 효력을 잃는 것이므로 그 확정을 기다릴 필요 없이 검사는 즉석에서 석방을 지휘하여야 한다.

2) 형이 확정된 경우

사형 · 자유형의 확정판결이 있으면 구속영장의 효력은 상실된다.

2. 압수물의 처분

1) 몰수와 선고와 압수물

압수한 서류 또는 물품에 대하여 몰수의 선고가 없는 때에는 압수를 해제 한 것으로 간주한다(제332조).

2) 압수장물의 환부

압수한 장물로서 피해자에게 환부할 이유가 명백한 것(민법상 소유권자임이 명백하여 반환청구권이 있는 경우) 판결로써 피해자에게 환부하는 선고를 하여야 한다.[73] 장물을 처분하였을 때에는 판결로써 그 대가로 취득한 것을 피해자에게 교부하는 선고를 하여야 한

73) 사건 종결전인 경우에는 결정으로 피해자에게 환부할 수 있다. 사법경찰관은 검사의 지휘를 받아 환부하여야 한다.

다.[74] 가환부한 장물에 대하여 별단의 선고가 없는 때에는 환부의 선고가 있는 것으로 간주한다. 이해관계인이 민사소송절차에 의하여 그 권리를 주장함에 영향을 미치지 아니한다(제333조).

3) 환부불능과 공고

압수물의 환부를 받을 자의 소재가 불명하거나 기타 사유로 인하여 환부를 할 수 없는 경우에는 검사는 그 사유를 관보에 공고하여야 한다. 공고한 후 3월 이내에 환부의 청구가 없는 때에는 그 물건은 국고에 귀속한다. 위의 기간 내에도 가치 없는 물건은 폐기할 수 있고 보관하기 곤란한 물건은 공매하여 그 대가를 보관할 수 있다(제486조). 그러므로 피해자에게 환부할 이유가 명백한 경우에는 피해자가 누구인지 분명하지 아니한 경우라 할지라도 몰수의 선고를 하는 것은 위법이 되며 피해자 환부를 하여야 한다.

3. 재산형의 가납판결

법원은 벌금·과료 또는 추징의 선고를 하는 경우에 판결의 확정 후에는 집행할 수 없거나 집행하기 곤란할 염려가 있다고 인정한 때에는 직권 또는 검사의 청구에 의하여 피고인에게 벌금, 과료 또는 추징에 상당한 금액의 가납을 명할 수 있다. 가납의 재판은 형의 선고와 동시에 판결로써 선고하여야 한다. 형은 원칙적으로 확정되어야 집행하는 것이 원칙이지만 가납재판은 선고 즉시 집행할 수 있다(제334조). 가납의 재판은 상소에 의하여 정지하지 아니한다. 약식명령의 경우에도 가납을 명할 수 있다(제451조). 벌금 또는 과료를 선고하는 즉결심판에 있어서도 가납을 명령할 수 있다(즉결심판에관한절차법 제17조 제3호). 부정수표단속법에 의하여 벌금을 선고하는 경우에는 필요적으로 가납을 명하여야 한다(부정수표단속법 제6조). 부정수표단속법의 경우에는 벌금형의 선고가 있더라도 가납의 판결이 있는 경우 구속영장이 실효되지 아니한다.

4. 형의 집행유예선고의 취소

형의 집행유예를 취소할 경우에는 검사는 피고인의 현재지 또는 최후의 거주지를 관

74) 대법원 1985.1.29. 84도2941
형사소송법 제333조 제2항의 규정취지는 범인이 장물을 처분하여 버림으로써 피해자가 장물의 반환을 받을 수 없게 되는 경우, 그 대가로 취득한 것을 피해자에게 교부함으로써 전부 또는 일부의 피해 회복을 받도록 하고자 하는 피해자보호의 견지에서 제정된 것이라 할 것이므로 이미 장물을 환부받은 피해자에게 그 장물의 처분대가마저 교부할 수는 없다.

할하는 법원에 청구하여야 한다. 법원은 피고인 또는 그 대리인의 의견을 물은 후에 결정을 하여야 한다. 결정에 대하여는 즉시항고를 할 수 있다(제335조).

5. 형의 집행유예를 한 형의 선고

형의 집행유예를 한 형을 선고할 경우에는 검사는 피고인의 현재지 또는 최후의 거주지를 관할하는 법원에 청구하여야 한다. 법원은 피고인 또는 그 대리인의 의견을 물은 후에 결정을 하여야 한다(제335조 제4항).

6. 경합범중 다시 형을 정하는 절차

형법 제36조(판결선고 후 누범의 발각), 동 제39조 제4항(형의 집행과 경합범) 또는 동 제61조의 규정(선고유예의 실효)에 의하여 형을 정할 경우에는 검사는 그 범죄사실에 대한 최종판결을 한 법원에 청구하여야 한다. 단, 형법 제61조의 규정에 의하여 유예한 형을 선고할 때에는 제323조(유죄판결에 명시될 이유)에 의하여야 하고 선고유예를 해제하는 이유를 명시하여야 한다. 청구를 받은 법원은 피고인 또는 그 대리인의 의견을 물은 후에 결정을 하여야 한다(제336조).

7. 형의 소멸의 재판

형법 제81조(형의 실효) 또는 동 제82조(복권)의 규정에 의한 선고는 그 사건에 관한 기록이 보관되어 있는 검찰청에 대응하는 법원에 대하여 신청하여야 한다. 위의 신청에 의한 선고는 결정으로 한다. 신청을 각하하는 결정에 대하여는 즉시항고를 할 수 있다(제337조).

제3절 재판의 확정과 효력

I 재판의 확정

1. 재판의 확정의 의의

재판이 통상의 불복방법에 의해서는 다툴 수 없게 되어 그 내용을 변경할 수 없는 상태를 재판의 확정이라고 한다. 재판의 확정력이 발생하면 재판을 한 법원도 재판의 내용을 변경하거나 철회할 수 없는 구속력이 확정되고 재판의 집행력(제459조)도 발생한다.

2. 확정시기

1) 불복신청이 불허되는 재판

(1) 법원의 관할 또는 판결소송절차에 관한 결정

법원의 관할 또는 판결전의 소송절차에 관한 결정에 대하여는 특히 즉시항고를 할 수 있는 경우 외에는 항고하지 못하므로(제403조 제1항), 여기에 해당하는 결정은 원칙적으로 그 선고 또는 고지와 동시에 확정된다.

(2) 항고법원 또는 고등법원의 결정

항고법원 또는 고등법원의 결정이나 법관의 명령에 대해서는 재판에 영향을 미친 헌법, 법률, 명령, 또는 규칙의 위반이 있음을 이유로 하는 때에 한하여 대법원에 즉시항고할 수 있을 뿐이므로(제415조, 제416조, 제419조) 이러한 결정이나 명령도 예외사유가 인정되지 아니하는 한 선고 또는 고지와 함께 확정된다.

(3) 대법원의 결정

판례 대법원 1987.1.30. 자 87모4 결정

대법원의 결정에 대하여는 이유여하를 불문하고 불복항고 할 수 없다.

(4) 대법원의 판결

대법원은 최종심이므로 그 판결은 원칙적으로 선고와 동시에 확정된다. 다만, 대법원

이 판결에 오기 오산과 같은 오류를 정정하기 위하여 판결의 정정을 하는 경우에는 시정판결 또는 신청기각결정을 한 때에 비로소 확정된다.

[판례] 대법원 1967.6.2. 선고 67초22

대법원판결은 그 선고로써 확정되는 것이고 본법 제400조 소정의 판결정정신청기간을 기다릴 필요가 없다 할 것이다.

2) 불복이 허용되는 재판

(1) 불복신청기간의 경과

불복이 허용되는 재판은 불복신청기간이 경과하면 재판은 확정된다. 항소(제358조), 상고(제347조), 약식명령(제453조 제1항) 및 즉결심판(즉결심판에 관한 절차법 제14조, 제16조)의 경우에는 재판을 선고 또는 고지받은 날로부터 7일, 즉시항고(제405조)의 경우에는 3일이 경과하면 재판은 확정된다. 보통항고가 허용되는 결정에 대하여는 그 기간의 제한이 없으므로 그 결정을 취소하여도 실익이 없게 된 경우에 확정된다고 볼 수 있다(제404조). 그러나 상소제기기간이 도과한 경우에도 상소권자 자신 또는 대리인의 책임질 수 없는 사유로 인하여 상소제기기간 내에 상소를 하지 못한 경우에는 상소권회복을 할 수 있는 제도(제345조 이하)가 있으므로 이 경우에는 비록 상소기간이 도과한 경우에 있어서도 상소권회복의 청구가 확정되면 판결의 확정효력은 소급하여 취소되며 피고사건은 상소심에 계속된다.

(2) 상소의 포기, 취하

재판은 그에 대한 불복신청의 포기 또는 취하에 의해서 확정된다. 검사나 피고인 또는 항고권자(제399조)는 상소를 포기 또는 취하할 수 있다(제349조). 또한 약식명령에 대한 정식재판 청구도 제1심판결의 선고 전까지 취하할 수 있다(제454조). 즉결심판에 대해서도 정식재판의 포기 또는 취하를 할 수 있다(즉결심판에 관한 절차법 제14조 제4항, 제454조).

(3) 불복신청을 기각하는 재판의 확정

재판은 그에 대한 불복신청을 기각하는 재판의 확정에 의하여 확정된다.

Ⅱ 재판의 확정력

1. 형식적 확정력

1) 의의

재판이 통상의 불복방법을 통하여 다툴 수 없는 상태를, 즉 불가쟁적 효력(Unabfechtbarkeit)을 형식적 확정력이라고 한다.

(1) 소송관계인의 입장

소송관계인의 입장에서는 재판에 대한 불복이 불가능함을 의미한다.

(2) 재판을 행한 법원의 입장

재판을 행한 법원의 입장에서는 법원 스스로도 자신의 재판의 내용을 철회하거나 변경할 수 없음을 의미한다. 이를 불가변적 효력이라고도 한다.

2) 형식적 재판이 있는 재판

종국재판이건, 종국전 재판이건, 실체재판이건, 형식재판이건 모든 재판에 대하여 발생한다.

3) 형식적 확정력의 효력

재판이 형식적으로 확정되면 종국재판의 경우에는 당해 사건에 대한 소송계속이 종결되고, 그 시점이 재판의 집행의 기준시점이 된다(제459조). 형식적 확정력은 내용적 확정력을 인정하기 위한 전제가 된다.

2. 내용적 확정력

1) 의의

재판이 형식적으로 확정되면 그 의사표시내용도 확정된다. 이를 재판의 내용적 확정력이라고 한다. 내용적 확정력은 실체판결뿐만 아니라 형식판결에서도 인정된다. 이러한 내용적 확정력이 발생하면 동일한 사건에 대하여 재소가 금지되는 특별한 효과가 발생하는데, 이것을 일사부재리의 효과 또는 기판력이라고 한다.

2) 내용적 확정력의 효과

(1) 내용적 확정력의 대내적 효과

재판이 확정되면 집행력이 발생하는데 이를 내용적 확정력의 대내적 효과라고 한다.

(2) 내용적 확정력의 대외적 효과

재판이 확정되면 후소법으로 하여금 동일한 사항에 대하여 원래 재판과 상이한 판단을 할 수 없도록 하는 효과가 발생하는데 이를 내용적 구속력이라고 한다.

Ⅲ 기판력

1. 의의

기판력은 일반적으로 일사부재리의 효력을 말하는 것으로 이해되며, 모든 국민은 동일한 범죄에 대하여 거듭 처벌받지 아니함을 의미한다.

2. 기판력이 발생하는 재판

1) 유죄 · 무죄의 실체 판결

유죄 · 무죄의 실체재판에는 일사부재리의 효과가 미친다. 약식명령과 즉결심판도 확정되면 유죄판결과 동일한 효과가 있으므로 일사부재리의 효과가 미친다.

2) 소년법상의 보호처분

소년법상의 보호처분을 받은 소년에 대하여는 그 심리결정된 사건은 다시 공소를 제기하거나 소년부에 송치할 수 없다(소년법 제53조).

판례 대법원 1985.5.28. 85도21

소년법 제32조의 보호처분을 받은 사건과 동일(상습죄 등 포괄1죄 포함)한 사건에 관하여 다시 공소제기가 되었다면, 이는 공소제기 절차가 법률의 규정에 위배하여 무효인 때에 해당한 경우이므로 형사소송법 제327조 제2호의 규정에 의하여 공소기각의 판결을 하여야 한다.[75]

---

75) 다시 공소를 제기할 수 없도록 규정되어 있으므로 소송조건에 위반한 것으로는 공소기각 판결사유가 되는 것이지 면소판결에 해당하지 않는다.

3) 경범죄처벌법

경범죄 처벌법상의 범칙금을 납부한 사람은 그 범칙행위에 대하여 다시 벌 받지 아니한다(경범죄처벌법 제7조 제3항).

판례 대법원 2003.7.11. 선고 2002도2642 판결

경범죄처벌법 위반죄로 범칙금 통고처분을 받아 범칙금을 납부한 범칙행위인 소란행위와 상해죄의 공소사실은 범행장소가 동일하고 범행일시도 거의 같으며, 모두 피고인과 피해자의 시비에서 발단한 일련의 행위임이 분명하므로, 양 사실은 그 기본적 사실관계가 동일한 것이라고 할 것이어서 위 경범죄처벌법위반죄에 대한 범칙금납부로 인한 확정재판에 준하는 효력이 상해의 공소사실에도 미친다고 보아 면소의 판결을 선고한 원심판결을 수긍한 사례.

판례 대법원 1986.2.25. 선고 85도2664 판결

경범죄처벌법 제7조 제2항에 범칙자가 통고처분을 받고 범칙금을 납부한 경우에는 그 범칙행위에 대하여 다시 벌 받지 아니한다고 규정하고 있음은 위 범칙금의 납부에 확정재판의 효력에 준하는 효력을 인정하는 취지로 해석할 것이므로 이에 위반하여 공소가 제기된 경우에는 면소의 판결을 하여야 한다.

4) 도로교통법

도로교통법상 범칙금을 납부한 사람은 그 범칙행위에 대하여 다시 벌 받지 아니한다(도로교통법 제164조 제3항).

5) 관세법

관세범인이 통고의 요지를 이행한 때에는 동일사건에 대하여 다시 처벌을 받지 아니한다(관세법 제317조).[76)]

판례 대법원 1992.2.11. 선고 91도2536 판결

형사소송법 제326조 제1호에 의하면 확정판결이 있는 때에는 판결로써 면소의 선고를 하도록 규정되어 있는 바, 이는 확정판결의 일사부재리의 효력에 기하여 동일성이 인정되는 범죄사실에 대한 재소

---

76) 제311조(통고처분)

① 관세청장 또는 세관장은 관세범의 조사결과 범죄의 확증을 얻은 때에는 그 이유를 명시하고 다음 각호의 1에 해당하는 금액 또는 물품을 납부할 것을 통고할 수 있다.

1. 벌금에 상당하는 금액
2. 몰수에 해당하는 물품
3. 추징금에 해당하는 금액

그러므로 관세법상의 통고처분에는 과태료 처분이 포함되어 있지 아니하므로 관세법상의 통고처분에 대하여는 기판력이 발생한다.

를 금지하는 데에 그 취지가 있는 것이므로, 여기에서 말하는 확정판결에는 정식재판에서 선고된 유죄판결과 무죄의 판결 및 면소의 판결뿐만 아니라, 확정판결과 동일한 효력이 있는 약식 명령이나 즉결심판 등이 모두 포함되는 것이지만, 행정벌에 지나지 않는 과태료의 부과처분은 위 "확정판결"의 범주에 속하지 않는다고 할 것이다.

6) 형식재판

공소기각과 관할 위반의 형식 판결에는 기판력이 발생하지 아니한다.

7) 면소판결

면소판결에 대하여는 기판력이 발생한다. 면소판결은 형식재판이면서도 단순한 소송조건의 흠결을 이유로 하는 것이 아니라 소송수행의 이익이나 필요성을 소멸시키는 중대한 소송장애 사유가 존재하기 때문에 재소금지의 기판력이 발생하는 것이다. 그러므로 형의 선고유예를 받은 자가 선고유예를 받은 날로부터 2년을 경과할 때에는 면소된 것으로 간주되므로 이 경우에도 기판력이 발생한다.

3. 기판력이 미치는 범위

1) 주관적 범위(인적 범위)

공소제기의 효과는 검사가 지정한 이외의 다른 사람에게는 효과가 미치지 아니하기 때문에 성명모용소송에서는 피모용자에게 기판력이 미치지 아니하나, 다만 위장 출석한 경우에는 위장 출석한 피고인에게 기판력이 미친다. 당해 피고인에게만 기판력이 미치므로 공동피고인에게는 기판력이 미치지 아니한다.

2) 객관적 범위(물적 범위)

일사부재리의 효력은 법원의 현실적 심판대상인 공소사실은 물론 그 공소사실과 단일성과 협의의 동일성이 인정되는 전부에 대하여 기판력이 미친다(이원설).

3) 시간적 범위

판례 대법원 1979.2.27. 선고 79도82 판결

상습범 사건에 있어서 공소의 효력과 판결의 확정력은 사실심리의 가능성이 있는 최후의 시점인 판결 선고시를 기준으로 하여 가리게 되고 그때까지 행하여진 행위에 대하여서만 공소의 효력과 판결의 효력이 미친다.

판례 대법원 1994.8.9. 94도1318

포괄일죄의 관계에 있는 범행일부에 관하여 약식명령이 확정된 경우, 약식명령의 발령시를 기준으로 하여 그 전의 범행에 대하여는 면소의 판결을 하여야 하고, 그 이후의 범행에 대하여서만 1개의 범죄로 처벌하여야 한다.

판례 대법원 2000.2.11. 99도4797

[1] 유죄판결을 선고받고 그 판결이 확정된 바 있는 사기죄의 범죄사실과 그 확정판결 이전에 이루어진 사기죄의 범죄사실이 다 같이 피고인의 사기습벽에서 이루어진 것이라면, 이미 확정판결을 받은 위 사기죄의 범죄사실과 위 판결 전 사기죄의 공소사실은 실체법상 포괄일죄인 상습사기죄의 관계에 있다 할 것이고, 따라서 위 사기죄에 대한 확정판결의 기판력은 그와 포괄일죄의 관계에 있으나 단순사기죄로 기소된 확정판결 이전의 사기공소사실에 미치게 되는 것이어서 이에 대하여는 면소의 판결을 하여야 한다.[77]

[2] 원래 실체법상 상습사기의 일죄로 포괄될 수 있는 관계에 있는 일련의 사기범행의 중간에 동종의 죄에 관한 확정판결이 있는 경우에는 그 확정판결에 의하여 원래 일죄로 포괄될 수 있었던 일련의 범행은 그 확정판결의 전후로 분리되고, 이와 같이 분리된 각 사건은 서로 동일성이 있다고 할 수 없어 이중으로 기소되더라도 각 사건에 대하여 각각의 주문을 선고하여야 한다.[78]

판례 대법원 2002.7.12. 2002도2029

사기죄에 있어서 동일한 피해자에 대하여 수회에 걸쳐 기망행위를 하여 금원을 편취한 경우 그 범의가 단일하고 범행방법이 동일하다면 사기죄의 포괄일죄만이 성립한다 할 것이고, 포괄일죄는 그 중간에 별종의 범죄에 대한 확정판결이 끼어 있어도 그 때문에 포괄적 범죄가 둘로 나뉘는 것은 아니라 할 것이고, 또 이 경우에는 그 확정판결 후의 범죄로서 다루어야 한다.[79]

판례 대법원 2004.9.16. 선고 2001도3206 전원합의체 판결

[다수의견] 상습범으로서 포괄적 일죄의 관계에 있는 여러 개의 범죄사실 중 일부에 대하여 유죄판결이 확정된 경우에, 그 확정판결의 사실심판결 선고 전에 저질러진 나머지 범죄에 대하여 새로이 공소가 제기되었다면 그 새로운 공소는 확정판결이 있었던 사건과 동일한 사건에 대하여 다시 제기된 데 해당하므로 이에 대하여는 판결로써 면소의 선고를 하여야 하는 것인 바(형사소송법 제326조 제1호), 다만 이러한 법리가 적용되기 위해서는 전의 확정판결에서 당해 피고인이 상습범으로 기소되어 처단되었을 것을 필요로 하는 것이고, 상습범 아닌 기본 구성요건의 범죄로 처단되는 데 그친 경우에는, 가사 뒤에 기소된 사건에서 비로소 드러났거나 새로 저질러진 범죄사실과 전의 판결에서 이미 유죄로 확정된 범죄사실 등을 종합하여 비로소 그 모두가 상습범으로서의 포괄적 일죄에 해당하는 것으로 판단된다 하더라도 뒤늦게 앞서의 확정판결을 상습범의 일부에 대한 확정판결이라고 보아 그 기판력이 그 사실심 판결선고 전의 나머지 범죄에 미친다고 보아서는 아니 된다.

---

77) 1월, 2월, 3월, 4월에 연속하여 저질러진 상습사기에 대하여 2월, 3월, 4월에 대한 상습사기죄에 대한 확정판결이 있는 경우 1월에 대한 사기죄로 다시 공소제기된 경우

78) 1월, 2월, 3월 4월, 6월, 7월에 연속하여 저질러진 상습사기에 대하여 3월, 4월 상습사기의 확정 판결이 5월에 있고 난 뒤 6월, 7월에 저질러진 동종의 상습사기범죄에 대하여 다시 공소제기가 있는 경우

79) 1월, 2월, 3월, 4월, 5월에 연속하여 저질러진 상습사기 중간에 이종의 확정 판결이 있는 경우

[판례] 대법원 1993.5.25. 선고 93도836 판결

판결의 확정력은 사실심리의 가능성이 있는 최후의 시점인 판결선고시를 기준으로 하여 그때까지 행하여진 행위에 대하여만 미치는 것으로서, 제1심 판결에 대하여 항소가 된 경우 판결의 확정력이 미치는 시간적 한계는 현행 형사항소심의 구조와 운용실태에 비추어 볼 때 항소심 판결선고시라고 보는 것이 상당한데, 항소이유서를 제출하지 아니하여 결정으로 항소가 기각된 경우에도 형사소송법 제361조의4 제1항에 의하면 피고인이 항소한 때에는 법정기간 내에 항소이유서를 제출하지 아니하였다 하더라도 판결에 영향을 미친 사실오인이 있는 등 직권조사사유가 있으면 항소법원이 직권으로 심판하여 제1심 판결을 파기하고 다시 판결할 수도 있으므로 사실심리의 가능성이 있는 최후시점은 항소기각 결정시라고 보는 것이 옳다.

4. 기판력의 배제

재판의 확정력 특히 일사부재리의 효력은 법적 안정성과 피고인의 지위를 보호하기 위하여 인정된 것이지만 명백한 법률상 · 사실상의 하자가 있음에도 확정력을 배제하지 않는 것 또한 정의에 반하는 것이므로 우리 법제는 예외적으로 확정력을 배제하는 비상구제절차를 규정하고 있다. 즉 재판의 확정이 피고인에게 귀책사유 없이 된 경우에 이를 구제하는 상소권의 회복제도(제345조 이하), 사실오인을 시정하여 유죄판결을 받은 피고인의 불이익을 구제하는 재심제도(제420조 이하), 확정판결의 법령위반을 시정하여 법령해석의 통일을 기하기 위한 비상상고 제도가 그것이다.

제4절 소송비용

I 의의

1. 개념

소송비용에는 공판정에 소환된 증인 · 감정인 · 통역인 또는 번역인의 일당 · 여비 및 숙박료 · 보수, 감정인 · 통역인 또는 번역인의 감정료 · 통역료 · 번역료 기타 비용, 국선변호인의 일당 · 여비 · 숙박료 및 보수, 무죄 또는 면소판결의 공시를 위해 관보와 신문에 공고한 비용 등이 이에 해당된다.

Ⅱ 소송비용의 부담자

1. 원칙

형사소송법은 형사절차에 관한 모든 비용을 일단 국고에서 지급하게 하고 그 중 일정한 범위의 비용만을 소송비용으로 지정해서 지출에 책임이 있는 당사자에게 부담시키고 있다.

2. 피고인의 소송비용 부담

1) 원칙

(1) 형의 선고시 부담원칙

형의 선고를 하는 때에는 피고인에게 소송비용의 전부 또는 일부를 부담하게 하여야 한다. 형의 선고가 필요하므로 집행유예는 포함되지만 형의 면제나 선고유예는 포함되지 아니한다. 다만, 피고인에게 책임지울 사유로 발생된 비용은 형의 선고를 하지 아니하는 경우에도 피고인에게 부담하게 할 수 있다(제186조).

(2) 공범의 소송비용 부담

공범의 소송비용은 공범인에게 연대부담하게 할 수 있다(제187조).

2) 예외

검사만이 상소 또는 재심청구를 한 경우에 상소 또는 재심의 청구가 기각되거나 취하된 때에는 그 소송비용을 피고인에게 부담하게 하지 못한다(제189조). 또한 피고인의 경제적 사정으로 소송비용을 납부할 수 없는 때도 피고인에게 소송비용을 부담하게 할 수 없다(제186조 제1항 단서).

3. 제3자의 소송비용 부담

1) 고소인 고발인

고소 또는 고발에 의하여 공소를 제기한 사건에 관하여 피고인이 무죄 또는 면소의 판결을 받은 경우에 고소인 또는 고발인에게 고의 또는 중대한 과실이 있는 때에는 그 자에게 소송비용의 전부 또는 일부를 부담하게 할 수 있다(제188조). 주의 할 것은 무죄 또는 면소의 판결의 경우에 국한하므로 형의 면제, 선고유예, 공소기각의 재판을 받은 경우는 제외된다.

2) 상소 또는 재심청구권자

검사 아닌 자가 상소 또는 재심청구를 한 경우에 상소 또는 재심의 청구가 기각되거나 취하된 때에는 그 자에게 그 소송비용을 부담하게 할 수 있다. 피고인 아닌 자가 피고인이 제기한 상소 또는 재심의 청구를 취하한 경우에도 그 자에게 그 소송비용을 부담하게 할 수 있다(제190조).

Ⅲ 소송비용부담의 절차

1. 재판으로 소송절차가 종료되는 경우

1) 피고인

재판으로 소송절차가 종료되는 경우에 피고인에게 소송비용을 부담하게 하는 때에는 법원의 직권으로 재판하여야 한다. 이 재판에 대하여는 본안재판에 대하여 상소하는 경우에 한해 불복할 수 있다(제191조).

2) 제3자

재판으로 소송절차가 종료되는 경우에 피고인 아닌 자에게 소송비용을 부담하게 하는 때에는 직권으로 결정을 하여야 한다. 결정에 대하여는 즉시항고를 할 수 있다(제192조).

2. 재판에 의하지 않고 소송절차가 종료되는 경우

재판에 의하지 아니하고 소송절차가 종료되는 경우에 소송비용을 부담하게 하는 때에는 사건의 최종계속법원이 직권으로 결정을 하여야 한다. 결정에 대하여는 즉시항고를 할 수 있다(제193조).

3. 소송부담액의 산정

소송비용의 부담을 명하는 재판에 그 금액을 표시하지 아니한 때에는 집행을 지휘하는 검사가 산정한다(제194조). 그러므로 법원은 소송비용을 구체적으로 명시할 필요가 없다.

4. 불이익변경과의 관계

소송비용의 부담은 형이 아니고 실질적인 의미에서 형에 준하여 평가되는 것도 아니므로 불이익변경금지원칙의 적용이 없다.

PART

5

상소·비상구제절차·특별절차

제1장 상소

제1절 상소 일반

I 상소의 의의

1. 상소제도의 개념

상소(Rechtsmittel)는 미확정의 재판에 대한 상급법원에 그 구제를 구하는 불복신청제도를 말한다. 형사소송법이 인정하는 상소제도로는 항소(제357조 이하), 상고(제371조 이하) 그리고 항고(제402조 이하)가 있다.

1) 미확정

확정재판에 대한 불복절차인 재심, 비상상고는 상소가 아니다.

2) 재판

검사의 불기소처분에 대한 불복절차인 준기소 절차, 검찰항고는 상소가 아니다.

3) 상급법원

상급법원에 하는 것이므로 약식명령, 즉결심판에서 정식재판을 청구하는 것, 상고심 판결에 대한 정정신청은 상소가 아니다.

2. 상소제도의 기능

상소제도는 오판을 시정함으로써 피고인의 이익을 보장하고 법령해석의 통일을 기함으로써 피고인의 평등권을 보장하고 법적 안정성을 실현하는 데 도움이 된다. 뿐만 아니라 올바른 사실인식과 법률해석을 진리의 인식발견이라고 부른다면 상소제도는 진리의 발견의 목적을 추구하는 제도라고 할 수 있다.

Ⅱ 상소권

1. 상소권자

1) 고유의 상소권자

(1) 검사와 피고인

검사와 피고인은 소송의 주체로서 당연히 원심재판에 대하여 상소권을 가진다(제338조 제1항). 부심판결정에 있어서 공소유지변호사도 고유의 상소권자이다. 부심판 결정에 의하여 법원의 심판에 부하여진 사건과 다른 사건이 병합심판되어 1개의 재판이 있는 경우에는 검사의 직무를 행하는 변호사와 당해 다른 사건의 검사는 그 재판에 대하여 각각 독립하여 상소할 수 있다(제338조 제2항).

(2) 항고권자

검사 또는 피고인 아닌 자가 결정을 받은 때에는 항고할 수 있다(제339조). 과태료의 결정을 받은 증인 · 감정인(제151조, 제161조, 제177조), 피고인 이외의 자로서 소송비용부담의 결정을 받은 자(제192조 제193조), 보증금의 몰수결정을 받은 피고인(제100조, 제102조) 이외의 자가 여기에 해당된다.

2) 당사자 이외의 상소권자(이하 상소대리권자로 약칭)

(1) 변호인 등의 상소권

피고인의 배우자, 직계친족, 형제자매 또는 원심의 대리인이나 변호인은 피고인의 명시한 의사에 반하지 않는 한 피고인을 위하여 상소할 수 있다. 이들의 상소권은 독립대리권으로 피고인의 상소권이 소멸한 후에는 변호인은 상소를 할 수 없다(제341조).

판례 대법원 1998.3.27. 선고 98도253 판결

형사소송법 제341조 제1항에 원심의 변호인은 피고인을 위하여 상소할 수 있다 함은 변호인에게 고유

의 상소권을 인정한 것이 아니고 피고인의 상소권을 대리하여 행사하게 한 것에 불과하므로, 변호인은 피고인의 상소권이 소멸된 후에는 상소를 제기할 수 없는 것이고, 상소를 포기한 자는 형사소송법 제354조에 의하여 그 사건에 대하여 다시 상소를 할 수 없다.

(2) 법정대리인의 상소권

법정대리인은 명시한 의사에 반하여 상소할 수 있다(제340조).

2. 상소권의 발생

상소권은 재판의 선고 또는 고지에 의하여 발생한다. 다만, 상소가 허용되지 않는 재판(결정)은 고지되더라도 상소권이 발생하지 아니한다.

3. 상소권의 소멸

1) 상소 제한기간의 경과에 의한 소멸

항소와 상고의 제기기간은 7일(제358조, 제374조)이고, 즉시항고와 준항고의 제기기간은 3일(제405조)이 된다. 그러나 보통항고는 항고의 이익이 있는 경우에는 언제든지 할 수 있다. 상소기간은 재판이 선고 또는 고지된 날로부터 진행한다(제343조 제2항). 상소제기기간의 경과 후에 제기한 상소는 부적법 · 무효이므로 원심법원 또는 상소법원은 결정으로 상소를 기각하여야 한다(제360조, 제362조, 제376조, 제381조, 제407조, 제413조).

2) 상소의 포기, 취하에 의한 소멸

(1) 의의

상소권은 상소기간 내에 상소권을 포기하거나 일단 제기한 상소를 취하함으로써 소멸된다. 그러므로 상소를 취하한 자 또는 상소의 포기나 취하에 동의한 자는 그 사건에 대하여 다시 상소를 하지 못한다(제354조).

(2) 상소포기 및 취하권자

검사나 피고인 또는 과태료의 결정을 받은 증인 · 감정인(제151조, 제161조, 제177조)과 같은 항고권자(제399조에 해당하는 자)는 상소의 포기 또는 취하를 할 수 있다. 단, 피고인 또는 상소대리권자는 사형 또는 무기징역이나 무기금고가 선고된 판결에 대하여는 상소의 포기를 할 수 없다(제349조).

(3) 상소포기 및 취하의 방법

① 상소의 포기 또는 취하는 서면으로 하여야 한다. 단, 공판정에서는 구술로써 할 수 있다. 구술로써 상소의 포기 또는 취하를 한 경우에는 그 사유를 조서에 기재하여야 한다(제352조). 상소, 상소의 포기나 취하의 청구가 있는 때에는 법원은 지체 없이 상대방에게 그 사유를 통지하여야 한다(제356조).

② 피고인이 상소의 포기와 취하에 있어서 법정대리인이 있는 경우에는 그의 동의를 얻어야 한다. 단, 법정대리인의 사망 기타 사유로 인하여 그 동의를 얻을 수 없는 때에는 예외로 한다(제350조).

③ 피고인의 법정대리인 또는 상소대리권자는 피고인의 동의를 얻어 상소를 취하할 수 있다(제351조). 그러므로 법정대리인과 상소대리권자는 상소의 포기는 할 수 없게 된다. 즉 포기는 고유권자인 피고인과 검사만이 할 수 있는 반면 취하는 고유권자와 피고인의 법정대리인과 상소대리권자도 할 수 있는 것이 된다.

(4) 상소포기 등의 관할

상소의 포기는 원심법원에, 상소의 취하는 상소법원에 하여야 한다. 단, 소송기록이 상소법원에 송부되지 아니한 때에는 상소의 취하를 원심법원에 제출할 수 있다(제353조).

(5) 상소의 포기 또는 취하의 효력을 다투는 절차

상소의 포기 또는 취하가 부존재 또는 무효임을 주장하는 자는 그 포기 또는 취하당시 소송기록이 있었던 법원에 절차속행의 신청을 할 수 있다. 신청을 받은 법원은 신청이 이유 있다고 인정하는 때에는 신청을 인용하는 결정을 하고 절차를 속행하여야 하며, 신청이 이유 없다고 인정하는 때에는 결정으로 신청을 기각하여야 한다. 신청기각결정에 대하여는 즉시 항고할 수 있다(규칙 제154조).

판례 대법원 1999.5.18. 선고 99모40

형사소송규칙 제154조의 규정에 의한 상소절차속행신청은 상소가 제기된 후 피고인 등이 상소를 포기하거나 취하하는 내용의 서면을 제출하거나 또는 공판정에서 같은 내용의 진술을 하였다는 이유로 재판 없이 상소절차가 종결처리된 경우에 상소포기 또는 취하의 부존재 또는 무효를 주장하여 구제받을 수 있도록 한 제도라고 할 것인 바, 피고인이 상고를 포기한 후 상고를 제기한 경우에는 피고인으로서는 그 상고에 의하여 계속된 상고절차나 원심법원의 상고기각결정에 대한 즉시항고절차 등에서 피고인의 상고포기가 부존재하거나 무효임을 주장하여 구제받을 수 있으므로, 위 규정에 의한 상소절차 속행신청을 할 수는 없다.

3) 당사자의 사망

원심판결선고 후 피고인이 사망한 경우 상소권은 소멸하고, 피고인이 상소제기 기간 내에 사망하였다고 하여도 원심의 변호인이 상소하는 것은 인정되지 않는다.

4. 재소자 특칙[1)]

1) 의의

교도소 또는 구치소에 있는 피고인이 상소의 제기기간 내에 상소장을 교도소장 또는 구치소장 또는 그 직무를 대리하는 자에게 제출한 때에는 상소의 제기기간 내에 상소한 것으로 간주한다. 피고인이 상소장을 작성할 수 없는 때에는 교도소장 또는 구치소장은 소속공무원으로 하여금 대서하게 하여야 한다(제344조).

2) 취지

형사소송법이 재소자에 대한 특칙을 두어 상소장 법원 도달주의의 예외를 인정한 취지는, 재소자로서 교도소나 구치소에 구금되어 행동의 자유가 박탈되어 있는 자가 상소심 재판을 받기 위한 상소장 제출을 위하여 할 수 있는 행위는 구금당하고 있는 교도소 등의 책임자나 그 직무대리자에게 상소장을 제출하여 그들로 하여금 직무상 해당 법원에 전달케 하는 것이 통상적인 방법이라는 점을 고려하여 재소자에게 상소제기에 관한 편의를 제공하자는 데 있다.

3) 명문으로 준용되는 경우

이러한 특칙은 교도소 또는 구치소에 있는 피고인이 상소권회복의 청구 또는 상소의 포기나 취하를 하는 경우에 준용한다(제355조). 또한 재심의 청구와 그 취하에도 준용된다(제430조). 개정 형사소송법은 항소이유서제출(제361조의3, 제379조) 및 상고이유서 제출 및 소송비용의 집행면제와 신청과 취하(487조), 재판의 해석에 대한 의의신청과 취하(제488조), 집행에 대한 이의신청과 취하(제489조)에도 제소자 특칙을 명문의 규정으로 인정하고 있다.

판례 대법원 2006.3.16. 선고 2005도9729 전원합의체 판결

[다수의견] 피고인으로서는 적법한 상소이유서 제출에 의하여 비로소 자신이 주장하는 상소이유에 대하여 심판 받을 수 있으므로 상소이유서는 상소장과 함께 상소심 심판을 받기 위하여 반드시 제출

1) 상소의 제기(제344조), 상소의 포기 및 취하, 상소권 회복(제355조), 재심의 청구와 취하(제430조) 소송비용의 집행면제와 신청과 취하(487조), 재판의 해석에 대한 의의신청과 취하(488조), 집행에 대한 이의신청과 취하(제489조)

이 요구되는 것이고, 그 기간의 장단(長短)에 차이가 있을 뿐 상소이유서 제출의 방법에 있어서는 상소장과 그 사정이 전혀 다를 바 없다. 한편, 제출기간 내에 교도소장 등에게 상소이유서를 제출하였음에도 불구하고 기간 도과 후에 법원에 전달되었다는 이유만으로 상소가 기각된다면 이는 실체적 진실발견을 위하여 자기가 할 수 있는 최선을 다한 자에게조차 상소심의 심판을 받을 기회를 박탈하는 것이고, 결과적으로 실체적 진실발견을 통하여 형벌권을 행사한다는 형사소송의 이념을 훼손하며 인권유린의 결과를 초래할 수도 있는 것이다. 형사소송법이 자기 또는 대리인이 책임질 수 없는 사유로 인하여 상소의 제기기간 내에 상소를 하지 못한 자에게 상소권회복의 청구를 인정하며(형사소송법 제345조), 그 상소권회복청구의 제기기간에 대하여 재소자에 대한 특칙 규정을 준용하는 것도 피고인이 책임질 수 없는 사유로 상소권이 박탈되어서는 안 된다는 형사소송의 이념을 표현한 것이라 볼 것이다. 그렇다면, 형사소송법 제355조에서 재소자에 대한 특칙 규정이 준용되는 경우 중에 상소이유서 제출의 경우를 빠뜨리고 있다고 하더라도 위에서 본 바와 같은 제344조 제1항의 재소자에 대한 특칙 규정의 취지와 그 준용을 규정한 제355조의 법리에 비추어 상소이유서 제출에 관하여도 위 재소자에 대한 특칙 규정이 준용되는 것으로 해석함이 상당하다.

4) 판례에 의하여 준용되는 재소자 특칙 규정

판례 2006.10.13.자 2005모552 결정[2)]

원래 형사소송법이 재소자에 대한 특칙을 두어 상소장 법원 도달주의의 예외를 인정한 취지가 재소자로서 교도소나 구치소에 구금되어 행동의 자유가 박탈되어 있는 자가 상소심 재판을 받기 위한 상소장 제출을 위하여 할 수 있는 행위는 구금당하고 있는 교도소 등의 책임자나 그 직무 대리자에게 상소장을 제출하여 그들로 하여금 직무상 해당 법원에 전달케 하는 것이 통상적인 방법이라는 점을 고려하여 재소자에게 상소제기에 관한 편의를 제공하자는 데 있는 점, 약식명령을 고지받은 피고인으로서는 공개된 법정에서 정식재판절차에 따라 재판을 받기 위해서는 반드시 적법한 정식재판청구서를 제출하여야 하므로 정식재판청구서 제출의 방법에 있어서는 상소장과 그 사정이 전혀 다를 바 없는 점, 한편 제출기간 내에 교도소장 등에게 정식재판청구서를 제출하였음에도 불구하고 기간도과 후에 법원에 전달되었다는 이유만으로 정식재판청구가 기각된다면 이는 자기가 할 수 있는 최선을 다한 자에게조차 공개된 법정에서 정식재판을 받을 기회를 박탈하는 것으로서 헌법이 보장한 공개재판을 받을 권리를 침해할 뿐만 아니라 결과적으로 실체적 진실발견을 통하여 형벌권을 행사한다는 형사소송의 이념을 훼손하며 인권유린의 결과를 초래할 수도 있는 점 등에 비추어 보면, 위에서 본 바와 같은 형사소송법 제344조 제1항의 재소자에 대한 특칙 규정의 취지와 상소권회복청구에 관하여 그 준용을 규정한 같은 법 제355조의 법리에 비추어 약식명령에서 정식재판청구서의 제출에 관하여도 위 재소자에 대한 특칙 규정이 준용되는 것으로 해석함이 상당하다.

2) 상소장 제출에 관하여 재소자에 대한 특칙을 규정한 형사소송법 제344조 제1항이 정식재판청구서 제출에 관하여도 준용될 수 있는지 여부(적극)

5. 상소권의 회복

1) 의의

상소할 수 있는 자가 자기 또는 대리인이 책임질 수 없는 사유로 인하여 상소의 제기기간 내에 상소를 하지 못한 때에는 상소권회복의 청구를 할 수 있다(제345조). 약식명령에 대한 정식재판청구권도 회복이 허용된다(제458조).

2) 상소권회복의 사유

(1) 대리인의 범위

상소권회복에 있어서의 대리인은 원심의 대리인(제340조, 제341조)을 말하는 것이 아니라 상소권자의 보조기관으로서 상소에 필요한 사실행위를 대행하는 자를 말한다고 보아야 한다.

판례 대법원 1986.9.17. 자 86모46 결정

형사소송법 제345조에서 말하는 대리인 중에는 본인의 보조인으로서 본인의 부탁을 받아 상소에 관한 서면을 작성하여 이를 제출하는 등 본인의 상소에 필요한 사실행위를 대행하는 사람을 포함한다.

(2) 책임질 수 없는 사유

상소권자 또는 그 대리인이 책임질 수 없는 사유란 상소권자 또는 그 대리인의 고의 · 과실이 없는 경우를 말한다.

3) 방법

상소권회복의 청구는 사유가 종지한 날로부터 상소의 제기기간에 상당한 기간 내에 서면으로 원심법원에 제출하여야 한다. 기록이 원심법원 · 상소법원에 있느냐 여부와 상관없이 원심법원에 청구서를 제출하여야 한다. 상소권회복의 청구를 할 때에는 원인된 사유를 소명하여야 한다. 상소권의 회복을 청구한 자는 그 청구와 동시에 상소를 제기하여야 한다(제346조).

판례 대법원 2004.1.13. 자 2003모451 결정

상소권회복은 자기 또는 대리인이 책임질 수 없는 사유로 인하여 상소제기기간 내에 상소를 하지 못한 사람이 이를 청구하는 것이므로, 상소권을 포기한 후 상소제기기간이 도과하기 전에 상소포기의 효력을 다투면서 상소를 제기한 자는 원심 또는 상소심에서 그 상소의 적법 여부에 대한 판단을 받으면 되고, 별도로 상소권회복청구를 할 여지는 없다고 할 것이나, 상소권을 포기한 후 상소제기기간이

도과한 다음에 상소포기의 효력을 다투는 한편, 자기 또는 대리인이 책임질 수 없는 사유로 인하여 상소제기기간 내에 상소를 하지 못하였다고 주장하는 사람은 상소를 제기함과 동시에 상소권회복청구를 할 수 있고, 그 경우 상소포기가 부존재 또는 무효라고 인정되지 아니하거나 자기 또는 대리인이 책임질 수 없는 사유로 인하여 상소제기기간을 준수하지 못하였다고 인정되지 아니한다면 상소권회복청구를 받은 원심으로서는 상소권회복청구를 기각함과 동시에 상소기각결정을 하여야 한다.

4) 법원의 결정

상소권회복의 청구를 받은 법원은 청구의 허용 여부에 대한 결정을 하여야 하며 이 결정에 대하여는 즉시항고를 할 수 있다(제347조). 이 결정을 할 때까지 재판의 집행을 정지할 수 있다. 집행정지의 결정을 한 경우에 피고인이 도주할 우려 등 구속사유가 구비된 경우에는 구속영장을 발부하여야 한다(제348조).

다음은 소송촉진등에관한특례법 규정에 따라 피고인이 불출석한 상태에서 재판이 진행되어 유죄판결이 선고된 것도 모르는 채 상소기간이 도과된 경우, 상소권회복 청구의 가부(적극)와 관련한 판례이다.

[판례] 대법원 1986.2.2. 자 86모3 결정

소송촉진등에관한특례법 제23조, 동법시행규칙 제19조 소정의 절차[3]에 따라 공시송달의 방법으로

---

3) 소송촉진등에관한특례법 규정
제23조(제1심 공판의 특례) 제1심 공판절차에서 피고인에 대한 송달불능보고서가 접수된 때로부터 6월이 경과하도록 피고인의 소재를 확인할 수 없는 때에는 대법원규칙이 정하는 바에 따라 피고인의 진술 없이 재판할 수 있다. 다만, 사형 · 무기 또는 장기 10년이 넘는 징역이나 금고에 해당하는 事件의 경우에는 그러하지 아니하다.
소송촉진등에관한특례규칙
① 피고인에 대한 송달불능보고서가 접수된 때로부터 6월이 경과하도록 제18조 제2항 및 제3항의 규정에 의한 조치에도 불구하고 피고인의 소재가 확인되지 아니한 때에는 그 후 피고인에 대한 송달은 공시송달의 방법에 의한다.
② 피고인이 제1항의 규정에 의한 공판기일의 소환을 2회 이상 받고도 출석하지 아니한 때에는 법 제23조의 규정에 의하여 피고인의 진술 없이 재판할 수 있다.
제18조(형소법)
① 재판장은 피고인에 대한 인정신문을 마친 뒤 피고인에 대하여 그 주소의 변동이 있을 때에는 이를 법원에 보고할 것을 명하고, 피고인의 소재가 확인되지 않는 때에는 그 진술 없이 재판할 경우가 있음을 경고하여야 한다.
② 피고인에 대한 송달이 불능인 경우에 재판장은 그 소재를 확인하기 위하여 소재조사촉탁, 구인장의 발부 기타 필요한 조치를 취하여야 한다.
③ 공소장에 기재된 피고인의 주소가 특정되어 있지 아니하거나 그 기재된 주소에 공소제기 당시 피고인이 거주하지 아니한 사실이 인정된 때에는 재판장은 검사에게 상당한 기간을 정하여 그 주소를 보정할 것을 요구하여야 한다.
제63조(형소법)
① 피고인의 주거, 사무소와 현재지를 알 수 없는 때에는 공시송달을 할 수 있다.
② 피고인이 재판권이 미치지 아니하는 장소에 있는 경우에 다른 방법으로 송달할 수 없는 때에도 전항과 같다.

공소장부본 등이 송달되고 피고인의 출석 및 진술 없이 판결을 선고한 후 그 판결등본을 같은 방법으로 송달하여 피고인이 공소제기사실이나 판결선고 사실을 전혀 몰랐다면, 피고인이 제1심 판결에 대한 항소를 법정기간 내에 제기하지 못한 것은 피고인이 책임질 수 없는 사유로 인한 때에 해당한다.
[판례 원문] 피고인은 이 사건으로 경찰에서 단 한번 피의자조사를 받은 사실이 있는데 그때 주거를 부산 중구 동광동이라고 진술한 바 있고, 그 후 사건이 검찰에 송치되었으나 피고인에 대한 출석요구서의 송달이 되지 아니하자 검사는 아무런 조사를 함이 없이 그대로 공소를 제기하면서 주거를 사법경찰관이 작성한 피의자신문조서에 기재된 대로 부산 중구 동광동이라고 공소장에 기재하였으며 제1심법원은 피고인에 대한 공소장부본, 공판기일소환장 등의 송달이 불능되자 소송촉진등에관한특례법 제23조, 같은 법 시행규칙 제19조 소정의 절차에 따라 이를 공시송달의 방법으로 송달하여 피고인의 출석 및 진술 없이 판결을 선고한 후 그 판결등본을 같은 방법으로 송달하였음이 명백한 바, 원심이 확정한 사실에 의하면 피고인이 경찰조사 과정에서 주거를 부산 중구 동광동이라고 진술한 것은 그 당시에 주민등록을 한 바도 없었고 일정한 주거도 없어 다만 피고인이 다니고 있던 한일체육관의 소재지가 그 곳이었으므로 그와 같이 진술하였던 것인데 피고인은 그 후 거소를 옮겨 다닌 관계로 이 사건 범행으로 공소가 제기된 사실이나 판결이 선고된 사실을 전혀 몰랐다는 것이다. 위 사실관계에 비추어 보면, 피고인이 제1심판결에 대한 항소를 법정 기간 내에 제기하지 못한 것은 피고인이 책임질 수 없는 사유로 인한 때에 해당한다 할 것이므로(당원 1985.2.23. 자 83모37, 38 결정참조) 같은 이유로 피고인의 상소권회복청구를 허가한 제1심 결정을 유지한 원심결정은 정당하고, 그 판단에 소론과 같은 법리오해의 위법은 없으며, 당원 1983.6.29. 자 83모33 결정은 사안을 달리한 경우에 관한 것이므로 이 사건에 적절하지 않다.

판례 대법원 1983.6.29. 선고 83모33 판결

청구인이 주거지를 변경하고도 주민등록을 정리하지 않았을 뿐 아니라 그 변경사실에 대한 신고조차 하지 않았기 때문에 약식명령을 공소장에 기재된 전 주소지에 송달하였으나 소재불명으로 송달불능이 되자 공시송달방법으로 송달하였다면 이는 적법하고 법정기간 내에 정식재판 청구를 하지 못한 것이 청구인에게 책임질 수 없는 사유에 기인하였다고는 볼 수 없다.

판례 대법원 1985.2.23. 자 83모37, 38 결정

이 사건에 있어서 피고인에게 유죄의 판결을 선고한 제1심법원은 소송촉진등에관한특례법 제23조, 같은 법 시행규칙 제19조의 규정에 따라 피고인에 대한 송달을 공시송달방법에 의하고 피고인이 불출석한 상태에서 심리를 종결한 다음 유죄의 판결을 선고하였는 바, 기록과 대조하여 보아도 위 제1심 공판절차는 적법하고 거기에 아무런 위법사유를 찾아 볼 수 없음은 소론 주장과 같다 하겠으나, 한편 피고인은 주거지에 살고 있는 본처와 자녀들을 떠나 내연의 처와 동거하면서 운수사업차 수시로 전국 일원을 배회하여 온 자로서 1978.11.경 사기 및 배임죄로 고소를 당하여 1979.9.27. 검사로부터 제2차 피의자 심문을 받은 이래 그 거소를 수차 옮겨 다닌 결과 이건 공소가 제기된 사실조차 모르는 상태에 있었고 1심판결 역시 공시송달방법으로 송달되어 위 판결이 선고된 것을 모르는 채 이에 대한 상소기간을 도과하게 된 사실이 인정되는 바, 이와 같은 경우에는 비록 제1심 공판절차가 적법하게 이루어졌

제64조(공시송달의 방식)
① 공시송달은 대법원규칙의 정하는 바에 의하여 법원이 명한 때에 한하여 할 수 있다.
② 공시송달은 법원서기관 또는 서기가 송달할 서류를 보관하고 그 사유를 법원게시장에 공시하여야 한다.
③ 법원은 전항의 사유를 관보나 신문지상에 공고할 것을 명할 수 있다.
④ 최초의 공시송달은 제2항의 공시를 한 날로부터 2주일을 경과하면 그 효력이 생긴다. 단, 제2회 이후의 공시송달은 5일을 경과하면 그 효력이 생긴다.

다 하더라도 1심판결에 대한 상소기간의 도과는 피고인의 책임질 수 없는 사유에 기인한 것이라고 보여지므로 이 건 상소권회복청구는 이유 있다.

판례 평석에서 대법원은 먼저 공소제기 전에 사안과 같이 수사기관에 피의자신문조서를 받고 난 뒤 계속해서 공시송달이 된 경우에는 상소권회복을 인정하고 있으나 공소제기 후 피고인이 주소를 보정하지 않아서 공시송달이 된 경우에는 상소권회복을 인정하지 않고 있다.

[판례] 대법원 2006.2.8.자 2005모507 결정

[정당한 이유를 인정한 판례]

[1] 공시송달을 명하기에 앞서 피고인이 송달받을 수 있는 장소를 찾아보는 조치들을 다하지 아니한 채 공소장 기재의 주거나 주민등록부의 주소로 우송한 공판기일소환장 등이 이사불명 · 폐문부재 등의 이유로 송달 불능 되었다는 것만으로는 소송촉진등에관한특례법 시행규칙 제19조 제1항에 정한 공시송달 요건인 '피고인의 소재가 확인되지 아니한 때'에 해당한다고 보기 어려움에도, 피고인의 소재를 확인할 수 없다고 단정하여 공시송달을 명하고 피고인의 진술 없이 공판을 진행하여 판결을 선고한 제1심법원의 일련의 소송절차를 위법하다.

[2] 피고인이 소송이 계속된 사실을 알면서 법원에 거주지 변경 신고를 하지 않은 잘못을 저질렀다고 하더라도, 상소제기기간이란 상소의 대상이 되는 판결의 선고일자를 기준으로 정해지는 것인데, 공판의 진행과 판결의 선고에 절차상 위법이 없었다면 그 판결이 그 날짜에 선고될 수는 없는 이치로서, 그러한 법원의 직무상 위법과 피고인이 상소제기기간을 지키지 못한 것 사이에 관련이 없다고 보기 어렵고, 공판과 판결의 절차에 명백한 위법이 있음에도 거주지 변경 신고의무의 해태라는 본인의 잘못을 이유로 불복의 기회를 박탈한다면, 이는 비단 피고인의 권익 보호 차원에서 부당할 뿐만 아니라 소송절차상 위법의 통제라는 형사 상소제도의 목적에도 반하며, 형사소송법 제345조(상소권회복청구권자)의 '자기 또는 대리인이 책임질 수 없는 사유'라 함은 본인 또는 대리인에게 귀책사유가 전혀 없는 경우는 물론, 본인 또는 대리인의 귀책사유가 있더라도 그와 상소제기기간의 도과라는 결과 사이에 다른 독립한 원인이 개입된 경우를 배제한다고 보기 어려우므로, 위법한 공시송달에 터 잡아 피고인의 진술 없이 공판이 진행되고, 피고인이 출석하지 않은 기일에 판결이 선고된 이상, 피고인은 자기 또는 대리인이 책임질 수 없는 사유로 인하여 상소제기기간 내에 상소를 하지 못한 것으로 봄이 상당하다.

[판례] 대법원 1984.9.28. 83모55

공시송달의 요건이 갖추어지지 않았음에도 1심법원이 피고인의 소환을 공시송달의 방법으로 하고 피고인의 진술 없이 공판절차를 진행하여 판결이 선고되고 동 판결 등본이 공시송달되었다면 피고인은 자기가 책임질 수 없는 사유로 인하여 동 판결에 대하여 항소제기기간 내에 항소를 하지 못한 것이라 할 것이므로 상소권회복청구를 할 수 있다.

[판례] 대법원 1973.10.20. 선고 73모68

제1심판결에 피고인의 주거의 번지를 틀리게 기재하고 항소심이 위 틀린 번지에 소송기록 수리통지를 발송한 까닭에 소재불명으로 송달불능이 된 경우 공시송달에 의하여 항소심소송절차를 진행하였다면 피고인으로서는 위 공시송달을 몰랐음에 관하여 아무런 과실이 있다고 할 수 없다 할 것이므로

책임질 수 없는 사유로 인하여 그 기간 내에 상소를 하지 못한 때에 해당한다.

판례 대법원 1991.5.6. 결정 91모32

상소권회복신청의 요건을 규정한 형사소송법 제345조의 "대리인"이란 피고인을 대신하여 상소에 필요한 행위를 할 수 있는 지위에 있는 자를 말하는 것이고 교도소장은 피고인을 대리하여 결정정본을 수령할 수 있을 뿐이고 상소권 행사를 돕거나 대신할 수 있는 자가 아니어서 이에 포함되지 아니하므로, 만일 교도소장이 결정정본을 송달받고 1주일이 지난 뒤에 그 사실을 피고인에게 알렸기 때문에 피고인이나 그 배우자가 소정 기간 내에 항고장을 제출할 수 없게 된 것이라면 상소권회복신청은 인용할 여지가 있을 것이다.

판례 대법원 1986.9.17. 자 86모46 결정

[정당한 이유를 부정한 판례]

책임질 수 없는 사유란 상소를 하지 못한 사유가 상소권자 본인 또는 대리인의 고의 또는 과실에 기하지 아니함을 말한다 할 것이므로 상소권자 또는 대리인이 단순히 질병으로 입원하였다거나 기거불능하였었기 때문에 상소를 하지 못하였다는 것은 상소권회복의 사유에 해당하지 아니한다.

판례 대법원 1991.8.27. 자 91모17 결정

제1회 공판기일에 출석하여 주거를 신고한 피고인에 대한 공판기일 소환장이 위 주거지로 송달되지 아니하고 관할 경찰서장에 대한 소재탐지촉탁에 의하여도 피고인의 주거가 확인되지 아니하여 공판기일의 소환장을 공시송달의 방법으로 송달하고 피고인의 출석 없이 판결을 선고하고 판결서등본을 공시송달하였으나 실제로는 피고인과 그의 가족 등은 그때 경에 이미 위 주거지를 떠났던 경우, 피고인으로서는 법원에 신고한 주거지를 옮길 때에는 자기의 신주거지를 법원에 제출하거나 기타 소송진행 상태를 알 수 있는 방법을 강구하여야 할 것인데도 이러한 조치를 취하지 아니한 탓으로 상소기간을 도과하였다고 할 것이고, 피고인이 미국인이어서 주민등록이 되어 있지 않으며, 피고인이 이사를 가면서 자신에게 오는 우편물이 도달될 수 있도록 우편집배인에게 부탁을 하였다고 하더라도, 피고인이 상소의 제기기간 내에 상소를 하지 못한 것이 자기 또는 대리인이 책임질 수 없는 사유로 인한 것이라고 볼 수는 없다.

판례 대법원 1996.8.23. 자 96모56 결정

형사피고사건으로 법원에 재판이 계류 중인 자는 공소제기 당시의 주소지나 그 후 신고한 주소지를 옮긴 때에는 자기의 새로운 주소지를 법원에 제출한다거나 기타 소송진행 상태를 알 수 있는 방법을 강구하여야 하고, 만일 이러한 조치를 취하지 않았다면 소송서류가 송달되지 아니하여 공판기일에 출석하지 못하거나 판결선고 사실을 알지 못하여 상소기간을 도과하는 등의 불이익을 받는 책임을 면할 수 없다.

판례 대법원 1984.7.11. 자 84모40

상소권 포기가 비록 기망에 의한 것이라도 형사소송법 제354조에 의하여 다시 상소를 할 수 없으며, 상소권 회복은 자기가 책임질 수 없는 사유로 인하여 상소제기 기간 내에 상소를 하지 못한 사람이 이를 청구하는 것이므로 재항고인이 상피고인의 기망에 의하여 항소권을 포기하였음을 항소제기 기간이 도과한 뒤에야 비로소 알게 되었다 하더라도 이러한 사정은 재항고인이 책임질 수 없는 사유에 해당한다고 볼 수 없다.

판례 대법원 1987.4.8. 87모19

징역 1년의 실형을 선고받았으나 법정구속을 하지 않으므로 형의 집행유예를 선고받은 것으로 잘못 전해 듣고 또한 선고 당시 법정이 소란하여 판결주문을 알아들을 수 없어서 항소제기기간 내 항소를 하지 못한 것이라면 그 사유만으로는 형사소송법 제345조의 자기 또는 대리인이 책임질 수 없는 사유로 상소제기기간 내 상소를 하지 못한 경우에 해당된다고 볼 수 없다.

판례 대법원 1986.9.27. 자 86모47 결정

상소권회복청구는 오로지 상소할 수 있는 자가 자기의사에 따라 그것을 할 것인지의 여부를 결정할 일이어서 교도소담당직원이 재항고인에게 상소권회복청구를 할 수 없다고 하면서 형사소송규칙 제177조에 따른 편의를 제공해 주지 아니하였다 하더라도 위 사유는 상소권회복청구를 이유 있게 할 사유가 될 수 없다.

상소권회복에 대하여 판례는 공시송달과 관련하여 먼저 공시송달이 위법한 경우에는 당연히 상소권 회복을 인정하고 있으며, 두 번째로 당사자에게 주소보정을 하지 않은 상태에서 법원이 적법한 공시송달을 하여 확정판결이 난 경우에는 상소권회복을 인정하지 아니하나, 법원이 공시송달의 위법이 있고 당사자의 주소보정을 하지 않는 위법이 경합하는 경우에는 상소권 회복을 인정하고 있다.

Ⅲ 상소의 이익

1. 상소이익의 의의

1) 개념

형사소송법은 상소에 관하여 상소권자와 상소이유를 규정하고 있으므로 상소이유가 있는 경우에 상소권자는 상소를 할 수 있다. 다만, 상소권자가 상소를 하기 위하여는 상소의 이익이 있어야 한다. 그러므로 원판결에 잘못이 있는가를 뜻하는 상소이유와는 구별되는 개념으로 상소의 적법요건이 된다.

2. 검사의 상소이익

1) 법원이 선고한 형량보다 경한 형량을 선고해 달라고 하는 경우

검사는 공익의 대표자이자 객관적 관청으로 법령의 정당한 적용을 청구할 직무와 권

한을 가지므로 피고인에게 불이익한 상소뿐만 아니라 피고인의 이익을 위한 상소도 할 수 있다고 보는 것이 통석과 판례의 입장이다.[4] 이 경우 다수설은 불이익변경금지의 원칙이 이 경우에도 적용되는 것으로 보고 있다.

3. 상소이익의 구체적 판단

1) 유죄판결에 대한 상소

(1) 유죄판결과 상소의 이익

유죄판결은 피고인에게 불이익한 판결이므로 이에 대하여 상소의 이익이 있음은 당연하다. 다만, 과형상일죄를 경합범이라고 주장하는 상소와 같이 상소의 취지가 피고인에게 이익이 되지 아니하거나 불이익한 경우에는 상소의 이익이 없게 된다.

(2) 형면제판결에 대한 상소

형면제판결은 유죄판결의 일종이므로 이에 대하여 피고인은 무죄를 주장하여 상소할 수 있다.

2) 무죄판결에 대한 상소

무죄판결에 대하여 면소, 공소기각, 관할위반의 재판을 구하는 상소는 허용되지 아니한다. 다만, 무죄판결의 이유를 다투는 상소가 허용될 것인가에 대하여 심신상실을 이유로 무죄판결을 받는 경우 사회적으로 치명적인 타격을 받을 수 있으므로 사건의 실체에 관한 이유로 무죄를 주장하는 것이 허용된다는 적극설이 있으나, 상소는 판결의 주문에 대하여 허용되고 판결의 이유만을 대상으로 하는 상소는 허용될 수 없으므로 부정하는 것이 타당하다. 판례도 부정설의 입장이다.

판례 대법원 1993.3.4. 선고 92모21

검사는 공익의 대표자로서 법령의 정당한 적용을 청구할 임무를 가지므로 이의신청을 기각하는 등 반대당사자에게 불이익한 재판에 대하여도 그것이 위법일 때에는 위법을 시정하기 위하여 상소로써 불복할 수 있지만, 불복은 재판의 주문에 관한 것이어야 하고 재판의 이유만을 다투기 위하여 상소하는 것은 허용되지 않는다.

4) 대법원 1975.7.8. 74도3195

3) 형식판결에 대한 피고인의 무죄판결을 선고해 달라고 하는 경우

형식판결에 대하여 무죄를 주장하여 상소할 수 있는가에 대하여는 무죄판결을 받아 재판이 확정되면 기판력이 발생할 수 있으므로 형식판결보다는 피고인에게 유리하므로 인정할 수 있다는 것이 다수설의 입장이나, 판례는 허용되지 않는다고 보면서 그 이유에 대하여 공소기각의 판결에 대하여는 상소이익 결여로, 면소판결에 있어서는 실체판결청구권 결여를 이유로 하고 있다.

[판례] 대법원 1983.5.10. 선고 83도632

공소기각의 판결이 있으면 피고인은 공소의 제기가 없었던 상태로 복귀되어 유죄판결의 위험으로부터 해방되는 것이므로 그 판결은 피고인에게 불이익한 재판이라고 할 수 없으므로 공소기각의 재판에 대하여 피고인은 상소권이 없다.

[판례] 대법원 1984.11.27. 선고 84도2106

피고인에게는 실체판결청구권이 없는 것이므로 면소판결에 대하여 무죄의 실체판결을 구하여 상소를 할 수는 없는 것이다.

4) 항소기각판결에 대한 상고

항소기각판결에 대하여 항소인에게 상고의 이익이 있다는 점에는 의문이 없으나, 제1심의 유죄판결에 대하여 피고인은 항소를 포기하고 검사만 양형부당의 이유로 항소를 한 경우 항소법원이 검사의 항소를 기각한 경우에는 피고인에게 상고의 이익이 없다.

[판례] 대법원 1986.5.27. 선고 86도479

제1심판결에 대하여 피고인은 상소권을 포기하였는데 검사만이 양형이 가볍다는 이유로 항소하였다가 이유 없다고 기각된 항소심판결은 피고인에게는 불리한 것이라고 할 수 없어 이에 관하여는 피고인은 상소권이 없다.

Ⅳ 일부상소

1. 의의

재판의 일부에 대한 상소를 일부상소라고 한다. 여기서 일부상소라고 함은 공소불가분의 원칙상 공소사실의 동일성과 단일성이 인정되는 한 개의 사건의 일부를 의미하는 것이 아니라 수개의 사건이 병합심판된 경우의 재판의 일부를 의미하는 것으로 보아야 한다.

2. 일부상소의 허용범위

일부상소가 허용되기 위하여는 재판의 내용이 가분적이고 독립된 판결이 가능할 것을 요한다. 일부상소가 허용되는 범위에서는 일부에 대한 상소의 포기와 취하도 허용된다. 일부상소가 허용되지 아니함에도 불구하고 일부상소를 한 경우에는 전부상소가 있는 것으로 보아야 한다. 즉 일부에 대한 상소는 그 일부와 불가분의 관계에 있는 부분에 대하여도 효력이 미친다(제342조 제2항).

1) 일부상소의 허용범위

(1) 경합범

경합범관계에 있는 수개의 죄에 대하여 각각의 다른 수개의 판결이 있는 경우에는 원칙적으로 일부상소가 허용된다. 즉 ㉠ 일부 유죄, 일부 무죄의 판결이 있는 경우[5], ㉡ 일부는 징역형을 다른 일부에 대하여는 벌금형이 선고된 경우(형법 제38조 제1항 제3호), ㉢ 수개의 공소사실이 확정판결 전후의 범죄이기 때문에 수개의 형이 선고 된 경우, ㉣ 공소사실에 대하여 전부 무죄가 전부 무죄가 선고된 경우에는 일부상소가 가능하다.[6] 다만, 경합범에 대하여 하나의 형이 선고된 경우에는 허용되지 아니한다.

[판례] 대법원 2004.9.23. 선고 2004도4727 판결

상소는 재판의 일부에 대하여도 할 수 있으므로(형사소송법 제342조 제1항 참조) 경합범 중 일부의 죄에 대하여 징역형이, 나머지 죄에 대하여 벌금형이 선택되어 병과형이 선고된 경우 징역형이나 벌금형 중 어느 하나의 형에 관한 판결부분만을 상소의 대상으로 할 수 있는 것이지만, 법원이 1개의 죄에 정한 형이 징역형, 벌금형 등 수종임에도 형의 종류를 선택하지 아니한 채 수죄에 대하여 징역형과 벌금형을 병과하는 경우에는 어느 죄에 대하여 징역형이, 어느 죄에 대하여 벌금형이 선고된 것인지 알 수 없게 되어 재판의 내용이 불가분적인 것이 되므로, 징역형이나 벌금형 중 어느 하나의 형에

---

5) 일부 무죄 외에 면소, 공소기각판결, 관할위반 또는 형의 면제판결도 포함된다.
대법원 1984.2.28. 83도216
제1심법원이 절도의 점에 대해서는 징역 6월, 미성년자 간음의 점에 대해서는 공소기각의 판결을 하였는데, 검사의 항소장에는 제1심의 판결주문란에 "징역 6월, 미결구금 150일 산입"으로 기재되어 있다면 검사는 제1심판결의 주문중 절도의 점에 대하여 징역 6월을 선고한 부분에 대하여서만 항소를 제기하였고 미성년자 간음의 점에 대하여 공소기각을 선고한 부분에 대하여는 항소를 제기하지 아니하였음이 명백하다 할 것이다.

6) 대법원 1973.7.10. 73도142
전부 무죄판결에 대하여는 그중 일부 공소사실만을 특정하여 상소할 수 있으므로 항소대상이 되지 아니한 부분은 심판할 수 없다(무죄판결은 각 공소사실에 대하여 각각 무죄를 선고한 것이므로 불가분으로 취급할 이유가 없기 때문이다).

관한 판결부분만을 상소의 대상으로 할 수는 없다고 할 것이어서, 징역형이나 벌금형 중 어느 하나의 형에 관한 판결부분에 대하여만 상소를 하였다고 하더라도 그 일부와 불가분의 관계에 있는 다른 형에 관한 판결부분에 대하여도 상소의 효력이 미친다.

2) 일부상소의 제한

(1) 단순일죄, 포괄일죄, 상상적 경합(과형상일죄)

일죄의 일부에 대한 일부상소는 허용되지 아니하므로 단순일죄 및 포괄일죄에 대하여는 일부상소가 허용되지 아니한다. 그러므로 일부에 대하여만 상소를 한 경우에도 전부이심이 된다. 상상적 경합의 경우에도 소송법상으로는 일죄에 해당되므로 일부상소가 허용되지 아니한다.

판례 대법원 1991.3.12. 90도2820

환송 전 항소심에서 포괄1죄의 일부만이 유죄로 인정된 경우 그 유죄 부분에 대하여 피고인만이 상고하였을 뿐 무죄 부분에 대하여 검사가 상고를 하지 않았다면 상소불가분의 원칙에 의하여 무죄 부분도 상고심에 이심되기는 하나 그 부분은 이미 당사자 간의 공격방어의 대상으로부터 벗어나 사실상 심판대상에서부터도 벗어나게 되어 상고심으로서도 그 무죄 부분에까지 나아가 판단할 수 없는 것이고, 따라서 상고심으로부터 위 유죄 부분에 대한 항소심판결이 잘못되었다는 이유로 사건을 파기환송 받은 항소심은 그 무죄 부분에 대하여 다시 심리 판단하여 유죄를 선고할 수 없다.

판례 대법원 1985.11.12. 85도1998

[비교판례] 포괄일죄의 관계에 있는 공소사실의 일부에 대하여만 유죄로 인정하고 나머지는 무죄가 선고되어 검사는 위 무죄 부분에 대하여 불복상고하고 피고인은 유죄 부분에 대하여 상고하지 않은 경우, 공소불가분의 원칙상 경합범의 경우와는 달리 포괄일죄의 일부에 대하여만 상고할 수는 없으므로 검사의 무죄 부분에 대한 상고에 의해 상고되지 않은 원심에서 유죄로 인정된 부분도 상고심에 이심되어 심판의 대상이 된다고 볼 것이다.

(2) 주의적 · 예비적 공소제기의 경우

판례 2006.5.25. 선고 2006도1146 판결

[1] 원래 주의적 · 예비적 공소사실의 일부에 대한 상소제기의 효력은 나머지 공소사실 부분에 대하여도 미치는 것이고, 동일한 사실관계에 대하여 서로 양립할 수 없는 적용법조의 적용을 주의적 · 예비적으로 구하는 경우에는 예비적 공소사실만 유죄로 인정되고 그 부분에 대하여 피고인만 상소하였다고 하더라도 주의적 공소사실까지 함께 상소심의 심판대상에 포함된다.

[2] 검사가 주의적으로 뇌물공여죄, 예비적으로 배임증재죄로 기소한 사안에서, 항소심이 뇌물공여죄 부분은 무죄로 판단하고 배임증재죄 부분을 유죄로 인정한 경우, 피고인만 예비적 공소사실 부분에 대하여 상고하였더라도 주의적 공소사실 부분 역시 상고심의 심판대상에 포함된다고 보아 법리오해가 있는 주의적 공소사실 부분을 직권 파기한 사례.

3) 주형과 일체가 된 부가형(몰수와 추징, 피해자 환부)

주형과 일체가 되어 있는 부가형, 환형처분, 집행유예 등도 주형과 분리하여 상소할 수 없다. 소송비용부담의 재판은 본안의 재판에 대하여 상소하는 때에 한하여 불복할 수 있다(제191조 제2항). 다만, 배상명령에 대하여는 독립하여 즉시항고가 가능하다(소촉법 제33조 제5항).

판례 대법원 1959.10.16. 4292형상209

압수물을 피해자에게 환부한다는 선고는 본안종국판결에 부수되는 처분에 불과한 만큼 그 선고부분에 한하여 독립상소는 할 수 없는 것이다.

판례 대법원 1984.12.11. 84도1502

추징의 선고는 본안종국판결에 부수되는 처분에 불과한 것이니 만큼 종국판결에 대한 상고 없이 위 선고부분에 한하여 독립상고는 할 수 없다.

3. 일부상소의 방식

일부상소를 함에 있어서는 일부상소를 한다는 취지를 명시하고 불복부분을 특정하여서 제기하여야 한다. 불복부분이 특정되지 아니한 상소는 전부상소로 보아야 한다. 다만, 피고인이 상소를 한 경우에는 무죄부분에 대한 상소로 검사가 상소한 경우에는 유죄부분에 대한 상소로 보아야 한다.

판례 대법원 2004.12.10. 선고 2004도3515 판결

현행 법규상 항소장에 불복의 범위를 명시하라는 규정이 없고 또 상소는 재판의 전부에 대하여 하는 것을 원칙으로 삼고, 다만 재판의 일부에 대하여도 상소할 수 있다고 규정한 형사소송법 제342조의 규정에 비추어 볼 때, 비록 항소장에 경합범으로서 2개의 형이 선고된 죄 중 일죄에 대한 형만을 기재하고 나머지 일죄에 대한 형을 기재하지 아니하였다 하더라도 항소이유서에서 그 나머지 일죄에 대하여도 항소이유를 개진한 경우에는 판결 전부에 대한 항소로 봄이 상당하다.

판례 대법원 1991.11.26. 선고 91도1937

검사가 불복의 범위란에 아무런 기재를 아니하고, 판결주문란에 유죄부분의 형만을 기재하고 무죄의 주문은 기재하지 아니한 항소장을 제출하였으나 항소이유서에 무죄부분에 대하여도 항소이유를 개진한 경우, 판결 전부에 대한 항소로 보아야 한다.

4. 일부상소와 상소심의 심판범위

1) 상소심의 심판범위

일부상소의 경우에 상소심의 심판의 범위는 상소를 제기한 범위에만 미치므로 상소가 없는 부분의 재판은 확정된다. 따라서 상소법원은 일부상소된 범위에서만 심판을 하여야 하며, 파기환송을 받은 법원도 일부상소된 사건에 대하여만 심판하여야 한다.

판례 대판 1992.1.21. 91도1402 전원합의체 판결

형법 제37조 전단의 경합범으로 같은 법 제38조 제1항 제2호에 해당하는 경우 하나의 형으로 처벌하여야 함은 물론이지만 위 규정은 이를 동시에 심판하는 경우에 관한 규정인 것이고 경합범으로 동시에 기소된 사건에 대하여 일부 유죄, 일부 무죄의 선고를 하거나 일부의 죄에 대하여 징역형을, 다른 죄에 대하여 벌금형을 선고하는 등 판결주문이 수개일 때에는 그 1개의 주문에 포함된 부분을 다른 부분과 분리하여 일부상소를 할 수 있는 것이고 당사자 쌍방이 상소하지 아니한 부분은 분리 확정된다고 볼 것인 바, 경합범 중 일부에 대하여 무죄, 일부에 대하여 유죄를 선고한 항소심판결에 대하여 검사만이 무죄 부분에 대하여 상고를 한 경우 피고인과 검사가 상고하지 아니한 유죄판결 부분은 상고기간이 지남으로써 확정되어 상고심에 계속된 사건은 무죄판결 부분에 대한 공소뿐이라 할 것이므로 상고심에서 이를 파기할 때에는 무죄 부분만을 파기할 수밖에 없다.

2) 죄수판단의 변경과 심판범위

원심이 갑과 을의 두 개의 공소사실에 대하여 경합범관계에 있다고 인정하여 갑에 대하여는 유죄, 을의 죄에 대하여는 무죄를 선고하자 피고인이 갑의 죄에 대하여만 상소를 제기하여 을의 사실에 대하여는 확정이 되었으나 상소심의 심리결과 양죄의 관계가 단순일죄 혹은 과형상일죄인 상상적 경합의 관계로 판명된 경우에 상소심의 심판의 범위가 어디인지가 문제가 된다.

판례 대법원 1980.12.9. 80도384 전원합의체 판결

원심이 두 개의 죄를 경합범으로 보고 한 죄는 유죄, 다른 한 죄는 무죄를 각 선고하자 검사가 무죄 부분에 대하여만 불복 상고하였다고 하더라도 위 두 죄가 상상적 경합관계에 있다면 유죄 부분도 상고심의 심판대상이 된다.[7)]

---

7) 다만, 통설의 입장은 무죄부분은 확정되고, 유죄부분만이 상소심의 심판의 대상이 된다고 본다.

일부상소에 대한 판례의 태도

1. 경합범 일부에 대하여 상소하였으나 사후에 포괄일죄로 판명된 경우 : 전부 이심이 된다.
2. 경합범에 대하여 검사 혹은 피고인이 각각 일부상소한 경우 및 피고인 및 검사가 모두 상소한 경우 : 각각 따로 한 경우는 그 부분만이 이심되어 일부 상소가 허용되나 피고인 및 검사가 모두 상소한 경우에는 전부 이심이 되고 심판의 대상이 된다.
3. 포괄일죄에 대하여 일부 상소한 경우 : 원칙적으로 전부 이심이 되나 피고인이 자신의 유죄부분만을 상소한 경우에는 원칙적으로 전부 이심이 되나 심판의 대상은 피고인의 이익을 위해서 유죄부분에 대하여만 판단하여야 한다.
4. 단순일죄인 경우 일부상소한 경우 : 전부 이심이 된다.

Ⅴ 불이익변경금지의 원칙

1. 의의

불이익변경금지의 원칙이란 피고인이 항소 또는 상고한 사건과 피고인을 위한 항소 또는 상고한 사건에 관해 상소심은 원심판결의 형보다 중한 형을 선고하지 못한다는 원칙을 말한다.

2. 적용요건

1) 피고인이 상소한 사건

① 피고인이 상소한 사건이란 피고인만이 상소한 경우만을 말하는 것이므로 검사만 상소한 경우 및 검사와 피고인이 같이 상소한 경우에는 불이익변경금지의 원칙이 적용되지 아니한다. 한미 행정협정상의 범죄에 대하여는 미국의 이중위험금지의 원칙상 검사만이 상소한 경우 및 검사와 피고인이 같이 상소한 경우에도 이 원칙이 적용된다.

판례 대법원 1973.1.30. 72도1684

대한민국 당국에 의하여 소추된 합중국군대의 구성원, 군속 또는 가족은 1심법원의 원판결 선고시에 적용되는 형보다도 중한 형은 받지 아니하는 권리를 가지며, 이는 결국 1심판결이 선고한 형보다 무거운 형을 항소심이 선고할 수 없다는 불이익변경금지의 원칙을 규정한 것으로서 피고인이나 검사가 항소한 어떠한 경우에도 적용된다.

② 피고인만 항소한 2심판결에 대하여 검사가 상고한 경우, 불이익변경금지 원칙의 적용 여부

판례 대법원 1957.10.4. 4290형비상1

제1심 유죄판결에 대하여 검사의 항소가 없고 피고인만의 항소가 있는 제2심 유죄판결에 대하여 검사 상고가 있는 경우에 상고심은 검사의 불복 없는 제1심 판결의 형보다 중한 형을 과할 수 없다.

③ 검사와 피고인이 쌍방 상소한 경우

판례 대법원 2006.1.26. 선고 2005도8507 판결

불이익변경금지의 원칙은 피고인이 상소한 사건과 피고인을 위하여 상소한 사건에 있어서는 원심판결의 형보다 중한 형을 선고하지 못한다는 것이므로, 피고인과 검사 쌍방이 상소한 사건에 대하여는 적용되지 아니한다.

판례 대법원 1969.3.31. 68도1870

쌍방상고사건에 있어서 상고심이 검사의 상고를 기각하고 피고인 상고에 의하여 항소심판결을 파기환송한 경우에 환송 후의 항소심은 환송 전 항소심이 선고한 형보다 중한 형을 선고할 수 없다.

2) 피고인을 위하여 상소한 사건

검사가 피고인의 이익을 위하여 상소한 경우에 불이익금지의 원칙이 적용되는가에 대하여 검사가 피고인의 위하여 상소한 경우에는 피고인의 상소권보장과 아무런 관계가 없으며, 공익을 위하여 상소한 경우도 포함되므로 적용되지 아니한다는 부정설이 있으나 검사가 피고인을 위하여 상소한 때에는 피고인의 상소대리권자가 피고인을 위하여 상소한 경우와 구별할 이유가 없으므로 적용되는 입장이 통설이다.

판례 대법원 1971.5.24. 71도574

검사의 항소가 특히 피고인의 이익을 위하여 한 취지라고 볼 수 없다면 항소심에서 중한 형을 선고할 수 있다.

3) 상소한 사건

(1) 항고사건

피고인만이 항고한 사건에 대하여 불이익금지의 원칙이 적용될 것인지에 대하여는 불이익금지의 원칙은 항소, 상고의 경우에 제한되어 있으므로 적용되지 아니한다고 보는 입장이 다수설이다.

(2) 파기환송 또는 파기이송사건

상소심이 피고인의 상소를 이유 있다고 인정하여 원심판결을 파기하고 사건을 원심법원에 환송하거나 그와 동등한 다른 법원에 이송한 경우에도 종전의 원판결과 사이에서 불이익금지의 원칙이 적용되는지 문제가 된다. 왜냐하면, 이송받은 법원은 다시 원판결을 계속하는 것이지 상소심이라고는 볼 수 없기 때문이다. 이 점에 대하여 통설은 피고인의 상소권을 보장하기 위하여 상소심이 자판하는 경우뿐만 아니라 환송 또는 이송하는 경우에도 당연히 적용되어야 한다고 본다.

판례 대법원 1992.12.8. 92도2020

피고인만의 상고에 의하여 상고심에서 원심판결을 파기하고 사건을 항소심에 환송한 경우에는 환송 전 원심판결과의 관계에서도 불이익변경금지의 원칙이 적용되어 그 파기된 항소심판결보다 중한 형을 선고할 수 없다.

(3) 정식재판의 청구

재심청구사건 및 약식명령에서 정식재판을 청구하는 경우에 형사소송법은 입법으로 피고인이 정식재판을 청구한 사건에 대하여는 약식명령의 형보다 중한 형을 선고하지 못하며(제457조의2), 재심에는 원판결의 형보다 중한 형을 선고하지 못한다(제439조)고 하여 불이익변경금지원칙을 적용하고 있다. 판례는 즉결심판에서 정식재판을 청구하는 경우에도 불이익변경금지의 원칙을 적용하고 있다.

판례 대법원 1999.1.15. 선고 98도2550 판결

즉결심판에관한절차법 제14조 제1항 및 제2항의 규정에 의하면, 피고인 및 경찰서장은 즉결심판에 불복하는 경우 정식재판을 청구할 수 있고, 같은 법 제19조의 규정에 의하면 즉결심판절차에 있어서 위 법에 특별한 규정이 없는 한 그 성질에 반하지 아니한 것은 형사소송법의 규정을 준용하도록 하고 있으며, 한편 형사소송법 제453조 및 제457조의2의 규정에 의하면 검사 또는 피고인은 약식명령에 불복하는 경우 정식재판을 청구할 수 있되, 피고인이 정식재판을 청구한 사건에 대하여는 약식명령의 형보다 무거운 형을 선고하지 못하도록 하고 있는 바, 약식명령에 대한 정식재판청구권이나 즉결심판

에 대한 정식재판청구권 모두 벌금형 이하의 형벌에 처할 범죄에 대한 약식의 처벌절차에 의한 재판에 불복하는 경우에 소송당사자에게 인정되는 권리로서의 성질을 갖는다는 점에서 동일하고 그 절차나 효력도 유사한 점 등에 비추어, 즉결심판에 대하여 피고인만이 정식재판을 청구한 사건에 대하여도 즉결심판에관한절차법 제19조의 규정에 따라 형사소송법 제457조의2 규정을 준용하여, 즉결심판의 형보다 무거운 형을 선고하지 못한다.

3. 불이익변경금지의 원칙의 내용

1) 불이익변경금지의 대상

① 불이익변경금지의 대상은 형의 선고에 한한다. 그러므로 선고한 형이 중하게 변경된 것이 아니면 원심이 인정한 죄명보다 중한 죄명을 선택한 경우에도 이 원칙에 반하지 않는다.

판례 대법원 1981.12.8. 선고 81도2779 판결

불익변경금지의 원칙은 피고인만이 상소한 사건에 있어서 원심의 형보다 중한 형을 선고할 수 없다는 것에 불과하고, 그 형이 같은 이상 원심이 인정한 죄보다 중한 죄를 인정하였다 하더라도 위 원칙에 위배되지 아니한다.

② 원심에서 일죄로 인정한 것을 경합범으로 변경 등 적용법조를 불이익하게 변경하는 것은 이 원칙에 반하지 않는다. 따라서 강도로 3년을 받은 피고인을 2심 법원에서 강도살인죄로 법조를 변경하는 것은 이 원칙에 반하지 아니하나 형은 중하게 변경할 수 없으므로 강도살인죄의 법정형이하의 징역 3년을 선고하여야 한다.

판례 대법원 1984.4.24. 선고 83도3211 판결

피고인에 관하여 형법 제156조만을 의율한 제1심 판결에 대하여 피고인만이 항소한 경우에 있어서 항소심판결이 검사의 공소장 변경신청에 의하여 제1심판결의 적용법조와는 달리 형법 제37조, 동법 제38조 제1항 제2호를 의율하여 경합죄로 처단하였다 하더라도 항소심판결의 선고형이 제1심 선고형과 동일하다면 불이익변경금지의 원칙에 위배된다고 할 수 없다.

판례 대법원 1999.2.5. 98도4534

형사소송법 제368조에 의하여 불이익변경이 금지되는 것은 형의 선고에 한하므로, 살인죄에 대하여 원심이 유기징역형을 선택한 1심보다 중하게 무기징역형을 선택하였다 하더라도 결과적으로 선고한 형이 중하게 변경되지 아니한 이상 위 조문에서 말하는 중한 형을 선고하였다고 할 수 없다.

③ 상소심에서 원심이 인정한 범죄사실의 일부를 인정하지 아니하거나 원심의 경합인정을 파기하고 일죄로 처단하면서 같은 형을 선고하여도 이 원칙에 반하는 것이 아니다.

[판례] 대판 2003.2.11. 2002도5679

피고인만이 항소한 사건에서 항소심이 피고인에 대하여 제1심이 인정한 범죄사실의 일부를 무죄로 인정하면서도 제1심과 동일한 형을 선고하였다 하여 그것이 형사소송법 제368조 소정의 불이익변경금지 원칙에 위배된다고 볼 수 없다.

④ 추징이나 미결구금일수의 산입, 벌금형에 대한 노역장유치기간도 불이익변경금지의 대상의 형에 해당한다. 그러나 소송비용부담에 대하여는 다수설, 판례가 불이익변경금지의 대상이 아니라고 본다.

[판례] 2006.11.9. 선고 2006도4888

추징도 몰수에 대신하는 처분으로서 몰수와 마찬가지로 형에 준하여 평가하여야 할 것이므로 그에 관하여도 형사소송법 제368조의 불이익변경금지의 원칙이 적용된다.

[판례] 대법원 2005.10.28. 선고 2005도5822

[비교판례] 제1심판결에서 선고된 추징을 항소심판결로 몰수로 변경하는 것은 형식적으로 보면 제1심이 선고하지 아니한 전혀 새로운 형을 선고하는 것으로 보일지 모르나, 추징은 몰수할 물건의 전부 또는 일부를 몰수하지 못할 때 몰수에 갈음하여 그 가액의 납부를 명하는 처분으로서, 실질적으로 볼 때 몰수와 표리관계에 있어 차이가 없는 것이고, 형법 제134조나 공무원범죄에 관한 몰수특례법 소정의 필요적 몰수와 추징은 어느 것이나 공무원이 뇌물수수 등 직무관련범죄로 취득한 부정한 이익을 계속 보유하지 못하게 하는 데 그 목적이 있으므로, 항소심이 몰수의 가능성에 관하여 제1심과 견해를 달리하여 추징을 몰수로 변경하더라도, 그것만으로 피고인의 이해관계에 실질적 변동이 생겼다고 볼 수는 없으며, 따라서 이를 두고 형이 불이익하게 변경되는 것이라고 보아서는 안 된다.

[판례] 대법원 1966.12.23. 선고 66도1500 판결

미결통산을 할 수 있는 최대한의 기간이 39일인데 40일을 통산한 1심 판결에 대하여 피고인만이 항소한 경우에는 피고인에게 불이익하게 39일로 감축하여 판결을 할 수 없다.

[판례] 대법원 2001.4.24. 선고 2001도872 판결

형사소송법 제186조 제1항은 "형의 선고를 하는 때에는 피고인에게 소송비용의 전부 또는 일부를 부담하게 하여야 한다"고 규정하고 있고, 같은 법 제191조 제1항은 "재판으로 소송절차가 종료되는 경우에 피고인에게 소송비용을 부담하게 하는 때에는 직권으로 재판하여야 한다"고 규정하고 있는바, 소송비용의 부담은 형이 아니고 실질적인 의미에서 형에 준하여 평가되어야 할 것도 아니므로 불이익변경금지원칙의 적용이 없다.

⑤ 공소장 변경의 경우

[판례] 대법원 2001.3.9. 선고 2001도192 판결

피고인의 상고에 의하여 상고심에서 원심판결을 파기하고 사건을 항소심에 환송한 경우에 환송 후의

원심에서 적법한 공소장변경이 있어 이에 따라 그 항소심이 새로운 범죄사실을 유죄로 인정하면서 환송전 원심에서 정한 선고형과 동일한 형을 선고하였다고 하여 불이익변경금지원칙에 위배된다고 할 수 없고, 이는 법정형이 가벼운 죄로 공소사실의 변경이 이루어진 경우라 하여 달리 볼 것은 아니다.

⑥ 병합 사건의 경우

[판례] 대법원 2001.9.18. 선고 2001도3448 판결

항소심이 제1심에서 별개의 사건으로 따로 두 개의 형을 선고받고 항소한 피고인에 대하여 사건을 병합심리한 후 경합범으로 처단하면서 제1심의 각 형량보다 중한 형을 선고한 것은 불이익변경금지의 원칙에 어긋나지 아니한다.

[판례] 대법원 2004.8.20. 선고 2003도4732

피고인이 약식명령에 대하여 정식재판을 청구한 사건과 공소가 제기된 다른 사건을 병합하여 심리한 결과 형법 제37조 전단의 경합범 관계에 있어 하나의 벌금형으로 처단하는 경우에는 약식명령에서 정한 벌금형보다 중한 벌금형을 선고하더라도 형사소송법 제457조의2에 정하여진 불이익변경금지의 원칙에 어긋나는 것이 아니다.

[판례] 대법원 2004.11.11. 선고 2004도6784 판결

[비교판례] 벌금형의 약식명령을 고지 받아 정식재판을 청구한 사건과 공소가 제기된 사건을 병합·심리한 후 경합범으로 처단하면서 징역형을 선고한 것이 불이익한 변경에 해당한다.

2) 불이익변경금지의 기준

(1) 원칙

불이익변경금지의 원칙은 피고인의 상소권 또는 약식명령에 대한 정식재판청구권을 보장하려는 것으로, 피고인만이 또는 피고인을 위하여 상소한 상급심 또는 정식재판청구사건에서 법원은 피고인이 같은 범죄사실에 대하여 이미 선고 또는 고지받은 형보다 중한 형을 선고하지 못한다는 원칙이며, 선고된 형이 피고인에게 불이익하게 변경되었는지에 관한 판단은 형법상 형의 경중을 일응의 기준으로 하되, 병과형이나 부가형, 집행유예, 미결구금일수의 통산, 노역장 유치기간 등 주문 전체를 고려하여 피고인에게 실질적으로 불이익한가의 여부에 의하여 판단하여야 할 것이고, 더 나아가 피고인이 상소 또는 정식재판을 청구한 사건과 다른 사건이 병합·심리된 후 경합범으로 처단되는 경우에는 당해 사건에 대하여 선고 또는 고지받은 형과 병합·심리되어 선고받은 형을 단순 비교할 것이 아니라, 병합된 다른 사건에 대한 법정형, 선고형 등 피고인의 법률상 지위를 결정하는 객관적 사정을 전체적·실질적으로 고찰하여 병합심판된 선고형이 불

이익한 변경에 해당하는지를 판단하여야 한다.[8)]

(2) 형의 추가와 변경

① 사형과 자유형의 관계, 및 징역형과 금고형의 관계

사형보다는 자유형이 경하고 징역하고 금고는 형이 같을 경우에는 징역이 중하나 형이 다를 경우에는 형기가 긴 것이 중하다.

② 징역과 벌금의 관계

판례 대법원 1998.3.26. 선고 97도1716 전원합의체 판결[9)]

피고인에 대하여 제1심이 징역 1년 6월에 집행유예 3년의 형을 선고하고, 이에 대하여 피고인만이 항소하였는데, 환송 전 원심은 제1심판결을 파기하고 징역 1년 형의 선고를 유예하였으며, 이에 대하여 피고인만이 상고하여 당원이 원심판결을 파기하고 사건을 원심에 환송하자, 환송 후 원심은 제1심판결을 파기하고, 벌금 40,000,000원 형과 금 16,485,250원 추징의 선고를 모두 유예하였다면, 환송 후 원심이 제1심이나 환송 전 원심보다 가볍게 그 주형을 징역 1년 6월 형의 집행유예 또는 징역 1년 형의 선고유예에서 벌금 40,000,000원 형의 선고유예로 감경한 점에 비추어, 그 선고를 유예한 금 16,485,250원의 추징을 새로이 추가하였다고 하더라도, 전체적 · 실질적으로 볼 때 피고인에 대한 형이 제1심판결이나 환송 전 원심판결보다 불이익하게 변경되었다고 볼 수는 없다.

판례 대법원 1980.5.13. 선고 80도765 판결

벌금형의 환형유치기간이 징역형의 형기를 초과하더라도 벌금형이 징역형보다 경한 형이라고 보아야 한다.

판례 대법원 2000.11.24. 선고 2000도3945 판결

피고인에 대한 벌금형이 제1심보다 감경되었다면 비록 그 벌금형에 대한 노역장유치기간이 제1심보다 더 길어졌다고 하더라도 전체적으로 보아 형이 불이익하게 변경되었다고 할 수는 없다.[10)]

판례 대법원 2002.5.28. 2001도5131

벌금형을 선고한 즉결심판에 대하여 벌금형의 환형유치기간보다 더 긴 구류형을 선고하더라도 불이익금지의 원칙에 해당한다고 볼 수 없다.

---

8) 대법원 2004.11.11. 2004도6784

9) 피고인만이 항소한 항소심에서 징역 5년형을 선고한 제1심판결을 파기하고 피고인에 대하여 징역 4년 및 벌금 1,500,000,000원을 선고한 것은 비록 징역형은 감경되었더라도 벌금형이 새로이 추가되었다는 점에서 제1심의 형보다 중한 형을 선고한 것이므로 형사소송법 제368조의 불이익변경금지의 원칙에 위배된다(대법원 1993.12.10. 93도2711)은 폐기한다.

10) 다만, 벌금형이 같고 노역장유치 기간이 길어진 경우에는 불이익변경에 해당한다.
대법원 1976.11.23. 76도3161
벌금형에 관하여서 그 벌금액수가 동일하나 벌금완납 불능의 경우 환형유치기간에 있어서 원심의 그것이 제1심의 그것보다 2.5배나 되므로 위 제1심과 원심이 선고한 형을 전체적 입장에서 실질적으로 고찰하여 보면 원심의 형은 제1심의 그것보다 중하다고 아니할 수 없다.

③ 부정기형과 정기형의 비교

부정기형과 정기형을 비교하는 경우에는 부정기형의 단기와 정기형을 비교하여야 한다. 즉 3년 이상 5년 이하의 부정기형을 4년의 정기형으로 변경하는 경우에는 정기형이 중한 것이다.

판례 대법원 2006.4.14. 선고 2006도734 판결

피고인이 항소한 사건에서 항소심은 제1심의 형보다 중한 형을 선고할 수 없는 바, 이러한 불이익변경금지 규정을 적용함에 있어, 부정기형과 정기형 사이에 그 경중을 가리는 경우에는 부정기형 중 최단기형과 정기형을 비교하여야 한다.

④ 집행유예와 선고유예

징역형에 집행유예가 선고된 경우를 벌금형으로 변경한 경우에는 경하게 변경한 것이다. 징역형에 선고유예가 선고된 경우를 벌금형으로 변경한 경우에는 중하게 변경한 것이 된다. 그 이유는 집행유예는 3년 이하의 금고 징역형에서나 가능하나 선고유예는 1년 이하의 징역이나 금고, 자격정지, 벌금에 붙일 수 있으므로 벌금에 선고를 할 수 있기 때문이다. 집행유예와 형의 면제는 집행유예가 경한 형이 된다. 왜냐하면, 집행유예의 경우에는 집행유예기간이 경과하면 형선고의 효력이 없어져 전과기록이 없어지나 형 면제의 경우에는 형만 면제하는 것이므로 전과기록이 되어 누범전과가 될 수 있기 때문이다.

판례 대법원 1966.9.27. 선고 66도1026 판결

징역 6월에 1년간 그 형의 집행을 유예한 제1심 판결에 대하여 피고인만이 항소한 사건에 있어서 항소심이 위 판결을 파기하고 벌금 5,000원을 선고한 경우에는 제1심의 선고형보다 무겁다고 볼 수 없다.

판례 대법원 1984.10.10. 선고 84도1489 판결

제1심의 징역 1년의 형의 선고유예판결에 대하여 피고인만이 불복 항소한 경우에 제2심이 벌금 30만원을 선고한 것은 제1심판결의 형보다 중한 형을 선고한 것에 해당한다.

판례 대법원 1985.9.24. 선고 84도2972 전원합의체 판결

형의 집행유예의 판결은 소정 유예기간을 특별한 사유 없이 경과한 때에는 그 형의 선고의 효력이 상실되나, 형의 집행면제는 그 형의 집행만을 면제하는데 불과하여, 전자가 후자보다 피고인에게 불이익한 것이라 할 수 없다.

⑤ 몰수와 추징

몰수와 추징의 경우에는 합산한 금액을 비교하면 된다.

판례 대법원 1998.5.12. 선고 96도2850 판결

항소심에서 주형을 감형하면서 추징액을 증액한 경우(제1심의 형량인 징역 2년에 집행유예 3년 및 금 5억여 원 추징을 항소심에서 징역 1년에 집행유예 2년 및 6억여 원 추징으로 변경), 불이익변경금지 원칙에 반하지 않는다.

⑥ 집행유예에 있어서 구체적 사례[11)]

㉠ 징역 1년을 징역1 년과 집행유예로 변경하는 경우에는 이익이 된다.

㉡ 징역 1년과 집행유예를 징역 1년으로 변경하는 경우에는 불이익이 된다.

㉢ 징역 1년과 집행유예 2년을 징역 1년과 집행유예 3년으로 변경하는 경우에는 불이익이 된다.

㉣ 징역 1년을 징역 3년과 집행유예로 변경하는 경우에는 불이익이 된다.

㉤ 징역 3년과 집행유예를 징역 1년으로 변경하는 경우 불이익이 된다.

㉥ 징역 1년을 징역 1년과 집행유예와 벌금으로 변경하는 경우에는 불이익이 된다.

㉦ 금고 1년을 징역 1년과 집행유예로 변경하는 경우에는 불이익이 된다.

㉧ 징역 1년과 벌금형을 선고 유예한 경우를 징역 1년과 집행유예를 하면서 선고 유예한 벌금형을 선고한 경우에는 이익으로 보아야 한다.

⑦ 잘못 산입된 미결구금일수에 대한 불이익변경금지 원칙적용 가부

판례 2007.7.13. 선고 2007도3448 판결

[1] 형법 제57조에서 판결 선고 전의 구금일수의 전부 또는 일부를 유기징역, 유기금고, 벌금이나 과료에 관한 유치 또는 구류에 산입하도록 규정하고 있는 것은 신체의 자유를 구속한다는 점에서 자유형의 집행과 실질적 차이가 없다는 점을 감안하여 공평의 견지에서 실제로 구금되었던 일수의 전부 또는 일부를 본형에 산입하도록 하는 것이므로, 실제 구금일수를 초과하여 산입한 판결이 확정된 경우에도 그 초과 부분이 본형에 산입되는 효력이 생기는 것은 아니다.

[2] 불구속된 피고인에 대하여 판결을 선고하면서 판결선고 전의 미결구금일수가 실제 없음에도 형법 제57조를 적용하여 이를 산입한 예외적인 경우에는 재판서에 오기와 유사한 오류가 있음이 명백하여 판결서의 경정으로 이를 시정할 수 있다.

[3] 불이익변경금지원칙은 피고인이 안심하고 상소권을 행사하도록 하려는 정책적 고려에서 나온 제도로서 피고인만이 상소한 사건의 상소심에서 원심보다 피고인에게 불리하게 미결구금일수의 산

11) ㉠번 이하의 문제는 원칙적으로 1심은 집행유예가 경과한 경우를 가정하고 2심의 경우에는 집행유예가 취소된 경우를 기준으로 비교하면 된다. 다만, ㉧번은 예외가 된다.

입을 감축하는 등의 경우에는 불이익변경금지원칙의 적용 여부를 살펴보아야 하나, 위와 같이 판결을 선고한 법원에서 당해 판결서의 명백한 오류에 대하여 판결서의 경정을 통하여 그 오류를 시정하는 것은 피고인에게 유리 또는 불리한 결과를 발생시키거나 피고인의 상소권 행사에 영향을 미치는 것이 아니므로, 여기에 불이익변경금지원칙이 적용될 여지는 없다.

[4] 피고인이 항소심 계속 중 별건 확정판결의 집행에 의하여 수감 중이었으므로 항소심에서의 미결구금일수가 전혀 없음에도 불구하고 착오로 본형에 잘못 산입한 오류를 판결서의 경정을 통하여 시정함에 있어 불이익변경금지원칙이 적용될 여지가 없다.

⑧ 피고인과 검사 쌍방이 상소한 결과 검사의 상소가 받아들여져 원심판결 전부가 파기되는 경우, 불이익변경금지의 원칙이 적용되는지 여부

판례 2007.6.28. 선고 2005도7473 판결

[1] 항소심이 경합범으로 공소제기된 수개의 범죄사실 중 그 일부에 대하여 유죄, 일부에 대하여 무죄를 각 선고하고 무죄 부분에 대하여는 검사가 상고하였으나 유죄 부분에 대하여는 피고인과 검사 모두 상고하지 아니한 경우, 그 유죄 부분은 상소기간의 도과로 확정되므로 무죄 부분의 상고가 이유 있는 경우에도 그 무죄 부분만이 파기되어야 한다.

[2] 항소심이 경합범으로 공소제기된 수개의 범죄사실 중 그 일부에 대하여 유죄, 일부에 대하여 무죄를 각 선고하였고, 그 중 유죄 부분에 대하여는 피고인이 상고하고 무죄 부분에 대하여는 검사가 상고한 경우에 있어서는, 항소심판결 전부의 확정이 차단되어 상고심에 이심되는 것이고 유죄 부분에 대한 피고인의 상고가 이유 없더라도 무죄 부분에 대한 검사의 상고가 이유 있는 때에는 피고인에게 하나의 형이 선고되어야 하는 관계로 무죄 부분 뿐 아니라 유죄 부분도 함께 파기되어야 한다.

[3] 불이익변경금지의 원칙은, 피고인의 상소권을 보장하기 위하여 피고인이 상소한 사건과 피고인을 위하여 상소한 사건에 있어서는 원심판결의 형보다 중한 형을 선고하지 못한다는 것이므로, 피고인과 검사 쌍방이 상소한 결과 검사의 상소가 받아들여져 원심판결 전부가 파기됨으로써 피고인에 대한 형량 전체를 다시 정해야 하는 경우에는 적용되지 아니하는 것이며, 사건이 경합범에 해당한다고 하여 개개 범죄별로 불이익변경의 여부를 판단할 것은 아니다.

Ⅵ 파기판결의 구속력

1. 의의

법원조직법 제8조에서는 “상급법원의 재판에 있어서의 판단은 당해 사건에 관하여 하급심을 기속한다”라고 규정하여 파기판결의 구속력을 명문으로 인정하고 있다.

2. 구속력의 범위

파기판결의 사실판단과 법률판단은 당해 사건의 하급심을 구속할 뿐만 아니라 파기

판결을 한 상급법원 자신도 구속한다. 그러나 파기법원보다 더 상급심에 대해서는 구속력이 미치지 않는다.

3. 구속력이 미치는 판단

1) 법률판단과 사실판단

하급심은 상급법원의 사실상, 법률상 판단에 기속되어 판단을 하여야 되나, 새로운 증거가 제출되어 기속적 판단의 기초가 된 증거관계에 변동이 있는 경우나 파기판결 후 법령이나 판례가 변경된 경우에는 구속력이 배제된다.

판례 대법원 1986.6.10. 선고 85도1996 판결

파기환송을 받은 법원은 그 파기이유로 한 사실상 및 법률상의 판단에 기속되는 것이고 그에 따라 판단한 판결에 대하여 다시 상고를 한 경우에 그 상고사건을 재판하는 상고법원도 앞서의 파기이유로 한 판단에 기속되므로 이를 변경할 수 없다.

판례 대법원 2003.2.26. 선고 2001도1314 판결

상고심으로부터 사건을 환송받은 법원은 그 사건을 재판함에 있어서 상고법원이 파기이유로 한 사실상 및 법률상의 판단에 기속되는 것이지만, 환송 뒤 심리과정에서 새로운 증거가 제출되어 기속적 판단의 기초가 된 증거관계에 변동이 생기는 경우에는 그러하지 아니하다.

판례 대법원 2004.4.9. 선고 2004도340 판결

출판물에 의한 명예훼손의 공소사실을 유죄로 인정한 환송 전 원심판결에 위법이 있다고 한 파기환송판결의 사실판단의 기속력은 파기의 직접 이유가 된 환송 전 원심에 이르기까지 조사한 증거들만에 의하여서는 출판물에 의한 명예훼손의 공소사실이 인정되지 아니한다는 소극적인 부정 판단에만 미치는 것이므로, 환송 후 원심에서 이 부분 공소사실이 형법 제307조 제2항의 명예훼손죄의 공소사실로 변경되었다면 환송 후 원심은 이에 대하여 새롭게 사실인정을 할 재량권을 가지게 되는 것이고 더 이상 파기환송판결이 한 사실판단에 기속될 필요는 없다.

2) 적극적 · 긍정적 판단

판례 대법원 1983.2.8. 선고 82도2672 판결

환송판결의 하급심에 대한 구속력은 파기의 이유가 된 원판결의 사실상 및 법률상의 판단이 정당하지 않다는 소극적인 면에서만 발생하는 것이므로 환송 후의 심리과정에서 새로운 사실과 증거가 제시되어 기속적 판단의 기초가 된 사실관계에 변동이 있었다면 그 구속력은 이에 미치지 아니하고 따라서 파기이유가 된 잘못된 판단을 피하면 새로운 사실과 증거에 따라 다른 가능한 견해에 의하여 환송전의 판결과 동일한 결론을 낸다고 하여도 환송판결의 하급심 기속에 관한 법원조직법 제7조의2에 위반한 위법이 있다고 할 수 없다.

제2절 항소

I 항소심의 의의와 구조

1. 항소심의 의의

항소란 제1심판결에 불복하여 제2심법원에 제기하는 상소를 말하는 것으로 제1심 법원의 판결에 대하여 불복이 있으면 지방법원 단독판사가 선고한 것은 지방법원 본원합의부에 항소할 수 있으며 지방법원 합의부가 선고한 것은 고등법원에 항소할 수 있다.

2. 항소심의 구조

1) 현행법상 항소심의 구조

현행 형사소송법상 항소심은 기본적으로 실체적 진실을 추구하는 면에서 속심적 기능이 강조되고 있고, 다만 사후심적 요소를 도입한 형사소송법의 조문들이 남상소의 폐단을 억제하고 항소법원의 부담을 감소시킨다는 소송경제상의 필요에서 항소심의 속심적 성격에 제한을 가하고 있음에 불과하다.[12)]

2) 항소심에서 속심제도의 표현

① 피고인신문, 증거조사의 허용
② 파기자판을 원칙으로 하며 파기환송 · 이송은 예외적으로 허용
③ 항소심에서 공소장변경 허용

3) 항소심에서 사후심제도의 표현

① 변론항소기각의 허용
② 항소이유의 법률적 제한
③ 항소이유서 제출의무
④ 심판범위의 제한

---

12) 대법원 1983.4.26. 82도2829

Ⅱ 항소이유

1. 상대적 항소이유

① 판결에 영향을 미친 헌법 · 법률 · 명령 또는 규칙의 위반이 있는 때
② 사실의 오인이 있어 판결에 영향을 미칠 때

2. 절대적 항소이유

① 판결 후 형의 폐지나 변경 또는 사면이 있는 때
② 관할 또는 관할위반의 인정이 법률에 위반한 때
③ 판결법원의 구성이 법률에 위반한 때
④ 법률상 그 재판에 관여하지 못할 판사가 그 사건의 심판에 관여한 때
⑤ 사건의 심리에 관여하지 아니한 판사가 그 사건의 판결에 관여한 때
⑥ 공판의 공개에 관한 규정에 위반한 때
⑦ 판결에 이유를 붙이지 아니하거나 이유에 모순이 있는 때
⑧ 재심청구의 사유가 있는 때
⑨ 형의 양정이 부당하다고 인정할 사유가 있는 때

Ⅲ 항소심의 절차, 심리

1. 항소의 방법 및 절차

1) 항소기간

항소의 제기기간은 7일로 한다. 이 기간은 효력기간이다.

2) 항소의 방식

항소를 함에는 항소장을 서면으로 원심법원에 제출하여야 한다. 교도소 또는 구치소에 있는 피고인이 상소의 제기기간 내에 상소장을 교도소장, 구치소장 또는 그 직무를 대리하는 자에게 제출한 때에는 상소의 제기기간 내에 상소한 것으로 간주한다.

3) 원심법원의 결정

항소의 제기가 법률상의 방식에 위반하거나 항소권 소멸 후인 것이 명백한 때에는 원심법원은 결정으로 항소를 기각하여야 한다. 이 결정에 대하여는 즉시항고를 할 수 있다.[13)]

4) 소송기록의 송부

원심법원은 항소장을 받은 날로부터 14일 이내에 소송기록과 증거물을 항소법원에 송부하여야 한다. 훈시기간이다.

5) 항소법원의 조치

항소법원이 기록의 송부를 받은 때에는 즉시 항소인과 상대방에게 그 사유를 통지하여야 한다. 통지 전에 변호인의 선임이 있을 때에는 변호인에게도 전항의 통지를 하여야 한다. 그러므로 통지 후에 변호인의 선임이 있는 경우에는 별도로 다시 통지할 필요가 없다.[14)]

6) 항소이유서의 제출

① 항소인 또는 변호인은 통지를 받은 날로부터 20일 이내에 항소이유서를 항소법원에 제출하여야 한다. 항소이유서의 제출을 받은 항소법원은 지체 없이 부본 또는 등본을 상대방에게 송달하여야 한다. 이 경우 필요적 변호사건에서 국선변호인의 선임이 없어서 사선변호인을 선임한 경우에는 사선변호인 선임일로부터 20일이 경과하여야 한다. 이 경우 제소자 특칙이 준용된다.[15)]

---

13) 상급법원에 대한 불복이 기각된 경우에는 즉시항고를 할 수 있다(약식절차에서 정식재판으로 가는 경우 등).

14) 대법원 1996.9.6. 96도166
형사소송법 제361조의2와 제361조의3 제1항에 의하면, 항소법원이 기록의 송부를 받은 때에는 즉시 항소인과 그 상대방에게 통지하여야 하고 이 통지 전에 변호인의 선임이 있는 때에는 변호인에게도 통지를 하여야 하며, 항소인 또는 변호인은 이 통지를 받은 날로부터 20일 이내에 항소이유서를 제출하도록 되어 있으므로, 피고인에게 소송기록접수통지를 한 후에 변호인의 선임이 있는 경우에는 변호인에게 다시 같은 통지를 할 필요가 없고 항소이유서의 제출기간도 피고인이 그 통지를 받은 날로부터 계산하면 되나, 피고인에게 소송기록접수통지가 되기 전에 변호인의 선임이 있는 때에는 변호인에게도 소송기록접수통지를 하여야 하고 변호인의 항소이유서 제출기간은 변호인이 이 통지를 받은 날로부터 계산하여야 한다.

15) 대법원 2000.12.22. 2000도4694
이른바, 필요적 변호사건에 있어서 피고인에게 변호인이 없는 경우에는 기록을 송부받은 항소법원은 지체 없이 변호인을 선정한 후 그 변호인에게 소송기록접수통지를 함으로써 그 변호인이 통지를 받은 날로부터 기산한 소정의 기간 내에 피고인을 위하여 항소이유서를 작성·제출할 수 있도록 하여 변호인의 조력을 받을 피고인의 권리를 보호하여야 한다고 할 것인 바(형사소송규칙 제156조의2), 변호인의 조력을 받을 위

② 상대방은 전항의 송달을 받은 날로부터 10일 이내에 답변서를 항소법원에 제출하여야 한다. 답변서의 제출을 받은 항소법원은 지체 없이 그 부본 또는 등본을 항소인 또는 변호인에게 송달하여야 한다.

2. 항소제기의 효과

이심의 효력이 발생하고 재판의 확정과 집행의 정지효력이 발생한다.

3. 항소법원의 심리

① 항소법원은 항소이유에 포함된 사유에 관하여 심판하여야 한다(당사자주의, 사후심적 요소). 항소법원은 판결에 영향을 미친 사유에 관하여는 항소이유서에 포함되지 아니한 경우에도 직권으로 심판할 수 있다(직권주의). 제1심법원에서 증거로 할 수 있었던 증거는 항소법원에서도 증거로 할 수 있다(속심적 요소).

② 피고인이 공판기일에 출정하지 아니한 때에는 다시 기일을 정하여야 한다. 피고인이 정당한 사유 없이 다시 정한 기일에 출정하지 아니한 때에는 피고인의 진술 없이 판결을 할 수 있다. 피고인이 계속해서 2회 이상 불출석한 경우에 한해서 결석재판이 허용된다.[16)]

와 같은 피고인의 권리는 필요적 변호사건에서 법원이 정당한 이유 없이 국선변호인을 선정하지 않고 있는 사이에 피고인 스스로 변호인을 선임하였으나 그 때는 이미 피고인에 대한 항소이유서 제출기간이 도과해 버린 후이어서 그 변호인이 피고인을 위하여 항소이유서를 작성 · 제출할 시간적 여유가 없는 경우에도 마찬가지로 보호되어야 한다고 할 것이므로, 그 경우에는 법원은 사선변호인에게도 형사소송규칙 제156조의2를 유추 · 적용하여 소송기록접수통지를 함으로써 그 변호인이 통지를 받은 날로부터 기산하여 소정의 기간 내에 피고인을 위하여 항소이유서를 작성 · 제출할 수 있는 기회를 주어야 한다.

16) 대법원 1967.1.31. 66도1529
항소심에서의 심리에 있어서 형사소송법 제365조 제1항에 의하여 피고인이 공판기일에 출정하지 아니할 때에는 다시 기일을 정하여야 하고, 같은 조 제2항에 의하여 피고인이 정당한 사유 없이 다시 정한기일에 출정하지 아니한 때에는 피고인의 진술 없이 판결을 할 수 있도록 되어 있으며, 위 규정은 피고인이 항소한 경우뿐 아니라 검사가 항소한 경우에도 다 같이 적용된다고 할 것이므로, 검사가 항소한 경우에는 위 규정이 적용되지 아니한다는 논지는 독자적인 견해로서 채택될 바 못된다.

Ⅳ 항소법원의 재판

1. 공소기각의 결정

2심 재판 도중에 피고인의 사망이 있는 경우

2. 항소기각의 결정(절차)

항소인이나 변호인이 20일 내에 항소이유서를 제출하지 아니한 때에는 결정으로 항소를 기각하여야 한다. 단, 직권조사사유가 있거나 항소장에 항소이유의 기재가 있는 때에는 예외로 한다. 결정에 대하여는 즉시항고를 할 수 있다.

3. 항소기각의 판결(이유)

항소기각판결은 구두변론을 하는 것이 원칙이나, 소송기록에 의하여 항소이유 없음이 명백한 때에는 구두변론 없이 항소기각판결을 할 수 있다(사후심적 요소).

4. 파기자판

① 항소심에서의 원칙적인 재판의 방식이이다.

② 피고인을 위하여 원심판결을 파기하는 경우에 파기의 이유가 항소한 공동피인에게 공통되는 때에는 그 공동피고인에게 대하여도 원심판결을 파기하여야 한다.

5. 파기이송

관할인정이 법령에 위반됨을 이유로 원심판결을 파기하는 경우 판결로 사건을 관할법원에 이송하여야 한다.

6. 파기환송

공소기각, 관할위반의 재판이 법령위반을 이유로 파기되는 경우 판결로서 사건을 원심법원에 환송하여야 한다.

제3절 상고

I 상고의 의의 및 구조

1. 상고의 의의

상고는 제2심판결에 불복하여 대법원에 제기하는 상소를 말한다. 예외적으로 제1심판결에 대하여도 항소제기 없이 곧바로 상고가 허용되는 경우가 있는데 이를 비약적 상고라고 한다.

2. 상고심의 구조

1) 법률심

법률심이라고 해서 오로지 법률심만 다루는 것은 아니다.

2) 사후심

사후심적 요소가 강하므로 파기자판이 원칙이 아니고 파기환송이나 이송이 원칙적인 모습이 된다.[17)]

Ⅱ 상고의 이유

1. 판결에 영향을 미친 헌법 · 법률 · 명령 또는 규칙의 위반이 있을 때
2. 판결 후 형의 폐지나 변경 또는 사면이 있는 때
3. 재심청구의 사유가 있는 때
4. 사형, 무기 또는 10년 이상의 징역이나 금고가 선고된 사건에 있어서 중대한 사실의 오인이 있어 판결에 영향을 미친 때 또는 형의 양정이 심히 부당하다고 인정할 현저한 사유가 있는 때

---

17) 대법원 1990.9.28, 90도1772
피고인이 항소심 판결선고 당시 소년법 제2조 소정의 소년이어서 부정기형이 선고되었다면 그 후 상고심에서 성년이 되었다고 하더라도 부정기형을 선고한 항소심판결을 파기할 사유가 되지 않는다.

Ⅲ 상고심의 절차

1. 항소심과 다른 절차

상대방은 상고이유서의 부본 또는 등본을 송달받은 날로부터 10일 이내에 답변서를 상고법원에 제출할 수 있다. 답변서의 제출을 받은 상고법원은 그 부본 또는 등본을 상고인 또는 변호인에게 송달하여야 한다.

2. 상고심의 심리의 특칙

상고심에는 변호사 아닌 자를 변호인으로 선임하지 못하며,(제386조) 상고심에는 변호인 아니면 피고인을 위하여 변론하지 못한다(제387조). 검사와 변호인은 상고이유서에 의하여 변론하여야 한다(제388조). 필요적 변호사건이 아닌 경우 변호인의 선임이 없거나 변호인이 공판기일에 출정하지 아니한 때에는 검사의 진술을 듣고 판결을 할 수 있다. 적법한 이유서의 제출이 있는 때에는 그 진술이 있는 것으로 간주한다(제389조). 상고심의 공판기일에는 피고인의 소환을 요하지 아니한다(제389조의2).

상고법원은 상고장, 상고이유서 기타의 소송기록에 의하여 변론 없이 판결할 수 있다. 상고법원은 필요한 경우에는 특정한 사항에 관하여 변론을 열어 참고인의 진술을 들을 수 있다.

Ⅳ 상고심의 재판

1. 원칙

1) 파기환송의 원칙

상고이유가 있는 때에는 판결로써 원심판결을 파기하여야 한다(제391조). 피고인의 이익을 위하여 원심판결을 파기하는 경우에 파기의 이유가 상고한 공동피고인에 공통되는 때에는 그 공동피고인에 대하여도 원심판결을 파기하여야 한다(제392조). 원심판결을 파기한 때에는 판결로써 사건을 원심법원에 환송하거나 그와 동등한 다른 법원에 이송하여야 한다.

2) 공소기각과 환송의 판결

적법한 공소를 기각하였다는 이유로 원심판결 또는 제1심판결을 파기하는 경우에는 판결로써 사건을 원심법원 또는 제1심법원에 환송하여야 한다.

3) 관할인정과 이송의 판결

관할의 인정이 법률에 위반됨을 이유로 원심판결 또는 제1심판결을 파기하는 경우에는 판결로써 사건을 관할 있는 법원에 이송하여야 한다.

4) 관할위반과 환송의 판결

관할위반의 인정이 법률에 위반됨을 이유로 원심판결 또는 제1심판결을 파기하는 경우에는 판결로써 사건을 원심법원 또는 제1심법원에 환송하여야 한다.

5) 파기자판

상고법원은 원심판결을 파기한 경우에 그 소송기록과 원심법원과 제1심법원이 조사한 증거에 의하여 판결하기 충분하다고 인정한 때에는 피고사건에 대하여 직접 판결을 할 수 있다. 이 경우 불이익변경금지의 원칙이 적용된다.

V 비약상고

1. 의의

제1심판결에 대한 항소를 제기하지 않고서 직접 대법원에 상고할 수 있는 경우를 비약상고(Sprungrevision)라고 한다. 비약상고는 법령해석의 통일에 신속을 기하고, 피고인의 이익을 일찍 회복시키기 위하여 인정된 제도이다.

2. 비약상고의 요건

1) 비약상고의 대상

제1심법원의 판결에 대하여서만 가능하므로 결정에 대하여서는 할 수 없다.

판례 대법원 1984.4.16. 선고 84모18

비약적 상고는 제1판결에 대하여만 할 수 있는 것이고 판결이 아닌 제1심법원의 결정에 대하여는 할 수 없다.

2) 비약상고의 이유

비약상고의 이유로는 원심판결이 인정한 사실에 대하여 법령을 적용하지 아니하였거나 법령의 적용에 착오가 있는 때 및 원심판결이 있은 후 형의 폐지나 변경 또는 사면이 있는 때 가능하다(제372조).

판례 대법원 1983.12.27. 선고 83도2792

채증법칙 위배 및 상습성 및 재범의 위험성에 관한 법리오해는 비약적 상고이유가 될 수 없다.

3. 항소와 비약상고

제1심판결에 대한 비약상고가 있는 경우에도 상대방이 그 사건에 대한 항소를 제기한 때에는 비약상고는 그 효력을 잃는다. 단, 항소의 취하 또는 항소기각의 결정이 있는 때에는 예외로 한다(제373조).

판례 대법원 1971.2.9. 선고 71도28

피고인의 항소제기가 있으면 검사의 비약적 상고는 상고로서의 효력뿐 아니라 항소로서의 효력도 유지되지 않는다.

Ⅵ 상고심판결의 정정

1. 의의

상고법원은 그 판결의 내용에 오류가 있음을 발견한 때에는 직권 또는 검사, 상고인이나 변호인의 신청에 의하여 판결로써 정정할 수 있는 제도를 말한다. 즉 형사소송법 제400조가 정하는 판결의 정정은 상고법원의 판결은 최종심의 재판으로서 상소에 의한 시정의 길이 없다는 점을 고려하여 그 판결자체의 내용에 오류가 있는가를 다시 검토하는 기회를 갖고자 함에 있고 재판절차를 다시 하여 사건을 새로 심리하는 것을 의미하지는 않는다.[18]

2. 대상

판결의 경정의 대상은 오로지 상고심 판결에 한한다.

3. 사유

형사소송법 제400조 제1항에서 말하는 판결정정사유의 오류라 함은 명백한 것에 한한다고 할 것이어서 위산, 오기, 미결구금일수의 불산입과 같은 명백한 잘못이 있는 경우에 한한다. 그러므로 채증법칙 위배에 대한 판단을 잘못하였으니 무죄판결로 정정하여 달라는 것[19], 유죄확정판결(상고기각판결)을 무죄판결로 정정하여 달라는 것[20], 대법원 자판으로 무죄를 선고하거나 또는 사건을 고등법원으로 이송심리하도록 판결을 정정하여 달라는 사유는 이에 해당되지 아니한다.

4. 절차

상고심판결 정정신청은 판결의 선고가 있은 날로부터 10일 이내에 서면으로 하여야 한다.

5. 정정의 판결

정정의 판결은 변론 없이 할 수 있다. 정정할 필요가 없다고 인정한 때에는 지체없이 결정으로 신청을 기각하여야 한다.

18) 대법원 1983.5.19. 83초17
19) 대법원 1987.7.31. 87초40
20) 대법원 1981.10.5. 81초60

제4절 항고

I 항고의 의의와 종류

1. 의의

법원의 결정에 대하여 불복이 있으면 하는 상소의 종류이다.

2. 종류

1) 일반항고

(1) 보통항고

① 불복기간의 제한이 없으나 원심결정을 취소하여도 실익이 없게 된 때에는 예외로 한다. 또한 집행정지의 효력도 발생하지 아니한다.

② 관할위반, 판결전 소송절차에 관한 결정에 대하여는 특히 즉시항고를 할 수 있는 경우를 제외하고는 항고할 수 없는 것이 원칙[21]이나, 예외적으로 감정을 하기 위한 피고인의 유치, 압수물의 환부에 관한 결정, 압수, 구금, 보석에 대하여는 가능하다.

③ 고등법원의 결정에 대하여는 항고할 수 없다. 그러나 헌법, 법률의 위반이 있는 경우에는 대법원에 재항고는 할 수 있다.

(2) 즉시항고

① 명문의 규정이 있는 경우에 가능하며 3일 이내에 하여야 하며 집행정지의 효력이 있다. 다만 기피신청의 간이기각결정에 대한 즉시항고에는 집행정지의 효력이 없다.

② 대상 : 즉시항고가 인정되는 경우의 대표적인 것으로는 재심개시결정, 소송비용부담결정, 기피신청기각결정, 구속취소결정, 구속집행정지결정, 공소기각결정, 상소

21) 국선변호인선임청구를 기각하는 결정 또는 공소장변경허가결정 등은 독립하여 항고할 수 없다.
대법원 1993.12.3. 92모49
국선변호인선임청구를 기각한 결정은 판결전의 소송절차이므로, 그 결정에 대하여 즉시항고를 할 수 있는 근거가 없는 이상 그 결정에 대하여는 항고, 재항고도 할 수 없다.

기각결정, 형사보상청구기각결정, 배상명령, 집행유예취소결정, 상소권회복결정

2) 재항고

항고법원 또는 고등법원의 결정에 대하여는 재판에 영향을 미친 헌법, 법률, 명령 또는 규칙에 위반이 있음을 이유로 하는 때에 한하여 대법원에 재항고할 수 있고 그 법적 성질은 즉시항고의 성격을 가진다.

Ⅱ 항고심의 절차

1. 항고의 제기

1) 방식

항고를 함에는 항고장을 원심법원에 제출하여야 한다.

2) 원심법원 조치

(1) 원심법원의 항고기각 결정

항고의 제기가 법률상의 방식에 위반하거나 항고권 소멸후인 것이 명백한 때에는 원심법원의 결정으로 항고를 기각하여야 한다.

(2) 경정결정

원심법원은 항고가 이유 있다고 인정한 때에는 결정을 정정하여야 한다(재도의 고안).

(3) 항고장의 송부

항고의 전부 또는 일부가 이유가 없다고 인정한 때에는 항고장을 받은 날로부터 3일 이내에 의견서를 첨부하여 항고법원에 송부하여야 한다.

(4) 기록의 송부

원심법원이 필요하다고 인정한 때에는 소송기록과 증거물을 항고법원에 송부하여야 한다. 항고법원은 소송기록과 증거물의 송부를 요구할 수 있고 이 경우 항고법원은 소송기록과 증거물을 송부받은 날로부터 5일 이내에 당사자에게 그 사유를 통지하여야 한다.

3) 항고제기의 효과

항고는 즉시항고 외에는 재판의 집행을 정지하는 효과가 없으나 원심법원 또는 항고법원은 결정으로 항고에 대한 결정이 있을 때까지 집행을 정지할 수 있다.

2. 항고심 심판

1) 항고기각 결정

항고를 이유가 없다고 인정하거나 원심법원이 간과하고 기각결정을 하지 아니한 경우에는 항고 기각결정을 할 수 있다.

2) 항고가 이유가 있는 경우

항고 이유 있다고 인정한 때에는 결정으로 원심결정을 취소하고 필요한 경우에는 항고사건에 대하여 직접 재판을 하여야 한다.

Ⅲ 준항고

1. 재판장 · 수명법관에 대한 준항고

1) 의의

재판장 또는 수명법관의 고지에 불복이 있으면 3일 이내에 그 법관소속의 법원에 재판의 취소 또는 변경을 지방법원인 경우에는 합의부에 서면으로 청구할 수 있다. 그러므로 수탁판사, 수명법관의 재판은 준항고의 대상이 되지 아니한다.

2) 대상

① 기피신청을 기각한 재판
② 구금, 보석, 압수 또는 압수물환부에 관한 재판
③ 감정하기 위하여 피고인의 유치를 명한 재판
④ 증인, 감정인, 통역인 또는 번역인에 대하여 과태료 또는 비용의 배상을 명한 재판
⑤ 즉결심판절차에서 판사가 유치명령을 한 경우

3) 효과

집행정지의 효과는 없으나 과태료 처분 또는 비용배상을 명하는 재판에 대한 준항고는 집행정지의 효력이 있다.

2. 검사 · 사법경찰관에 대한 준항고

1) 의의

검사 또는 사법경찰관의 구금 · 압수 또는 압수물의 환부에 관한 처분에 대하여 불복이 있으면 그 직무집행지의 관할법원 또는 검사의 소속검찰청에 대응한 법원에 그 처분의 취소 또는 변경을 청구할 수 있다.

2) 대상

① 형사소송법 제417조는 검사 또는 사법경찰관의 구금에 관한 처분에 불복이 있으면 법원에 그 처분의 취소 또는 변경을 청구할 수 있다고 규정하고 있는 바, 이는 피의자의 구금 또는 구금 중에 행하여지는 검사 또는 사법경찰관의 처분에 대한 유일한 불복방법인 점에 비추어 볼 때, 영장에 의하지 아니한 구금이나 변호인 또는 변호인이 되려는 자와의 접견교통권을 제한하는 처분뿐만 아니라 구금된 파의자에 대한 신문에 변호인의 참여(입회)를 불허하는 처분 역시 구금에 관한 처분에 해당하는 것으로 보아야 한다.[22]

② 형사소송법 제417조는 검사(또는 사법경찰관)의 구금, 압수 또는 압수물의 환부에 관한 처분과 제243조의2에 따른 변호인의 참여 등에 관한 처분의 취소 또는 변경을 청구할 수 있는 준항고절차를 규정하고 있는데, 견해에 따라서는 형사확정소송기록의 열람 · 복사도 형사절차의 일부라고 보고 기록보관기관이 검찰청일 뿐만 아니라 열람 · 복사의 가부결정을 검사가 한다는 점을 토대로 하여 이 준항고의 규정을 확대해석하거나 유추하여 형사확정소송기록의 열람 · 복사신청에 대한 검사의 대응처분에 대하여서도 준항고를 할 수 있다고 주장할 수 있을는지는 모르나, 그것은 입법론으로는 별론으로 하고 현행 법률의 해석론으로서는 무리라고 할 것이고, 현재로서는 이에 대한 법원의 판례를 찾아 볼 수 없음은 물론 학계의 정립된 이론도 쉽게 발견할 수 없다. 따라서 이 규정을 아무리 확대해석한다고 할지라도

22) 대법원 2003.11.1. 2003모402

형사확정소송기록에 대한 열람 · 복사신청에 대한 검사의 대응처분을 준항고의 대상에 포함되는 것으로 보기는 어렵다.[23]

3. 불복

형사소송법 제416조, 제417조의 준항고에 관한 결정에 대하여는 재판에 영향은 미친 헌법 · 법률 · 명령 · 규칙의 위반이 있음을 이유로 하는 때에 한하여 대법원에 즉시 항고할 수 있는 바, 이는 제419조, 제415조에 의한 재항고에 해당한다.[24]

23) 헌재 1991.5.13. 90헌마133
24) 대법원 1983.5.12. 83모12

제2장 비상구제절차

제1절 재심

I 재심의 의의

1. 의의

유죄의 확정판결, 상소기각판결, 위헌법률심판에 의하여 위헌결정된 법률에 기한판결에 대하여 재심의 청구가 가능하므로 무죄, 면소, 공소기각, 관할 위반의 판결, 결정, 명령에 대하여는 할 수 없다.

II 대상 및 이유

1. 대상

1) 유죄의 확정판결

판례 대법원 1986.10.29. 86모38

형사소송법상 재심청구는 유죄의 확정판결에 대하여서만 할 수 있고 결정에 대하여는 재심청구가 허용되지 않는다.

판례 대법원 1997.7.22. 선고 96도2153 판결

[1] 형사소송법 제420조는 유죄의 확정판결에 대하여 일정한 사유가 있는 경우에 재심을 청구할 수 있다고 규정하고 있는 바, 특별사면에 의하여 유죄의 판결의 선고가 그 효력을 상실하게 되었다면 이미 재심청구의 대상이 존재하지 아니하여 그러한 판결이 여전히 유효하게 존재함을 전제로 하는 재심청구는 부적법함을 면치 못한다.

[2] 재심법원이 재심대상판결이 존재하는 것으로 잘못 알고 재심개시결정을 하였다고 하더라도 심판의 대상이 없으므로 아무런 재판을 할 수 없고, 이러한 법리를 간과하여 심판의 대상이 있는 것으로 보고 면소의 판결을 한 것은 위법한 것이라 할 것이지만, 재심의 면소의 판결에 대하여 무죄의 판결을 구하는 취지에서 피고인들만이 상고한 경우 재심판결을 파기할 것은 아니다.

2) 상소기각의 확정판결

유죄의 확정판결 외에 상소기각의 판결에 대하여 재심을 인정한 것은 유죄의 확정판결에 없었던 사유가 상소기각의 재판 도중에 나타난 경우를 대비할 수 있기 때문이다.

3) 확정판결에 대신하는 증명

4) 헌법재판소의 결정

위헌으로 결정된 법률 또는 법률조항에 근거한 유죄의 확정판결에 대하여는 재심을 청구할 수 있다.

2. 재심사유

1) 노바형

(1) 유죄의 선고를 받은 자에 대하여 무죄 또는 면소를, 형의선고를 받은 자에 대하여 형의 면제 또는 원판결이 인정한 죄보다 경한 죄를 인정할 명백한 증거가 새로 발견된 때(증거의 신규성과 명백성)

① 이때의 면제는 형의 필요적 면제만을 의미하고 원판결이 인정한 죄보다 경한 죄란 원판결이 인정한 범죄사실의 범죄유형보다 법정형이 경한 다른 범죄유형을 가리킨다.

② 형사소송법 제420조 제5호열 말하는 무죄를 인정할 명백한 증거가 새로 발견된 때라고 함은 확정판결의 소송절차에서 발견되지 못하였거나 발견되었어도 제출 또는 신문할 수 없었던 증거로서 그 증거가치에 있어 다른 증거들에 비하여 객관적인 우위성이 인정되는 것을 발견하거나 이를 제출할 수 있게 된 때를 말

하고, 따라서 법관의 자유심증에 의하여 그 증거가치가 좌우되는 증거는 이에 해당하지 않는다.[25)]

2) 폴사형

(1) 원판결의 증거된 서류 또는 증거물이 확정판결에 의해 위조 또는 변조인 것이 증명된 때

(2) 원판결의 증거된 증서 · 감정 · 통역 또는 번역이 확정판결에 의해 허위인 것이 증명된 때

① 증거는 유죄판결문에 증거요지로 인정된 경우를 말하므로 결과적으로 증거로 채용되지 않는 경우는 제외된다.

② 증언에는 공동피고인의 공판정의 진술은 포함되지 아니한다.

(3) 무고로 인하여 유죄의 선고를 받은 경우에 그 무고의 죄가 확정판결에 의하여 증명된 때 유죄판결과 무고행위 사이에 인과관계가 필요하다.

(4) 원판결의 증거된 재판이 확정재판에 의하여 변경된 때

(5) 저작권, 특허권, 실용신안권, 의장권 또는 상표권을 침해한 죄로 유죄의 선고를 받은 사건에 관하여 그 권리에 대한 무효의 심결 또는 무효의 판결이 확정된 때

(6) 원판결, 전심판결 또는 그 판결의 기초된 조사에 관여한 법관, 공소의 제기 또는 그 공소의 기초된 수사에 관여한 검사나 사법경찰관이 그 직무에 관한 죄를 범한 것이 확정판결에 의하여 증명된 때. 단, 원판결의 선고 전에 법관, 검사 또는 사법경찰관에 대하여 공소의 제기가 있는 경우에는 원판결의 법원이 그 사유를 알지 못한 때에 한한다.[26)]

---

25) 대법원 1995.11.8. 95모67

26) 대법원 2006.5.11. 2004모16
형사소송법 제420조 제7호의 재심사유에 해당하는지 여부를 판단함에 있어서 사법경찰관 등이 범한 직무에 관한 죄가 사건의 실체관계에 관계된 것인지 여부나 당해 사법경찰관이 직접 조사를 담당하였는지 여부는 고려할 사정이 아니라고 할 것이다(불법감금죄로 고소된 사법경찰관에 대한 기소유예 결정에 관한 재정신청사건에이 불법감금사실은 인정하면서 재정신청 기각결정을 하여 확정된 것이, 형사소송법 제420조 제7호 및 제422조에서 정한 재심사유인 '공소의 기초된 수사에 관여한 사법경찰관이 그 직무에 관한 죄를 범한 것이 확정판결에 대신하는 증명으로써 증명된 때'에 해당할 여지가 있다고 하면서도 기소유예처분을 받은 것이 구속영장청구기간을 약간 도과하였다는 절차상의 문제로 인한 것일 뿐 사건의 실체관계와 관련된 것이 아니고, 직접 조사를 담당한 경찰관이 아니라는 이유로 위 재심사유에 해당하지 않는다고 본 원심결정을 파기한 사례).

Ⅲ 재심개시절차 및 재심심판절차

1. 재심개시절차

1) 재심개시절차의 청구권자

① 검사
② 유죄판결을 받은 자, 유죄의 선고를 받은 자의 법정대리인
③ 유죄의 선고를 받은 자가 사망하거나 심신상실이 된 경우에 배우자, 직계친족, 형재자매

2) 재심개시절차의 청구법원

(1) 원심법원에 청구한다

① 대법원에서 파기자판을 한 경우에는 대법원에 재심청구를 하여야 한다.
② 군사법원의 확정판결 후 민간인의 신분이 된 후 재심을 청구를 하는 경우 : 군법회의는 군인 또는 군무원이 아닌 국민에 대하여는 헌법 제26조 제2항에 해당하는 경우가 아니면 그 재판권이 없고, 비록 군법회의법 제463조 본문에 재심의 청구는 원판결을 한 대법원 또는 군법회의가 관할한다고 규정되어 있으나, 관할은 재판권을 전제로 하는 것이므로 군법회의판결이 확정된 후 군에서 제적되어 군법회의에 재판권이 없는 경우에는 재심사건이라 할지라도 그 관할은 원판결을 한 군법회의가 아니라 같은 심급의 일반법원에 있다.27)

3) 기간

재심의 청구는 형의 집행을 종료하거나 형의 집행을 받지 아니하게 된 때에도 할 수 있다. 그러므로 재심개시절차의 청구기간에는 제한이 없다.

4) 방식

재심의 청구는 구술로는 할 수 없으며 재소자 특칙이 적용된다.

5) 재심개시결정의 청구의 효과

재심청구는 형집행을 정지하는 효력이 없다. 단, 관할법원에 대응한 검찰청의 검사는

27) 대법원 1985.9.24. 84도2972

재심청구에 대한 재판이 있을 때까지 형의 집행을 정지할 수 있다.

6) 재심개시결정절차

(1) 특칙

결정임에도 불구하고 청구한 자와 상대방의 의견을 들어야 하는 필요적 변론절차로 되어 있다.

(2) 재심청구 기각결정

누구든지 동일한 이유로는 재심청구를 할 수 없다.

(3) 재심개시결정의 범위

경합범관계에 있는 수개의 범죄사실을 유죄로 인정하여 한 개의 형을 선고한 불가분의 확정판결에서 그 중 일부의 범죄사실에 대하여만 재심청구의 이유가 있는 것으로 인정된 경우에는 형식적으로는 1개의 형이 선고된 판결에 대한 것이어서 그 판결 전부에 대하여 재심개시의 결정을 할 수밖에 없지만, 비상구제수단인 재심제도의 본질상 재심사유가 없는 범죄사실에 대하여는 재심개시결정의 효력이 그 부분을 형식적으로 심판의 대상에 포함시키는데 그치므로 재심법원은 그 부분에 대하여는 이를 다시 심리하여 유죄인정을 파기할 수 없고, 다만 그 부분에 관하여 새로이 양형을 하여야 하므로 양형을 위하여 필요한 범위에 한하여만 심리를 할 수 있을 뿐이다.[28)]

(4) 원심법원에 대한 재심개시결정과 상소기각결정에 대한 재심개시결정의 관계

① 항소기각의 확정판결과 그 판결에 의하여 확정된 제1심판결에 대하여 재심의 청구가 있는 경우에 제1심법원이 재심의 판결을 한 때에는 항소법원은 결정으로 재심의 청구를 기각하여야 한다.

② 항소기각의 확정판결과 그 판결에 의하여 확정된 제1심판결에 대하여 각각 재심의 청구가 있는 경우에 항소법원은 결정으로 제1심법원의 소송절차가 종료할 때까지 소송절차를 정지하여야 한다.

③ 항소기각의 확정판결과 그 판결에 의하여 확정된 제1심판결에 대하여 각각 재심의 청구가 있는 경우 제1심판결에 대하여 재심개시결정이 난 경우에는 항소기각판결에 대하여 재심청구를 할 수 없다.

28) 대법원 2001.7.13. 2001도1239

2. 재심재판절차

1) 원칙

당해 확정 판결의 심급에 따라서 재판한다.

2) 특칙

① 당사자가 사망한 경우에도 재판을 하여야 하므로 공소기각결정을 할 수 없다.
② 당사자가 심신장애의 사유가 있더라도 공판절차의 정지를 할 필요 없다.
③ 공소장변경을 할 수 있다.
④ 불이익변경의 원칙이 적용된다.
⑤ 공소의 취소가 허용되지 아니한다.
⑥ 증거보전절차는 허용되지 아니한다.[29)]

제2절 비상상고

I 비상상고의 의의

1. 의의

비상상고는 법령위반을 이유로 하여 검찰총장이 원판결을 한 법원이 아니라 대법원에 하는 비상구제절차로 인하여 발생한 판결이 확정판결이 선고된 자에게 원칙적으로 미치지 않는 특색을 가지고 있는 제도이다.

[판례] 대법원 2005.3.11. 선고 2004오2 판결

형사소송법 제441조는 "검찰총장은 판결이 확정한 후 그 사건의 심판이 법령에 위반한 것을 발견한 때에는 대법원에 비상상고를 할 수 있다"고 규정하고 있는 바, 이러한 비상상고 제도는 법령 적용의

29) 대법원 1984.3.29. 84모15
증거보전이란 장차 공판에 있어서 사용하여야 할 증거가 멸실되거나 또는 그 사용하기 곤란한 사정이 있을 경우에 당사자의 청구에 의하여 공판 전에 미리 그 증거를 수집·보전하여 두는 제도로서 제1심 제1회 공판기일 전에 한하여 허용되는 것이므로 재심청구사건에서는 증거보전절차는 허용되지 아니한다.

오류를 시정함으로써 법령의 해석 · 적용의 통일을 도모하려는 데에 주된 목적이 있는 것이므로, 그 사건의 심판이 법령에 위반한 것이라고 함은 확정판결에서 인정한 사실을 변경하지 아니하고 이를 전제로 한 실체법의 적용에 관한 위법 또는 그 사건에 있어서의 절차법상의 위배가 있음을 뜻하는 것이므로, 단순히 그 법령 적용의 전제사실을 오인함에 따라 법령위반의 결과를 초래한 것과 같은 경우는 법령의 해석적용을 통일한다는 목적에 유용하지 않으므로 그 사건의 심판이 법령에 위반한 것에 해당하지 않는다고 해석함이 상당하다.

Ⅱ 비상상고의 대상

1. 대상

비상상고의 대상은 모든 확정판결이 대상이 된다(제441조). 그러므로 유죄판결, 무죄판결, 면소판결, 공소기각판결, 관할위반판결 모두 비상상고의 대상이 되고 판결의 형식은 아니더라도 확정판결의 효력이 부여되는 약식명령, 즉결심판, 경범죄처벌법 및 도로교통법상의 범칙금납부도 비상상고의 대상이 된다. 또한 공소기각결정, 항소기각결정, 상고기각결정 등도 결정의 형식을 취하지만 그 사건에 대한 종국판결이므로 비상상고의 대상이 된다. 다만 당연 무효의 판결이 비상상고의 대상이 되는지에 대하여 통설은 당연 무효의 판결이라 할지라도 판결은 확정되어 존재하므로 비상상고의 대상이 된다고 본다.

판례 대법원 1963.1.10. 선고 62오4 비상상고

본조는 판결이 확정한 후 그 사건의 심판이 법령에 위반한 것을 발견한 때에는 비상상고를 할 수 있다고 규정하였는 바, 본법 제380조에 의한 상고기각의 결정은 공소심판결을 확정시키는 효력이 있는 해당 사건에 관한 종국적인 재판이므로 그 결정에 대하여 법령위반이 있음을 발견한 때에는 비상상고를 할 수 있다고 해석함이 타당하다.

Ⅲ 비상상고의 이유

1. 판결의 법령위반과 소송절차의 법령위반

1) 판결의 법령위반

원판결이 법령에 위반한 때에는 그 위반된 부분을 파기하여야 한다. 단, 원판결이 피

고인에게 불이익한 때에는 원판결을 파기하고 피고사건에 대하여 다시 판결을 하여야 한다.

2) 소송절차의 법령위반

원심소송절차가 법령에 위반한 때에는 그 위반된 절차를 파기하여야 한다.

2. 구체적 검토

1) 비상상고가 된 사례

판례 대법원 2006.4.14. 선고 2006오1 판결

소송촉진등에관한특례법에 의해 피고인이 불출석한 상태에서 공시송달로 공판을 진행하여 유죄판결이 선고·확정되었으나, 위 판결선고 당시 피고인이 군복무 중이었던 경우, 이를 이유로 한 비상상고를 받아들여 원판결을 파기하고 관할군사법원에 이송한 사례.

판례 대법원 2006.10.13. 선고 2006오2 판결

공소시효가 완성된 사실을 간과한 채 피고인에 대하여 약식명령을 발령한 원판결은 법령을 위반한 잘못이 있고, 또한 피고인에게 불이익하다고 할 것인 바, 이 점을 지적하는 이 사건 비상상고는 이유가 있다.[30]

판례 대법원 1994.10.14. 선고 94오1 판결

도로교통법 제114조 제6호, 제63조 제3항 제2호와 경범죄처벌법 제1조 제24호 위반사건에서 피고인에게 형면제의 즉결심판을 선고하여 심판이 확정되었으나, 양죄의 관계는 상상적 경합범으로서 형법 제40조에 의하여 도로교통법위반의 죄에 정한 형으로 처벌하여야 할 것인데 그 도로교통법위반죄에 대하여는 형면제를 선고할 근거를 찾아볼 수 없고 달리 형법상의 형면제 사유도 찾아볼 수 없다는 이유로 검찰총장의 비상상고를 받아들여 원즉결심판 중 형면제 부분을 파기한 사례.

판례 대법원 1963.1.10. 선고 62오4 비상상고

사면된 범죄에 대하여 사면된 것을 간과하고 상고기각의 결정을 한 때에는 그 결정은 법령에 위반한 것이 되어 비상상고를 할 수 있다.

판례 대법원 1963.4.4. 선고 63오1(절도)

판결선고 당시 20세 미만인 소년에 대하여 정기형을 선고한 것은 법령에 위반한 것으로서 비상상고의 대상이 된다.

30) 대법원 1957.5.3. 4289형상1 ; 대법원 1963.1.10. 62오4

2) 비상상고가 부정된 사례

판례 대법원 2005.3.11. 선고 2004오2

법원이 원판결의 선고 전에 피고인이 이미 사망한 사실을 알지 못하여 공소기각의 결정을 하지 않고 실체판결에 나아감으로써 법령위반의 결과를 초래하였다고 하더라도, 이는 형사소송법 제441조에 정한 그 심판이 법령에 위반한 것에 해당한다고 볼 수 없다.

판례 대법원 1962.9.27. 선고 62오1

형사소송법 제441조에 이른바 사건의 심판이 법령에 위반하였다고 함은 확정판결에 있어서 인정한 사실을 변경하지 아니하고 이를 전제로 한 실체법의 적용에 관한 부당 및 그 사건에 있어서의 절차법상의 위배 있음을 말하는 것이므로 본건 확정판결이 전과의 사실이 없음에도 불구하고 누범의 원유(原由)가 되는 전과사실이 있는 것으로 인정한 결과 이에 대하여 형법 제35조를 적용 · 처단하였다고 할지라도 이에는 앞서 말한 법령의 위반이 있는 것이 아니고 따라서 위와 같은 사실오인은 비상상고의 이유가 될 수 없다.

Ⅳ 비상상고의 절차

1. 비상상고의 신청

1) 신청권자와 관할법원

검찰총장은 판결이 확정한 후 그 사건의 심판이 법령에 위반한 것을 발견한 때에는 대법원에 비상상고를 할 수 있다(제441조).

2) 신청의 방식

비상상고를 함에는 그 이유를 기재한 신청서를 대법원에 제출하여야 한다(제442조). 이 점이 상고의 경우와 차이가 있다. 즉 상고의 경우에는 상고장과 강고이유서를 별도로 제출하지만 비상상고의 경우에는 신청서에 그 이유까지 기재하도록 하고 있다.

3) 신청기간

비상상고의 신청기간은 제한이 없다. 즉 형의 시효의 완성, 형의 실효, 복권, 집행유예기간의 경과, 확정판결을 받은 사람의 사망이 있더라도 비상상고를 할 수 있다.

2. 비상상고의 심리

1) 공판

(1) 검사의 출석

비상상고를 심리하기 위해서는 대법원은 반드시 공판기일을 열어야 한다. 공판기일에는 검사는 신청서에 의하여 진술하여야 한다(제443조).

(2) 피고인 출석 불요

피고인을 소환할 필요가 없다. 통상의 상소사건에서도 피고인의 출석이 필요하지 아니하고 피고인의 구제는 비상상고의 본래의 목적이 아니라 반사적 효과에 지나지 아니하기 때문이다.

(3) 변호인의 출석권

피고인의 출석이 필요 없다는 이유와 동일한 이유로 변호인의 출석이 필요 없다는 견해가 있으나, 변호인은 사법의 올바른 실현을 위하여 법관, 검사와 동일한 사법기관의 지위를 누려야 하므로 피고인과는 달리 법률적 의견을 개진하기 위하여 의견을 진술할 수 있다고 보는 것이 타당하다.

2) 사실조사

대법원은 신청서에 포함된 이유에 한하여 조사하여야 한다. 그러므로 비상상고에는 직권조사사항이 있을 수 없다. 다만, 법원의 관할, 공소의 수리와 소송절차에 관하여는 사실조사를 할 수 있다(제444조).

V 비상상고의 판결

1. 비상상고의 기각판결

비상상고가 이유 없다고 인정한 때에는 판결로써 이를 기각하여야 한다(제445조).

2. 비상상고의 파기판결

1) 판결의 법령위반

(1) 부분 파기

원판결이 법령에 위반한 때에는 그 위반된 부분을 파기하여야 한다(제446조 제1호 본문).

판례 대법원 1964.6.16. 선고 64오2

적법한 증거조사의 절차를 거치지 않고 증거능력이 없는 증거를 유죄의 증거로 채택하였음은 법령에 위반한 것으로서 비상상고의 이유가 되나 원판결 거시의 다른 증거자료를 종합하여서도 피고인에 대한 범죄사실을 인정할 수 있는 때에는 증거거시 부분만 파기할 경우에 해당한다.

(2) 파기자판

원판결이 피고인에게 불이익한 때에는 원판결을 파기하고 피고사건에 대하여 다시 판결을 한다(제446조 제1호 단서). 이에 해당하는 경우로는 친고죄에서 고소가 취소되었음에도 불구하고 유죄의 판결을 한 경우, 피고인만 항소한 사건에서 상소심이 항소기각결정을 하면서 결정전 구금일수의 본형산입에 대하여 전혀 판단을 하지 아니한 경우, 원심판결이 불이익변경금지원칙에 위반하여 형을 선고한 경우를 들 수 있다.

판례 대법원 1947.7.29. 선고 4280비상2

친고죄에 있어서 고소취소가 있는데도 유죄판결을 한 경우에는 사건의 심판이 법령에 위반된 것이므로 비상상고이유에 해당한다.

판례 대법원 1957.10.4. 선고 4290형비상1

제1심 유죄판결에 대하여 검사의 공소가 없고 피고인만의 공소가 있는 제2심 유죄판결에 대하여 검사 상고가 있는 경우에 상고심은 검사의 불복 없는 제1심판결의 형보다 중한 형을 과할 수 없다.

판례 대법원 1977.6.7. 선고 77오1

피고인이 적법한 항소를 하고 검사는 항소를 포기한 본건에 있어서 항소심이 피고인의 항소를 기각하는 결정을 하는 경우에는 항소 후 그 결정고지전의 구금일수 중 그 부분 또는 일부를 제1심판결에서 선고한 징역형에 산입하여야 한다.

2) 소송절차의 법령위반

원심소송절차가 법령에 위반한 때에는 그 위반된 절차를 파기한다(제446조 제2호).

3. 비상상고의 판결의 효과

비상상고의 판결은 원판결이 피고인에게 불리하여 파기자판하는 경우가 아니면 그 효력이 피고인에게 미치지 아니한다(제447조).

제3장 특별절차

제1절 약식절차

I 의의

1. 의의

약실절차란 지방법원 관할에 속한 사건에 대하여 검사의 청구가 있는 경우 공판절차를 거치지 아니하고 검사가 제출한 자료만을 가지고 서면심리에 의해서 피고인에게 벌금 · 과료 또는 몰수(구류는 제외)를 과하는 간편한 형사절차를 말한다(제448조). 약식절차는 형사재판의 신속을 기하며 공개재판에 따르는 피고인의 심리적 · 시간적 · 경제적 부담을 덜어준다는 점에서 제도의 존재이유가 있다.

2. 즉결심판과의 구별

1) 유사점

경미사건에 대하여 적용되며 확정판결과 동일한 효과가 있다. 또한 약식절차나 즉결심판절차에 의하여 진행하는 것이 적당하지 아니하는 경우에는 정식재판 절차로 이행하는 절차가 있다는 점 및 피고인에게도 정식재판 청구권이 있다는 점이 유사하다.

2) 차이점

	약식절차	즉결심판절차
청구권자	검 사	경찰서장
청구절차	서면심리의 원칙	판사가 공개된 법정에서 직접 심문
형의 종류	구류 적용 없음	구류 적용 가능
불이익변경금지원칙의 적용 여부	적 용	판례에서 인정
무죄, 면소, 공소기각 선고 가부	불가능	가 능

Ⅱ 약식명령의 청구

1. 청구의 범위

지방법원 관할 사건으로 벌금·과료·몰수를 과할 수 있는 사건이 해당된다. 그러므로 선택적으로 벌금형과 과료가 규정되어 있는 경우는 가능하나, 징역, 금고 등 자유형으로만 규정되어 있는 경우나 이 경우 징역형이 필요적으로 병과되어 있는 경우는 약식절차로 이행이 불가능하다.

2. 청구 방식 및 특칙

1) 공소장 일본주의 부적용

약식명령의 청구는 검사가 공소제기와 동시에 서면으로 하여야 한다(제449조). 즉 검사는 약식명령의 청구와 동시에 약식명령을 하는데 필요한 증거서류 및 증거물을 법원에 제출하여야 한다(규칙 제170조). 즉 공소장일본주의가 적용되지 아니한다.

2) 약식명령 취소와 공소취소의 관계

약식명령의 청구가 있으면 당연히 공소의 제기가 있는 것으로 된다. 그러므로 공소의 취소가 있으면 약식명령도 효력을 잃게 된다. 다만, 공소의 취소 없이 약식명령만의 취소가 가능한지에 대하여 이를 긍정하는 견해도 있으나, 보통의 공판절차에 의할 것인지는 법원의 판단에 맡기면 족하므로 부정하는 것이 타당하다.

Ⅲ 약식명령의 심판

1. 법원의 심리

1) 사실조사의 인정 여부

약식명령의 청구가 있으면 법원은 검사가 제출한 서류 및 증거물에 대한 서면 심사를 하게 된다. 다만, 서면심사만으로 약식명령의 당부를 판단하기 어려운 경우에는 사실조사와 증거조사도 허용된다. 다만, 약식절차는 심판을 간이 신속 비공개로 하는 점에 특색이 있으므로 약식절차에 있어서의 사실조사는 시일을 요하지 아니하고 약식절차의 본질을 해하지 아니하는 한도 내에서만 허용된다고 보아야 한다. 즉 증인신문이나 검증과 같은 증거조사를 필요로 하는 경우에는 통상의 공판절차에서 행하는 것이 타당하나 감정서에 기재된 학술용어의 의미를 감정인의 신문에 의하여 확인하는 경우 및 피해자 신문에 의하여 피해변상을 확인하는 경우는 가능하다고 본다.

2) 약식절차에서 적용되는 증거법칙 및 형소법상의 원칙

약식절차는 원칙적으로 서면심사에 의하여 하는 것이 원칙이다. 그러므로 공판기일의 심판절차에 관한 규정이나 이를 전제로 하는 규정은 약식절차에서는 적용되지 아니한다. 그러므로 자백배제법칙, 자백의 보강법칙은 약식절차에서도 적용되는 것이지만, 전문법칙의 제한은 적용되지 아니한다. 공소장변경도 공판절차를 전제로 하는 것이므로 적용되지 아니한다.

2. 공판절차로 이행

1) 이행의 사유

약식명령의 청구가 있는 경우에 그 사건이 약식명령으로 할 수 없거나 약식명령으로 하는 것이 적당하지 아니하다고 인정한 때에는 공판절차에 의하여 심판하여야 한다(제450조). 약식명령으로 할 수 없는 경우란 법정형에 벌금 과료가 규정되어 있지 아니한 죄(예를 들면, 간통죄)에 대하여 약식명령의 청구가 있는 경우 혹은 약식명령의 청구가 있는 사건에 대하여 무죄, 면소, 공소기각 또는 관할위반의 재판을 선고해야 하는 경우를 말하며, 법률상 약식명령을 하기 적당하지 아니한 경우란 약식명령을 하는 것은 가능하더라도 사안이 복잡하여 정식공판절차에서 신중히 심판할 필요가 있는 경우를 말한다.

2) 이행후의 절차

(1) 공소장 부본의 제출 및 송달

법원은 약식명령의 청구의 사건을 정식재판절차로 심판하기로 한 경우에는 법원사무관 등은 즉시 그 취지를 검사에게 통지하여야 하며, 통지를 받은 검사는 5일 이내에 피고인의 수에 상응하는 공소장부본을 법원에 제출하여야 한다(규칙 제172조).

(2) 증거서류의 반환

공소장일본주의 취에 비추어 검사가 제출한 증거서류와 증거물은 다시 검사에게 반환하여야 한다.

(3) 기피사유

약식명령의 청구를 심판한 법관이 정식재판에 관여한 경우는 전심재판에 관여한 것이 아니므로 기피사유는 가능하나 재척사유는 되지 아니한다.

3. 약식명령

법원은 심사 결과 공판절차로 이행할 경우가 아니면 청구가 있은 날로부터 14일 이내에 약식명령을 하여야 한다(규칙 제171조).

1) 약식명령의 방식

약식명령에는 범죄사실, 적용법령, 주형, 부수처분과 약식명령의 고지를 받은 날로부터 7일 이내에 정식재판의 청구를 할 수 있음을 명시하여야 한다(제451조).

(1) 범죄사실

여기서 범죄사실이란 형사소송법 제323조상의 범죄 될 사실을 말하는 것이며, 단순히 고소장에 기재된 범죄사실을 인용한 것으로는 충분하지 아니한다.

[판례] 대법원 1955.9.22. 4288형상212

[1] 약식명령청구는 공소제기와 동시에 서면으로 하여야 하며 공소의 제기는 공소장에 형사소송법 제254조 소정 사항을 기재하여야 하므로 약식명령 청구서에도 동조 제3항 제3호의 공소 사실을 기재하여야 한다.

[2] 약식명령 청구서에 공소사실을 기재하지 아니하고 고발장의 기재사실을 인용함은 형사소송법의 소위 공소사실의 기재로는 볼 수 없다.

(2) 부수처분

여기서의 부수처분에는 압수물의 환부, 추징, 벌금, 과료, 추징에 대한 가납명령을 포함한다. 원칙적으로 가납의 재판은 판결로서 하여야 하나 약식명령은 판결과 같은 효력이 있기 때문에 가능하다. 미결구금일수가 있으면 그 전부 또는 일부를 환형 통산하여야 한다. 벌금형에 대하여 선고유예를 할 수 있는가에 대하여 학설의 대립은 있으나 가능하다고 보아야 한다. 약식명령에는 증거의 요지를 명시할 필요가 없다.

(3) 유죄의 판결

약식명령에는 유죄판결만을 하는 경우에 가능하다. 즉 약식명령에서 무죄나 면소, 공소기각의 판결을 할 수 없고 이러한 판결을 하기 위해서는 공판절차로 이행을 하여야 한다. 약식명령의 고지는 검사와 피고인에 대한 재판서의 송달에 의하여 한다(제452조). 재판서의 정본(약식명령서)이 송달되므로 등본이 송달되는 결정과 고지와 다르다.

2) 약식명령의 효력

약식명령은 정식재판의 청구기간이 경과하거나 그 청구의 취하 또는 청구기각의 결정이 확정한 때에는 확정판결과 동일한 효력이 있다(제457조). 즉 집행력과 기판력이 발생하고 재심, 비상상고의 대상이 된다. 기판력의 시적범위는 약식명령 발령시가 된다.

판례 대법원 1984.7.24. 선고 84도1129 판결

유죄의 확정판결의 기판력의 시적범위 즉 어느 때까지의 범죄사실에 관하여 기판력이 미치느냐의 기준시점은 사실심리의 가능성이 있는 최후의 시점인 판결선고시를 기준으로 하여 가리게 되고, 판결절차 아닌 약식명령은 그 고지를 검사와 피고인에 대한 재판서 송달로써 하고 따로 선고하지 않으므로 약식명령에 관하여는 그 기판력의 시적범위를 약식명령의 송달시를 기준으로 할 것인가 또는 그 발령시를 기준으로 할 것인지 이론의 여지가 있으나, 그 기판력의 시적 범위를 판결절차와 달리하여야 할 이유가 없으므로 그 발령시를 기준으로 하여야 한다.

3) 군사법원으로 이송

군법대상자인 경우에는 약식절차에서 바로 군사법원으로 이송한다.

Ⅳ 정식재판의 청구

1. 정식재판의 청구권자

검사와 피고인이다. 이 경우 정식재판 청구권을 검사는 포기할 수 있으나 피고인은 포기할 수 없다(제453조 제1항). 피고인의 법정대리인은 피고인의 의사와 상관없이, 피고인의 배우자, 직계친족, 형제자매 또는 원심의 대리인이나 변호인은 피고인의 의사에 반하지 아니하는 경우에 피고인을 위하여 상소할 수 있다(제458조, 제340조, 제341조).

2. 청구의 방법

1) 방법

약식명령의 고지를 받은 날로부터 7일 이내에 약식명령을 한 법원에 서면으로 하여야 하고 이 기간이 경과하면 정식재판 청구권은 소멸한다. 정식재판의 청구가 있는 때에는 법원은 지체없이 검사 또는 피고인에게 그 사유를 통지하여야 한다.[31]

2) 준용규정

약식명령에 대한 정식재판의 청구는 재판의 불복이라는 점에서 상소에 관한 규정이 준용된다. 7일간에 정식재판을 하지 못한 경우에는 상소권회복의 규정이 준용되므로(제458조, 제345조) 정당한 이유가 있는 경우에는 정식재판청구권 회복청구를 함과 동시에 정식재판의 청구를 하여야 한다. 정식재판의 청구는 약식명령 일부에 대하여도 가능하다(제458조, 제342조).

판례 대법원 1995.6.14. 자 95모14 결정

가. 재감자에 대한 약식명령의 송달을 교도소 등의 소장에게 하지 아니하고 수감되기 전의 종전 주·거소에다 하였다면 부적법하여 무효이고, 수소법원이 송달을 실시함에 있어 당사자 또는 소송관계인의 수감사실을 모르고 종전의 주·거소에 하였다고 하여도 마찬가지로 송달의 효력은 발생하지 않고, 송달 자체가 부적법한 이상 당사자가 약식명령이 고지된 사실을 다른 방법으로 알았다고 하더라도 송달의 효력은 여전히 발생하지 않는다.

나. '가' 항의 경우, 약식명령의 송달이 무효이기 때문에 그에 대한 정식재판청구기간 자체가 진행하지 않고, 정식재판청구권 회복청구와 함께 정식재판청구가 제기되었다면 그 정식재판청구는 그 청구기간 내의 적법한 청구로서 독립하여 그 효력을 발생하므로, 당사자로서는 약식명령을 송달받지 못했다는 점을 소명하여 정식재판청구절차에 따른 재판을 받으면 되지 따로 정식재판청구권 회복청구를 할 필요가 없다.

31) 피고인에게 변호사가 선임되어 있어도 피고인에게 통지하면 족하다.

판례 대법원 1986.2.27. 자 85모6 결정

가. 공시송달은 피고인의 주거, 사무소와 현재지를 알 수 없는 때에 한하여 할 수 있을 뿐이고 피고인의 주거, 사무소, 현재지 등이 기록상 나타나 있는 경우에는 이를 할 수 없다.

나. 공소장에 기재된 피고인의 주거지로 약식명령서를 송달하였다가 수취인불명 등으로 송달이 불능되었다 하더라도 수사기록에 편철된 피고인에 대한 피의자신문조서 등에 피고인의 사무소가 나타나 있다면 법원으로서는 그 사무소에 다시 소송서류를 송달해 보아야 할 것임에도 바로 공시송달의 방법을 취한 것은 공시송달의 요건을 흠결한 것이며 그로 인하여 피고인이 정식재판청구기간을 도과하게 되었다면 이는 피고인이 책임질 수 없는 사유에 해당한다.

다. 공시송달의 요건에 흠결이 있는 경우에도 법원이 명하여 그 절차가 취하여진 이상 송달로서는 유효하다 할 것이므로 약식명령을 공시송달 한 경우 공시송달을 한 날로부터 2주일을 경과하면 송달의 효력이 생기고 그때부터 정식재판 청구기간을 기산하여야 할 것이며 그러한 기간계산방법에 따라 정식재판청구기간이 도과한 경우에는 형사소송법 제458조, 제345조, 제346조에 의하여 정식재판청구권 회복청구와 동시에 정식재판청구를 함은 별론으로 하고 따로 정식재판청구만을 할 수는 없다.

판례 대법원 2002.9.27. 자 2002모184 결정

사무소에 나가지 아니하여 사무소로 송달된 약식명령을 송달받지 못하였다 할지라도 자신에 대하여 소추가 제기된 사실을 알고 있었던 자로서는 스스로 위 사무소에 연락하여 우편물을 확인하거나 기타 소송진행 상태를 알 수 있는 방법 등을 강구하였어야 할 것이므로 이에 이르지 않은 이상, 위와 같은 사정은 자기가 책임질 수 없는 사유가 아니라 할 것이어서, 정식재판 청구기간 도과로 인하여 이미 확정된 약식명령에 대하여 적법한 정식재판청구권 회복청구의 사유가 될 수 없다.

3. 공소장 부본의 송달 요부

정식재판의 청구가 적법한 경우 다시 공소장부본의 송달은 필요 없다. 왜냐하면, 피고인에게는 이미 공소장부본과 동일한 내용의 약식명령서가 송달되어 있으므로 피고인의 방어권에 불이익이 없기 때문이다. 다만, 이 경우에 공소장일본주의는 적용이 된다고 보아야 한다.

4. 청구의 취하

제1심판결의 선고 전까지 정식재판의 청구를 취하할 수 있다(제454조). 정식재판청구를 취하한 자는 다시 정식재판을 청구하지 못한다(제458조, 제354조).

5. 정식재판 청구에 대한 재판

1) 기각결정

정식재판의 청구가 법령에 위배하거나 청구권의 소멸된 것이 명백한 경우에는 청구를

기각하는 결정을 하여야 하고 이에 대하여서는 즉시항고를 할 수 있다(제455조 제1항, 제2항).

2) 공판절차에 의한 심판

정식재판의 청구가 적법한 때에는 공판절차에 의하여 심판하여야 한다(제455조 제3항). 여기서의 심판은 약식명령에 대한 당부를 판단하는 것이 아니라 당해 범죄의 공소사실에 대한 심리를 의미한다. 정식재판을 청구한 피고인이 정식재판절차의 공판기일에 출석하지 않은 경우 다시 기일을 정하여야 하고, 피고인이 정당한 사유 없이 다시 정한 기일에 출정하지 아니한 때에는 피고인의 진술 없이 판결을 할 수 있다(제458조 제2항). 피고인이 정식재판을 청구한 사건에 대하여는 약식명령의 형보다 중한 형을 선고하지 못한다(제457조의2).

3) 약식명령의 실효

정식재판청구에 의하여 확정판결(공소기각의 결정이 포함된다)이 있는 경우에는 약식명령은 효력이 실효된다(제456조).

제2절 즉결심판절차

I 의의

1. 의의

즉결심판이란 즉결심판절차에 의한 재판을 의미한다. 즉결심판절차란 지방법원, 지원 또는 시 · 군법원의 판사가 피고인에게 20만원 이하의 벌금, 구류 또는 과료에 처할 수 있는 경미한 범죄에 관하여 공판절차에서 처리하지 아니하고 즉결하는 심판절차를 말한다(즉결심판에관한절차법 제2조).

2. 목적

즉결심판절차는 범증이 명백하고 죄질이 경미한 범죄사건을 신속 · 적정한 절차로 심판하기 위하여 만들어진 제도이다(즉결심판에관한절차법 제1조). 이러한 경미사건에 대하여는 약식절차라는 형사소송법상의 제도가 있으나 약식절차에 의하여는 격증하는 경미사건에 신속하고 적절하게 대처할 수 없다는 고려에 의하여 만들어졌으며, 이는 피고인의 시간적 · 정신적 부담을 덜어준다는 의미에서 피고인의 이익을 위해서도 필요한 제도이다.

Ⅱ 즉결심판의 청구

1. 청구권자

즉결심판의 청구권자는 경찰서장, 해양경찰서장이다(즉결심판에관한절차법 제3조). 이러한 경찰서장의 즉결심판 청구는 검사의 기소독점주의에 대한 예외가 된다.

2. 청구대상 및 방식

즉결심판의 청구대상이 되는 범죄는 선고형이 20만원 이하의 벌금 · 구류 · 과료에 처할 경미사건이다. 즉결심판의 청구는 서면으로 하여야 한다. 즉결심판을 청구함에는 즉결심판청구서를 제출하여야 하며, 즉결심판청구서에는 피고인의 성명 기타 피고인을 특정할 수 있는 사항, 죄명, 범죄사실과 적용 법조를 기재하여야 한다(즉결심판에관한절차법 제3조). 경찰서장은 즉결심판의 청구와 동시에 즉결심판을 함에 필요한 서류 또는 증거물을 판사에게 제출하여야 한다(즉결심판에관한절차법 제4조). 그러므로 공소장일본주의가 적용되지 아니하며 청구서의 부본을 첨부할 필요도 없고 피고인에게 청구서 부본의 송달도 필요 없다.

3. 관할 법원

지방법원 또는 그 지원의 판사는 소속 지방법원장의 명령을 받아 소속 법원의 관할사무와 관계없이 즉결심판청구사건을 심판할 수 있다(즉결심판에관한절차법 제3조의2). 즉결심판을 하는 판사도 제척 · 기피의 대상이 된다.

Ⅲ 즉결심판청구사건의 심리

1. 판사의 심사와 경찰서장의 송치

판사는 사건이 즉결심판을 할 수 없거나 즉결심판절차에 의하여 심판함이 적당하지 아니하다고 인정할 때에는 결정으로 즉결심판의 청구를 기각하여야 한다. 기각의 결정이 있는 때에는 경찰서장은 지체 없이 사건을 관할지방검찰청 또는 지청의 장에게 송치하여야 한다(즉결심판에관한절차법 제5조). 이점이 약식명령과 구별된다. 즉 약식명령에서는 이미 검사가 공소제기한 상태이므로 법원이 직접 공판 절차로 이행을 명할 수 있으나(제450조), 즉결심판 절차에서는 검사가 공소를 제기한 바 없으므로 판사가 직접 공판절차로 이행을 하지 않고 즉결심판청구를 기각함으로써 경찰서장이 검사에게 사건을 송치하도록 한 것이다.

즉결심판으로 하기에 부적당한 경우란 당해 사건이 즉결심판을 하기 위한 실체적·절차적 적법요건을 구비하지 않는 경우로 예를 들면 20만원 이하의 벌금·과료·구류에 처할 사건이 아니거나 관할위반을 선고하여야 할 경우를 말한다. 판사가 즉결심판 청구를 기각하여 사건을 송치받은 검사가 사건을 불기소할 수 있는가에 대하여 학설의 대립은 있으나, 통설은 즉결심판을 기각한 경우에는 즉결심판 청구전의 원래 상태로 돌아가는 것이기 때문에 검사의 기소독점이 적용 되어 불기소를 할 수 있다고 본다.

판례 대판 2003.11.14. 2003도2735

1. 소송행위가 성립하기 위하여는 소송행위에 요구되는 소송법상의 정형을 충족하기 위한 본질적 개념요소를 구비하여야 할 것이고 공소제기는 법원에 대하여 특정한 형사사건의 심판을 요구하는 검사의 법률행위적 소송행위로서 형사소송법 제254조 제1항은 공소를 제기함에는 공소장을 관할법원에 제출하여야 하도록 규정하고 같은 조 제4항은 위 공소장에는 피고인의 성명 기타 피고인을 특정할 수 있는 사항, 죄명, 공소사실, 적용법조 등 일정한 사항을 기재하도록 하고 있는 바, 형사소송법이 공소의 제기에 관하여 위와 같은 서면주의와 엄격한 요식행위를 채용한 것은 공소의 제기에 의해서 법원의 심판이 개시되므로 심판을 구하는 대상(공소사실 및 피고인)을 명확하게 하고 피고인의 방어권을 보장하기 위한 것이라 할 것이어서 검사에 의한 공소장의 제출은 공소제기라는 소송행위가 성립하기 위한 본질적 요소라고 보아야 할 것이므로, 이러한 공소장의 제출이 없는 경우에는 소송행위로서의 공소제기가 성립되었다고 할 수 없다.
2. 법원이 경찰서장의 즉결심판청구를 기각하여 경찰서장이 사건을 관할지방검찰청으로 송치하였으나 검사가 이를 즉결심판에 대한 피고인의 정식재판청구가 있는 사건으로 오인하여 그 사건기록을 법원에 송부한 경우, 공소제기가 성립되었다고 볼 수 없다.
3. 소송행위로서 요구되는 본질적인 개념요소가 결여되어 소송행위로 성립되지 아니한 경우에는 소송행위가 성립되었으나 무효인 경우와는 달리 하자의 치유문제는 발생하지 않으나, 추후 당해 소송행위가 적법하게 이루어진 경우에는 그때부터 위 소송행위가 성립된 것으로 볼 수 있다.

2. 심리의 특칙

1) 기일의 심리

(1) 즉시심판

즉결심판의 청구가 있는 때에는 판사는 즉결심판의 청구가 적법하고 상당한 경우에는 즉시심판을 하여야 한다(즉결심판에관한절차법 제6조).

(2) 개정

즉결심판절차에 의한 심리와 재판의 선고는 공개된 법정에서 행하되, 그 법정은 경찰관서(해양경찰관서를 포함한다)외의 장소에 설치되어야 한다. 법정은 판사와 법원서기관, 법원사무관, 법원주사 또는 법원주사보(이하 "법원사무관 등"이라 한다)가 열석하여 개정한다. 다만, 판사는 상당한 이유가 있는 경우에는 개정 없이 피고인의 진술서와 경찰서장이 송부한 서류 또는 증거물에 의하여 심판할 수 있다. 다만, 구류에 처하는 경우에는 그러하지 아니하다(즉결심판에관한절차법 제7조).

(3) 피고인의 출석

피고인이 기일에 출석하지 아니한 때에는 이 법 또는 다른 법률에 특별한 규정이 있는 경우를 제외하고는 개정할 수 없다(즉결심판에관한절차법 제8조). 다만 벌금 또는 과료를 선고하는 경우에는 피고인이 출석하지 아니하더라도 심판할 수 있다. 또한 피고인 또는 즉결심판출석통지서를 받은 자(이하 "피고인등"이라 한다)는 법원에 불출석심판을 청구할 수 있고, 법원이 이를 허가한 때에는 피고인이 출석하지 아니하더라도 심판할 수 있다. 이러한 불출석심판의 청구와 그 허가절차에 관하여 필요한 사항은 대법원규칙으로 정한다(즉결심판에관한절차법 제8조의2).

(4) 심리의 방법

판사는 피고인에게 피고사건의 내용과 형사소송법 제289조에 규정된 진술거부권이 있음을 알리고 변명할 기회를 주어야 한다. 판사는 필요하다고 인정할 때에는 적당한 방법에 의하여 재정하는 증거에 한하여 조사할 수 있다. 변호인은 기일에 출석하여 증거조사에 참여할 수 있으며 의견을 진술할 수 있다(즉결심판에관한절차법 제9조).

2) 증거에 대한 특칙

즉결심판절차에 있어서도 절대적 증거능력을 배제하는 자백배제법칙과 위법수집증거배제법칙은 적용되나, 즉결심판절차에 있어서는 형사소송법 제310조, 제312조 제2항 및 제313조의 규정은 적용하지 아니한다(즉결심판에관한절차법 제10조). 즉 자백의 보강법칙(제310조)과 전문법칙((제312조의2, 즉결심판절차는 경찰서장의 전권이므로 검사작성 피신조서의 적용은 당연 적용 없음), 제313조)의 적용을 배제하고 있다.

3. 형사소송법의 준용

즉결심판절차에 있어서 이 법에 특별한 규정이 없는 한 그 성질에 반하지 아니한 것은 형사소송법의 규정을 준용한다(즉결심판에관한절차법 제19조). 다만 즉결심판절차가 신속, 적절한 재판의 진행을 위하여 기일의 심리에는 직권주의원칙이 지배한다. 그러므로 공소장부본의 송달, 제1회 공판기일의 유예, 검사의 모두진술, 증거조사와 증거결정의 방법, 국선변호규정은 준용되지 않는다고 보아야 한다.

판례 대법원 1997.2.14. 선고 96도3059 판결

즉결심판에관한절차법 제14조 제4항은 형사소송법 제455조의 규정은 정식재판의 청구에 이를 준용한다고 규정하고 있고, 형사소송법 제455조 제3항은 "정식재판의 청구가 적법한 때에는 공판절차에 의하여 심판하여야 한다"고 규정하고 있는 바, 위 각 규정 내용에 비추어 보면 즉결심판을 받은 피고인이 정식재판청구를 함으로써 공판절차가 개시된 경우에는 통상의 공판절차와 마찬가지로 국선변호인의 선정에 관한 형사소송법 제283조의 규정이 적용된다.

Ⅳ 즉결심판의 선고와 효력

1. 즉결심판의 선고

1) 선고의 방식

즉결심판으로 유죄를 선고할 때에는 형, 범죄사실과 적용 법조를 명시하고 피고인은 7일 이내에 정식재판을 청구할 수 있다는 것을 고지하여야 한다. 참여한 법원사무관 등은 선고의 내용을 기록하여야 한다(즉결심판에관한절차법 제11조 제1항, 제2항). 개정 없이 심판을 하는 경우 및 피고인 불출석으로 심판하는 경우에는 법원사무관 등은 7일 이내에 정식재판을 청구할 수 있음을 부기한 즉결심판서의 등본을 피고인에게 송달하여 고지한다. 다만, 피고인이 불출석 심판을 청구한 경우에 피고인 등이 미리 즉결심판서의 등본송달을 요하지 아니한다는 뜻을 표시한 때에는 즉결심판서 등본을 피고인에게 송달

할 필요가 없다(동조 제4항).

2) 즉결심판서

유죄의 즉결심판서에는 피고인의 성명 기타 피고인을 특정할 수 있는 사항, 주문, 범죄사실과 적용 법조를 명시하고 판사가 서명 · 날인하여야 한다. 피고인이 범죄사실을 자백하고 정식재판의 청구를 포기한 경우에는 다른 기록의 작성 필요 없이 즉결심판서에 선고한 주문과 적용 법조를 명시하고 판사가 기명 · 날인하면 족하다(즉결심판에관한절차법 제12조).

3) 선고할 수 있는 형

즉결심판에 의하여 선고할 수 있는 형은 20만원 이하의 벌금, 구류, 또는 과료에 한한다. 다만, 판사는 사건이 무죄 · 면소 또는 공소기각을 함이 명백하다고 인정할 때에는 이를 선고 · 고지할 수 있다(즉결심판에관한절차법 제11조 제5항). 이점이 약식명령은 유죄판결만 가능하다는 점에서 차이가 난다.

4) 유치명령과 가납명령

판사는 구류의 선고를 받은 피고인이 일정한 주소가 없거나 또는 도망할 염려가 있을 때에는 5일을 초과하지 아니하는 기간 경찰서유치장(지방해양경찰관서의 유치장을 포함한다. 이하 같다)에 유치할 것을 명령할 수 있다. 이 결정에 대하여는 준항고를 할 수 있다. 다만, 이 기간은 선고기간을 초과할 수 없다. 집행된 유치기간은 본형의 집행에 산입한다. 판사가 벌금 또는 과료를 선고하였을 때에는 가납명령을 할 수 있고(즉결심판에관한절차법 제17조), 노역장유치기간을 선고하여야 한다(형법 제70조). 유치명령과 가납명령은 선고와 동시에 집행력이 발생하므로 유치명령이 있는 구류에 대하여 정식재판을 청구한 경우에도 석방되지 아니하며, 가납명령이 있는 벌금과 과료를 납부하지 아니하는 경우에는 환형유치를 할 수 있다.

2. 즉결심판의 효력

즉결심판은 정식재판의 청구기간의 경과, 정식재판청구권의 포기 또는 그 청구의 취하에 의하여 확정판결과 동일한 효력이 생긴다. 정식재판청구를 기각하는 재판이 확정된 때에도 같다(즉결심판에관한절차법 제16조).

3. 형의 집행

형의 집행은 경찰서장이 하고 그 집행결과를 지체 없이 검사에게 보고하여야 한다. 구류는 경찰서유치장 · 구치소 또는 교도소에서 집행하며 구치소 또는 교도소에서 집행할 때에는 검사가 이를 지휘한다. 벌금, 과료, 몰수는 그 집행을 종료하면 지체 없이 검사에게 이를 인계하여야 한다. 다만, 즉결심판 확정 후 상당기간 내에 집행할 수 없을 때에는 검사에게 통지하여야 한다. 통지를 받은 검사는 형사소송법 제477조(재산형의 집행)에 의하여 집행할 수 있다. 형의 집행정지는 사전에 검사의 허가를 얻어야 한다(즉결심판에관한절차법 제18조).

V 정식재판의 청구

1. 피고인과 경찰서장의 정식재판의 청구

정식재판을 청구하고자 하는 피고인은 즉결심판의 선고 · 고지를 받은 날부터 7일 이내에 정식재판청구서를 경찰서장에게 제출하여야 한다. 경찰서장은 무죄 · 면소 또는 공소기각의 선고가 있는 때에는 그 선고 · 고지를 한 날부터 7일 이내에 정식재판을 청구할 수 있다. 이 경우 경찰서장은 관할지방검찰청 또는 지청의 검사(이하 "검사"라 한다)의 승인을 얻어 정식재판청구서를 판사에게 제출하여야 한다. 검사에게는 정식재판청구권이 없고 정식재판의 청구는 제1심판결 선고 전까지 취하할 수 있다. 약식명령과 달리 피고인도 정식재판청구권을 포기할 수 있다(즉결심판에관한절차법 제12조 참고).

2. 경찰서장과 법원 및 검사의 처리

정식재판청구서를 받은 경찰서장은 지체 없이 판사에게 이를 송부하여야 한다. 판사는 정식재판청구서를 받은 날부터 7일 이내에 경찰서장에게 정식재판청구서를 첨부한 사건기록과 증거물을 송부하고, 경찰서장은 지체 없이 관할지방검찰청 또는 지청의 장에게 이를 송부하여야 하며, 그 검찰청 또는 지청의 장은 지체 없이 관할법원에 이를 송부하여야 한다. 즉 검사의 새로운 공소제기가 필요한 것은 아니다.

3. 청구의 효과

정식재판의 청구가 법령상의 방식에 위반하거나 청구권의 소멸 후임이 명백한 때에는 법원은 결정으로 그 청구를 기각하여야 한다. 이 결정에 대하여는 즉시항고를 할 수 있다. 정식재판의 청구가 적법한 때에는 공판절차에 의하여 심판하여야 한다(제455조). 피고인이 정식재판을 청구한 사건에 대하여는 즉결심판의 형보다 중한 형을 선고하지 못한다(제457조의2). 즉결심판은 정식재판의 청구에 의한 판결이 있는 때에는 그 효력을 잃는다(즉결심판에관한절차법 제15조).

제3절 소년에 대한 형사절차

Ⅰ 의의

1. 소년의 의의

19세 미만자를 말하며 이에 대한 판단은 특별한 규정이 없는 한 사실심판결선고시를 기준으로 한다.

Ⅱ 특칙

1. 형의 선고에 있어서 특칙

2. 사형, 무기형의 완화

죄를 범한 때 18세 미만의 소년에 대하여서는 사형 · 무기형에 처할 것인 때에는 15년의 유기징역으로 한다.

3. 부정기형의 채택

소년이 법정형 장기 2년 이상의 유기형에 해당하는 죄를 범한 때에는 그 형의 범위 안에서 장기와 단기를 정하여 선고한다. 다만, 장기는 10년, 단기는 5년을 초과하지 못한다.

4. 환형처분의 금지

18세 미만인 소년에 대하여는 벌금형의 환형으로서의 노역장유치처분을 하지 못한다.

5. 가석방 요건의 완화

징역 또는 금고의 선고를 받은 소년에 대하여는 무기형은 5년, 15년의 유기형은 3년, 부정기형은 단기의 3분의 1이 경과하면 가석방을 허가할 수 있다.

제4절 배상명령

Ⅰ 배상명령

1. 의의

배상명령이란 범죄행위로 인하여 피해자가 손해가 발생한 경우 법원이 직권 또는 피해자의 신청에 의하여 가해자인 피고인에게 손해배상을 명하는 재판을 말한다. 이러한 배상명령의 절차는 소송촉진등에관한특례법에 규정되어 있다.

2. 제도의 목적

배상명령제도의 주된 목적은 범죄피해자를 신속히 구제하기 위한 것이다. 즉 피해자가 다시 민사소송을 제기하여 손해배상을 받기까지는 많은 비용과 시간이 소요되므로 형사소송에서 이를 고려하여 판단하게 함으로써 소송경제를 도모할 수 있기 때문이다.

Ⅱ 배상명령의 요건

1. 배상명령의 대상범죄

제1심 또는 제2심의 형사공판절차에서 「형법」 상해죄(제257조 제1항) · 중상해죄(제258조

제1항 및 제2항) · 상해치사죄(제259조 제1항) · 폭행치상상죄(제262조 : 존속폭행치사상의 죄를 제외한다) · 과실치사상죄(제26장) 및 절도, 강도, 사기, 공갈, 횡령, 배임, 손괴의 죄에 관하여 유죄판결을 선고할 경우에 법원은 직권 또는 피해자나 그 상속인(이하 "피해자"라 한다)의 신청에 의하여 피고사건의 범죄행위로 인하여 발생한 직접적인 물적 피해, 치료비손해 및 위자료의 배상을 명할 수 있다(살인죄, 장물죄가 제외). 법원은 앞에서 정한 죄 및 그 이외의 죄에 대한 피고사건에 있어서 피고인과 피해자 사이에 합의된 손해배상액에 관하여도 배상을 명할 수 있다(소송촉진등에관한특례법 제25조).

2. 제외사유

법원은 피해자의 성명 · 주소가 분명하지 아니한 때, 피해금액이 특정되지 아니한 때, 피고인의 배상책임의 유무 또는 그 범위가 명백하지 아니한 때, 배상명령으로 인하여 공판절차가 현저히 지연될 우려가 있거나 형사소송절차에서 배상명령을 함이 상당하지 아니하다고 인정한 때에는 배상명령을 할 수 없다(동법 동조 제3항).

Ⅲ 배상명령의 절차

1. 직권에 의한 배상명령

법원은 직권으로 피고인에 대하 배상명령을 할 수 있다. 이는 민사소송의 처분권주의에 대한 예외가 된다.

2. 신청에 의한 배상명령

1) 신청권자

배상명령의 신청은 피해자나 그 상속인이 할 수 있다(소송촉진등에관한특례법 제25조 제1항). 피해자는 법원의 허가를 받아 그 배우자 · 직계혈족 또는 형제자매에게 배상신청에 관하여 소송행위를 대리하게 할 수 있다(동법 제27조 제1항). 그러나 피해자는 피고사건의 범죄행위로 인하여 발생한 피해에 관하여 다른 절차에 의한 손해배상청구가 법원에 계속 중인 때에는 배상신청을 할 수 없다(동법 제26조 제7항).

2) 신청기간과 관할 법원

피해자는 제1심 또는 제2심 공판의 변론종결시까지 사건이 계속된 법원에 피해배상을 신청할 수 있다. 이 경우 인지의 첩부는 요하지 아니한다(동법 제26조 제1항). 그러므로 즉결심판과 상고심(제3심)에서는 배상명령을 할 수 없다.

3) 신청방법

피해자가 배상신청을 함에는 신청서와 상대방 피고인의 수에 상응한 신청서 부본을 제출하여야 한다. 이 신청서에는 ① 피고사건의 번호 · 사건명 및 사건이 계속된 법원, ② 신청인의 성명 · 주소, ③ 대리인이 신청할 때에는 그 성명 · 주소, ④ 상대방피고인의 성명 · 주소, ⑤ 배상의 대상과 그 내용, ⑥ 배상을 청구하는 금액을 기재하고 신청인 또는 대리인이 서명 날인 하여야 한다. 신청서에는 필요한 증거서류를 첨부할 수 있다. 피해자가 증인으로 법정에 출석한 때에는 구술로 배상을 신청할 수 있다. 이때에는 공판조서에 신청의 취지를 기재하여야 한다(동법 제26조 제2항, 제3항, 제4항, 제5항).

4) 신청의 취하

신청인은 배상명령이 확정되기까지는 언제든지 배상신청을 취하할 수 있다(동법 제26조 제6항).

5) 신청의 법적 효과

배상신청은 민사소송에 있어서의 소의 제기와 동일한 효력이 있다(동법 제26조 제8항).

3. 배상신청 사건의 심리절차

법원은 서면에 의한 배상신청이 있는 때에는 지체 없이 그 신청서 부본을 피고인에게 송달하여야 한다(동법 제28조). 배상신청이 있는 때에는 신청인에게 공판기일을 통지하여야 한다. 신청인이 공판기일의 통지를 받고도 출석하지 아니한 때에는 그 진술 없이 재판할 수 있다(동법 제29조). 신청인 및 그 대리인은 공판절차를 현저히 지연시키지 않는 범위 안에서 재판장의 허가를 받아 소송기록을 열람할 수 있고 공판기일에 피고인 또는 증인을 신문할 수 있으며 기타 필요한 증거를 제출할 수 있다. 이 경우 법원이 허가를 하지 아니한 재판에 대하여는 불복을 신청하지 못한다(동법 제30조). 피고인의 변호인은 배상신청에 관하여 피고인의 대리인으로서 소송행위를 할 수 있다(동법 제27조 제2항).

4. 배상명령의 재판

1) 배상명령의 각하

배상신청이 부적법한 때 또는 그 신청이 이유 없거나 배상명령을 함이 상당하지 아니하다고 인정될 때에는 결정으로 이를 각하하여야 한다. 여기서의 배상명령이 상당하지 아니한 경우로는 공판절차가 현저히 지연될 우려가 있는 경우 혹은 피해금액이 특정되지 아니한 경우를 들 수 있다. 유죄판결의 선고와 동시에 배상명령신청을 기각하는 재판을 할 때에는 이를 유죄판결의 주문에 표시할 수 있다.

[판례] 대법원 1996.6.11. 선고 96도945 판결

[1] 소송촉진등에관한특례법 제25조 제1항의 규정에 의한 배상명령은 피고인의 범죄행위로 피해자가 입은 직접적인 재산상 손해에 대하여 그 피해금액이 특정되고, 피고인의 배상책임의 범위가 명백한 경우에 한하여 피고인에게 그 배상을 명함으로써 간편하고 신속하게 피해자의 피해회복을 도모하고자 하는 제도로서, 같은 조 제3항 제3호의 규정에 의하면, 피고인의 배상책임의 유무 또는 그 범위가 명백하지 아니한 때에는 배상명령을 하여서는 아니 되고, 그와 같은 경우에는 같은 법 제32조 제1항이 정하는 바에 따라 법원은 결정으로 배상명령 신청을 각하하여야 한다.

[2] 배상책임의 유무 또는 범위가 명백하지 아니하여 배상명령을 할 수 없음에도 불구하고 이를 지나친 나머지 피고인에 대하여 편취금액 전액의 배상을 명한 원심판결의 배상명령 부분은 배상명령에 관한 법리를 오해한 위법이 있다는 이유로 원심판결 중 배상명령 부분을 취소하고 배상명령 신청을 각하한 사례.

2) 배상명령의 선고

배상명령은 유죄판결의 선고와 동시에 하여야 한다. 배상명령은 일정액의 금전지급을 명함으로써 하고 배상의 대상과 금액을 유죄판결의 주문에 표시하여야 한다. 배상명령의 이유는 특히 필요하다고 인정되는 경우가 아니면 이를 기재하지 아니한다. 배상명령은 가집행할 수 있음을 선고할 수 있다. 배상명령을 한 때에는 유죄판결서의 정본을 피고인과 피해자에게 지체 없이 송달하여야 한다(동법 제31조). 배상명령의 절차비용은 특히 부담할 자를 정한 경우를 제외하고는 국고의 부담으로 한다(동법 제35조).

3) 배상명령에 대한 불복

(1) 신청인의 불복

배상명령신청을 각하하거나 그 일부를 인용한 재판에 대하여 신청인은 불복을 신청하지 못하며, 다시 동일한 배상신청을 할 수 없다(동법 제32조). 이러한 경우 피해자는 정

식의 민사소송절차에서 자신의 손해배상을 청구할 수 있음은 당연하다.

(2) 피고인의 불복

피고인은 유죄판결에 대한 상소 또는 배상명령에 대한 즉시항고의 방법으로 불복을 할 수 있다. 유죄판결에 대한 상소의 제기가 있는 때에는 배상명령은 피고사건과 함께 상소심에 이심된다. 상소심에서 원심의 유죄판결을 파기하고 피고사건에 대하여 무죄·면소 또는 공소기각의 재판을 할 때에는 원심의 배상명령을 취소하여야 한다. 이 경우 상소심에서 원심의 배상명령을 취소하지 아니한 때에는 이를 취소한 것으로 본다. 그러나 원심에서 피고인과 피해자 사이에 합의된 손해배상액에 관하여 배상명령을 한 경우에는 유죄판결을 파기하더라도 취소되지 않는다. 상소심에서 원심판결을 유지하는 경우에도 배상명령에 대하여는 이를 취소 변경할 수 있다. 피고인은 유죄판결에 대하여 상소를 제기함이 없이 배상명령에 대하여만 상소제기 기간 내에 「형사소송법」의 규정에 의한 즉시항고를 할 수 있다. 다만, 즉시항고 제기 후 상소권자의 적법한 상소가 있는 때에는 즉시항고는 취하된 것으로 본다(동법 제33조).

5. 배상명령의 효과

확정된 배상명령 또는 가집행선고 있는 배상명령이 기재된 유죄판결서의 정본은 「민사집행법」에 의한 강제집행에 관하여는 집행력 있는 민사판결 정본과 동일한 효력이 있다. 배상명령이 확정된 때에는 그 인용금액 범위 안에서 피해자는 다른 절차에 의한 손해배상을 청구할 수 없다. 지방법원이 민사지방법원과 형사지방법원으로 분리 설치된 경우에 배상명령에 대한 청구이의의 소는 형사지방법원의 소재지를 관할하는 민사지방법원을 제1심 판결법원으로 한다(동법 제34조).

제4장 재판의 집행

Ⅰ 재판집행의 일반원칙

1. 의의

선고된 형과 판결원본에 기재된 형이 다를 경우에 판결은 그 선고에 의하여 효력을 발생하고 판결원본의 기재에 의하여 효력을 발생하는 것이 아니므로 양자의 형이 다른 경우에는 검사는 선고된 형을 집행하여야 한다.[32)]

2. 재판집행의 시기

1) 원칙

재판은 이 법률에 특별한 규정이 없으면 확정한 후에 집행한다(제469조). 검사의 집행지휘를 요하는 재판은 재판서 또는 재판을 기재한 조서의 등본 또는 초본을 재판의 선고 또는 고지한 때로부터 10일 이내에 검사에게 송부하여야 한다. 단, 법률에 다른 규정이 있는 때에는 예외로 한다(제44조). 형선고의 재판에 대하여 형집행에 착수하지 아니하면 형의 시효가 진행하고 형의 시효가 완성되면 그 집행이 면제되는 효과가 발생한다(형법 제77조).

2) 예외

(1) 형의 확정 전 집행하는 경우

① 결정과 명령의 재판은 즉시항고, 준항고(제416조 제4항, 제419조)가 허용되지 않는 경우에는 즉시 집행을 할 수 있다. 결정이나 명령에 대한 불복은 즉시항고 이외에는

32) 대법원 1981.5.14. 81모8

원칙적으로 재판의 집행을 정지하는 효력이 없기 때문이다(제409조).

② 벌금 · 과료 · 추징의 선고를 하는 경우에 법원의 가납의 재판이 있는 때에는 확정을 기다리지 않고 즉시 집행할 수 있다(제334조).

(2) 재판이 확정된 후 일정기간 경과 후 집행하는 경우

① 소송비용부담의 재판은 소송비용집행면제 신청기간 내 또는 그 신청에 대한 재판이 확정될 때까지 집행이 정지된다(제472조).

② 노역장 유치의 집행은 벌금과 과료는 판결확정일로부터 30일 내에는 집행할 수 없다(형법 제69조 제1항).

③ 사형은 법무부장관의 명령이 있어야 집행 할 수 있다(제463조).

④ 사형선고를 받은 자와 자유형의 선고를 받은 자가 심신장애로 의사능력이 없는 상태에 있는 때 및 사형선고를 받은 자가 잉태중인 경우에는 심신장애가 회복되거나 출산할 때까지 형집행을 정지한다(제469조, 제470조).

3) 재판집행에 대한 이의 신청

재판의 집행에 관한 검사의 처분이 부당한 경우에 재판의 집행을 받은 자 또는 그 법정대리인이나 배우자는 재판을 선고한 법원에 이의신청을 할 수 있다.

3. 재판집행의 지휘

1) 검사주의 원칙

재판의 집행은 그 재판을 한 법원에 대응한 검찰청검사가 지휘한다. 상소의 재판 또는 상소의 취하로 인하여 하급법원의 재판을 집행할 경우에는 상소법원에 대응한 검찰청검사가 지휘한다. 단, 소송기록이 하급법원 또는 그 법원에 대응한 검찰청에 있는 때에는 그 검찰청검사가 지휘한다(제460조).

2) 법원 법관주의 예외

법률의 명문의 규정이나 재판의 성질에 의해 법원 또는 법관이 지휘를 하는 경우도 있다.

(1) 법률의 규정에 의한 경우

① 구속영장은 검사의 지휘에 의하여 사법경찰관리가 집행한다. 단, 급속을 요하는

경우에는 재판장, 수명법관 또는 수탁판사가 그 집행을 지휘할 수 있다(제81조 제1항 단서).

② 압수 · 수색영장은 검사의 지휘에 의하여 사법경찰관리가 집행한다. 단, 필요한 경우에는 재판장은 법원서기관 또는 서기에게 그 집행을 명할 수 있다(제115조 제1항 단서).

(2) 재판의 성질상 법원이 집행을 해야 하는 경우

법원에서 보관하고 있는 압수장물의 환부, 매각, 보관의 조치 및 법정경찰권에 의한 퇴정명령의 경우는 재판의 성질상 법원 또는 법관이 지휘할 수밖에 없다.

4. 집행지위의 방식

1) 재판집행지휘서에 의한 집행

재판의 집행지휘는 재판서 또는 재판을 기재한 조서의 등본 또는 초본을 첨부한 서면으로 하여야 한다. 단, 형의 집행을 지휘하는 경우 외에는 재판서의 원본, 등본이나 초본 또는 조서의 등본이나 초본에 인정하는 날인으로 할 수 있다(제461조).[33)]

5. 형집행을 위한 소환

사형, 징역, 금고 또는 구류의 선고를 받은 자가 구금되지 아니한 때에는 검사는 형을 집행하기 위하여 이를 소환하여야 하고, 소환에 응하지 아니한 때에는 검사는 형집행장을 발부하여 구인하여야 한다. 이때 형의 선고를 받은 자가 도망할 염려가 있는 때 또는 현재지를 알 수 없는 때에는 소환함이 없이 형집행장을 발부하여 구인할 수 있다(제473조). 형집행장에는 형의 선고를 받은 자의 성명, 주거, 연령, 형명, 형기 기타 필요한 사항을 기재하여야 한다(제474조). 형집행장은 구속영장과 동일한 효력이 있다. 그러므로 형집행장의 집행에는 피고인의 구속에 관한 규정이 준용된다(제475조).

---

33) 대법원 1983.4.21. 83모19
보석허가결정의 취소는 그 취소결정을 고지하거나 결정법원에 대응하는 검찰청 검사에게 결정서를 교부 또는 송달함으로써 즉시 집행할 수 있는 것이고 그 결정등본이 피고인에게 송달(또는 고지)되어야 집행할 수 있는 것은 아니다.

Ⅱ 형의 집행

1. 형집행의 순서

2이상의 형의 집행은 자격상실, 자격정지, 벌금, 과료와 몰수 외에 그 중한 형을 먼저 집행한다. 단, 검사는 가석방의 요건을 빨리 갖출 수 있도록 하기 위하여 소속장관의 허가를 얻어 중한 형의 집행을 정지하고 다른 형의 집행을 할 수 있다(제462조).

2. 사형의 집행

1) 집행절차

사형은 법무부장관의 명령에 의하여 집행한다(제463조). 이는 사형집행절차를 신중히 하고 재심, 비상상고, 사면의 기회를 주기 위한 배려적인 입법이다. 사형집행의 명령은 판결이 확정된 날로부터 6월 이내에 하여야 한다. 다만, 상소권회복의 청구, 재심의 청구 또는 비상상고의 신청이 있는 때에는 그 절차가 종료할 때까지의 기간은 전항의 기간에 산입하지 아니한다(제465조). 사형을 선고한 판결이 확정한 때에는 검사는 지체 없이 소송기록을 법무부장관에게 제출하여야 한다(제464조). 법무부장관이 사형의 집행을 명한 때에는 5일 이내에 집행하여야 한다(제466조).

2) 집행의 방법

사형은 교도소 또는 구치소 내에서 교수하여 집행한다(형법 제66조). 사형의 집행에는 검사와 검찰청서기관과 교도소장 또는 구치소장이나 그 대리자가 참여하여야 한다. 검사 또는 교도소장 또는 구치소장의 허가가 없으면 누구든지 형의 집행장소에 들어가지 못한다(제467조). 사형의 집행에 참여한 검찰청서기관은 집행조서를 작성하고 검사와 교도소장 또는 구치소장이나 그 대리자와 함께 서명날인하여야 한다(제477조).

3) 사형의 집행정지

사형의 선고를 받은 자가 심신의 장애로 의사능력이 없는 상태에 있거나, 잉태 중에 있는 여자인 때에는 법무부장관의 명령으로 집행을 정지한다. 형의 집행을 정지한 경우에는 심신장애의 회복 또는 출산 후 법무부장관의 명령에 의하여 형을 집행한다(제469조).

3. 자유형의 집행

1) 집행방법

자유형은 검사가 형집행지휘서에 의하여 지휘한다(제460조). 검사는 자유형의 집행을 위하여 형집행장을 발부할 수 있다(제473조). 형집행장에는 피고인의 구속영장의 규정이 준용되므로 재구속의 제한이 없다.

2) 형기계산

형기는 판결이 확정한 날부터 기산한다(형법 제84조). 그러므로 형기의 기산점은 형집행지휘일이 아니라 판결의 확정일이 된다. 형집행의 초일은 시간의 계산 없이 1일로 산정한다(형법 제85조). 석방은 형기종료일에 하여야 한다(형법 제86조).

3) 미결구금일수의 산입

(1) 법정통산(482조)

① 법정통산이란 미결구금일수가 법률에 의하여 자유형의 집행시에 당연히 본형의 집행에 산입되는 것을 말한다. 그러므로 법정통산은 판결의 선고에 있어서 미결구금일수의 산입의 선고를 요하지 않는다.

판례 대법원 1989.11.10. 선고 89도808 판결

> 항소심이 피고인의 항소를 받아들여 제1심판결을 파기하고 피고인에게 징역 2년 6월, 집행유예 4년 및 벌금 50,000,000원의 형을 선고한 경우, 형사소송법 제482조 제1, 2항의 규정에 의하여 법정통산되는 제1심판결선고이후 항소심판결 선고전의 미결구금일수를 위 벌금형의 환형유치기간과 징역형의 형기 중 어느 것에 산입하여 집행하느냐는 형집행단계에서 형집행기관이 할 일이므로 항소심이 이 점에 대한 명시적인 판단을 하지 않음은 당연하다.

② 상소제기 후의 판결선고 전 구금일수는 ⓐ 검사가 상소를 제기한 때, ⓑ 검사가 아닌 자가 상소를 제기한 경우에 원심판결이 파기된 때에는 전부를 산입한다. 또 원심판결을 파기한 후 상소법원의 판결선고 전 구금일수도 상소 중의 구금일수에 준하여 통산한다.

③ 상소제기 기간 중의 판결확정 전 구금일수(상소제기 후의 구금일수를 제외한다)는 전부를 본형에 산입한다.[34)]

---

34) 아래의 헌법재판소의 헌법불합치결정으로 인해 상소제기기간 중의 확정판결전 구금일수 구금일수(상소제기후의 구금일수는 제외한다)를 전부 본형에 산입하는 근거규정이 2004년 9월 23일 국회를 통과하였고, 그

④ 상소기각 결정 시에 송달기간이나 즉시항고기간 중의 미결구금일수는 전부를 본형에 산입한다.

⑤ 본형에 산입할 구금일수의 1일을 형기의 1일 또는 벌금이나 과료에 관한 유치기간의 1일로 계산한다.

⑥ 상소법원이 원심판결을 파기한 후의 판결선고 전 구금일수는 상소 중의 판결선고 전 구금일수에 준하여 통산한다.

(2) 법정통산 관련 판례

판례 대법원 2002.6.20. 2002도807 전원합의체[35]

형법 제37조 전단의 경합범관계에 있는 공소사실 중 일부에 대하여는 유죄, 나머지 일부에 대하여는 무죄를 선고하였고 그 중 유죄 부분에 대하여는 피고인이 상고하고 무죄 부분에 대하여는 검사가 상고한 경우에 있어서는 원심판결 전부의 확정이 차단되어 상고심에 이심되는 것이고 유죄 부분에 대한 피고인의 상고가 이유 없더라도 무죄 부분에 대한 검사의 상고가 이유 있는 때에는 피고인에게 하나의 형이 선고되어야 하는 관계로 무죄 부분뿐 아니라 유죄 부분도 함께 파기되어야 하는 것이므로 쌍방의 상고를 모두 기각하는 판결이 선고되기 전까지는 검사의 상고로 인하여 유죄 부분과 무죄부 분이 모두 파기될 가능성을 내포하고 있어 두 부분은 서로 밀접하게 관련되어 있고, 따라서 검사의 상고가 이유 있는지 여부를 가리기 전에는 유죄 부분에 대한 피고인의 상고만을 분리하여 기각할 수 없어, 상고심의 미결구금이 오로지 피고인의 책임으로 돌릴 사유로 인하여 생긴 것이라고는 할 수 없다고 할 것이니, 이러한 경우 법문의 문언대로 당연히 형사소송법 제482조 제1항 제1호의 '검사가 상소를 제기한 때'에 해당하는 것으로 보아야 할 것이고, 따라서 피고인과 검사의 상고를 모두 기각하는 경우에 있어서도 상고제기 후의 판결 선고 전의 구금일수는 형사소송법 제482조 제1항 제1호에 의하여 그 전부가 본형에 산입되는 것이라 할 것이며 이와는 달리 경합범의 관계에 있는 사실 중 일부를 유죄로, 일부를 무죄로 각 판결하고 그 중 유죄 부분에 대하여는 피고인이, 무죄 부분에 대하여는 검사가 각 상고를 제기한 경우에 상고심에서 쌍방의 상고를 모두 기각하는 때에는 원심의 유죄 부분과 무죄 부분은 가분적이어서 쌍방의 상고는 서로 영향을 미치지 않으므로 상고 후의 구금일수를 형법 제57조에 의하여 재정산입하여야 한다고 판시한 대법원 2002.2.5. 선고 2001도6311 판결은 이 판결의 견해와 저촉되는 한도 내에서 이를 변경하기로 한다.

규정이 현행 제482조 2항의 규정이다.

헌법재판소 전원재판부 2000.7.20. 99헌가7

미결구금은 신체의 자유라는 중요한 기본권을 제한하는 것인데, 기본권의 제한은 부득이한 범위에 한하여야 하고, 원칙적으로 미결구금기간 전부는 재정통산 또는 법정통산의 방법으로 본형에 산입될 수 있도록 하고 있는 것에 비추어, 상소제기기간에 한하여 특별히 통산대상에서 제외할 이유가 없다. 오히려 형사소송절차에서의 상소제도의 중요성이나 상소제기기간을 둔 본래의 취지에 비추어 그 기간 동안은 아무런 불이익의 염려가 없이 상소에 대하여 숙고할 여유를 가질 수 있게 하여야 할 것이다. 특히, 피고인이 판결선고일에 상소를 포기하고, 검사가 상소를 포기하지 아니하고, 상소도 하지 아니하는 경우 검사도 즉시 상소를 포기한 경우와 비교하면 법원이 선고한 형의 집행기간이 7일이나 연장되게 된다. 이러한 결과는 소송의 한 당사자인 검사의 의사에 따라 실질적으로 법원이 선고한 형에 변경을 가져오게 되고, 피고인의 신체의 자유를 침해하게 된다.

35) 일부유죄, 일부무죄의 판결에 대하여 피고인과 검사가 상고하였다가 상고가 모두 파기된 경우

판례 대법원 1996.1.26. 96도2263

법정통산의 경우에 항소심이 그 법정 통산될 일수보다 적은 일수를 산입한다는 판단을 주문에서 선고하였다 하더라도 이는 법률상 의미 없는 조치에 불과하고 이로 말미암아 법정통산이 배제되는 것은 아니다.

판례 대법원 1995.2.28. 선고 94도2880 판결

피고인이 검사와 같이 상소한 경우에는 형사소송법 제482조 제1항 제1호에 의하여 상소 후의 미결구금일수는 전부가 당연히 산입되고, 형법 제57조는 형사소송법 제482조에 의하여 법정통산이 되지 않는 경우에 한하여 비로소 적용된다.

판례 대법원 1988.5.24. 87도2696

피고인들이 항소를 제기하여 원심에서 제1심판결을 파기하고 자판한 이 사건에 있어서는 피고인들에 대한 원심미결구금일수는 형사소송법 제482조 제1항에 의하여 전부가 법정 통산되는 것이므로 원심이 원심의 미결구금일수를 산입하지 아니한 조치는 정당하다.

판례 대법원 1969.6.24. 선고 69도651

검사의 항소가 있는 경우에는 판결주문에서 미결구금일수의 통산을 선고할 필요가 없다.

(3) 재정통산

① 판결선고 전의 구금일수는 법원의 재량에 따라 그 전부 또는 일부를 유기징역, 유기금고, 벌금이나 과료에 의한 유치 또는 구류에 산입하는데 이를 재정통산이라 한다(형법 제57조).

② 미결구금일수를 산입하는 것은 의무이나 어느 정도 산입할지는 재량이다. 그러나 전혀 산입하지 않거나, 미결구금일수보다 더 산입하는 것은 위법이다.

③ 형법 제57조에 의하여 본형 산입의 대상이 되는 미결구금일수(재정통산 일수)는 판결선고 전날까지의 구금일수라고 보아야 한다.

판례 대법원 2006.2.10. 선고 2005도6246 판결

판결 선고 당일에 집행유예, 선고유예, 벌금형 등의 선고나 보석, 구속취소 등으로 인하여 그날 중으로 석방된 피고인이 바로 당일에 상소를 제기한 경우에는 그 선고 당일(석방된 당일)의 구금일수 1일은 상소심의 재정통산의 대상이 된다고 할 것이고, 상소심은 재정통산의 대상이 되는 미결구금일수가 있을 때에는 반드시 그 전부 또는 일부를 본형에 산입하여야 하는 것이므로 그 경우 위 미결구금일수 1일을 반드시 본형에 산입하는 선고를 하여야 한다.

(4) 재정통산 관련 판례

판례 대법원 1999.4.15. 선고 99도357 전원합의체 판결

[다수의견] 판결선고 전 구금일수의 전부를 본형에 산입하면서 판결에서 그 산입일수를 명시하지 않고 단지 그 전부를 산입한다고만 표시하더라도 구금일수의 일부를 산입하는 경우와는 달리 형의 집행단계에서 소송기록을 통하여 그 산입의 범위가 충분히 확정되므로, 이 때문에 판결주문의 내용이 명확하지 아니하다거나 또는 형사소송법 제321조 제2항에 위배되어 위법하다고 말할 수는 없다.

판례 대법원 1995.9.29. 95도1662

형법 제57조의 규정에 따라 판결선고 전의 구금일수는 그 전부 또는 일부를 형사소송법 제482조에 의하여 이른바 법정통산을 하는 경우를 제외하고는 반드시 유기징역, 유기금고, 벌금이나 과료에 관한 유치 또는 구류에 산입하여야 한다.

판례 대법원 1988.6.14. 선고 88도534 판결

항소심이 피고인의 항소를 기각하면서 판결선고 전의 미결구금일수를 제1심판결의 선고형에 산입하는 경우에 제1심판결의 선고형이 2개 이상 있을 때에는 그 중 어느 형에 산입하는지를 분명히 해야 한다.

4) 자유형의 집행정지

(1) 필요적 집행정지(제470조)

징역 · 금고 · 구류의 선고를 받은 자가 심신장애로 의사능력이 없는 상태에 있는 때에는 형을 선고한 법원에 대응한 검찰청 검사 또는 형의 선고를 받은 자의 현재지를 관할하는 검찰청 검사의 지휘에 의하여 심신장애가 회복될 때까지 형의 집행을 정지한다.

(2) 임의적 집행정지(제471조)

징역 · 금고 · 구류의 선고를 받은 자에 대하여 ㉠ 형의 집행으로 인하여 현저히 건강을 해하거나 생명을 보전할 수 없을 염려가 있는 때, ㉡ 연령 70세 이상인 때, ㉢ 잉태 후 6월 이상인 때, ㉣ 출산 후 60일을 경과하지 아니한 때, ㉤ 직계존속이 연령 70세 이상 또는 중병이나 불구자로 보호할 다른 친족이 없는 때, ㉥ 직계비속이 유년으로 보호할 다른 친족이 없는 때, ㉦ 기타 중대한 사유가 있는 때에는 형을 선고한 법원에 대응한 검찰청 검사 또는 형의 선고를 받은 자의 현재지를 관할하는 검찰청 검사의 지휘에 의하여 형의 집행을 정지할 수 있다. 이 경우 검사는 소속 고등검찰청 검사장 또는 지방검찰청 검사장의 허가를 얻어야 한다.

4. 재산형의 집행

1) 집행명령과 그 효력

벌금, 과료, 몰수, 추징, 과태료, 소송비용, 비용배상 또는 가납의 재판은 검사의 명령에 의하여 집행하며, 이러한 명령은 집행력 있는 채무명의와 동일한 효력이 있다. 재산형의 재판집행에는 민사집행법의 집행에 관한 규정을 준용한다. 단, 집행 전에 재판의 송달을 요하지 아니한다(제477조). 재판집행비용은 집행을 받은 자의 부담으로 하고 민사집행법의 규정에 준하여 집행과 동시에 징수하여야 한다(제493조). 재산형의 재판은 「국세징수법」에 따른 국세체납처분의 예에 따라 집행할 수 있다. 그러므로 벌과금의 집행담당공무원은 개개의 경우에 필요에 따라 집행의 신속성, 효율성을 고려하여 민사소송법상의 강제집행절차와 국세징수법상의 체납처분절차 중 1개를 선택적으로 활용할 수 있도록 하였다. 한편, 검사는 재산형의 집행에 필요한 경우 공무소 기타 공사단체에 대하여 사실조회를 할 수 있다.

2) 집행의 대상

(1) 원칙과 예외

수형자의 재산에 집행하는 것이 원칙이나, 몰수 또는 조세, 전매 기타 공과에 관한 법령에 의하여 재판한 벌금 또는 추징은 그 재판을 받은 자가 재판확정 후 사망한 경우에는 그 상속재산에 대하여 집행할 수 있고(제478조) 법인에 대하여 벌금, 과료, 몰수, 추징, 소송비용 또는 비용배상을 명한 경우에 법인이 그 재판확정 후 합병에 의하여 소멸한 때에는 합병 후 존속한 법인 또는 합병에 의하여 설립된 법인에 대하여 집행할 수 있다.

3) 가납재판의 집행

제1심 가납의 재판을 집행한 후에 제2심 가납의 재판이 있는 때에는 제1심 재판의 집행은 제2심 가납금액의 한도에서 제2심 재판의 집행으로 간주한다(제480조). 가납의 재판을 집행한 후 벌금, 과료 또는 추징의 재판이 확정한 때에는 그 금액의 한도에서 형의 집행이 된 것으로 간주한다(제481조). 그러므로 가납금액이 확정재판의 금액을 초과하면 환부하여야 하고, 상소심에서 원심판결이 파기되어 무죄나 자유형을 선고한 판결이 확정되면 가납재판에 의하여 집행된 금액을 전부 환부하여야 한다.

4) 노역장 유치의 재판

벌금 또는 과료를 완납하지 못한 자에 대한 노역장유치의 집행에는 형의 집행에 관한 규정을 준용한다(제492조).

5. 몰수와 몰수물의 처분

1) 몰수물의 처분과 교부

몰수물은 검사가 처분하여야 한다(제483조). 몰수를 집행한 후 3월 이내에 그 몰수물에 대하여 정당한 권리 있는 자가 몰수물의 교부를 청구한 때에는 검사는 파괴 또는 폐기할 것이 아니면 이를 교부하여야 한다. 몰수물을 처분한 후 전항의 청구가 있는 경우에는 검사는 공매에 의하여 취득한 대가를 교부하여야 한다(제484조).

2) 압수물의 처분

압수한 서류 또는 물품에 대하여 몰수의 선고가 없는 때에는 압수를 해제한 것으로 간주한다(제332조). 위조 또는 변조한 물건을 환부하는 경우에는 그 물건의 전부 또는 일부에 위조나 변조인 것을 표시하여야 한다. 위조 또는 변조한 물건이 압수되지 아니한 경우에는 그 물건을 제출하게 하여 위의 처분을 하여야 한다. 단, 그 물건이 공무소에 속한 것인 때에는 위조나 변조의 사유를 공무소에 통지하여 적당한 처분을 하게 하여야 한다(제485조). 압수물의 환부를 받을 자의 소재가 불명하거나 기타 사유로 인하여 환부를 할 수 없는 경우에는 검사는 그 사유를 관보에 공고하여야 한다. 공고한 후 3월 이내에 환부의 청구가 없는 때에는 그 물건은 국고에 귀속한다. 위 기간 내에도 가치 없는 물건은 폐기할 수 있고 보관하기 곤란한 물건은 공매하여 그 대가를 보관할 수 있다(제486조).

참 고 문 헌

배종대 · 이상돈(2006). 형사소송법, 홍문사.

백형구(2001). 형사소송법강의, 박영사.

신동운(2007). 형사소송법, 법문사.

신양균(2004). 형사소송법, 법문사.

신현주(2002). 형사소송법, 박영사.

이영란(2008). 형사소송법, 나남.

이주원(2021). 형사소송법, 박영사.

이재상(2008). 신형사소송법, 박영사.

이재상 · 조균석 · 이창온(2021). 형사소송법, 박영사.

임동규(2006). 형사소송법, 법문사.

정웅석 · 최창호 · 이경렬 · 김한균(2021). 신형사소송법, 박영사

차용석 · 최용성(2008). 형사소송법, 21세기사.

찾아보기

【아】

【자】

【차】

【타】

【파】

【하】

조성제

경북대학교 법학과(법학사)
경북대학교 대학원 법학과(법학석사)
경북대학교 대학원 법학과(법학박사)
현) 대구한의대 경찰행정학과 교수
국가인권위원회 지역전문위원
문화예술법학회 부회장
국가공무원, 경찰간부후보생 시험 출제위원

승재현

한국외국어대학교 법학과(법학사)
한국외국어대학교 대학원 법학과(법학석사)
한국외국어대학교 대학원 법학과(법학박사)
현) 한국형사정책연구원 연구위원
국무총리실 아동정책조정위원
대검찰청 검찰형사정책조정위원
대법원 전문심리위원

조성제

경북대학교 법학과(법학사)
경북대학교 대학원 법학과(법학석사)
경북대학교 대학원 법학과(법학박사)
현) 대구한의대 경찰행정학과 교수
국가인권위원회 지역전문위원
문화예술법학회 부회장
국가공무원, 경찰간부후보생 시험 출제위원

승재현

한국외국어대학교 법학과(법학사)
한국외국어대학교 대학원 법학과(법학석사)
한국외국어대학교 대학원 법학과(법학박사)
현) 한국형사정책연구원 연구위원
국무총리실 아동정책조정위원
대검찰청 검찰형사정책조정위원
대법원 전문심리위원

저자와의
합의하에
인지첩부
생략

형사소송법 강의

2009년 9월 3일 초 판 1쇄 발행
2022년 2월 10일 개정2판 1쇄 발행

지은이 조성제 · 승재현
펴낸이 진욱상
펴낸곳 백산출판사
교 정 박시내
본문디자인 오행복
표지디자인 오정은

등 록 1974년 1월 9일 제406-1974-000001호
주 소 경기도 파주시 회동길 370(백산빌딩 3층)
전 화 02-914-1621(代)
팩 스 031-955-9911
이메일 edit@ibaeksan.kr
홈페이지 www.ibaeksan.kr

ISBN 979-11-6639-206-1 93360
값 35,000원